2013

THE ANNALS OF CHINESE REAL ESTATE ADVERTISEMENT

中国房地产广告年鉴

主编：胡彬 徐向磊

湖南美术出版社

>上卷

图书在版编目(CIP)数据

2003年中国房地产广告年鉴/胡彬、徐向磊主编.—长沙：湖南美术出版社，2003

I.2... II.胡... III.房地产—商业广告—中国—2003—图集 IV.J524.3

中国版本图书馆CIP数据核字(2003)第102785号

2003中国房地产广告年鉴 ·上下卷

主　　编：胡彬 徐向磊
责任编辑：章小林
责任校对：李奇志
封面设计：朱秋林
装帧设计：陈晓华 毛萍 谭慧 张炜
出版发行：湖南美术出版社
(长沙市雨花区火焰开发区4片)
经　　销：湖南省新华书店
制　　作：深圳市歌图广告有限责任公司
印　　刷：深圳市深教精雅印刷有限公司
开　　本：880×1194 1/16
印　　张：44
版　　次：2003年11月第1版 2003年11月第1次印刷
印　　数：1—3000册

网址：http://www.arts-press.com/
电子邮箱：market@arts-press.com
如有倒装、破损、少页等印装质量问题，请与印刷厂联系斟换。

Table Of Contents

目　录

胡彬
湖南美术出版社
深圳组稿部负责人
深圳歌图广告公司
创作总监

徐向磊
深圳房地产资深人士
置业国际（中国）公司
项目经理

一面旗帜

在此，可以肯定《中国房地产广告年鉴》是目前我国地产广告最权威的载体，最优秀的平台，它蕴藏着我国优秀的广告公司以及广告策划精英的共同心血，全面反映了广告公司在地产广告中对广告策略的运营能力，见证着广告对创造市场经济利益的积极作用。

在这样一个浓缩智慧、创意的大舞台，地产广告人士细说广告现状，点评地产广告。本书以不同角度展示不同项目在“市场预热期”、“开盘期”、“热销期”、“尾盘销售期”等不同时期的广告运营策略。

非常荣幸地邀请到广告界权威人士——张小平先生，就《中国房地产广告年鉴》行文，以启示业界创作人员。

时下，与您一同见证！

在编辑2003《中国房地产广告年鉴》的过程中，得到了许多朋友的大力支持，在此感谢：朱秋林先生、黄金亮先生、黄杰勋先生、陈小龙先生等。

Everybody Talking
大家谈

张小平
广东黑马广告公司
总经理、创作总监

广州“4A”召集人，
广州美术学院客座教授，
中国广告网首席执行官。
亚太广告节、
龙玺环球华文广告奖、
中国时报华文奖金犊奖、
中国广告节、
中国之星设计大奖
评委。

三分颜色看天下
（代序）

“嘻！嘻！豪宅？你是说哪栋啊？广州哪栋楼不叫豪宅？嘻，嘻。”

当一个广州人满怀欣喜地向他的香港亲戚表示落订了一套住宅以后，冷血的香港人只是报以嘻嘻的两声。

香港，是中国房地产的先驱，也是先烈。

香港的地产广告营业额，多少年来都是位居榜首。曾几何时，投资房地产，一转手就会变成升值的钞票，手头上的地和楼越多，财富就越大。做房地产的经纪，当时成了最吃香的行业，连排队拿筹也可以转眼化作花花绿绿的金钱（香港楼市最旺时，买楼也要排过夜队，先轮候拿筹，后按筹叫号看货成交）。

如此的黄金岁月，在一场金融风暴后全部化为乌有。一夜之间，楼价足足跌了三分之二，投资越多，损失越大，而且是持续六七年地跌下去起不来。看看香港人如今的脸面，哪有什么优越感。所谓“负资产”，几乎全部都是归罪于原本“辉煌”的楼市。

买楼吧，那资产不但不升，反而成了“负”。一场金融风暴，资产的数值在作反向地改变，你叫人如何不冷血？

广州（深圳），是中国大陆房地产的先行者，虽英姿犹在，却已经到了知天命之年。血，不热，不冷，温温的。

那里也曾有过狂热。集聚最多房产广告的《广州日报》在某个星期五，可以同时刊出近两百篇广告（这应该是全世界的记录）；某个楼盘可以在一个月内大手抛出近两千万的广告费（只是在广州的平面和电子传媒）；每个周末，全城市民不约定的节目，全是去看楼盘：坐直升飞机、坐劳斯莱斯、坐游艇看楼，看楼看表演，看楼派饭吃，看楼打高尔夫……

这是一个有极大包容和极讲实惠的城市，他包容任何一种推广的手法，但最终落到实处的还是根本的价格。

香港房市的黄金梦在广州并没有显现，倒是土地一片片从南到东地开发，房屋增长快过人口的增加。某天，我从番禺坐车回广州，车开到洛溪大桥上，我透过车窗遥看广州城区，那鳞次栉比的楼房多得吓了我一大跳：哪来这么多的楼房，这比东京的房子还多得不知多少倍。广州顶多也就是1200万的人口（加上流动人口），东京可是1300万的人口，这房子如何卖得清？有招吗？广州人哪括没见过。

上海这几年像憋足了劲的牛犊，喷出的气都是烘烘的。

现在最好别跟上海人谈房地产，看那得意劲，不管是买家还是卖家，只要一说到房子说到地皮，好像就是出手（过手）就长的魔化金子。

买啊！有钱就疯狂地买啊！那风光香港有过，广州经历过，天晓得那房子是不是永远不贬的硬通货。

话说回来，经理面红红，员工有钱分。上海老大哥屈就了这么多年，如今也是活该B啊B啊地喷气了。被誉为中国发动机的上海，它不牛谁还牛得上去。

好好牛一把吧，上海。

北京，是中国的首都，也是中国最大的一座消金窝。

这里除了IT产业以外，基本上没有任何大的制造业。而在这个中国政治、经济、文化的中心里，房地产事实上已成了一个最大的地方产业。

北京不是一个生钱的地方，但绝对是一个聚钱和花大钱的地方，谁不了解。这里的高消费指数要比全国任何一座城市都高，而这一大批形态各异的大款绝大多数是峰上人物，一般的推广概念和手段谁瞧得起？

随着2008年奥运会申办的成功，越来越多的彩色光环笼罩着北京，点燃着全国地产大鳄无尽的遐想。赴皇城，发财去，这是一个很真实的金矿，是一次千载难逢的黄金潮，有点能力的发展商没有一个愿意放弃。

房地产广告，本质上就是富地文化。

富地，就是优质的市场。所谓优质的市场，一是人口众多，二是有钱的人多。上海、北京、广州绝对是中国大陆的富地，这三地地产广告玩的花样，绝对能让全国人民为之仰首，随便抽其两招也够其他城市为之兴奋的。但三地所处的发展时机不同，地位不同，人文背景和传统习俗的差异也形成了各自的风格。

最近业内有“中国地产广告看北京”一说，从发声源来自北京的事实，相信全国广告人都不会惊讶。北京就是中国的老子，老子站起来发声了，儿子孙子辈的不看不听成什么体统。老子发出的声，绝对不同儿等的低俗，处在这么一个矫情、虚荣的中国广告时代，谁玩得过老子的高度。

说到文化，玩虚的公婆各说其理，要结论还得废纸三千。

把精神的层面转化为物质，透过最实质的吃文化去观察这三地的人文差异，那感觉一下就跃然纸上了。

在广州，最叫响的牌子不是老字号，最大的食肆不是在市中心，最高档的酒家也有特价。只要有美味供应，那破店就算设在污水横流的陋巷里，“奔驰”和“宝马”也是挨个地排队等着。

广州人是把美味食在自己的肚里。美味第一，价钱第二。其他，广州人不太在意。

上海品位最高的食肆全中国无处可比，那菜、那主食做得像花一样插在花瓶里摆上来。几片纸薄的生鱼片风一吹准会像柳絮般化去。

上海满街的酒楼尽管灯光辉煌，但并不热闹。相反，顶级食肆，越是光怪陆离，越是人鬼相挤。

品位第一，价钱第二。其他，上海人也不太在意。

上海人愿把品位呈献客人，自己当然也很满足。

北京够牛。高档的酒楼门前都有一对石兽（与天安门看齐），大红地毯直铺正厅，那憋死的海鲜全是天价。在红墙金瓦的壳外，全是供着“御”、“府”、“皇”的牌号。

别吹北京城拥有全世界菜系的饭馆，能拿出来炫耀百年的不就是那肥腻的烤鸭和涮羊肉。大碗、大碟、大款，无论什么内容全都带着皇气，皇气势在，指鹿为马的这店那店，这菜那菜，也真见怪不怪。

排场第一，价钱第二。其他，北京人也懒得在意。

房地产广告这本属于富地文化的玩意，在半穷半白的市场实难发育：一平方米的住宅楼平均只卖2000元以下，可见人均月收入也就这个数，加上人口结构单纯、有限，叫神仙也难以创造奇迹。

京、沪、穗三地的楼盘，光从名字上看就很有差异。

广州楼盘取的名，几乎全是克隆香港。香港有什么名，广州就有什么名，抄到不能再抄了，就东拼西凑地做组合。

广州的楼盘名字够俗，入世，中规中矩，追求意头。

上海楼盘取的名，基本上属于祥和富贵，其中夹杂着不少洋名，那些八辈子也挨不上的血统无时不在其中莫名其妙地张扬着。

广州与上海也有共同点：追求豪华，追求尊贵，追求高于平民的等级感受。

北京楼盘的名字是上了一个“高度”，是一个无厘头文化的高度。强调脱离世俗物质常规的标榜，讲求差异化，而且有极浓厚的“京”味文化。善于挖掘华文内涵与现代流行文化的结合，并鄙视世俗高度的声音。如此，也明显感觉出年轻化的趋势。

任何事物的发展，都逃脱不了生命周期的兴衰。

让我对这个行业做一个大胆的预测，三十年可能就是一个周期，大约香港和台湾就是这样走过来的。前十年是发展兴旺期，中间十年是鼎盛饱和期，后十年是平稳下降期（当然，其中还可能夹杂着很多预想不到的政治、经济变化，在左右着自然规律正常演进）。

广州已经完成了前十年的发展，北京、上海刚好在前十年的中段兴旺地发烧，而全国的大多数城市才刚刚起步。

从发展的成熟度来看，广州房地产广告的表现力已难以有整体的精彩，恰恰此时，北京和上海在这几年间整体的表现力将会达到一个崭新的高度。而其他的后进城市，则需要在中心城市形成后所体现出的人口多元聚集和消费水平整体上升后，才可能有精彩的演出，而那时的精彩将是这三地曾经辉煌案例的地方演绎。

如果有谁把房地产广告时间段的兴盛看成是中国本土广告崛起的契机，这大约是理想的一相情愿。

我猜想，中国广告的分化进程要比房地产业来得更短，大约是二十年吧。如果以1994年为记（1993年底中国放开了广告的经营牌照），2014年左右中国广告将形成10∶55的格局，即中国大陆不会有超过十家广告公司营运着中国至少55%以上的广告额。

房地产广告的地区和运作属性，无疑在近十年来为本土的广告业带来了极大的生存机会，但同时也造成了房地产专业广告公司对其他品类传播知识的局限。一方面，我们为身处遍地楼房崛起的年代有日以继夜干不完的广告而沉迷时，另一方面，我们不知是否要为成熟的房地产时代那种微利的白刃战而忧心？

朋友，你是在祖国的哪一方土地？你干着或准备干着房地产的广告吗？别随便相信作品集里那些看似漂亮的广告，卖货的广告画面很可能垃圾得很，而所谓有创意的广告并不卖货。

你身在异处不一定知晓，而处于同一时空的人应该明白。

当广告成为图画，成为教科书、工具书的内容时，它已经失去了原有的功能，这有如原本是活生生的猛虎也只是标本而已。取其皮毛、利爪吓吓人倒也可以，要想伤人、吃人没那么容易。

不是说房地产广告有三十年的光景，起码也有十来年的辉煌吗？

也就可以了。

这行业广告比例不高，但预算还是富裕。广告费于成本还算是小数，不是太坏的发展商一般还有个人样。趁着地区房地产业高潮干他一把，大家都应该有钱挣。

天下者，审时、度势。呵，走稳了。

刘萨莎
深圳黑弧广告公司
总经理

给消费者“戴副眼镜看楼”
——浅说房地产广告的作用

房地产广告的“综合质素大比拼”现象

当我们每天打开房地产广告，看到的大量是产品信息和卖点的张扬，东家说地段好，西家说环境一流；有人说配套，有人说教育；还有所谓的革命性的主张，比如几大优势、几大王牌、几大至高。

但这是没有可比性的，自己和自己比较，没有参照系，没有坐标。任何一个项目都可以提出十条八条好处，这不是什么难事。消费者可是雾里看花，优劣无从分辨。

事实上，对于消费者而言，买的是房子，但更重要的是房子带给他的某种期望。如果我们的项目能勾引并撩起他的欲望，项目的薄弱环节他是会忽略的。从单一项目而言，没有任何一幢房子能做到完美无缺。

综合质素比拼观念的根源，在于对广告的作用理解的得不清晰。消费者到现场是希望观察每个细节，并寻找适合自己的那一套。但广告呢？阅读广告可是消费者在看楼之前就发生的。

房地产广告，让消费者“戴副眼镜看楼”

大家都说广告的目的是为了销售，这没错。但也有人误认为，销售的内容就是广告的内容。事实上，广告与销售是同一目标的两个不同阶段，它们的任务不同。

每个消费者在打算买楼时，都会有些基本要求。他们都会看很多楼，少则十来个，多则几十个，这是常见的事。如此之多的信息，如何让你进入他的脑袋？

消费者购买是为了实现从A到B的跨越

消费者买一个产品，就是为了过河，彼岸有他的希望。我们要给他搭建一座桥梁，让他顺利到达。品牌核心是一个神秘的通道，它是可以打开消费者心灵的黑匣子，当消费者过了这条通道，他就变了样。

对于消费者而言，在同类产品上，他们只能装下五六个品牌。我们需要进入他们的脑海印象储存空间，这是广告的任务。假设个个楼盘都有十大优势、九大王牌、八大超值，他们哪能记得那么多，也懒得去记，还是去现场看吧。由于没有带着某种认识去现场，看楼就成为没聚焦的目光，一盘散乱，挑剌便在所难免。

倘若我们给消费者某种先入为主的印象，那么他们就会“戴着眼镜”来看楼。看楼也就成为论证的过程。前提是，这个印象(产品核心)一定要深刻，要有力度，要能打动人，能够填补心里的最大缺口。如果无关痛痒，那就完了。

波托菲诺是真正的居住格调，并且无处不在。消费者会想，我要格调吗？要！因为它可以提升自己、塑造自己，让自己更有修养，它比有钱是更高的层次，所以要，而且很想要。那么，他到现场只围绕一个问题来参观，你哪里支持到他欲罢不能的这种格调？园林、建筑、环境、社区氛围？其次才是他要的户型间隔；最后才是价格，格调的成本能承受吗？

这就是广告的作用，它在于帮助消费者选择房子，让他们戴上眼镜去看楼。

如果这样，销售员的压力是否减轻了许多？

马一丁
深圳相互广告公司
创作总监

我爱房地产广告

从一次经历开始。

那是一个夏日的黎明，在电视台剪片加了一夜的班，走出门。晨风吹过，有些许凉意，我抬起头，看见街心广场一群跳舞的老人。那时候太阳刚刚升起，在绚丽的阳光里，在音乐里，老太太们像一群飞舞的蝴蝶。我下意识地停下了脚步，望着那些快乐的老人，我笑了。也许，生命的本质就是快乐。

做了10年的广告，从北京到广州，再到深圳，从国际4A到本土4A，再到地产广告公司。人人都说广告业是个很苦的行业，于是许多聪明的人纷纷离开，我留下了，可能是我不会做别的，可能是因为我觉得快乐。

杜可风说，拍电影就像和生活做爱。做广告也是。假如这份工作没有快感，我无法想像自己可以坚持这么多年。保持激情，是我做广告的态度。每每拿到一个房地产案子，和我的伙伴们一起头脑风暴，总令我兴奋不已。进入一座陌生的城市，熟悉一个陌生的项目，思考一群陌生的消费者，看着他们在脑海中渐渐清晰，找到他们最容易接受的沟通方式，跟他们说话，向他们介绍一种更好的生活方式，甚至看到不久以后他们在那里居住的场景，那种快乐是无法言喻的。

有人说，房地产广告不是广告。我跟我的同事们说，房地产广告是否是广告不是别人决定的，只能由我们自己决定。被浓缩的营销过程，让我们省却许多无聊的反复，使沟通更有效率，更有效果，也更有挑战性。当然，首先要够专业。

也有人说，中国房地产的高潮已经过去了，几年之后，当市场趋于饱和，大批以地产为主的广告公司将走向末路。这样的论调让我想起了古代的一位名人棗杞人。我看不了那么远，发展商需要我们，市场需要我们，那我们就好好地做，更专业地做。

谈到中国房地产企业出现品牌化的趋势，在具体项目的运作过程当中，我们在维护品牌形象的同时，仍须以产品为核心，以更快地促进单一项目销售为使命。通常，房地产项目的销售周期是非常短暂的，少则数月，多也不过数年，而且是越快越好。要在这样紧迫的时间内完成销售，我们只能运用最直接、最有效的方式。这里蕴涵着不容忽视的时间成本和机会成本。

在广告圈，有人这样形容马一丁：美术出身，重策略。事实上，在我看来，如果把广告比做一串项链，策略是那根线，是藏在背后的维系力量，而真正闪光的，显然是钻石，是广告运动中丰富的创意表现，他们构成了营销的亮点，使功利的营销变得有趣，变得易于接受，这也是广告人快乐的源泉。而房地产广告，因为房子跟生活的密切关系，涵盖内容更加广泛，也更加全面。从大的创意概念，到包装系统，到不同媒体的创意执行，到一些别人意想不到的特殊传播阵地，甚至很小的促销细节，只要用心，都可以挖掘出让人眼前一亮的点子，都有无穷的乐趣。能够帮助客户卖房子，又有快乐，何乐而不为呢？

至于北京、广州以及其他地方的房地产广告，存在的就是合理的，见仁见智，我不作评价。我们定位于专业地产推广公司，只做房地产广告，没别的，惟一的原因是：我们爱它。

最后，很高兴有这样一本权威的《中国房地产广告年鉴》，我代表深圳广告界向湖南美术出版社表示感谢。相信这本书的出现，可以对中国房地产广告的进步产生积极的影响。

李雪松
北京红鹤广告公司
总经理

一件好事、一件坏事

[一件好事]

最近，我们在北京参与一个项目叫做CLASS（班级），在市场上获了“三好”：产品好、名声好、卖得好。原因我来说说。

首先，这个“班级”面对的人民都拥有近似的“家庭财产”。所以人民之间的关系比较融洽，不容易搞“班级斗争”。

其次，我们将这个“班级”建于果岭，并谓之“上层建筑”。人民都比较喜欢，尽管不是所有人都拥护。

再次，此“上层建筑”里有一个白送的“上层”空间（约30多平方米），又说明了所有具备涵养的“人民”家庭都不会拒绝“优惠政策”。

然后，（一）我们把“班级”的“中心思想”连同“教材大纲／细则”一并汇编成册,向人民演讲，共计有：“主要教材”（黑皮书、白皮书）2本，各三讲；“补充教材”（摩圈）1本，又三讲；“课外阅读报章”《CLASS NEWS》5期，各4版；“有声读物”VCD一盘，计三篇，用以配合人民消化理解。

（二）我们修建“大礼堂”接待中心一座，精装修“教室”四间，高尔夫“操场”一块，“基础决定上层建筑”座右铭碑一座，“教学环境”形象规范与管理系统一套，用以感染人民的情绪。

（三）今年7月19日开始，在北京及全国报纸、杂志、广播、网络、电视、户外作全面的宣传，并组织了各类“课内外活动”，相互配合，向全社会开放。

结论：我们花去一年半时间筹备的“班级”，在同一天里全面向社会汇报，赢得了人民的青睐。因为，我们“班级”建立的论点、论据充分，“行为、举止、精神、斗志”全部符合“班级”的“组织规定”，并体现了对全社会、对人民的尊重，顺应了历史潮流的发展规律。

现在，很多外地开发商都来参观，认为“班级”的开发商水平不错，在精神和物质两手上都可以代表北京新趋势。我们在中间也参与了建构，并通过努力奋斗获得了有关方面的好评。从某种意义上说，这是一件好事。

[一件坏事]

最近，我出去转了转，在回来的飞机上看杂志，翻来覆去，房地产广告最多，大多数都是京沪穗豪宅。结果大家看了都觉得“堵”。原因我来说说。

首先，“外行化”。版式设计搞得很乱，不讲究基本的设计原则，显得很外行，并有专业倒退迹象。

其次，“浮夸风”、“脸谱化”。“亚洲级”、“行政级”、“举世名家”、“至尊豪爵”等辞藻大量堆砌。主要是沪穗两地，北京亦呈抬头趋势。

再次，“流氓化”、“低俗化”。动辄“拒绝”、“禁止”、“绝对”、“打破”。突然一天，大家都开始咬牙说话，虚张声势者众，语言毫无美感，走向低俗。主要出现在北京。

然后是，“矫情风”。动不动就感动，尤以广东盛。

再后是，“悬疑风”。愈来愈多的主标题哗众取宠，没有内涵，看完后满腹狐疑，但此类广告以消费者看不懂为荣为乐。主要是北京。

最后，“泊来风”。文化上不自信，对接得又太生硬。这是个老毛病。

结论，支柱性行业极速扩张，反映了国家快速发展势头。但行业的人力资源被迅速摊薄所带来的职业操守、理想及专业水平等诸多问题，演化成为社会信息传播庸俗化的重要力量。

广告在当下的社会不再只作为商品传播工具，也具备了社会伦理功能。与地产广告同业人共勉：（一）不要让其他行业的广告人不尊重；（二）地产广告正在传播、阐释新的生活方式、地域文化和价值观，我们负有责任。

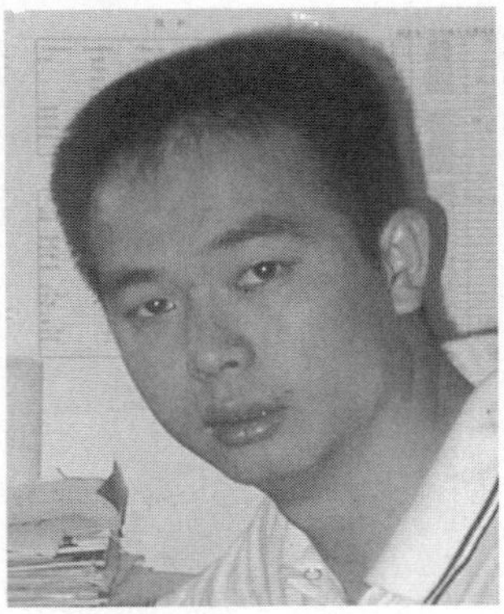

张海波
深圳尚美佳广告公司
副总经理

营销公关

——房地产整合推广之“金箍棒”

经济的开放，人口结构的改变自然带来了消费者消费观的改变，曾经叱咤风云，标榜自我的上一代消费者已经年老，他们身上的一些消费传统在年轻一代身上继承得越来越少，要求高品质、多元化，成熟智慧型的消费者逐渐出头。市场的太多选择，让消费者不再有强烈的品牌忠诚度；作为“房子”的消费者，他们更不会完全相信广告上的宣传。

“营销公关”一词对很多人来说并不陌生，在日常生活中也经常遇到。食品、化妆品、家用电器、汽车等产品在市场推广中都要用到营销公关，作为昂贵的房地产产品在市场推广中自然也不能放过这一手段，而且 “营销公关”在房地产整合推广中意义重大。

何为营销公关

它应该包含三个部分。第一，将市场细分，选择有利的目标市场，依照目标受众的需求拟定有效的分销管道计划和信息传播计划。第二，在企业与大众之间建立维持双向沟通的管道，在突发事件来临时参与危机处理及善后工作，同时也有规范企业社会责任及给企业预警的作用。第三，经由大众信赖的传播管道，传达目标受众所关心的需求及利益信息，提高消费者的满意度和成交率。

地产营销公关的表现一般在地产项目全过程中都有体现。从房地产项目的产品推介会、项目的内部认购、开盘活动、封顶活动、样板间开放活动、节日的促销活动到小区入伙活动、业主嘉年华活动，还有项目推广进行中的专家论证会、专家研讨会等等层出不穷。

营销公关之优势

1. 比广告来得省钱。

在房地产项目推广中，报纸、电视一般视为主流媒体，但费用昂贵，不停地在主流媒体上投放广告，不是每个发展商都能承受得了的。

2. 能突破广告法的限制。

在房地产项目推广中有许多明确的规定，比如没有预售许可证不允许在报纸电视上做广告，或有一些字眼及推广概念报纸上不能刊登；营销公关就能很好地解决以上难题。

3. 与广告相辅相成，提高广告的可信度。

在现在的房地产项目推广中，单一媒体很难形成传播攻势，加之现在是信息爆炸时代，就拿报纸媒体来说，周四和周五是地产广告高峰期，最多的时候有40多个版面是房地产广告，这还不算其他类产品广告，把所有的希望都寄托在广告公司的版面设计及消费者主动发现上，风险似乎太大了。尚美佳在1999年三九“时代华庭”、2001年三九 “丹枫白露”报纸广告推广中，一款广告三四百个电话经常有，上百个电话属于正常；现在，一款报纸广告有40个电话量广告公司就基本上不挨骂了，有一百个电话量就属大喜了；加之新闻在说项目好，广告也在说项目好，赞美声上下一片，让消费者迷糊了，可信度自然大打折扣。

营销公关之万能

1. 把公司定位为领先同行的领导者与专家。

南昌博泰集团第一次进入地产业，以前主营食品与娱乐，进入地产业后公司在地产运作方面的专业性及行业内的知名度也是营销推广的重要内容之一。公司的第一个项目“威尼斯花园”位处南昌风景区象湖公园湖畔，与象湖公园一路之隔，经过广告公司的策划，一份营销公关方案顺利出台。活动主题是发展商博泰集团将对象湖公园进行一次大的赞助行动，内容包括象湖公园景区内的200多个环保垃圾桶及休闲椅、沿湖边近150米的亲水木栈道，耗资近30万元。这次活动得到了市政府的大力支持，媒体争相报道，在开盘同时举行了由市政府领导亲自参与剪彩的赞助开工仪式。通过这次的营销公关活动，不仅得到了市政府的大力支持，媒体的高度赞扬，还在市民心中得到了良好的口碑，在“威尼斯花园”的知名度及公司品牌知名度方面立下汗马功劳。

2. 建立消费者对项目及公司的信心和信赖度。

“丹枫白露”，深圳的第一个酒店式公寓项目，它的经营方式、投资理念、“18万永不供楼”的创新创富模式，很难得到市场的快速理解，加上项目还是期房阶段，有融资嫌疑，如果草率进入市场，很难形成热销场面。一场由特区报主办、发展商协办、全国众多知名专家参加的“创新创富论坛”为“丹枫白露”的热销打响了成功的第一枪，40天2个亿的销售额在深圳地产界传为佳话，这次的营销公关活动与新闻攻势完全建立了消费者对项目及公司的信心和信赖度。

3. 打响新产品的知名度。

万科打造第一个深圳的“四季花城”时，无论它在深圳房地产行内还是在深圳的置业者心中都享有很高的知名度，但在全国其他城市就未必了。2000年万科“四季花城”落户武汉，万科地产在武汉还有一定的知名度，但因万科地产在武汉有一多年停工项目，品牌受到一定的损伤；“四季花城”在深圳的知名度及美誉度是武汉市民所不知的，怎样把“四季花城”在深圳的知名度及美誉度嫁接到武汉来将是一个重要的营销话题。尚美佳公司与万科地产营销部联合提出的主题为“深圳四季花城二日游”的营销公关活动，为武汉的四季花园推广找到了突破口。从武汉万科会会员中招募20名会员前往深圳，武汉主流媒体4名记者随行跟踪报道，在这次活动中会员们不仅参观了美丽的四季花城，还参观了万科公司、万科物管及万科深圳其他成功项目，带回大量新闻图片及新闻报道素材，在主流媒体播放后反响强烈，置业者对万科“四季花城”的居住理念、人文、物业管理等方面有了一次全面的认识。

4. 宣传项目的新概念，让大众对项目产生认同感。

地产经过这几年的蓬勃发展，各种地产产品在市场中都能找得到，深圳、广州、北京、上海这些大城市每一年都有近百个地产项目推出来，二线城市也不甘落伍，2003年南昌房交会就有50个以上的新项目，竞争越来越激烈，一张飞机票就可以到达世界每一角落，可以看到市场上最好最领先的项目，你有的优点大家也有，产品本身日趋同质化，而发展商都想在自己的项目上有自己的居住主张，“概念”一词现在全国满天飞，虚得很，所以一个“概念”出台后，通过什么样的方式在市场中推广至关重要。

现就拿正在推广过程中的南昌“学府雅苑”来说说。“学府雅苑”周边被名校环抱，与新建一中（市重点）一路之隔，与新建二中（省重点）一墙之隔，机关二幼、二小（更名为“学府幼儿园” “学府小学”事宜正在与政府的洽谈中）就在小区规划内，打“名校社区”这张牌再好不过，但问题是周边的项目也同时享受名校等配套资源，所以仅仅打“名校社区”这张牌是不够的，需要把概念进一步深挖。经过发展商、广告公司、代理公司、园林公司的多次谋划，“全国首创教育园林社区”出台，园林公司将在园林中融入三大教育主题公园及15处与人文教育有关的小品、雕塑。为了让教育概念获得消费者的认同，广告公司推出三个营销公关手段：第一，与名家联姻，聘请社会书画教育专家作为“学府雅苑”艺术顾问，“学府雅苑”会所专设艺术教室每周都有教育专家与社区小朋友进行交流；第二，在电台设立教育谈话节目，邀请有经验的教育专家对小孩子的教育环境、心理健康等方面的话题与消费者展开对话，并解答消费者在小孩子的教育方面的疑难问题；第三，在“学府雅苑”的胜利路步行街外展场设立游戏平台，邀请全市的小朋友参加背唐诗擂台、背儿歌、普通话朗诵、才艺表演等游戏。相信“学府雅苑”的三个营销公关手段，在“全国首创教育园林社区”的知名度、美誉度及概念认同感等方面有很大的推波助澜的作用，在“十一”黄金周期间，外展场设立的游戏平台大受市民欢迎，有数百名小朋友参加了游戏。

5. 建立和维系大众及业主对项目的兴趣。

房地产的销售在一年当中旺季一般集中在春季和秋季，项目的工程节点、销售的安排也是依季节来安排的，广告实效性在炎热的夏季和冬季会有所降低，大量刊登报纸广告很不划算，所以通过营销公关活动建立和维系大众及业主对项目的兴趣，既经济又有实效。大的品牌发展商在这方面做得比较好。万科在夏季经常要举行夏令营、业主pater、沙滩足球等活动，在“金域蓝湾”内部认购前期，万客会召集了500位业主进行红树林湿地游览活动，以体现“金域蓝湾”红树林生态景观优势；招商地产的“阳光带，海滨城”春节期间举办了湖南卫视周年庆主持人见面会，也取得了不错的效果。

之所以把“营销公关”称为“万能”，是因为它在房地产项目的营销推广中发挥着巨大的作用，而且可大可小，变化无穷，有时它在表现上以营销为主导，有时又以公关为主导。“营销公关”除了上面谈到的作用外，还有在项目的营销推广中开发新市场；拓展次要的目标客户；扩大广告的到达率和普及率；推广项目的深度卖点；把广告中无法提到的项目优点加以说明；在项目无法进入市场对消费者做广告的情况下，突破常规广告媒体的限制，创造新的媒体、新的沟通管道去接触消费者，为项目制造曝光的机会，增进项目促销活动的效果，提高销售率。在与项目或公司有负面影响的群体之间建立沟通的管道，增进互相的对话，在项目危机状况发生时为项目及公司进行辩护等方面它也发挥着一般大众媒体难以达到的效果。

董小明（香港）
置业国际（中国）公司
副总经理

谈国内房地产广告的喜与忧

从事国内房地产策划代理转眼已有10年时间了，记得1996、1997年的时候，无法接受国内广告公司的所谓设计，因此几乎要自己画样稿、想主题，然后要求广告公司照跟。

伴随着国内房地产的蓬勃发展，国内近年来亦涌现了大批的房地产广告公司，培养了大批的广告策划及创作人材，房地产广告业呈现出百花争艳的局面。翻开每周的报纸，不难找到令人欣赏、甚至激动的房地产广告创作。以前由外商投资的房地产项目，几乎是不考虑国内广告公司的，但近几年来已有了显著变化，反映出国内广告公司水平的提高，当然亦与房地产市场所呈现的地域化特点有关。

在感到欣慰的同时，笔者亦看到一些令人忧虑的现象：

1）广告从业人员的流动性太大，影响项目整合推广的延续性。从事房地产及相关行业的人员流动性，整体来说，都比较大，而广告公司则更甚。笔者曾经见过一位漂亮的客户服务经理，三年内换了三家广告公司，都是深圳大牌广告公司，职位也都差不多，设计及创作人员的变动可能就更厉害。

2）每家广告公司总有一二位能了解房地产市场、思想敏锐、创意无穷、兼且能言善道、拓展能力极强的老总、总监等，提供的推广方案也很令人振奋。但到了执行阶段，老总、总监们往往隐了形，具体负责的客户经理、创作人员往往未能准确领悟项目的定位、目标客户特征及市场情况，造成创作与策划案的偏差。

3）房地产开发商越来越成熟，也越来越“精明”，往往以招标方式邀请多家广告公司参与投标，选取最佳方案后，再慢慢谈价格。一篇稿子、一项制作，行规价格是多少，在发展商经营部门的经理们心中早就有个秤了，谈下来的价格有时令广告公司意兴阑珊，这种情况下，广告公司还能付出很大的心思在方案上吗？好的创意，有时难以用金钱来衡量。在这里，给地产商们一个小小的建议，“鼓励”往往能令专案小组的跟进及创作人员发挥无穷的“小宇宙”，惊喜与收获将更多。

篇幅有限，未允许谈太多。一个项目的成功，需要“天时、地利与人和”，房地产广告是展示项目产品的品质、个性、优势的最重要环节，直接影响项目的成败、效益。笔者认为，开发商应给广告公司及广告创作一些空间，策划代理商应与广告公司多一些沟通，广告公司应多一些了解市场、多一些好的创意，好的广告创作往往是在共同的努力下诞生的。我们期盼看到更多更让人激动的创意作品。

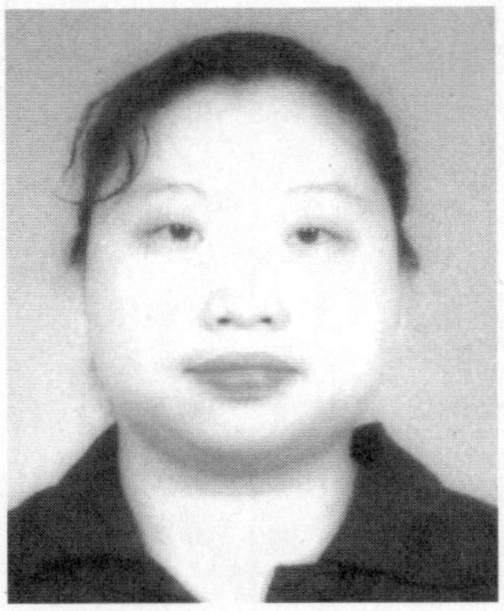

杨霖（台湾）
深圳图登广告公司
总经理

我是杨霖，我两岁半。

大陆、台湾大不同

刚到大陆的那一年，我32岁，这个年龄在台湾连“青年才俊”都谈不上，虽然我在台湾获得多种奖项，可也只能说是“有潜力有前途的可造之材”。但是，到了大陆之后，我发现29～35岁的大老板比比皆是，他们的人品、能力、学历、家世不一定很优，但是有一点，他们很早就意识到可以放大胆子去拼，可以边做边学。

在台湾，任何一个注重资历以及作业流程的成熟型大企业，都要熬年资。比如台湾新联阳，进公司前半年根本不知道自己在干吗，只能听命行事；之后一年是磨练房地产知识和专业知识的基本功，而后才能够依照每个人的用功程度和资质天分，开始将之前所学的串起来，慢慢尝试变化式，一般人必须在3～5年后，才有本领“自创招式”。

然而这种拾级而上的生涯规划在大陆显然是不必要的！尤其是在深圳，这样的模式简直寸步难行。大多来深圳的人都在找机会“赚快钱”，他们以为成功是最少的磨练、最多的跳槽就能获得，几乎所有人都不愿意走拾级而上的过程，不愿意扎根，在此前提之下，试问又有哪个老板愿意花心思栽培人才？

我在上海培训过有房地产广告经验的广告人，只用了一年的时间，他们就已经非常成熟，且在我离开上海之后，都被各大房地产公司高薪挖角成主管！

但这“一年”的时间，或许在深圳广告人眼中还是太长，目前留在公司继续接受魔鬼训练的人已经是好苗子，之前有许多人“受不了”，弃船逃走。

我一直很清楚一定会有人中途离开，也知道会有同行把我栽培出来的人挖走，但我仍希望招收到更多的好苗子，用心灌溉并磨练他们，也希望藉着这份坚持，吸引更多的优秀人才进来。我们会开放一部分股份给优秀的员工，让图登公司和所有员工形成一个“善的循环”，形成一个共生体（共同成长体）。因为，“有好的人才，才有好的作品”，这是广告行业的不二法则。

北京牛?上海灵?还是深圳行?

进入大陆两年半，很幸运在上海、北京和深圳都呆过一段时间，我对于中国广告行业，特别是房地产广告行的人、事、物，有一些相当有趣的比较。

先说上海。上海的房地产公司是全国最早引进“台湾新联阳模式”的（拜新联康所赐），也就是集团下设独立经营的“处”，每一个处有自己的延展部、业务部和企划部，提供“一条龙服务”。而这三个部门，基于共同的目标（完成销售任务），会互相了解和学习，努力去提高自己的综合能力。因此上海的房地产广告人大多被要求具备综合能力，这是他们的优势。

目前上海房地产太景气，案子太多，广告人在专业还不够成熟时，就必须上阵去做案子，只要具备基本的广告＋延展＋业务知识，就能混到不错的收入；而且上海的发展商是绝对不会拿自己的钱去给任何人玩炫的创意的，所以上海房地产广告人是没有压力的。但他们若因形势大好就失去忧患意识，不思进取，那么，当景气下滑、营生不易的时候，他们的手中将没有任何足以防身的武器。

反而，我最欣赏北京的房地产广告，呆在北京的那半年之中，我真正见识到艺高人胆大的广告人与大气度、大手笔的智能型发展商的结合。无论是文字或是视觉，看他们的广告就像洗桑拿浴，绝对令人毛孔个个舒畅。

在北京，似乎所有人都对出跳的好东西有sence，在北京做出一则很大胆很出跳的广告绝对是有成就感的事情！首先你就会被当作是名人大师，可以受到大报社主笔记者索取签名的崇高待遇；其次，你案场的电话进线量会告诉你，你的个案成了城里的大红案；第三，你谦虚地藏在广告稿角落的公司电话会被很多发展商发现，他们邀请你给他们做广告；第四，无数素未谋面的广告同行打电话来，向你殷勤请教这样的绝佳广告是怎么做出来的；第五，也是最重要的一点，消费者绝对会因为你的营销推广做得到位而高价买你的房子。所以，北京的大师是不需要提案比稿也不需要做业务开发的，人家可是捧着钱、排着队等你做他的项目……

当然北京也有其可恶之处，例如“侃”。北京人说的大话如果累积起来，那就是第二座长城！而且绝爱面子，这反应在房地产广告上，就成了“大声说概念”，之后呢？之后，就没了！因为产品力和其他卖点都无法支撑。我把这样的广告叫“舞台剧背景板”，只有表面花哨炫目的皮相，板子后面却空无一物 。

说来说去，大家可能已经十分好奇，深圳呢？深圳又如何？

我听过N多人说：深圳广州的房地产推广做得好漂亮，真是精巧，好先进，好花哨，好感人……深圳的房产营销在全国来说发展得最早，真是没话说，连上海北京都比不上……这是真的吗？

我不看广告表象的美丑，用广告策略人的眼光来说，推广策略只有对错没有美丑！何况，在广告表现的美和丑差距不大的深圳，我更认为“怎么有效怎么合适，就怎么来”！

说真的，我觉得深圳的房地产很惨，既没有上海的纵观全局和务实，也没有北京的天马行空和酣畅创意，太细碎的分工，将原本单纯融于一个体系的前期延展、业务销售和营销推广分工细化为：1. 管卖房子的公司，2. 管策划的公司，3. 管广告执行的公司，4. 管礼仪的公司，5. 管广告发布的公司，最后还有好几个管不同制作的公司……南方的发展商很累，仅仅一个整合行销就必须统筹近十家的不同意见。也因此，南方发展商霸气、精明、小气，只愿意相信自己，不愿意让别人赚他们的钱，尤其是营销部的诸位经理们，我听这些大哥大姐一个个数落起1、2、3、4、5……家厂商的口气，比判官批生死书还大，令我冷汗直流！

所谓“三个和尚没水吃”，分工太细，且“断句”断得很奇怪，深圳的广告公司一是没地位，二是赚钱不多，第三是人多口杂难待候，第四是自己也心灰意懒不思长进，第五是干脆自我放弃，你要啥我就给你啥，反正你只付给我完稿的钱我就给你做完稿。殊不知，这样下去只会让人家更瞧不起你，更将你当成一只无用可欺的软柿子！

导致中国南方各省广告公司不具备全案操作能力的原因，是许多根本不懂建筑、不懂房地产的人就迷迷糊糊入了行搞房产营销，还大行其道（例如深圳最红的文案“大师”基本是个散文作家）；而卖房子的和做广告的都不甚懂得营销策略，深圳的策划师就成了“操盘手”，俨然成为“项目主委”。然而最奇怪的是，策划师既没卖过房子也没做过广告（在厚达百页的策划报告里模拟过的案子倒是不少），却能够挽起袖子领头为发展商提供全案整合营销的服务。这样的怪事，不仅身为台湾人的我觉得好诡异，或许连上海、北京的房地产人都会觉得奇怪吧。

给发展商一个良心的建议

说完了台湾、北京、上海和深圳的房产操作模式，您一定想问我：哪一种比较好？

我给发展商的建议是，如果您个性务实怕麻烦，想找一家综合实力较强，且能分担所有销售推广风险的公司，就找上海模式的公司；如果您经验丰富，旗下有诸多资深级策划师，公司人手多不怕麻烦，必须确保营销额达到董事会的要求，建议您可以找来深圳模式的“公司”；如果您属于预算无上限创意无下限、完美主义的发展商……不必客气，快快找北京公司吧，他们绝对会让您风光无限，像驾驶一辆闪亮亮的敞篷凯迪拉克，在北京长安大街兜风一样爽！

铁板神算的忠言逆耳

最后，编辑单位希望我能够预测一下国内房产广告业的趋势，我认为那句老话还是对的：“盛极必衰，没有永远过年的！”

当台湾十多年前景气疯狂的时候，一天调涨三次价目表，客户捧着钱叫唤着售楼中心“快开门收我的钱”！回忆起当时的盛况，老前辈说得传神：“想当年我们售楼根本不需要技巧，亦无需任何广告，哑巴都会卖房子！”当时台湾搞房产的人的确赚了满坑满谷，但来得快去得也快，很多风光一时的人全军覆没，房子滞销，银行欠一大堆债，叱咤一时的房产大佬们只留下许许多多一动也不动的“不动产“！

结尾的一些唠叨

佛语：富贵为善难。

的确，让眼前每天忙着数钞票的人，去想像有朝一日风光不再、必须各凭本领去谋生的日子，肯定令人很扫兴。当下，劝说赚钱容易的大家，去锻炼一些现在用不上、将来一定需要的求生本领，也没有几个人听得进去！不只一次，我和台湾房产前辈们提到这个问题，他们抱怨：“手下的大陆晚辈操盘技术好粗糙，而且还觉得自己已经很厉害，根本不愿意学习。”我总是好生安慰他们，不要急，景气不可能永远这样好的，盛极必衰，总有一天他们会需要你的。

不知道那一天到来时，我在哪里？

不知道那一天到来时，你准备好防御武器了没？

杨怡
成都蓝色飞扬广告公司
创作总监

扯 淡

曾经有个不算疯狂的想法：收集全国各地的城市地图，只限房产版，做成一件装置作品，命名："世界博览汇（会）"。从"塞纳河畔"到"北欧风情小镇"；从"枫丹白露"到"曼哈顿"；从"新加坡花园"到"夏威夷风情"，这些充满诱惑、诗意盎然的名字绝对会出现在我们的每个城市里面……Oh. My God!

来这个城市十年，不知什么原因，一直和它有种疏离感，直到最近，才慢慢地悟出这个城市的魅力和它的价值所在。

算起来，参与地产广告的时间也有七八年了，其实，也就这么短短的七八年，见证了这个城市的巨大变化和经历了广告行业的反复无常，也算是这个城市房地产发展的见证者和参与者。

一直以来，许多从事这个行业的同行，从策划、文案到平面设计师，都非常沉迷于自己空想出来所谓的策略，堆砌出来的华丽辞藻，表象的点、线、面的氛围之中，自闭地拔不出来，很少真正去了解市场、建筑、城市文脉、消费者和开发商真正的关注点。凭几本所谓的大师经典、参考书籍和那几套全国人民都已经用滥的狗屎光盘图库，就非常应用自如地把广告"发扬光大"。

就我所在的这个城市，前段时间，出来一系列风格独特的广告，结果，一大半年下来，翻开整个报纸，它的克隆表姐、表妹、儿子、孙子统统上阵，一时间，一乍看，分不清谁是谁。

事实上，当一个广告人变成消费者，我说的是一个真正的购房消费者时，就会发现，原来我们所站的角度和关注点，是和平常完全不一样的。在购房的这个过程中，"你就是一个俗人"一句话准确概之，这是我和很多朋友的切身体验，而且完全一致。

有一次聚会，在座的有建筑师、开发商和广告同行，大家天南海北胡侃，突然有人说："现在我们是把一百年干的事，十年就干完了；十年就该干完的事，一百年还没干完。"大家哄堂大笑。其实，看看我们周围，各行各业都是快马加鞭，与时俱进。每个城市，都有一把不怎么地的手术刀，任意切割、组合、堆砌，每个城市的性格越来越雷同，真正值得保留的东西也越来越少。

我的老家地属三峡库区一个小县城。很久没回去了，经常有朋友打电话："迁城搬新家了，经常回来看一下。"我常常不知所答。失去了熟悉的老街，光影流转的电影院也不复存在，也没有了发生过许多故事的曲折小径……我真的连回家的勇气都丧失了。

讲个小故事，我的亲身体会：平时喜欢拿相机胡乱瞎拍，有一天到成都非常有名、保存尚好、有点破败的"宽、窄巷子"想拍一些东西，当我慢慢地穿过这条小巷，走进这些平常人家，看到了许多令人感动的情景，他们是那么的悠闲、恬静、平缓。我真的是屏住呼吸，缓缓地按下快门，不忍心惊扰他们。那一刻，我终于明白：现在才真正意义上喜欢这座城市。曾经在心底轻视过它的阴柔、缓慢、闲适，还一直和它抗拒着，试图改变什么。实际上，直到现在我才刚刚理解这个城市，才读懂这个城市，才爱上这个城市。

很想对我们的同行说一句话：平凡生活的点滴积累，才是真正创作的泉涌，其他，一切都是扯淡。

对开发商斗胆说一句：对待房子就像对待自己的孩子一样，让它有生命地慢慢长大。

其他，也是扯淡。

刘源
大学教授、艺术家

永远的建筑

迄今为止，我依然不能原谅那些没有品位的建筑。

单独一幢倒也罢了，糟糕的是一大片，甚至是一座城市。从上世纪70年代的水磨石、80年代的马赛克到90年代的瓷砖，这些曾风靡一时的时尚建筑，在短短一二十年之后，便被当作垃圾给扔掉。

准确说来那不是建筑，只是房子而已。

十多年前，一位深圳的朋友给我讲过这样的笑话。有个暴发户在野外遇上一个骗子，骗子说："把这块地买下来盖房子，你准能发财！"对方发财心切果真买了。不久，房子盖好了，这天来了一个算命先生，"我能帮你把房子卖掉"算命先生说，暴发户如释重负连忙谢谢。几天后算命的带来了一群傻子，噼里啪啦就把房子给买完了。此后，一条高速公路恰好从旁边修过，于是这个地方便有了名字——新城！

故事有点悚人，但却来得直接，想必房地产业当初正是如此这般起家的。如今，讲故事的朋友早就"傻子"一般买了套房，并有声有色地开了广告公司，整日帮人吆喝着买卖，每次见面总是叫苦不迭——"你不知道和房地产商打交道有多难！"

现在的房产商早已不是过去的泥腿子，他们开洋车吃西餐满口不离文化、平台，忙里偷闲他们还在攻读学位。在新世纪中国房地产业的发展中，是他们带动了房地产文化的到来。策划人、广告公司伴随着房产业的繁荣应运而生。

从圈地运动到庄园城堡，从板块分割到大盘营运，经过十多年的打磨整合，在绚丽多彩的背面我们看到一个长满犄角的庞然大物。一幢幢毫无节制的建筑无情地横亘在人们的面前，以最大程度满足购买者的欲望。

问题可能出现在"策划"上。策划者往往把自己扮演成预言大师，热衷于缔造新词烘托气氛，动辄就要"革命"、"战争"。在大呼小叫的氛围中全力打造自我，并成功地和房产商站在一起合影。几个回合下来，便会向媒体发布消息——一个一流的策划大师出现了。不负责任的游说，在轻松愉快达到自己目的的同时，也最大程度地误导了人们脆弱的思维与审美。

问题也可能出现在房产商。聪明的房产商最讲究节奏和效率，快节奏与高效率这对双雄一经联手，任何宏伟壮观的事情都可能出现。短时间内建造一座城市对他们而言绝对不是笑谈和谎言。策划者的怂恿使他们变得独断。在一时兴起或完全失控的状态下和建筑师交流简直就是悲剧！我曾在餐桌上接触过一些房产商，通过他们点菜的声音和期间上洗手间的行走姿势，你可以完全体会到什么叫“大款”。但千万不要和对方谈艺术、谈设计，否则被批评的肯定是自己！

问题还可能出现在广告公司。几年来，我接触了不下一打广告公司，无论老板还是职员没有一个不喊累的。“我们的钱是用身体熬出来的”。一个星期加班四五次是常见的事，要命的是精心制作的方案可能在瞬间被对方毙掉，于是便出现了折中和平庸。当策划与广告分离时，广告成为附庸。大多时候广告是作为某种黏合材料去进行填补的，它无法真正意义上独立。原创性消失、创意平淡无味成为众多广告公司的通病。玩文字游戏的套路简直是保障利益的最大法宝。当然也有许多高素质客户，也有许多一流的房产广告。可以肯定的是：任何优秀的广告案例背后，必定有一支优秀的广告团队和一个具有前瞻性、宽容性的房产商。给广告公司自由的创作空间是房产广告业健康发展的基本前提。

最终的问题或许在建筑本身。

当建筑被作为商品而出售时，其原有的独立性便随之结束，它甚至丧失了个体特性而被赋予某种整体特征出现。正是因此，它的建筑性消失了，它成为一幢房子。广告以其特有的传播方式出现，并以此在观众面前弥补其原有的内涵。

作为商品的房屋一经售出，即还原为建筑。尽管如此，仍不能改变其通俗化的本质，因为购买者精心打造的只是内部空间，其外在的形象则永远无法改变。在某种意义上，这恰是建筑的悲哀。“东方巴黎”、“澳州公园”以及“香榭丽舍欢乐大道”等等，这些从头到脚散发着庸俗气味的殖民建筑物，不可原谅的原因正是无原则的抄袭和模仿。

今天，在森林一般的钢筋水泥中生活，我不禁开始怀念那蓝天之下的白墙黑瓦。中国的、东方的、民族的这一鲜明的建筑形态特征，在经历数千年的风雨沧桑后，依然生动自然地存在我们的记忆里。它是我们永远的建筑。

永远的建筑是一种精神。

从本土出发，看看世界，从传统走出，结合现代，应该是每一位建筑师工作的基本原则。不敢奢望每一个房地产商都是建筑师，更不敢奢望每一个建筑师都是安东尼·高迪，只是想提醒那些以“策划”横行天下的大师们，在兴奋过度之余，回首燎望一眼自己的作品作一番批评与自我批评。至于在广告公司加班的兄弟，则可以趁机回家睡个好觉。

Logo
标志

Company name
公司名称：
深圳汇鑫行策划
Floor name
楼盘名称：
山水华都
Art director general
创作总监：
张天雨

Company name
公司名称：
深圳汇鑫行策划
Floor name
楼盘名称：
山海华庭
Art director general
创作总监：
杨立铎

Company name
公司名称：
杭州太古广告
Floor name
楼盘名称：
恒创春晓源

Company name
公司名称：
成都蓝色飞扬广告
Floor name
楼盘名称：
诺玛特广场
Art director general
创作总监：
杨怡
Art director
美术指导：
陆建

Company name
公司名称：
深圳汇鑫行策划
Floor name
楼盘名称：
缤纷四季
Art director general
创作总监：
张天雨

Company name
公司名称：
浙江动脑广告
Floor name
楼盘名称：
贺田尚城
Art director general
创作总监：
刘更
Art director
美术指导：
陈瑶

Company name
公司名称：
北京红石坊广告
Floor name
楼盘名称：
龙庆峡乡村俱乐部
Art director general
创作总监：
吕成剑

Company name
公司名称：
深圳尚美佳广告
Floor name
楼盘名称：
外滩新城

心海·伽藍
OCEAN SPIRIT
GARLAND 深圳·大梅沙

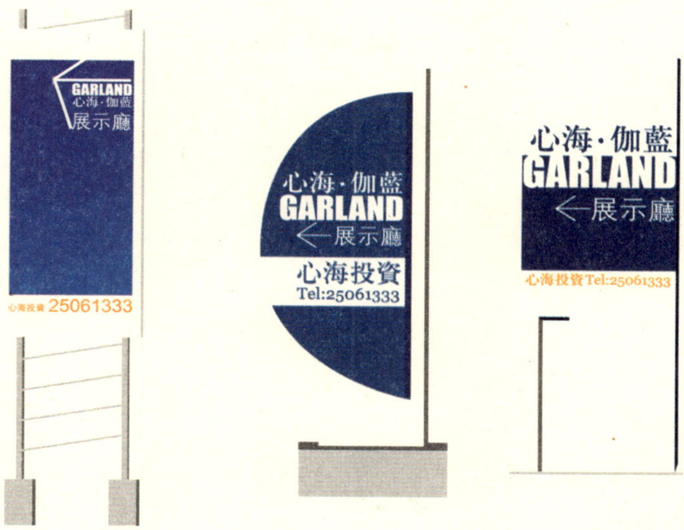

Company name
公司名称：
深圳盛意廊广告
Floor name
楼盘名称：
心海·伽蓝
Art director general
创作总监：
黄金亮

Wooden Water Lands
海德·林水山居
聆天籁之音 闻學院書香

LIANSHENG
联升房产
LIANSHENG REAL ESTATE

HUAN CHANG YUAN
享受阳光、享受自然、享受生活
欢畅园
嘉州美都4期

KING SIZE
SOUTH LAKE
2003 LIFE NEEDED TO BE REHUMANIZED, AND THE FIRST PLACE TO BEGIN SUCH AN UNDERTAKING WAS IN THE HOME.
嘉和·南湖之都

紫桂花园
ZIGUI GARDEN

WANJING GARDEN
萬錦花苑

GOLDEN PHOENIX CITY
金鳳凰城
NEW CITY NEW LIFE

Hundred Real Estate
海杰德房产

Company name
公司名称：
杭州太古广告
Floor name
楼盘名称：
海德·林水山居

Company name
公司名称：
杭州太古广告
Floor name
楼盘名称：
欢畅园

Company name
公司名称：
杭州太古广告
Floor name
楼盘名称：
紫桂花园

Company name
公司名称：
杭州太古广告
Floor name
楼盘名称：
金凤凰城

Company name
公司名称：
杭州太古广告
Floor name
楼盘名称：
联升房产

Company name
公司名称：
深圳尚美佳广告
Floor name
楼盘名称：
嘉和·南湖之都

Company name
公司名称：
杭州太古广告
Floor name
楼盘名称：
万锦花苑

Company name
公司名称：
杭州太古广告
Floor name
楼盘名称：
海杰德房产

NEW CENTURY GARDEN

新世纪嘉园

新世纪嘉园　新都市生活

蔚蓝海岸

CÔTE D'AZUR

Company name
公司名称:
岳阳明瑞广告
Floor name
楼盘名称:
新世纪嘉园
Art director general
创作总监:
吴德山

Company name
公司名称:
深圳黑弧广告
Floor name
楼盘名称:
蔚蓝海岸

Company name
公司名称:
深圳精英联盟
Floor name
楼盘名称:
东海豪庭
Art director general
创作总监:
朱秋林

Company name
公司名称:
岳阳明瑞广告
Floor name
楼盘名称:
昌虹·香洲名都
Art director general
创作总监:
吴德山

Company name
公司名称:
杭州太古广告
Floor name
楼盘名称:
湖房实业

Company name
公司名称:
深圳黑弧广告
Floor name
楼盘名称:
东海房产

Company name
公司名称:
深圳黑弧广告
Floor name
楼盘名称:
阳光棕榈园

Company name
公司名称:
杭州太古广告
Floor name
楼盘名称:
开源小区

Company name
公司名称:
杭州太古广告
Floor name
楼盘名称:
紫江地产

Company name
公司名称:
深圳盛意廊广告
Floor name
楼盘名称:
新龙岗商业中心

波托菲诺

PORTOFINO

深圳·华侨城108万平米意大利风情小镇

noble romantic elegant unrestrained
relaxed tranquil artistic
simple prop rietary and irreplaceable, pleasant

FLORAL DWELLING

亚华·香舍花都

Company name
公司名称：
深圳黑弧广告
Floor name
楼盘名称：
波托菲诺

Company name
公司名称：
深圳黑弧广告
Floor name
楼盘名称：
亚华·香舍花都

Company name
公司名称:
上海汉星设计
Floor name
楼盘名称:
蓝岛国际公寓
Art director general
创作总监:
高瞻

Company name
公司名称:
北京红石坊
Floor name
楼盘名称:
枫渡
Art director general
创作总监:
吕成剑

Company name
公司名称:
深圳木太社广告
Floor name
楼盘名称:
海韵未来
Art director general
创作总监:
游江峰
Art director
美术指导:
文娟

Company name
公司名称:
深圳盛意廊广告
Floor name
楼盘名称:
雍景轩
Art director general
创作总监:
黄金亮

Company name
公司名称:
深圳尚美佳广告
Floor name
楼盘名称:
华景广场

Company name
公司名称:
上海汉星设计
Floor name
楼盘名称:
精文城市花园
Art director general
创作总监:
高瞻

Company name
公司名称:
深圳木太社广告
Floor name
楼盘名称:
蓝波湾
Art director general
创作总监:
游江峰
Art director
美术指导:
文娟

Company name
公司名称:
深圳木太社广告
Floor name
楼盘名称:
城市先锋
Art director general
创作总监:
游江峰
Art director
美术指导:
谢姣英

国际新城 ABROAD NEW CITY

VERDANT PARK

山水芙蓉

长沙城区首个纯TOWNHOUSE别墅区 · 回到生活的本义

Company name
公司名称：
深圳汇鑫行策划
Floor name
楼盘名称：
山水芙蓉
Art director general
创作总监：
杨立铎

Company name
公司名称：
深圳黑弧广告
Floor name
楼盘名称：
水云间

Company name
公司名称：
深圳朗图设计
Floor name
楼盘名称：
天健阳光华苑

Company name
公司名称：
深圳黑弧广告
Floor name
楼盘名称：
皇庭世纪

Company name
公司名称：
深圳汇鑫行策划
Floor name
楼盘名称：
石鸿·融景园
Art director general
创作总监：
张天雨

Company name
公司名称：
上海汉星设计
Floor name
楼盘名称：
白领公寓
Art director general
创作总监：
高瞻

Company name
公司名称：
成都蓝色飞扬广告
Floor name
楼盘名称：
锦官新城
Art director general
创作总监：
杨怡

Company name
公司名称：
深圳汇鑫行策划
Floor name
楼盘名称：
锦绣中环
Art director general
创作总监：
杨立铎

Company name
公司名称：
深圳汇鑫行策划
Floor name
楼盘名称：
山水人家
Art director general
创作总监：
张天雨

Company name
公司名称：
上海汉星设计
Floor name
楼盘名称：
立泰房产
Art director general
创作总监：
刘曙/周渝

Company name
公司名称:
北京红石坊广告
Floor name
楼盘名称:
北京大都市
Art director general
创作总监:
吕成剑

Company name
公司名称:
成都蓝色飞扬广告
Floor name
楼盘名称:
博瑞·都市花园
Art director general
创作总监:
杨怡

佳邦地产

新世纪
高级公寓
NEW CENTURY
HIGH APARTMENT

方正地产
FANGZHENG REALTY

LANHAI GARDEN • BLUE BAY
兰海花园 · 蓝波湾

山山水水處處明明秀秀
松盛園
SONG SHENG GARDEN

亿城物业
YICHENG PROPERTY

山水庭院
EXCELLENT GARDEN

新裕家园
NEW FORTUNE GARDEN

Company name
公司名称:
北京红石坊广告
Floor name
楼盘名称:
佳邦地产
Art director general
创作总监:
吕成剑

Company name
公司名称:
北京红石坊广告
Floor name
楼盘名称:
方正地产
Art director general
创作总监:
吕成剑

Company name
公司名称:
杭州红狮广告
Floor name
楼盘名称:
新世纪高级公寓
Art director
美术指导:
王衡元

Company name
公司名称:
杭州红狮广告
Floor name
楼盘名称:
松盛园
Art director
美术指导:
陆卫东

Company name
公司名称:
深圳朗图设计
Floor name
楼盘名称:
兰海花园 · 蓝波湾

Company name
公司名称:
深圳汇鑫行策划
Floor name
楼盘名称:
山水庭院
Art director general
创作总监:
杨立锋

Company name
公司名称:
北京红石坊广告
Floor name
楼盘名称:
亿城物业
Art director general
创作总监:
吕成剑

Company name
公司名称:
北京红石坊广告
Floor name
楼盘名称:
新裕家园
Art director general
创作总监:
吕成剑

Oct
Portofino
Italian
Culture
Week

華僑城
波托菲諾
意大利文化周

香蜜湖·水榭花都
WATERFLOWERS

Company name
公司名称：
深圳尚美佳广告
Floor name
楼盘名称：
波托菲诺意大利文化周

Company name
公司名称：
深圳博思堂广告
Floor name
楼盘名称：
香蜜湖·水榭花都
Art director
美术指导：
吴雨哲

Company name
公司名称：
北京红石坊广告
Floor name
楼盘名称：
加来小镇
Art director general
创作总监：
吕成剑

Company name
公司名称：
杭州红狮广告
Floor name
楼盘名称：
远东·紫麟人家
Art director
美术指导：
王衡元

Company name
公司名称：
北京红石坊广告
Floor name
楼盘名称：
加来置业
Art director general
创作总监：
吕成剑

Company name
公司名称：
深圳尚美佳广告
Floor name
楼盘名称：
新城时代

Company name
公司名称：
北京红石坊广告
Floor name
楼盘名称：
东环18
Art director general
创作总监：
吕成剑

Company name
公司名称：
杭州红狮广告
Floor name
楼盘名称：
国信房产
Art director
美术指导：
陆卫东

Company name
公司名称：
杭州红狮广告
Floor name
楼盘名称：
紫晶时代
Art director
美术指导：
金学丽

Company name
公司名称：
北京红石坊广告
Floor name
楼盘名称：
日月·星城
Art director general
创作总监：
吕成剑

花香维也纳

SHANGHE CHENG

上河城

Company name
公司名称：
深圳博思堂广告
Floor name
楼盘名称：
花香维也纳

Company name
公司名称：
成都蓝色飞扬广告
Floor name
楼盘名称：
上河城
Art director general
创作总监：
杨怡

Company name
公司名称：
浙江动脑广告
Floor name
楼盘名称：
同人花园
Art director general
创作总监：
陈瑶
Art director
美术指导：
强朋

Company name
公司名称：
杭州红狮广告
Floor name
楼盘名称：
富春江花园
Art director
美术指导：
陆卫东

Company name
公司名称：
北京红石坊广告
Floor name
楼盘名称：
新景家园
Art director general
创作总监：
吕成剑

Company name
公司名称：
浙江动脑广告
Floor name
楼盘名称：
新城家园
Art director general
创作总监：
陈瑶

Company name
公司名称：
北京红石坊广告
Floor name
楼盘名称：
住邦2000
Art director general
创作总监：
吕成剑

Company name
公司名称：
浙江动脑广告
Floor name
楼盘名称：
中凯城市之光
Art director general
创作总监：
陈瑶

Company name
公司名称：
北京红石坊广告
Floor name
楼盘名称：
亿城地产
Art director general
创作总监：
吕成剑

Company name
公司名称：
浙江动脑广告
Floor name
楼盘名称：
西溪风情
Art director general
创作总监：
陈瑶

Wooje Carnival

武夷嘉园

— 都市闲情 庭院人家 —

SHANGRI-LA

新湖·香格里拉

Company name

公司名称：

浙江动脑广告

Floor name

楼盘名称：

武夷嘉园

Art director general

创作总监：

陈瑶

Company name

公司名称：

浙江动脑广告

Floor name

楼盘名称：

新湖·香格里拉

Art director general

创作总监：

陈瑶

Company name
公司名称：
浙江动脑广告
Floor name
楼盘名称：
家景房产
Art director general
创作总监：
陈瑶

Company name
公司名称：
深圳尚美佳广告
Floor name
楼盘名称：
数码时代大厦

Company name
公司名称：
深圳博思堂广告
Floor name
楼盘名称：
碧海云天

Company name
公司名称：
浙江动脑广告
Floor name
楼盘名称：
金都·富春山居
Art director general
创作总监：
陈瑶

Company name
公司名称：
浙江动脑广告
Floor name
楼盘名称：
嘉禾·北京城
Art director general
创作总监：
陈瑶

Company name
公司名称：
浙江动脑广告
Floor name
楼盘名称：
贺田投资
Art director general
创作总监：
陈瑶

Company name
公司名称：
深圳汇鑫行策划
Floor name
楼盘名称：
愿景·海天一色
Art director general
创作总监：
杨立锋

Company name
公司名称：
北京红鹤广告
Floor name
楼盘名称：
Class

府上
水清木華

骏景高尔夫花园
JUNJING GOLF HOMELAND

Company name
公司名称：
深圳图登广告
Floor name
楼盘名称：
水清木华府上
Art director general
创作总监：
杨霖/胡永

Company name
公司名称：
深圳朗图设计
Floor name
楼盘名称：
骏景高尔夫花园

Company name
公司名称：
深圳图登广告
Floor name
楼盘名称：
山居岁月
Art director general
创作总监：
胡永

Company name
公司名称：
浙江动脑广告
Floor name
楼盘名称：
开元名都
Art director general
创作总监：
陈瑶
Art director
美术指导：
方华生

Company name
公司名称：
深圳图登广告
Floor name
楼盘名称：
蔚蓝印象
Art director general
创作总监：
胡永

Company name
公司名称：
浙江动脑广告
Floor name
楼盘名称：
浙江小和山高教园区
建设发展有限公司
Art director general
创作总监：
陈瑶
Art director
美术指导：
席琦

Company name
公司名称：
深圳鼎成广告
Floor name
楼盘名称：
熊猫碧富新城

Company name
公司名称：
深圳尚美佳广告
Floor name
楼盘名称：
东方豪庭

Company name
公司名称：
浙江动脑广告
Floor name
楼盘名称：
置信名都
Art director general
创作总监：
陈瑶
Art director
美术指导：
席琦

Company name
公司名称：
深圳盛意廊广告
Floor name
楼盘名称：
五洲花城
Art director general
创作总监：
黄金亮

INTERNATIONAL
PIAZZA FORM THE
SOUTHWARD
南方国际

Company name
公司名称：
深圳图登广告
Floor name
楼盘名称：
南方国际
Art director general
创作总监：
胡永

Company name
公司名称：
浙江动脑广告
Floor name
楼盘名称：
亚度风和苑
Art director general
创作总监：
陈瑶
Art director
美术指导：
方华生

Company name
公司名称：
深圳图登广告
Floor name
楼盘名称：
南方国际
Art director general
创作总监：
胡永

Company name
公司名称：
浙江动脑广告
Floor name
楼盘名称：
大都置业
Art director general
创作总监：
陈瑶

Company name
公司名称：
浙江动脑广告
Floor name
楼盘名称：
浪琴翠苑
Art director general
创作总监：
陈瑶

Company name
公司名称：
深圳骚风广告
Floor name
楼盘名称：
雅兰亭

Company name
公司名称：
浙江动脑广告
Floor name
楼盘名称：
兰庭西江月
Art director general
创作总监：
陈瑶
Art director
美术指导：
王斌

Company name
公司名称：
浙江动脑广告
Floor name
楼盘名称：
瑞城名座
Art director general
创作总监：
陈瑶
Art director
美术指导：
许海峰

领海
SEA TIME
ROYAL APARTMENT

Company name
公司名称:
深圳图登广告
Floor name
楼盘名称:
领海
Art director general
创作总监:
杨霖/胡永

2002 百姓 住宅展示交易会

嘉時
園代
Epoch Garden
艺术之美 · 生活之乐
時代嘉園

梅江南
SouthLake

Galaxy Business Edifice
大华·星河商务大厦
— 国际商务时代的城市之星 —

彩福大厦
LUCKY BUILDING

卡尔生活馆
KARL HOUSE

清上
清上园—硅谷之地 · 居家宝邸

Company name
公司名称：
北京红石坊广告
Floor name
楼盘名称：
2002百姓住宅展示交易会
Art director general
创作总监：
吕成剑

Company name
公司名称：
深圳尚美佳广告
Floor name
楼盘名称：
梅江南

Company name
公司名称：
杭州太古广告
Floor name
楼盘名称：
时代嘉园

Company name
公司名称：
浙江动脑广告
Floor name
楼盘名称：
大华·星河商务大厦
Art director general
创作总监：
陈瑶

Company name
公司名称：
浙江动脑广告
Floor name
楼盘名称：
克莱斯特国际花园
Art director general
创作总监：
陈瑶

Company name
公司名称：
北京红鹤广告
Floor name
楼盘名称：
卡尔生活馆

Company name
公司名称：
深圳尚美佳广告
Floor name
楼盘名称：
彩福大厦

Company name
公司名称：
北京红石坊广告
Floor name
楼盘名称：
清上园
Art director general
创作总监：
吕成剑

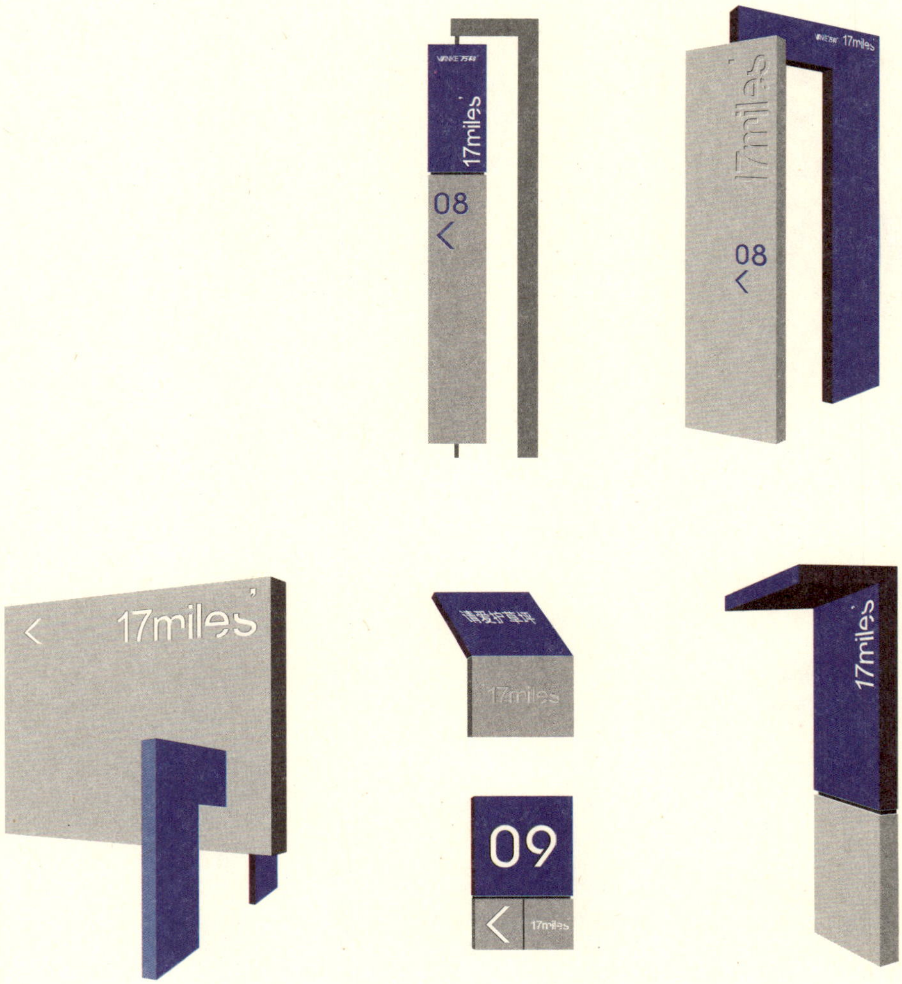

Company name
公司名称：
深圳图登广告
Floor name
楼盘名称：
17英里
Art director general
创作总监：
杨霖

Company name
公司名称：
成都蓝色飞扬广告
Floor name
楼盘名称：
罗马假日广场
Art director general
创作总监：
杨怡

Company name
公司名称：
成都蓝色飞扬广告
Floor name
楼盘名称：
水木光华
Art director general
创作总监：
杨怡

Company name
公司名称：
深圳尚美佳广告
Floor name
楼盘名称：
晶珠商业广场

Company name
公司名称：
深圳尚美佳广告
Floor name
楼盘名称：
蓝色天际

Company name
公司名称：
深圳形意堂设计
Floor name
楼盘名称：
禾田世居

Company name
公司名称：
深圳汇鑫行策划
Floor name
楼盘名称：
芙蓉会
Art director general
创作总监：
张天雨

Company name
公司名称：
成都蓝色飞扬广告
Floor name
楼盘名称：
SOHO沸城
Art director general
创作总监：
杨怡

Escher Garden
爱舍尔花园

仙泉山莊
COLORS GREENVILLA 别墅
仙湖山麓 龍脉府邸

Company name
公司名称：
成都蓝色飞扬广告
Floor name
楼盘名称：
爱舍尔花园
Art director general
创作总监：
杨怡

Company name
公司名称：
深圳盛意廊广告
Floor name
楼盘名称：
仙泉山庄
Art director general
创作总监：
黄金亮

Company name
公司名称：
北京红石坊广告
Floor name
楼盘名称：
爱情密码
Art director general
创作总监：
吕成剑

Company name
公司名称：
深圳汇鑫行策划
Floor name
楼盘名称：
富通·好旺角
Art director general
创作总监：
杨立锋

Company name
公司名称：
杭州太古广告
Floor name
楼盘名称：
绿园

Company name
公司名称：
深圳尚美佳广告
Floor name
楼盘名称：
花园·小城

Company name
公司名称：
岳阳歌图广告
Floor name
楼盘名称：
天地华庭
Art director general
创作总监：
张炜

Company name
公司名称：
浙江动脑广告
Floor name
楼盘名称：
国信嘉园
Art director general
创作总监：
陈瑶

Company name
公司名称：
深圳盛意廊广告
Floor name
楼盘名称：
鼎锋
Art director general
创作总监：
黄金亮

Company name
公司名称：
杭州太古广告
Floor name
楼盘名称：
桃花源

中華坊 天籟城

Eden Town
祥和麗城

Company name
公司名称：
深圳尚美佳广告
Floor name
楼盘名称：
中华坊

Company name
公司名称：
深圳尚美佳广告
Floor name
楼盘名称：
祥和丽城

金科·天籁城
JINKE GLAMOR COMMUNITY

FREE
Space Rehumanized
嘉和·自由空間

TRD
多倫多翠邸
Torondo greenmansion

学府雅苑

Hai yiju
海湾花园·海怡居

ZHONG TIAN MANSION
中田大厦

LAKE PARKAVE
汐岸国际
世界的·生活的

枫林绿洲
BEAUTIFUL FOREST

Company name
公司名称:
深圳尚美佳广告
Floor name
楼盘名称:
金科·天籁城

Company name
公司名称:
深圳尚美佳广告
Floor name
楼盘名称:
多伦多翠邸

Company name
公司名称:
深圳尚美佳广告
Floor name
楼盘名称:
海湾花园·海怡居

Company name
公司名称:
深圳尚美佳广告
Floor name
楼盘名称:
汐岸国际

Company name
公司名称:
深圳尚美佳广告
Floor name
楼盘名称:
嘉和·自由空间

Company name
公司名称:
深圳尚美佳广告
Floor name
楼盘名称:
学府雅苑

Company name
公司名称:
杭州太古广告
Floor name
楼盘名称:
中田大厦

Company name
公司名称:
深圳尚美佳广告
Floor name
楼盘名称:
枫林绿洲

华東国际工业博览城

BOLDACHIN INTERNATIONAL INDUSTRY READ EXTENSIVELY CITY

流星花园

Meteor

Garden

Company name

公司名称：

深圳尚美佳广告

Floor name

楼盘名称：

华东国际工业博览城

Company name

公司名称：

成都蓝色飞扬广告

Floor name

楼盘名称：

流星花园

Art director general

创作总监：

杨怡

Buiding Briefing
楼书

Company name
公司名称：
北京红石坊
Floor name
楼盘名称：
东环18
Art director general
创作总监：
吕成剑

精雕细琢，完美生活。
运筹帷幄 高屋建瓴
进驻CBD
赢运未来

Working
Living
Shopping
CBD一居，无限的生活
百变一居，空间无限
1室2厅1卫
建筑面积：71.95m²
房屋单价：8000元/m²
房屋总价：575600元
首付款：115600元
月还款：3185元

Company name
公司名称：
北京红石坊
Floor name
楼盘名称：
当代城市家园
Art director general
创作总监：
吕成剑

因为我在城市
我无处不在
关于城市的阅读：王小波，加西亚·马尔克斯，张爱玲，卡拉柯，博尔赫斯，村上春树，卡尔维诺，王家卫，哈维尔，查尔斯·舒尔茨，罗伯·葛里耶，费里尼，乔治·奥威尔，玛格丽特·杜拉斯甚至桉罗
关于城市的聆听：Jazz，Blues，New Age，今夜无人入睡，Pink floyd或者Amadeus
关于城市的出口：三里屯，汽车影院，三联书店，咖啡馆，人艺小剧场，形形色色的.com公司或者墓街
城市之于我
当代之于我

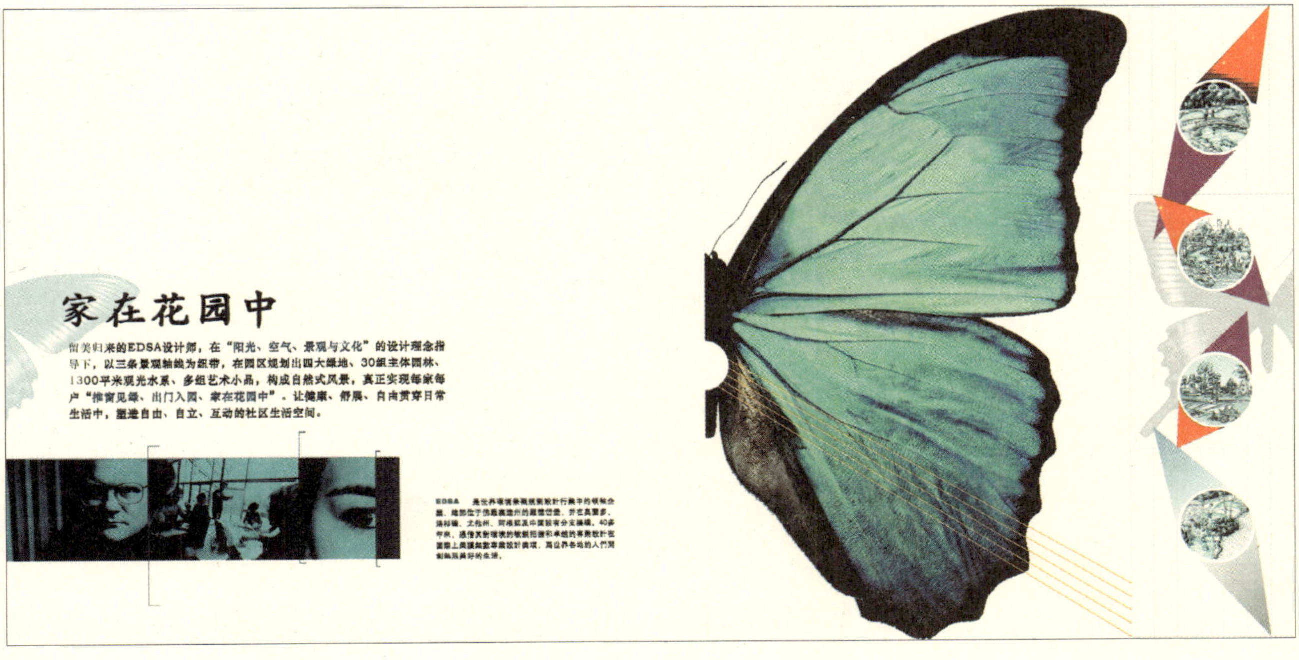

家在花园中
留美归来的EDSA设计师，在“阳光、空气、景观与文化”的设计理念指导下，以三条景观轴线为纽带，在园区规划出四大绿地、30组主体园林、1300平米观光水系、多组艺术小品，构成自然式风景，真正实现每家每户“推窗见绿、出门入园、家在花园中”。让健康、舒展、自由贯穿日常生活中，塑造自由、自立、互动的社区生活空间。

Life means fun and comfort
World-class International Mansions
穿越时空的现代派生活 世界级标准国际公寓
白领公寓方正气派的大开度空间布局，舒适现代的全新精装饰风格，满足了您对空间自由支配的愿望。
Offering a spacious, and very functional layout, the property is decorated in modern style, which makes you relaxed with freedom.
A型房216.7m²（建筑面积）
On site photos

Suzhou
It's only an hour's drive to the International Airport of Shanghai, and takes you to all over the world conveniently.
Suzhou is a famous "ity of gardens" with long and decorous history. It is named as "backyard of Shanghai", due to her former elegance and advantageous geography. In recent times, it has achieved a harmonious marriage between soaring development and determined conservation that can reasonably claim to be path-breaking in China, and probably the world.
美食/
Cuisine
The perfect chef would like to enjoy you with delicious cuisine from all over the world.
BAILING MANSIONS
China Suzhou Industrial Park Company Limited(SIPC), which holds 65% of the shares in CSSD,invested in the construction of Bailing Mansions. The service apartment is located closely near to the beautiful Jinji Lake,just in the center of the CBD in Suzhou. And it is also neighboring closely to fifties of Fortune 500 Enterprises.Lots of high-ranking staffs from them enjoyed to be long-staying guests In Mansions.This international standard apartment is waiting for you staying.
环境/
Environmental
社区典雅幽静的铺地式绿化与园区平缓大气的阳光绿地相互辉映，充分拓展视觉空间，一望无边的金鸡湖美景尽收眼底。
Luxurious residential houses have lake scenery at front and large green land sceneryat back, with fresh air and plenty of sunshine.
精装饰 · 全配套 · 世界级标准国际公寓

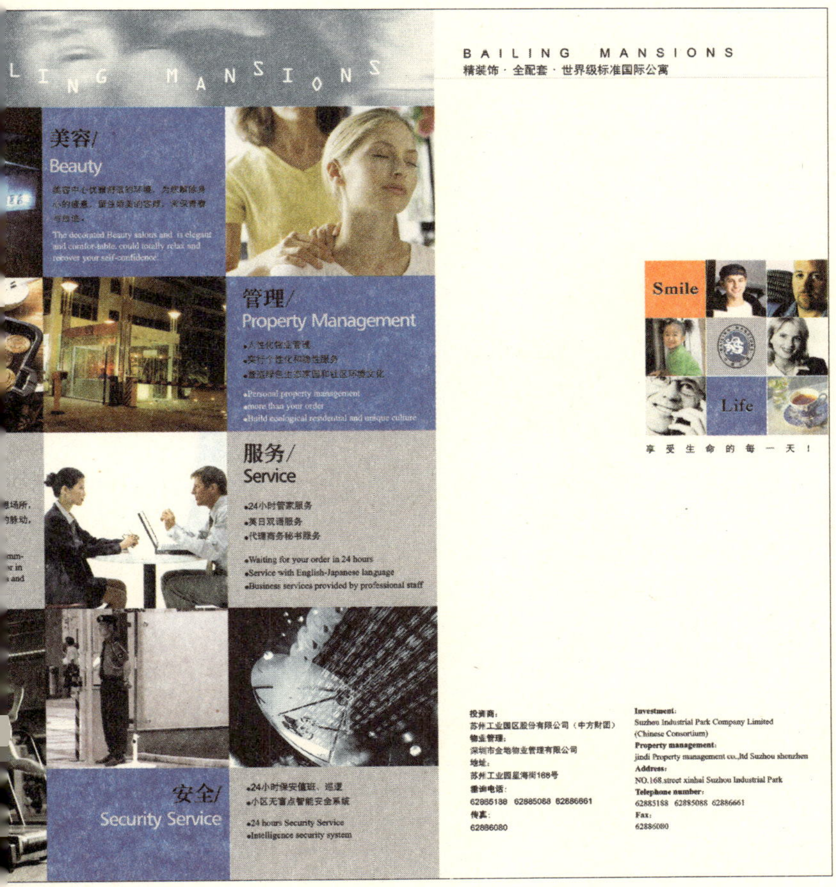

Company name
公司名称：
上海汉星设计

Floor name
楼盘名称：
苏州白领公寓

Art director
美术指导：
高瞻

Copy writer
文案：
孙怡婷 / 高峰

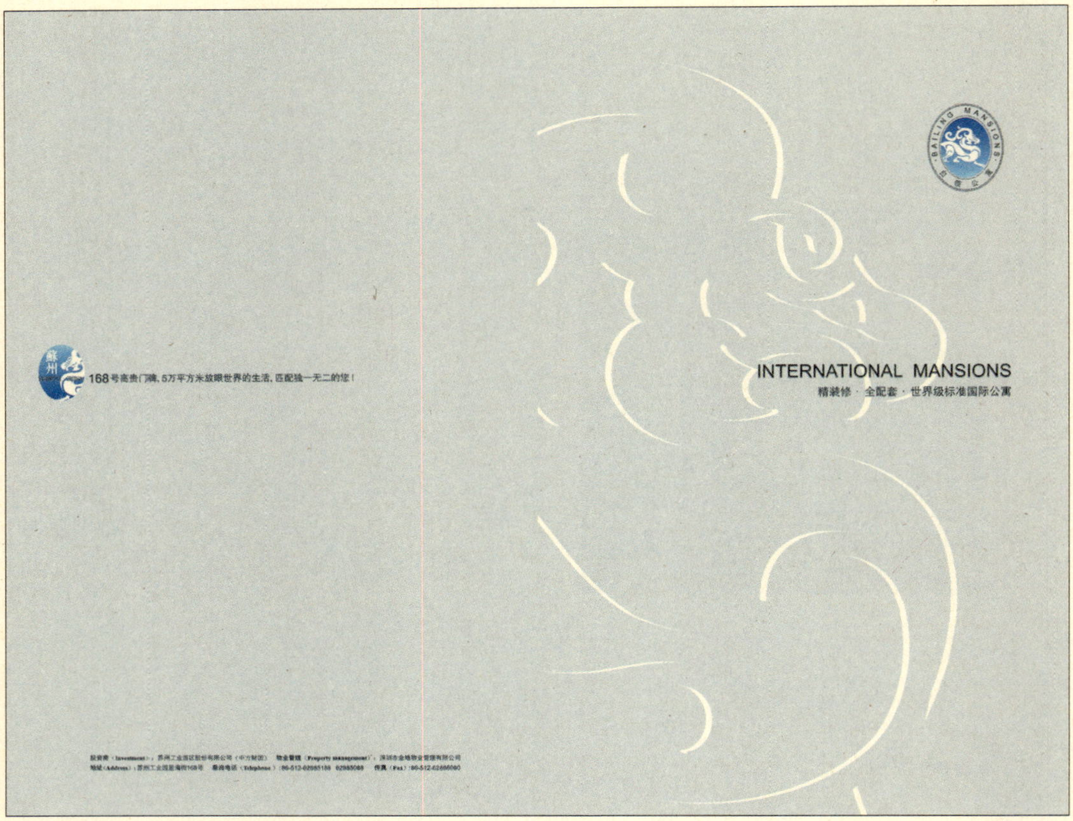
蘇州
168号高贵门牌，5万平方米放眼世界的生活，匹配独一无二的您！
BAILING MANSIONS
INTERNATIONAL MANSIONS
精装修 · 全配套 · 世界级标准国际公寓

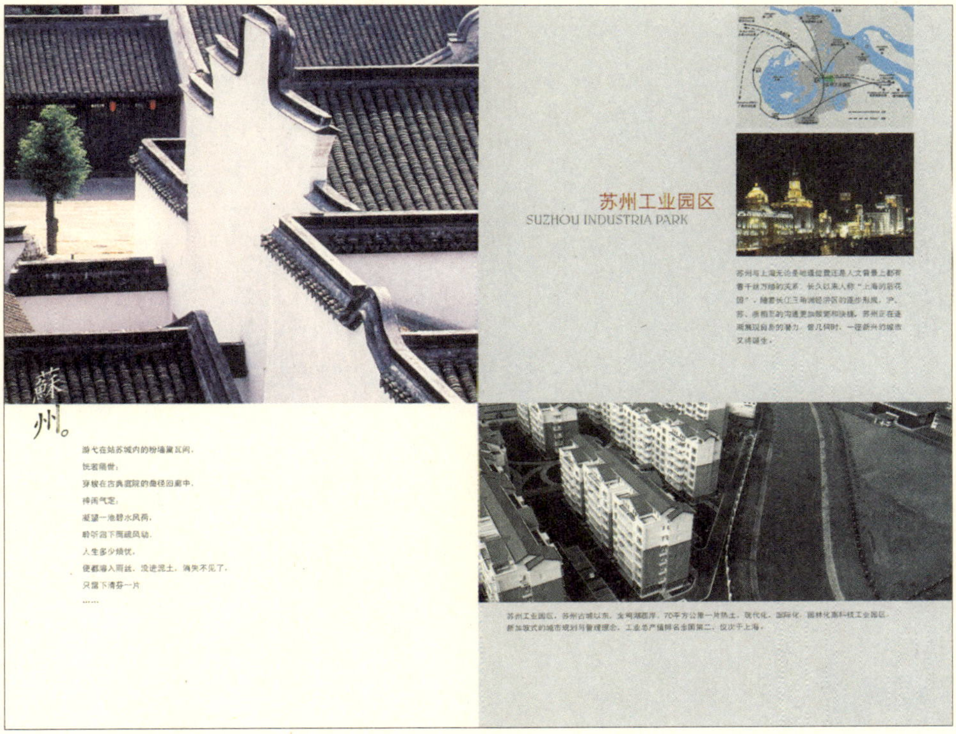

苏州工业园区
SUZHOU INDUSTRIA PARK
蘇州。
游弋在姑苏城内的粉墙黛瓦间，
恍若隔世；
穿梭在古典庭院的曲径回廊中，
神闲气定；
凝望一池碧水风荷，
人生多少烦忧，
便都溶入雨丝，没进泥土，消失不见了，
只留下清芬一片
……

穿越时空的现代派生活　世界级标准国际公寓
5万平方米放眼世界的生活，匹配独一无二的您！
大空间　大格局
大开度空间布局
全新精装饰风格
Space

构筑，苏城第一居所标准。
建筑……
景观

庭院
Enjoy Life
美食
美容

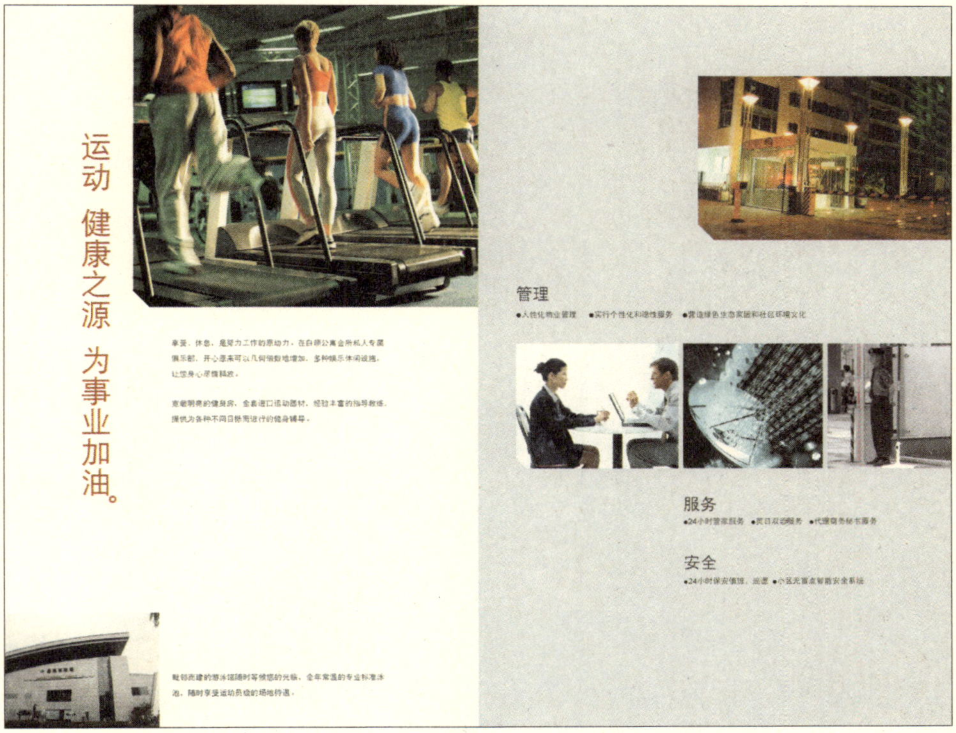
运动 健康之源 为事业加油。
管理
服务
安全

精装饰·全配套·世界级标准国际公寓
精装饰及设备标准
Decoration & Facilities
Style

Company name
公司名称：
杭州太古广告

Floor name
楼盘名称：
东方太阳城

Art director general
创作总监：
俞斌浩

Art director
美术指导：
巩志斌

Copy writer
文案：
吴建峰

SUNTOWN
东方太阳城
风景房产
第一乐章：雄浑的协奏曲
山水环境
人设计
JIAORENSHEJI

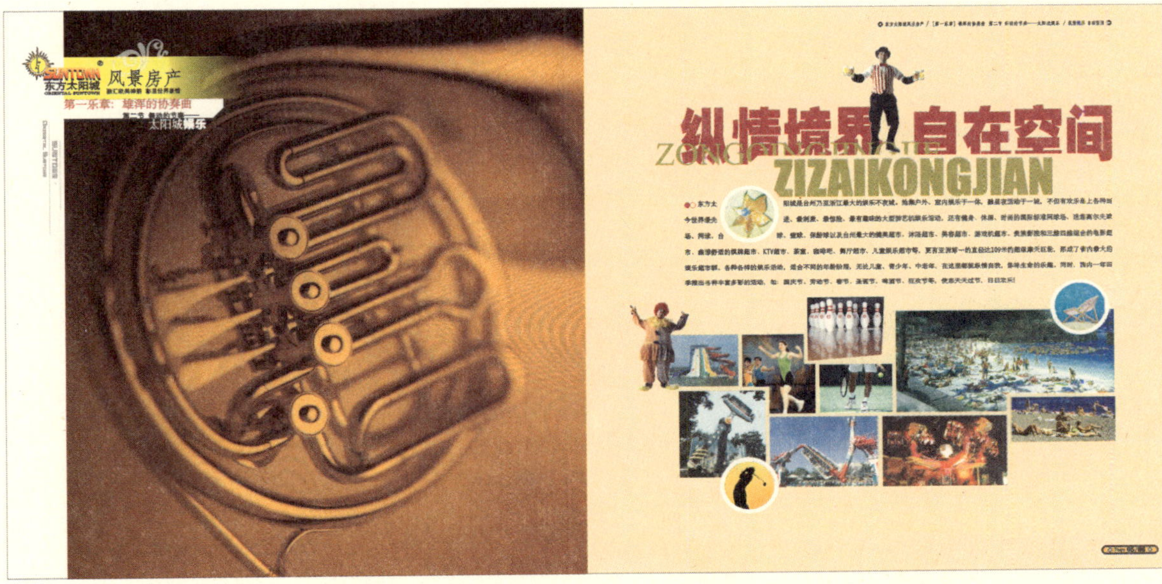
SUNTOWN
东方太阳城
风景房产
第一乐章：雄浑的协奏曲
太阳城娱乐
纵情境界
自在空间
ZIZAIKONGJIAN

SUNTOWN
东方太阳城
风景房产
第一乐章：雄浑的协奏曲
太阳城休闲
非凡匹配
完美组合
WANGMEIZUHE

SUNTOWN
东方太阳城
ORIENTAL SUNTOWN
风景房产
第二乐章：诗一般的小提琴——
太阳城"金色阳光"别墅
度身打造 尊贵品质
ZUNGUIPINZHI

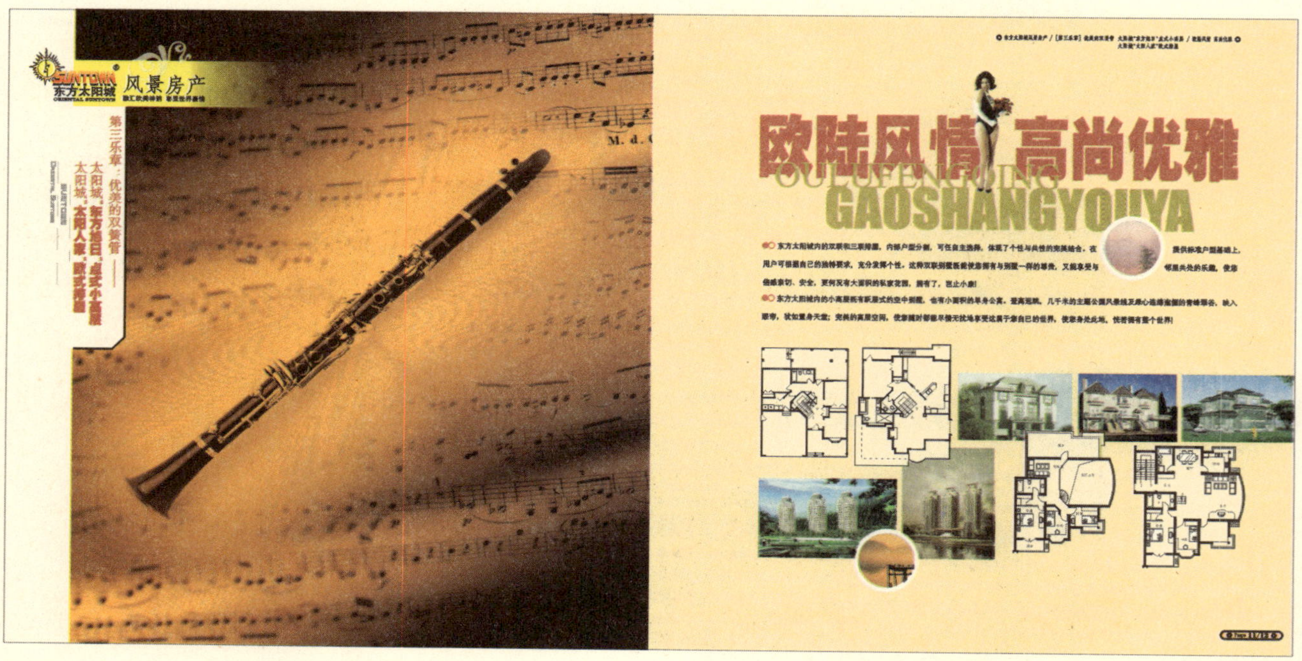
SUNTOWN
东方太阳城
ORIENTAL SUNTOWN
风景房产
第三乐章：优美的双簧管——
太阳城"东方旭日"点式小高层
太阳城"太阳人家"欧式洋房
M. d. C
欧陆风情 高尚优雅
GAOSHANGYOUYA

东方太阳城
风景房产
第四乐章：跳跃的小号——太阳城商铺
繁华之地 商机无限
FANHUAZHIDI
SHANGJIWUXIAN

东方太阳城
风景房产
智能社区 优越服务
YOUYUEFUWU

东方太阳城
风景房产
第六乐章：辉煌的交响完美的太阳城
天地造化 精英荟萃

Company name
公司名称：
杭州红狮广告
Floor name
楼盘名称：
翰林花园
Art director
美术指导：
陆卫东
Copy writer
文案：
陆卫东

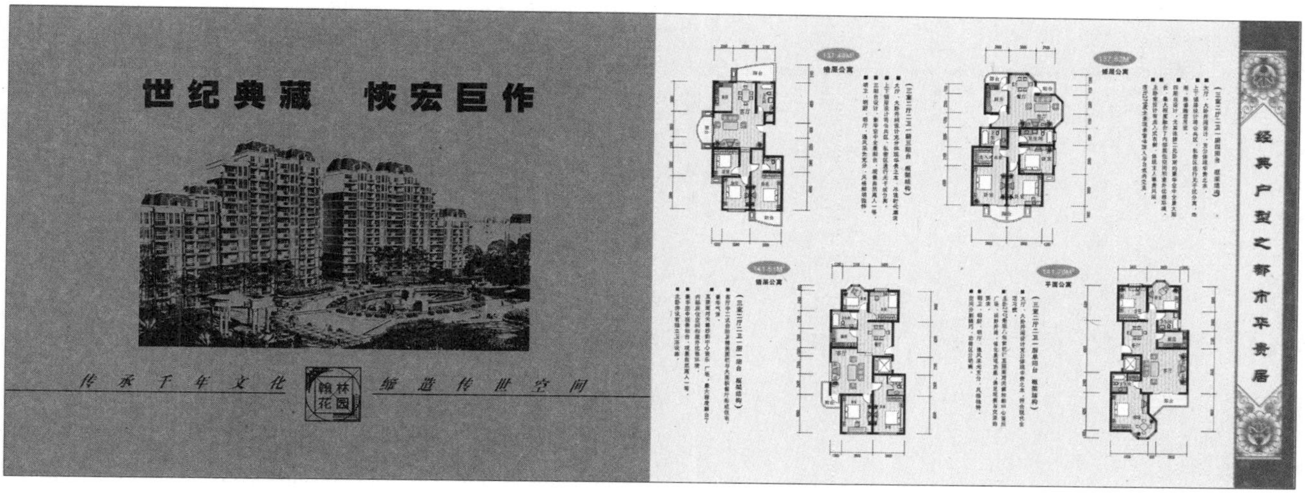
世纪典藏 恢宏巨作
传承千年文化
翰林花园
缔造传世空间
经典户型之都市华贵居

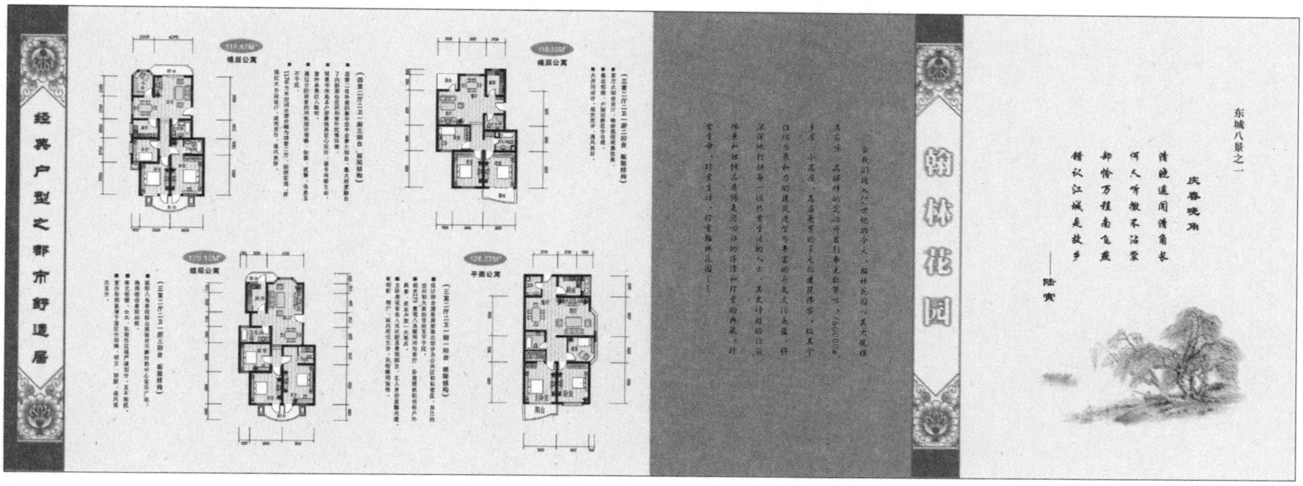
经典户型之都市舒适居
翰林花园
东城八景之一
庆春晚角
清晚遥闻清角长
何人可撒不沾裳
却怜万程南飞燕
错认江城是故乡
——陆寅

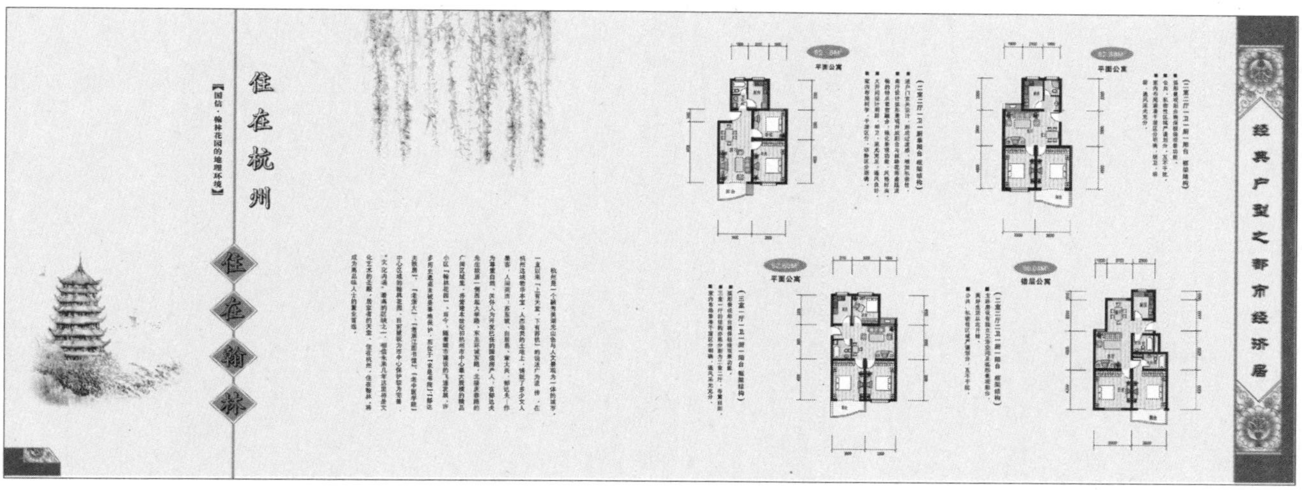
【国信·翰林花园的地理环境】
住在杭州
住在翰林
经典户型之都市经济居

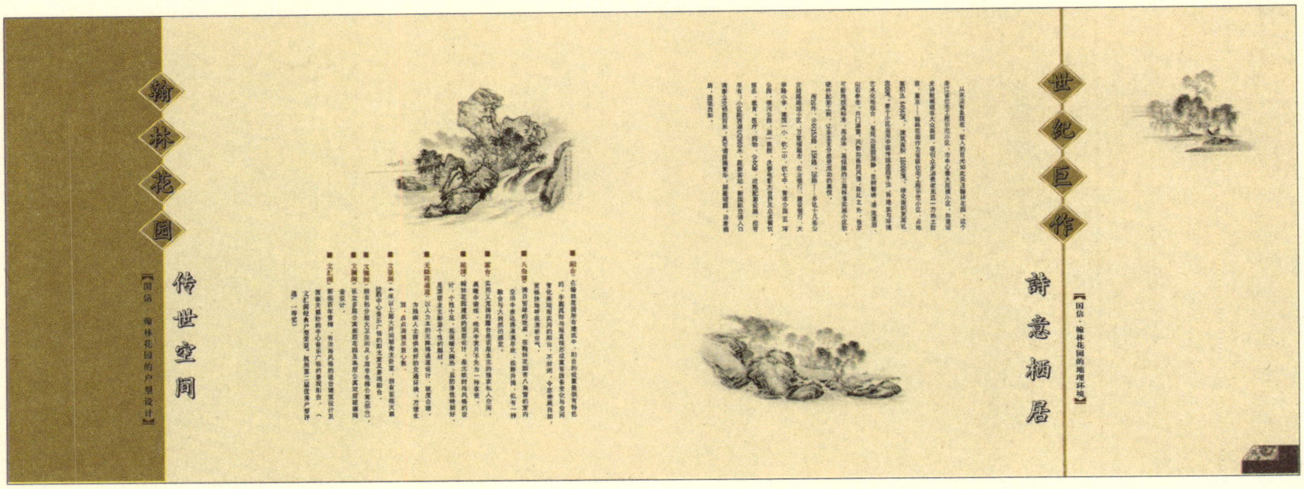
翰林花园
传世空间
【国信·翰林花园的户型设计】
世纪巨作
诗意栖居
【国信·翰林花园的地理环境】

豐富之美
蘊藏無盡
【国信·翰林花园的环艺设计】

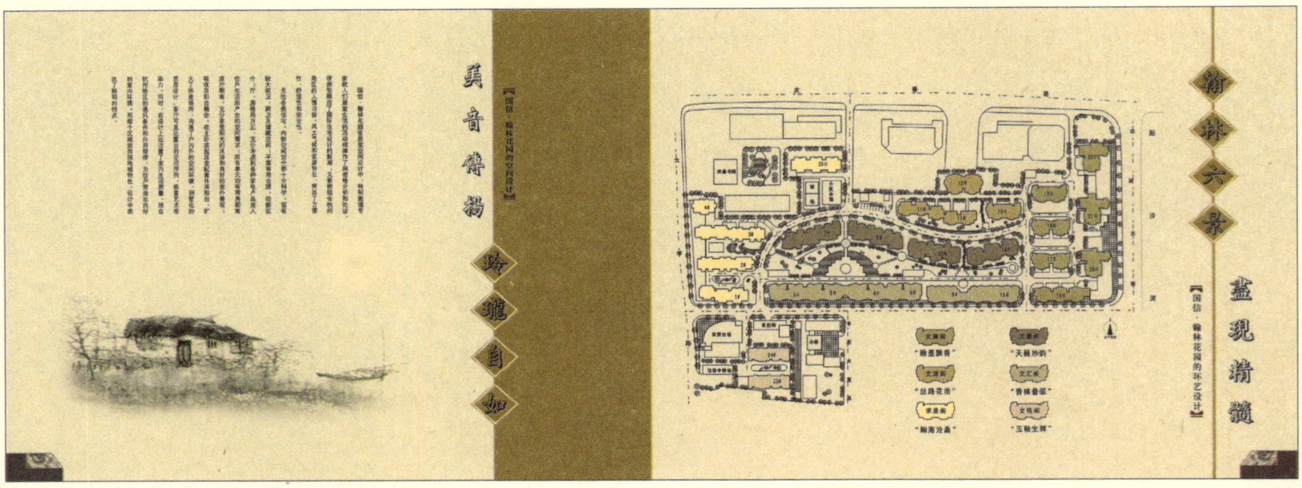
美音傳揚
玲瓏自如
【国信·翰林花园的空间设计】
翰林六景
盡現精髓
【国信·翰林花园的环艺设计】

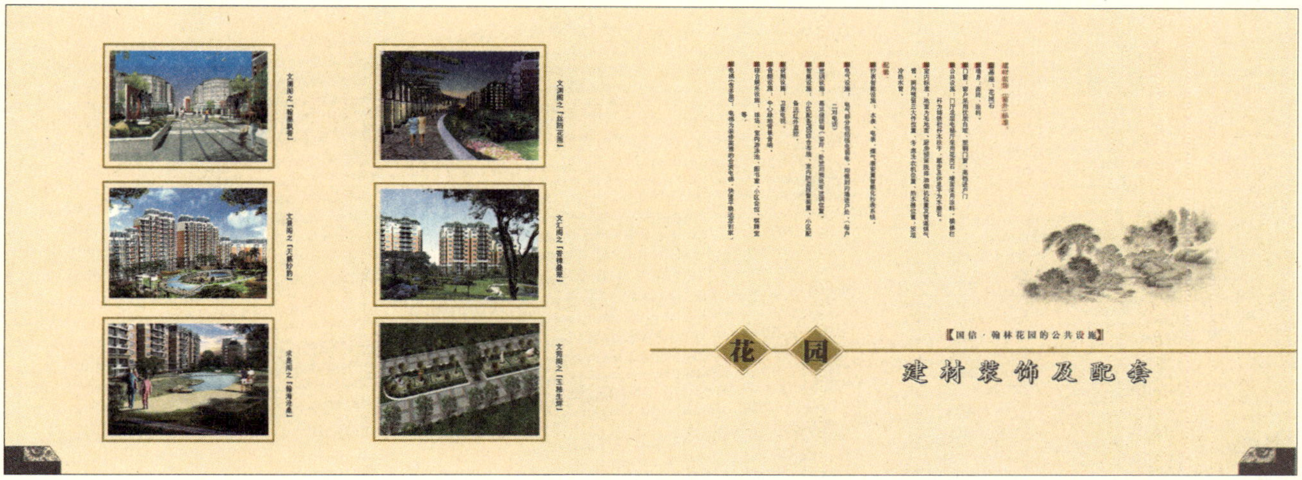
【国信·翰林花园的公共设施】
花园
建材装饰及配套

酒店化的物业管理
翰林
【国信·翰林花园的物业管理】

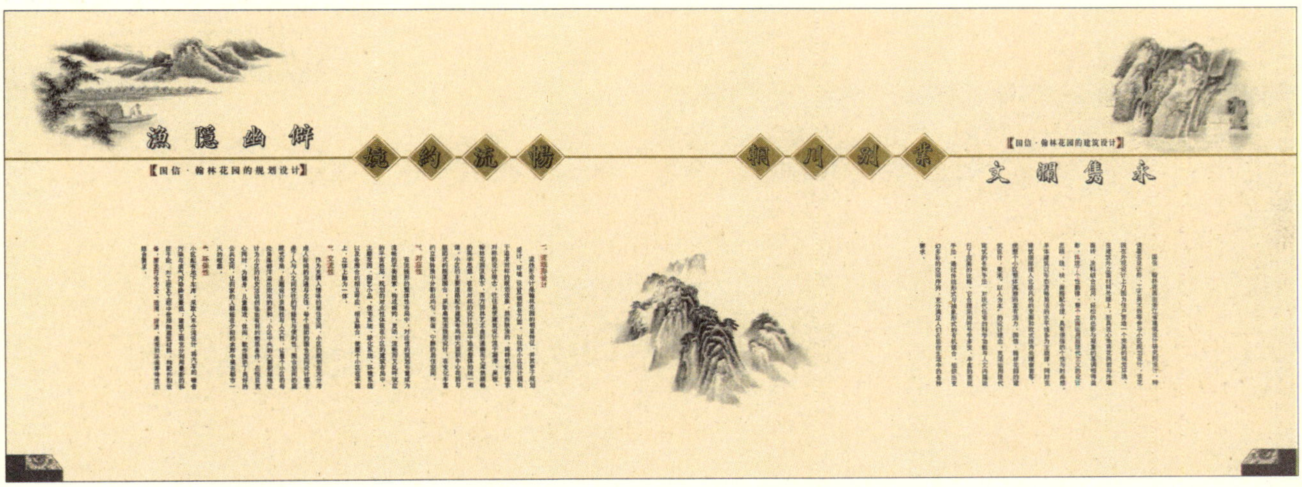
渔隐幽僻
婉约流畅
【国信·翰林花园的规划设计】
辋川别业
【国信·翰林花园的建筑设计】
文澜隽永

Company name
公司名称：
杭州太古广告
Floor name
楼盘名称：
欢畅园
Art director general
创作总监：
俞斌浩
Art director
美术指导：
巩志斌
Copy writer
文案：
吴建峰

嘉州美都4期
欢畅园
CONTENTS
新都市人居开发理念: 00/01
NEW URBAN PEOPLE'S CONCEPTS FOR DEVELOPING HUMAN INHABITATION
创造"高品质、高品位、高情感"的生活和居住
建筑设计师的思考: 02/03
THOUGHTS OF ARCHITECTURAL DESIGNERS
欢畅园深层建筑思想的阐述
完美的规划设计: 04/05
PERFECT PLANNING DESIGN
嘉州美都整体及前三期概括介绍
众人欢畅的乐园: 06/07
EVERYBODY'S MERRY PARADISE
欢畅园简介/功能分区/空间布局
满怀感情的建筑语言: 08/11
ARCHITECTURAL LANGUAGE FULL OF EMOTIONS
流畅的曲线和丰富的色彩
情趣盎然的景观艺术: 12/17
SCENIC ART ALIVE WITH SENTIMENTS AND INTERESTS
环境/中心广场/生态/绿色
自然生长的道路系统: 18/19
ROAD SYSTEM OF NATURAL GROWTH
人车分流、主次有序
体贴关怀的配套设施: 20/21
COMPLEMENT FACILITIES WITH CONSIDERATION AND CARE
地下机动车库/幼儿园/开关站、配电房
周到细致的物业管理: 22/23
WELL-CONSIDERED AND METICULOUS PROPERTY MANAGEMENT
业主至上，专业管理
温情流动的生活空间: 24/31
LIFE SPACE WITH CIRCULATING TENDER FEELINGS
经典户型介绍
饱含真情的告白: 32/33
PUBLIC NOTICE FULL OF TRUE FEELINGS
回顾开发历程，感谢所有业主，传达开发理念
嘉州美都效果图

新都市人居开发理念:
创造"高品质、高品位、高情感"的生活和居住
无论从哪一个角度来说，
家都应不仅仅是一个"安身之所"，
它更应该是我们的生命之根，
是值得我们信赖、托付一生的地方，
是我们生活方式、生活观念和生活品味的体现。
家与建筑息息相关，
建筑本身无疑可以传递出人们对生活的企盼以及对生命的丰富感悟；
同时建筑又是一个城市历史文脉和景观的重要传承者。
作为房产开发商，
我们经房一直都在努力通过我们的工作，
为我们每天朝夕相处的城市和家园，
增添新的骄傲和精彩，
让我们每个人都能生活在一个舒适、优雅、富有品质、充满尊严和人性关怀的建筑空间中。
"嘉州美都"就是我们经房文化的传承者和诉说者。
清新自然、欢快流畅、简约明丽的现代建筑以及浓郁的人文气息，
在欢畅园里就这样深情款款地演绎着其卓尔不群的非凡品质，
在倡导着一种优雅、祥和、宁静、健康的生活品味，
让生活在明媚的阳光下、在柔软细嫩的绿地上，
在清澈丰盈的河溪边欢畅地进行着
嘉州美都效果图
00/01

建筑设计师的思考：
THOUGHTS OF ARCHITECTURAL DESIGNERS
欢畅园深层建筑思想的阐述
作为嘉州美都第四期，
也是整个园区的点睛之笔，
欢畅园的建筑设计是我对嘉州美都前三期建筑设计的反思和扬弃的结果，
无论是整体规划上，
还是建筑的细节处理上，
或者景观的创意上，
我始终在努力寻求突破，
不仅仅是建筑符号的变化，
更是在设计理念上舍弃了"跟随时代"的思路，
想"引领"人们一种生活和消费的潮流，
在欢畅园，
我试图赋予建筑一种灵性、情感和绚烂丰富的生命力，
我的设计灵感，
很多来源于我在与嘉州美都前三期的一些业主沟通时感悟到的，
他们对生活的热爱\渴求\探索，
他们对"新家"的这种热切的期盼和情感，
时时感染着我，
让我更深切地体悟到一个建筑设计师肩上的份量：
原来我的工作与多少人的梦想是如此息息相关、紧密相联，
而我也更把这种领悟、思考和激情，
全部融入了欢畅园的规划、设计中了，
当我在图纸上完成最后一笔时，
我在想：
一定会有更多的人能在欢畅园实现他们的梦想，
能真正拥有一个充满阳光\自然\和谐\欢畅的家园!

绿化景观设计
月光湖，太阳山
仁者乐山，智者乐水，

○嘉州美都效果图

○ 周到细致的**物业管理**：

WELL-CONSIDERED AND METICULOUS PROPERTY MANAGEMENT

○ 业主至上，专业管理

"让家的感觉更好"是嘉州美都物业管理追求的目标。

坚持"业主至上、专业为本"的管理准则，强化"人性化"的服务理念。

不仅要让物业保值、增值，更要让每一个欢畅园的业主住的安心、舒心、放心，

努力创造一个安全、舒适、和谐的居住环境。

○嘉州美都物管示意图

日常管理

- 物业交付的通知，交付手续的办理；
- 制订各项规章制度并加以贯彻执行；
- 社区治安保卫：24小时保安，全方位监控、车辆交通、物品进出、消防等管理工作；
- 社区绿化管理：包括对社区绿化的管理和社区综合环艺景观的管理；
- 社区卫生保洁：包括生活垃圾、建筑垃圾的清运、社区卫生清扫、虫害防治和预防；
- 受业主委托承接报刊信件的收发；
- 物业的修护保养，物业装修的监管；
- 物业管理费用的收取、使用。

经营服务

- 社区内商业网点的经营管理；
- 社区文化娱乐、运动休闲的经营管理；
- 特约的代办和代理；
- 社区家政服务等。

○嘉州美都实景图

○ 饱含真情的**告白**：

PUBLIC NOTICE FULL OF TRUE FEELINGS

○ 回顾开发历程，感谢所有业主，传达开发理念

从1998年开始筹划、酝酿嘉州美都至今，嘉州美都的开发已经进入了第四年。

四年风雨路！

作为嘉兴市区规模最大的住宅园区—嘉州美都

整个开发历程正好是嘉兴市的房地产市场逐渐走向成熟的过程。

当我们第一次面对这块土地的时候，

我们就在思考：到底要在这块土地上要建造什么样的建筑，

才能符合现代嘉兴人对生活的要求和向往，

才能不辜负嘉兴这座具有深厚人文传统的城市赋予经房的社会责任。

经房深知，一个房产商只有把自己的事业融入到城市的发展中去，

才能获得源源不断的动力支持。

经房人充分领悟了嘉兴这座城市的人文精神，

选择了一条"尊重环境、尊重地域文脉、尊重中国建筑传统"的开发理念，

积极融合现代建筑"品位与精致"的理念精髓，

努力探索一条既充满传统居住理想，同时又饱含现代感的建筑群体形象，

使曾经在嘉兴，

在青砖黛瓦之下、石桥河水之边、深宅大院之中所散发出来的那种深邃的人文气质和文化底蕴，

在经房开发建设的每一个项目中，

不仅能成为一种历史脉络的延续，

更能成为一种发扬光大的建筑精神。

"嘉州美都"的开发成功无疑彰显了经房公司开发理念的成熟。

Company name
公司名称：
杭州太古广告

Floor name
楼盘名称：
恒创春晓源

Art director general
创作总监：
俞斌浩

Art director
美术指导：
巩志斌

Copy writer
文案：
吴建峰

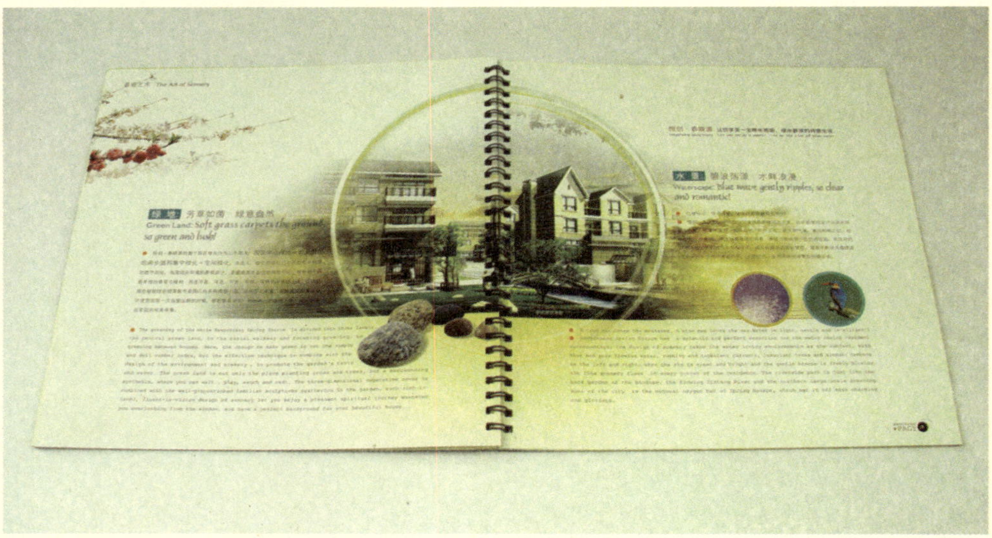

Elegant Buildings & Magnificent Lives
Let our hearts get closer!

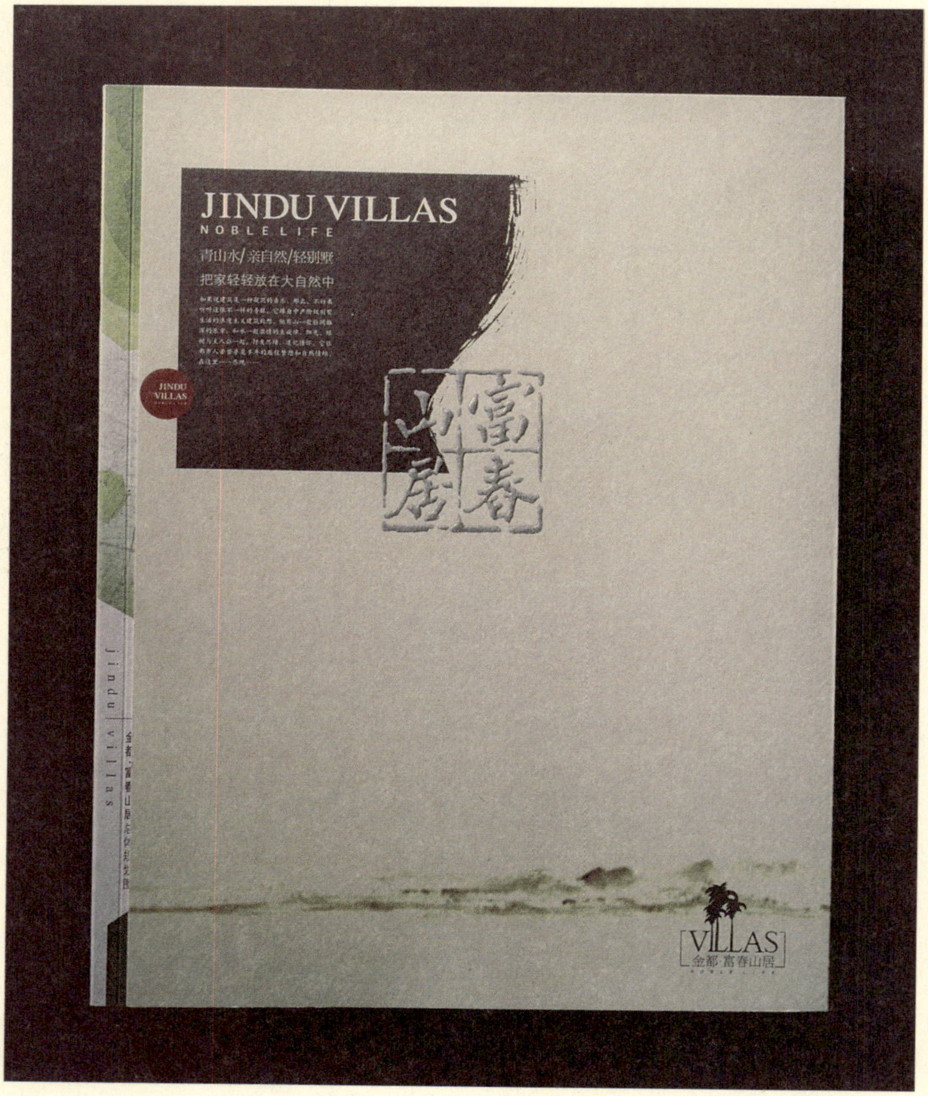

Company name
公司名称：
浙江动脑广告

Floor name
楼盘名称：
金都 · 富春山居

Art director general
创作总监：
刘更

Art director
美术指导：
陈瑶

Copy writer
文案：
邵炜

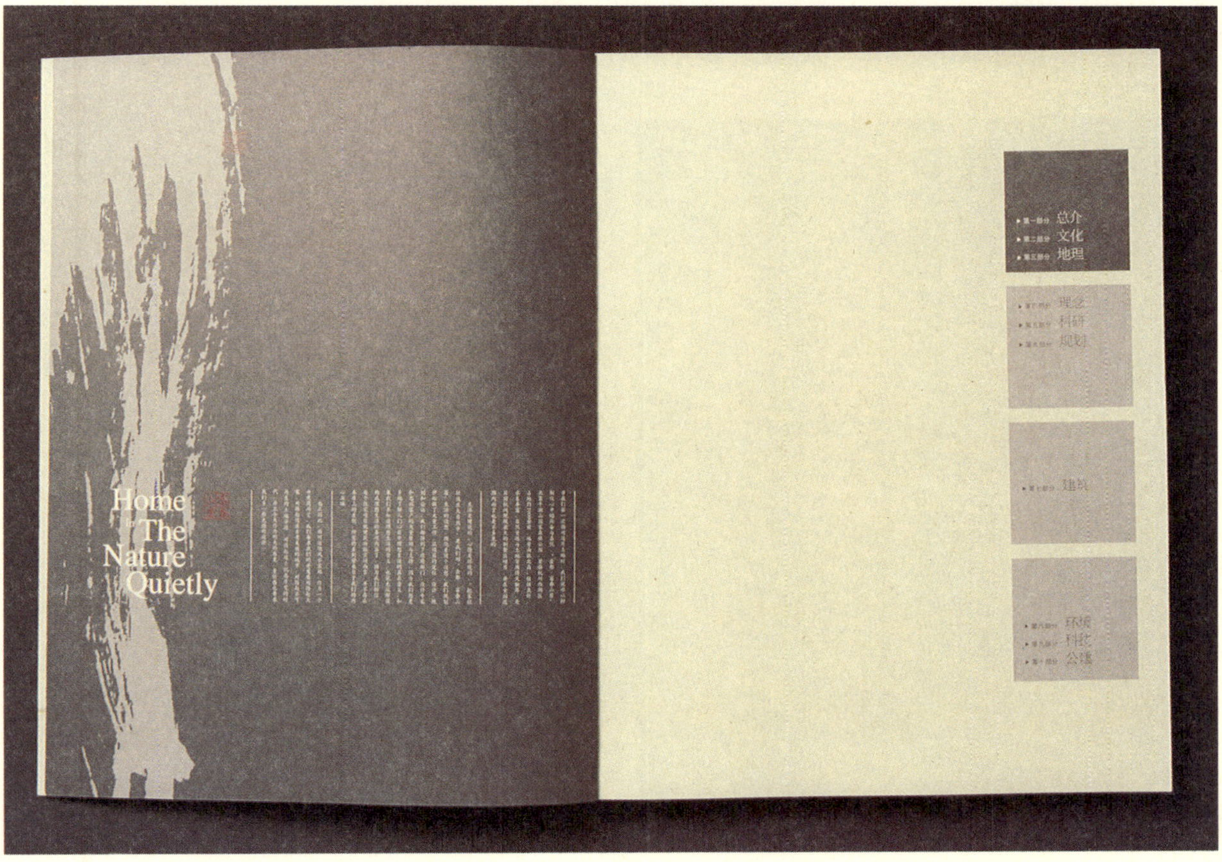
Home
The
Nature
Quietly
总介
文化
地理

Company name
公司名称：
杭州红狮广告
Floor name
楼盘名称：
蓝天时代广场
Art director
美术指导：
金学丽
Copy writer
文案：
陆卫东

LANTIAN
TIME SQUARE
梦想の城

聚焦
东方曼哈顿
Lan Tian Time Square
PAGE 1

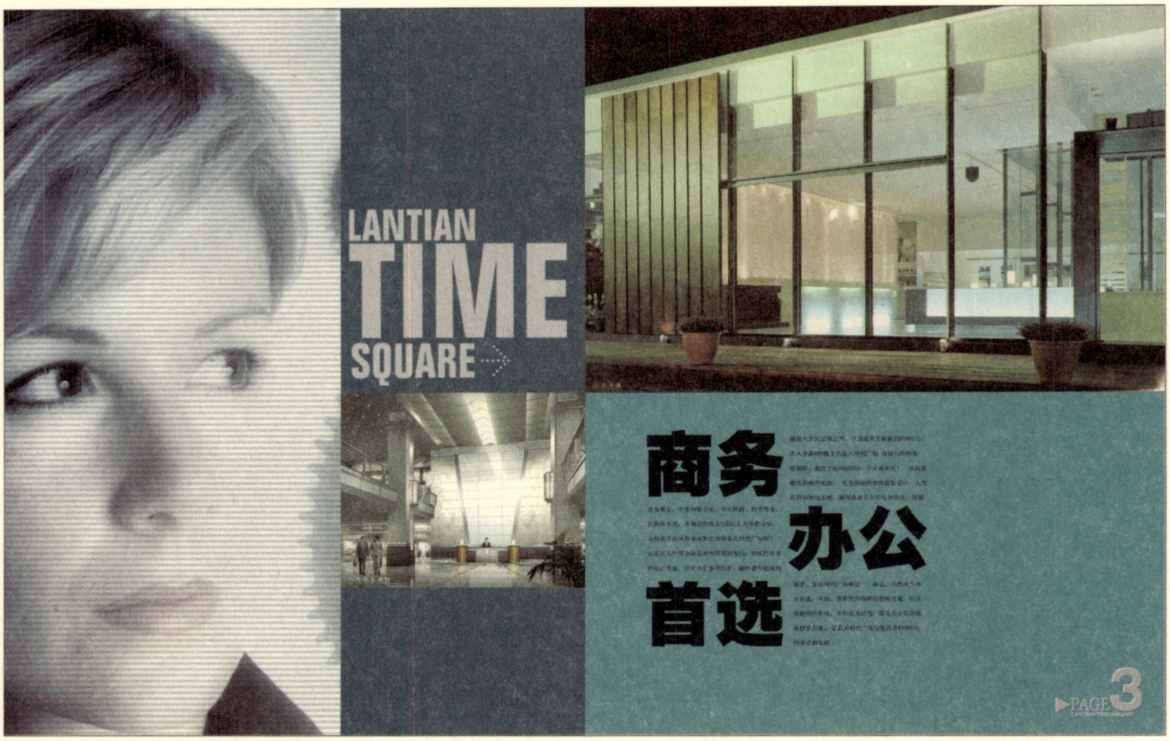
LANTIAN
TIME
SQUARE
商务
办公
首选
PAGE 3

LANT!AN
全新推出
Lan Tian
Time Square
四大鲜明特征
WTO时代的空间
FOREIGN TRADE

中央商务区
Lan Tian
©Time Square
国际级CBD的环境设施
LANTIAN
TIME
SQUARE
CBD
PAGE 7

彰显尊贵
Lan Tian
©Time Square
绝版挑高
9
米
绝版挑高9米大堂，彰显业主尊贵地位
PAGE 9

LANTIAN
TIME
SQUARE
002 蓝天
建筑风格
Lan Tian
© Time Square
PAGE 11

PAGE 13

生态景观
Lan Tian Time Square©
蓝天·碧水
绿色·清静
PAGE 15

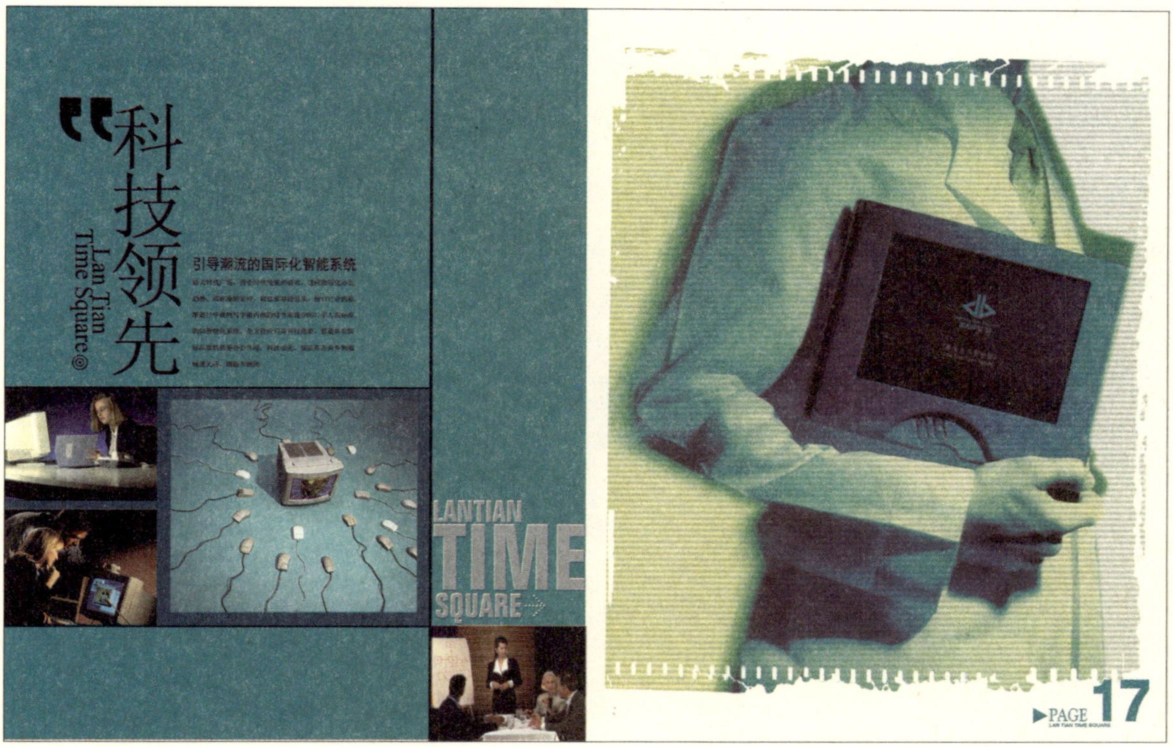
科技领先
Lan Tian Time Square©
引导潮流的国际化智能系统
LANTIAN
TIME
SQUARE
PAGE 17

LANTIAN
TIME
SQUARE
TIAN TIME
高标准的5A智能化系统

完善配套
Lan Tian
Time Square
WORK REFECTORY
PAGE 21

专业物管
Lan Tian
Time Square
LANTIAN
TIME
SQUARE
PAGE 27

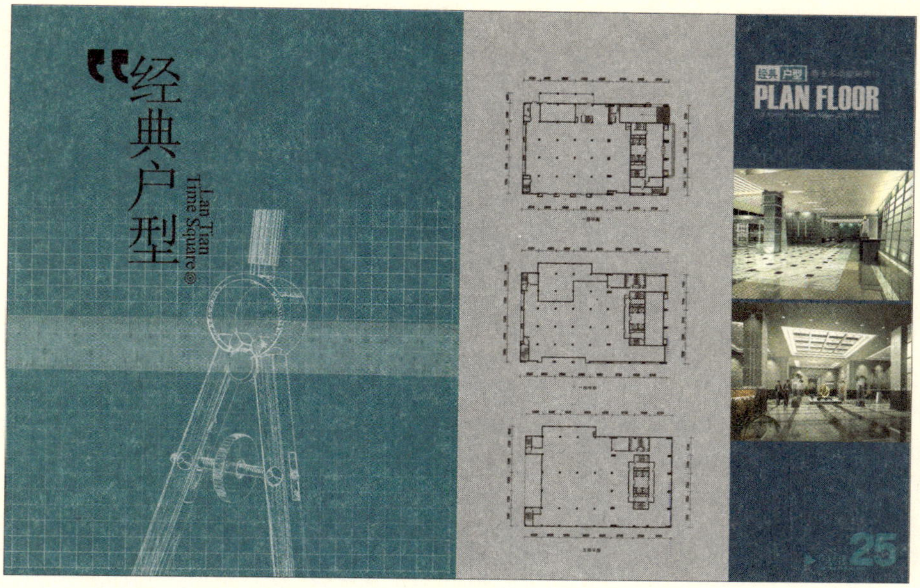
经典户型
Lan Tian
Time Square®
经典户型
PLAN FLOOR
25

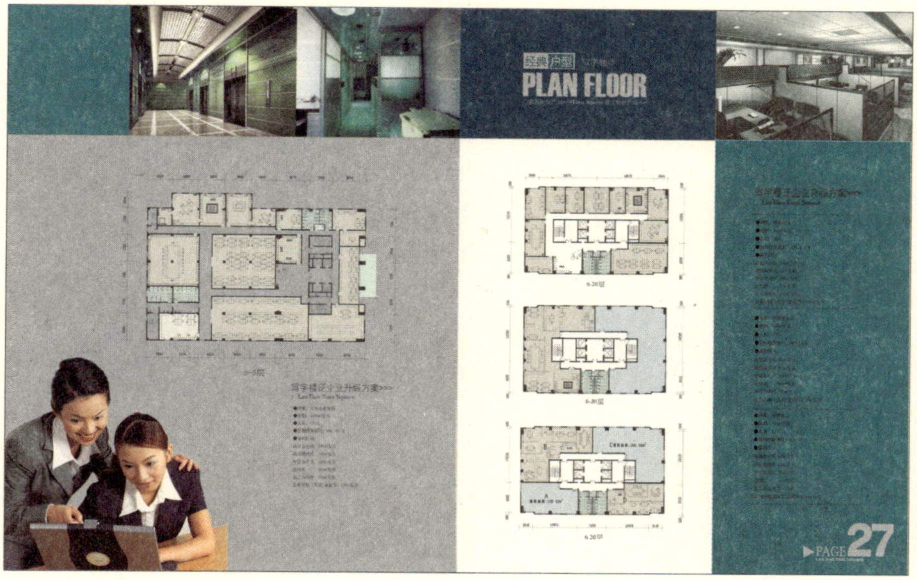
经典户型
PLAN FLOOR
PAGE 27

构筑希望 实现梦想
LAN TIAN REAL ESTATE
LANTIAN
TIME
SQUARE
PAGE 29

Company name
公司名称：
杭州红狮广告

Floor name
楼盘名称：
国信·米山人家

Art director
美术指导：
金学丽

Copy writer
文案：
陆卫东

寻遍江南清丽地
人生相宜在米山
目录。
CONTANTS
1-2
3-4
5-8
9-12
13-16
17-18
19-24
25-26

初识米山。
FIRST MISHAN
【总介篇】
1>2

阅读米山。
READ MISHAN
【规划篇】
3>4

解构米山。
DISSECT MISHAN
【建筑篇】
5>6

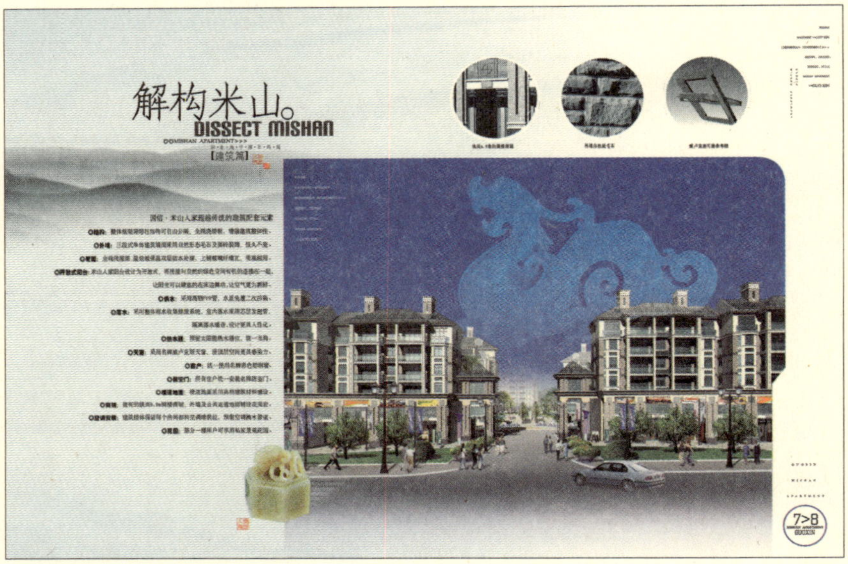
解构米山。
DISSECT MISHAN
【建筑篇】
7>8

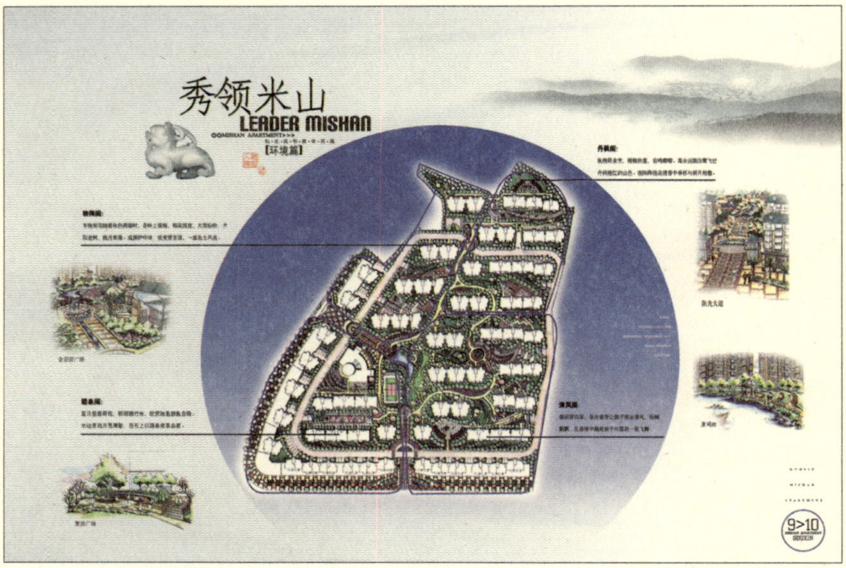
秀领米山
LEADER MISHAN
【环境篇】
9>10

秀领米山
LEADER MISHAN
【环境篇】
11>12

品味米山。
STYLE MISHAN
【配套篇】
13>14

品味米山。
STYLE MISHAN
【米山人家商业街】
商业街
15>16

感受米山。
FEEL MISHAN
【物管篇】

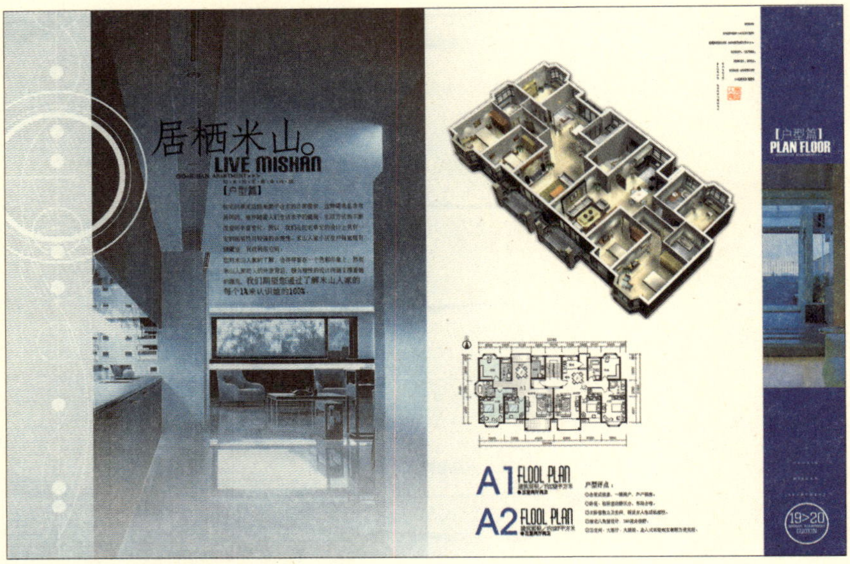
居栖米山。
LIVE MISHAN
【户型篇】
【户型篇】
PLAN FLOOR
A1 FLOOL PLAN
A2 FLOOL PLAN
19>20

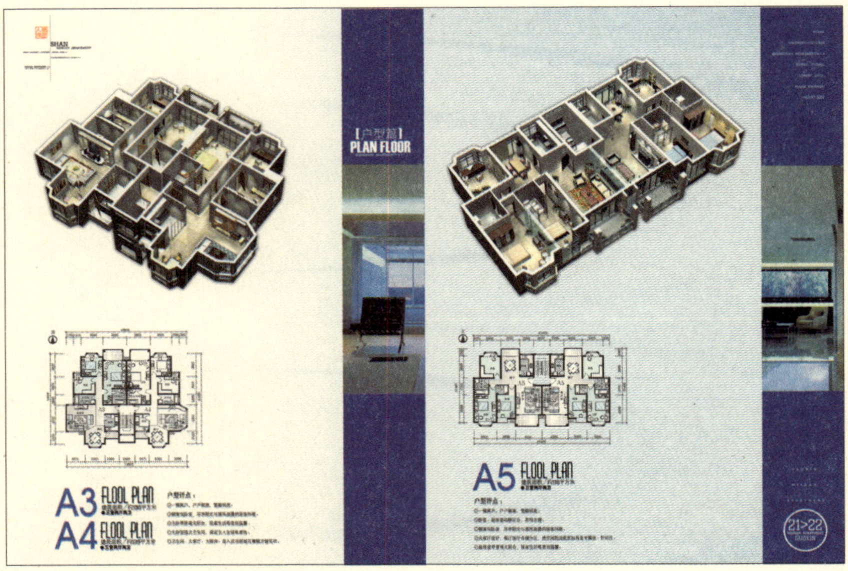
【户型篇】
PLAN FLOOR
A3 FLOOL PLAN
A4 FLOOL PLAN
A5 FLOOL PLAN
21>22

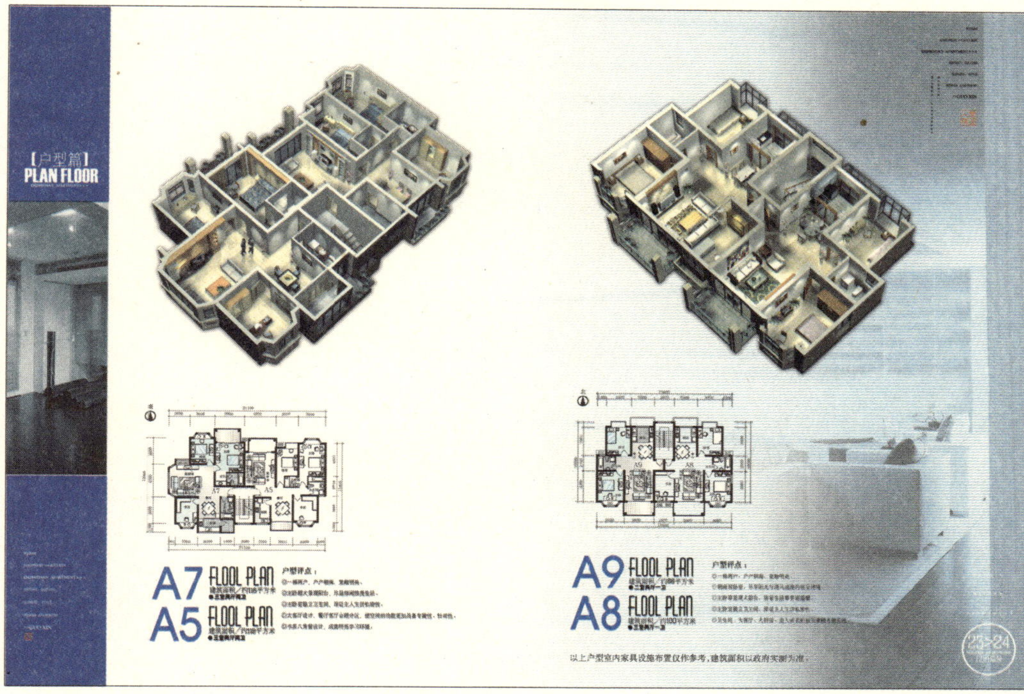
【户型篇】
PLAN FLOOR
A7 FLOOL PLAN
A5 FLOOL PLAN
户型评点：
A9 FLOOL PLAN
A8 FLOOL PLAN
户型评点：
以上户型室内家具设施布置仅作参考，建筑面积以政府实测为准。

寻遍江南清丽地
人生
相宜在米山
GU●XIN...MISHAN APARTMENT
国信·米山人家
MISHAN APARTMENT

南方城
现场地址：闵行区沪闵路7580弄
投资商：上海南方商城
发展商：上海全球房地产开发经营有限公司
总代理：上海信谊置业
咨询专线：（8621）64120088 64120158
城市 生活
南 方 城 住 宅
www.nanfangcheng.com.cn

南方城家的感觉
构想，是幸福的憧憬，也是激情的创造。
房子是一块画布，而家是一幅作品。
每个人都会有一种生活态度。
HOME

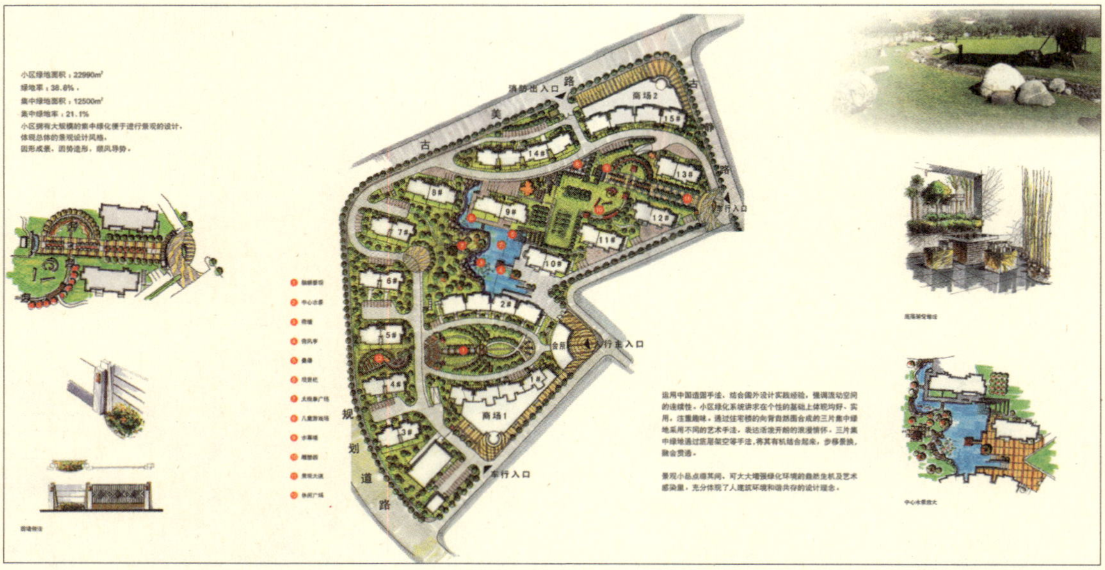
小区绿地面积：22990m²
绿地率：38.8%，
集中绿地面积：12500m²
集中绿地率：21.1%
小区拥有大规模的集中绿化便于进行景观的设计，
体现总体的景观设计风格。
因形成景，因势造形，顺风导势。
古美路
商场2
商场1
车行入口
规划道路
运用中国造园手法，结合国外设计实践经验，强调流动空间的连续性。小区绿化系统讲求在个性的基础上体现均好、实用，注重趣味。通过住宅楼的向背自然围合成的三片集中绿地采用不同的艺术手法，表达活泼开朗的浪漫情怀。三片集中绿地通过底层架空等手法，将其有机结合起来，步移景换，融会贯通。
景观小品点缀其间，可大大增强绿化环境的自然生机及艺术感染量，充分体现了人建筑环境和谐共存的设计理念。

生活
便捷，舒适，城市新贵的理想
住在南方城，城市生活尽在掌握。悠长的下午，闲散的漫步在社区里，徜徉景观步道，享受大片绿色带来的满足感，与街坊邻里在社区的街道相遇，说说笑笑，构成一幅街道色彩，充满城市的戏剧色彩。
生活如此丰富
家乐福、友谊南方商城、好美家、哈根达斯、嘉禾影院、麦当劳、避风塘、缘缘寿司店、永和大王、ESPRIT……
120多家品牌店环绕家的中心
生活如此便利
银行、邮局、便利店、药店、菜市……
生活如此周到
学校、医院……

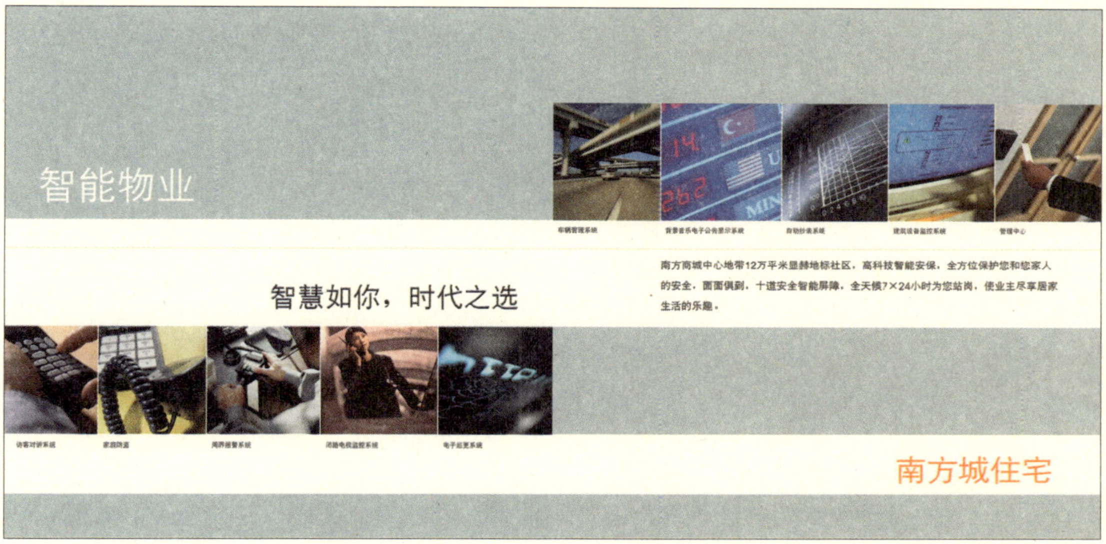
智能物业
车辆管理系统
背景音乐电子公告显示系统
自动抄表系统
建筑设备监控系统
管理中心
智慧如你，时代之选
南方商城中心地带12万平米显赫地标社区，高科技智能安保，全方位保护您和您家人的安全，面面俱到，十道安全智能屏障，全天候7×24小时为您站岗，使业主尽享居家生活的乐趣。
南方城住宅

通信系统：
电话系统：
有线电视系统：
安全防范系统：
周界报警系统：
闭路监控电视系统：
巡更系统：
访客系统与安全防范系统：
一卡通门禁及车辆管理系统
火灾自动报警系统：

房屋建筑结构、装修及设备标准
一分钟切换繁华与安静
我真实的感觉到了生活。
交通

立体交通网络，执掌城市时间
南方城周围交通状况

G·M·D REDTAPS 真维斯 澳大利亚 圣梦 歌莉娅 爱维 XYGEN 休闲地带JCY
ZONE 生活几何 羽西 AVPRES ZA AVON MANERD 清姬 宝璐丝 诗丽雅
高姿 永和大王 食家物语 麦当劳 马可孛罗 哈根达斯 莫师汉堡
东悦城 东悦火锅城 茗莱馆 迷士郎 曼妮劳 爱慕 华歌尔
霸狮腾 G·M·D REDTAPS
精彩！
歌莉娅 XYGEN 休闲地带JCY 512street U2 ZONE 生活几何
MANERD 清姬 宝璐丝 诗丽雅 OPRA 高姿 自然美 郑明明 燕青美容 依奈护肤
RED earth 魔彩精灵 飞利浦 博朗 迪信通手机城 永乐家电 城隍珠宝
中国青年旅游社 烟酒专卖 中国联通 亨德利钟表 柯达 古今工艺 巴黎三城

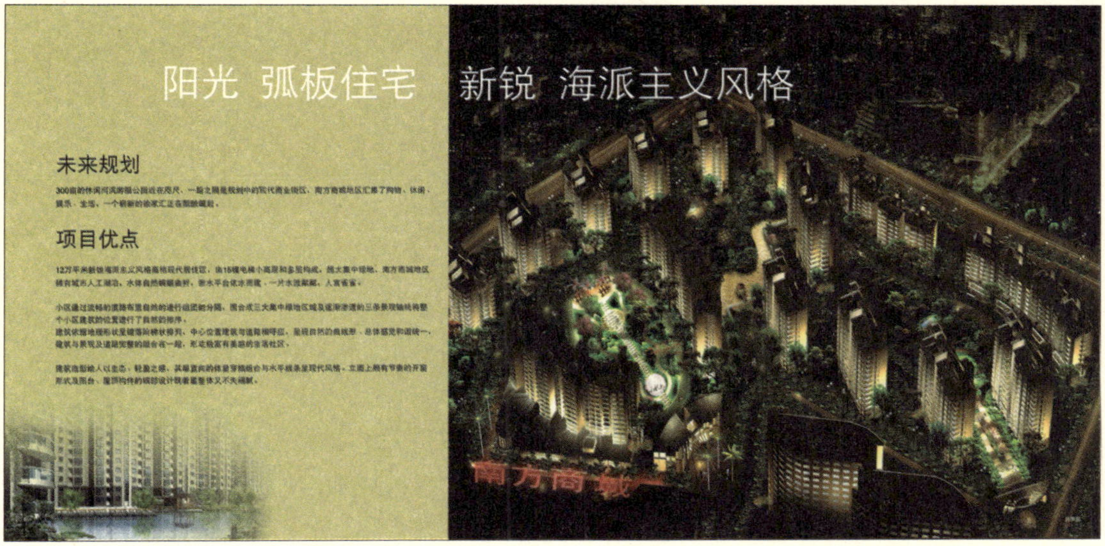

Company name
公司名称：
上海汉星设计

Floor name
楼盘名称：
南方城

Art director
美术指导：
高瞻

Copy writer
文案：
孙怡婷 / 倪斌

Company name
公司名称：
浙江动脑广告

Floor name
楼盘名称：
山水人家

Art director general
创作总监：
刘更

Art director
美术指导：
陈瑶

Copy writer
文案：
李晓雅

enjoy life

序言
“山水都市，庭院人家。”

03.04
建筑是人的想像力驾驭材料和技术的凯歌。建筑是体现在他自己的世界的自我意识，有什么样的人，就有什么样的建筑。山水人家应该是一个充满温馨、民主、个性的、人性的，随着时代的进步而不断与自然共同进化的生存的港湾，是一个融入我们思想、观点、激情以及理想的作品。
POETIC HOME
山水人家

05.06
山水人家更为关注从小区大门到单元门厅、楼道电梯入口、至每户入户大门的空间处理。特别是单元门厅完整而明亮宽敞，四周落地玻璃与全玻璃防盗门使单元门厅脱离了原有的住宅楼梯入口的概念，使垂直单元空间更富归宿感。

山水人家的建筑，是以当代建筑的空间语言，张扬现代人生活激情的主旋律。山水人家创建的是清新、明快的人居建筑风格，细致的设计考虑是生活方式和品质的外在表现。以人为本的设计思想一直是住宅设计的宗旨，但表现在对人的关怀上其表象却各有不同，一方面与营建成本、用地空间等客观因素有关，同时也与建筑师的主观努力有着直接联系。
07.08
Enjoy Life Poetic Home

Enjoy Life Poetic Home
山水人家大事记
在研发中不断完善
在客户服务中不断创新
营销，从品质出发

Company name
公司名称：
杭州太古广告

Floor name
楼盘名称：
时代嘉园

Art director general
创作总监：
俞斌浩

Art director
美术指导：
巩志斌

Copy writer
文案：
吴建峰

時代嘉園
纵情境界/独领风骚
ZhongQingJingJie DuLingFengShao
1

時代嘉園
黄金地段/增值无限
HuangJinDiDuanZengZhiWuXian
2

诱人之园/迷人之景
YouRenZhiYuan MiRenZhiJing
時代嘉園

钻石地段/升值无限
ZuanShiDiDuan ShengZhiWuXian
時代嘉園

体贴入微/闲适若定
TiTieRuWei XianShiRuoDing
時代嘉園

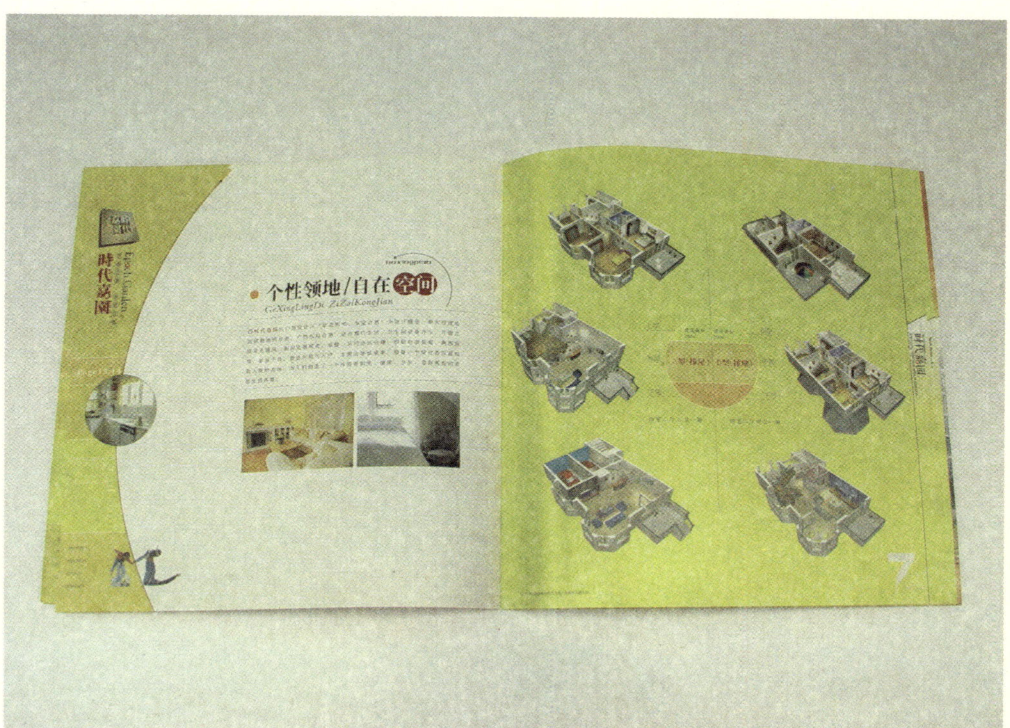
个性领地/自在空间
GeXingLingDi ZiZaiKongJian
時代嘉園

◎ 上流气息的至尊居所 ◎

Prestige Habitation Smell Of Nobility

● 万锦花苑总用地面积39147.5平方米，总建筑面积62155平方米，绿地面积13701.9平方米，容积率1.59，绿地率35%，共有机动车停车泊位287个。

● 万锦花苑位于丽水市区的东北部，为原浙西制药厂所在地，北临丽阳路，东邻宇雷路，邻新建的丽水市行政中心，地理位置十分优越，既闹中取静，避开了城市的喧嚣，同时宇雷路通往行政中心，交通也非常便利，是丽水不可多得的高尚居住园区。

带着世纪的风雨痕迹，万锦花苑犹如一幅绝世的风景油画，静静地伫立在丽水的奇山异水之间，百年流传，经典不衰。

Imprinted with trace of centurial wind and rain, WanJing Garden, like a unique scenic oil painting, peacefully stands between wonderful mountains and fantastic waters for a long time with no decline.

众里寻她千百家，蓦然回首同心房

● 春夏秋冬，四时惟清；草木葱茂，百草滋荣，携幼入室，有酒盈樽，引壶觞以自酌，眄庭柯以怡颜，倚南窗以寄傲，审容膝之易安，悦亲戚之情话，乐琴书以消忧。野芳发而幽香，佳木秀而繁阴，清远闲放，超然于尘垢；风霜高洁，水落而石出，万锦之四时也，朝而往，暮而归，四时之景不同，而乐亦无穷也。

TEL:0578-2110558

○ 开发商:浙江同心集团 ○

地址:浙江丽水市[illegible]路2号 邮编:323000 电话:0578-2110558 传真:0578-2158030

◎ 四季缤纷的家园 ◎

Homestead With Four Colorful Seasons

● 万锦花苑的绿化配置以常绿树种为主，间配落叶树种，辅以色叶、观花及芳香树种，同时充分考虑植物四季花鲜、季节更替和色彩搭配，达到"季换景更，季更景新"的效果，在每一个细节，无比彰显着同心集团对人性的充分体察和尊重。

◎ 充满艺术情趣的生活境界 ◎

Living State Full Of Artistic Temperament

● **浙江同心集团**以"居住与健康"的新价值观为目标，营建健康、安全、舒适的环保型人居环境，万锦花苑充分利用原有地块的自然环境，以用地面积近万平方米的中心花园为核心，来组织园区内的各个景观节点，和谐地来布局小区院落、建筑组群、中心花园等各个层次的活动空间，其间布置有小区会所，老年晨练场，儿童游戏场等设施，配合休憩亭、石桌凳、休闲廊等，根据景观特色组织成几大"主题景观区"，为业主创造了一个舒适的居住环境。

Company name
公司名称：
杭州太古广告

Floor name
楼盘名称：
万锦花苑

Art director general
创作总监：
俞斌浩

Art director
美术指导：
巩志斌

Copy writer
文案：
吴建峰

大華·西溪風情

D.H.Real Estate
大华房产

Company name
公司名称：
浙江动脑广告

Floor name
楼盘名称：
西溪风情

Art director general
创作总监：
刘更

Art director
美术指导：
陈瑞 / 杨工

Copy writer
文案：
邵炜

Galaxy Business Edifice
大华·星河商务大厦
Galaxy Business Edifice

Galaxy
Business

Company name
公司名称：
浙江动脑广告

Floor name
楼盘名称：
星河商务大厦

Art director general
创作总监：
刘灵

Art director
美术指导：
陈瑞／杨工

Copy writer
文案：
邵炜

Company name
公司名称：
杭州红狮广告
Floor name
楼盘名称：
新亿达世纪广场
Art director
美术指导：
金学丽
Copy writer
文案：
陆卫东

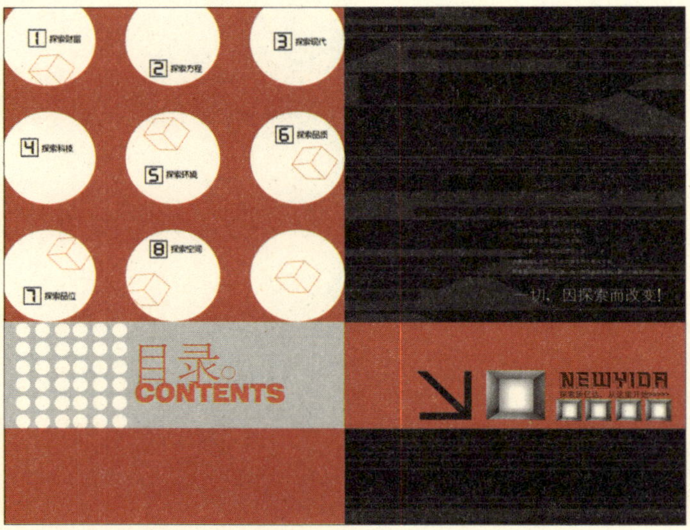

DISCOVERY>>
XINYIDA
我的嘉兴
探
DISCOVERY

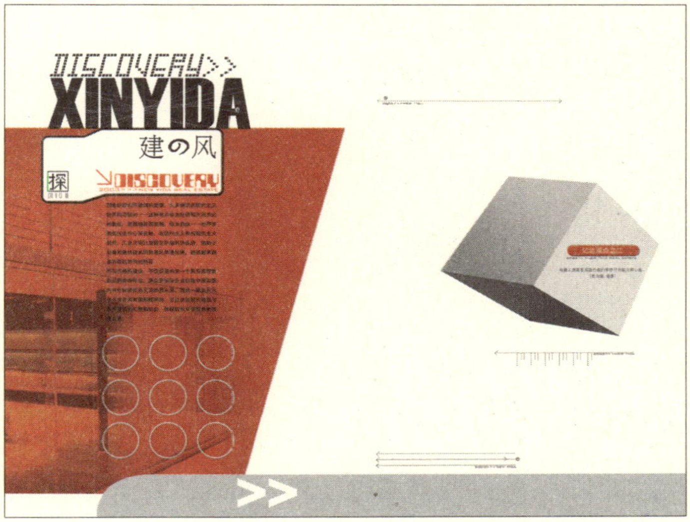
DISCOVERY>>
XINYIDA
建の风
探
DISCOVERY
>>

建の梦
探
DISCOVERY
DISCOVERY
探
探索方程...
DISCOVERY>>

建の韵
探
DISCOVERY
XINYIDA
DISCOVERY>>

建の构
探
DISCOVERY
NEW
XINYIDA

探索现代…
DISCOVERY>>
DISCOVERY
探

DISCOVERY>>
XINYIDA
时尚贵族运动:
沙弧球 高尔夫……
探
DISCOVERY

NEWYIDA
商务润滑剂:
哥伦比亚咖啡
探
DISCOVERY

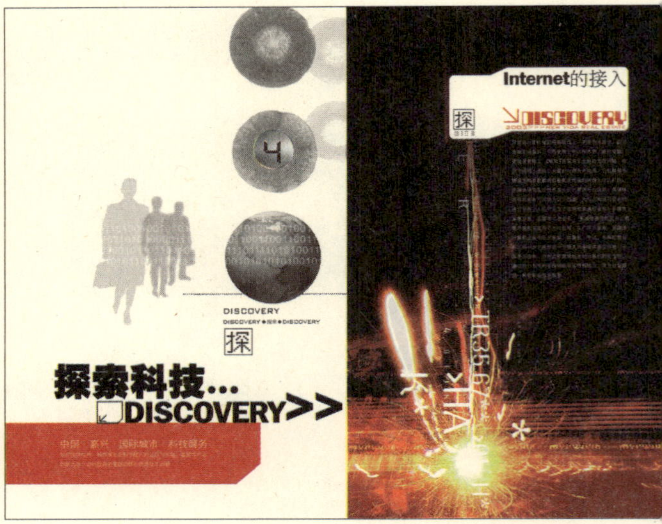
Internet的接入
探
DISCOVERY
DISCOVERY
探
探索科技…
DISCOVERY>>

经典的商务工具:
德国奔驰
探
DISCOVERY
newyida
DISCOVERY>>
永远的商务时刻:
瑞士欧米茄
探
DISCOVERY

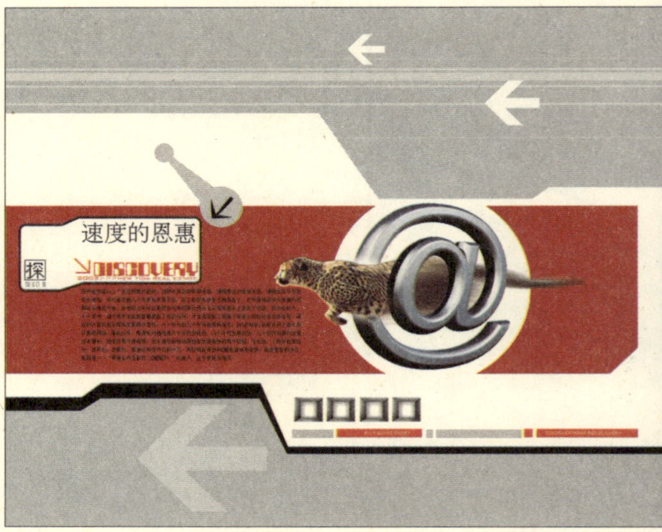
速度的恩惠
探
DISCOVERY

DISCOVERY>>
NEWYIDA
IP电话
探
DISCOVERY

NEW
阳光与水
探
DISCOVERY

探索环境...
DISCOVERY>>
5
DISCOVERY
探

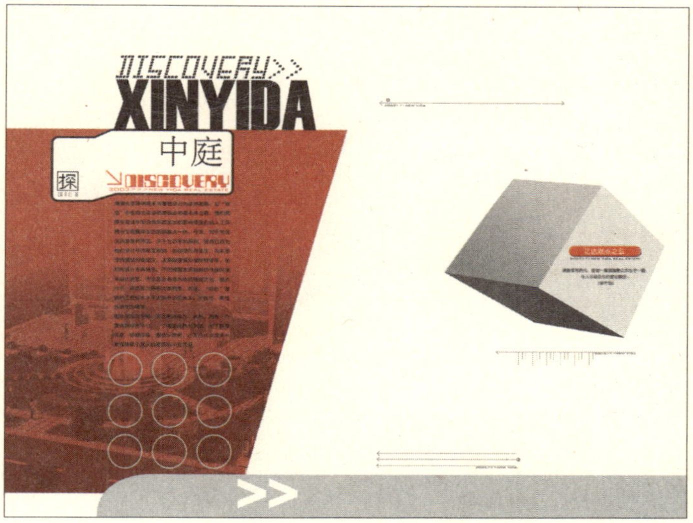
DISCOVERY>>
XINYIDA
中庭
探
DISCOVERY
>>

NEWYIDA
自然
探
DISCOVERY

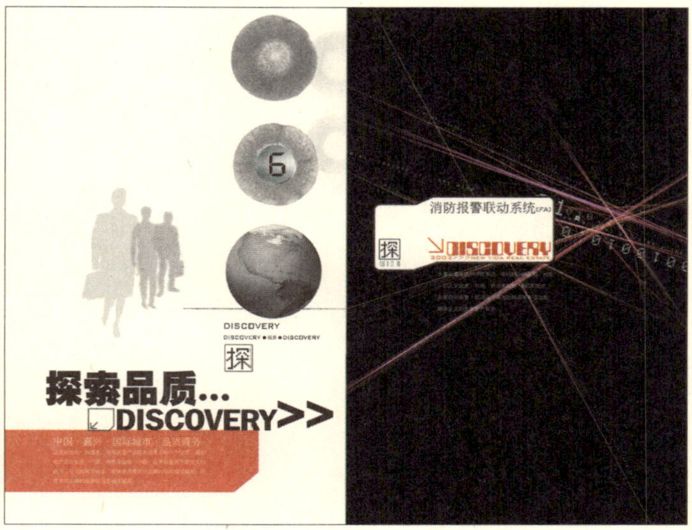
6
DISCOVERY
探
探索品质...
DISCOVERY>>
消防报警联动系统
探
DISCOVERY

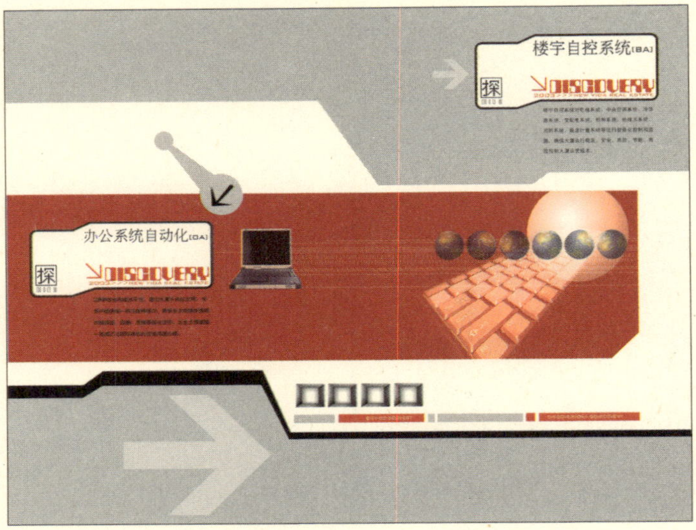
楼宇自控系统(BA)
探
DISCOVERY
办公系统自动化(OA)
探
DISCOVERY

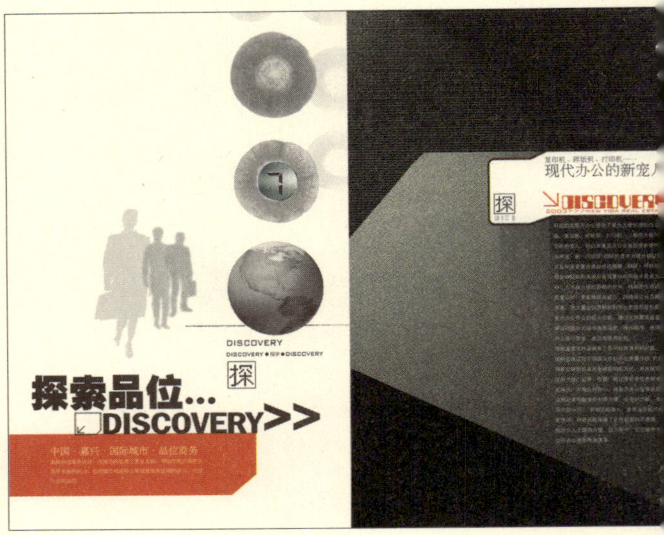
现代办公的新宠
探
DISCOVERY
探
探索品位...
DISCOVERY>>
中国·嘉兴·国际城市·品位商务

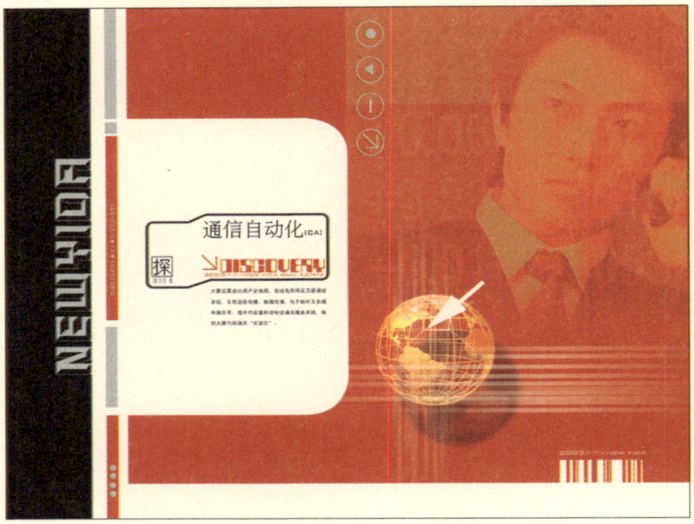
NEWYIDA
通信自动化(CA)
探
DISCOVERY

intel
英特尔奔腾处理器
探
DISCOVERY

XINYIDA
安保监控自动化(BA)
探
DISCOVERY

NEW
XINYIDA
未来形办公家具系统
探
DISCOVERY

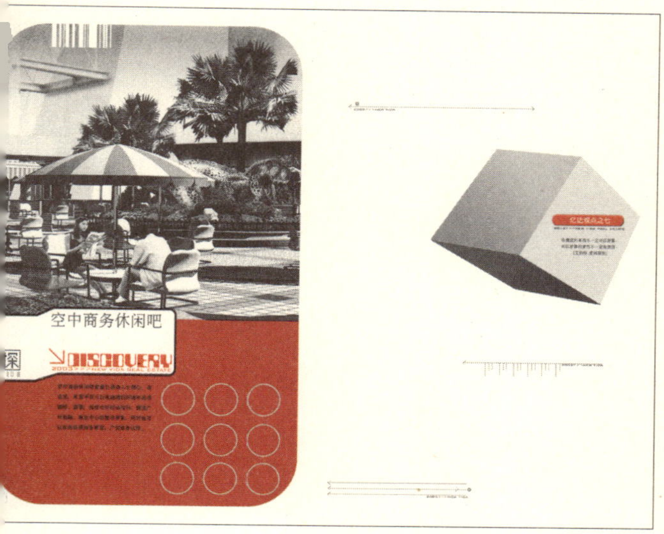
空中商务休闲吧
探
DISCOVERY

NEW
NEWYIDA
巴黎的拉德方斯:
现代商务中心的典范
探
DISCOVERY

东京的新宿:
快速成长的副都
探
DISCOVERY
DISCOVERY
探
探索空间...
DISCOVERY>>
中国 · 嘉兴 · 国际城市 · 商务空间

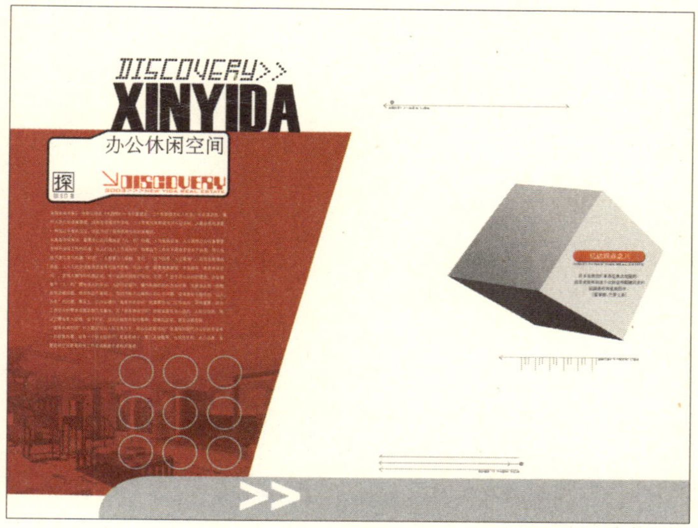
DISCOVERY>>
XINYIDA
办公休闲空间
探
DISCOVERY

2003>>>XIN YIDA
NEWYIDA
纽约的曼哈顿:
美国经济发展的催化剂
探
DISCOVERY

后 记

Company name
公司名称：
杭州红狮广告
Floor name
楼盘名称：
紫麟人家
Art director
美术指导：
金学丽
Copy writer
文案：
陆卫东

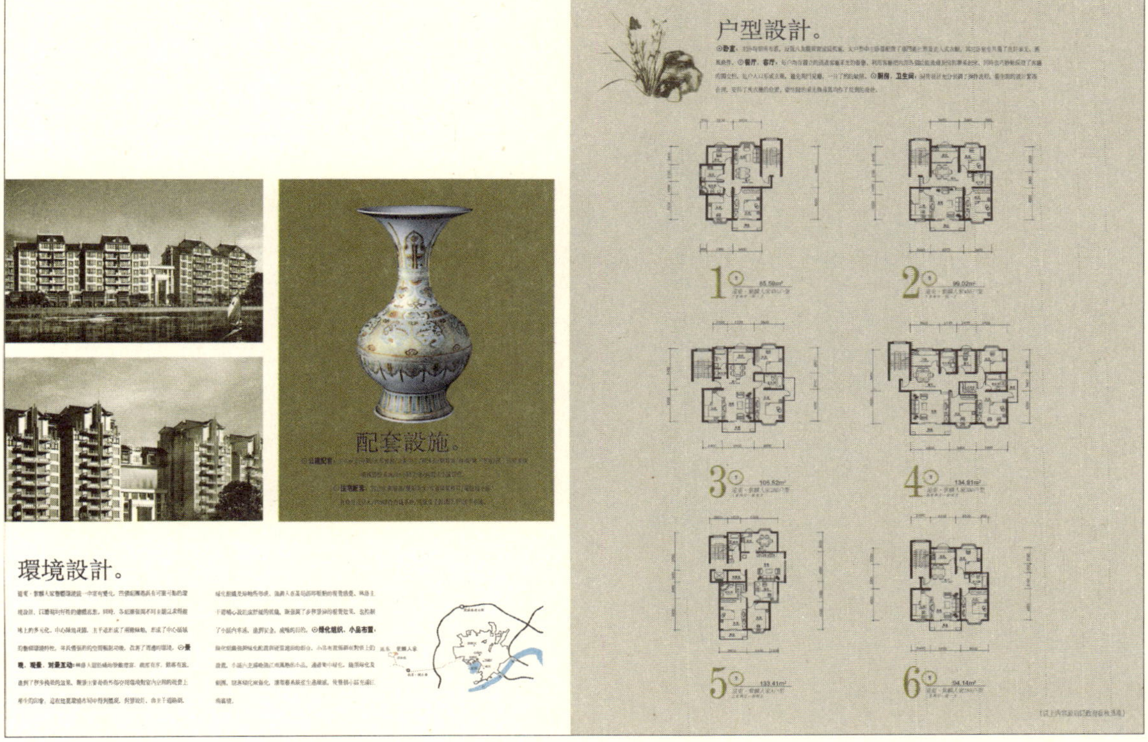
户型設計。
配套設施。
環境設計。

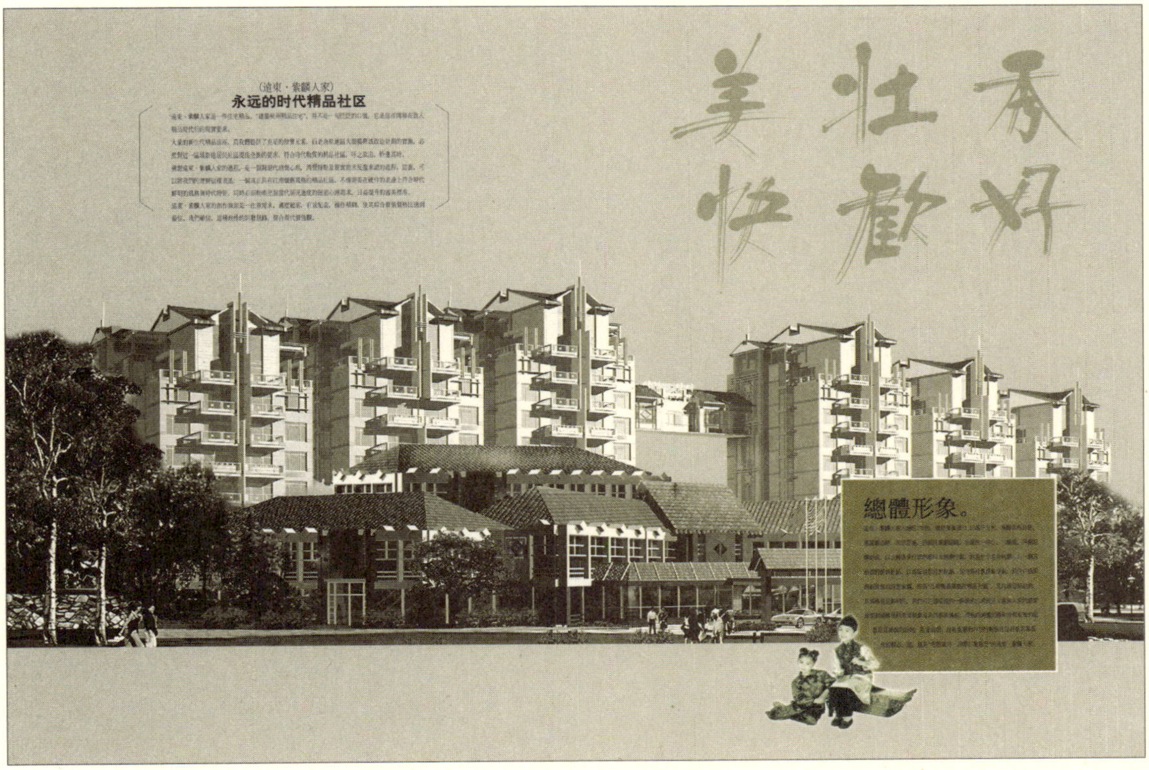
（遠東·紫麟人家）
永远的时代精品社区
總體形象。

Company name
公司名称：
杭州太古广告
Floor name
楼盘名称：
中田大厦
Art director general
创作总监：
俞斌浩
Art director
美术指导：
巩志斌
Copy writer
文案：
吴建峰

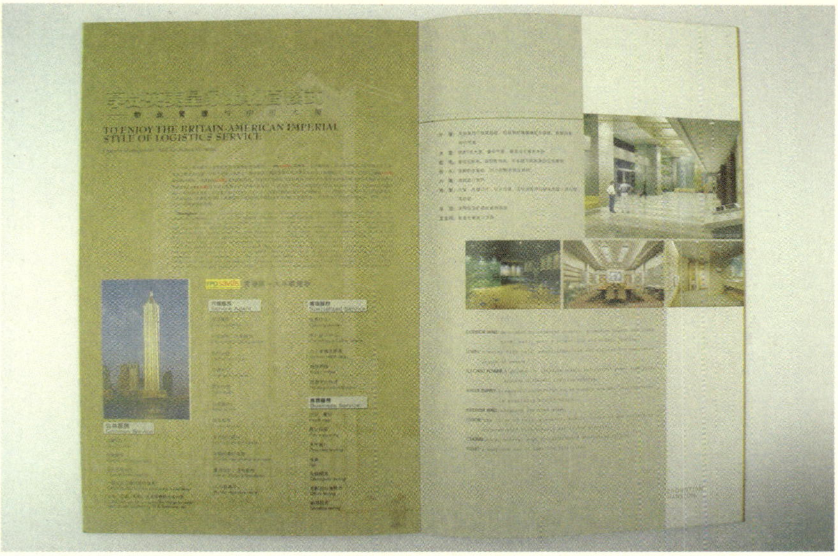
TO ENJOY THE BRITAIN-AMERICAN IMPERIAL
STYLE OF LOGISTICS SERVICE

AN OUTSTANDING PLACE WHERE
OUTSTANDING TALENTS GATHER
倡导高尚办公理念
ADVOCATE CONCEPT OF NOBLE OFFICE

引领时代的5A智能化
TO INTRODUCE 5A INTELLIGENT
CONFIGURATION STANDARD ALL-ROUND

Company name
公司名称：
浙江动脑广告
Floor name
楼盘名称：
诚信大厦
Art director general
创作总监：
刘更
Art director
美术指导：
陈瑶 / 强朋
Copy writer
文案：
李晓雅

Company name
公司名称：
浙江动脑广告
Floor name
楼盘名称：
坤和建设
Art director general
创作总监：
刘更
Art director
美术指导：
陈瑶 / 杨工

Company name
公司名称：
浙江动脑广告
Floor name
楼盘名称：
玉海大厦
Art director general
创作总监：
刘更
Art director
美术指导：
陈瑶 / 强朋
Copy writer
文案：
李晓雅

Company name
公司名称：
浙江动脑广告

Floor name
楼盘名称：
云栖蝶谷

Art director general
创作总监：
刘更

Art director
美术指导：
陈瑶 / 李华

Copy writer
文案：
李晓雅

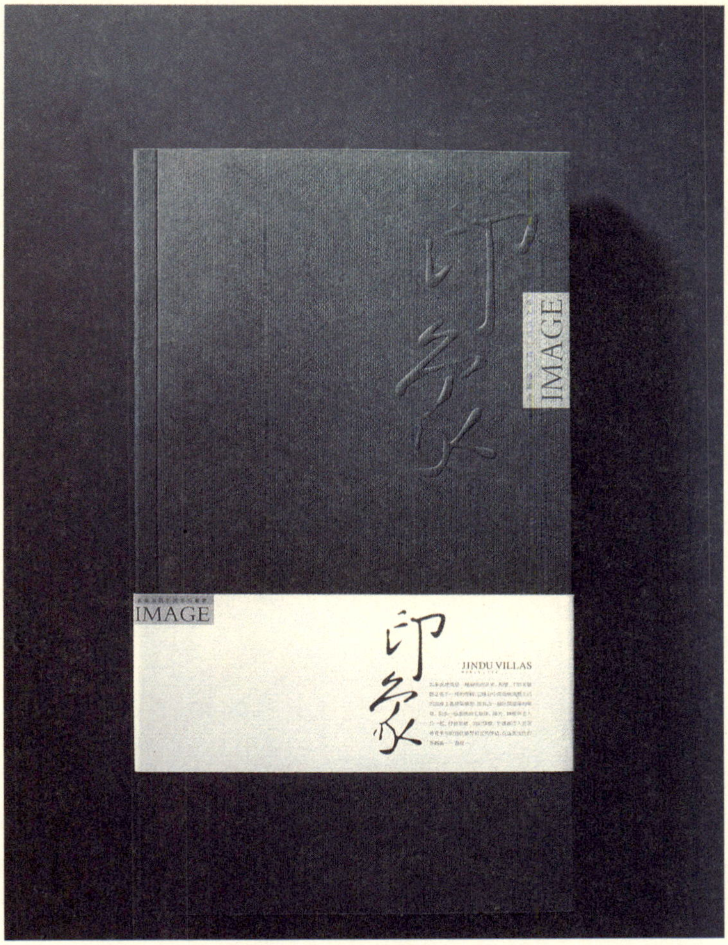

Company name
公司名称：
浙江动脑广告

Floor name
楼盘名称：
金都·富春山居

Art director general
创作总监：
刘更

Art director
美术指导：
陈瑶

Copy writer
文案：
邵炜

Company name
公司名称：
深圳图登广告
Floor name
楼盘名称：
光彩新天地
Art director general
创作总监：
杨霖
Art director
美术指导：
朱本文
Copy writer
文案：
杨芳芳

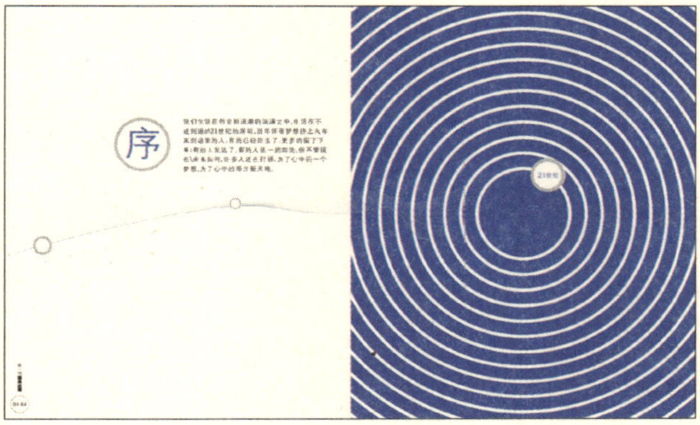
序

那一年春节
留在深圳的你很潇洒

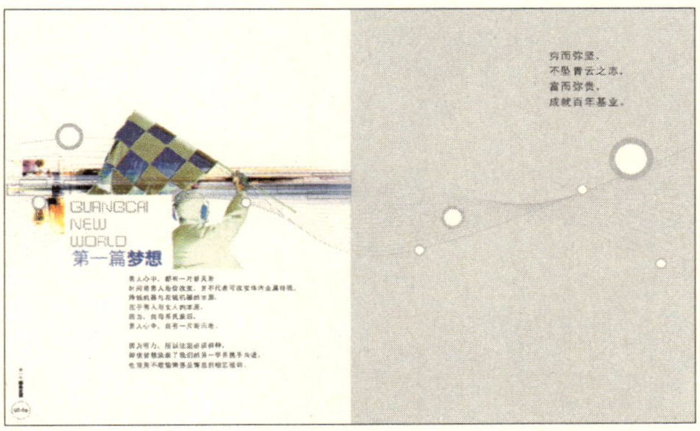
GUANGCAI
NEW
WORLD
第一篇梦想

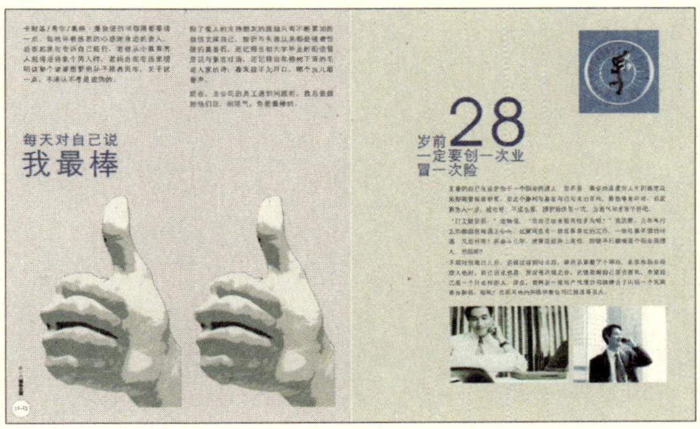
每天对自己说
我最棒
28
岁前
一定要创一次业
冒一次险

GUANGCAI NEW WORLD
GUANGCAI
NEW
WORLD
第二篇产品概念

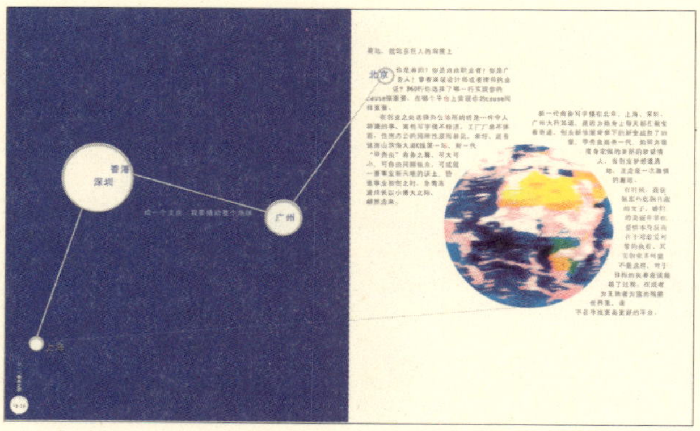
香港
深圳
广州

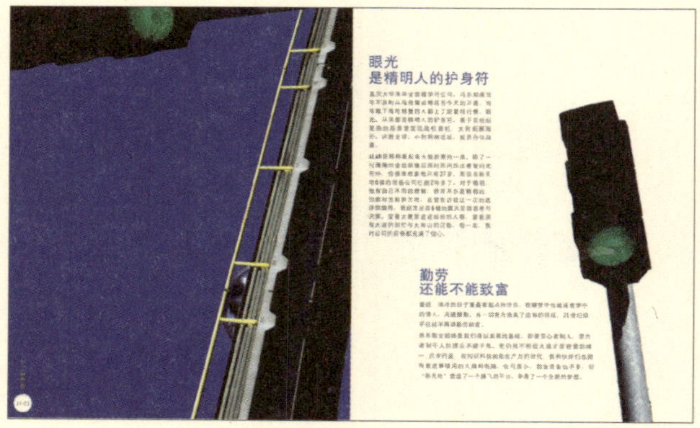
眼光
是精明人的护身符
勤劳
还能不能致富

GUANGCAI
NEW
WORLD

GUANGCAI
NEW
WORLD
只有房地产永不背叛

GUANGCAI
NEW
WORLD
第三篇投资创业

那一次一盘棋输了
100万
¥100

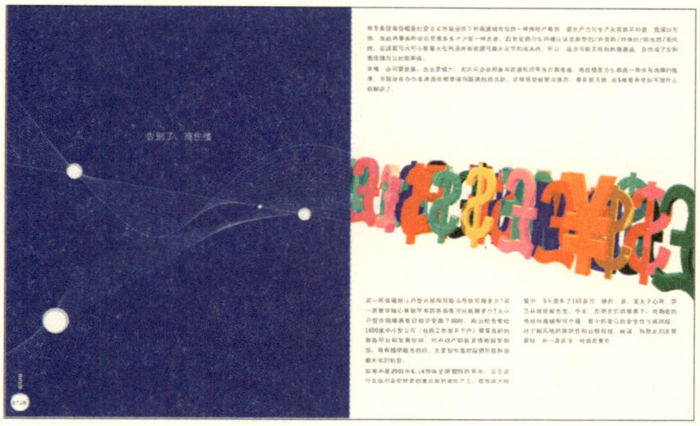

惊奇于五种商务空间的
创意组合

第四篇产品

体会裂变
新商务的喜悦
凡事皆有可能

跋

Company name
公司名称：
深圳图登广告

Floor name
楼盘名称：
光彩新世纪

Art director general
创作总监：
杨霖

Art director
美术指导：
朱本文

Copy writer
文案：
杨芳芳

歡
迎
Splendor
New
Century
歡
迎

03
第一卷:
选择深圳
深圳
前行五十米

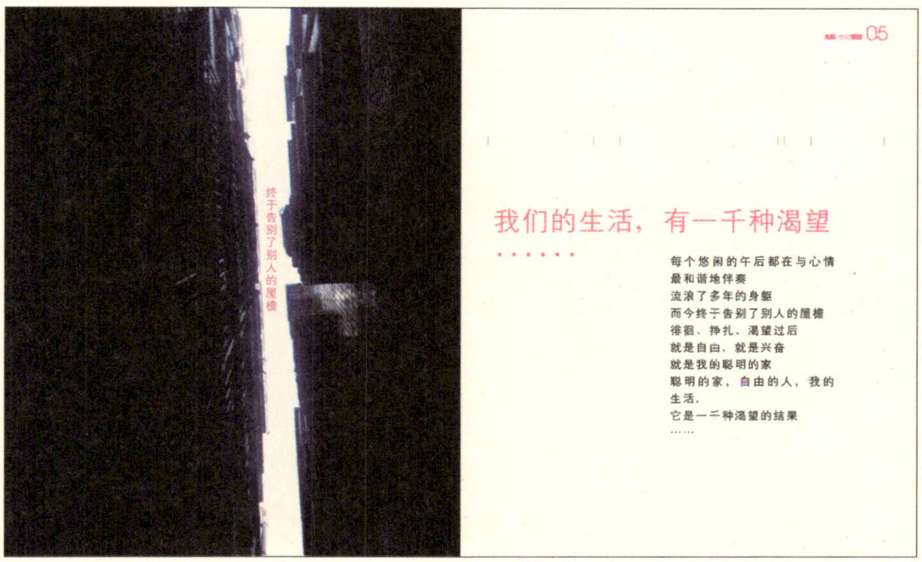

终于告别了别人的屋檐
05
我们的生活，有一千种渴望
每个悠闲的午后都在与心情
最和谐地伴奏
流浪了多年的身躯
而今终于告别了别人的屋檐
徘徊、挣扎、渴望过后
就是自由、就是兴奋
就是我的聪明的家
聪明的家，自由的人，我的
生活，
它是一千种渴望的结果
……

选择深圳，选择了漂泊
这个城市里的**心情都太空洞**！每天的工作、应酬、消遣、逛街已经很**累**，何必让那些繁琐的概念、信息打扰得您无法入眠？面对**形形色色**的商品，何必让推销小姐说得天花乱醉而迷失判断能力？面对灯红酒绿的城市风景，何必用世俗的眼光去评判它的**残酷**？面对**自己喜欢的房子**，何必任凭广告人的津津乐道去追求所谓的品味？让**心彻底放松**，剥掉城市浑浊的面纱，不要让别人来权衡我的时间，不要任凭别人支配我的生活！**我**们要选择自己的**空间**，特别要为生活设计的恰倒好处，不吵杂，不冷清，不张扬，并且，让心灵喝杯咖啡。

喜欢流浪，钟情城市，选择深圳，
城市里流浪的步伐中都是他们固执的脚印，
他们停泊的一天，总是要改变所有的流浪文学史。
……
选择深圳就是选择了漂泊，
选择深圳就是选择了流浪，
漂泊是一种文学，
流浪是一种境界，
他们抛弃所有值得庆幸的优越去流浪，
是在与生活对峙，
是让激情燃烧
……
漂泊在深圳的日子
在这个喧嚣的城市里，有着越来越多行色匆匆的年轻人。他们怀着青春和梦想在城市里奔忙，他们有着和前代人不同的生活，他们需要一处能够负担起的，真正属于自己的容身之所。

Splendor
New
11
选择深圳的
同时也选择了孤独
木木，女，光彩新世纪A-1803，21岁时大学毕业随大流从昆明来到深圳，如今已走过了6个年头，回首过去，只是孑然一身。
丁楠，男，光彩新世纪B-1801，23岁时段，最适合做广告人，来深圳一年，工作伙伴越来越多，贴心哥们却越来越少。
Laurence，男，光彩新世纪A-1101，30岁，深圳是一个人生的驿站，也有高端的科研平台，就是少了些许人情味，流浪在深圳，是孤独的，漂泊的人如同漂泊的心，一样居无定所，我想要是能有一个固定的家，可能会好得多。

其实，流浪不是不好，试着改变你的位置！
但要瞄准选择可以自由生活的方向！
温馨提示:
13
其实
流浪不是不好
试着改变你的位置
但要瞄准选择
可以自由生活的方向

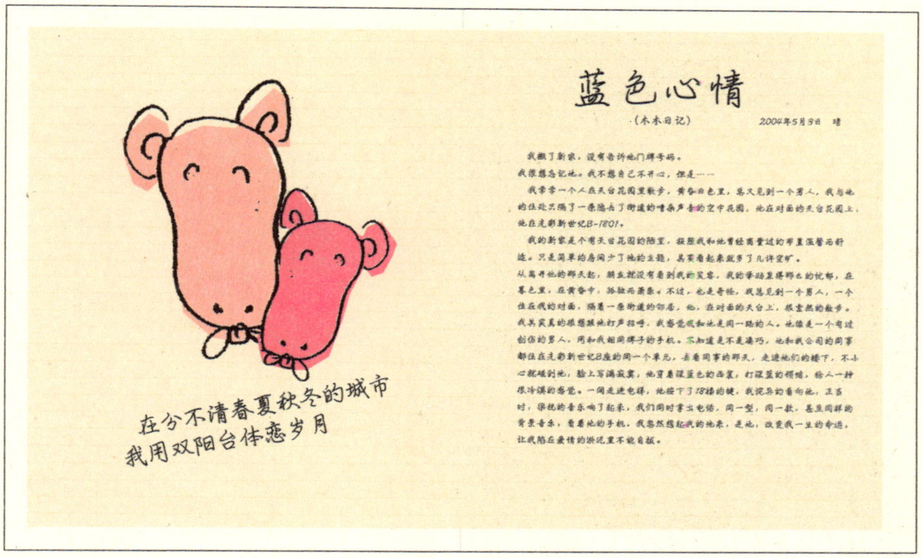
蓝色心情
（木木日记）
2004年5月3日 晴
我搬了新家，没有告诉他门牌号码。
我很想忘记他。我不想自己不开心，但是……
我常常一个人在天台花园里散步，黄昏日色里，总又见到一个男人，我与他的住处只隔了一条隐去了街道的嘈杂声音的空中花园。他在对面的天台花园上，他住光彩新世纪B-1801。
我的新家是个有天台花园的阳宅，按照我和他曾经商量过的布置得温馨而舒适。只是简单的房间少了他的主题，其实看起来就多了几许空旷。
从离开他的那天起，朋友就没有再到我的寓所，我的季节显得那么的忧郁，在暮色里，在黄昏中，孤独而萧条。不过，也是奇怪，我总见到一个男人，一个住在我的对面，隔着一条街道的邻居，他，在对面的天台上，很寂然的散步。
我其实真的很想跟他打声招呼，我感觉我和他是同一路的人。他像是一个受过创伤的男人，用和我相同牌子的手机。不知道是不是凑巧，他和我公司的同事都住在光彩新世纪B座的同一个单元，去看同事的那天，走进他们的楼下，不小心就碰到他，脸上写满寂寞，他穿着深蓝色的西装，打深蓝的领结，给人一种很冷漠的感觉。一同走进电梯，他按下了18楼的键，我诧异的看向他，正当时，悠扬的音乐响了起来，我们同时拿出电话，同一型，同一款，甚至同样的背景音乐，看着他的手机，我忽然想起我的他来，是他，改变我一生的命运，让我陷在爱情的漩涡里不能自拔。
在分不清春夏秋冬的城市
我用双阳台依恋岁月

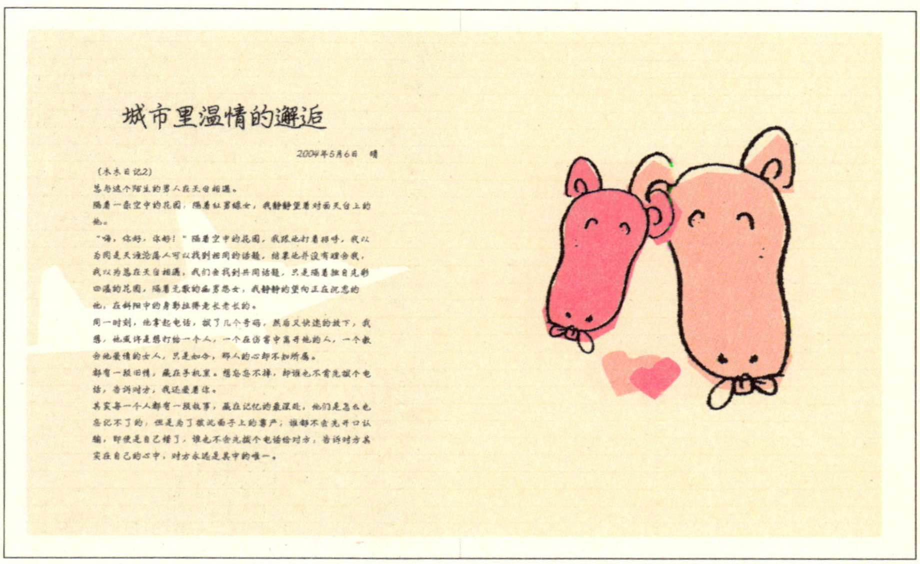
城市里温情的邂逅
2004年5月6日 晴
（木木日记2）
总与这个陌生的男人在天台相遇。
隔着一条空中的花园，隔着红男绿女，我静静望着对面天台上的他。
"嗨，你好，你好！"隔着空中的花园，我跟他打着招呼，我以为同是天涯沦落人可以找到相同的话题，结果他并没有理会我，我以为总在天台相遇，我们会找到共同话题，只是隔着独自光彩四溢的花园，隔着无数的痴男怨女，我静静的望向正在沉思的他，在斜阳中的身影拉得老长老长的。
同一时刻，他拿起电话，拨了几个号码，然后又快速的放下，我想，他或许是想打给一个人，一个在伤害中离开他的人，一个教会他爱情的女人，只是如今，那人的心却不知所属。
都有一段旧情，藏在手机里。想忘忘不掉，却谁也不肯先拨个电话，告诉对方，我还爱着你。
其实每一个人都有一段故事，藏在记忆的最深处，他们是怎么也忘记不了的，但是为了彼此面子上的事产，谁都不会先开口认输，即使是自己错了，谁也不会先拨个电话给对方，告诉对方其实在自己的心中，对方永远是其中的唯一。

第二卷：自由的人
Splendor
New
Century

21
所谓自由，释放不受约束也。
自由的不自由”。

丁楠：以自己的方式生活
我们就是这样让人不可理解的没有规律的生活下去。

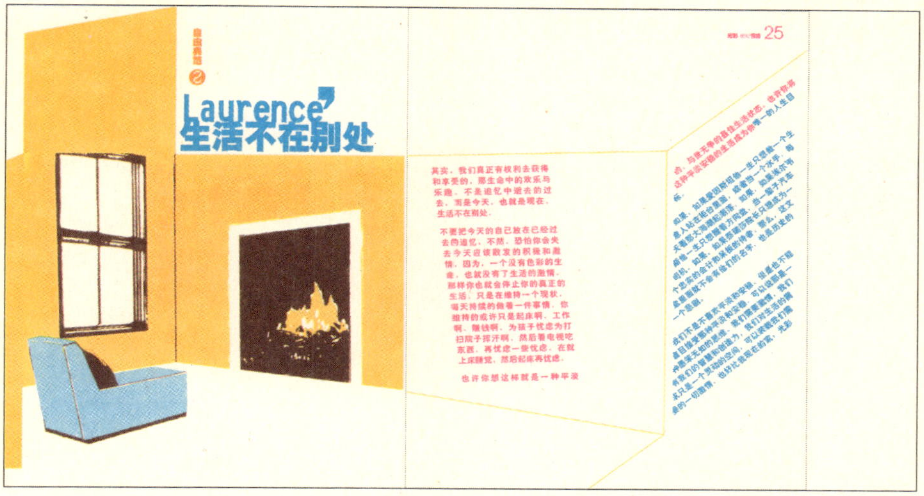
25
Laurence'
生活不在别处

木木：
青春的自由与困惑

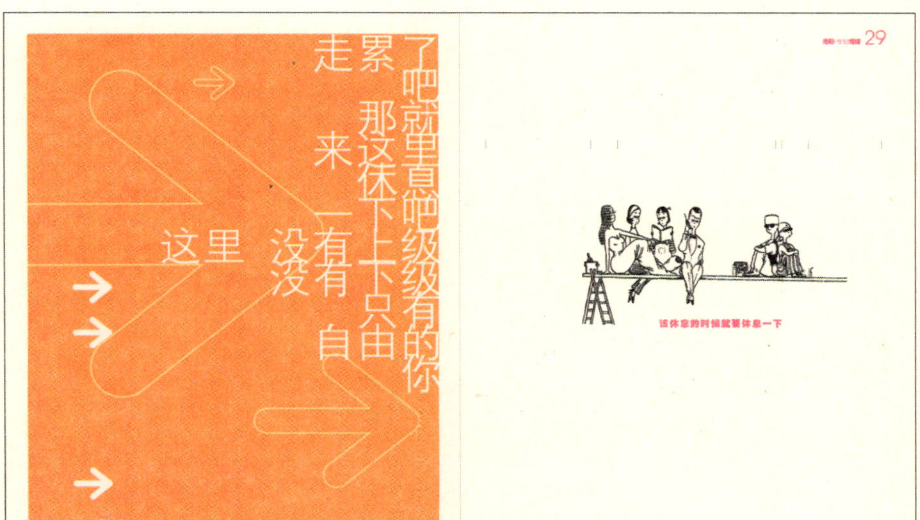
29
该休息的时候就要休息一下

33
就算有一天
青春老了
滑板闲了
世界转停了
自由人的
流行时尚不停息
特别警告

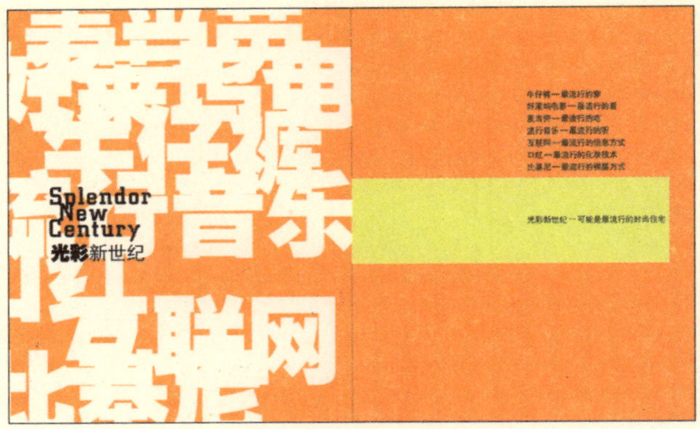
Splendor
New
Century
光彩新世纪

35
以城市精英的名义占有!
自由人的流行生活哲学

光彩新世纪，
南山的都会中心

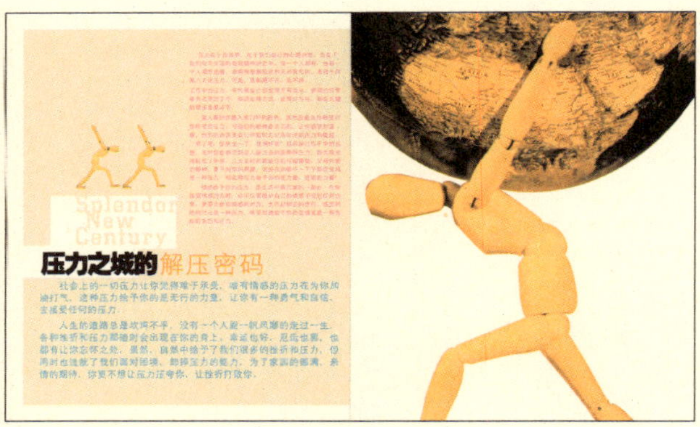
Splendor
New
Century
压力之城的解压密码

所谓时尚
"自由族"生活个性
所谓时尚，其实就是一场发现

37
70年代出生的人

第三卷聪明的房子
Splendor
New
Century

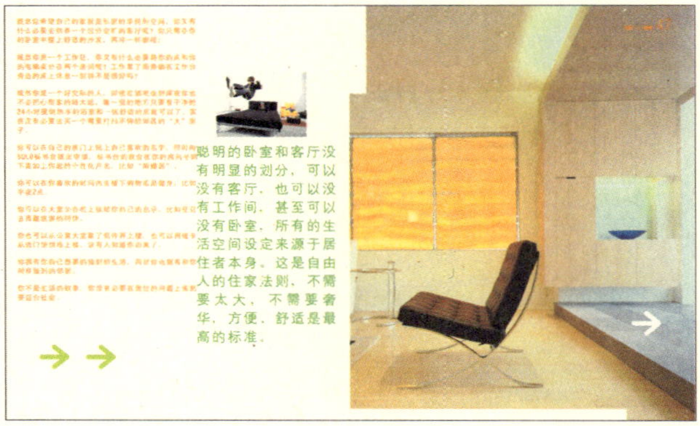
聪明的卧室和客厅没有明显的划分，可以没有客厅，也可以没有工作间，甚至可以没有卧室，所有的生活空间设定来源于居住者本身，这是自由人的住家法则，不需要太大，不需要奢华，方便、舒适是最高的标准。

聪明的地段
繁华轴心
光彩一生的时尚部落
在城市里流浪久了
什么都无所谓了
但不能放下的
就是渴望有爱有爱巢
以及
拥有爱和爱巢的
生活

关于生活的N种理解

此后
丁楠经常光顾木木的房子
Splendor
New
Century
粉红的家用心的思维

Splendor
New
Century
聪明房子的智慧涵养

木木 A
B
丁楠
Laurence C
对话talking
买什么样的房子?
Splendor
New
Century
要什么样的环境?
关于配套

Splendor
New
Century
无处不在的智慧
是房子的
無處不在的自由
是我的

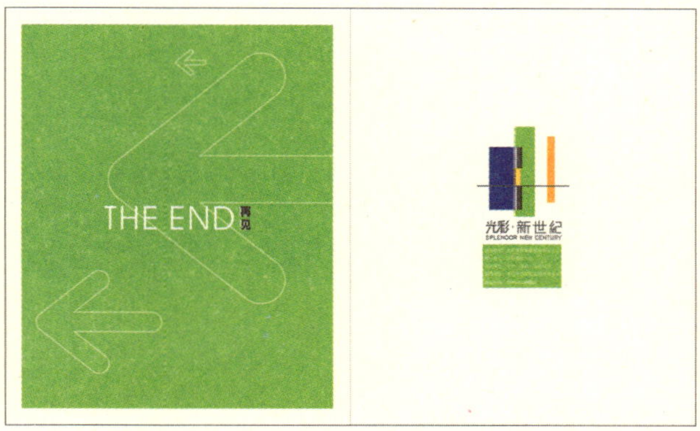
THE END
光彩·新世纪
SPLENDOR NEW CENTURY

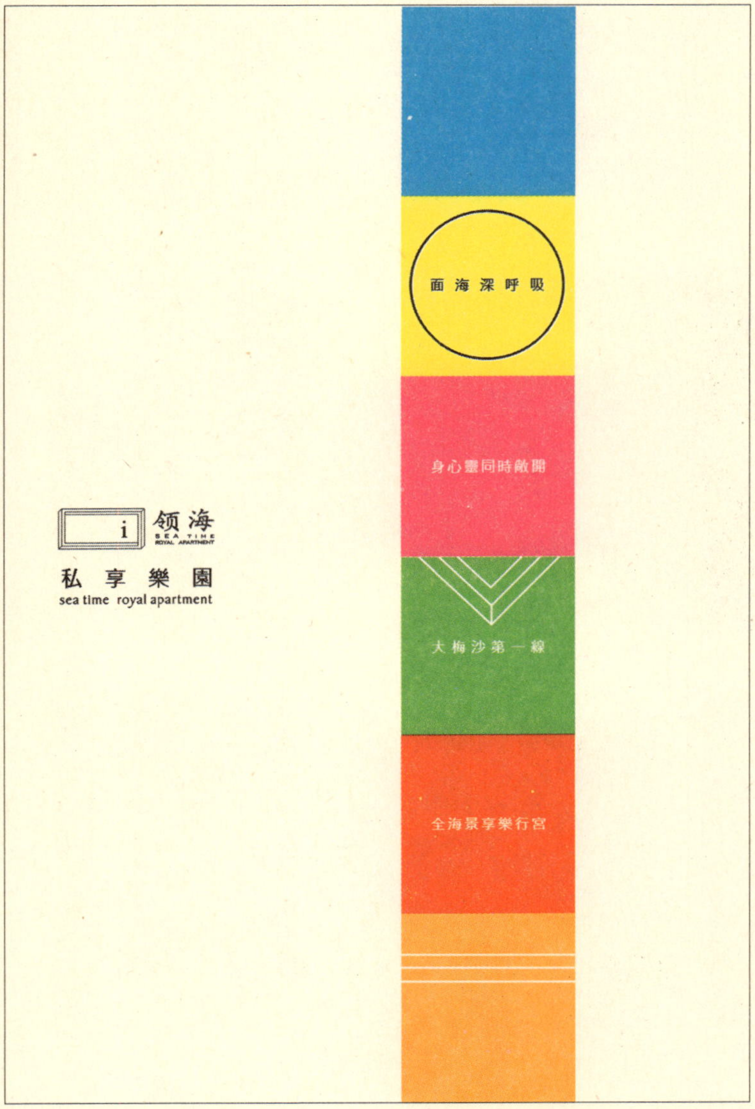

Company name
公司名称：
深圳图登广告
Floor name
楼盘名称：
领海
Art director general
创作总监：
杨霖／胡永
Art director
美术指导：
朱本文／徐燕
Copy writer
文案：
杨霖

SEA TIME
目錄

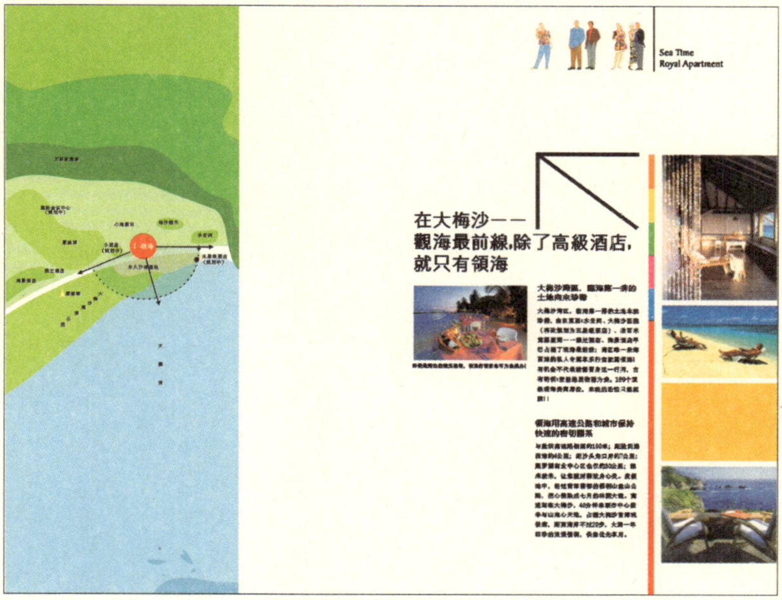
Sea Time
Royal Apartment
在大梅沙——
觀海最前線,除了高級酒店,
就只有領海

大梅沙一線海景
享樂領地——
距海岸13.8米,
距享受0米

事業成功之后，
我們一直在尋找…

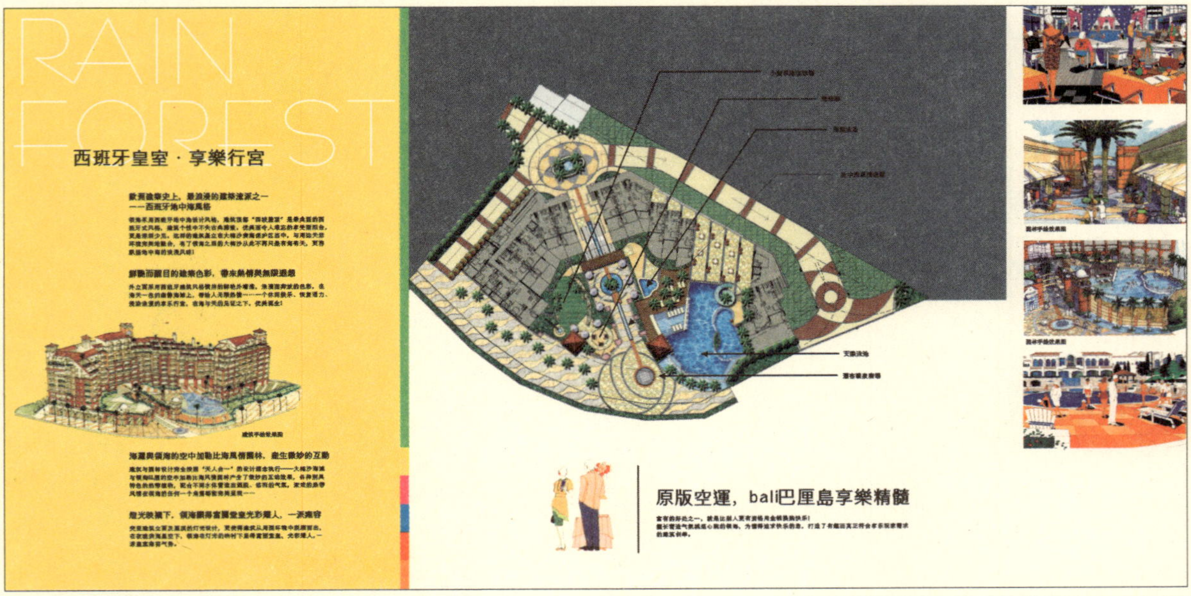
RAIN
FOREST
西班牙皇室·享樂行宮
歐美建築史上，最浪漫的建築流派之一
——西班牙地中海風格
鮮艷而醒目的建築色彩，帶來熱情與無限遐想
原版空運，bali巴厘島享樂精髓

SEA TIME
ROYAL
APARTME
酣暢豪放無界限——大梅沙前所未見的天際泳池
東邊海上吹來一陣逍遙
時尚風…大梅沙首座濱
海休閑廣場

水舞煙波霧緲的回家排場——
大梅沙前所未見的瀑布噴泉廣場
中國第一座類似的噴泉廣場在北京王府井大街,
但在住宅小區還恐怕是第一遭!
獨樹一幟的RAIN FOREST異國情調——
大梅沙前所未見的空中加勒比海風情
園林
知道BODY SHOP美體小舖嗎?

BALI
放縱身心靈,
溶入天地的極樂
——低調奢侈
大梅沙前所未見的陽台觀景浴缸

戶型,
區別于以往所有
用來住的房子

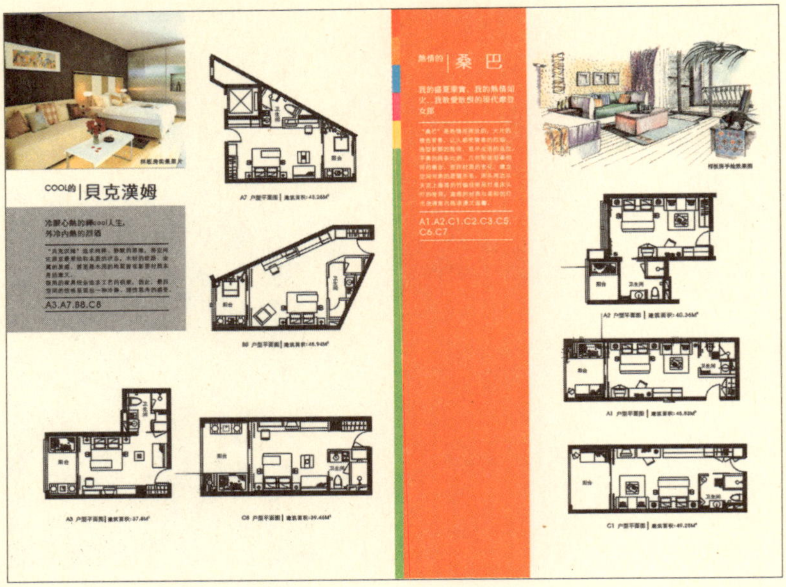
COOL的 貝克漢姆
熱情的 桑巴

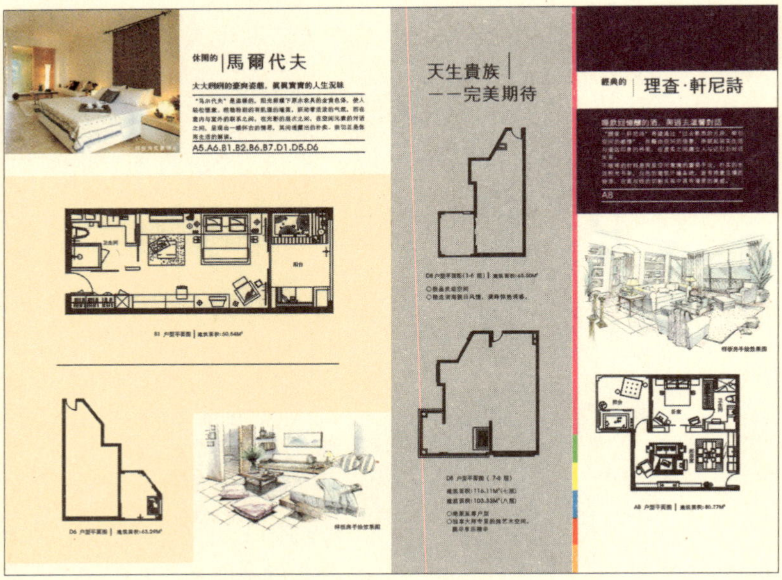
休閒的 馬爾代夫
天生貴族
——完美期待
經典的 理查·軒尼詩

浪漫的 羅馬假日
專用設施伺候業主,
E時代的智能屋

所有的房子都是用来住的，
I· 領海不是

美加港台建築團隊
精雕打造領海享樂行宮
看上去很美、听起来很动听的滨海西班牙风格建筑
MADE IN HONGKONG
從最狂野到最優雅、從最低調到最熱情的夢幻空間
MADE IN CANADA
基本數據指數

一對一東方管家式服務，
匹配您的品味身份

純美式商務平臺
深圳CBD門戶的現代商務領袖
LEADER TOWER
禮頓中心
有一種位置，生來就是做領袖的！
LEADER TOWER 是深圳CBD 漸進運作的重要時段，被催生出的核心主體
LEADER TOWER 純美式商務平臺 推崇實效的運作理念，爲全球化商務帶來極大的便利
LEADER。引領商務的地位 | 純美式 財富化概念
在深南大道上東向行駛時，深圳CBD組群，率先映入眼簾的形象符號
位居深圳CBD要地：西連五洲賓館/直面國際要人下榻 北接高交會館/盡攬國際資訊展臺 左右逢源的商務位置
LEADER。引領標識的地位 | 純美式 中心化地域
簡潔/洗練/厚實的曼哈頓鼎盛時期的代表性建築外觀形象
新洲立交橋頭的標識建築 深圳CBD第一組團中的核心物業 是現代商務人士高效工作時 分外重視的地標性特徵
LEADER。引領空間的地位 | 純美式 寬體化體驗
每層2000平方米左右的辦公面積，再現了曼哈頓甲級商務空間的實用尺度
國際商務高規格運作平臺，特別適合資金雄厚的大商家 自由間隔彈性組隔空間，也爲中小企業提供了理想舞臺
LEADER。引領景觀的地位 | 純美式 園林化氛圍
西向滿幅高爾夫景，登高更有一覽無遺的深圳灣海景
東向 全場CBD商景/市民中心/中心區完整的建築天際線，東側緊鄰中心區公園及廣場綠地
LEADER。引領科技的地位 | 純美式 數字化應用
以純美式寫字樓標準，配置全樓宇高科技含量的商務運行系統：空調系統分戶計量，新風系統加消毒功能，
采用可開啓式LOW-E中空高節能防輻射玻璃窗，保證空氣流通/德國蒂尼克高速電梯/LAN網絡系統/全智能物管系統等
LEADER。引領人文的地位 | 純美式 人性化感受
引進美國商務新概念，美式辦公文化氣氛
十米淨空豪華步入式大堂 純美式商務人文環境再造特色，全面促進高效運作。
LEADER。引領環保的地位 | 純美式 生態化價值
在純美式商務環保意識中辦公！整座樓宇在近萬平方米的綠地中拔地而起
以純美式商務空間標準，多層次植入環保概念，頂層復式 陽光商務空間
LEADER TOWER在深圳CBD中，以其容量之重，贏得一片喝彩！
LEADER。引領實用的地位
禮頓中心 標准層平面圖
禮頓中心 立面剖視圖
禮頓中心 地理方位圖
香港 落馬洲
咨詢熱線：86 755
83 516 516

Company name
公司名称：
深圳太一广告

Floor name
楼盘名称：
礼顿中心

Art director
美术指导：
余玮琪

Copy writer
文案：
余玮琪 / 李园园

Company name
公司名称：
深圳图登广告
Floor name
楼盘名称：
山居岁月
Art director general
创作总监：
胡永
Art director
美术指导：
王一霖 / 胡永
Copy writer
文案：
王葳蓉

漂流记
倦
Write the languid of drift

漂流记 倦
踯躅闹市
说隐居

漂流记 倦
欲望深圳，
宁静的渴望悄悄萌芽

Write the
languid
drift
脆弱而扰攘的世界，
哪里是安稳的角落？

大隐隐于市

给心爱的房子起一个温暖的名字，
叫做“家”

山居记
静
Write the whisht of inhabit hill

山居记
静
山居岁月
大南山
太子湖
四周都是饱满的宁静

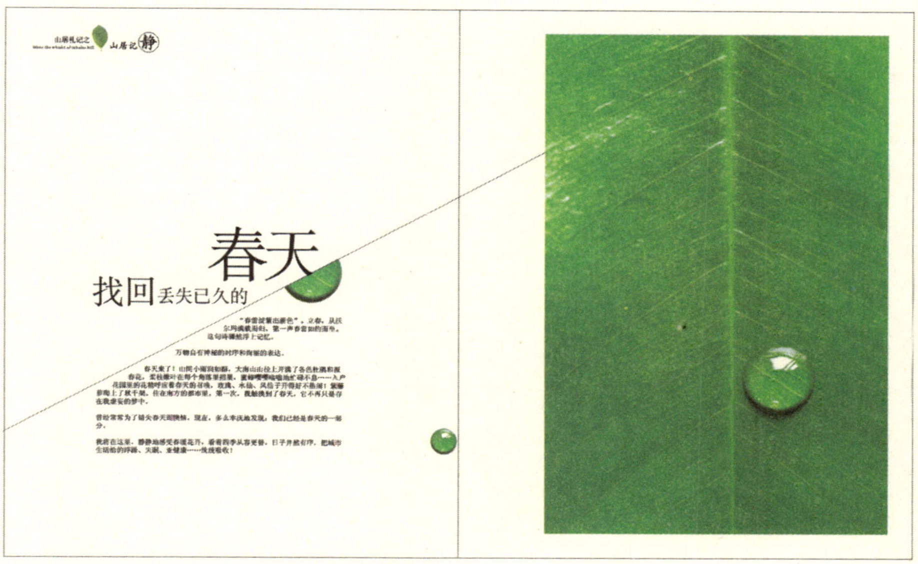
山居记
静
找回丢失已久的春天
万物自有神秘的时序和含蓄的表达。

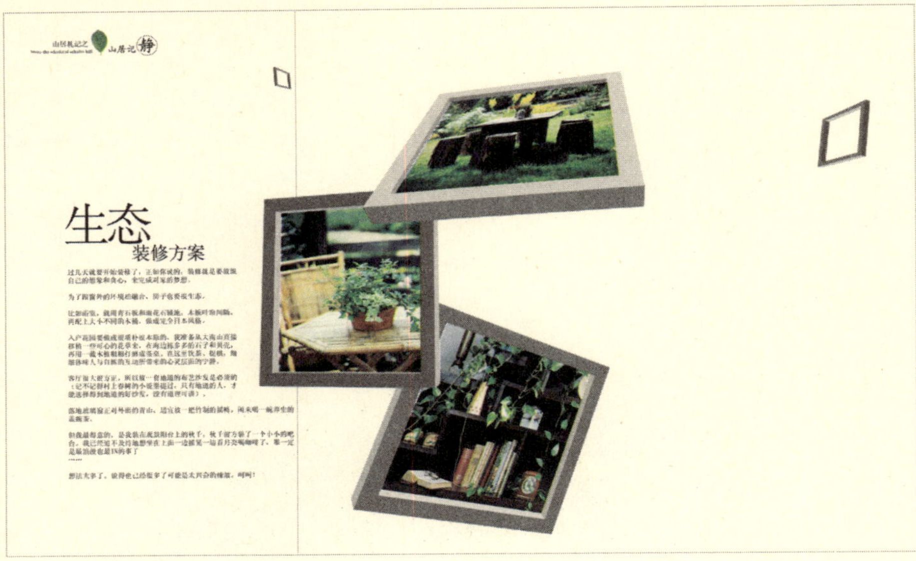
山居记
静
生态
装修方案

山居记
静
每一天的开始都
活力饱满

山居记
静
云在青山
月在天

闲情记趣
WRITE THE INTERESTING OF THE FREE TIME
WRITE THE INTERESTING OF THE FREE TIME
Write The interesting Of the free time

闲情记趣
阅读自然，阅读人生
——读书之趣

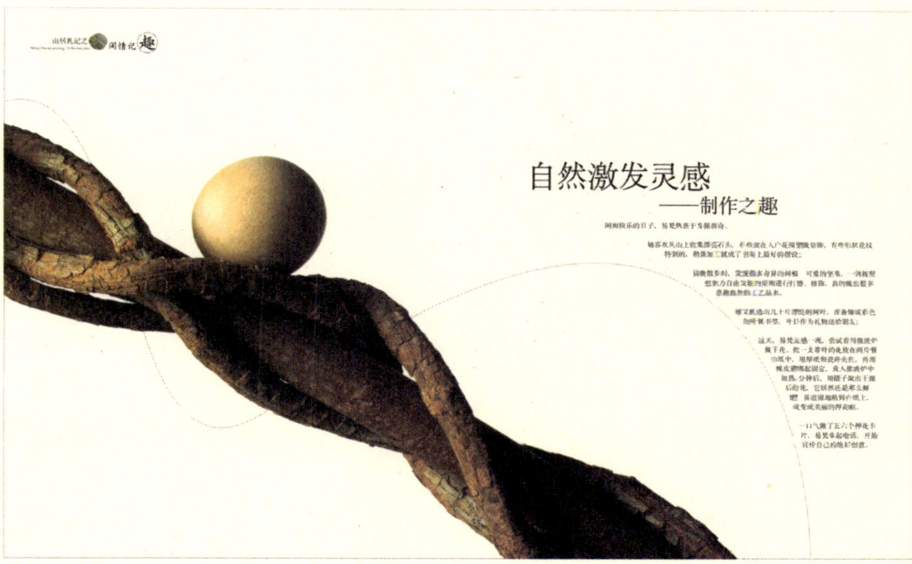
闲情记趣
自然激发灵感
——制作之趣

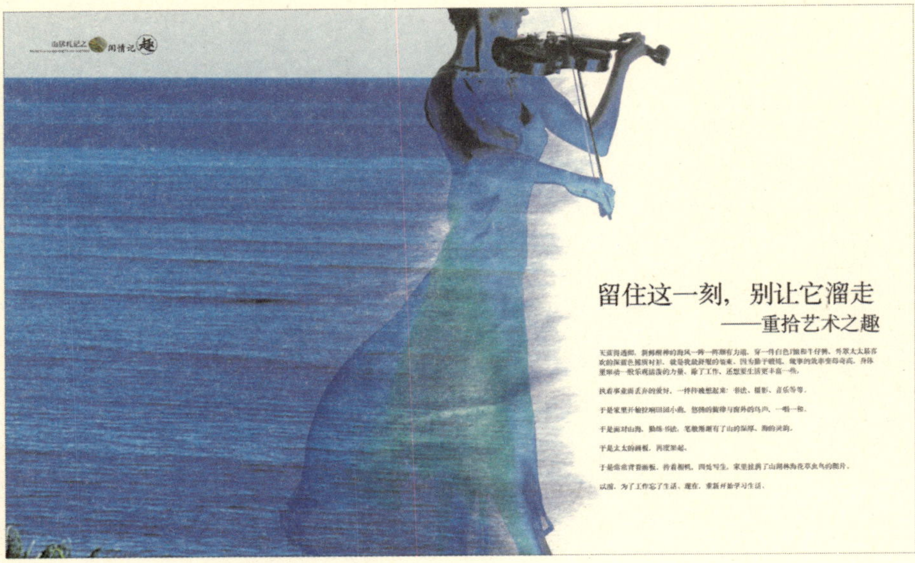
留住这一刻，别让它溜走
——重拾艺术之趣

日啖荔枝三百颗
——收获之趣

纯粹生活 ——周休之趣

万物都是大自然的种子，
人也一样

也无风雨也无晴

素面朝天的女人很养眼

将季节的真味
装进身体

漫游记
快
Write The joyous of ramble

用心生活

自行车是海滨城市
最适合的交通工具

years
Submontane
刚刚开篇。

以纯善之心结善缘的
卖花女

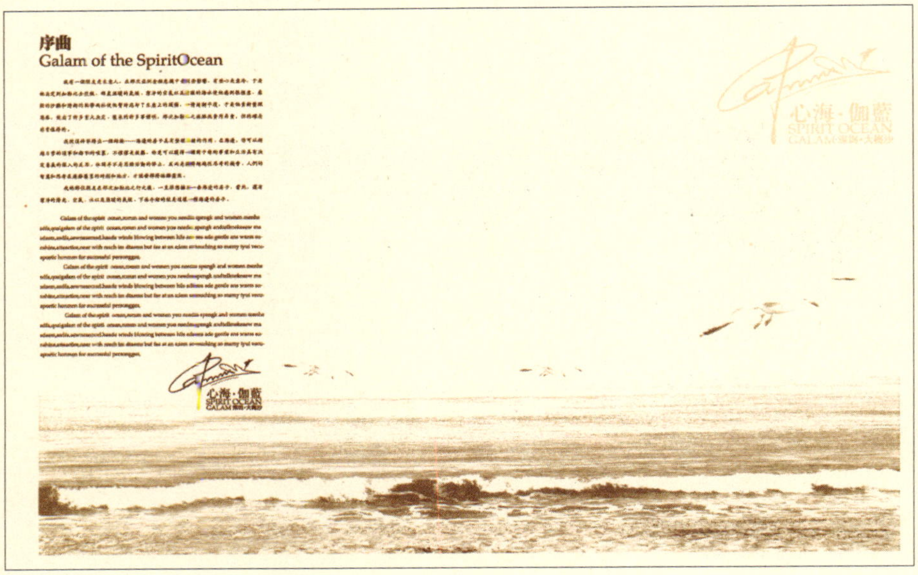

Company name
公司名称：
深圳盛意廊广告

Floor name
楼盘名称：
心海·伽蓝

Art director general
创作总监：
黄金亮

一个忘却烦恼的地方
Galam of the SpiritOcean
海边的房子···
Galam of the SpiritOcean

蔚蓝色
Galam of the SpiritOcean
海边的房子···
Galam of the SpiritOcean

蔚蓝色
Galam of the SpiritOcean
海边的房子···
Galam of the SpiritOcean

沙滩
Galam of the SpiritOcean

沙滩
Galam of the SpiritOcean

海上日出
Galam of the SpiritOcean
海边的房子···
Galam of the SpiritOcean

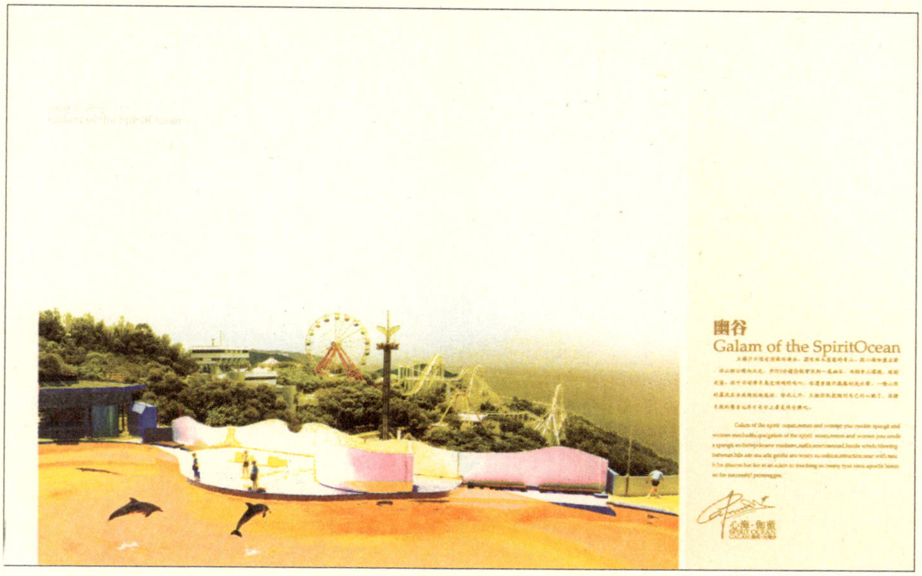
幽谷
Galam of the SpiritOcean

湖畔
Galam of the SpiritOcean
心海·伽蓝
SPIRIT OCEAN
Galam of the SpiritOcean

山顶平湖
Galam of the SpiritOcean
Galam of the SpiritOcean

运动
Galam of the SpiritOcean
海边的房子···
Galam of the SpiritOcean

居住的乐趣
Galam of the SpiritOcean
心海·伽蓝
SPIRIT OCEAN
海边的房子···
Galam of the SpiritOcean

居住的乐趣
Galam of the SpiritOcean
心海·伽蓝
SPIRIT OCEAN

思想
Galam of the SpiritOcean
心海·伽蓝
SPIRIT OCEAN
GALAM

Galam of the SpiritOcean
关于子孙
Galam of the SpiritOcean

数字
Galam of the SpiritOcean
心海·伽蓝
心海·伽蓝

芙蓉会
LOTUS CLUB

主办：湖南永泰房地产开发有限公司
协办：深圳汇鑫行Wisdom策划
地址：湖南长沙远大一路49号湘华大厦15楼
电话：0731-229 7805 229 6277-807
传真：0731-228 1985
邮编：410001
http://www.yong-tai.com
E-mail:lotus@yong-tai.com

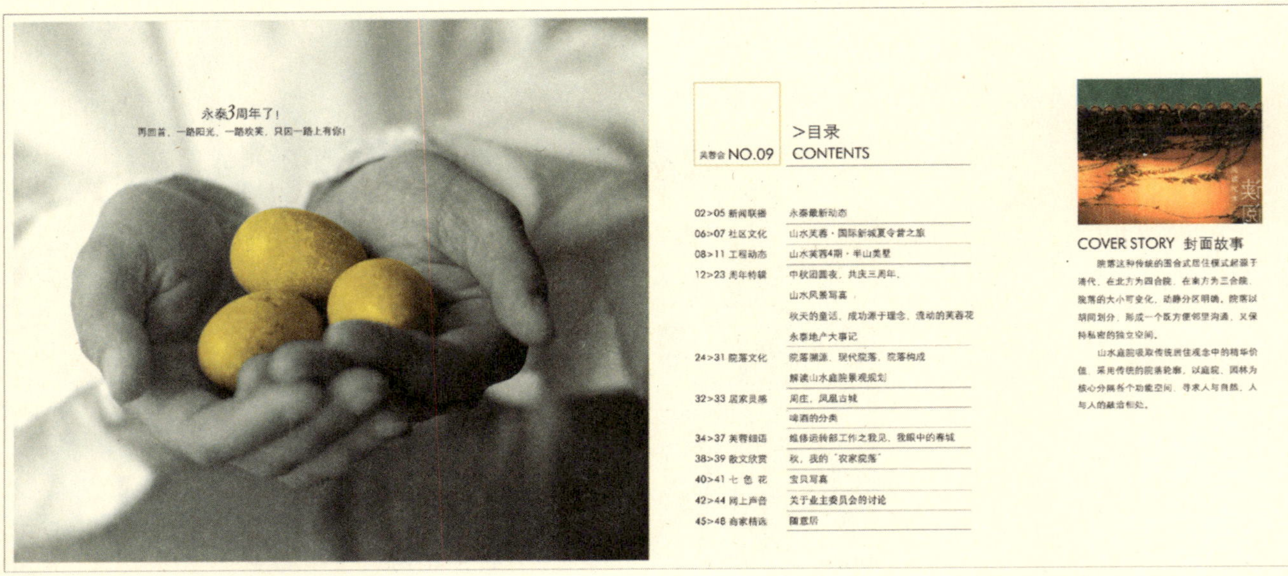

永泰3周年了！
再回首，一路阳光，一路欢笑，只因一路上有你！

芙蓉会 NO.09

>目录
CONTENTS

COVER STORY 封面故事

院落这种传统的围合式居住模式起源于清代，在北方为四合院，在南方为三合院，院落的大小可变化，动静分区明确，院落以胡同划分，形成一个既方便邻里沟通，又保持私密的独立空间。

山水鑫院吸取传统居住观念中的精华价值，采用传统的院落轮廓，以庭院、园林为核心分隔各个功能空间，寻求人与自然，人与人的融洽相处。

共享…
三年的风雨一起走过，三年的欢乐一起开怀，三年的成就一起共勉！

中秋团圆夜，共庆三周年

Company name
公司名称：
深圳汇鑫行策划
Floor name
楼盘名称：
芙蓉会
Art director general
创作总监：
张天雨
Art director
美术指导：
张天雨
Copy writer
文案：
谢海燕

院落文化

院落构成

全新诠释，现代院居

山水庭院在轮廓上是传统院落式的，即以庭院、园林为核心分隔居所、商业街等各个功能空间，分隔出富于领域感与归属感的不同区域，并以街巷式环境连接空间与人群，寻求人与自然、人与人的融洽相处。这些都是传统居住观念中的精华价值。

山水庭院各个空间的转化不是依靠围墙、栏杆等符号化道具，而是以园林、景色、水系等实现空间分级别，以院落为核心，以空间的递延实现不同功能分区的置换。空间的转换实现了情境区域的衔接，不同空间产生了不同的生活可能。

在山水庭院，院落是传统元素的现代表达，既构成生活的主题，又成为精神的载体。

院落文化

真情岁月，友居院落

二十世纪建筑大师安藤忠雄说过：作为记忆的场所的环境，创造性建筑设计可以使事物重现流逝的岁月记忆。

山水庭院的庭院式围合便营造出这样一个场所。

一方面，作为居所的延展空间，庭院可以成为居室的"绿色客厅"，于自然景致中接待友人，在美景与温情的作用下，令此时此刻永远珍藏于记忆的相册。

另一方面，庭院围合为一种友居生活的态度，以空间倡导，以设计引领。四大独立主题的庭院园林，赋予每个院落特殊的气质与文化，界定了居民的归属感。

在山水庭院，友居生活不知有多少岁月沉淀的回忆在这里泛起涟漪，又有多少故事成为记忆。

现代院落

Company name
公司名称：
深圳汇鑫行策划

Floor name
楼盘名称：
愿景·海天一色

Art director general
创作总监：
杨立铎

一蓝色梦想，一生守候
SEA IN SKY
世纪蓝湾 一生情缘
建筑设计 心思灵动
主题园林 生动趣致
VIP泛会所 自在悠游

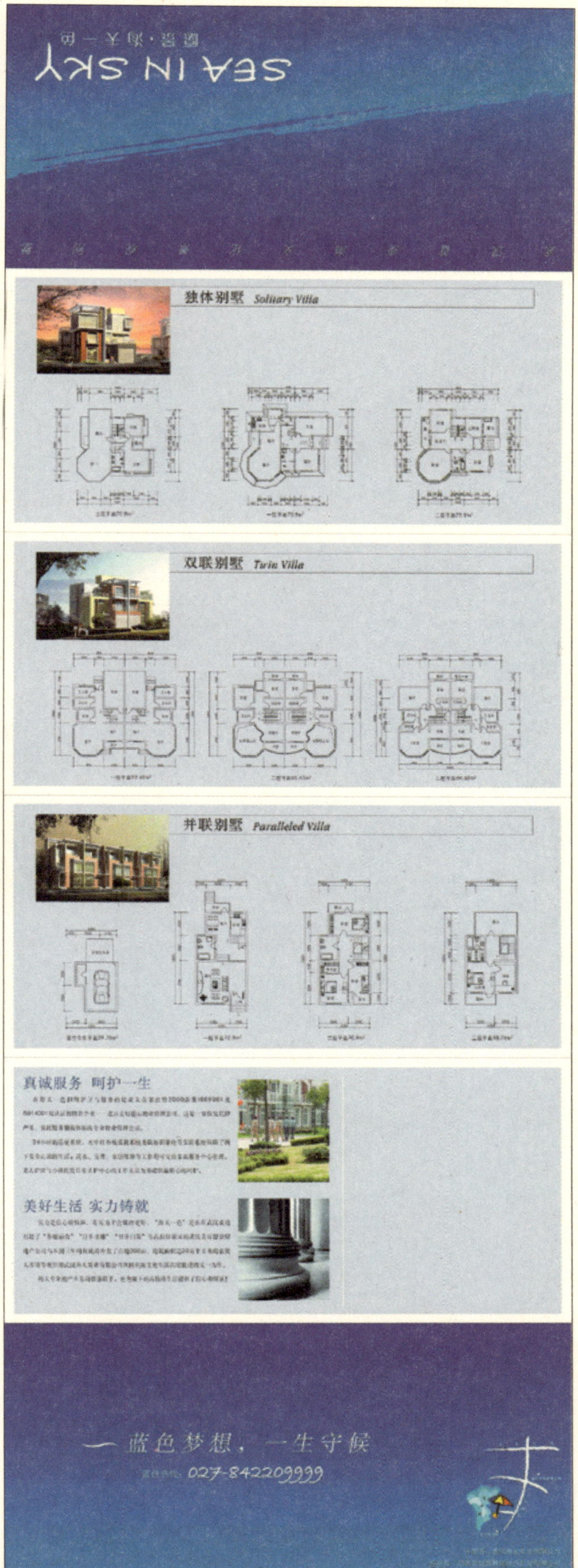
SEA IN SKY
独体别墅 Solitary Villa
双联别墅 Twin Villa
并联别墅 Paralleled Villa
真诚服务 呵护一生
美好生活 实力铸就
一蓝色梦想，一生守候
027-842209999

Company name
公司名称：
深圳汇鑫行策划
Floor name
楼盘名称：
阳光在线
Art director general
创作总监：
张天雨

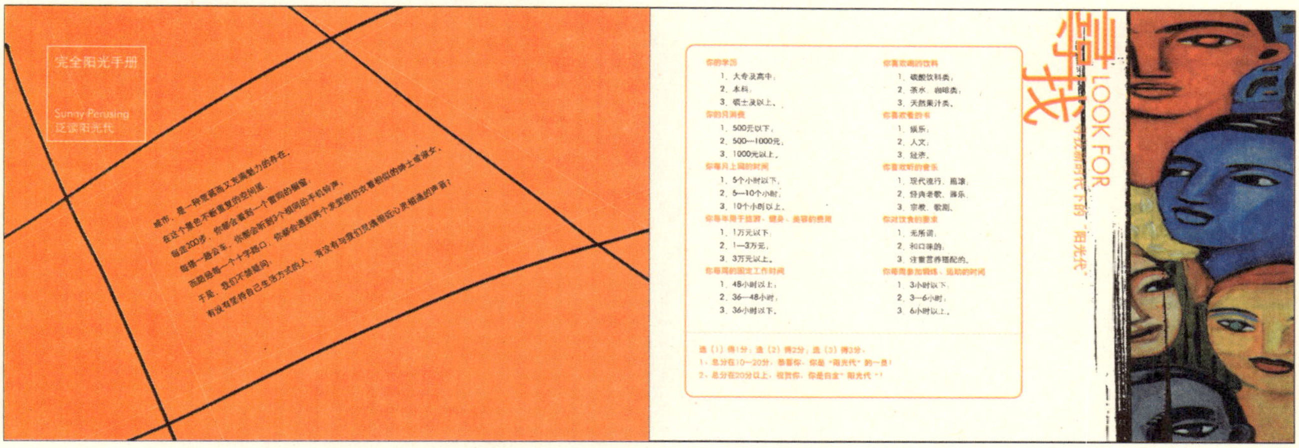
完全阳光手册
Sunny Perusing
泛读阳光代
寻找
LOOK FOR

阳光灿烂的日子，让心情也随清风一起“炫扬”
完全阳光手册
Attitude
“阳光代”生活态度
定位
LOOK FOR

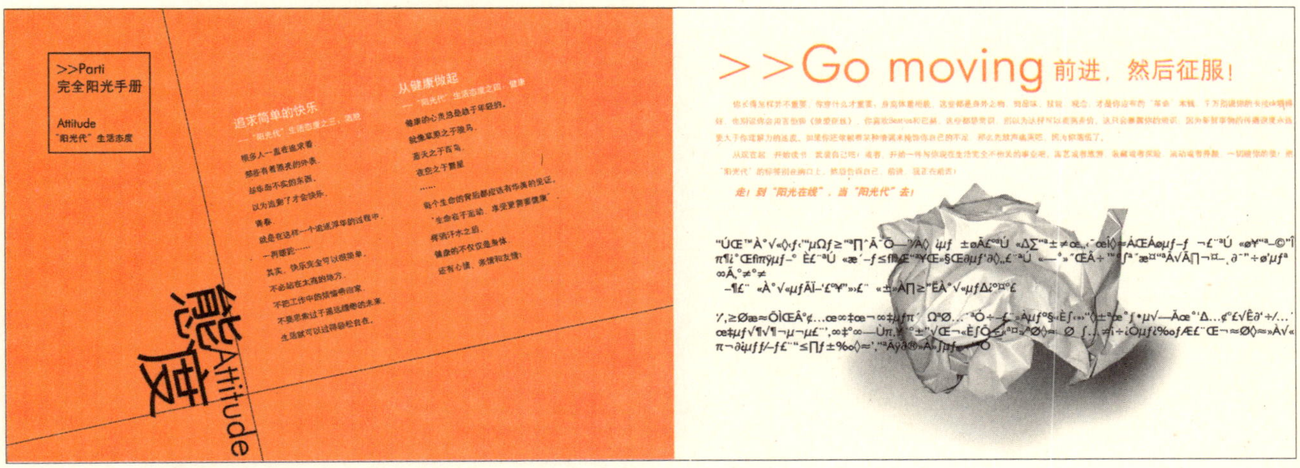
>>Part
完全阳光手册
Attitude
“阳光代”生活态度
追求简单的快乐
从健康做起
态度
Attitude
>>Go moving 前进，然后征服！
走！到“阳光在线”，当“阳光代”去！

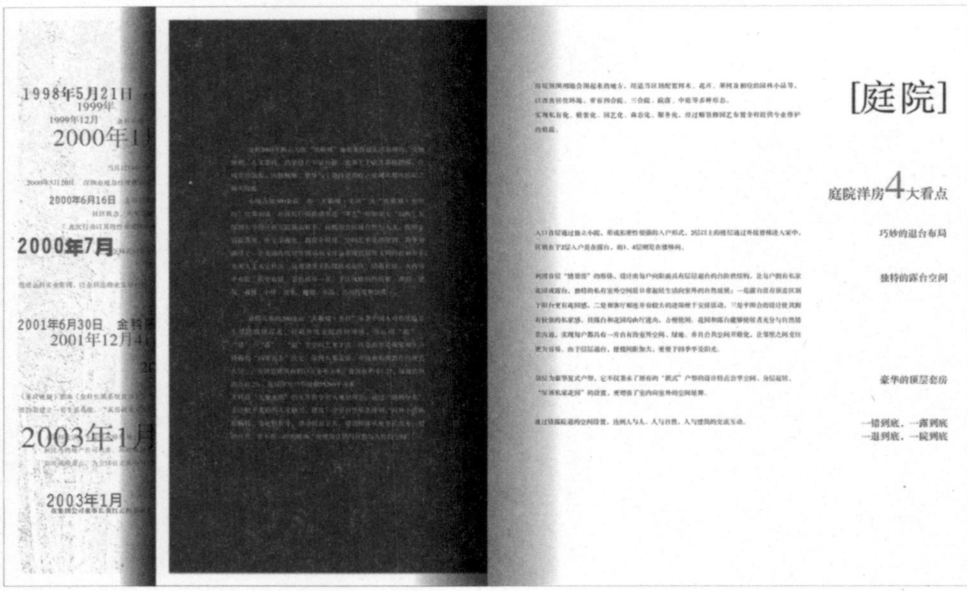

Company name
公司名称：
深圳尚美佳广告

Floor name
楼盘名称：
金科天籁城

Art director general
创作总监：
夏劲松

Art director
美术指导：
黄伟文／沈希集

一院再院，
院出生活温情无限

一露再露，
露出自然绝美之处。

亲地
亲合

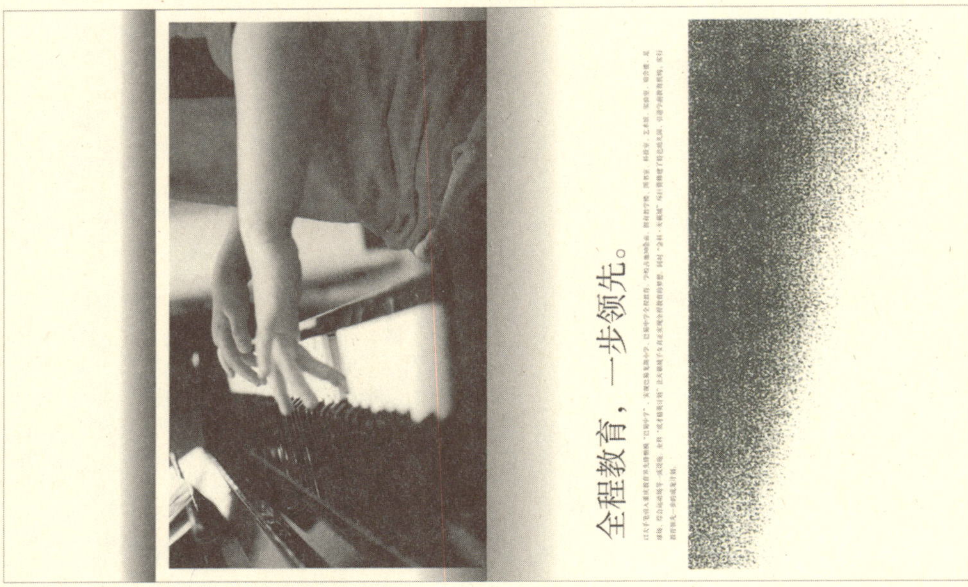
全程教育，一步领先。

邻里亲情是庭院里最美的风景
户型集

对位对味生活好搭配

轻松地经营两种人生

从容生活领地
生活配套
交通配套

Company name
公司名称：成都蓝色飞扬广告

Floor name
楼盘名称：流星花园

Art director general
创作总监：杨怡

Art director
美术指导：杨怡

Copy writer
文案：张维

I live in the meteor garden
I stay at the center of the city
我住流星花园
我在城市最中心
23

Transfixion
贯通
财富生活的道路可以用理想〔贯通〕。
在流星花园，生活就是不可多得的机会
与不可或缺的眼光。
17

陈栗，新加坡山鼎·胜德思建筑师事务所董事长兼首席建筑师，曾任世界著名建筑事务所RTKL Asso和Design International的建筑师，协理及Design International驻新加坡的主任建筑师。长年游历海外，特别善于将各地的特色融于建筑设计中，以配合不同文化背景和社会阶层的需求。

34

我喜欢观察我生活的城市与城市的建筑，或者是因为职业的敏感。建筑师埃利尔·萨里南说："城市犹如一本打开的书，从中可以看到其抱负和目标。"成都，天气比较阴郁，我希望给它崭新的阳光的感觉，也希望我的生活所在，是一个时尚、年轻、跳跃、动感的所在。我想，在流星花园，我兑现了自己的承诺。

流星花园业主

陈栗

Two persons' world 二人世界

26

他们非常相爱，缠绵而热烈。这样的二人世界给了他们很多别样的感受，和很多早早结婚生子的年轻人相比，他们活得自我、自由而轻盈。他们相信这就是他们这辈子至死不渝的相爱方式，简单，浪漫，永恒。直到，遇到流星，体贴的物管，和谐的邻居，充满活力的社区。偶尔，两人坐在通透的落地凸窗前，久久望着窗外草坪上兴奋的年轻父母与摇篮里手舞足蹈的邻家宝贝，从来习惯以自我为中心对亲情不报幻想的他们，终于被一种平凡幸福与神圣责任交织的强烈感受深深打动。

简单、浪漫、永恒。

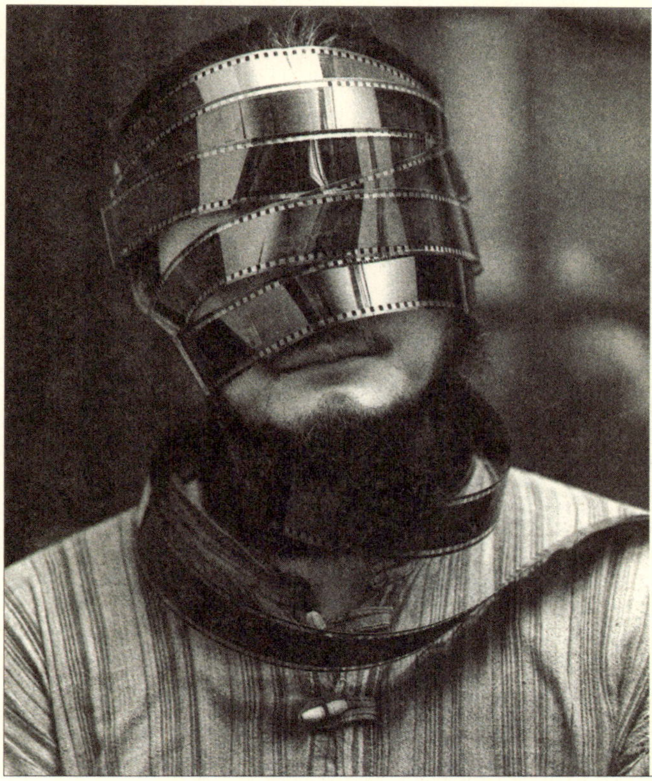

著名电视广告导演 制片人

张国志 流星花园业主

工作的过程中接触过一些楼盘，也接触过不同气质的楼盘和开发商。选择流星花园，更多出自直觉，很特别。

这种感觉很难形容，象是处理镜头的时候，就是觉得一个东西，能成。

在路上

歌德说，一个时代有一个时代的鸟儿，
一个时代有一个时代的歌唱。
我们，是这个时代这个城市一群有英雄情结的人
我们，希望为所在的城市留下经典而非垃圾
而流星花园让我们走到一起
思考 碰撞 融合 互补
打破自我的固守天地
在群体智慧中寻求力量
我们相信
每个参与者都完成了一次受益终生的自我超越

编写这本册子的过程
也是和我们尊重的业主一起
回头打量
我们心血凝结的作品的过程
我们的姿态也谦逊 也自豪
那一刻的感受
如同打量自己即将成人的
孩子

或者是圆满的结束
或者是崭新的开始
我们 在路上

Company name
公司名称：
成都蓝色飞扬广告

Floor name
楼盘名称：
成都·万科

Art director general
创作总监：
杨怡

Art director
美术指导：
杨怡

Copy writer
文案：
郑宇

VANKE万科

万科的未来，

永远属于年轻的一代。

良好的制度是产生利润的生产要素。万科历来提倡制度先行，而讲究制度化、规范化，就需要冲破传统思维中对个人英雄主义的崇拜，按照现代企业制度的原则，通过建立一支优秀的职业经理队伍来实现企业的目标。也正是在这样的建设下，自1999年开始，万科的管理层实现了向第二代的平稳过渡。

我们来看这样一组数字：1993年万科各地区公司老总出自地产相关专业的比例是0/5，到了1999年是2/5，而2000年则达到了4/5。可见，万科职业经理队伍的专业化程度正在不断提高。而这些数字，也从一个侧面反映了公司的经营管理走向着制度化、规范化的方向日益推进。

目前公司员工的平均年龄在30岁左右，并且一批30岁左右的年轻人成为职业经理中坚。1998年集团高层的平均年龄为44岁，分公司总经理、副总经理、总部部门总经理的平均年龄为40岁；而到了2000年，这两个数字分别降至42岁和36岁。万科要实现制度化前提下的年轻化。经过有序调整，在2003年，万科管理层的平均年龄将降至34岁。

▪ “新住宅运动”是由中国房地产开发商协作网络（中城房网）和一批建筑师、社会学家、经济学家和IT界人士共同发起的一次住宅观念和实践的创造性运动。▪ 新住宅运动不只是关心物化的住宅建筑或小区从量到质的进步，更关注中国人新时代的居住文明在东西方文明交融和撞击之中的形成、成长和丰富。▪ 新住宅运动将实现一个伟大而平凡的梦想：美丽而有浓郁文化氛围的城市，广大市民能享用的舒适的社区、网络化的居住，以及自由和尊严的生活。

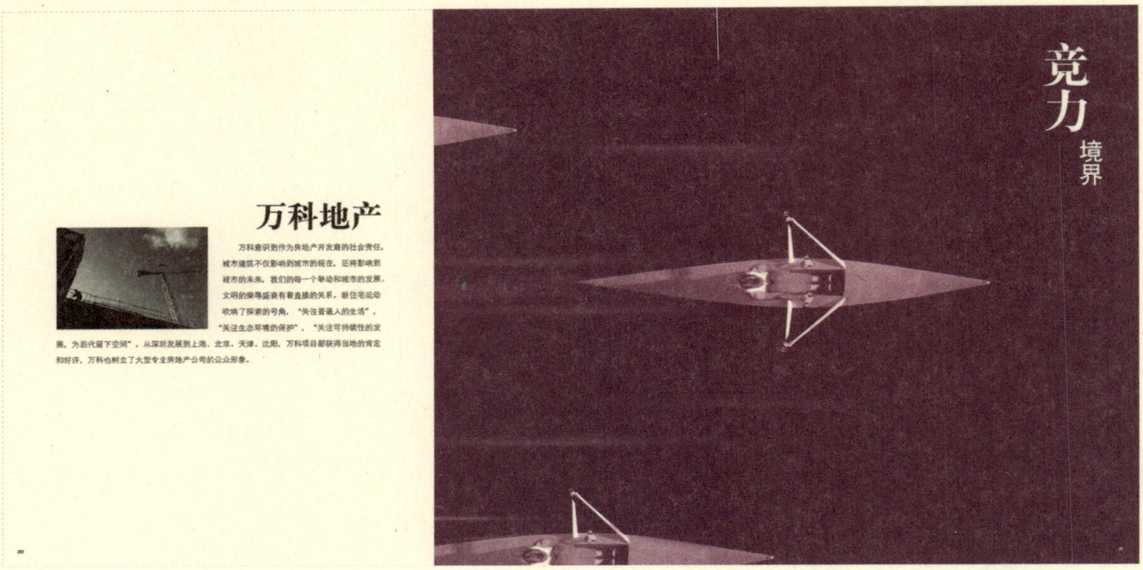
竞力
境界
万科地产
万科意识到作为房地产开发商的社会责任，城市建筑不仅影响到城市的现在，还将影响到城市的未来，我们的每一个举动和城市的发展、文明的荣辱盛衰有着直接的关系。新住宅运动吹响了探索的号角，"关注普通人的生活"，"关注生态环境的保护"，"关注可持续性的发展，为后代留下空间"，从深圳发展到上海、北京、天津、沈阳，万科项目都获得当地的肯定和好评，万科也树立了大型专业房地产公司的公众形象。

万科物业专业专注顾客需求、尽显人文关怀，万科物业人不断致力于营造理想家园，为顾客创造价值。
中国物业管理的名牌企业—万科物业
万科物业是万科企业股份有限公司之全资附属机构，经过十年来的探索与实践，现已发展成为"中国物业管理的名牌企业"。目前，万科物业管理服务已从深圳延伸到北京、上海、天津、沈阳、大连、鞍山、成都、北海等城市，在全国的物业管理面积逾450万平方米，固定服务顾客超过56万人。

欢笑
VK
万客会
万科地产客户俱乐部（简称"万客会"）1998年8月始建于深圳，伴随万科地产的发展，万客会在深圳、上海、北京、沈阳、天津等城市都已获得了广泛认同，迄今为止，全国会员总数已近20000人。
万科由小到大，从多元到专业，客户关系的理念得到集团上下一致关注，本着品牌经营的目标，我们和客户的关系并不是始于房和止于房的，我们希望和关心万科的朋友一起进步，彼此分担、分享……
一个浅浅的微笑
恰似春风抚慰
从陌生到相知
万客会让我们沟通更多　欢乐更多
……

■ “天府之国”的首府-成都，是川西平原上璀璨的明珠。2300年的历史文化造就了它的人杰地灵，物华天宝，商贾繁荣。当前，成都的发展速度凝聚着历史积淀的势能和西部大开发的推力，它的发展格局将深深影响城市的未来。 ■ 在千禧开元之年，万科地产将成都确定为集团在全国的第六大重点开发城市，并在成都市锦江区教育产业园区内，投资开发其在成都的第一个大型坡地住宅小区—“成都万科城市花园”，与成都人民携手实现“生态型、生长型”住宅小区的共同梦想。

Contents
环境 P2-P23
建筑 P24-P35
物管 P36-P45
生活 P46-P59
在“城市花园”，您的生活将以一种全新的方式展开。

Save
保存
良好的植被与水文条件

VANKE
"I Love Chengdu"
[设计师] MARK DUNSTAN: 我爱成都
——Mark Dunstan
万科城市花园环境规划设计单位
(澳大利亚伍兹贝格建筑设计事务所)

坡地
Sloping Field
Building 建筑
美的居住形态

坡地的建筑自然的旋律
起伏舒展
的"坡地住宅"

坡地
Sloping Field
Environment 环境
改变心境的空间
改变生活，从改变心境的空间开始。

坡地
Sloping Field
Management 物管
管理风景线

交通
环境
城市花园
City Garden
出 口 Exit 16km
驱车从九眼桥直奔龙舟路口，随后上成龙路，两分钟后拐一个弯，看见一排排高大树木，万科城市花园便到了。
城市副中心：至天府广场6公里

Design
Karl-fassel-Chen
Architekten,
Austria
万科城市花园
规划设计单位
(奥地利·卡尔·法赛尔·陈建筑师事务所)

演绎空间艺术
浓缩智慧精华
[翡翠公寓]
翡翠公寓3-A户型平面图
[三室两厅两卫一厨]
建筑面积：106.89m²
翡翠公寓
优势综述：

Newspaper Advertising
报纸广告

CLASS
建于果岭的上层建筑
意识决定形态。
世界发展依赖创新意识，地产界依赖，我们也依赖。
依赖一个强大支点，支起新的架构，颠覆已知经验，开启教育功能。
创新意识改造旧秩序。创新意识决定新形态。
2003年6月28日开始内部认购
2003年7月19日(六)正式开盘 敬请莅临品鉴
本项目无须妄言唯一，称谓独特应不为过，与同类产品有无可比性任由世人评说。
特别规划/
特别定位/
特别形式/ 以公共建筑设计手法用于住宅建筑，深沉内敛，暗合阶层品位。
核心关键词：低密度 / 低层 / 高绿化 / 高空间 / 电梯
垂询热线/8610-84710988
CBD

CLASS
建于果岭的上层建筑
上苍 上界 上谕 上层
上苍。不止是偶像，是存在于世间的爱。
上界。对超越生死轮回界限人生观的世俗理解。
上谕。自然万物的规律，违背这一规律理应受到惩戒。
上层。受人尊敬的苦行僧，以救赎人民疾苦为己任。
我们希望内心善良，生活美好。我们选择筑造居所。我们追求真、善、美。
2003年6月28日开始内部认购
在无任何主流媒体支持下 三天成交金额2.60亿元
2003年7月19日（晚）正式开盘 敬请届时莅临
本项目无须妄言唯一，称谓独特应不为过，与同类产品有无可比性任由世人评说。
特别规划/ ①采用坡地(坡地+台地)的规划肌理。不同高差变化形成步移景异、开阖有秩的社区景观空间②人车分层(立体分流)，尾气污染最小化，地面车辆最少化，人车关系隶属化。
特别定位/ 以超空间错落式叠拼别墅为主力产品的阶层社区。
特别形式/ 以公共建筑设计手法用于住宅建筑，深沉内敛，暗合阶层品位。
核心关键词：低密度 / 低层 / 高绿化 / 高空间 / 电梯
产品关键词：（仅提供三类产品）超空间错落式叠拼别墅 / 城市公寓 / 顶层PENTHOUSE
细节关键词：首层、单元大堂/主人区/阳台/窗/户门
现场关键词：
位置关键词：
CBD方向
N
垂询热线/8610-84710988

CLASS
建于果岭的上层建筑
新舵。地产界
在这个以飞速发展中为主要命题的国度，我们希望将自己的脚步放慢。
我们希望将建造精度的比例尺成倍放大。向仪表业学习。
我们希望靠创新意识加剧竞争。向IT业学习。
我们希望不动产品牌70年不衰。向汽车业学习。
我们希望以每一个细节，自下而上的，构筑事业的宏伟蓝图。
对于地产界而言，这是新的方向。
2003年6月28日开始内部认购
在无任何主流媒体支持下 三天成交金额2.60亿元
2003年7月19日(晚)正式开盘 敬请届时莅临
本项目无须妄言唯一，称谓独特应不为过，与同类产品有无可比性任由世人评说。
特别规划/ ①采用坡地(坡地+台地)的规划肌理。不同高差变化形成步移景异、开阔有致的社区景观空间②人车分层(立体分流)，尾气污染最小化，地面车辆最少化，人车关系隶属化。
特别定位/ 以超空间错落式叠拼别墅为主力产品的阶层社区。
特别形式/ 以公共建筑设计手法用于住宅建筑，深沉内敛，暗合阶层品位。
核心关键词：低密度 / 低层 / 高绿化 / 高空间 / 电梯
产品关键词：(仅提供三类产品)超空间错落式叠拼别墅 / 城市公寓 / 顶层PENTHOUSE
细节关键词：首层、单元大堂/主人区/阳台/窗/户门
现场关键词：视觉工地/博物馆式接待会馆/GOLF-HOLE IN ONE练习场地/5套规模精装实品房
位置关键词：京顺路侧/规划中第四使馆区右/河畔
CB RICHARD ELLIS
CBI MARKETING
咨询热线/8610-84710988
CLASS
CBD
N

CLASS
建于果岭的上层建筑

七米八有大利益。

超空间错落式叠拼别墅(主力产品之一)

本项目主力产品的特别之处在于空间变化丰富。平面格局弹性设计，竖向空间也具备了高度的可变性。根据住户的不同需求，经客户委托装修变更后，超空间错落式叠拼别墅户型可以在7.8米的层高中分隔出"创意夹层"。因夹层层高的特色，其处理手法呈多样性。室内设计师力荐空间敞亮的"和室"风格。此种分隔方式对住户而言，运用可谓宽泛至极，如做为——视听室、音响间、书房或古董收藏间等。未来业主因之获得大利益。

开盘两日内成交8100万元(7月19、20日) 近二十天累计成交6.68亿(6月28—7月20日)

以超空间错落式叠拼别墅为主力产品

室内设计师关于"2变3"夹层空间的4种分隔构想

(见图解说明)

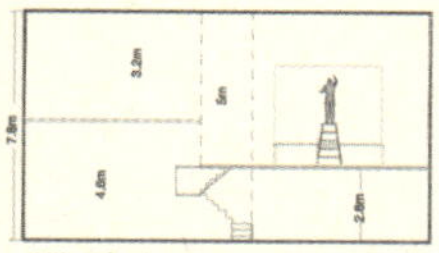

构想一：个性型隔断

保持5m的高挑空，不做隔断，可为正在读艺术学院的孩子分隔出一间挑空5m的画室，此空间的高度、宽度及采光度完全可以达到专业画室的要求。

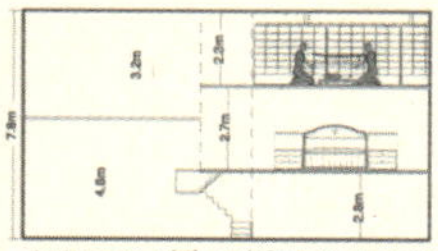

构想二：妙用型隔断

将空间分隔为2.7m(下)、2.3m(上)两部分/ 这种构想来自设计师对和室的热爱与欣赏：将分隔出的空间设计成一间和式风格的茶室，既不会感到2.3m层高的局促，更为业主增添了一处修身养性的幽清去处。古董收藏室、私人书斋、视听休闲室亦或棋牌室都可作为备用之选。

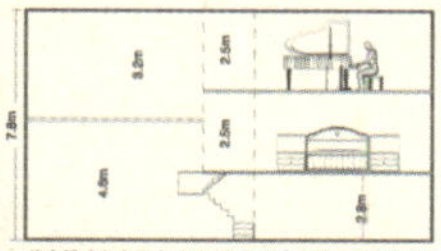

构想三：实用型隔断

将空间均匀分隔为：2.5m、2.5m两个空间/ 钢琴室是现代住宅之中较为特殊的区域，上面这种分隔方法比较适合正处于习琴阶段的儿童使用，既可以获得安静祥和的学习氛围，又可以不干扰他人的休息。下层作为卧室，不失为一种实用的考虑。

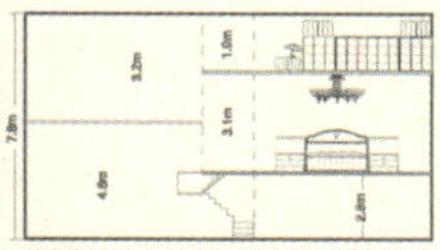

想法四：享受型隔断

将空间分隔为：1.9m、3.1m两个空间/ 层高1.9m的上层空间作为储藏间，下层就可得到层高3.1m享受感极强的次主卧室间，此种分隔方法适合偏好豪绰睡眠空间的业主。

室内设计师力荐第二种方案：和式茶室
The Japanese style teahouse type-the second design is most recommended by the indoor designers.

我们邀请本项目特聘的室内设计师对"超空间错落式叠拼别墅"予以说明。(以下简称叠拼别墅)

讲解之一：叠拼别墅"2层变3层"的夹层空间特点(部分户型举例)/(见图解说明)

叠拼别墅的一楼南向起居厅层高4.6m，二楼南向主卧层高为3.2m，两层总高度7.8m，如此般错落式高挑空间室内设计师当初也为之惊诧，并且发现：北向二楼的5m层高空间还可以根据需求二次创新！在设计师的配合下他拟订了四种备选方案。(注："2层变3层"的夹层部分在客户委托装修变更后，即可实现)

讲解之二：在室内设计师的帮助下，业主"赢得"面积约30-36M²左右，价值15-18万元(部分户型的假设性测算)

室内设计师测算叠拼别墅"2变3"多出的夹层面积30-36m²左右(建筑面积)，以5000元/m²的超低价计算后，结果是15-18万元左右；这块面积并不计入销售的建筑面积中，购买了235m²的销售面积，却得到了265-271m²的建筑面积；核算下来，等于从价值约160万元的叠拼别墅中创造出额外的15-18万元价值，其间的实惠可谓出乎所有人的意料。

讲解之三：叠拼别墅约94%-97%左右的超高使用率(部分户型的假设性测算)

室内设计师与业主共同计算了叠拼别墅的使用率：公式：(套内面积+变更后夹层面积)÷建筑面积=使用率，即：(192m²+30m²)÷235m²=94.47%，(192m²+36m²)÷235m²=97.02%。结果令业主的疑虑顿消，很快又出现了新的问题：一是增筑部分的安全问题，二是施工费用问题。

讲解之四：为了鼓励业主创新，"2层变3层"的增筑施工由发展商实施并资助费用

室内设计师代表发展商回答了上面的两个问题：首先，增筑施工费用由发展商资助，其中包括：夹层钢结构、局部楼梯等几部分。其次，增筑的夹层将在距本层楼面约2.7m高度处下延安装钢承板配筋混凝土楼板，此板厚度约为15cm；楼板下另配安装约为7cm厚度的装饰吊顶。此外，发展商负责在地面至新增楼板之间加装两架钢结构楼梯作为连接通道，供业主使用。

■ 以上室内图片拍摄于现楼精装实品房室内

CLASS
建于果岭的上层建筑
名利场。风月场。角斗场。
在名利中淡薄名利。在风月中远离风月。在角斗中停止角斗。出淤泥而不染是上层境界。
2003年6月28日开始内部认购
在无任何主流媒体支持下 三天成交金额2.60亿元
2003年7月19日(晚)正式开盘 敬请届时莅临
本项目无须妄言唯一，称谓独特应不为过，与同类产品有无可比性任由世人评说。
特别定位/ 以超空间错落式叠拼别墅为主力产品的阶层社区。
特别形式/ 以公共建筑设计手法用于住宅建筑，深沉内敛，暗合阶层品位。
核心关键词：低密度 / 低层 / 高绿化 / 高空间 / 电梯
CBD
N
8610-84710988

CLASS
建于果岭的上层建筑
建于果岭的上层建筑，内部认购十余天成交4.87亿，
二次置业者铸造的基础。
不作仪式——开盘
SUPERSTRUCTURE
本项目无须妄言唯一，称谓独特应不为过，与同类产品有无可比性任由世人评说。
特别规划：
特别定位：
以超空间错落式叠拼别墅为主力产品的阶层社区。
特别形式：
核心关键词：低密度 / 低层 / 高绿化 / 高空间 / 电梯
咨询热线：8610-84710988

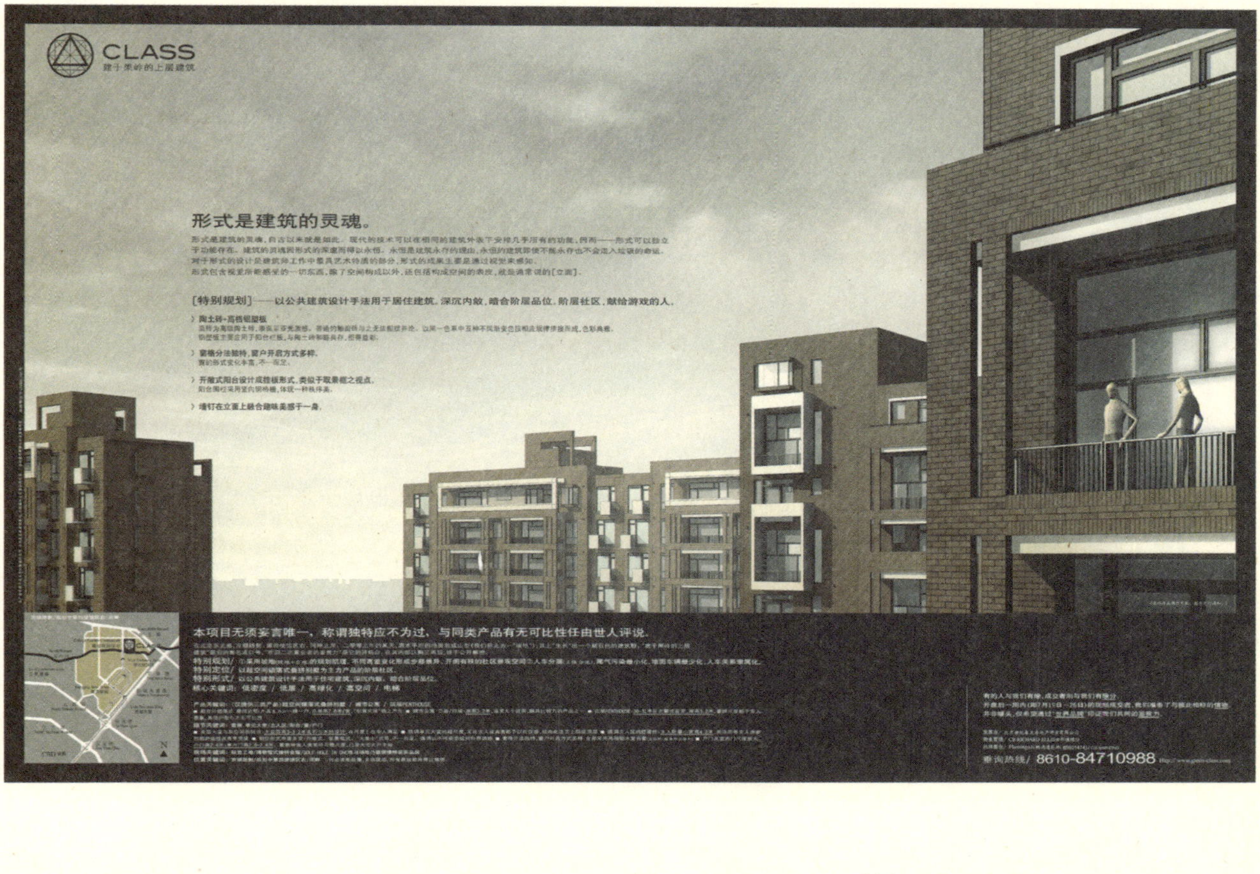

CLASS
建于果岭的上层建筑
形式是建筑的灵魂。
[特别规划]——以公共建筑设计手法用于居住建筑，深沉内敛，暗合阶层品位，阶层社区，献给游戏的人。
本项目无须妄言唯一，称谓独特应不为过，与同类产品有无可比性任由世人评说。
咨询热线：8610-84710988

果岭里
坡
CLASS
建于果岭的上层建筑
[特别规划之一]：
两周内部认
特别定位：
发展商/ 北京世纪春天房地产开发有限公司
物业管理/ CB RICHARD-ELLIS世邦魏理仕
品牌整合/ Flamingo红鹤沟

果岭里
再
CLASS
建于果岭的上层建筑
两周内部认
特别定位：
发展商/ 北京世纪春天房地产开发有限公司
物业管理/ CB RICHARD-ELLIS世邦魏理仕
品牌整合/ Flamingo红鹤沟

果岭里
CLASS
建于果岭的上层建筑
[特
两周内部认
特别规划：
发展商/ 北京世纪春天房地产开发有限公司
物业管理/ CB RICHARD-ELLIS世邦魏理仕
品牌整合/ Flamingo红鹤沟

果岭里
CLASS
建于果岭的上层建筑
阶层
[特别定位]：阶层
两周内部认
发展商／ 北京世纪春天房地产开发有限公司
物业管理／ CB RICHARD-ELLIS世邦魏理仕
品牌整合／ Flamingo红鹤沟

果岭里
CLASS
建于果岭的上层建筑
产品之一：最
两周内部认
特别规划：坡地＋台地的规划肌
发展商／ 北京世纪春天房地产开发有限公司
物业管理／ CB RICHARD-ELLIS世邦魏理仕
品牌整合／ Flamingo红鹤沟

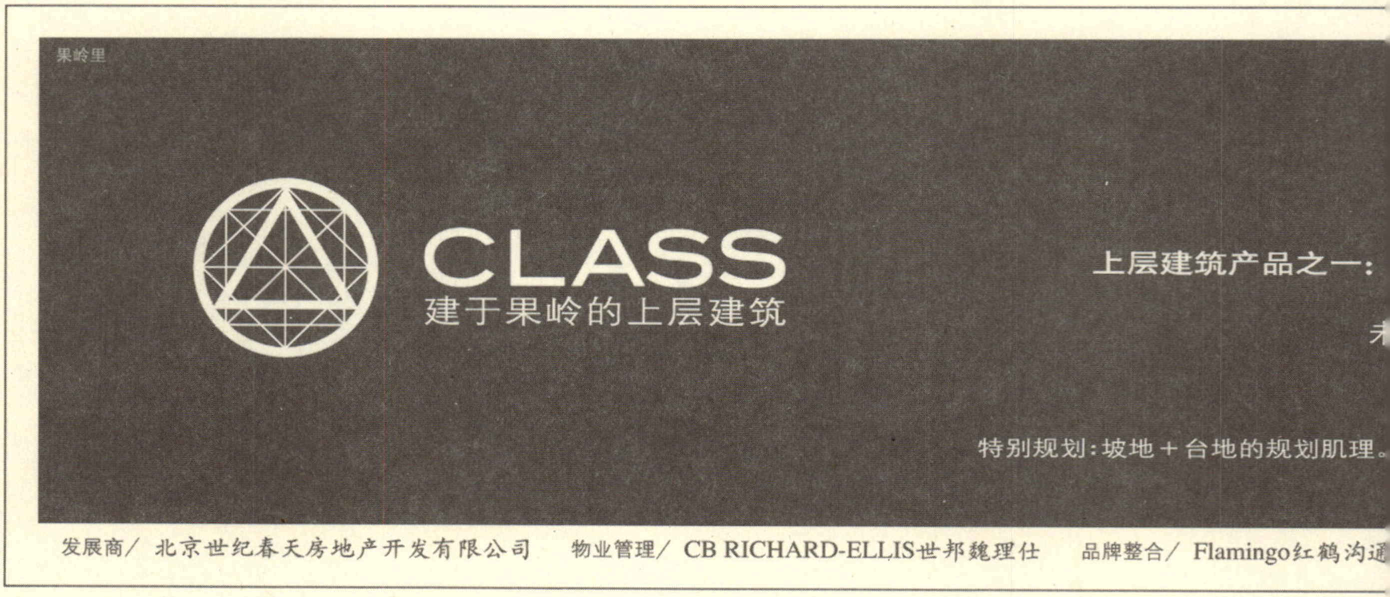
果岭里
CLASS
建于果岭的上层建筑
上层建筑产品之一：
特别规划：坡地＋台地的规划肌理。
发展商／ 北京世纪春天房地产开发有限公司
物业管理／ CB RICHARD-ELLIS世邦魏理仕
品牌整合／ Flamingo红鹤沟

本广告中图片及文字仅做说明使用，亦不是发展商的要约，不构成双方买卖合同内容。广告的最终解释权归发展商所有。

区的主力产品是什么？

立，仅设三类产品。其中以总层高7.8米/套的超空间错落式叠拼别墅为产品主力。
比举于市场内虽不能自称绝无仅有，但实属稀缺罕见。

.87亿。7月19-26日内现场成交客户，我们将用"世界名牌"印证彼此的鉴赏力。
地＋台地的规划肌理。人车分层 / 特别形式：公共建筑设计手法用于居住建筑

京房售证字(2003)162号

474)/CSE MARKETING Http:// www.green-class.com （本社区所有产品百万起）垂询热线/ 84710988

本广告中图片及文字仅做说明使用，亦不是发展商的要约，不构成双方买卖合同内容。广告的最终解释权归发展商所有。

空间错落式叠拼别墅。

力的产品、总层高7.8米/套的超空间错落式叠拼别墅。承蒙室内设计师启发，
发现了"2层变3层"的创意夹层。
主因之获得大利益。篇幅有限，难尽详述，亲临现场方可解悟。

.87亿。7月19-26日内现场成交客户，我们将用世界名牌印证彼此的鉴赏力。
层 / 特别定位：超空间错落式叠拼别墅为主力产品的阶层社区 / 特别形式：公共建筑设计手法用于居住建筑

京房售证字(2003)162号

474)/CSE MARKETING Http:// www.green-class.com （本社区所有产品百万起）垂询热线/ 84710988

本广告中图片及文字仅做说明使用，亦不是发展商的要约，不构成双方买卖合同内容。广告的最终解释权归发展商所有。

七米八有大利益。

象力的产品、总层高7.8米/套的超空间错落式叠拼别墅。承蒙室内设计师启发，
发现了"2层变3层"的创意夹层。
因之获得大利益。篇幅有限，难尽详述，亲临现场方可解悟。

日成交8100万（7月19、20日）。近二十天累计成交6.68亿。
/ 特别定位：超空间错落式叠拼别墅为主力产品的阶层社区 / 特别形式：公共建筑设计手法用于居住建筑

京房售证字(2003)162号

474)/CSE MARKETING Http:// www.green-class.com （本社区所有产品百万起）垂询热线/ 84710988

爱情密码
慧谷阳光A座
魔法匙与Me室
STEP
首付3萬
低月供
赠全套精装家電
找到魔法匙
向左旋至玫瑰花处
向右开始一段罗曼史
在40-80m²中选出幸运数
投入￥30,000
移动IKEA家俱
IKEA
红灯亮时 用三秒说出
I love U.
心门开启
SUNNY
均价6000元/建筑平米
一个月内有效
爱情密码 40-80m2 准现房小户型、首付3.8万起、月供1200起、赠全套精装、名牌家电、宜家家具、居住、投资两相宜。
慧谷阳光二期 亮相在即、11.8m超薄板、北欧简约建筑、8,000m2浅水景观、270° 弧形落地窗、360° 环幕会所、城铁13号线
爱情解密专线
64717700/11/22
京房售证字1083号 开发商拥有本广告最终解释权 全案推广 红石坊广告 85802486-91
发展商 北京阳光嘉业房地产开发有限公司 北京望京新兴产业区综合开发公司 建筑设计 太平洋建筑设计有限公司 承建商 中关村建设

爱情密码
慧谷阳光A座
i屋完全攻略
NEXT
赠全套精装家電
首付3萬
低月供
启动一见钟情
敲入感觉 回车
激活 ROMANTIC
输入￥30,000
在40-80m²中选出幸运数
点击 IKEA
IKEA
出现对话框
Do U love me ?
键入 Y.
均价6000元/建筑平米
一个月内有效
爱情密码 40-80m2 准现房小户型、首付3.8万起、月供1200起、赠全套精装、名牌家电、宜家家具、居住、投资两相宜。
慧谷阳光二期 亮相在即、11.8m超薄板、北欧简约建筑、8,000m2浅水景观、270° 弧形落地窗、360° 环幕会所、城铁13号线
爱情解密专线
64717700/11/22
京房售证字1083号 开发商拥有本广告最终解释权 全案推广 红石坊广告 85802486-91
发展商 北京阳光嘉业房地产开发有限公司 北京望京新兴产业区综合开发公司 建筑设计 太平洋建筑设计有限公司 承建商 中关村建设

华北
North China

Company name
公司名称：
北京红鹤广告

Floor name
楼盘名称：
Class

Company name
公司名称：
北京红石坊广告

Floor name
楼盘名称：
爱情密码

Art director general
创作总监：
吕成剑

Art director
美术指导：
刘晓东

Copy writer
文案：
曾鸣

北京晚报 · 再出重拳 北京房典第2部 隆重招商

《北京房典》第2部于7月25－28日"第六届北京个人购房房展会"燃炬引爆！

宣传：6月6日至7月28日，京报集团下属各报高频次推广，另配合电视台、电台等媒体进行大规模立体化宣传。**形式**：大16开全铜版纸彩印，预期共320-480页，分册装订，成套派发。**内容**：按项目的行政区域、交通环线区位、价位、物业类型等多种方式实现强大搜索功能；其中1/3的版面刊登购房指导性文章和房地产相关行业信息。**发行**：《北京房典》第1部实际派发量高达23万套（其中3万套为加印），《北京房典》第2部免费派发量定为25万套，发行量全程公证。军博房展会现场派发15万套，京城35家以上高档写字楼、商场及100余家高档酒楼、茶艺馆、咖啡厅、酒吧等场所派发10万套。**广告**：《北京房典》旨在服务于广大购房者和房地产客户，故不计成本，广告价格低廉，千人成本远低于同类直投杂志。《北京房典》第2部将与"北京个人购房房展会"高效互动，为开发商提供更好的宣传组合，并可享受更大优惠。

一套没有广告浪费的京城房地产项目分区全集

一次到达率极高的广告投入——全部读者都是潜在买房人

一套买房人了解房地产市场的必备工具书

一条卖房人充分展示自身优势的绝佳途径

招商热线：

65594668/65129526/65594635

65594693/65595543/65594656

主办：北京晚报　**承办**：北京晚报广告部　**协办**：个人购房房展会组委会　四季房展博览会

北京房典Ⅱ
卖房找房典 · 买房看房典
倘若当初查了房典，
同样的区位就会选到有明卫的户型……
CBD黄金地段精装修明橱明卫珍藏小户型
北京晚报 · 再出重拳 北京房典第2部 隆重招商
《北京房典》第2部于7月25－28日"第六届北京个人购房房展会"燃炬引爆！
宣传：6月6日至7月28日，京报集团下属各报高频次推广，另配合电视台、电台等媒体进行大规模立体化宣传。形式：大16开全铜版纸彩印，预期共320-480页，分册装订，成套派发。内容：按项目的行政区域、交通环线区位、价位、物业类型等多种方式实现强大搜索功能；其中1/3的版面刊登购房指导性文章和房地产相关行业信息。发行：《北京房典》第1部实际派发量高达23万套（其中3万套为加印），《北京房典》第2部免费派发量定为25万套，发行量全程公证。军博房展会现场派发15万套，京城35家以上高档写字楼、商场及100余家高档酒楼、茶艺馆、咖啡厅、酒吧等场所派发10万套。广告：《北京房典》旨在服务于广大购房者和房地产客户，故不计成本，广告价格低廉，千人成本远低于同类直投杂志。《北京房典》第2部将与"北京个人购房房展会"高效互动，为开发商提供更好的宣传组合，并可享受更大优惠。
一套没有广告浪费的京城房地产项目分区全集
一次到达率极高的广告投入——全部读者都是潜在买房人
一套买房人了解房地产市场的必备工具书
一条卖房人充分展示自身优势的绝佳途径
招商热线：
65594668/65129526/65594635
65594693/65595543/65594656
主办：北京晚报
承办：北京晚报广告部
协办：个人购房房展会组委会
四季房展博览会

北京房典II
卖房找房典·买房看房典
西三环沿线成熟社区稀有复式住宅
倘若当初查了房典，
只多花一点就会享受到复式居所……
北京晚报·再出重拳 北京房典第2部 隆重招商
《北京房典》第2部于7月25－28日"第六届北京个人购房房展会"燃炬引爆！
宣传：6月6日至7月28日，京报集团下属各报高频次推广，另配合电视台、电台等媒体进行大规模立体化宣传。形式：大16开全铜版纸彩印、预期共320-480页，分册装订，成套派发。内容：按项目的行政区域、交通环线区位、价位、物业类型等多种方式实现强大搜索功能；其中1/3的版面刊登购房指导性文章和房地产相关行业信息。发行：《北京房典》第1部实际派发量高达23万套（其中3万套为加印），《北京房典》第2部免费派发量定为25万套，发行量全程公证。军博房展会现场派发15万套，京城35家以上高档写字楼、商场及100余家高档酒楼、茶艺馆、咖啡厅、酒吧等场所派发10万套。广告：《北京房典》旨在服务于广大购房者和房地产客户，故不计成本、广告价格低廉，千人成本远低于同类直投杂志。《北京房典》第2部将与"北京个人购房房展会"高效互动，为开发商提供更好的宣传组合，并可享受更大优惠。
一套没有广告浪费的京城房地产项目分区全集
一次到达率极高的广告投入——全部读者都是潜在买房人
一套买房人了解房地产市场的必备工具书
一条卖房人充分展示自身优势的绝佳途径
招商热线：
65594668/65129526/65594635
65594693/65595543/65594656
主办：北京晚报
承办：北京晚报广告部
协办：个人购房房展会组委会
四季房展博览会

北京晚报·再出重拳 北京房典第2部 **隆重招商**

《北京房典》第2部于7月25—28日"第六届北京个人购房房展会"燃炬引爆！

宣传：6月6日至7月28日，京报集团下属各报高频次推广，另配合电视台、电台等媒体进行大规模立体化宣传。**形式**：大16开全铜版纸彩印，预期共320-480页，分册装订，成套派发。**内容**：按项目的行政区域、交通环线区位、价位、物业类型等多种方式实现强大搜索功能；其中1/3的版面刊登购房指导性文章和房地产相关行业信息。**发行**：《北京房典》第1部实际派发量高达23万套（其中3万套为加印），《北京房典》第2部免费派发量定为25万套，发行量全程公证。军博房展会现场派发15万套，京城35家以上高档写字楼、商场及100余家高档酒楼、茶艺馆、咖啡厅、酒吧等场所派发10万套。**广告**：《北京房典》旨在服务于广大购房者和房地产客户，故不计成本，广告价格低廉，千人成本远低于同类直投杂志。《北京房典》第2部将与"北京个人购房房展会"高效互动，为开发商提供更好的宣传组合，并可享受更大优惠。

一套没有广告浪费的京城房地产项目分区全集

一次到达率极高的广告投入——全部读者都是潜在买房人

一套买房人了解房地产市场的必备工具书

一条卖房人充分展示自身优势的绝佳途径

招商热线：

65594668/65129526/65594635

65594693/65595543/65594656

主办：北京晚报　承办：北京晚报广告部　协办：个人购房房展会组委会　四季房展博览会

枫渡
FREEDOM LIFE
京售房证字(2003)208号
枫景如画·知秋
停留在枫景深处　原来幸福就在身旁　在这个如诗如画的季节里　享受我的美好时光
亚运村北|低密度|纯板式社区|准现房发售
均价3550元/建筑平米/一个月内有效
TEL:84847273 84846803
发展商　北京三元嘉铭房地产开发有限公司
广告全程　红石坊广告　85802486
本广告最终解释权归发展商所有

枫渡
FREEDOM LIFE
京售房证字(2003)208号
岸柳如织·泊居
走在垂柳守护的岸边　发现幸福就在对岸　在这个绿柳成荫的地方　选择枫渡　选择我一生的挚爱
亚运村北|低密度|纯板式社区|准现房发售
均价3550元/建筑平米/一个月内有效
TEL:84847273 84846803
发展商　北京三元嘉铭房地产开发有限公司
广告全程　红石坊广告　85802486
本广告最终解释权归发展商所有

华北
North China

Company name **公司名称：** 北京红石坊广告	Company name **公司名称：** 北京红石坊广告
Floor name **楼盘名称：** 北京房典	Floor name **楼盘名称：** 枫渡
Art director general **创作总监：** 吕成剑	Art director general **创作总监：** 吕成剑
Art director **美术指导：** 马越	Art director **美术指导：** 刘晓东
Copy writer **文案：** 曾鸣	Copy writer **文案：** 王昊

Beijing Mansion
Lived here is a Chinese friend, whose forefather was named Wulaerhan, a family name of the "Principal Yellow Banner" of Man Nationality of China, and whose forefathers were the ministers of the Ministry of Official Personnel Affairs in feudal China. The memory of a mansion with spacious halls and extensive gardens in childhood had been with him in his traveling days for many years. He said that his root was interlinked to the blood vessels of this historically aged capital. He must come back here.
中国人自古就习惯把自己围合起来，
大抵是太喜欢墙的缘故。
住在这里的中国朋友，祖上姓乌拉尔汗，一个中国满族正黄旗的姓氏，他的祖辈曾作过吏管北京的"京兆尹"。少时深宅大院的记忆，曾伴随他走过多年的旅居生涯，他说他的根同这个历史古都是血脉相通的，他必须回到这里。
注 始建于明朝永乐二年(1404年)的先农坛外坛墙，高5.8米，将社区围合其中，主入口处为168位业主专设身份确认总门禁，周边围墙及露台设红外对射预防入侵系统，24小时实时报警...；总占地面积2.1公顷，21株皇家古树，私家成品花园...二环路内，护城河畔，古坛墙围合下的当代深宅大院，隔绝喧嚣，自成一统。
〔法〕皮艾·杜毕松 Pierre Dubuisson
尼康F5 柯达T-MAX100 F/8 1/125
摄于耕天下院内
耕天下 菁華名邸
Beijing...Mansion
明清文脉之中国当代作品，仅168座席位的专属深宅名邸
二环路内、护城河畔、先农坛、天坛、陶然亭三园合抱，与先农坛百米之隔，明清26位天子亲耕之地。
8000余平米皇家园林、500龄参天古树守候院内、台地式庭院广场及水景景观墙，古典园林成为私宅收藏品。
首层赠送超大面积私家成品花园，每户至少5种植物、3种园艺形式；顶层配送30余平米私家成品泳池、露台，重新定义城内豪宅概念。
带电梯的4-6层豪华居所，一梯一至两户；主力户型200平米，尽显现代豪宅气度。
70平米弧形客厅、挑空6米、阔达8.5米广角观景窗；宽绰主人房、豪华阳光浴室、跃层挑空5.8米、森林餐厅...纯属为享受量身定制。
主入口处专设业主身份确认总门禁；围墙，露台设有红外对射预防入侵系统，24小时监控；智能窗帘开启系统；电话启动式远程遥控空调。
奉送全套国际知名品牌精装
〔德国〕汉斯格雅水喉 〔德国〕凯乐玛洁具 〔意大利〕法尼尼橱柜 〔瑞典〕康树地板
〔美国〕美国约克、特灵户式中央空调 〔韩国〕凯特曼密码门锁 ...
画家笔下的坛墙内当代建筑
护城河
十五中学
陶然亭公园
陶然亭桥
友谊医院
育才中学
先农坛
永定门桥
天坛医院
天坛
南二环
发展商/北京诚通房地产开发有限公司 建筑设计/中联环建文建筑 物业管理/建国物业管理有限公司 全案策划/家春秋 接待中心/永定门内西大街3号
(8610)63168800 / 8811

華北
North China

Company name
公司名称：
北京紅鶴广告

Floor name
楼盘名称：
耕天下

Beijing Mansion
In 1532, the great architect A.Palladio designed the 'dome villa' that was built on a small massif in Vercenza Italy where one could see all the beautiful scenery around. Today, standing inside the Gengtianxia 'dome, one can only marvel at the beauty of the royal gardens of ancient China.
不要误以为这是帕拉第欧的"圆厅别墅"，窗外的皇家园林怎能与维琴察的山色雷同。
1532年，建筑大师帕拉第欧设计了"圆厅别墅"。由于建在了意大利维琴察的一座小山丘上，因此四面均可以看到美丽的景色。今天，站在耕天下的"圆厅"内，窗前的中国皇家园林同样令人赞叹，美不胜收。
注 圆厅(ROUND HALL)：总面积70余平米；圆弧型幕式观景窗：高近6米，阔达8.5米，配有智能窗帘开启系统；这是一个有赖于窗景皇家园林的圆形沙龙式客厅，更是一次古代皇家与当代财富的空间对话…二环路，护城河畔，当代深宅大院内的圆弧型观景客厅，视角极纵，阅历皇根。
总面积约 70M²
高约 6M 宽 8.5M
圆弧型观景客厅
耕天下
菁華名邸
Beijing Mansion
》明清文脉之中国当代作品，仅168座席位的专属深宅名邸
○ 二环路内，护城河畔，先农坛，天坛，陶然亭三园合抱，与先农坛百米之隔，明清26位天子亲耕之地。
○ 8000余平米皇家园林，500龄参天古树守候院内，台地式庭院广场及水景景观墙，古典园林成为私宅收藏品。
○ 首层赠送超大面积私家成品花园，每户至少5种植物、3种园艺形式；顶层配送约100-180平米私家泳池花园；约30-200平米露台，重新定义城内豪宅概念。
○ 带电梯的4-6层豪华居所，一梯一至两户；主力户型200平米，尽显现代豪宅气度。
○ 70平米弧形客厅，挑空约6米，阔达8.5米广角观景窗；宽绰主人房，豪华阳光浴室，森林餐厅...纯属为享受量身定制。
○ 主入口处专设业主身份确认总门禁；围墙，露台设有红外对射预防入侵系统，24小时监控；智能窗帘开启系统；电话启动式远程遥控空调。
》奉送全套国际知名品牌精装
(德国)汉斯格雅水喉 (德国)凯乐玛洁具 (意大利)法尼尼橱柜 (瑞典)康树地板
(美国)美国约克、特灵户式中央空调 (韩国)凯特曼密码门锁 …
画家笔下的坛墙内当代建筑
十五中学
陶然亭公园
友谊医院
育才中学
先农坛
天坛医院
天坛
护城河
陶然亭桥
永定门桥
南二环
发展商/北京滨港房地产开发有限公司 建筑设计/中联环建文建筑 物业管理/建国物业管理有限公司 全案策划/家春秋 接待中心/永定门内西大街5号
(8610)63168800 / 8811

Beijing Mansion
Swimming is quite popular in Western Han Dynasty. In 138 B.C., Emperor Wu of Han Dynasty had "Taiye pool" built specially for the swimming of royal family members in Shanglin Court of Capital Changan. This is probably the earliest private swimming pool in China while building swimming pool on the roof of a building evoked great responses even in 1923 when Le Corbusier designed Raoul La Roche villa.
中国最早的私家泳池，出自汉代皇家苑囿。
当然，并未建于天台之上。
中国西汉年间的游泳活动颇为盛行。公元前138年，汉武帝于都城长安上林苑内修建了专供王室成员游泳活动的"太液池"，这大概是中国最早的私家泳池了。而把泳池建在天台上，就算到了柯比意设计拉侯西别墅的1923年，仍引起了很大反响。
注 [赠送成品]天台泳池花园：天台总面积约100-180平米，其中泳池面积约30平米，水深1.2-1.4米，由图案装饰池底，专业休闲筑法；原木栈桥式地板、池边专设躺椅区、休闲区及盆栽花池、攀爬植物花架、珍禽宠物角、片岩景墙…二环路、护城河畔，当代深宅大院内的天台泳池花园，个人休闲领地，完全私家私有。
天台总面积约 100-180m²
泳池面积约 30m² 水深 1.2-1.4m
私家天台泳池花园
耕天下
廿華名邸
Beijing Mansion
明清文脉之中国当代作品，仅168座席位的专属深宅名邸
二环路内、护城河畔、先农坛、天坛、陶然亭三园合抱，与先农坛百米之隔，明清26位天子亲耕之地。
8000余平米皇家园林、500龄参天古树守候院内，台地式庭院广场及水景景观墙，古典园林成为私宅收藏品。
首层赠送超大面积私家成品花园，每户至少5种植物、3种园艺形式；顶层配送30余平米私家成品泳池、露台，重新定义城内豪宅概念。
带电梯的4-6层豪华居所，一梯一至两户；主力户型200平米，尽显现代豪宅气度。
70平米弧形客厅、挑空6米、阔达8.5米广角观景窗；宽绰主人房、豪华阳光浴室、跃层挑空5.8米、森林餐厅…纯属为享受量身定制。
主入口处专设业主身份确认总门禁；围墙、露台设有红外对射预防入侵系统，24小时监控；智能窗帘开启系统；电话启动式远程遥控空调。
奉送全套国际知名品牌精装
〔德国〕汉斯格雅水喉 〔德国〕凯乐玛洁具 〔意大利〕法尼尼橱柜 〔瑞典〕康树地板
〔美国〕美国约克、特灵户式中央空调 〔韩国〕凯特曼密码门锁 …
画家笔下的坛墙内当代建筑
育才中学
友谊医院
陶然亭公园
十五中学
先农坛
天坛医院
天坛
护城河
陶然亭桥
永定门桥
南二环
发展商/北京诚通房地产开发有限公司 建筑设计/中联环建文建筑 物业管理/建国物业管理有限公司 全案策划/家春秋 接待中心/永定门内西大街3号 (8610) 63168800 / 8811

Beijing Mansion

明清文脉之中国当代作品，仅168座席位的专属深宅名邸。

耕天下能与《唐人笔记》中所记载的"豪宅"同日而语吗？

关于"豪宅"一词的记载可从中国早期的《唐人笔记》中找到。
但于21世纪的今天，我们已没有必要再去究其根源，
因为今日"豪宅"一词的涵义与概念，已全然被现代科技与人文重新改写。

The record of "Splendid House" can be found in "Chinese Notes" in early China.
But today, in the 21st century, it is unnecessary to probe into its root,
for the meaning and concept of the words "Splendid House" today have been adapted completely by modern technology and humanism.

中国当代建筑作品——耕天下3号、4号、5号、6号结构封顶，销售过半。

文脉之地，不可再生。

》SAFELY
关键词：深宅大院

- 护城河畔，5.8米高先农坛外坛墙围合下的当代深宅大院
- 主入口设总门禁，车辆进出采月无接触IC卡启动门闸
- 围墙及露台设有红外对射预防入侵系统，24小时实时报警
- 闭路电视监控，电子巡更
- 居家报警系统—户门设门磁，首层设窗磁；户内设可视对讲系统，紧急报警系统；起居室设红外探头；厨房设燃气报警系统

夜色下的当代作品－耕天下

私家天台成品泳池花园

树影婆娑于豪华圆厅

穿过五百年皇家古树纵览耕天下

》ENVIRONMENT
关键词：环境文脉

- 二环路内，护城河畔，先农坛、天坛、陶然亭三园环绕合抱；
- 明清文化公园社区，台地式庭院广场，中式水景景观墙
- 8000余亩皇家园地，500龄的参天古柏，棂星门，古坛墙围合守护

》LUXURIOUS
关键词：私家泳池·花园［奉送］

- ［赠送成品］　天台泳池花园：天台总面积约百余平米，其中泳池面积约30平米，水深1.4米；原木栈桥式地板，池边专设躺椅区、遮阳区及盆栽花池，另设攀爬植物花架，珍禽宠物角，片岩景墙等。
- ［赠送成品］　首层私家花园：50–120平米，每户至少5种植物，3种园艺形式
- ［赠送成品］　私家露台：最大近百余平米

画家笔下的坛墙内当代建筑

耕天下 菁華名邸 Beijing ...Mansion

》INHABIT
关键词：别墅级居住

- 低层叠式别墅，4–6层带电梯的"空中"别墅
- 圆厅–70余平米挑空圆厅，挑空近6米；弧型幕窗—宽8.5米沿林展开的圆弧形观景飘窗(专配电动开启式窗帘系统)；厅内专设钢琴角，植被观赏区，古柏临窗，阅历皇根 ／五星级·豪华阳光主人套—主卧+个性书房(收藏室)+阳台+豪华卫生间+阳光健身房；超大面宽，三面采光，阔绰至极 ／餐厅：30余平米森林餐厅，挑空餐厅，专设壁炉区 ／家庭娱乐室 ／双主卧：独立主人套+长辈专卧 ／厨房：尺度宽大，配服务阳台 ／佣人房：独立起居

》TO FIT UP < Effeti　Kähre　hansgrohe　…… >
关键词：世界级工料［奉送］

［瑞典］康树地板　／［美国］宜威漆
［德国］凯乐玛［美国］科勒洁具 ／［德国］汉斯格雅水喉 ／［意大利］法尼尼橱柜，电器
［美国］史丹利［德国］威必池五金件 ／［韩国］凯特曼数码门锁
［美国］爵士三角按摩浴缸／［德国］汉斯格雅可升降浴板　／［美国］约克、特灵户式中央空调

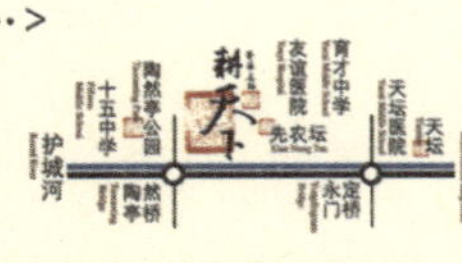

发展商／北京诚通房地产开发有限公司　建筑设计／中联环建文建筑　物业管理／建国物业管理有限公司　全案策划／家春秋　接待中心／永定门内西大街5号
Developer: Beijing Chengtong Real Estate Development Co., Ltd　Designer: ZhongLianHuanjianwen Construction　Real Estate Management: Jianguo Real Estate Management Co., Ltd　Planed by: Jia Chun Qiu　Reception Center: 5 Xi Dajie Yongdingmennei

(8610) 63168800 / 8811

Beijing Mansion
从巴黎西岱LE PROCEOPE的40杯咖啡
到北京公馆的两盏清茶…
据说当年常常光顾巴黎波蔻伯咖啡馆(1686年创建)的伏尔泰，每天喝去40杯咖啡。不知他能否知晓：在世界东侧，古坛墙龙柏之下，中国清王朝的第四位皇帝，亲耕之余，喝去两盏清茶。
注 [赠送成品]首层私家花园：总面积50–120平米，每户至少5种植物，3种园艺形式；内设休闲小亭，艺术喷泉，叠石瀑布，木制百鸟藤廊等景观；另设小型高尔夫练习场，农家小种，宠物角…。二环路内，护城河畔，当代深宅大院内的私家成品花园，文脉之地，颐养身心。
(法) 皮艾·杜毕松 Pierre Dubuisson
摄于耕天下私家观景庭院
菁華名邸
耕天下
Beijing Mansion
》明清文脉之中国当代作品，仅168座席位的专属深宅名邸
○ 二环路内，护城河畔，先农坛，天坛，陶然亭三园合抱，与先农坛百米之隔，明清26位天子亲耕之地。
○ 8000余平米皇家园林，500龄参天古树守候院内，台地式庭院广场及水景景观墙，古典园林成为私宅收藏品。
○ 首层赠送超大面积私家成品花园，每户至少5种植物，3种园艺形式；顶层配送约100–180平米私家泳池花园；约30–200平米露台，重新定义城内豪宅概念。
○ 带电梯的4-6层豪华居所，一梯一至两户；主力户型200平米，尽显现代豪宅气度。
○ 70平米弧形客厅，挑空约6米，阔达8.5米广角观景窗；宽绰主人房，豪华阳光浴室，森林餐厅...纯属为享受量身定制。
○ 主入口处专设业主身份确认总门禁；围墙，露台设有红外对射预防入侵系统，24小时监控；智能窗帘开启系统；电话启动式远程遥控空调。
》奉送全套国际知名品牌精装 < Effeti ... >
[瑞典] 康树地板 / [美国] 宣威漆 / [德国] 凯乐玛 [美国] 科勒洁具 / [德国] 汉斯格雅水喉 / [德国] 汉斯格雅可升降浴板
[美国] 史丹利 [德国] 威必池五金件 / [韩国] 凯特曼数码门锁 / [意大利] 法尼尼橱柜，电器 / [美国] 约克、特灵户式中央空调
画家笔下的坛墙内当代建筑
护城河
十五中学
陶然亭公园
陶然亭桥
友谊医院
育才中学
先农坛
永定门桥
天坛医院
天坛
南二环
发展商/北京诚通房地产开发有限公司 建筑设计/中联环建文建筑 物业管理/建国物业管理有限公司 全案策划/宋春秋 接待中心/永定门内西大街3号
(8610)63168800 / 8811

Beijing Mansion
明清文脉之中国当代作品，仅168座席位的专属深宅名邸。
耕天下能与《唐人笔记》中所记载的"豪宅"同日而语吗？
关于"豪宅"一词的记载可从中国早期的《唐人笔记》中找到。
但于21世纪的今天，我们已没有必要再去究其根源，
因为今日"豪宅"一词的涵义与概念，已全然被现代科技与人文重新改写。
The record of "Splendid House" can be found in "Chinese Notes" in early China.
But today, in the 21st century, it is unnecessary to probe into its root,
for the meaning and concept of the words "Splendid House" today have been adapted completely by modern technology and humanism.
中国当代建筑作品——耕天下3号.4号.5号.6号结构封顶，销售过半。
文脉之地，不可再生。
》ENVIRONMENT
关键词：环境文脉
二环路内，护城河畔，先农坛、天坛、陶然亭三园环绕合抱；
明清文化公园社区，台地式庭院广场，中式水景景观墙
8000余亩皇家园地，500龄的参天古柏，棂星门，古坛墙围合守护
(法) 皮艾·杜蒂松 Pierre Dubuisson
摄于耕天下院内
画家笔下的坛墙内当代建筑
(法) 皮艾·杜蒂松 Pierre Dubuisson
摄于耕天下私家藏品花园内
(法) 皮艾·杜蒂松 Pierre Dubuisson
摄于耕天下围合坛墙内
》LUXURIOUS
关键词：私家泳池·花园 [奉送]
[赠送成品] 天台泳池花园：天台总面积约百余平米，其中泳池面积约30平米，水深1.4米；原木栈桥式地板，池边专设躺椅区、遮阳区及盆栽花池，另设攀爬植物花架，珍禽宠物角，片岩景墙等。
[赠送成品] 首层私家花园：50~120平米，每户至少5种植物，3种园艺形式
[赠送成品] 私家露台：最大近百余平米
》SAFELY
关键词：深宅大院
护城河畔，5.8米高先农坛外坛墙围合下的当代深宅大院
主入口设总门禁，车辆进出采用无接触IC卡启动门闸
围墙及露台设有红外对射预防入侵系统，24小时实时报警
闭路电视监控，电子巡更
居家报警系统—户门设门磁，首层设窗磁；户内设可视对讲系统，紧急报警系统；起居室设红外探头；厨房设燃气报警系统
耕天下 菁華名邸 Beijing Mansion
画家笔下的坛墙内当代建筑
》INHABIT
关键词：别墅级居住
低层叠式别墅：4~6层带电梯的"空中"别墅
圆厅—70余平米挑空圆厅，挑空近6米；弧型幕窗—宽8.5米沿林展开的圆弧形观景飘窗(专配电动开启式窗帘系统)；厅内专设钢琴角，植被观赏区，古柏临窗，阅历皇根 /五星级·豪华阳光主人套—主卧+个性书房(收藏室)+阳台+豪华卫生间+阳光健身房；超大面宽，三面采光，阔绰至极 /餐厅：30余平米森林餐厅，挑空餐厅，专设壁炉区 /家庭娱乐室 /双主卧：独立主人套+长辈专卧 /厨房：尺度宽大，配服务阳台 /佣人房：独立起居
》TO FIT UP < Effeti … >
关键词：世界级工料 [奉送]
[瑞典] 康树地板 / [美国] 宜威漆
[德国] 凯乐玛 [美国] 科勒洁具 / [德国] 汉斯格雅水嘴 / [意大利] 法尼尼橱柜，电器
[美国] 史丹利 [德国] 威必驰五金件 / [韩国] 凯特曼数码门锁
[德国] 汉斯格雅可升降浴板 / [美国] 约克、特灵户式中央空调
护城河 十五中学 陶然亭公园 陶然亭桥 耕天下 友谊医院 育才中学 先农坛 永定门桥 天坛医院 天坛 南二环
发展商/北京诚通房地产开发有限公司 建筑设计/中联环建文建筑 物业管理/建国物业管理有限公司 全案策划/家春秋 接待中心/永定门内西大街3号
(8610) 63168800 / 8811

(1979年冬 摄于北京天坛)
父母平反后分别于清华.钢院两所高校任教.全家人周末常留连于天坛公园.护城河畔…那里充满了他儿时的记忆。
[耕天下周边－生态公园]:天坛公园/先农坛公园/陶然亭公园
(1935年摄于上海圣色蒂照相馆)
祖父由北平飘泊沪上.同祖母相识相知.历经大半世纪的风风雨雨.如今已到了耄耋之年。二老健康长寿是其家族晚辈共同的心愿。
[耕天下周边－医疗机构]—友谊医院/天坛医院/北京口腔医院/宣武中医院/建设部总医院/陶然亭医院/以先农坛为核心的"中国医学城"。
天坛留念
Beijing Mansion
Living here is a Chinese friend, whose forefathers were the ministers of the Ministry of Personnel Affairs in feudal China. His elder generation always sighs with much emotion toward the mansion with spacious halls and extensive gardens in the old time. The children generation finally came after staying abroad for over a dozen years.... Both generations sighed constantly after drinking several cups of wine.
"深宅大院"于今天是个新鲜的话题，
其背后常隐藏一段关于家族变迁的故事。
住在这里的中国朋友祖上曾为吏管北京的"京兆尹"，至祖父辈家道中落，家族几经悲喜。忆往昔时，其父辈对旧时的深宅大院仍有颇多感慨；子辈辗转异国十余载，终亦"归根"...彼此两代人，几杯落肚，唏嘘不已。
注 耕天下－当代深宅大院：(一)静处繁华中心、幽居二环路内．护城河畔的深宅静土．豪门领地；(二)三园生态滋养下的明清文脉住区；周边配设皆为京华之根所系；(三)5.8米高外坛墙(先农坛)围合；门口设业主身份确认总门禁，围墙露台设红外对射预防系统．院内4—6层"空中"别墅…成就当代之深宅名邸，隔绝喧嚣，自成一"统"，文脉之地，不可再生。
(1972年摄于北京西单劈才胡同的"家"门前)
父执意返京，无"根"可寻，举家借居的日子从此开始。照片中是借读宣武师范附小的他(左一)与弟弟妹妹的初次合影。
[耕天下项目周边－教育机构]小学：宣武师范第一附属小学/里仁街小学/永建里小学；中学：十五中学/育才中学/九十中/八十八中/十一中分校；大学：首都医科大学
(1987年秋摄于美国旧金山)
八十年代中后期，取得硕士学位的他随姑妈由香港转道美国，开始一段背井离乡、求学创业的艰难旅程。十年后，成为众多"海归"中的一员，与家人团聚在祖国北京。
京华名邸
耕天下
Beijing Mansion
》明清文脉之中国当代作品，仅168座席位的专属深宅名邸
○ 二环路内、护城河畔、先农坛、天坛、陶然亭三园合抱，与先农坛百米之隔，明清26位天子亲耕之地。
○ 8000余平米皇家园林、500龄参天古树守候院内、台地式庭院广场及水景景观墙，古典园林成为私宅收藏品。
○ 首层赠送超大面积私家成品花园，每户至少5种植物、3种园艺形式；顶层配送约100—180平米私家泳池花园；约30—200平米露台，重新定义城内豪宅概念。
○ 带电梯的4-6层豪华居所，一梯一至两户；主力户型200平米，尽显现代豪宅气度。
○ 70平米弧形客厅、挑空约6米、阔达8.5米广角观景窗；宽绰主人房、豪华阳光浴室、森林餐厅...纯属为享受量身定制。
○ 主入口处专设业主身份确认总门禁；围墙、露台设有红外对射预防入侵系统，24小时监控；智能窗帘开启系统；电话启动式远程遥控空调。
》奉送全套国际知名品牌精装 < Effeti ... >
[瑞典] 康树地板 / [美国] 宣威漆 / [德国] 凯乐玛 [美国] 科勒洁具 / [德国] 汉斯格雅水喉
[美国] 史丹利 [德国] 威必驰五金件 / [韩国] 凯特曼数码门锁 / [意大利] 法尼尼橱柜、电器 / [美国] 约克、特灵户式中央空调
画家笔下的坛墙内当代建筑
护城河 十五中学 陶然亭公园 陶然亭 先农坛 友谊医院 育才中学 永定门桥 天坛医院 天坛 南二环
发展商/北京诚通房地产开发有限公司 建筑设计/中联环建文建筑 物业管理/建国物业管理有限公司 全案策划/宋春秋 接待中心/永定门内西大街5号 (8610)63168800 / 8811

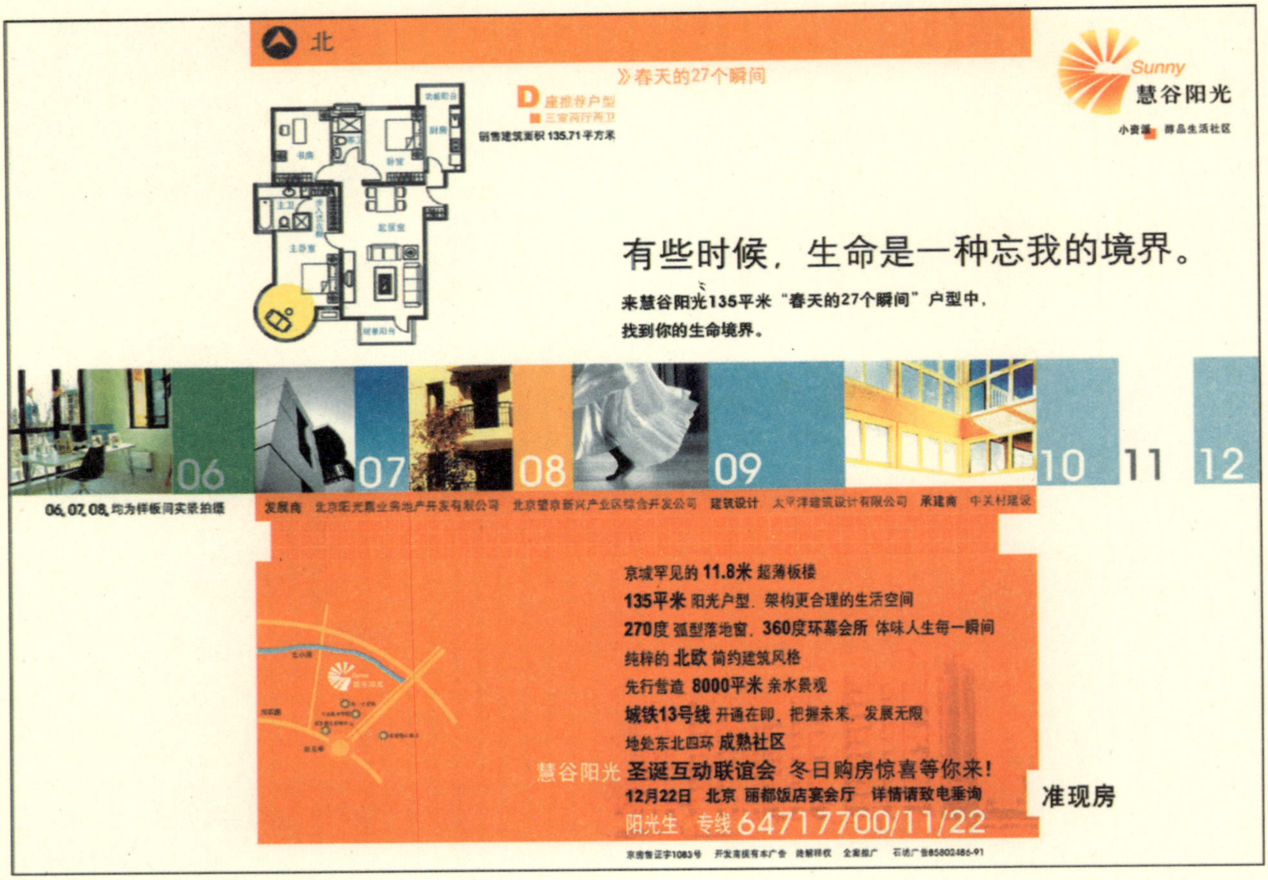
北
》春天的27个瞬间
D座推荐户型
三室两厅两卫
销售建筑面积135.71平方米
Sunny
慧谷阳光
有些时候，生命是一种忘我的境界。
来慧谷阳光135平米“春天的27个瞬间”户型中，
找到你的生命境界。
06
07
08
09
10
11
12
06, 07, 08, 均为样板间实景拍摄
京城罕见的11.8米超薄板楼
135平米阳光户型，架构更合理的生活空间
270度弧型落地窗，360度环幕会所 体味人生每一瞬间
纯粹的北欧简约建筑风格
先行营造8000平米亲水景观
城铁13号线开通在即，把握未来，发展无限
地处东北四环成熟社区
慧谷阳光 圣诞互动联谊会 冬日购房惊喜等你来！
12月22日 北京 丽都饭店宴会厅 详情请致电垂询
准现房
阳光生 专线64717700/11/22

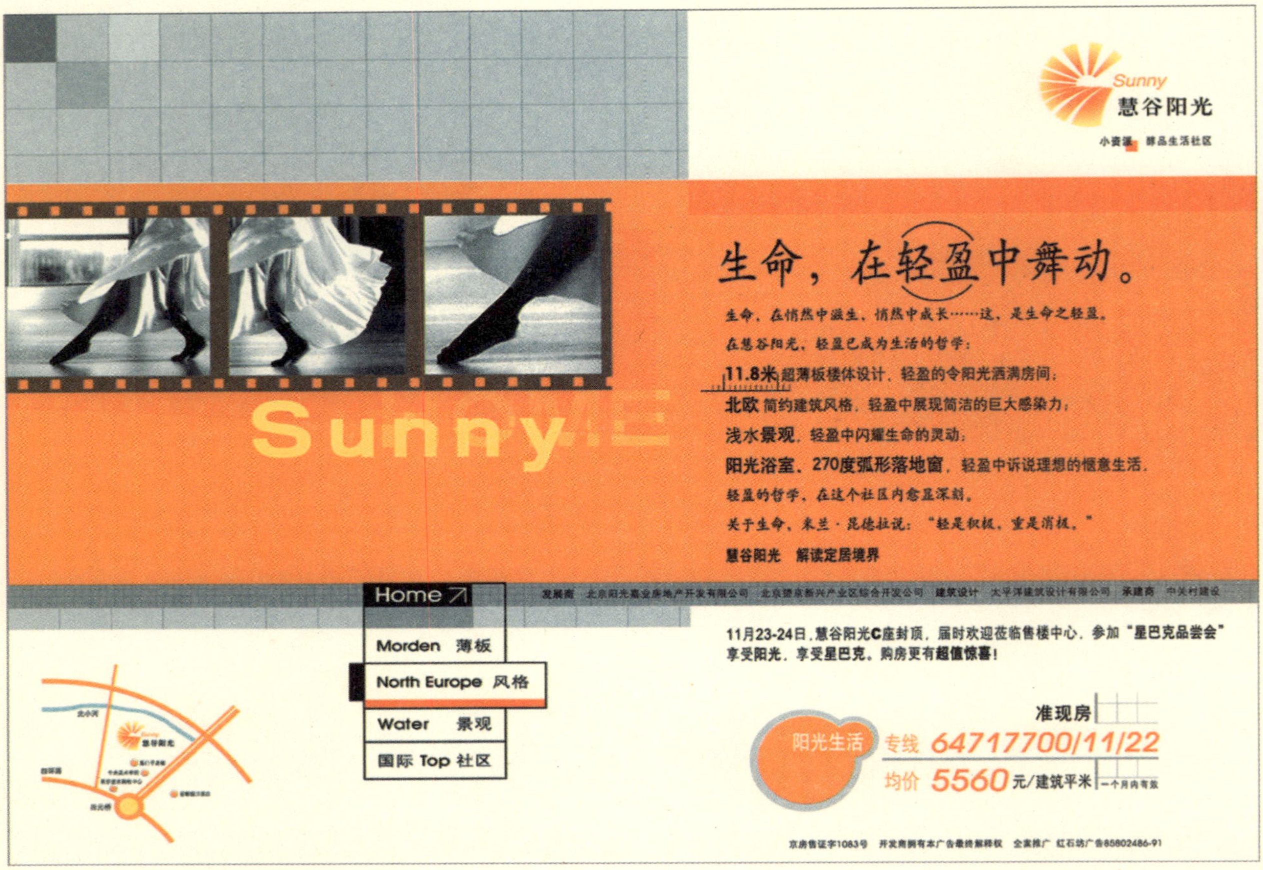
Sunny
慧谷阳光
生命，在轻盈中舞动。
生命，在悄然中滋生，悄然中成长……这，是生命之轻盈。
在慧谷阳光，轻盈已成为生活的哲学：
11.8米超薄板楼体设计，轻盈的令阳光洒满房间；
北欧简约建筑风格，轻盈中展现简洁的巨大感染力；
浅水景观，轻盈中闪耀生命的灵动；
阳光浴室、270度弧形落地窗，轻盈中诉说理想的惬意生活。
轻盈的哲学，在这个社区内愈显深刻。
关于生命，米兰·昆德拉说：“轻是积极，重是消极。”
慧谷阳光 解读定居境界
Sunny
Home
Morden 薄板
North Europe 风格
Water 景观
国际 Top 社区
11月23-24日，慧谷阳光C座封顶，届时欢迎莅临售楼中心，参加“星巴克品尝会”
享受阳光，享受星巴克，购房更有超值惊喜！
准现房
阳光生活 专线 64717700/11/22
均价 5560元/建筑平米

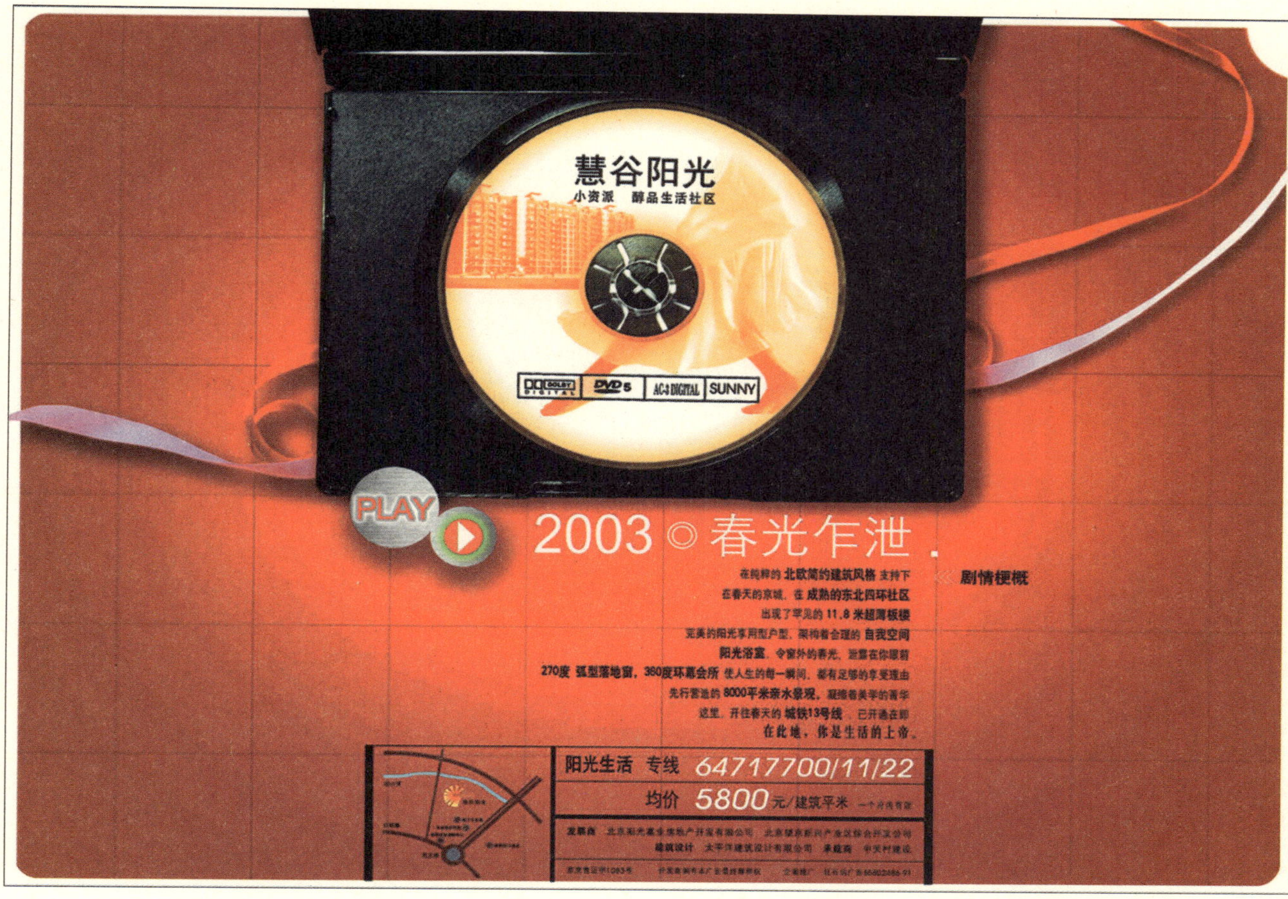

華|北
North China

Company name
公司名称：
北京红石坊广告

Floor name
楼盘名称：
慧谷阳光

Art director general
创作总监：
吕成剑

Art director
美术指导：
刘晓东

Copy writer
文案：
钱春皓

花样年华
准·现·房
冬季热销 7 宗罪
慧谷阳光
01
02
03
04
05
01.02.03.均为慧谷阳光实景拍摄
一宗罪：稀有——京北罕见11.8米超薄板楼
二宗罪：纯粹——北欧简约建筑风格
三宗罪：虔诚——8000平米浅水景观先行营造
四宗罪：馨馨——成熟的东北四环大社区
五宗罪：魔法——无法阻挡的城铁魔力棒
六宗罪：纵情——83平米复式 145平米错层 多种风格户型
七宗罪：引诱——超越8000元品质，不到6000元价格
当七宗诱惑一同出现，你要么变成魔鬼，要么变成神圣。
冰点柔情 阳光制造
慧谷阳光 圣诞互动联谊会 冬日购房惊喜等你来！
12月22日 北京 丽都饭店宴会厅 详情请致电垂询
均价5800元/建筑平米
阳光生活专线 64717700/11/22

Sunny
慧谷阳光
午后的阳光洒在房间里
猫却在钢琴上
睡 着 了
Sunny HOME
这种境界，不叫做安静。
尽采阳光的11.8米短进深，大面宽户型，与倡导简约主义的北欧建筑风格，令视觉感官体验享受的明黄色墙体，率先营造的亲水景观所组合成的生活空间里，存在着孩子们的嬉笑声，潺潺的流水声以及隔壁传来那隐约可闻的音乐旋律……但心情，却是宁静的。
慧谷阳光 解读定居境界
建筑设计 大平洋建筑设计有限公司 承建商
Home
Morden 薄板
North Europe 风格
Water 景观
国际 Top 社区
阳光生活 专线 64717700/11/22
均价 5500元/建筑平米

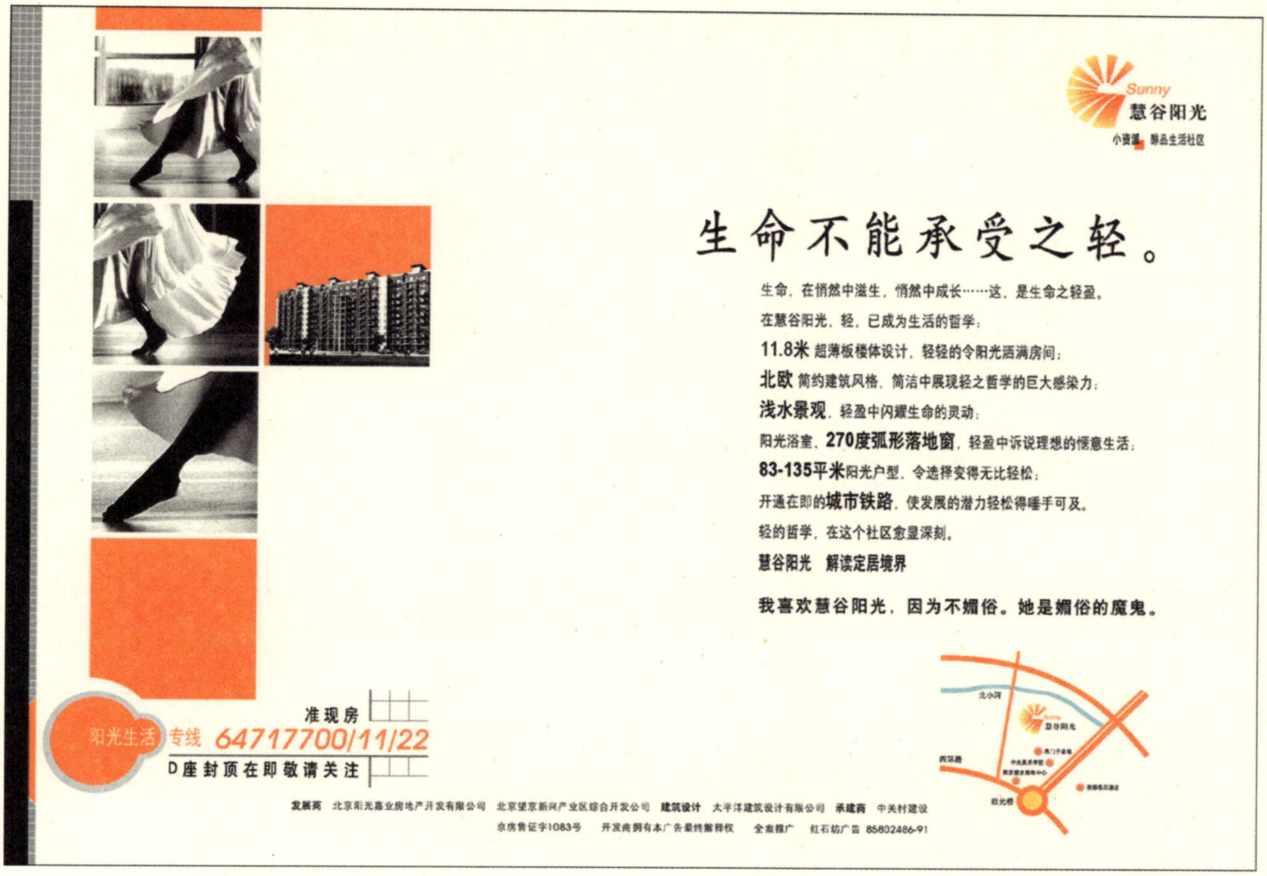
Sunny
慧谷阳光
小营西 静品生活社区
生命不能承受之轻。
生命，在悄然中滋生，悄然中成长……这，是生命之轻盈。
在慧谷阳光，轻，已成为生活的哲学：
11.8米 超薄板楼体设计，轻轻的令阳光洒满房间；
北欧 简约建筑风格，简洁中展现轻之哲学的巨大感染力；
浅水景观，轻盈中闪耀生命的灵动；
阳光浴室、270度弧形落地窗，轻盈中诉说理想的惬意生活；
83-135平米阳光户型，令选择变得无比轻松；
开通在即的城市铁路，使发展的潜力轻松得唾手可及。
轻的哲学，在这个社区愈显深刻。
慧谷阳光 解读定居境界
我喜欢慧谷阳光，因为不媚俗。她是媚俗的魔鬼。
准现房
阳光生活 专线 64717700/11/22
D座封顶在即敬请关注
发展商 北京阳光嘉业房地产开发有限公司 北京望京新兴产业区综合开发公司 建筑设计 太平洋建筑设计有限公司 承建商 中关村建设
京房售证字1083号 开发商拥有本广告最终解释权 全案推广 红石坊广告 85802486-91

慧谷陽光二期
不封！
阳台首先是台，才叫阳台。
有了开放的阳台，才有对面的阳光女孩望过来。
健商指数365：健商今年比智商、情商、财商更受关注。
发展商 北京阳光嘉业房地产开发有限公司 北京望京新兴产业区综合开发公司 建筑设计 太平洋建筑设计有限公司
承建商 中关村建设 京房售证字1083号 发展商拥有本广告最终解释权 全案推广 红石坊广告 85802486-91
纯板式住宅标准 庭园式草坪阳台
健商调频FM/64717700/11/22

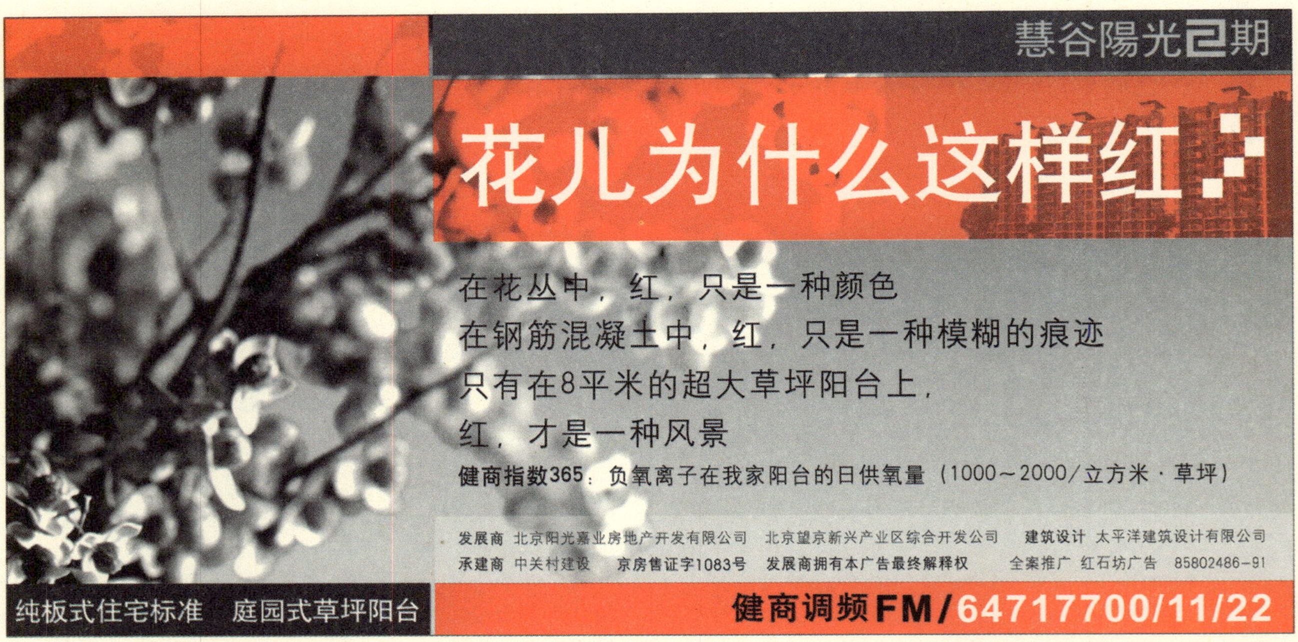
慧谷陽光二期
花儿为什么这样红？
在花丛中，红，只是一种颜色
在钢筋混凝土中，红，只是一种模糊的痕迹
只有在8平米的超大草坪阳台上，
红，才是一种风景
健商指数365：负氧离子在我家阳台的日供氧量（1000～2000/立方米·草坪）
发展商 北京阳光嘉业房地产开发有限公司 北京望京新兴产业区综合开发公司 建筑设计 太平洋建筑设计有限公司
承建商 中关村建设 京房售证字1083号 发展商拥有本广告最终解释权 全案推广 红石坊广告 85802486-91
纯板式住宅标准 庭园式草坪阳台
健商调频FM/64717700/11/22

慧谷陽光2期
上看下看左看右看
站在8平米超大阳台上，
可以抚摸天空，可以俯视大地，心是自由的。
塑造一个能使思想外延的空间，是对家的一种眷顾。
健商指数365：身心健康决定健康商数。思维敏捷度 +7
发展商 北京阳光嘉业房地产开发有限公司 北京望京新兴产业区综合开发公司 建筑设计 太平洋建筑设计有限公司
承建商 中关村建设 京房售证字1083号 发展商拥有本广告最终解释权 全案推广 红石坊广告 85802486-91
纯板式住宅标准 庭园式草坪阳台
健商调频FM/64717700/11/22

慧谷陽光2期
太阳舞
阳光与云影每天在阳台上嬉戏，我悄悄走到她们中间，
却只有风察觉了。
健商指数365：每天日光浴30分钟，皮肤更加健康。健康指数 +5
发展商 北京阳光嘉业房地产开发有限公司 北京望京新兴产业区综合开发公司 建筑设计 太平洋建筑设计有限公司
承建商 中关村建设 京房售证字1083号 发展商拥有本广告最终解释权 全案推广 红石坊广告 85802486-91
纯板式住宅标准 庭园式草坪阳台
健商调频FM/64717700/11/22

慧谷陽光己期
地中海灵感:
傍晚的美丽，在8平米的草坪阳台，
一对摇椅静静地等待饭后甜蜜的人。
健商指数365：同样语言在不同环境下对方反映不同。心情健康指数 +8
发展商 北京阳光嘉业房地产开发有限公司 北京望京新兴产业区综合开发公司 建筑设计 太平洋建筑设计有限公司
承建商 中关村建设 京房售证字1083号 发展商拥有本广告最终解释权 全案推广 红石坊广告 85802486-91
纯板式住宅标准 庭园式草坪阳台
健商调频FM/64717700/11/22

慧谷陽光己期
一场变革期待了10年。
板楼将于今天成为健康住宅的主流，而我们
似乎要感谢病魔对人们居住形态的警告。
望京纯板式社区，不是标准的标准。 健商指数+10
发展商 北京阳光嘉业房地产开发有限公司 北京望京新兴产业区综合开发公司 建筑设计 太平洋建筑设计有限公司
承建商 中关村建设 京房售证字1083号 发展商拥有本广告最终解释权 全案推广 红石坊广告 85802486-91
纯板式住宅标准 庭园式草坪阳台
健商调频FM/64717700/11/22

華北
North China

Company name
公司名称：
北京红石坊广告

Floor name
楼盘名称：
慧谷阳光

Art director general
创作总监：
吕成剑

Art director
美术指导：
刘晓东

Copy writer
文案：
吕成剑

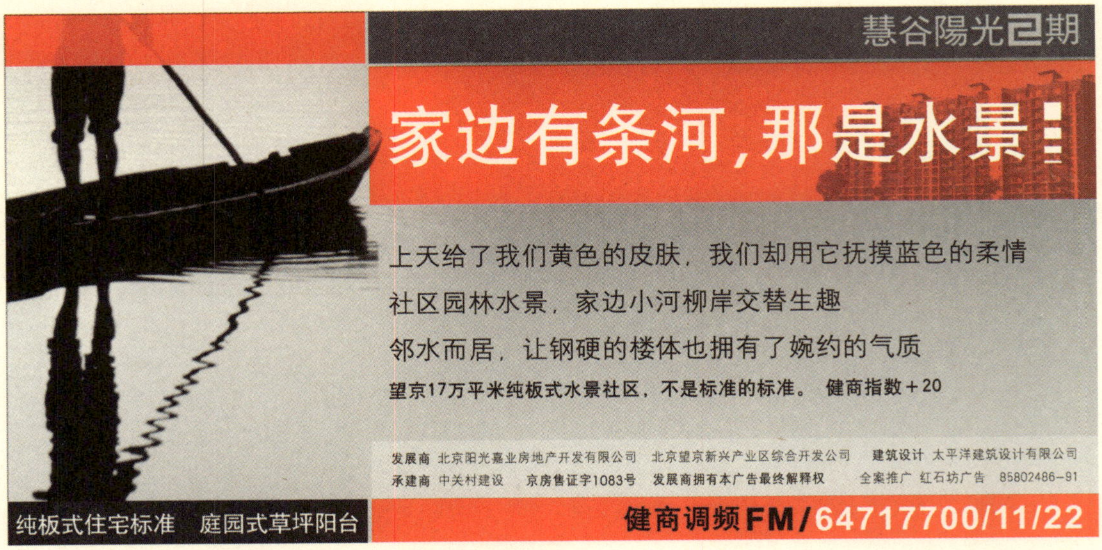
慧谷陽光2期
家边有条河，那是水景
上天给了我们黄色的皮肤，我们却用它抚摸蓝色的柔情
社区园林水景，家边小河柳岸交替生趣
邻水而居，让钢硬的楼体也拥有了婉约的气质
望京17万平米纯板式水景社区，不是标准的标准。 健商指数+20
发展商 北京阳光嘉业房地产开发有限公司 北京望京新兴产业区综合开发公司 建筑设计 太平洋建筑设计有限公司
承建商 中关村建设 京房售证字1083号 发展商拥有本广告最终解释权 全案推广 红石坊广告 85802486-91
纯板式住宅标准 庭园式草坪阳台
健商调频FM/64717700/11/22

慧谷陽光2期
小板楼，大版块
当你用十句话都说不清家的大位置，朋友的距离会疏远，
而我只用两个字，"望京"
居住形态区域化，规划版块感，是现代文明城市发展的趋势
望京17万平米纯板式社区，不应是标准的标准。 健商指数+2
发展商 北京阳光嘉业房地产开发有限公司 北京望京新兴产业区综合开发公司 建筑设计 太平洋建筑设计有限公司
承建商 中关村建设 京房售证字1083号 发展商拥有本广告最终解释权 全案推广 红石坊广告 85802486-91
纯板式住宅标准 庭园式草坪阳台
健商调频FM/64717700/11/22

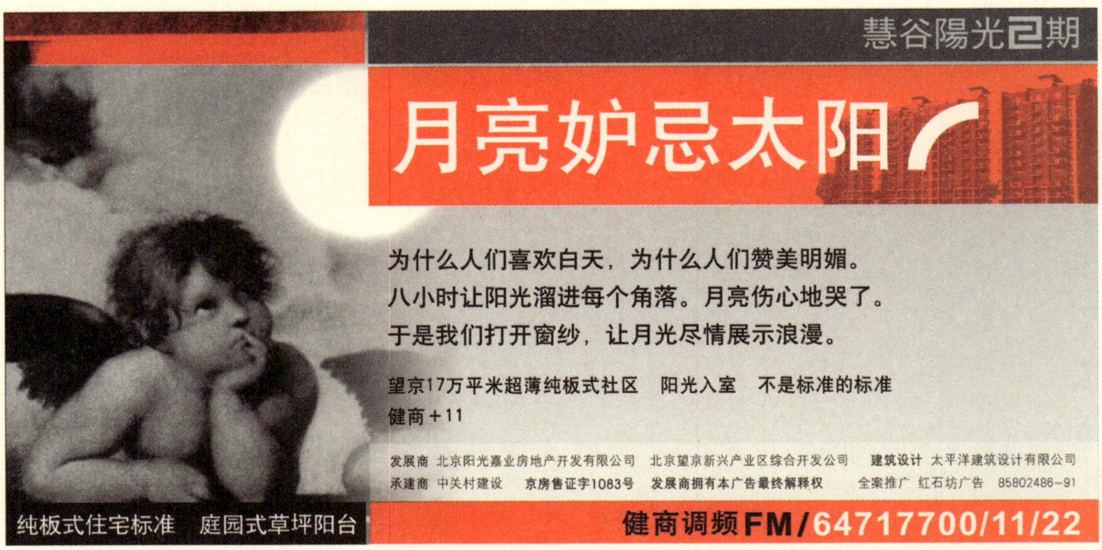
慧谷陽光2期
月亮妒忌太阳
为什么人们喜欢白天，为什么人们赞美明媚。
八小时让阳光溜进每个角落。月亮伤心地哭了。
于是我们打开窗纱，让月光尽情展示浪漫。
望京17万平米超薄纯板式社区 阳光入室 不是标准的标准
健商+11
发展商 北京阳光嘉业房地产开发有限公司 北京望京新兴产业区综合开发公司 建筑设计 太平洋建筑设计有限公司
承建商 中关村建设 京房售证字1083号 发展商拥有本广告最终解释权 全案推广 红石坊广告 85802486-91
纯板式住宅标准 庭园式草坪阳台
健商调频FM/64717700/11/22

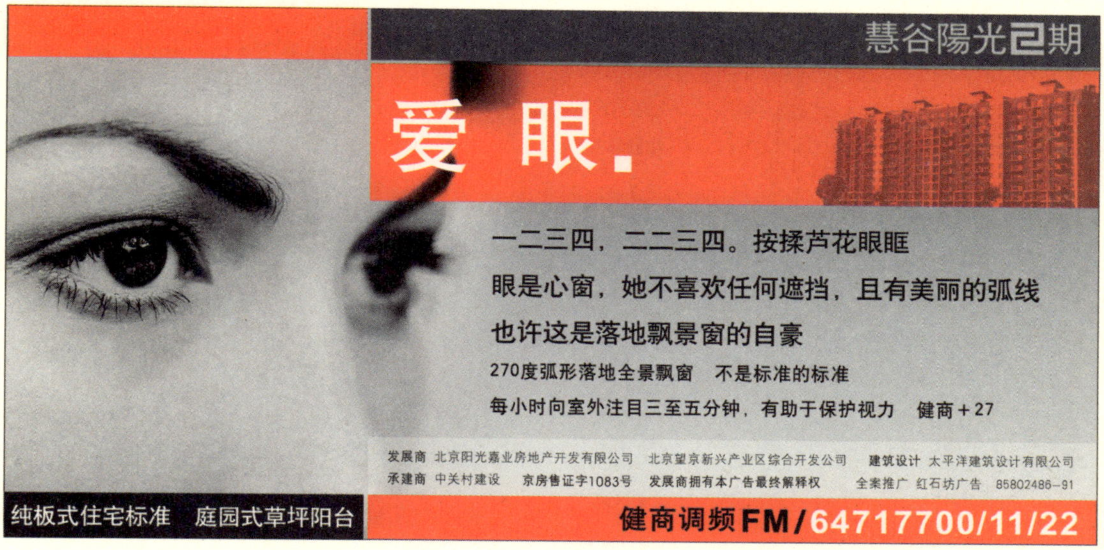
慧谷陽光2期
爱眼.
一二三四，二二三四。按揉芦花眼眶
眼是心窗，她不喜欢任何遮挡，且有美丽的弧线
也许这是落地飘景窗的自豪
270度弧形落地全景飘窗　不是标准的标准
每小时向室外注目三至五分钟，有助于保护视力　健商+27
发展商 北京阳光嘉业房地产开发有限公司 北京望京新兴产业区综合开发公司 建筑设计 太平洋建筑设计有限公司
承建商 中关村建设 京房售证字1083号 发展商拥有本广告最终解释权 全案推广 红石坊广告 85802486-91
纯板式住宅标准　庭园式草坪阳台
健商调频FM/64717700/11/22

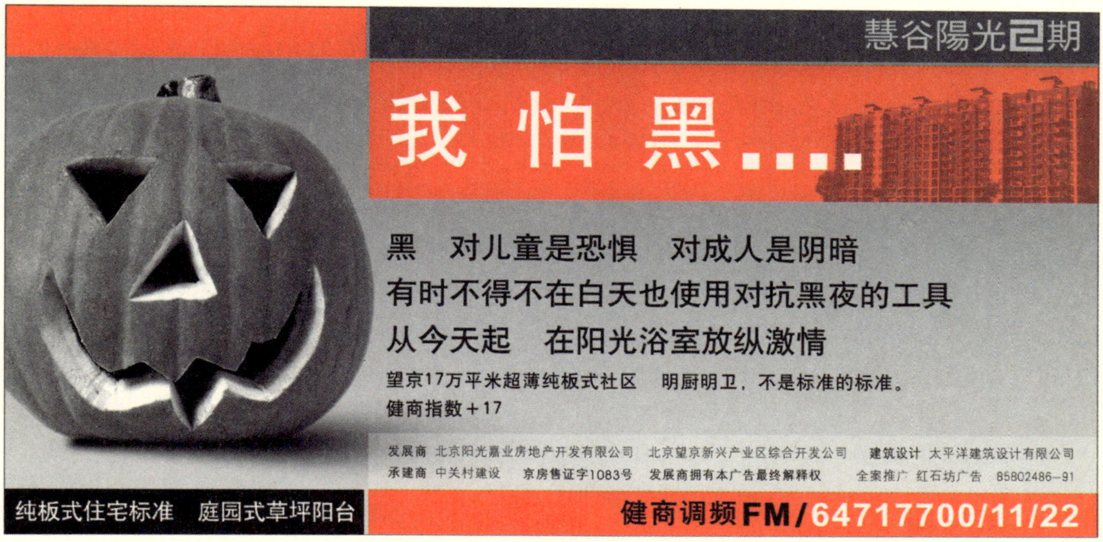
慧谷陽光2期
我怕黑....
黑　对儿童是恐惧　对成人是阴暗
有时不得不在白天也使用对抗黑夜的工具
从今天起　在阳光浴室放纵激情
望京17万平米超薄纯板式社区　明厨明卫，不是标准的标准。
健商指数+17
发展商 北京阳光嘉业房地产开发有限公司 北京望京新兴产业区综合开发公司 建筑设计 太平洋建筑设计有限公司
承建商 中关村建设 京房售证字1083号 发展商拥有本广告最终解释权 全案推广 红石坊广告 85802486-91
纯板式住宅标准　庭园式草坪阳台
健商调频FM/64717700/11/22

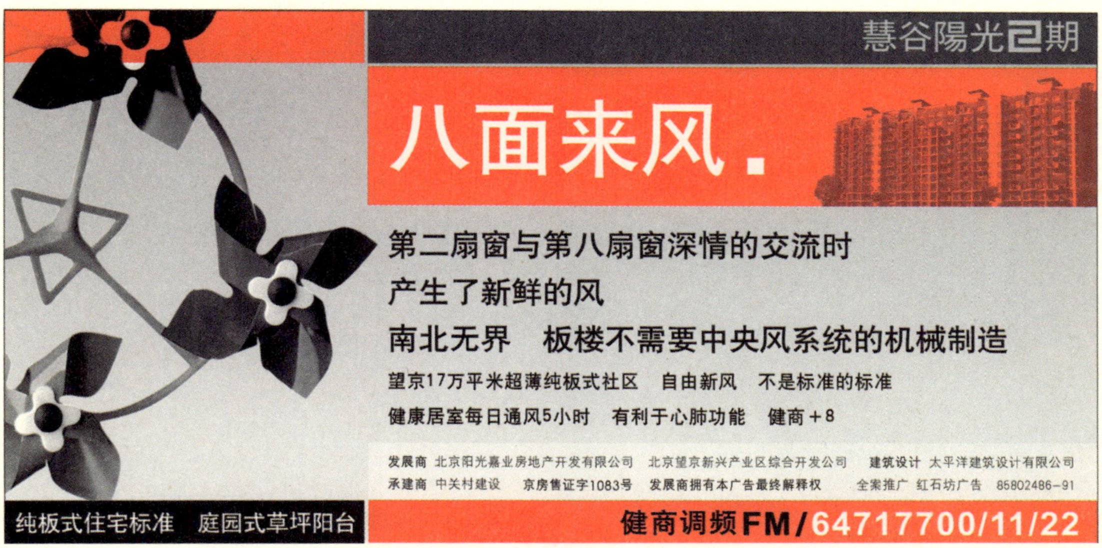
慧谷陽光2期
八面来风.
第二扇窗与第八扇窗深情的交流时
产生了新鲜的风
南北无界　板楼不需要中央风系统的机械制造
望京17万平米超薄纯板式社区　自由新风　不是标准的标准
健康居室每日通风5小时　有利于心肺功能　健商+8
发展商 北京阳光嘉业房地产开发有限公司 北京望京新兴产业区综合开发公司 建筑设计 太平洋建筑设计有限公司
承建商 中关村建设 京房售证字1083号 发展商拥有本广告最终解释权 全案推广 红石坊广告 85802486-91
纯板式住宅标准　庭园式草坪阳台
健商调频FM/64717700/11/22

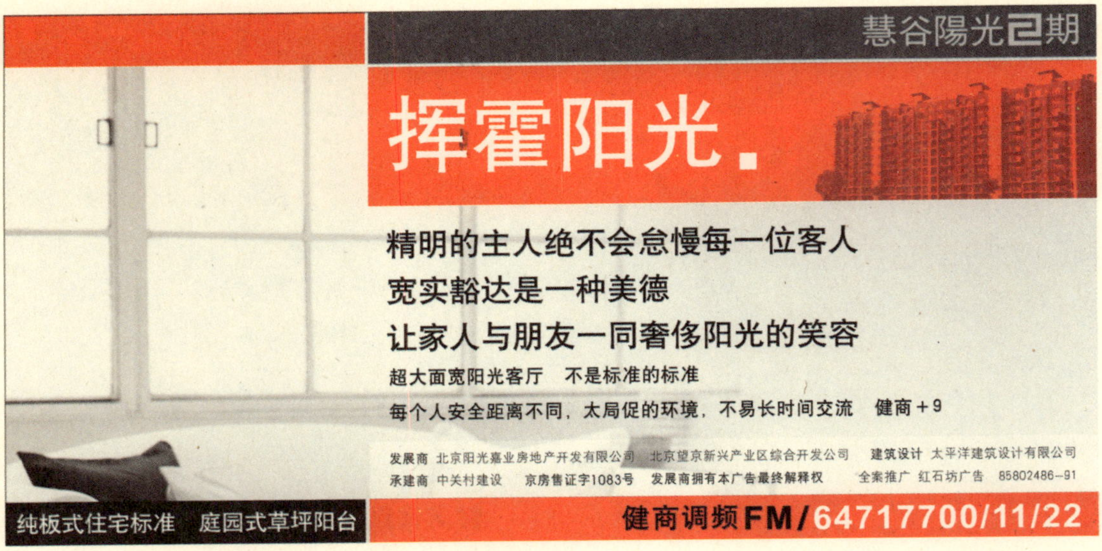
慧谷陽光己期
挥霍阳光.
精明的主人绝不会怠慢每一位客人
宽实豁达是一种美德
让家人与朋友一同奢侈阳光的笑容
超大面宽阳光客厅　不是标准的标准
每个人安全距离不同，太局促的环境，不易长时间交流　健商+9
发展商 北京阳光嘉业房地产开发有限公司　北京望京新兴产业区综合开发公司　建筑设计 太平洋建筑设计有限公司
承建商 中关村建设　京房售证字1083号　发展商拥有本广告最终解释权　全案推广 红石坊广告 85802486-91
纯板式住宅标准　庭园式草坪阳台
健商调频FM/64717700/11/22

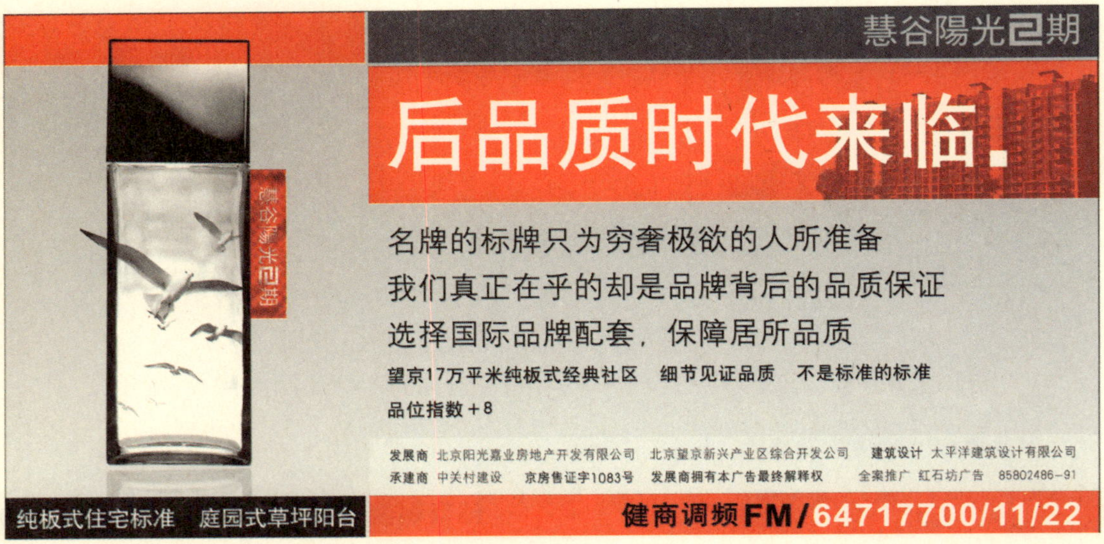
慧谷陽光己期
后品质时代来临.
名牌的标牌只为穷奢极欲的人所准备
我们真正在乎的却是品牌背后的品质保证
选择国际品牌配套，保障居所品质
望京17万平米纯板式经典社区　细节见证品质　不是标准的标准
品位指数+8
发展商 北京阳光嘉业房地产开发有限公司　北京望京新兴产业区综合开发公司　建筑设计 太平洋建筑设计有限公司
承建商 中关村建设　京房售证字1083号　发展商拥有本广告最终解释权　全案推广 红石坊广告 85802486-91
纯板式住宅标准　庭园式草坪阳台
健商调频FM/64717700/11/22

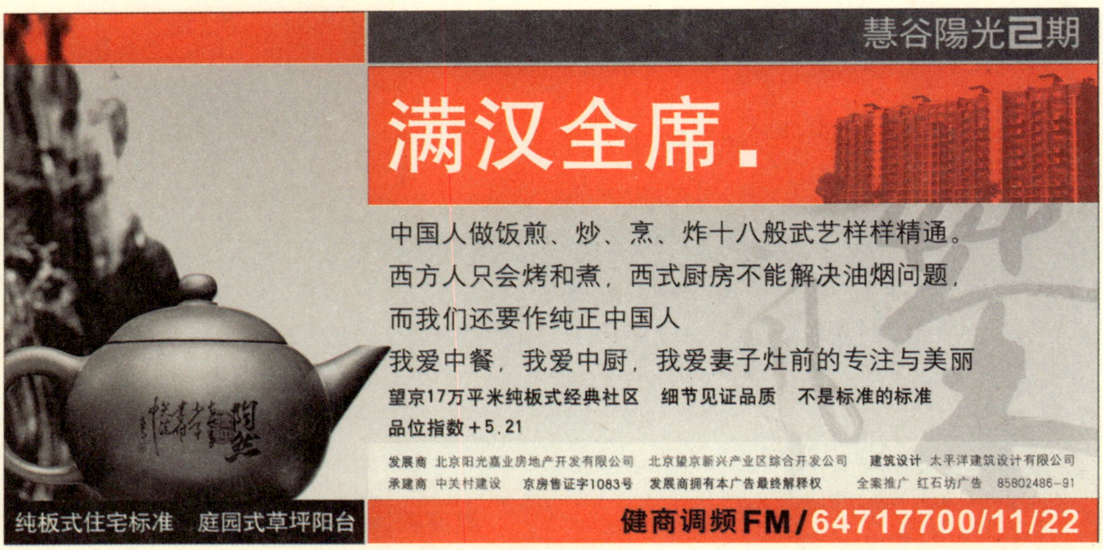
慧谷陽光己期
满汉全席.
中国人做饭煎、炒、烹、炸十八般武艺样样精通。
西方人只会烤和煮，西式厨房不能解决油烟问题，
而我们还要作纯正中国人
我爱中餐，我爱中厨，我爱妻子灶前的专注与美丽
望京17万平米纯板式经典社区　细节见证品质　不是标准的标准
品位指数+5.21
发展商 北京阳光嘉业房地产开发有限公司　北京望京新兴产业区综合开发公司　建筑设计 太平洋建筑设计有限公司
承建商 中关村建设　京房售证字1083号　发展商拥有本广告最终解释权　全案推广 红石坊广告 85802486-91
纯板式住宅标准　庭园式草坪阳台
健商调频FM/64717700/11/22

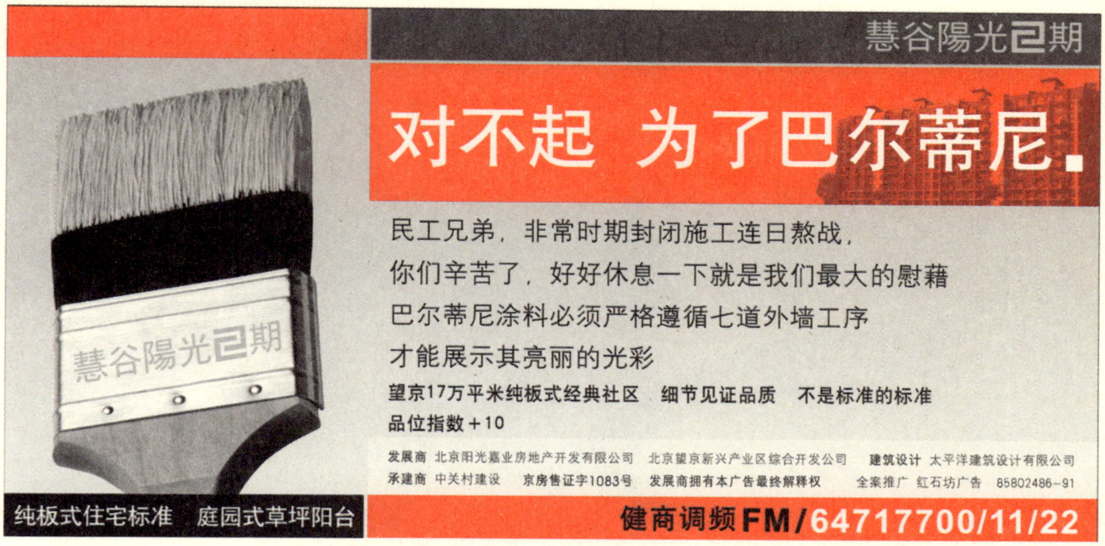
慧谷陽光二期
对不起 为了巴尔蒂尼.
民工兄弟，非常时期封闭施工连日熬战，
你们辛苦了，好好休息一下就是我们最大的慰藉
巴尔蒂尼涂料必须严格遵循七道外墙工序
才能展示其亮丽的光彩
望京17万平米纯板式经典社区 细节见证品质 不是标准的标准
品位指数+10
发展商 北京阳光嘉业房地产开发有限公司 北京望京新兴产业区综合开发公司 建筑设计 太平洋建筑设计有限公司
承建商 中关村建设 京房售证字1083号 发展商拥有本广告最终解释权 全案推广 红石坊广告 85802486-91
纯板式住宅标准 庭园式草坪阳台
健商调频FM/64717700/11/22

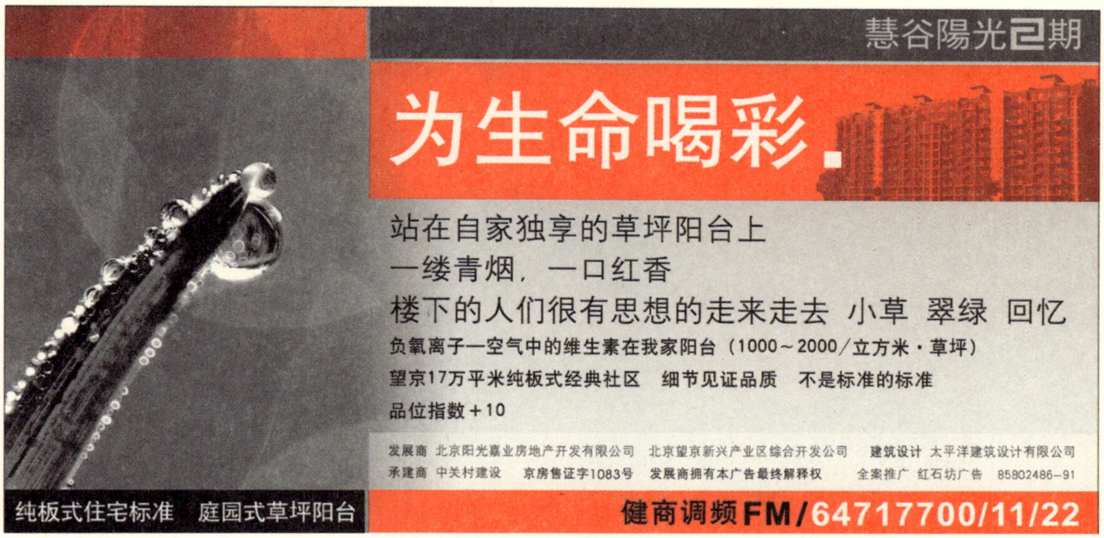
慧谷陽光二期
为生命喝彩.
站在自家独享的草坪阳台上
一缕青烟，一口红香
楼下的人们很有思想的走来走去 小草 翠绿 回忆
负氧离子—空气中的维生素在我家阳台（1000～2000/立方米·草坪）
望京17万平米纯板式经典社区 细节见证品质 不是标准的标准
品位指数+10
发展商 北京阳光嘉业房地产开发有限公司 北京望京新兴产业区综合开发公司 建筑设计 太平洋建筑设计有限公司
承建商 中关村建设 京房售证字1083号 发展商拥有本广告最终解释权 全案推广 红石坊广告 85802486-91
纯板式住宅标准 庭园式草坪阳台
健商调频FM/64717700/11/22

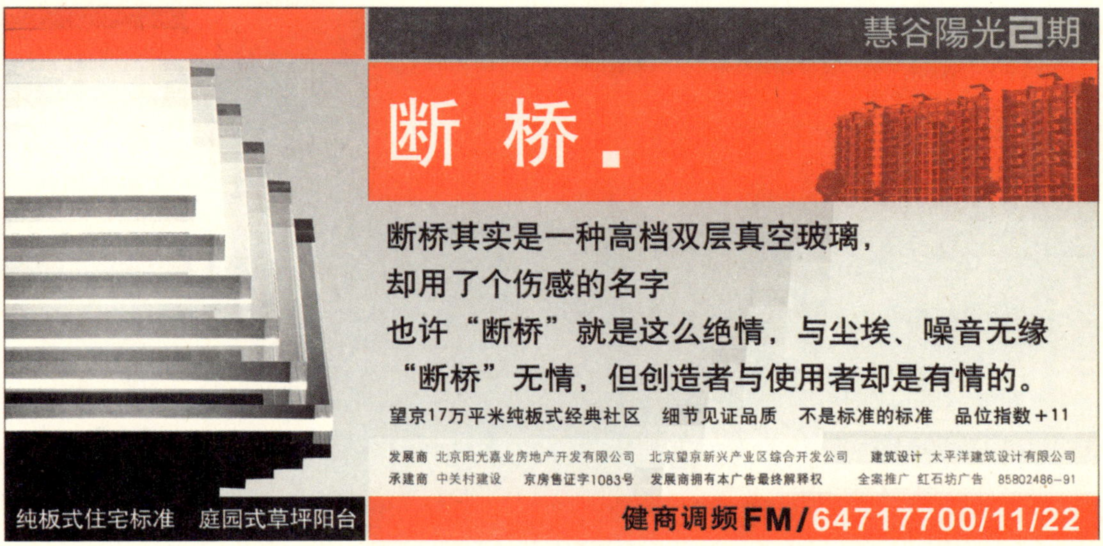
慧谷陽光二期
断 桥.
断桥其实是一种高档双层真空玻璃，
却用了个伤感的名字
也许“断桥”就是这么绝情，与尘埃、噪音无缘
“断桥”无情，但创造者与使用者却是有情的。
望京17万平米纯板式经典社区 细节见证品质 不是标准的标准 品位指数+11
发展商 北京阳光嘉业房地产开发有限公司 北京望京新兴产业区综合开发公司 建筑设计 太平洋建筑设计有限公司
承建商 中关村建设 京房售证字1083号 发展商拥有本广告最终解释权 全案推广 红石坊广告 85802486-91
纯板式住宅标准 庭园式草坪阳台
健商调频FM/64717700/11/22

和太阳同居
great union
great union
阶层联盟
工作在CBD，家在哪里?
都市里白天太繁华，夜晚太拥挤
找个安静点的地方
和太阳同居
阶层联盟
从CBD向东13公里，右行
住在太阳脚下，只要7分钟即达
Give up CBD and escape from it.
第一个通州区的Townhouse项目；第一个将商、住概念明确分区的纯居社区；
占地18万平米；Townhouse / R-house / 板式等多种建筑形态共生；
距CBD13公里；离九棵树轻轨站，一站之遥，928、938直达社区；
学校、会所等生活设施齐备，满足第一居所的全部生活需求。
效果图
均价4000元/平方米
售楼热线 6999-6868 6999-6969
售楼处地址 通州区北苑环岛向南500米 www.impressions.com.cn
建行、工行提供最高8成20年按揭支持
物业：北京国贸物业管理有限责任公司
发展商保留本广告最终解释权 京房内证字482号

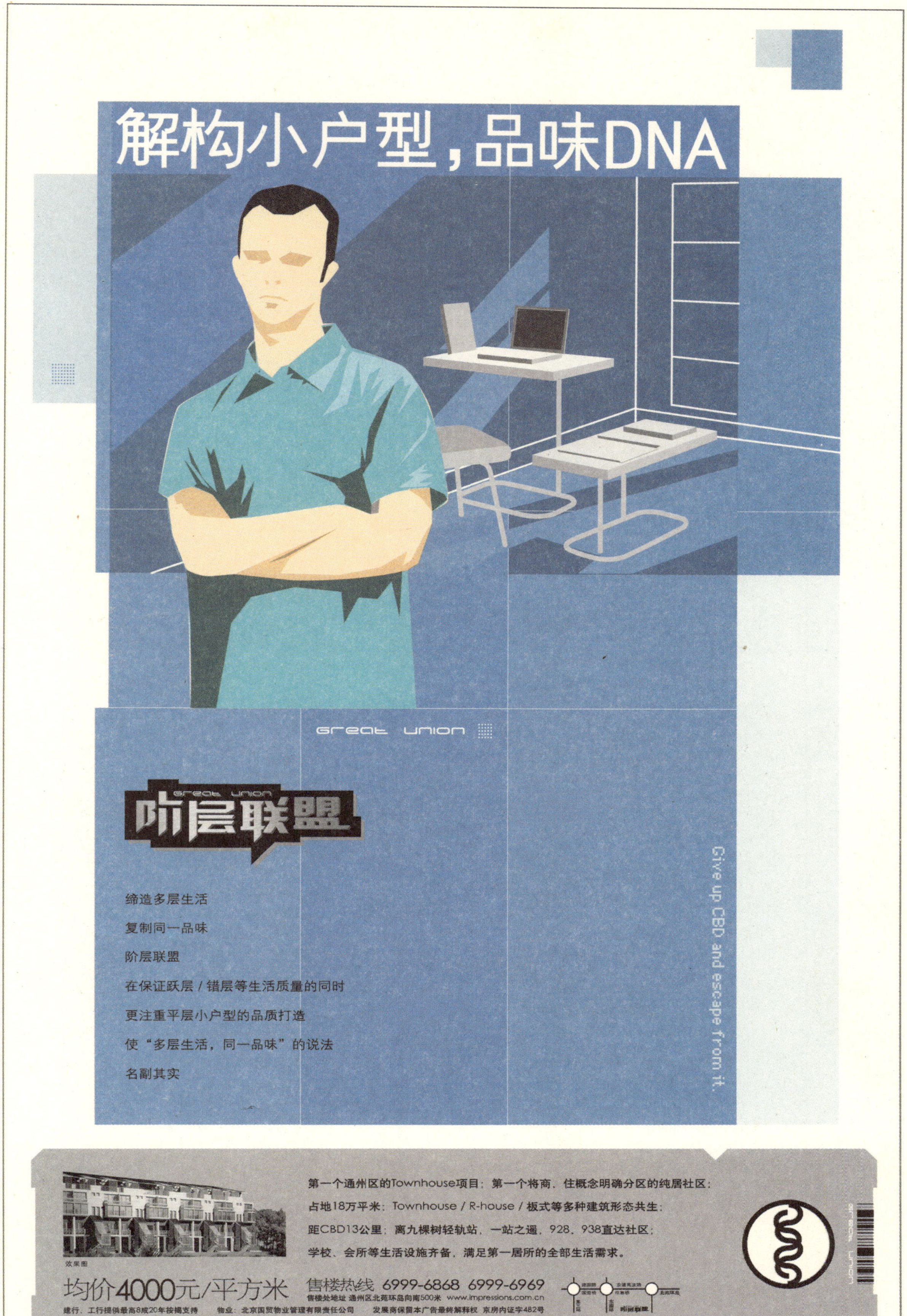
解构小户型，品味DNA
Great union
Great union
阶层联盟
缔造多层生活
复制同一品味
阶层联盟
在保证跃层／错层等生活质量的同时
更注重平层小户型的品质打造
使“多层生活，同一品味”的说法
名副其实
Give up CBD and escape from it.
效果图
第一个通州区的Townhouse项目：第一个将商、住概念明确分区的纯居社区：
占地18万平米：Townhouse / R-house / 板式等多种建筑形态共生：
距CBD13公里：离九棵树轻轨站，一站之遥，928、938直达社区：
学校、会所等生活设施齐备，满足第一居所的全部生活需求。
均价4000元/平方米
售楼热线 6999-6868 6999-6969
售楼处地址 通州区北苑环岛向南500米 www.impressions.com.cn
建行、工行提供最高8成20年按揭支持
物业：北京国贸物业管理有限责任公司
发展商保留本广告最终解释权 京房内证字482号

久居无限
高效率住宅
空间不容缺陷
以前电视机因无法消除边缘的黑线，导致画面的残缺，"天外天"使我们看到完整的画面。以前因住宅的采暖和制冷导致空间不完整，久居无限带来了完整空间时代
画面不容残缺
接待中心：北京朝阳区四惠桥14路总站东侧
置业网站：http:www.bjweb.net
开发商：北京雅伯房地产开发有限公司
一梯两户 6－9层板式带东芝电梯
全落地弧形生活阳台
尖端科技地温冷暖中央空调
东方园林景观设计 家在风景里
城铁8号线
现浇剪力墙
宽带网入户
24小时热水
技术咨询:65577000/8000/9000

久居无限
JIU JU.WUXIAN
高效率住宅
以前
电视机因无法消除边缘的黑线，
导致画面的残缺，
"天外天"
使我们看到完整的画面。
以前
因住宅的采暖和制冷导致空间不完整
久居无限
带来了完整空间时代
画面不容残缺
空间不容缺陷
一梯两户 6－9层板式带东芝电梯
全落地弧形生活阳台
尖端科技地温冷暖中央空调
东方园林景观设计 家在风景里
城铁8号线
现浇剪力墙
宽带网入户
24小时热水
技术咨询:65577000/8000/9000
CBD
接待中心：北京朝阳区四惠桥14路总站东侧
置业网站：http www.bjweb.net
开发商：北京雅伯房地产开发有限公司

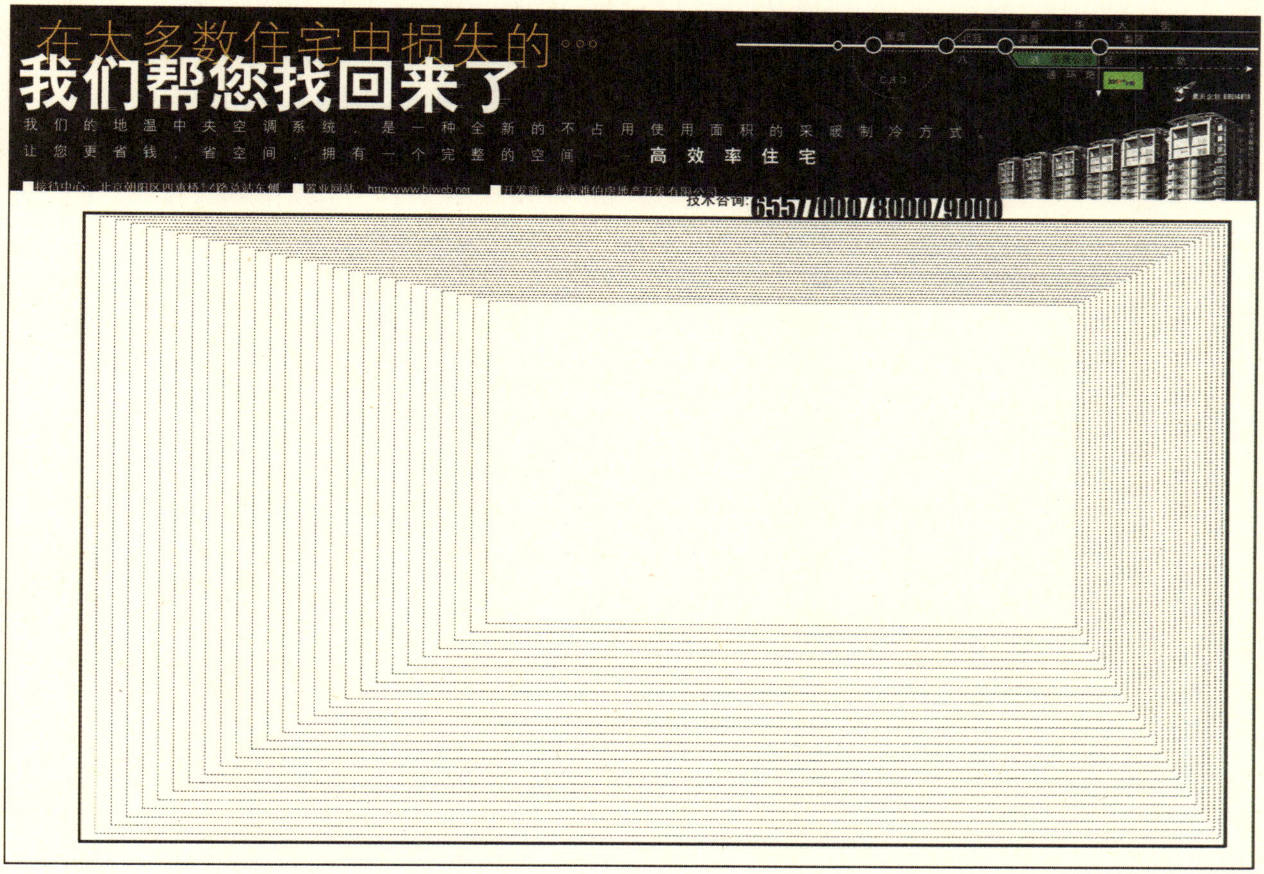

华北
North China

Company name **公司名称：** 北京红石坊广告	Company name **公司名称：** 北京昊天时代广告
Floor name **楼盘名称：** 阶层联盟	Floor name **楼盘名称：** 久居无限
Art director general **创作总监：** 吕成剑	Art director general **创作总监：** 张天舒 / 唐昭
Art director **美术指导：** 马越	Art director **美术指导：** 孙崇磊
Copy writer **文案：** 王昊	Copy writer **文案：** 谭斌锋

14.4m宽的HOUSE 户内适合植物
卡尔生活馆
亦庄·水岸·TOWNHOUSE二代
CREATIVE IN ARC
•超面宽HOUSE
SUPER WIDE HOUSE/面宽
建筑南向面宽为8.4m-14.4
度，内部空间直接采光；
私家花园面积随之增加，
外活动空间。

14.4m宽的HOUSE 户内更像户外
卡尔生活馆
亦庄·水岸·TOWNHOUSE二代
GROUP OF WOR
Architective design by
建筑设计团体--德国W
Garden plan by SWA
园林规划团体--美国S
BANK 水岸
开发区引资重要形象

E 现代建筑的突破与创新

•景观尺度HOUSE

CROSS HOUSE/四个花园的House

创造性的全景嵌入式花园，突破了前庭后院式的花园模式；室内每一主要功能空间，均有两个花园方向的采光面；二层建筑，减少建筑内的垂直交通面积。

•内庭空间HOUSE

SKYLIGHT HOUSE/将第三个花园收藏入室

全明空间设计，采用内景式花园，创造新的生活空间，运用挑空，采光井等技术，赋予更多兼具使用价值的内部艺术空间。

TODAY'S BDA 今日亦庄

International 现代化国际大都会示范区

以33家全球500强企业为核心的环保高新企业

Green 绿色的亦庄

保护性开发 全区绿化率达46% 以低层建筑为主

容积率控制于0.8以下 空气质量优于城内达2个等级

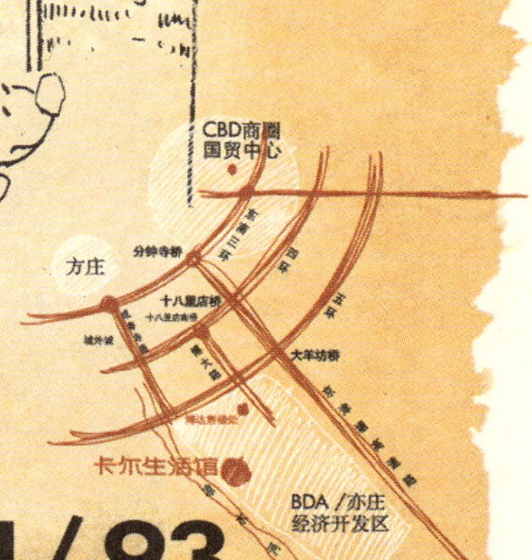

设集体

造凉水河示

范河段 河水清澈 美丽怡人 被誉为"自科布伦茨到法兰克福的莱茵河"

投 资 商：亿城地产 鹏悦地产

建筑设计：德国WSP

园林规划：美国SWA集团

代 理 商：金网络置业/金网络经纪

全程推广：红鹤广告 65901474

本广告最终解释权归发展商

67886291/93

售楼处 亦庄·博达国际交流中心

4个花园的HOUSE
升值可能很大。
4个花园比
2个花园多了
2个花园
4个花园的HOUSE
更加住着舒服
4个花园的
HOUSE在北京
还没有吧
4个花园的HOUSE
卡尔生活馆
亦庄·水岸 TOWNHOUSE二代
卡尔热线：(8610) 67886291/93
开发商：北京阳光四季花园房地产开发有限公司
投资商：北京晨谷地产 北京亿城房地产开发有限公司
售楼处：亦庄·博达国际交流中心
代理商：金网络置业/金网络经纪
建筑设计：德国WSP
园林规划：美国SWA集团

一个冒险主义者对他的4个花园的4个梦想
4个花园的HOUSE
亦庄·水岸·TOWNHOUSE二代
卡尔生活馆
TEL:67886291/93
售楼处:亦庄·博达国际交流中心

4个花园的HOUSE
卡尔生活馆
亦庄·水岸·TOWNHOUSE二代
TOWNHOUSE二代
三大作品:
景观尺度HOUSE
CROSS HOUSE
内庭空间HOUSE
SKYLIGHT HOUSE
超面宽HOUSE
SUPER WIDE HOUSE
KARL HOTLINE
67886291/93
售楼处 亦庄·博达国际交流中心
一个浪漫主义者对他的四个花园的四个梦想

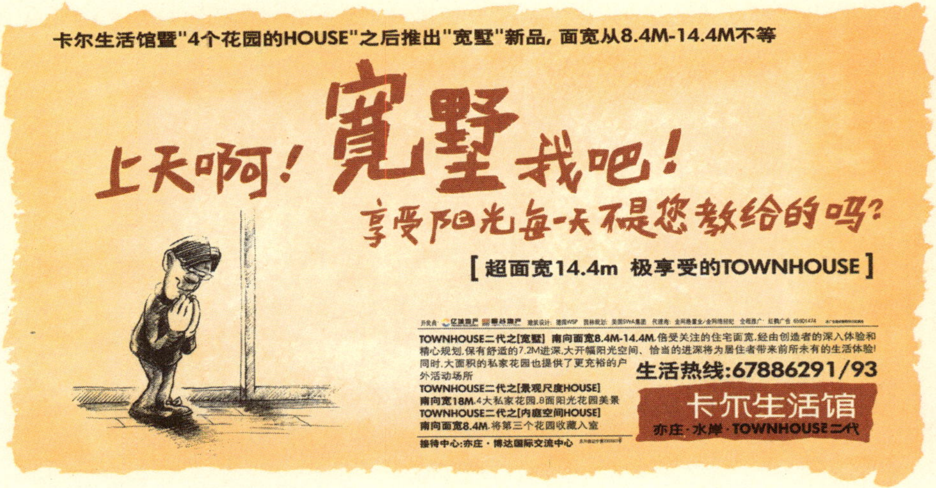

卡尔生活馆暨"4个花园的HOUSE"之后推出"宽墅"新品，面宽从8.4M-14.4M不等
上天啊！宽墅我吧！
享受阳光每一天不是您教给的吗?
[超面宽14.4m 极享受的TOWNHOUSE]
TOWNHOUSE二代之[宽墅] 南向面宽8.4M-14.4M.倍受关注的住宅面宽，经由创造者的深入体验和精心规划，保有舒适的7.2M进深，大开幅阳光空间、恰当的进深将为居住者带来前所未有的生活体验！同时，大面积的私家花园也提供了更充裕的户外活动场所
TOWNHOUSE二代之[景观尺度HOUSE]
南向宽18M.4大私家花园，8面阳光花园美景
TOWNHOUSE二代之[内庭空间HOUSE]
南向面宽8.4M.将第三个花园收藏入室
接待中心:亦庄·博达国际交流中心
生活热线:67886291/93
卡尔生活馆
亦庄·水岸·TOWNHOUSE二代

老婆啊！

与新宽形影不离的丈夫
超面宽8.4-14.4米，与爱人和爱车也可共饮！
生活热线:67886291/93
卡尔生活馆
亦庄·水岸·TOWNHOUSE二代

热衷当护花使者的老公
赠送超宽大面积私家花园，可赏护花。
生活热线:67886291/93
卡尔生活馆
亦庄·水岸·TOWNHOUSE二代

卡尔生活馆样板街区开放！
不知马克思和燕妮散步的时候是不是也在水边呢?
这么大的花园 我要种满金合欢花.
中央观景水系 / 全新精装样板间 / 超大阳光花园 / 观景小品

我吧！
备了盛装阳光的礼品盒。
面宽14.4m 极享受的TOWNHOUSE]
生活热线:67886291/93
卡尔生活馆
亦庄·水岸·TOWNHOUSE二代

宽的House啊！宽墅我吧！
因为我太喜欢宽了。
[超面宽14.4m 极享受的TOWNHOUSE]
生活热线:67886291/93
卡尔生活馆
亦庄·水岸·TOWNHOUSE二代
接待中心:亦庄·博达国际交流中心

热衷在地下搞七搞八的爱人
赠送大面积的采光地下室,爱好更丰富!
生活热线:67886291/93
卡尔生活馆
亦庄·水岸·TOWNHOUSE二代

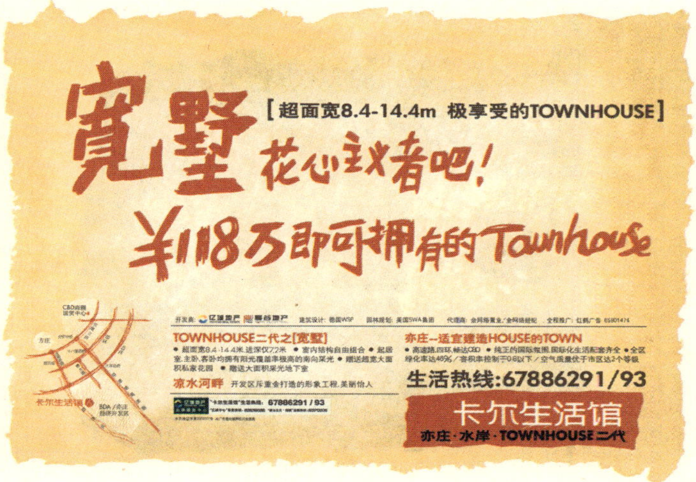

宽墅
[超面宽8.4-14.4m 极享受的TOWNHOUSE]
花心试着吧！
¥118万即可拥有的Townhouse
TOWNHOUSE二代之[宽墅]
亦庄--适宜建造HOUSE的TOWN
凉水河畔
生活热线:67886291/93
卡尔生活馆
亦庄·水岸·TOWNHOUSE二代

生活观》演绎TOWNHOUSE文化月！
CBD商圈
国贸中心
方庄
卡尔生活馆
BDA/亦庄
经济开发区
如果中了大奖
就可以去德国
品尝当地的
要塔啤酒了。
卡尔生活馆
亦庄·水岸·TOWNHOUSE二代
现场热线:67886291/93
现眼前！激情活动、精彩大奖别错过！

•高音走调的帕瓦罗蒂
做二层私人俱乐部的明星
[超面宽8.4m 短进深7.2m 方正通透]
极有魅力的TOWNHOUSE
8.4×7.2米的魔方
The Life Possibilities
•绿植遍地，如热带雨林般的花园和客厅
做自然的酋长
•把地下室变为海底世界
卡尔生活馆
亦庄·水岸·TOWNHOUSE二代
•[宽墅]A户型之关键词
总价¥118万元起/地面三层,地下一层/超面宽8.4米,短进深7.2米/阳光通透/结构自由/赠送超宽大面积私家花园/赠送大面积采光地下室
•亦庄+HOUSE=TOWNHOUSE
•河畔的TOWNHOUSE
销售中心迁至楼盘现场
生活热线:67886291/93

¥118万可以
拥有什么?

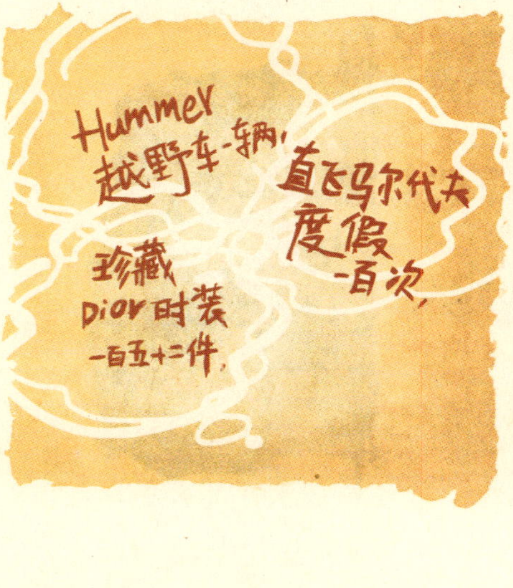

Hummer
越野车一辆,
直飞马尔代夫
度假
一百次,
珍藏
Dior时装
一百五十二件,

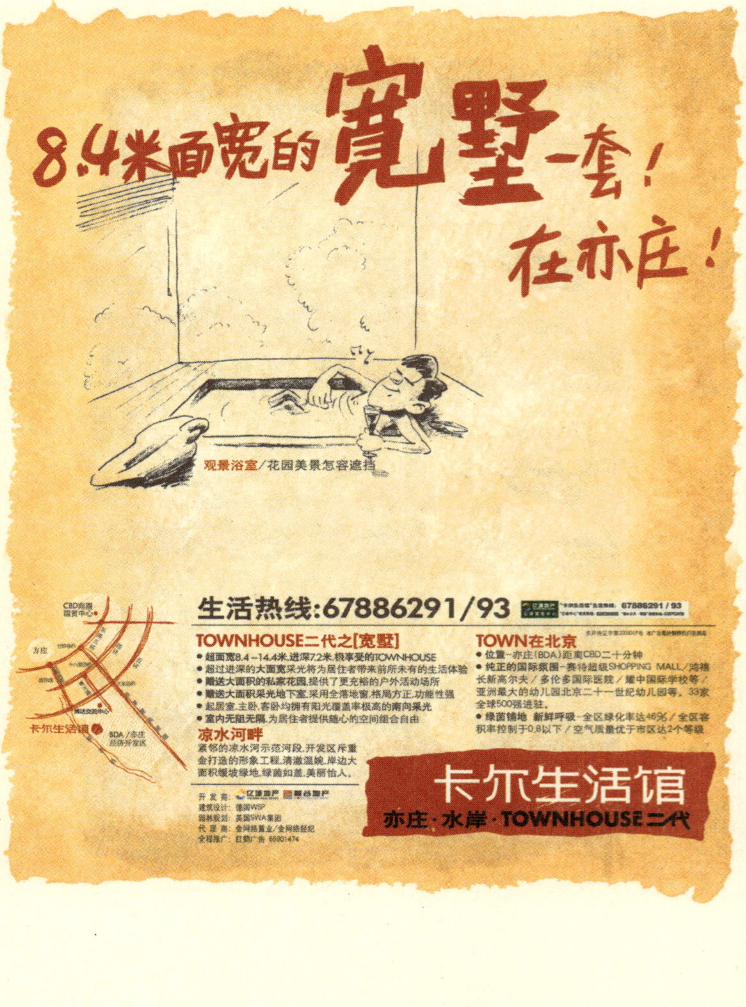

8.4米面宽的宽墅一套!
在亦庄!
观景浴室/花园美景怎容遮挡
生活热线:67886291/93
TOWNHOUSE二代之[宽墅]
• 超面宽8.4-14.4米,进深7.2米,极享受的TOWNHOUSE
• 超过进深的大面宽采光将为居住者带来前所未有的生活体验
• 赠送大面积的私家花园,提供了更充裕的户外活动场所
• 赠送大面积采光地下室,采用全落地窗,格局方正,功能性强
• 起居室,主卧,客卧均拥有阳光覆盖率极高的南向采光
• 室内无阻无隔,为居住者提供随心的空间组合自由
凉水河畔
紧邻的凉水河示范河段,开发区斥重金打造的形象工程,清澈温婉,岸边大面积缓坡绿地,绿茵如盖,美丽怡人。
TOWN在北京
• 位置-亦庄(BDA)距离CBD二十分钟
• 纯正的国际氛围-赛特超级SHOPPING MALL/鸿禧长新高尔夫/多伦多国际医院/耀中国际学校等/亚洲最大的幼儿园北京二十一世纪幼儿园等。33家全球500强进驻。
• 绿茵铺地 新鲜呼吸-全区绿化率达46%/全区容积率控制于0.8以下/空气质量优于市区达2个等级
开发商:
建筑设计:德国WSP
园林规划:美国SWA集团
代理商:金网络置业/金网络经纪
全程推广:红鹤广告 65901474
卡尔生活馆
亦庄·水岸·TOWNHOUSE二代

華|北
North China

Company name
公司名称：
北京红鹤广告
Floor name
楼盘名称：
卡尔生活馆

甲胄，传奇的开始
单肩甲胄，
在尊重智慧与勇气的时代
是荣誉的象征
2003年，科技主宰生活
您
仍在创造与征服中实现梦想
明天
学院国际将极为震撼地出现在您面前
成就梦想的甲胄级建筑
为追求完美的客户们
提供非比寻常的商务空间
梦想
学院国际
创造与征服
开发商：北京鸿威房地产投资有限公司
本广告最终解释权归开发商所有
TEL:800-810-1598

当武器变成了各种尖端科技　征服成为了脑力的较量　学院国际
就理所当然地成为　这些在现实世界中　开疆拓土的先锋们　神往的基地
征服 学院国际
甲胄级建筑
投资商：北京玉亭房地产开发有限公司
开发商：北京鸿威房地产开发有限公司
全案代理：北京鹏宇房地产经纪有限公司
全案推广：北京昊天时代广告有限公司
本广告最终解释权归开发商所有
TEL:800-810-1598 VIP:82319081/82

Company name
公司名称：
北京昊天时代广告

Floor name
楼盘名称：
学院国际大厦

Art director general
创作总监：
张天舒 / 唐昭

Art director
美术指导：
唐昭

Copy writer
文案：
卫玮

Company name
公司名称：
深圳博思堂广告

Floor name
楼盘名称：
美景天城

Art director
美术指导：
吴雨哲

Copy writer
文案：
余雪华

未来观。
有人选择可持续的利润空间
有人选择可持续的生活方式
不同的未来观，不同的生活
美景天城 ExoticCity
郑州人居形象大使
咨询热线：6838888 6839999 6836666
规划设计：深圳市方佳建筑设计有限公司　环境设计：深圳市华侨城天华建筑设计有限公司
园林景观：深圳市北林地景园林工程有限公司　施工设计：河南华博建筑设计有限公司
营销策划：深圳市星彦地产顾问有限公司　整合推广：深圳市博思堂广告有限公司
项目地址：107国道与石化路交界处
河南启元置业有限公司
HENAN QIYUAN REALESTATE LTD.
郑东新区
二七商圈

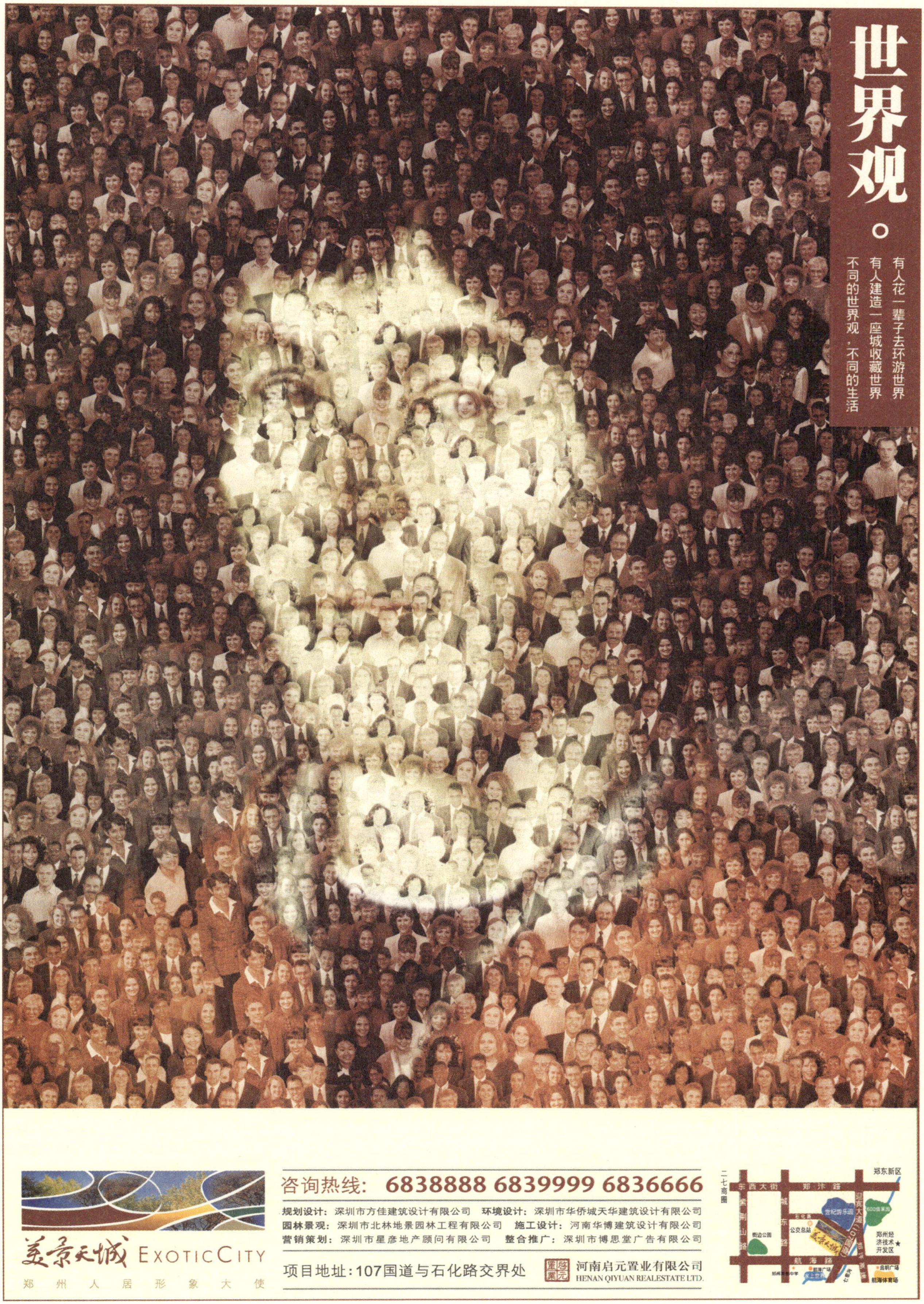
世界观。
有人花一辈子去环游世界
有人建造一座城收藏世界
不同的世界观，不同的生活
美景天城 EXOTIC CITY
郑州人居形象大使
咨询热线：6838888 6839999 6836666
规划设计：深圳市方佳建筑设计有限公司 环境设计：深圳市华侨城天华建筑设计有限公司
园林景观：深圳市北林地景园林工程有限公司 施工设计：河南华博建筑设计有限公司
营销策划：深圳市星彦地产顾问有限公司 整合推广：深圳市博思堂广告有限公司
项目地址：107国道与石化路交界处
河南启元置业有限公司
HENAN QIYUAN REALESTATE LTD.
二七商圈
郑东新区
东西大街
郑汴路
迎宾大道
世纪游乐园
600亩果园
石化路
公交总站
街边公园
郑州经济技术开发区
航海路
航海广场
启明广场
航海体育场

人生观。
有人享受人生的无限精彩
有人让别人的人生更精彩
不同的人生观，不同的生活
美景天城 ExoticCity
郑州人居形象大使
咨询热线：6838888 6839999 6836666
规划设计：深圳市方佳建筑设计有限公司　环境设计：深圳市华侨城天华建筑设计有限公司
园林景观：深圳市北林地景园林工程有限公司　施工设计：河南华博建筑设计有限公司
营销策划：深圳市星彦地产顾问有限公司　整合推广：深圳市博思堂广告有限公司
项目地址：107国道与石化路交界处
河南启元置业有限公司
HENAN QIYUAN REALESTATE LTD.
郑东新区
二七商圈
东西大街
郑汴路
紫荆山路
城东路
迎宾大道
世纪游乐园
公交总站
郑州经济技术开发区
航海路

城市观。
有人依恋城市中心的繁华
有人抉择城市繁华的方向
不同的城市观，不同的生活
美景天城 EXOTICCITY
郑州人居形象大使
咨询热线：6838888 6839999 6836666
规划设计：深圳市方佳建筑设计有限公司 环境设计：深圳市华侨城天华建筑设计有限公司
园林景观：深圳市北林地景园林工程有限公司 施工设计：河南华博建筑设计有限公司
营销策划：深圳市星彦地产顾问有限公司 整合推广：深圳市博思堂广告有限公司
项目地址：107国道与石化路交界处
河南启元置业有限公司
HENAN QIYUAN REALESTATE LTD.

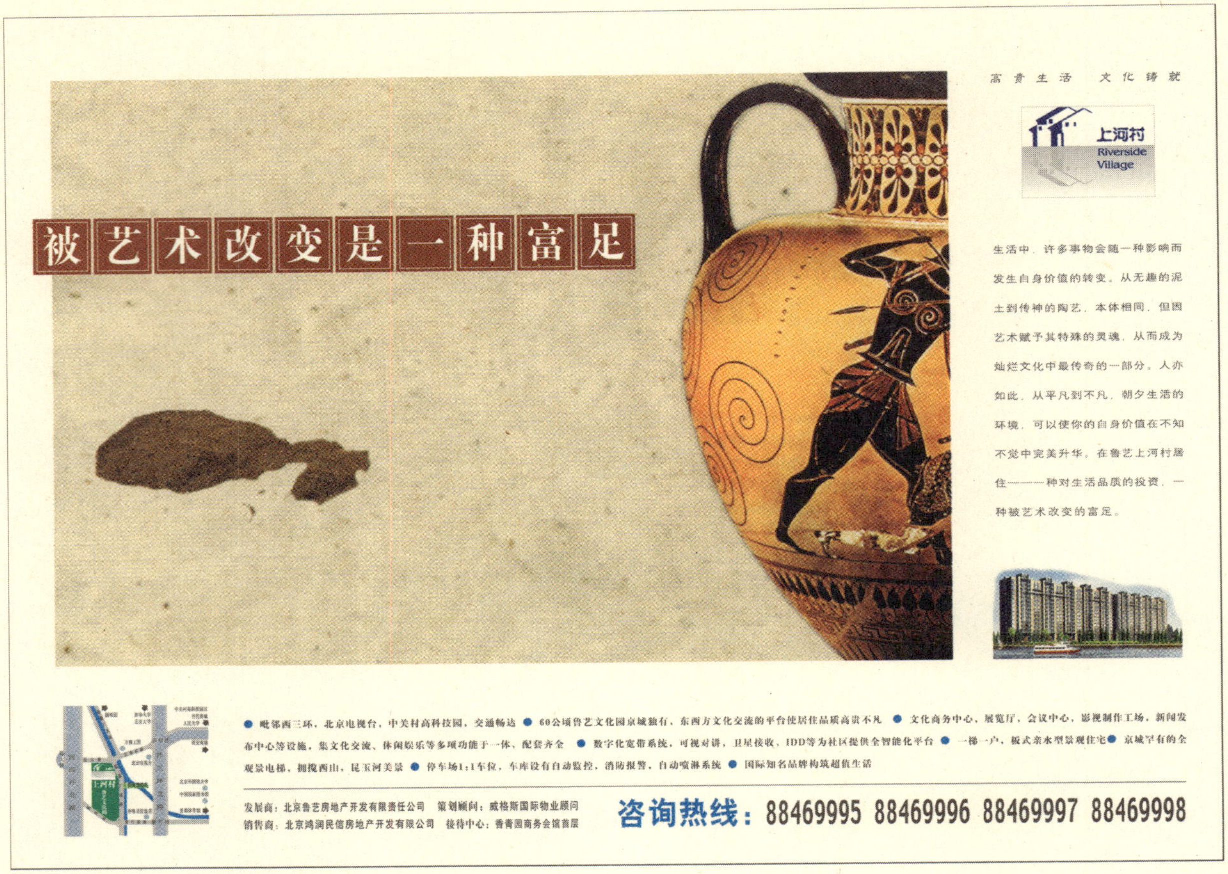
高贵生活　文化铸就
上河村
Riverside Village
被艺术改变是一种富足
生活中，许多事物会随一种影响而发生自身价值的转变。从无趣的泥土到传神的陶艺，本体相同，但因艺术赋予其特殊的灵魂，从而成为灿烂文化中最传奇的一部分。人亦如此，从平凡到不凡，朝夕生活的环境，可以使你的自身价值在不知不觉中完美升华。在鲁艺上河村居住——一种对生活品质的投资，一种被艺术改变的富足。
● 毗邻西三环，北京电视台，中关村高科技园，交通畅达 ● 60公顷鲁艺文化园京城独有，东西方文化交流的平台使居住品质高贵不凡 ● 文化商务中心，展览厅，会议中心，影视制作工场，新闻发布中心等设施，集文化交流、休闲娱乐等多项功能于一体，配套齐全 ● 数字化宽带系统，可视对讲，卫星接收，IDD等为社区提供全智能化平台 ● 一梯一户，板式亲水型景观住宅 ● 京城罕有的全观景电梯，拥揽西山，昆玉河美景 ● 停车场1:1车位，车库设有自动监控，消防报警，自动喷淋系统 ● 国际知名品牌构筑超值生活
发展商：北京鲁艺房地产开发有限责任公司　策划顾问：威格斯国际物业顾问
销售商：北京鸿润民信房地产开发有限公司　接待中心：香青园商务会馆首层
咨询热线：88469995 88469996 88469997 88469998

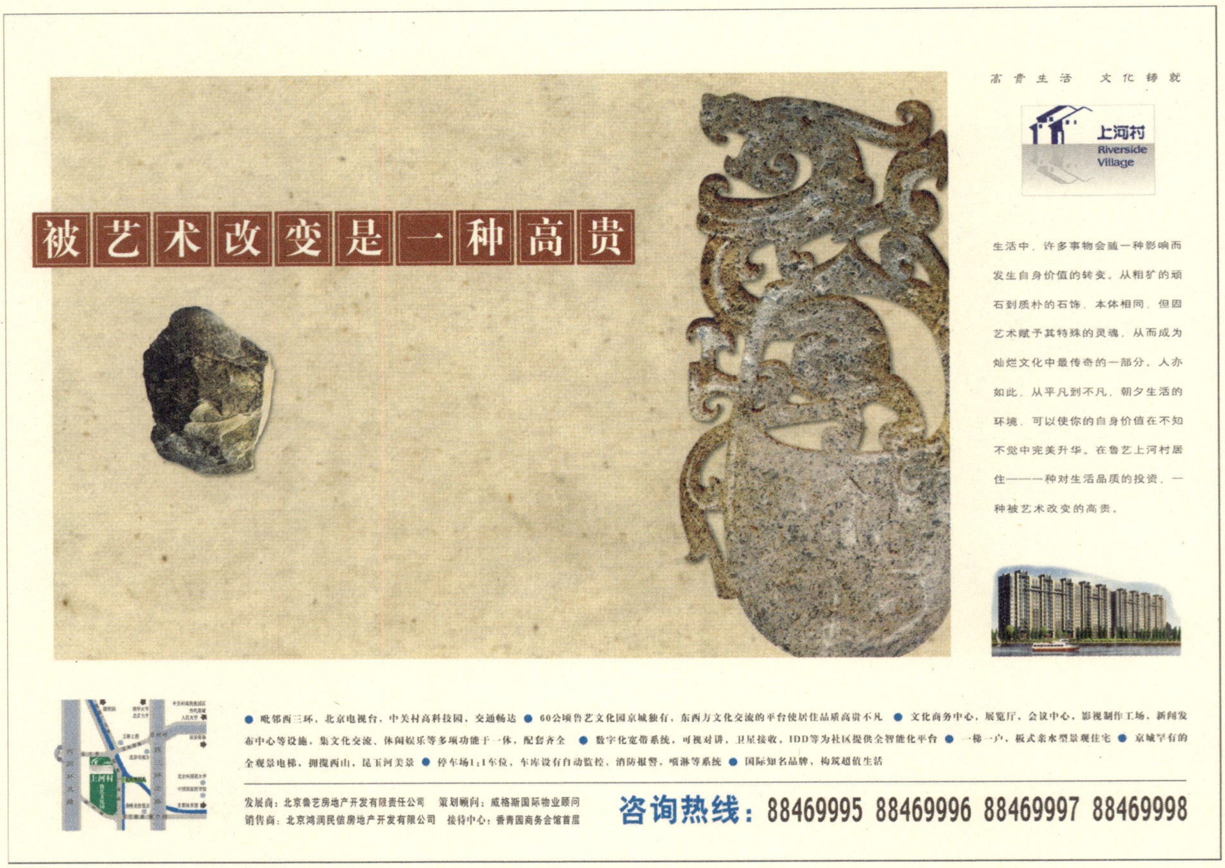
高贵生活　文化铸就
上河村
Riverside Village
被艺术改变是一种高贵
生活中，许多事物会随一种影响而发生自身价值的转变。从粗犷的顽石到质朴的石饰，本体相同，但因艺术赋予其特殊的灵魂，从而成为灿烂文化中最传奇的一部分。人亦如此，从平凡到不凡，朝夕生活的环境，可以使你的自身价值在不知不觉中完美升华。在鲁艺上河村居住——一种对生活品质的投资，一种被艺术改变的高贵。
● 毗邻西三环，北京电视台，中关村高科技园，交通畅达 ● 60公顷鲁艺文化园京城独有，东西方文化交流的平台使居住品质高贵不凡 ● 文化商务中心，展览厅，会议中心，影视制作工场，新闻发布中心等设施，集文化交流、休闲娱乐等多项功能于一体，配套齐全 ● 数字化宽带系统，可视对讲，卫星接收，IDD等为社区提供全智能化平台 ● 一梯一户，板式亲水型景观住宅 ● 京城罕有的全观景电梯，拥揽西山，昆玉河美景 ● 停车场1:1车位，车库设有自动监控，消防报警，喷淋等系统 ● 国际知名品牌，构筑超值生活
发展商：北京鲁艺房地产开发有限责任公司　策划顾问：威格斯国际物业顾问
销售商：北京鸿润民信房地产开发有限公司　接待中心：香青园商务会馆首层
咨询热线：88469995 88469996 88469997 88469998

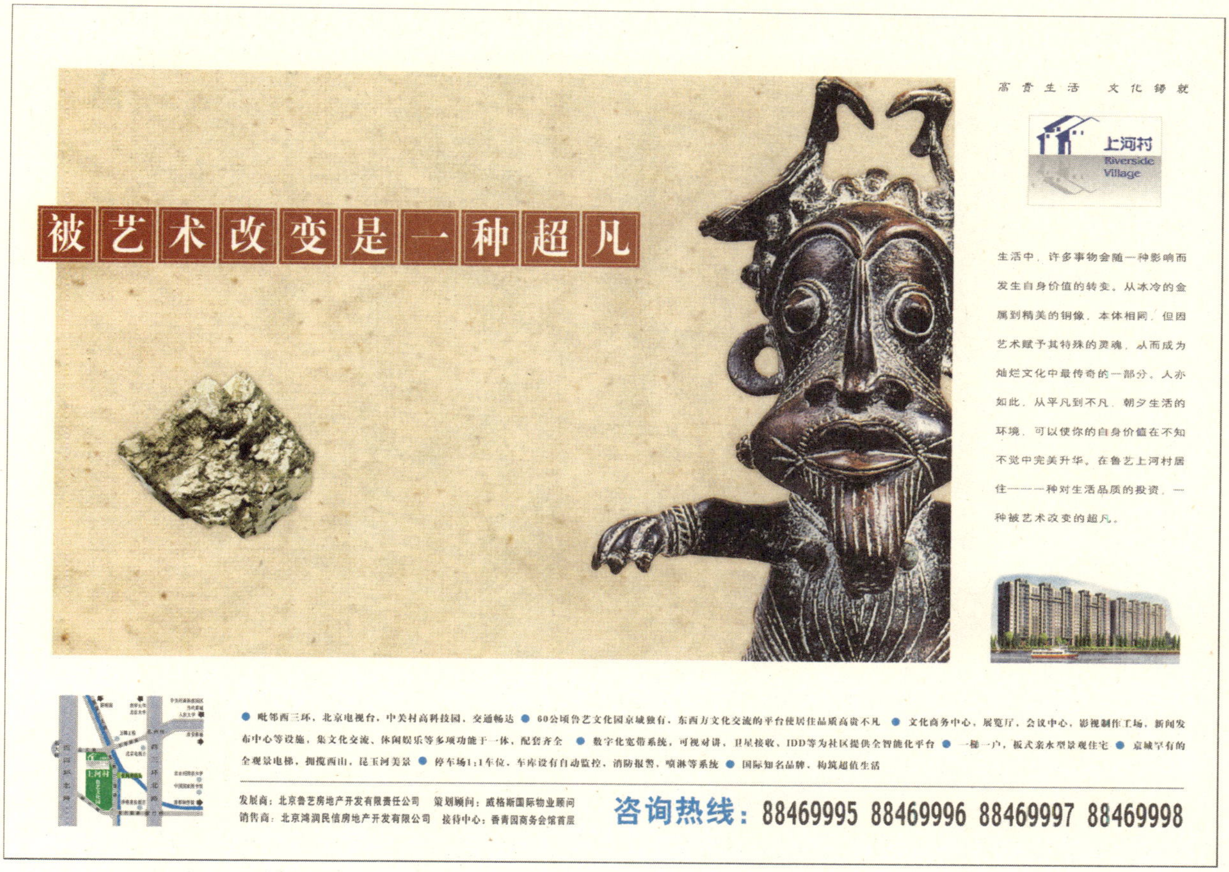
被艺术改变是一种超凡
高贵生活　文化铸就
上河村
Riverside Village
生活中，许多事物会随一种影响而发生自身价值的转变。从冰冷的金属到精美的铜像，本体相同，但因艺术赋予其特殊的灵魂，从而成为灿烂文化中最传奇的一部分。人亦如此，从平凡到不凡，朝夕生活的环境，可以使你的自身价值在不知不觉中完美升华。在鲁艺上河村居住——一种对生活品质的投资，一种被艺术改变的超凡。
● 毗邻西三环，北京电视台，中关村高科技园，交通畅达 ● 60公顷鲁艺文化园京城独有，东西方文化交流的平台使居住品质高贵不凡 ● 文化商务中心，展览厅，会议中心，影视制作工场，新闻发布中心等设施，集文化交流、休闲娱乐等多项功能于一体，配套齐全 ● 数字化宽带系统，可视对讲，卫星接收，IDD等为社区提供全智能化平台 ● 一梯一户，板式亲水型景观住宅 ● 京城罕有的全观景电梯，揽西山，昆玉河美景 ● 停车场1:1车位，车库设有自动监控，消防报警，喷淋等系统 ● 国际知名品牌，构筑超值生活
发展商：北京鲁艺房地产开发有限责任公司　策划顾问：威格斯国际物业顾问
销售商：北京鸿润民信房地产开发有限公司　接待中心：香青园商务会馆首层
咨询热线：88469995 88469996 88469997 88469998

被艺术改变是一种幸福
高贵生活　文化铸就
上河村
Riverside Village
生活中，许多事物会随一种影响而发生自身价值的转变。从呆板的段木到灵韵的木雕，本体相同，但因艺术赋予其特殊的灵魂，从而成为灿烂文化中最传奇的一部分。人亦如此，从平凡到不凡，朝夕生活的环境，可以使你的自身价值在不知不觉中完美升华。在鲁艺上河村居住——一种对生活品质的投资，一种被艺术改变的幸福。
● 毗邻西三环，北京电视台，中关村高科技园，交通畅达 ● 60公顷鲁艺文化园京城独有，东西方文化交流的平台使居住品质高贵不凡 ● 文化商务中心，展览厅，会议中心，影视制作工场，新闻发布中心等设施，集文化交流、休闲娱乐等多项功能于一体，配套齐全 ● 数字化宽带系统，可视对讲，卫星接收，IDD等为社区提供全智能化平台 ● 一梯一户，板式亲水型景观住宅 ● 京城罕有的全观景电梯，揽西山，昆玉河美景 ● 停车场1:1车位，车库设有自动监控，消防报警，喷淋等系统 ● 国际知名品牌，构筑超值生活
发展商：北京鲁艺房地产开发有限责任公司　策划顾问：威格斯国际物业顾问
销售商：北京鸿润民信房地产开发有限公司　接待中心：香青园商务会馆首层
咨询热线：88469995 88469996 88469997 88469998

梅江南万科®水晶城
享受生活的欧洲小城
NATURALNESS OUTPOURING
层层露台，
健康与欢笑常伴！
我喜欢一切公共空间开敞化。
喜欢层层退台，
楼间距开阔。
喜欢坐在自己的星光露台里俯瞰世界，
心胸开阔得连楼下的那棵原生大树也能完全装进来。
我喜欢多层空间，喜欢露台生活，
一如现在，
在此领受时间的馈赠，
一切都很自然。
情景花园洋房/TwonHouse联院别墅/多层院景公寓
地处市府2003年重点开发的高尚生态居住区——友谊南路梅江南 自然组团 占地近670亩，面积约40万平方米的超大规模，9大组团自然排布 万科最新专利产品情景花园洋房、Town House联院别墅及创新院景公寓借鉴欧洲小城风格神韵，外观色调素雅、稳重，层次丰富，材料的质感极强 自然空间 内部空间布局更为新颖，尺度更加合理 自然人文 丰富的欧洲小城意象和浓厚的历史感、文化感 数百株数十年生长的高达15米的原生大树，形成独特的社区景观
VIP专线：88230016 88231888
整合推广：深圳尚美佳
VANKE万科®
建筑无限生活

華北
North China

Company name	Company name
公司名称：北京红石坊广告	公司名称：深圳尚美佳广告
Floor name	Floor name
楼盘名称：上河村	楼盘名称：水晶城
Art director general	Art director general
创作总监：吕成剑	创作总监：夏劲松
Art director	Art director
美术指导：王戎	美术指导：朱江
Copy writer	Copy writer
文案 龚宇明	文案：余媛梅

VIP专线：88230016 88231888
情景花园洋房/TwonHouse联院别墅/多层院景公寓
VANKE万科地产
整合推广 深圳尚美佳
万科水晶城，一切都很自然□
地处市府2003年重点开发的高尚生态居住区——友谊南路梅江南 • 占地近670亩 建筑面积约40万平方米 包括9个组团 规模宏大 • 万科最新专利产品
情景花园洋房 Town House联院别墅及创新院景公寓借鉴欧洲小城风格神韵 外观色调素雅 稳重 层次丰富 材料的质感极强 • 内部空间布局更为新
颖 尺度更加合理 • 丰富的欧洲小城意象和浓厚的历史感 文化感 • 数百株数十年生长的高达15米的原生大树 形成独特的社区景观
梅江南万科水晶城
享受生活的欧洲小城
水晶城
洋房之上的上层生活
一层
二层
阳光双叠
（跃层）
独特的独层豪华行政级套房主卧
坡屋顶设计，更多空间享受 ■ 特别的采光天窗、星光浴室、霞光化妆室 ■ 6米高垂直共享空间，高大落地窗 ■ 8.1米开间阳光客厅、餐厅 ■ 两个面南主卧，三个风格观景露台
四房三厅双卫三露台
建筑面积：186.67 m²
公寓价格 VS 别墅享受

梅江南 万科 水晶城
洋房之上的上层生活
Naturalness outpouring
阳光双叠
（跃层）
独特的独层豪华行政级套房主卧
四房三厅双卫三露台
建筑面积：186.67m²
公寓价格VS别墅享受
万科水晶城，一切都很自然
VIP专线：88230016 88231888 情景花园洋房/TwonHouse联院别墅/多层院景公寓
VANKE万科地产

梅江南 万科 水晶城
洋房之上的上层生活
Naturalness outpouring
阳光双叠
（跃层）
独特的独层豪华行政级套房主卧
四房三厅双卫三露台
建筑面积：186.67m²
公寓价格VS别墅享受
万科水晶城，一切都很自然
VIP专线：88230016 88231888 情景花园洋房/TwonHouse联院别墅/多层院景公寓
VANKE万科地产

梅江南万科®水晶城
享受生活的欧洲小城
洋房之上的上层生活
位于情景花园洋房之上的豪华跃层，带来别墅品质的上层生活
Naturalness outpouring
阳光双叠
（跃层）
独特的独层豪华行政级套房主卧
□坡屋顶设计，更多空间享受
□特别的采光天窗、星光浴室、霞光化妆室
□6米高垂直共享空间，高大落地窗
□8.1米开间阳光客厅、餐厅
□两个面南主卧，三个风格观景露台
四房三厅双卫三露台
建筑面积：186.67m²
公寓价格VS别墅享受
一层
二层
万科水晶城，一切都很自然
地处市府2003年重点开发的高尚生态居住区——友谊南路梅江南 □ 占地近670亩，建筑面积约40万平方米，包括9个组团，规模宏大 □ 万科最新专利产品情景花园洋房、Town House联院别墅及创新院景公寓借鉴欧洲小城风格神韵，外观色调素雅、稳重，层次丰富，材料的质感极强 □ 内部空间布局更为新颖，尺度更加合理 □ 丰富的欧洲小城意象和浓厚的历史感、文化感 □ 数百株数十年生长的高达15米的原生大树，形成独特的社区景观
梅江
珠江道
水晶城
VIP专线：88230016 88231888 情景花园洋房/TwonHouse联院别墅/多层院景公寓
整合推广：深圳尚美佳
VANKE万科地产

梅江南万科®水晶城
享受生活的欧洲小城
洋房之上的上层生活
位于情景花园洋房之上的豪华跃层，带来别墅品质的上层生活
Naturalness outpouring
阳光双叠
（跃层）
独特的独层豪华行政级套房主卧
□坡屋顶设计，更多空间享受
□特别的采光天窗、星光浴室、霞光化妆室
□6米高垂直共享空间，高大落地窗
□8.1米开间阳光客厅、餐厅
□两个面南主卧，三个风格观景露台
四房三厅双卫三露台
建筑面积：186.67m²
公寓价格VS别墅享受
一层
二层
万科水晶城，一切都很自然
地处市府2003年重点开发的高尚生态居住区——友谊南路梅江南 □ 占地近670亩，建筑面积约40万平方米，包括9个组团，规模宏大 □ 万科最新专利产品情景花园洋房、Town House联院别墅及创新院景公寓借鉴欧洲小城风格神韵，外观色调素雅、稳重，层次丰富，材料的质感极强 □ 内部空间布局更为新颖，尺度更加合理 □ 丰富的欧洲小城意象和浓厚的历史感、文化感 □ 数百株数十年生长的高达15米的原生大树形成独特的社区景观
水晶城
VIP专线：88230016 88231888 情景花园洋房/TwonHouse联院别墅/多层院景公寓
整合推广：深圳尚美佳
VANKE万科地产

梅江南万科®水晶城
9月6日自然趣约新组团情景花园洋房全新上市
一切都很自然
Naturalness outpouring
喜欢时尚与现代建筑艺术的完美组合，
造就了欧洲小城卓绝的建筑品质。
赋予我们浪漫温情的情景房，
湛蓝诗意的星光露台，
以及如乐符般飘逸的邻里笑声
在此感受时间的馈赠，
一切都很自然。
VIP专线：88230016 88231888
VANKE万科
建筑无限生活

梅江南万科®水晶城
9月6日自然趣约新组团情景花园洋房全新上市
一切都很自然
Naturalness outpouring
喜欢躺在包法利夫人的窗帘下做着白日梦，
喜欢歌德的鹅毛笔和厢式马车，
喜欢在米兰昆德拉的街头艳遇
在此感受时间的馈赠，
一切都很自然。
VIP专线：88230016 88231888
VANKE万科
建筑无限生活

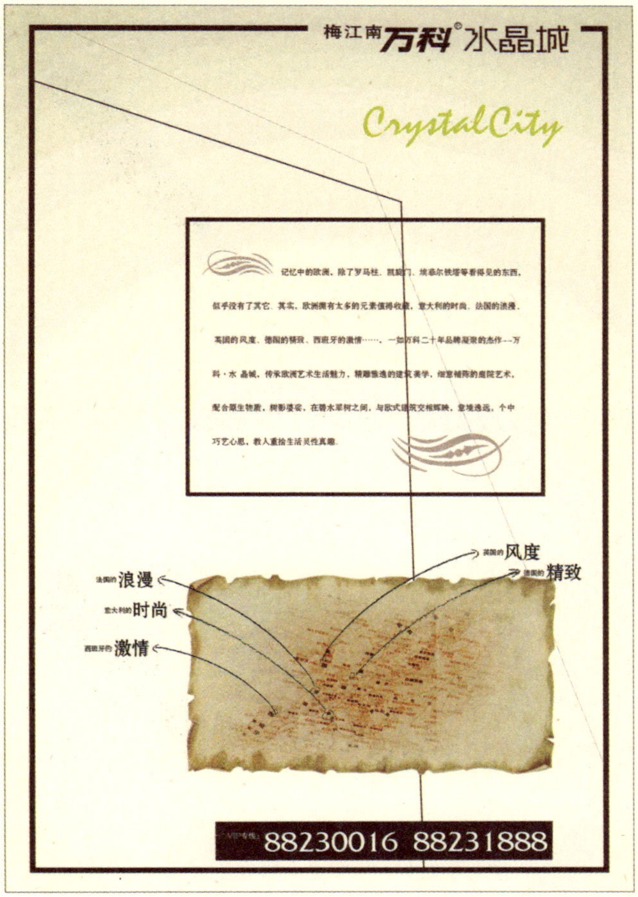

梅江南万科®水晶城
CrystalCity
记忆中的欧洲，除了罗马柱、凯旋门、埃菲尔铁塔等看得见的东西，似乎没有了其它。其实，欧洲拥有太多的元素值得收藏，意大利的时尚、法国的浪漫、英国的风度、德国的精致、西班牙的激情……，一如万科二十年品牌凝聚的杰作——万科·水晶城，传承欧洲艺术生活魅力，精雕雅逸的建筑美学，细意铺陈的庭院艺术，配合原生物质，树影婆娑，在碧水翠树之间，与欧式建筑交相辉映，意境逸远，个中巧艺心思，教人重拾生活灵性真趣。
法国的浪漫
意大利的时尚
西班牙的激情
英国的风度
德国的精致
VIP专线 88230016 88231888

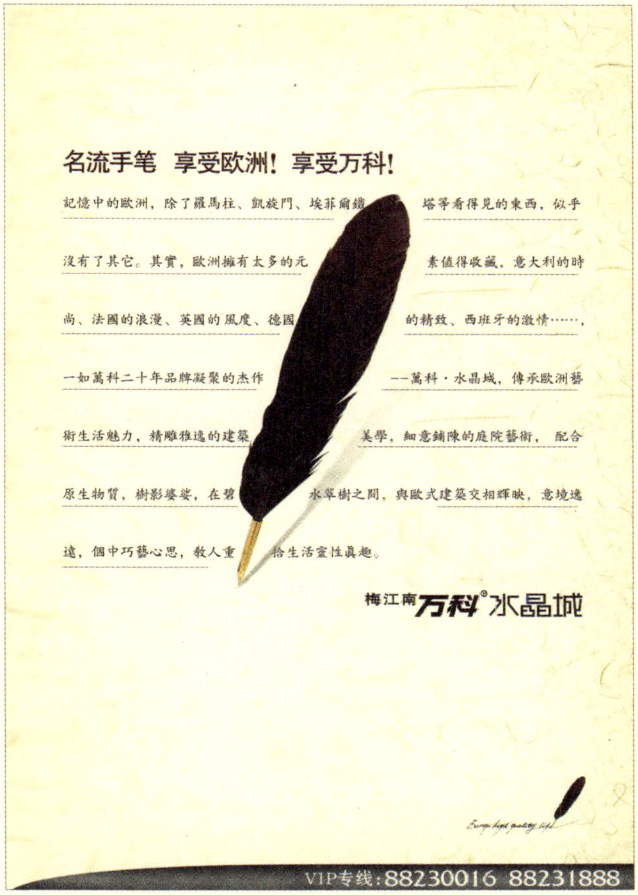

名流手笔 享受欧洲！享受万科！
記憶中的歐洲，除了羅馬柱、凱旋門、埃菲爾鐵塔等看得見的東西，似乎沒有了其它。其實，歐洲擁有太多的元素值得收藏，意大利的時尚、法國的浪漫、英國的風度、德國的精致、西班牙的激情……，一如萬科二十年品牌凝聚的杰作——萬科·水晶城，傳承歐洲藝術生活魅力，精雕雅逸的建築美學，細意鋪陳的庭院藝術，配合原生物質，樹影婆娑，在碧水翠樹之間，與歐式建築交相輝映，意境逍遠，個中巧藝心思，教人重拾生活靈性真趣。
梅江南万科®水晶城
VIP专线:88230016 88231888

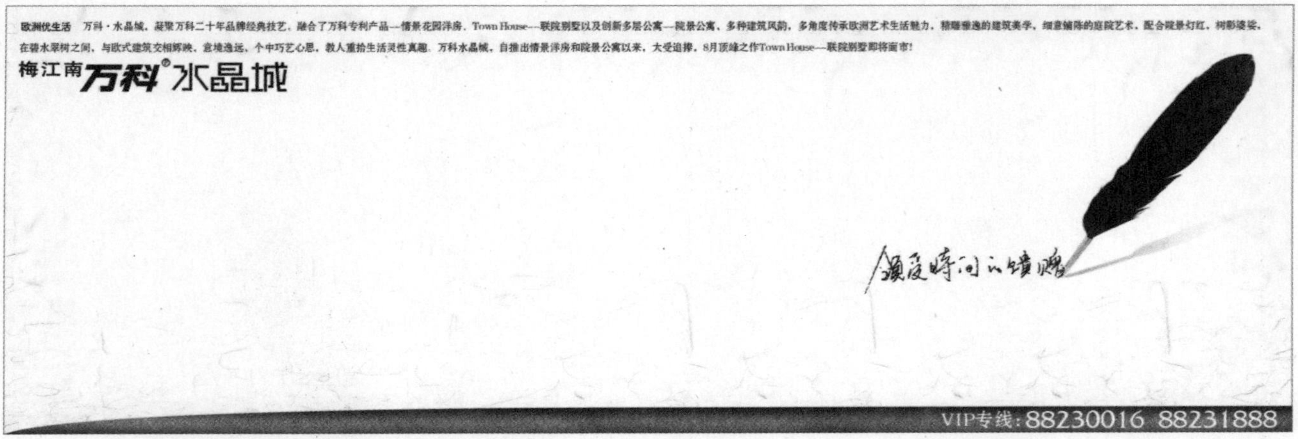
欧洲优生活　万科·水晶城，凝聚万科二十年品牌经典技艺，融合了万科专利产品—情景花园洋房、Town House—联院别墅以及创新多层公寓—院景公寓，多种建筑风韵，多角度传承欧洲艺术生活魅力，精雕垂逸的建筑美学，细意铺陈的庭院艺术，配合院景灯红，树影婆娑，在碧水翠树之间，与欧式建筑交相辉映，意境逸远，个中巧艺心思，教人重拾生活灵性真趣。万科水晶城，自推出情景洋房和院景公寓以来，大受追捧，8月顶峰之作Town House—联院别墅即将面市！
梅江南万科®水晶城
领受时间的馈赠
VIP专线：88230016 88231888

欧洲优生活　万科·水晶城，凝聚万科二十年品牌经典技艺，融合了万科专利产品—情景花园洋房、Town House—联院别墅以及创新多层公寓—院景公寓，多种建筑风韵，多角度传承欧洲艺术生活魅力，精雕垂逸的建筑美学，细意铺陈的庭院艺术，配合院景灯红，树影婆娑，在碧水翠树之间，与欧式建筑交相辉映，意境逸远，个中巧艺心思，教人重拾生活灵性真趣。万科水晶城，自推出情景洋房和院景公寓以来，大受追捧，8月顶峰之作Town House—联院别墅即将面市！
梅江南万科®水晶城
历史的庆典
VIP专线：88230016 88231888

华北
North China

Company name
公司名称：
深圳尚美佳广告

Floor name
楼盘名称：
水晶城

Art director general
创作总监：
夏劲松

Art director
美术指导：
朱江

Copy writer
文案：
余媛梅

梅江南万科®水晶城
享受生活的欧洲小城
Villa别墅
尊贵品位 自然流露
VIP专线： 88230016 88231888
万科水晶城现场接待中心地址：河西区解放南路518号
VANKE万科
建筑无限生活

梅江南 万科 水晶城
一切都很自然
Naturalness outpouring

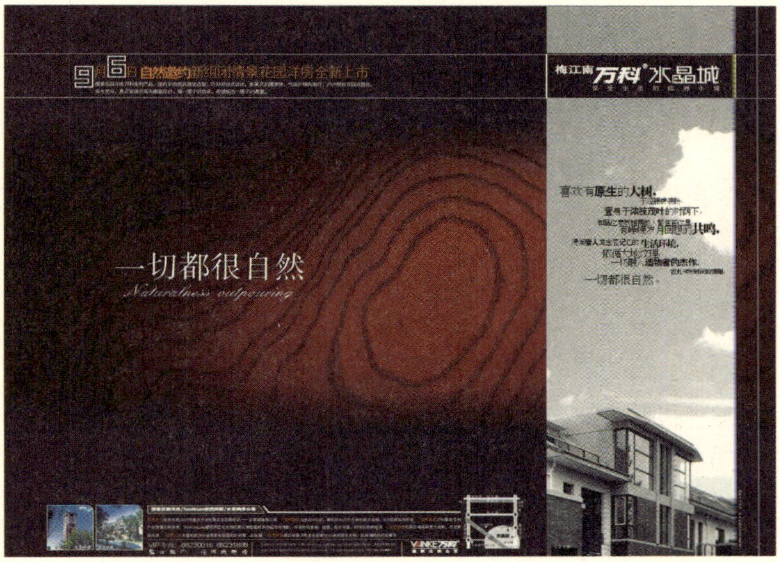
一切都很自然
Naturalness outpouring
梅江南 万科 水晶城
喜欢有原生的大树。
一切都很自然。

梅江南 万科 水晶城
9月6日万科水晶城自然邀约
比如现在

梅江南万科®水晶城
享受生活的欧洲小城
Villa别墅 高架平台入户 构筑私密生活。
院落与高架平台之间构成了入户过渡。
Villa特有的私家景观载体，
感受自然的恩赐，情趣与尊贵并重。
专属的私密性更为突出，以空间的自由捍卫私有人性化对位生活。
在不凡的格调里，在内心的荣耀中。
Villa别墅，在自然中享受人生。
实景拍摄
Villa 别墅/情景花园洋房/院景洋房
○舒适围合：宜人的街区尺度、开敞的公共空间、亲近的自然景观，增进了人与人的交流对话。
摒弃了传统的单一户型拼接方式，各种户型构成错落有致的外檐立面，尽显Villa别墅高尚品质。
富有肌理的stucco喷涂、自然过渡的窑变面砖、精致的钢木护栏，富于别墅优雅气质。
○人性空间：采光天井、多级露台、共享空间、多功能厅堂，缔造人性化生活对位空间。
○私密入户：院落、高架平台构成的入户过渡空间，富于Villa别墅的独有的私密性。
○尊贵社区：独有的复合物业管理模式、特设形象保卫岗，营造自然舒适的人居空间，彰显尊者身份。
VIP专线：88230016 88231888
VANKE 万科
建筑无限生活

梅江南万科®水晶城
享受生活的欧洲小城
10月1日 万科水晶城Villa别墅隆重开盘！
9000平米别墅示范区全新开放，无法复制的别墅气质，革命性产品创新，真实展现不同凡响生活氛围！
实景拍摄
Villa 别墅/情景花园洋房/院景洋房
VIP专线：88230016 88231888
VANKE 万科
建筑无限生活

梅江南 万科 水晶城
尊属于您的空间时代已全面开启！
9000平米别墅示范区全新开放。
VIP专线：88230016 88231888
VANKE万科

梅江南 万科 水晶城
联院组合，彰显尊贵归属！
除了门牌号码，你的家和邻居仍然有什么许多不同——万科Villa别墅
个性鲜明的外立面和联院组合，彰显尊贵身份，强烈归属。
10月1日万科水晶城Villa别墅隆重开盘
9000平米别墅示范区全新开放。
VIP专线：88230016 88231888
VANKE万科

華北
North China

Company name
公司名称：
深圳尚美佳广告

Floor name
楼盘名称：
水晶城

Art director general
创作总监：
夏劲松

Art director
美术指导：
朱江

Copy writer
文案：
余媛梅

Company name
公司名称：
深圳尚美佳广告

Floor name
楼盘名称：
天江格调空间

Art director general
创作总监：
朱磊

Art director
美术指导：
朱磊

Copy writer
文案：
朱磊

多元化全方位泛教育文化社区
Pattern Roomage
天江格调空间
生活享受主义
任海明威的书香蔓生魅力
把时间浪费在电视，花时间围着餐桌，生活就像开水一样好像泛着气泡但却简单乏味。
有些时候觉得花时间很简单，其实花时间却是一门学问。保姆公寓，宾客公寓让你享受酒店一样的气派。
尽量成全你的私密空间，也满足了你热情好客的心情。
让生活更丰富，在天江·格调空间享受花时间的乐趣，在享受服务中滋长尊贵感
发展商：泰达建设
（天津经济技术开发区建设集团有限公司）
园林设计：香港贝尔高林
广告整合：深圳市高美佳广告有限公司
格调热线：27496600 27496633

多元化全方位泛教育文化社区
Pattern Roomage
天江格调空间
生活享受主义
用高尔夫和时间调味生活
把时间浪费在电视，花时间围着餐桌，生活就像开水一样好像泛着气泡但却简单乏味。
有些时候觉得花时间很简单，其实花时间却是一门学问。保姆公寓，宾客公寓让你享受酒店一样的气派。
尽量成全你的私密空间，也满足了你热情好客的心情。
让生活更丰富，在天江·格调空间享受花时间的乐趣，在享受服务中滋长尊贵感
发展商：泰达建设（天津经济技术开发区建设集团有限公司）
园林设计：香港贝尔高林
广告整合：深圳市高美佳广告有限公司
格调热线：27496600 27496633

你梦想的生活，我们正在实现。
泛教育文化社区，20余个时尚高级交流中心，集休闲、运动、交流、融合、享受于一体，让生活在品味中升级。
Pattern
Roomage
天江格调空间
发展商：泰达建设（天津经济技术开发区建设集团有限公司） 园林设计：香港贝尔高林 整合推广：深圳市尚美佳广告有限公司
格调热线：27496600 27496633

你梦想的生活，我们正在实现。
泛教育文化社区，20余个时尚高级交流中心，集休闲、运动、交流、融合、享受于一体，让生活在品味中升级。
Pattern
Roomage
天江格调空间
发展商：泰达建设（天津经济技术开发区建设集团有限公司） 园林设计：香港贝尔高林 整合推广：深圳市尚美佳广告有限公司
格调热线：27496600 27496633

建筑无限生活 VANKE®万科®
SPRING'S VITALITY
万科®青青家园
美丽新生活
在这里，孤独可以成为一种享受。
与你内心忧虑的情感空白无关
在万科青青家园
你时时都处于无微不至的关爱之中
关系你生活细节的种种琐事
都有万科物业妥善料理
让烦忧的情绪远离你的内心
在这里
孤独完全成为情感贵族的一种奢侈品
美丽热线：
85386688 85381188
万科公司
CBD商圈
青青家园
www.wankeqingqing.com

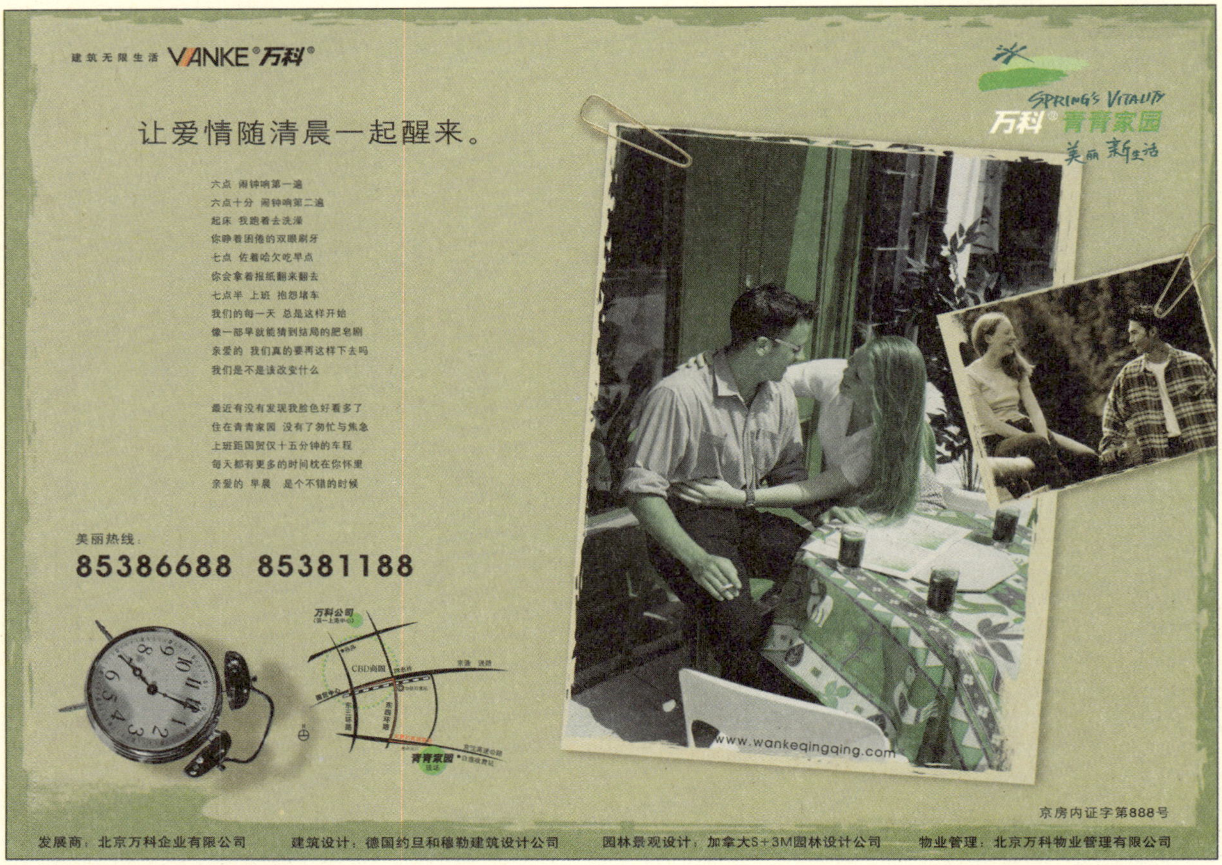
建筑无限生活 VANKE®万科®
SPRING'S VITALITY
万科®青青家园
美丽新生活
让爱情随清晨一起醒来。
六点 闹钟响第一遍
六点十分 闹钟响第二遍
起床 我跑着去洗澡
你睁着困倦的双眼刷牙
七点 佐着哈欠吃早点
你会拿着报纸翻来翻去
七点半 上班 抱怨堵车
我们的每一天 总是这样开始
像一部早就能猜到结局的肥皂剧
亲爱的 我们真的要再这样下去吗
我们是不是该改变什么
最近有没有发现我脸色好看多了
住在青青家园 没有了匆忙与焦急
上班距国贸仅十五分钟的车程
每天都有更多的时间枕在你怀里
亲爱的 早晨 是个不错的时候
美丽热线：
85386688 85381188
万科公司
CBD商圈
青青家园
www.wankeqingqing.com
京房内证字第888号
发展商：北京万科企业有限公司 建筑设计：德国约旦和穆勒建筑设计公司 园林景观设计：加拿大S+3M园林设计公司 物业管理：北京万科物业管理有限公司

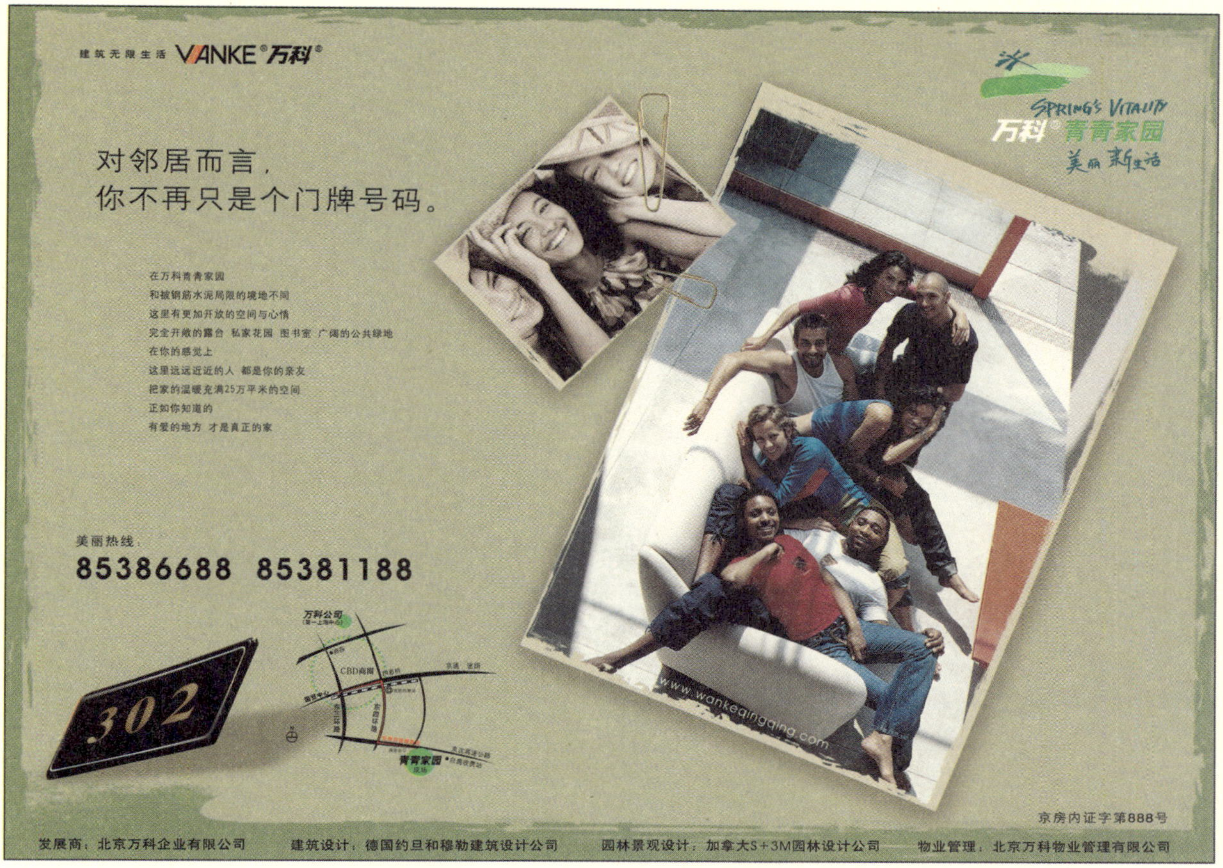
建筑无限生活 VANKE®万科®
SPRING'S VITALITY
万科®青青家园
美丽新生活
对邻居而言，
你不再只是个门牌号码。
在万科青青家园
和被钢筋水泥局限的境地不同
这里有更加开放的空间与心情
完全开敞的露台 私家花园 图书室 广阔的公共绿地
在你的感觉上
这里远远近近的人 都是你的亲友
把家的温暖充满25万平米的空间
正如你知道的
有爱的地方 才是真正的家
美丽热线：
85386688 85381188
302
www.wankeqingqing.com
京房内证字第888号
发展商：北京万科企业有限公司
建筑设计：德国约旦和穆勒建筑设计公司
园林景观设计：加拿大S+3M园林设计公司
物业管理：北京万科物业管理有限公司

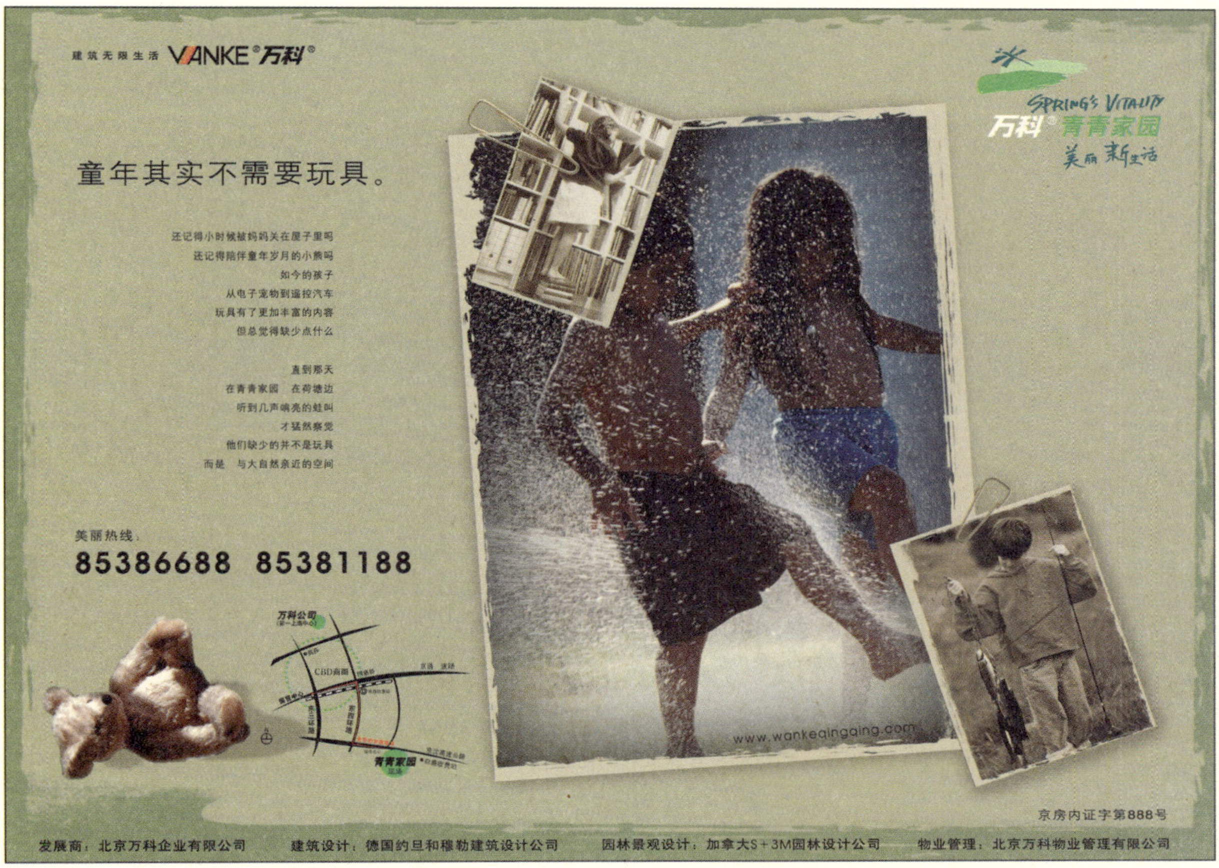
建筑无限生活 VANKE®万科®
SPRING'S VITALITY
万科®青青家园
美丽新生活
童年其实不需要玩具。
还记得小时候被妈妈关在屋子里吗
还记得陪伴童年岁月的小熊吗
如今的孩子
从电子宠物到遥控汽车
玩具有了更加丰富的内容
但总觉得缺少点什么
直到那天
在青青家园　在荷塘边
听到几声响亮的蛙叫
才猛然察觉
他们缺少的并不是玩具
而是　与大自然亲近的空间
美丽热线：
85386688 85381188
www.wankeqingqing.com
京房内证字第888号
发展商：北京万科企业有限公司
建筑设计：德国约旦和穆勒建筑设计公司
园林景观设计：加拿大S+3M园林设计公司
物业管理：北京万科物业管理有限公司

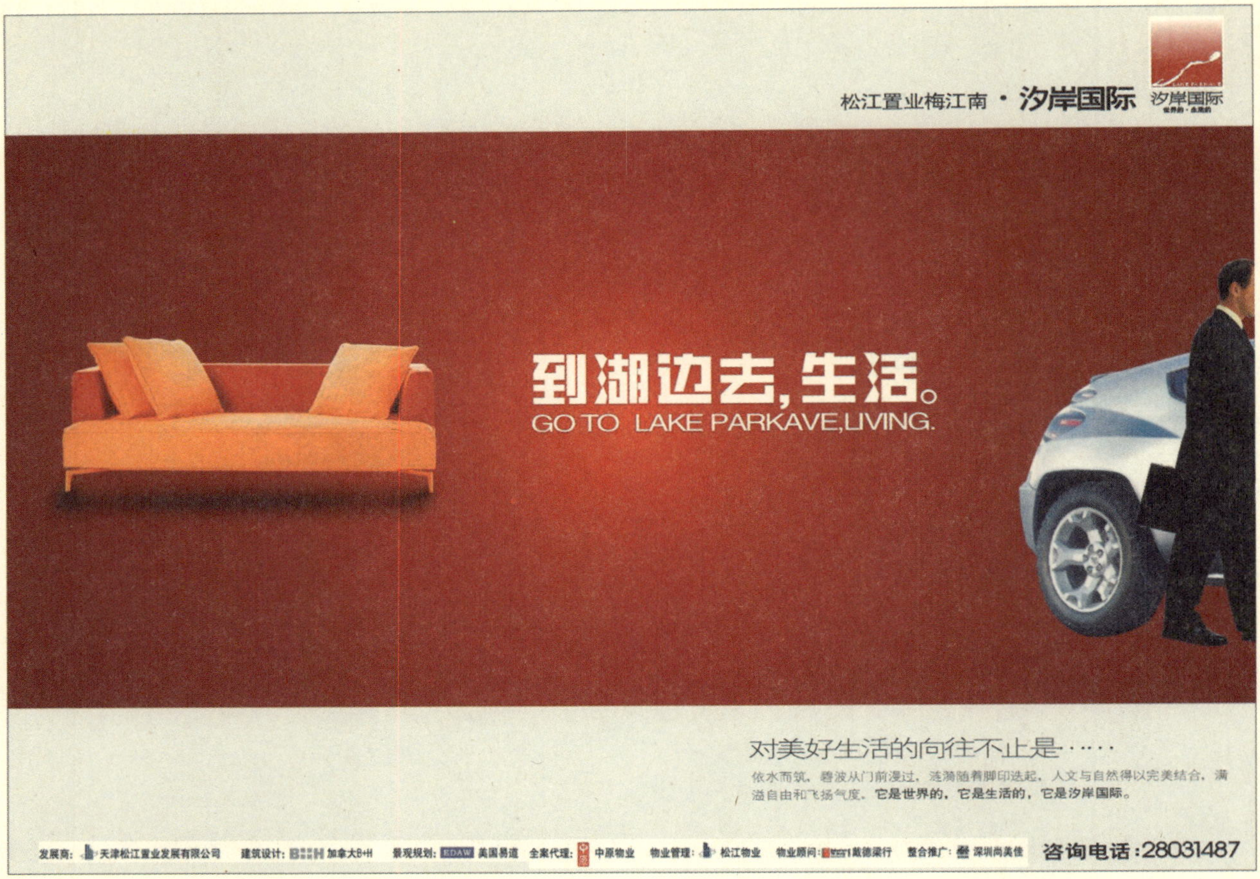
松江置业梅江南 · 汐岸国际
汐岸国际
到湖边去，生活。
GO TO LAKE PARKAVE,LIVING.
对美好生活的向往不止是……
依水而筑，碧波从门前漫过，涟漪随着脚印迭起，人文与自然得以完美结合，满溢自由和飞扬气度。它是世界的，它是生活的，它是汐岸国际。
发展商：天津松江置业发展有限公司　建筑设计：加拿大B+H　景观规划：EDAW 美国易道　全案代理：中原物业　物业管理：松江物业　物业顾问：戴德梁行　整合推广：深圳尚美佳
咨询电话：28031487

松江置业梅江南 · 汐岸国际
汐岸国际
到湖边去，生活。
GO TO LAKE PARKAVE,LIVING.
对美好生活的向往不止是……
依水而筑，碧波从门前漫过，涟漪随着脚印迭起，人文与自然得以完美结合，满溢自由和飞扬气度。它是世界的，它是生活的，它是汐岸国际。
发展商：天津松江置业发展有限公司　建筑设计：加拿大B+H　景观规划：EDAW 美国易道　全案代理：中原物业　物业管理：松江物业　物业顾问：戴德梁行　整合推广：深圳尚美佳
咨询电话：28031487

松江置业梅江南 · 汐岸国际
汐岸国际
到湖边去，生活。
GO TO LAKE PARKAVE,LIVING.
对美好生活的向往不止是作为主人的你
依水而筑，碧波从门前漫过，涟漪随着脚印迭起，人文与自然得以完美结合，满溢自由和飞扬气度。它是世界的，它是生活的，它是汐岸国际。
发展商：天津松江置业发展有限公司 建筑设计：加拿大B+H 景观规划：EDAW 美国易道 全案代理：中原物业 物业管理：松江物业 物业顾问：戴德梁行 整合推广：深圳尚美佳
咨询电话：28031487

松江置业梅江南 · 汐岸国际
汐岸国际
到湖边去，生活。
GO TO LAKE PARKAVE,LIVING.
对美好生活的向往不止是作为主人的你
依水而筑，碧波从门前漫过，涟漪随着脚印迭起，人文与自然得以完美结合，满溢自由和飞扬气度。它是世界的，它是生活的，它是汐岸国际。
发展商：天津松江置业发展有限公司 建筑设计：加拿大B+H 景观规划：EDAW 美国易道 全案代理：中原物业 物业管理：松江物业 物业顾问：戴德梁行 整合推广：深圳尚美佳
咨询电话：28031487

人

诗意地栖居

[二零零二年十月 · 摄于宜颐家园]

宜颐家园

人为万物之灵 万物皆因人而生

一花一木 一山一水

均是心灵的家园

唯祥和充实 方为居住的至高境界

宜颐家园

以江南园林构筑现代生活

呈与心存诗意之人

【三十万平方米占地面积 两万平方米江南名园[燕园]再版】

【赛特SHOPPINGMALL国际学校 世界文化公园 坐享亦庄繁华】

【南四环路 地铁五号线近在咫尺 国贸 亦庄左右逢源】

【低密度板楼 六层带电梯 一梯两户 三期全TOWNHOUSE】

【中央空调 落地外飘窗 层高三米 四米五超大开间客厅】

发展商 北京宜颐房地产开发有限公司

投资商 北京森林花园旅游娱乐中心有限公司

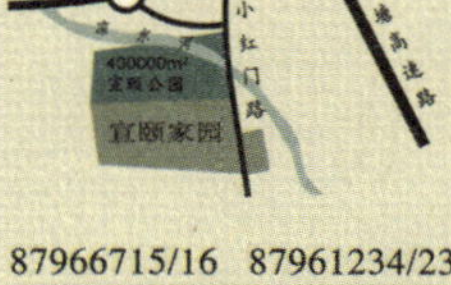

87966715/16 87961234/2345

D2楼二至五层统一价

元/建筑平方米(精装修)

京房内证字第923号

華|北
North China

Company name
公司名称：
北京红石坊广告
Floor name
楼盘名称：
青青家园
Art director general
创作总监：
吕成剑

Company name
公司名称：
深圳尚美佳广告
Floor name
楼盘名称：
汐岸国际
Art director general
创作总监：
朱磊
Art director
美术指导：
朱磊
Copy writer
文案：
朱磊

Company name
公司名称：
北京红石坊广告
Floor name
楼盘名称：
宣颐家园
Art director general
创作总监：
吕成剑

TOWN
HOUSE
YANG ZHAO XINCHENG 200.3
燕赵新城
有100棵大树是属于你的
城市呆得越久，觉得离和自然越遥远，
TOWN HOUSE是城市的，却又是自然的，处在城市之中享受城市生活的方便，
却又与自然亲密接触，低密度，高绿化，
燕赵新城TOWN HOUSE，人均占有80平方米绿化面积，加之40000m²植物园，
住在这儿，就象住在郊区的别墅，这就是TOWN HOUSE，城市生活，别墅感受。
燕赵新城
YAN ZHAO
XIN CHENG
欧式经典社区
城市生活，自然感受
3m层高，别墅
式住宅
咨询电话：2241888 2241999

TOWN
YANG ZHAO XINCHENG 200.3
燕赵新城
HOUSE
没有别墅那么贵，却有别墅那么好
TOWN HOUSE是城市的，却又是自然的，没有别墅那么贵，却有别墅那么好
欧式经典社区
城市生活，自然感受
3m层高，别墅
式住宅
咨询电话：2241888 2241999
燕赵新城
YAN ZHAO
XIN CHENG

TOWN
HOUSE
YANG ZHAO XINCHENG 200.3
燕赵新城
比复式更好的房子是TOWN HOUSE
这些年人们住得越来越好，从几十平方到一百多平方，
从买大房子到买跃式，从跃式又到复式，复式过后什么更好？
当然是TOWN HOUSE！除了楼上楼下，还有地下室或者阁楼，阳台向外延伸成空中花园
，层高更高，空间更气派，除此之外，你的邻居会变得很少，
却更友好，属于你的公共空间会更大，
更舒适，这就是TOWN HOUSE，城市生活，别墅感受！
燕赵新城
YAN ZHAO
XIN CHENG
☆欧式经典社区
城市生活，自然感受
☆3m层高，别墅式住宅
咨询电话：2241888 2241999

華|北
North China

Company name
公司名称：
深圳盛意廊广告

Floor name
楼盘名称：
燕赵新城

Art director general
创作总监：
王昆仑 / 蹇明

Art director
美术指导：
杨琦

Copy writer
文案：
叶玉堂

依水莊园
DISCOVER&ENJOY
没有發現就無需表達
依水莊園，真正的别墅，樂在發現中
垂询热线：64926666转8
发展商：北京泰格房地产经济有限公司 品牌整合：昊天时代广告公司

依水莊园
DISCOVER&ENJOY
发现 秋天很春天
Discover Spring in autumn
当桧柏预示的不是季节的更替而是美的永恒
缓坡缓解的不仅是视线，还有心灵
谁还去理会春水秋水
风景总在围墙之外，往事总在时间之外
当什么房子都买得起的时候并不是什么房子都值得买
别墅的价值并不只是肤浅的舒适感
懂得生活的人总能找到别墅存在的真正理由
依水庄园，真正的别墅，乐在发现中
电话：64926666转8
发展商：北京泰格经济开发公司
品牌整合：昊天时代广告公司

華｜北
North China

Company name
公司名称：
北京昊天时代广告

Floor name
楼盘名称：
依水庄园

Art director general
创作总监：
张天翁／唐昭

Art director
美术指导：
唐昭

Copy writer
文案：
项捷

.COM
中关村
不是
is beyond IT!
IT
文化富国，知识强运.真正中关村的写字楼
建筑建立在土地之上，同时也浸泡在这方土地的内涵之中
中关村.COM精英区域，这个被"泡沫"泡沫化了的称谓
让许多生长及成长在中关村的人们忽略了她的根脉所在
文化，是中关村为北京乃至中国最大的奉献
知识才是中关村最大的财富
银科大厦，只为知识儒商开放，真正中关村的写字楼。
银科大厦
准现房 租售热线 - 62625558/59
底商旺铺同步租售
● 实景拍摄
● 投资商 / 中银建置业有限公司 ● 发展商 / 北京建银福商房地产开发有限公司 ● 物业顾问 / 戴德梁行 ● 广告全程 / 红石坊 85802486-91

中关村 is much more than 电脑
不是
only computers!
文化富国，知识强运.真正中关村的写字楼
建筑建立在土地之上，同时也浸泡在这方土地的内涵之中
中关村.电脑城，这个被"攒机人"攒出来的称谓
让许多生长及成长在中关村的人们忽略了她的根脉所在
文化，是中关村为北京乃至中国最大的奉献
知识才是中关村最大的财富
银科大厦，只为知识儒商开放，真正中关村的写字楼。
银科大厦
准现房 租售热线 - 62625558/59
● 实景拍摄
● 投资商 / 中银建置业有限公司 ● 发展商 / 北京建银福商房地产开发有限公司 ● 物业顾问 / 戴德梁行 ● 广告全程 / 红石坊 85802486-91

華|北
North China

Company name
公司名称：
北京红石坊广告

Floor name
楼盘名称：
银科大厦

Art director general
创作总监：
吕成剑

圆明园花园
圆明园
在
您的球场，您的家！舒适的环境、尊崇的地位、优雅的气氛，入住圆明园花园，63000平米的私家高尔夫球场，专为您打造！回家打高尔夫就是不一样！不再是社交应酬，不再会车马劳神，随时随地给家人一份关怀，让您有更多时间、更多机会和家人一起享受亲情，享受尊贵和优雅。
玉泉山、万寿山、百望山像一座天然的屏风，傲立于小区西北，京西水上游线潺潺流过，形成“山之南，水之北”天然宝地。
南颐和园、圆明园公园约700公顷的园林绿地，西南侧2000公顷的京西万柳绿色走廊；东北侧约150公顷的城市绿色隔离带一起构成一道绿色屏障环绕小区，使小区与市中心近在咫尺空气质量却天壤之别。
占地75万平米，1300户的超低生活密度，高品质的生活空间给生活增添一份宁静。
社区专属37.5万平米的绿色休闲公园，内设有高尔夫球场、跑马场、网球场，置身世外桃源，享受大自然的滋养。住圆明园花园，回家度假！
贵宾热线
62898116 62895286
发展商：北京圆明园花园别墅有限公司
花园
纯
高级公寓
现房
至上人文空间绿色关怀
回家打高尔夫珍藏一份与家人共享的优雅
让成长亲近自然，给孩子一片绿色
发售纯正复式公寓十八套 楼层面积任意选
63000平米
私 家
高尔夫球场
标准推杆果岭
80个打位
灯光照明

華|北
North China

Company name
公司名称：
北京昊天时代广告

Floor name
楼盘名称：
圆明园花园

Art director general
创作总监：
张天舒 / 唐昭

Art director
美术指导：
唐昭

Copy writer
文案：
项捷

圓明園花園
在
为中科院学者专家量身定制的高性价比欧式公寓已正式入住，
现正面向社会择邻而居的明士推出。
前10名购房者更可获得价值10万元人民币的精装修，
机遇难求，至上人文生活从此开始。
三室两厅
建筑平米：125.56平米
套内面积：111.21平米
层高3米
阳光户型，三室朝阳
62898116 62895286
发展商：北京圆明园花园别墅有限公司
纯
高级公寓
现房
收藏与知识为邻的荣耀
君子择邻而居，
在圆明园70%的住户来自清华
北大、人大，众多学者教授恬然生活其中
每天你都能在不经意间遇到友好的微笑
谦和的举止，浓厚的文化底蕴渗透在生活的每一处
不凡的气质源于耳濡目染的熏陶
美好的教养从小形成，一生受益。
京房售证字(2003)103号

圓明園花園
在
为中科院学者专家量身定制的高性价比欧式公寓已正式入住，
现正面向社会择邻而居的明士推出。
前10名购房者更可获得价值10万元人民币的精装修，
机遇难求，至上人文生活从此开始。
三室两厅
建筑平米：125.56平米
套内面积：111.21平米
层高3米
阳光户型，三室朝阳
62898116 62895286
发展商：北京圆明园花园别墅有限公司
纯
高级公寓
现房
花园
珍藏不凡的文化气蕴
CLAUD: GILBERT
京房售证字(2003)103号

圆明园花园
纯 高级公寓 现房
至上人文空间自然关怀
在圆明园花园珍藏对知识诚挚的敬意
为中科院专家学者量身定制的欧式带电梯公寓于3月正式交付使用。
无数个假日，当人们公园里漫步
而您却在实验室里探索；
多少个夜晚，当人们进入甜美的梦乡
您仍在书桌旁耕耘；
硕果累累的您，给他人带来无数的欢乐；
风华之年的您，却平添许多白发；
除了道谢，我们还为您奉献：
宽大的客厅、阳光书房、52万M²的绿地、
静谧的环境……
解除您的工作疲劳，调养您的身心。
精选三室两厅125M²阳光户型
全明厨房
餐厅
双卫生间
阳光主卧
观景阳台
客人卧室
阳光客厅
阳光书房
实景照片
62898116 62895286

圆明园花园
纯 高级公寓 现房
至上人文空间自然关怀
在圆明园花园建筑从考虑人开始...
以欧式风格著称的圆明园，将迎接空前的荣誉。
350位科学家，将于3月15日汇聚于此并长久居住。
科学为生活创造价值
我们用住宅表达敬意
量身打造的全明居住空间、玻璃幕墙、观景走廊……景致细腻的生活格局与主人的文化深蕴不谋而合。
占地75万平米，1300户超低生活密度，高品质的生活空间给生活增添一份宁静。
社区专有高尔夫球场、跑马场、网球场，吸纳自然颐养身心。住圆明园花园，回家度假！
玉泉山、万寿山、百望山象一座天然的屏风，傲立于小区西北，京西水上游线潺潺流过，形成“山之南水之北”天然宝地。
居住与文化的交汇使生活发生质的变化。因为空间人性化的改变不仅仅在想象中……
62898116 62895286

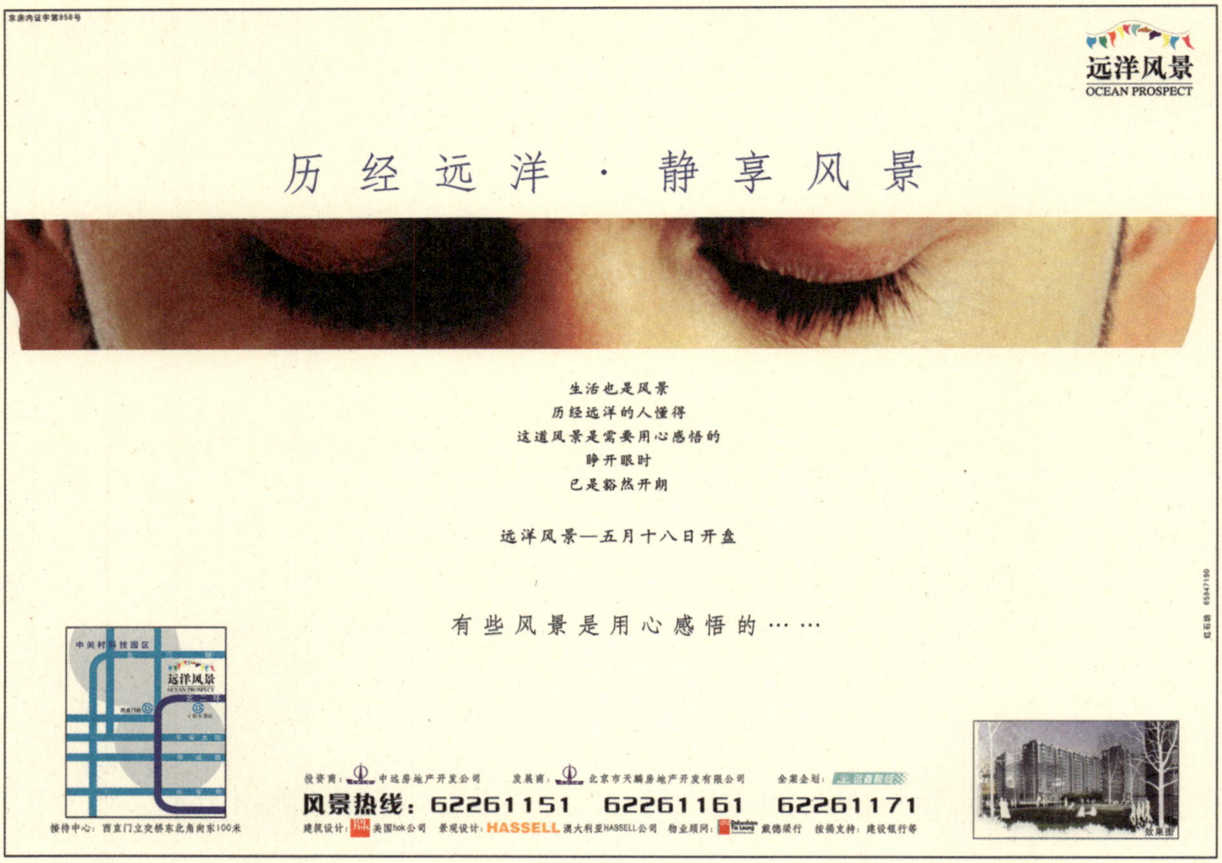
京房内证字第958号
远洋风景
OCEAN PROSPECT
历经远洋·静享风景
生活也是风景
历经远洋的人懂得
这道风景是需要用心感悟的
睁开眼时
已是豁然开朗
远洋风景—五月十八日开盘
有些风景是用心感悟的……
中关村科技园区
远洋风景
OCEAN PROSPECT
接待中心：西直门立交桥东北角向东100米
投资商：中远房地产开发公司
发展商：北京市天鹏房地产开发有限公司
全案企划：
风景热线：62261151　62261161　62261171
建筑设计：美国hok公司
景观设计：HASSELL 澳大利亚HASSELL公司
物业顾问：戴德梁行
按揭支持：建设银行等
效果图

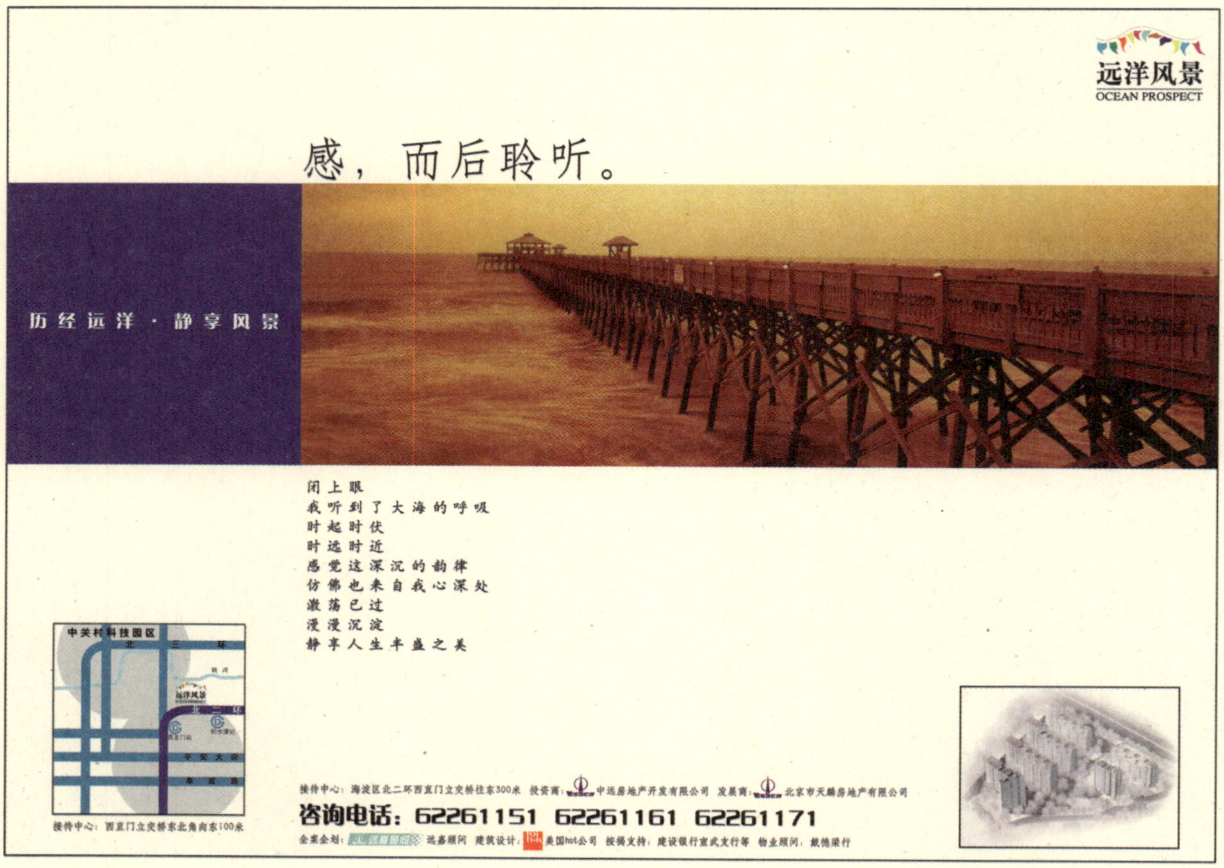
远洋风景
OCEAN PROSPECT
感，而后聆听。
历经远洋·静享风景
闭上眼
我听到了大海的呼吸
时起时伏
时远时近
感觉这深沉的韵律
仿佛也来自我心深处
激荡已过
漫漫沉淀
静享人生丰盛之美
中关村科技园区
远洋风景
接待中心：西直门立交桥东北角向东100米
接待中心：海淀区北二环西直门立交桥往东300米
投资商：中远房地产开发有限公司
发展商：北京市天鹏房地产有限公司
咨询电话：62261151　62261161　62261171
全案企划：
远嘉顾问
建筑设计：美国hok公司
按揭支持：建设银行宣武支行等
物业顾问：戴德梁行

華北
North China

Company name
公司名称：
北京红石坊广告

Floor name
楼盘名称：
远洋风景

Art director general
创作总监：
吕成剑

Art director
美术指导：
文勇 / 李家陶

Copy writer
文案：
王旻

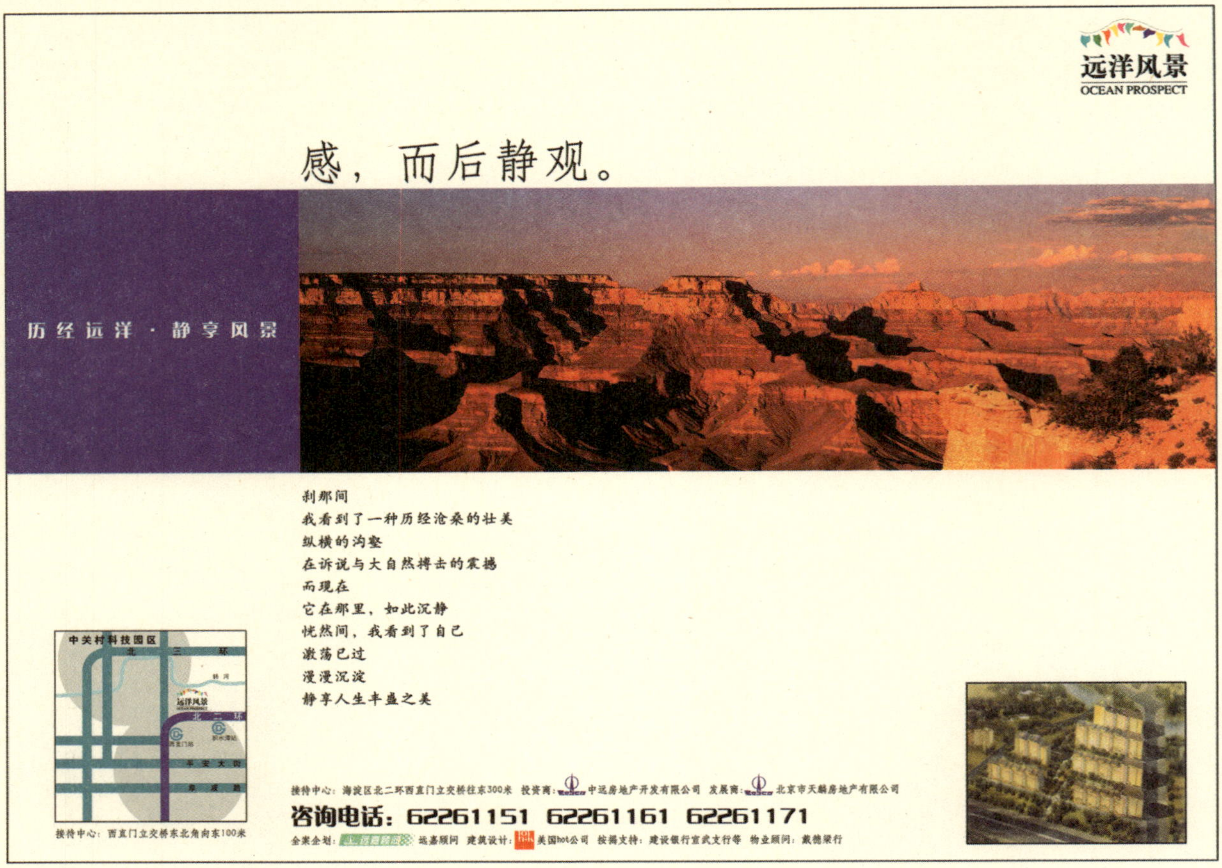
远洋风景
OCEAN PROSPECT
感，而后静观。
历经远洋·静享风景
刹那间
我看到了一种历经沧桑的壮美
纵横的沟壑
在诉说与大自然搏击的震撼
而现在
它在那里，如此沉静
恍然间，我看到了自己
激荡已过
漫漫沉淀
静享人生丰盛之美
中关村科技园区
北三环
北二环
平安大街
阜成路
接待中心：西直门立交桥东北角向东100米
接待中心：海淀区北二环西直门立交桥往东300米　投资商：中远房地产开发有限公司　发展商：北京市天麟房地产有限公司
咨询电话：62261151　62261161　62261171
全案企划：远嘉顾问　建筑设计：美国hot公司　按揭支持：建设银行宣武支行等　物业顾问：戴德梁行

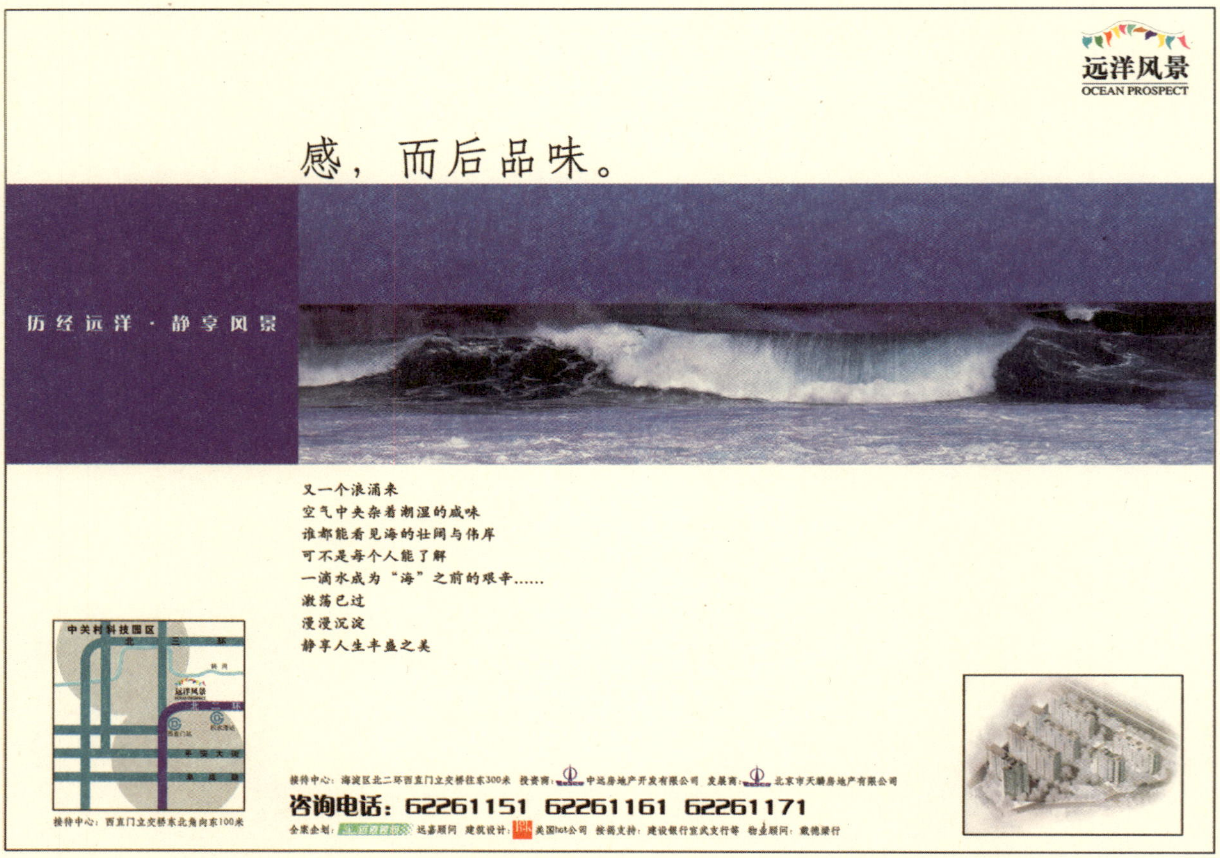
远洋风景
OCEAN PROSPECT
感，而后品味。
历经远洋·静享风景
又一个浪涌来
空气中夹杂着潮湿的咸味
谁都能看见海的壮阔与伟岸
可不是每个人能了解
一滴水成为“海”之前的艰辛……
激荡已过
漫漫沉淀
静享人生丰盛之美
中关村科技园区
北三环
北二环
平安大街
阜成路
接待中心：西直门立交桥东北角向东100米
接待中心：海淀区北二环西直门立交桥往东300米　投资商：中远房地产开发有限公司　发展商：北京市天麟房地产有限公司
咨询电话：62261151　62261161　62261171
全案企划：远嘉顾问　建筑设计：美国hot公司　按揭支持：建设银行宣武支行等　物业顾问：戴德梁行

品味总是不经意的流露。
宜合
与身俱来的贵族气质的自然流露，这些殊荣只有真正的贵族才能同时拥有：○青山湖风景区367万平米，南昌市的城市绿肺 ○青山湖317万平米，南昌市最大的天然湖 ○五大市政公园围抱青山湖 ○青山湖风景区0距离都市中心，同时享有都市的繁华与郊野的清新。眼光落到处，尊贵一脉传承，不浮夸不张扬确是真正的品味彰显：○丰源·宜合占地近7.5万平方米 ○容积率低至1.1○绿化率高达46.25% ○星级高尚会所 ○500米休闲商业街 ○2000平方米高尔夫练习场 ○新古典主义风格演义别墅级贵族社区
投资商：江西丰源房地产开发有限公司 ○开发商：江西大明房地产开发有限公司 ○销售代理：同致地产 ○整合推广：博思堂广告有限公司（上海分公司）
○咨询电话：8113845

有种气质很难掩藏。
宜合
与身俱来的贵族气质的自然流露，这些殊荣只有真正的贵族才能同时拥有：○青山湖风景区367万平米，南昌市的城市绿肺 ○青山湖317万平米，南昌市最大的天然湖 ○五大市政公园围抱青山湖 ○青山湖风景区0距离都市中心，同时享有都市的繁华与郊野的清新。眼光落到处，尊贵一脉传承，不浮夸不张扬确是真正的品味彰显：○丰源·宜合占地近7.5万平方米 ○容积率低至1.1○绿化率高达46.25% ○星级高尚会所 ○500米休闲商业街 ○2000平方米高尔夫练习场 ○新古典主义风格演义别墅级贵族社区
投资商：江西丰源房地产开发有限公司 ○开发商：江西大明房地产开发有限公司 ○销售代理：同致地产 ○整合推广：博思堂广告有限公司（上海分公司）
○咨询电话：8113845

華东 East China

Company name
公司名称：
深圳博思堂广告

Floor name
楼盘名称：
丰源宜合

Artdirector
美术指导：
禹玉良

Copy writer
文案：
顾剑慧

国信·米山人家
MISHAN APARTMENT
似水流年 传奇再现
海德尔说过，人，在大地上诗意的栖居。
可见，环境的建构对居住的重要性，
它是超越常规小区绿化的巨大提升，
是人与自然的和谐共存的切身需求，
风月无边的米山人家环境系统，
它秉承小米山天然的地理形态，
传承镇江人文古韵，结合生态景观的特点将环境的阴阳、
虚实、聚散、疏密、大小、高低表现的淋漓酣畅、意趣生动。
同时，全面超越以往规模小区中心广场的做法，
提出了“组团独立生态”的全新概念，
即在小区环艺大系统内依组团不同的环境特点，
独立创作出具有个性特色的区域系统，
使业主的景观收益率大大提高，
真正意义上体现出以人为本的开发思想。
米山人家的环境景观设计的源泉来自于
对现实的醒悟和对自然的向往。
设计师们在分析了众多国内居住区环境现状的基础上，
以现代的设计手法塑造出可持续发展的生态园林景观空间，
利用了原有地势的高差，营造错落有致的山丘建筑，
使整个小区都充分体现出都市山野园林的气息。
达到人与环境共生的理想境界，
使人们在米山人家中能享受到别墅般的环境。
环境景观设计的主题围绕人与自然共生，
体现生态与自然的交融。
沉醉山林泉石的诗意栖居
对于远方的游子，家是乡间一缕牵起思念的袅袅炊烟；
对于夜归的行人，家是路的尽头忠诚守候的温暖灯火；
对于居住在米山人家的人们，家是青山碧水间一抹淡淡的云霭……
远离单色闹市喧嚣的围堵，生活，在山林泉石里诗意栖居……
MISHAN APARTMENT >>GUO XIN
MISHAN APARTMENT>>>
MISHAN APARTMENT
>>GUO XIN
•热线电话• 8836138 8836238
◎地址：原小米山茶场 ◎开发商：镇江荣信房地产有限公司 ◎投资商：浙江国信房产集团
◎建筑设计：浙江城建设计研究院 镇江市建筑设计研究院
◎环境设计：台湾老圃造园（上海）有限公司 ◎策划推广：杭州红狮广告机构（0571）87918329
GUOXIN ESTATE
国信房产

华东
East China

Company name
公司名称：
杭州红狮广告

Floor name
楼盘名称：
国信·米山人家

Art director
美术指导：
金学丽

Copy writer
文案：
陆卫东

一方依傍江南福地的生态之园、
一座根植东部领域的精美雅庐，
生态化、智能化、高保障、
高品位的大型高尚人文社区一
国信·米山人家与您真情约定！
效果图
国信·米山人家
MISHAN APARTMENT
似/水/流/年 传/奇/再/现
解构米
DISSECT
MISHAN APARTMENT>>>

一方依傍江南福地的生态之园、
一座根植东部领域的精美雅庐，
生态化、智能化、高保障、
高品位的大型高尚人文社区一
国信·米山人家与您真情约定！
初识米山。
FIRST MISHAN
MISHAN APARTMENT>>>
国信·米山人家
MISHAN APARTMENT
似/水/流/年 传/奇/再/现
效果图

一方依傍江南福地的生态之园、
一座根植东部领域的精美雅庐，
生态化、智能化、高保障、
高品位的大型高尚人文社区一
国信·米山人家与您真情约定！
国信·米山人家
MISHAN APARTMENT
似/水/流/年 传/奇/再/现
寻遍江南清丽地
人生相宜在米山
GU● XIN....MISHAN APARTMENT

華東
East China

Company name
公司名称：
杭州红狮广告

Floor name
楼盘名称：
国信·米山人家

Art director
美术指导：
全学丽

Copy writer
文案：
陆卫东

UPTOWN
贺田尚城
HOTIN
时下最热门的话题是房子
即使是在
贺田·尚城风尚派对中
2003年9月,本城风尚人仕集聚一堂,
风尚派对应期登场,谈笑间,时尚、流行、娱乐,所有元素都不及房子打动人心,
即将开盘的贺田·尚城成了话题的中心。
在贺田·尚城,他们找到了合心作的居住空间,
找到了取向一致的生活方式。
应豪 著名音乐人 梦想天堂 词曲作者
盛石 蓝山咖啡馆
申屠少雨 星空间娱乐公司总经理助理
朱建华 加美设计机构设计总监/西街酒廊
阿伟 阿伟发型设计首席设计师
钱江南岸,山水之地,一座风尚之城美丽诞生,我们叫她
贺田·尚城 UPTOWN
▸江景▸风尚▸知性生活
贺田·尚城位于钱塘江壮美辽阔的江景南岸,与六和塔、浙大三部隔江相望,占地面积157545平方米,总建筑面积296591平方米,以五层多层公寓为主,辅以小高层的建筑规划,智能化管理,动感的中心会所、贴心的服务会所及品位高雅的社区商业步行街,联结为风尚生活的生态线,全力构造全功能复合景观风尚社区,让生活的风尚全面到位。
○江城尚城 尊居清丽江湾第一席,眺六和,赏之江,融汇江景、山景、园景,写意原生山水自然生态景观,淋漓酣畅。○捷运尚城 联接市心有钱江一桥、三桥、四桥。钱江四桥通车与中河高架的相接,交通要道得以更好的疏理。○建筑尚城 以包容、人性、科技为主题,以多样性和共生性为设计原理,强调现代技术的材质与大面积的通透玻璃的整合,形成丰富的建筑感观。○创意尚城 全明户型,匠心错层,270度全景主卧,外挑廊式景观阳台以及灵活有致的趣味性空间设计,带来非凡的生活灵感。○健康尚城 三大景观体系、内外双景水系、两大生态公园以及近二十组宅间花园,配以丰富的小品元素,自在悠游。○园林尚城 中央水景广场、阳光广场、密林游步道、绿坡生态园以及包括小型高尔夫球场、网球场、篮球场、望塔广场、夕阳晚眺、百草园等在内的尚城休闲公园,生态休闲的园林空间。○活力尚城 "运动风尚"中心会所和健康配套,运动主题、健康主题、艺术主题、特色餐饮以及商业服务,VIP尊享,舒适齐全。○科技尚城 现代化综合智能型小区、多重安保系统、高速宽带网络到户以及生态节能型的建筑用材的革新,科技时代的科技生活。○品质尚城 建筑设计、景观设计以及工程建设分别由业界著称各专业团队品质打造。
HOTINESTATE 贺田投资
投资商/贺田投资发展有限公司 开发商/杭州钱江城发展有限公司 规划设计/中国美术学院风景建筑设计研究院 景观设计/奥原生态美景观设计咨询(杭州)有限公司
接待中心/杭州曙光路15号世贸中心写字楼一期1703室 欢迎光临/贺田·尚城现场售展中心 市场推广/IDEAS 浙江动脑广告机构 0571-85281111
垂询热线/
0571-87630778 87630998

UPTOWN
贺田尚城
HOTIN
今天最热门的房产信息
贺田尚城公开发售
热浪袭卷
贺田·尚城
▸江景▸风尚▸知性生活
UPTOWN
图片人物从左至右
浙江京昆艺术剧院 青年演员 郑家燕
香港竹家庄避风塘 总经理 王晓荣
相互关系网络设计公司 网络设计师 郑峥屹
艾迪斯广告 行政总监 邵丹
著名音乐人《梦想天堂》词曲作者 应豪
加美设计机构 设计总监/西街酒廊 朱建华
阿伟发型设计 首席设计师 阿伟
武林路美美服饰 纪凌
蓝山咖啡馆 盛石
星空间娱乐公司 总经理助理 申屠少雨
贺田·尚城位于钱塘江壮美辽阔的江景南岸,与六和塔、浙大三部隔江相望,占地面积157545平方米,总建筑面积296591平方米,以五层多层公寓为主,辅以小高层的建筑规划,智能化管理,动感的中心会所、贴心的服务会所及品位高雅的社区商业步行街,联结为风尚生活的生态线,全力构造全功能复合景观风尚社区,让生活的风尚全面到位。
HOTIN ESTATE 贺田投资
投资商/贺田投资发展有限公司 开发商/杭州钱江城发展有限公司 规划设计/中国美术学院风景建筑设计研究院 景观设计/奥原生态美景观设计咨询(杭州)有限公司
接待中心/杭州曙光路15号世贸中心写字楼一期1703室 欢迎光临/贺田·尚城现场售展中心 市场推广/IDEAS 浙江动脑广告机构 0571-85281111
垂询热线/
0571-87630778 87630998

关于贺田尚城的
热门话题
UPTOWN
贺田尚城
HOTIN
应豪 著名音乐人《梦想天堂》词曲作者
不再没有空间,
不再没有时间,活力动感,
尊尚开放,呼朋唤友,
vip享用的尚城风尚会所,
是我的心之所向
盛石 蓝山咖啡馆
迎面是清新的空气、
明亮的阳光、开阔的视野滔
滔的钱塘江,
在宽大露台上放一把躺椅,手
边有我喜欢的威士忌,
包容、大度、内涵悠长,
精彩的不只是生活。
申屠少雨 星空间娱乐公司总经理助理
松轻的拥有一个属于自己空间,
不需要太大但一定要舒适,
可以做自己喜欢的事,
随时接纳自己的各种情绪,
甚至是自由散漫,
尚城的居住空间勾起了我向往以
久的冲动。
朱建华 加美设计机构设计总监/西街酒廊
尚城艺术化的国际人文建筑,
在钱塘江开阔的背景下,
自由舒展又不乏细腻,
没有任何压迫感,它属于这个时代,欣
赏它的人可以细细品味。
阿伟 阿伟发型设计首席设计师
尽管走的可能是不同的路,
也有不同的生活经历,
但生活的理解相似,
生活的讲究趋同,
在尚城,
我找到同步于自己的风尚理由。
钱江南岸,山水之地,一座风尚之城美丽诞生,我们叫她
贺田·尚城 UPTOWN
江景 风尚 知性生活
贺田·尚城位于钱塘江壮美辽阔的江景南岸,与六和塔、浙大三部隔江相望,占地面积157545平方米,总建筑面积296591平方米,以五层多层公寓为主,辅以小高层的建筑规划,智能化管理,动感的中心会所、贴心的服务会所及品位高雅的社区商业步行街,联结为风尚生活的生态线,全力构造全功能复合景观风尚社区,让生活的风尚全面到位。
○江域尚城 尊居清丽江湾第一席,眺六和,赏之江,融汇江景、山景、园景,写意原生山水自然生态景观,淋漓酣畅。○捷运尚城 联接市心有钱江一桥、三桥、四桥。钱江四桥通车与中河高架的相接,交通要道得以更好的疏理。○建筑尚城 以包容、人性、科技为主题,以多样性和共生性为设计原理,强调现代技术的材质与大面积的通透玻璃的整合,形成丰富的建筑感观。○创意尚城 全明户型,匠心错层,270度全景主卧,外挑廊式景观阳台以及灵活有致的趣味性空间设计,带来非凡的生活灵感。○健康尚城 三大景观体系、内外双景水系、两大生态公园以及近二十组宅间花园,配以丰富的小品元素,自在悠游。○园林尚城 中央水景广场、阳光广场、密林游步道、绿坡生态园以及包括小型高尔夫球场、网球场、篮球场、望塔广场、夕阳晚眺、百草园等在内的尚城休闲公园,生态休闲的园林空间。○活力尚城 "运动风尚"中心会所和健康配套,运动主题、健康主题、艺术主题、特色餐饮以及商业服务,VIP尊享,舒适齐全。○科技尚城 现代化综合智能型小区、多重安保系统、高速宽带网络到户以及生态节能型的建筑用材的革新,科技时代的科技生活。○品质尚城 建筑设计、景观设计以及工程建设分别由业界著称各专业团队品质打造。
西湖
六和塔
江
HOTIN ESTATE 贺田投资
投资商/贺田投资发展有限公司 开发商/杭州钱江城发展有限公司 规划设计/中国美术学院风景建筑设计研究院 景观设计/奥原生态美景观设计咨询(杭州)有限公司
接待中心/杭州曙光路15号世贸中心写字楼一期1703室 欢迎光临/贺田·尚城现场售展中心 市场推广/浙江动脑广告机构 0571-85281111
垂询热线/
0571--87630778 87630998

"懂得在事业中追求，
在生活中享受。
总被新事物打动，
把玩之后懂得如何取舍。"
"向年轻要活力，
向成熟要积累，
只是不肯在自己的年龄里落脚。"
"时尚但不乖张，
流行但不肤浅，
生活在一定审美原则下。"
"坚持趣味的相投，
欣喜于心领神会的感知。"
风尚
Style@
UPTOWN
贺田尚城
HOTIN
▸江景▸风尚▸知性生活
UPTOWN
图片人物从左至右
浙江京昆艺术剧院 青年演员 郑家燕
香港竹家庄避风塘 总经理 王晓荣
相互关系网络设计公司 网络设计师 郑峥屹
艾迪斯广告 行政总监 邵丹
著名音乐人《梦想天堂》词曲作者 应豪
加美设计机构 设计总监/西街酒廊 朱建华
阿伟发型设计 首席设计师 阿伟
武林路美美服饰 纪凌
蓝山咖啡馆 盛石
星空间娱乐公司 总经理助理 申屠少雨
钱江南岸,山水之地,一座风尚之城美丽诞生,我们叫她
贺田·尚城
齐聚尚城,总有这样一群人,同气相求,对事物、对工作、对居住、对生活,
不论是正在经历的,还是将要历炼的,他们都在愉悦地体验,并快乐地影响他人,开放、活力、知性、人文。江风拂面,生活之风迎面袭来。
原生山水滋养生命本真。鉴览尚城,这里有江景、有河流、有绿茵、有大树……生命在这里变得纯净而充满活力,
生活在这里跳跃着健康而丰富灿烂的因子。江流奔涌,挡不住的居住之尚激越澎湃。
尚城,沐浴在风尚之中;在尚城,成为风尚。
○传神尚城·风尚印象 选址于钱江南岸滨江区,六合路以西,永久河以南,与六和塔对望,挥就315亩300000平方米大型社区的风尚传奇。○江域尚城·风尚气质 尊居钱塘江清丽江湾第一席,
眺六和,赏之江,融汇江景、山景、园景,写意原生山水自然生态景观,淋漓酣畅。
○创意尚城·风尚风格 创意非凡的人性社区规划,主体低层景观建筑,100-130m²主力户型,全明户型空间结构,诠释国际人文建筑的无限魅力。○活力尚城·风尚格调 与时代接轨的智能科技,VIP尊享的风尚会所,
全面释放活力四射的健康生活。
HOTINESTATE
贺田投资
欢迎登陆 http://www.hzuptown.com
特别鸣谢 阿伟发型设计 王玲英工作室 天和摄影
投资商/贺田投资发展有限公司 开发商/杭州钱江城发展有限公司 规划设计/中国美术学院风景建筑设计研究院 景观设计/奥原生态美景观设计咨询(杭州)有限公司 欢迎光临浙江省第九届房交会贺田尚城展位
接待中心/杭州曙光路15号世贸中心写字楼一期1703室 垂询热线/0571-87630778 87630998 市场推广/IDEAS 浙江动脑广告机构 0571-85281111 黄龙世纪广场通道 G447-458

Heng chuang Spring source
恒创 春晓源
Version life of a kind of grace
The positive
一种优雅的正版现代生活
●6月28日嘉兴房交会恒创·春晓源展厅恭候光临

Heng chuang Spring source
恒创春晓源
Enter
先进智能化
Heng chuang spring source 尽享现代生活
⊙六重安保：围墙周界防越、主要道路出入口电视实时监控、楼宇可视对讲、区内道路电子巡更系统加保安24小时巡逻、楼道口门禁智能一卡通、物业中心紧急广播或播放背景音乐。⊙自动远程抄表：首家真正实现水、电、气三表远程抄送。⊙地下停车库智能化管理：实现车辆出入自动控制。⊙BA系统：8幢电梯公寓实现楼宇自控。⊙智能宽带与物业管理系统：光纤宽带接入，真正实现VOD点播、网上冲浪、远程教育，让您在网络世界里自由冲浪。⊙恒创春晓源住户VIP贵宾卡：集收费、门禁、停车、VIP贵宾消费等功能为一体，真正实现智能一卡通。
HCH www.hch.com.cn
开发商：嘉兴市恒创置业有限公司
公司地址：嘉兴市东升西路2588号
建筑设计：中国美术学院风景建筑设计研究院
全案策划：Tiger 太古广告 0571-88088521
网址：www.hch.com.cn
垂询电话：0573-2421999
嘉秀洲售许字2002第20号

華|東
East China

Company name
公司名称：
浙江动脑广告
Floor name
楼盘名称：
贺田·尚城
Art director general
创作总监：
刘更
Art director
美术指导：
李果
Copy writer
文案：
李晓雅

Company name
公司名称：
杭州太古广告
Floor name
楼盘名称：
恒创·春晓源
Art director general
创作总监：
俞斌浩
Art director
美术指导：
巩志斌
Copy writer
文案：
吴建峰

自从到了春晓源
工作是越来越轻松，
离下岗了也不远了，哎！！！
Heng chuang Spring source
恒创 春晓源
六重安保
HENG CHUANG
Spring source
安心生活
⊙ 周界防盗系统：物业中心报警，保安三分钟内到达，确保住户安全。⊙ 主要道路及出入口电视实时监控系统：24小时不间断监控。⊙ 楼宇可视对讲系统：户主、物业中心、楼道口、小区大门四方可视对讲。⊙ 区内道路电子巡更系统：确保保安24小时巡逻，小区安全更有保障。⊙ 楼道口门禁：智能一卡通系统，提供高科技非接触式磁卡。⊙ 物业中心：遇紧急情况通过紧急广播系统疏散人群，平时亦作播放背景音乐用。
HCH
www.hch.com.cn
开发商：嘉兴市恒创置业有限公司
公司地址：嘉兴市东升西路2588号
建筑设计：中国美术学院风景建筑设计研究院
全案策划：Tiger 杭州太古广告 0571-88088521
网址：www.hch.com.cn
垂询电话：0573-2421999
嘉秀洲售许字2002第20号

Heng chuang Spring source
恒创 春晓源
花“1园”钱
买“2园”家
HENG CHUANG
Spring source
⊙恒创·春晓源总规划用地为240亩，作为嘉兴一个环境景观和建筑品质俱佳的高尚住宅园区，目前一期已基本售罄，二期已进入规划论证阶段。
⊙恒创·春晓源不但本身拥有绿意盎然的中国园林式景观环境，更与嘉兴环境品质最佳的“大型开放式城市绿色景观公园”——占地约200亩的春晓公园仅一路相隔，让您的家园从春晓源，自然地蔓延到新滕河畔，使您仅花1园的钱，就买到了2园的家，在城市的绿洲里，尽情的享受生活！
HCH
www.hch.com.cn
开发商：嘉兴市恒创置业有限公司
公司地址：嘉兴市东升西路2588号
建筑设计：中国美术学院风景建筑设计研究院
全案策划：Tiger 太古广告 0571-88088521
网址：www.hch.com.cn
垂询电话：0573-2421999
嘉秀洲售许字2002第20号

把家轻轻放在大自然中
千樹万樹梨花开
“忽如一夜春风来，千树万树梨花开”，清晨醒来，窗外已是雪压枝头、银装素裹；而屋内壁炉里火正旺、咖啡飘香……身处这融融暖意的居室，你是否感觉到“金都·富春山居”那温馨的家已与坦荡无暇的天地融于一片洁白的世界里。
VILLAS
金都·富春山居
NOBLE LIFE
人文
“金都·富春山居” 注重文化品位，传承中国文化“修营别业，傍山依水，尽幽居之美”的美好愿望，以“把家轻轻放在大自然中”为开发理念，尊重环境、尊重生态，把独立别墅、双联别墅和具有旅游休闲功能的公建融合在一起，力求再现600多年前元代画坛魁首黄公望笔下《富春山居图》中所表现的生活意境，把“金都·富春山居”建成中国一流的高尚山水别墅区。
自然
金都·富春山居实景图
“金都·富春山居”北靠午潮山国家森林公园，南临杭富公路；整个社区随午潮山的山势而延展，地势南低北高，背风迎阳，区内以缓坡丘陵地势为主；区内天然植被良好、水系资源丰富，林木覆盖率近80%，有40余种野生天然植物，特别适合于建造别墅类高档住宅。利用山坡、水面、平地等地势地貌的自然形态布置各种不同类型的别墅建筑，“金都·富春山居”让人、别墅、自然三者不再疏离。
居住
“金都·富春山居”邀请中国第一位建筑学博士，美国注册建筑师、中国国家一级注册建筑师项秉仁和境内外数家知名设计机构共同参与“金都·富春山居”的设计，共设计有50余款风格各异、特点鲜明的独立别墅和双联别墅，形成了极为丰富的建筑效果。社区为业主设置了齐全的生活配套服务设施，有餐厅、超市、便利店、邮局、储蓄所、美容、保健中心等全套基本设施外，并配有网球场、羽毛球场、篮球场、游泳池、娱乐厅等休闲设施，为“金都·富春山居”绘制了一幅高尚生活的蓝图。
一期组团[微雨居]、[疏影居]、[秀隐居]、[翰风居]正在建设中。
■ 金都·富春山居地处杭州富阳市银湖开发区，占地面积1000余亩，天然环境优美，秉承“把家轻轻放在大自然中”开发理念，建设中国一流的大型自然山水别墅区。
金都·富春山居
Z-c 型独立别墅建筑设计图
面积：别墅261.31m²/车库42.26m²/游廊52.04m²
三室/餐厅/四卫/书房/
一楼起居室/二楼家庭室/底层健身房/
工人房/洗衣房/双车库/
金都集团
JINDU GROUP
专业构筑品质生活
[金都·富春山居]提供180~500m² 共50余款独立别墅、双联别墅；花园面积350~1500m²
■开发商 浙江金都房地产开发有限公司 杭州富春山居置业有限公司 ■欢迎访问金都人家网 www.livingcn.com 金都企业网 www.jindu-corp.com ■黄龙饭店接待展示中心 黄龙饭店一楼吐翠厅 87998111 87998222 ■市场推广及策划：浙江动脑广告机构 TEL:(0571)85281111

青山吐翠 层林尽染
依山而居，笑看青山不老颜，春暖时，满目葱翠；秋高时，层林尽染，
霭缭绕；微雨后，清新明媚……居者的心境也便随着这远山、松林而变得沉静而深
远。"金都·富春山居"的生活情趣，就在这人与自然的对话之中
VILLAS
金都·富春山居
把家轻轻放在大自然中
[传承人居文化]
"金都·富春山居"一脉传承中国文化"修营别业，傍山依水，尽幽居之美"的美好愿望，在"把家轻轻放在大自然中"现代开发理念指导下，注重文化品位，力求再现600多年前元代画坛魁首黄公望笔下《富春山居图》中所表现的生活意境。
金都·富春山居实景图
[坐拥自然山水]
"金都·富春山居"北靠午潮山国家森林公园，南临杭富公路；整个社区随午潮山的山势而延展，地势南低北高，背风迎阳，区内以缓坡丘陵地势为主；区内天然植被良好、水系资源丰富，林木覆盖率近80%，有40余种野生植物；特别适合于建造别墅类高档住宅。
金都·富春山居实景图
[遵循生态理念]
金都房产以"把家轻轻放在大自然中"作为"金都·富春山居"的开发理念，保留午潮山现有的生态环境和植被，尊重环境、尊重生态，让"金都·富春山居"与自然和谐的融合，把独立别墅、双联别墅和具有旅游休闲功能的公建融合在一起，建成中国一流的高尚山水别墅区。
[汇集各路菁英]
"金都·富春山居"邀请中国第一位建筑学博士、美国注册建筑师、中国国家一级注册建筑师项秉仁，国内外知名设计机构同济大学建筑设计研究院(中国)，浙江大学建筑设计研究院(中国)，DFS·SMITH CARTER(加拿大)，M.A.O.Co.，Ltd(日本)等共同参与设计，根据自然地势、地貌的原形，利用山坡、水面、平地设计了50余款不同类型的别墅，形成了丰富而统一的建筑设计效果。
[缔造品位生活]
"金都·富春山居"以高尚生活为蓝本设置了齐全的生活配套服务设施，除了餐厅、超市、便利店、邮局、储蓄所、美容、保健中心等全套基本生活设施外，同时配有网球场、羽毛球场、篮球场、游泳池、娱乐厅等休闲设施，金都物业公司的优质服务为业主创造舒适的生活环境。
一期组团[微雨居]、[疏影居]、[秀隐居]、[翰风居]现已正式开工建设。
■金都·富春山居地处杭州富阳市银湖开发区，占地面积1000余亩，天然环境优美，秉承"把家轻轻放在大自然中"开发理念，建设中国一流的大型自然山水别墅区。
金都·富春山居
T-g 型独立别墅建筑设计图
面积：344.6m²
三室/餐厅/四卫/书房/
一楼起居室/二楼家庭室/底层健身房/
工人房/洗衣房/双车库/
[金都·富春山居]提供180~500m² 共50余款独立别墅、双联别墅；花园面积350~1500m
金都集团
JINDU GROUP
专业构筑品质生活
■开发商 浙江金都房地产开发有限公司 杭州富春山居置业有限公司 ■欢迎访问金都人家网 www.livingcn.com 金都企业网 www.jindu-corp.com ■黄龙饭店接待展示中心 黄龙饭店一楼吐翠厅 87998111 87998222 ■市场推广及策划：浙江劲脑广告机构 TEL:(0571)85281111

VILLAS
金都·富春山居
NOBLE LIFE
把家轻轻放在大自然中
青溪几度到云林
窗外是一泓清溪，群山自在眼帘；听水声潺潺，看树影婆娑；
这就是把家轻轻放在大自然中的"金都·富春山居"。
|国宝级的山水版图|
"金都·富春山居"北靠午潮山国家森林公园，南临杭富公路；地势随午潮山自然延伸而南低北高，背风迎阳，区内以缓坡丘陵地形为主，生态环境、天然植被保持良好，水系资源丰富，林木覆盖率近80%；特别适合于建造别墅类高档住宅。
|国家级的文化资源|
"金都·富春山居"一脉传承中国传统历史文化，以"把家轻轻放在大自然中"为开发理念，奉献完美的中国第一流大型自然山水别墅区，将600余年前元代画坛宗师黄公望笔下《富春山居图》中山水生活意境真实的再现。
|国际级的宅邸设计|
"金都·富春山居"邀请中国第一位建筑学博士、美国注册建筑师、中国国家一级注册建筑师项秉仁、同济大学建筑设计研究院(中国)、浙江大学建筑设计研究院(中国)、DFS·SMITH CARTER(加拿大)、M.A.O.Co., Ltd(日本)等国内外知名设计机构共同参与设计，根据地形的不同设计了数十种精美的别墅单体方案。
一期组团[微雨居]、[疏影居]、[秀隐居]、[翰风居]现已正式开工建设。
■ 金都·富春山居地处杭州富阳市银湖开发区，占地面积1000余亩，天然环境优美，秉承"把家轻轻放在大自然中"开发理念建设中国一流的大型自然山水别墅区。
金都·富春山居 T-n 型独立别墅建筑设计图 面积：319.6m²
三室/餐厅/四卫/书房/一楼起居室/二楼家庭室/娱乐室/工人房/双车库/露台
金都集团
JINDU GROUP
专业构筑品质生活
[金都·富春山居]提供 180~500m² 共 50 余款独立别墅、双联别墅；花园面积 350~1500m²
■开发商 浙江金都房地产开发有限公司 杭州富春山居置业有限公司 ■欢迎访问金都人家网 www.livingcn.com 金都企业网 www.jindu-corp.com ■黄龙饭店接待展示中心 黄龙饭店一楼吐翠厅 87998111 87998222 ■市场推广及策划：浙江动脑广告机构 TEL:(0571)85291111

華|東
East China

Company name
公司名称：
浙江动脑广告

Floor name
楼盘名称：
金都富春山居

Art director general
创作总监：
刘更

Art director
美术指导：
严鸣

Copy writer
文案：
邵炜

把家轻轻放在大自然中
VILLAS
金都·富春山居
博涵自然的灵韵，释放心灵的体验。
林音泉鸣的自然之居
"金都·富春山居"——用心灵阅读自然
T-E1 型独立别墅 面积 317.68m²
○"金都·富春山居"位于杭州富阳银湖开发区，北靠午潮山国家森林公园，南临杭富一级公路，占地面积1000余亩。○区内丘陵缓坡起伏，天然植被良好，天然林木覆盖率达76.5%，水系丰富。○由同济大学建筑设计研究院(中国)、浙江大学建筑设计研究院(中国)、DFS·SMITH CARTER(加拿大)、M.A.O.CO.,LTD(日本)，和中国第一位建筑学博士、美国注册建筑师、中国国家一级注册建筑师项秉仁先生进行设计，利用天然的环境独创具有自身特色的"轻别墅"。○聘请境外环境设计机构对社区的环境进行设计，体现出自然、人文、居住三者的完美结合。○大量运用先进的技术，设计面积为200—500平方米不等，花园面积为350—1500平方米不等的数十款造型丰富的别墅。
○社区设有各种生活、休闲、娱乐、服务配套设施，着力刻画出一种在山水间的高尚、悠闲而富有品位的生活方式。
目前一期组团微雨居、翠峰居、秀隐居、翰风居开工建设，部分别墅已经结顶，即将与您见面。
JINDU REAL ESTATE
金都房产
住在杭州 住在金都
咨询热线：0571-87998111 87998222
www.livingcn.com
www.jindu-corp.com

把家轻轻放在大自然中
VILLAS
金都·富春山居
博涵自然的灵韵，释放心灵的体验。
青山叠翠的画境之宅
"金都·富春山居"——用心灵阅读自然
T-E 型独立别墅 面积 355.83m²
○"金都·富春山居"位于杭州富阳银湖开发区，北靠午潮山国家森林公园，南临杭富一级公路，占地面积1000余亩。○区内丘陵缓坡起伏，天然植被良好，天然林木覆盖率达76.5%，水系丰富。○聘请境外环境设计机构对社区的环境进行设计，体现出自然、人文、居住三者的完美结合。○大量运用先进的技术，设计面积为200—500平方米不等，花园面积为350—1500平方米不等的数十款造型丰富的别墅。
○社区设有各种生活、休闲、娱乐、服务配套设施，着力刻画出一种在山水间的高尚、悠闲而富有品位的生活方式。
目前一期组团微雨居、翠峰居、秀隐居、翰风居开工建设，部分别墅已经结顶，即将与您见面。
JINDU REAL ESTATE
金都房产
住在杭州 住在金都
咨询热线：0571-87998111 87998222
www.livingcn.com
www.jindu-corp.com

華|東
East China

Company name
公司名称：
浙江动脑广告

Floor name
楼盘名称：
金都富春山居

Art director general
创作总监：
刘更

Art director
美术指导：
李果／吴晓燕

Copy writer
文案：
邵炜

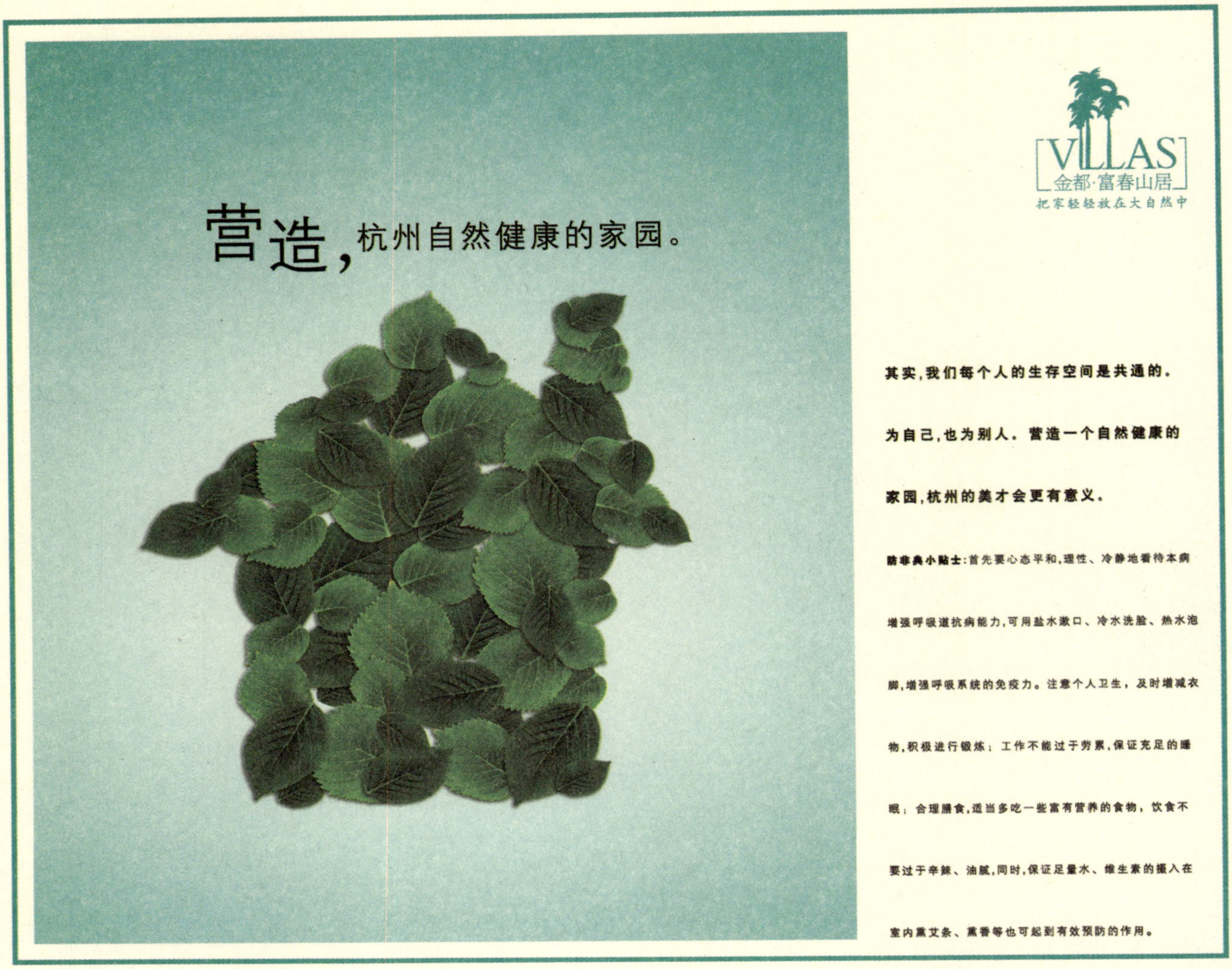
营造，杭州自然健康的家园。
VILLAS
金都·富春山居
把家轻轻放在大自然中
其实，我们每个人的生存空间是共通的。
为自己，也为别人。营造一个自然健康的家园，杭州的美才会更有意义。
防非典小贴士：首先要心态平和，理性、冷静地看待本病增强呼吸道抗病能力，可用盐水漱口、冷水洗脸、热水泡脚，增强呼吸系统的免疫力。注意个人卫生，及时增减衣物，积极进行锻炼；工作不能过于劳累，保证充足的睡眠；合理膳食，适当多吃一些富有营养的食物，饮食不要过于辛辣、油腻，同时，保证足量水、维生素的摄入在室内熏艾条、熏香等也可起到有效预防的作用。

VILLAS
金都·富春山居
把家轻轻放在大自然中

其实，这时候更要多一份对生命的自信与热忱。亲近水，因为它不但滋养着我们，那流淌不息的生命音符，也足以令我们感动。

防非典小贴士： 勤洗手对防病很重要。正确的洗手方法是，打开水龙头后，流动的水冲洗手部，应使手腕、手掌和手指充分浸湿；打上肥皂或洗涤液，均匀涂抹，搓出沫儿，让手掌、手背、手指、指缝等都沾满，然后反复搓揉双手及腕部。整个搓揉时间不应少于30秒，最后再用流动的自来水冲洗干净，直至手上不再有肥皂沫儿为止。一般情况下，应照此办法重复两到三遍，以保证把全部脏东西去除。

華｜東
East China

Company name
公司名称：
浙江动脑广告

Floor name
楼盘名称：
金都富春山居

Art director general
创作总监：
刘更

Art director
美术指导：
李果

Copy writer
文案：
何翼明

VILLAS
金都·富春山居
把家轻轻放在大自然中

其实，封闭不是保护自己最有效的手段。专家说，要多呼吸清新自然的空气。呼吸自然就是呼吸健康，清新自然的生命才更有抵抗力。

防非典小贴士：注意室内空气畅通。居室、工作室等人们长时间停留的场所，要定时开门窗向大自然单向通风，这样可减少发病机会，缓解病情程度。要保持正常的生活规律，定时作息，避免过度疲劳导致免疫力下降；春暖花开时节，多到室外作适当的活动，散步做操，放松情绪。出游时，尽量到空气质量好的地方去，晚上睡觉前要开一段时间窗子，保持室内空气流通，保持空气清新。

VILLAS
金都·富春山居
把家轻轻放在大自然中

其实,健康的身体才是防止病毒真正的特效药。要健康,就要注重生活方式。多一点自然接触,多一点锻炼,生命的光泽才会更鲜亮更悠长。

防非典小贴士：增强体质是防病的关键。要根据气温变化随时调节衣着,此外要吃好,保证充足的脂肪、蛋白质及维生素,还要锻炼好一进行适当的体育锻炼和户外活动。不要去人多、拥挤的公共场所,如电影院、商场等。要勤晒被子、勤换衣服,并要注意经常清洗孩子的玩具。如果感冒、发烧,最好能戴上厚一些的口罩,及时上医院诊治。

欢畅园
享受阳光，享受自然，享受生活
嘉州美都4期
最大的遗憾莫过于：
她就在你的眼前
而你却与她擦肩而过
每个人的一生中，
总会错失许多美好的机会
或者是一份您期待已久的工作
或者是一段您尘封在心底的感情
或者是一个环境与建筑品质俱佳的美好家园
因为欢畅园，
一个可以珍藏一世的家园，
这一次让你不会再有遗憾！
享受阳光/享受自然/享受生活
嘉州美都第四期欢畅园
震撼登场
[众人欢畅的乐园]作为嘉兴地区规模最大的住宅园区嘉州美都的点睛之笔，四期欢畅园位于嘉州美都的东北部，总用地面积73944.77 平方米。欢畅园西、南面隔路与嘉州美都一期、三期相邻，东、北二面是风景优美的环湖绿化带。[充满人文色彩的整体规划]总体构架为"一轴、三区"，采用"竖向设计"的原则，通过调适建筑群体的定位、高度和色彩配置以及园区景观艺术设计，营造了欢畅园自然、艺术、和谐、舒适的居住氛围。[月光湖，太阳山]随意眺望，太阳山之秀雅，月光湖之柔美，您的家就掩映在这片美丽风景中，让您如沐春风，从内心感谢生活，眷恋生命。[碧浪湖游泳池]是嘉兴地区首屈一指的近1000平方米的景观游泳池，采用法国戴斯勒公司的泳池设备，一年四季碧水荡漾，成为你美好家园的完美背景。[情趣盎然的景观艺术]欢畅园将"生态·绿色"作为首要的规划理念，结合弧形的道路系统，使坡坎、花池层层叠叠，矮墙、藤葛绿意垂垂，高低不同的树种错落有致……让您诗意地栖居在天地人间！
嘉州美都欢畅园
嘉州美都欢畅园位置图
经房公司
JingFang Company
嘉兴经济开发区房地产公司 公司地址：嘉兴市二环西路2231号友谊广场 邮编：314001 传真：0573-2113022
Http://www.jxjf.com E-mail:webmaster@jxjf.com 广告全案/市场推广：Tiger 杭州太古广告 0571-88088521
售楼热线：0573－2271668 2271998
嘉售许字（2003第10号）

享受阳光/享受自然/享受生活
生命对于我最大的乐趣就是：
每天午后时分惬意地坐在窗前，
翻一本小说，享受阳光的味道，
每日傍晚与家人漫步在欢畅园绿意盎然的林荫大道上……
经房力作 傲然独立
嘉州美都四期欢畅园
SUNLIGHT NATURE LIFE
欢畅园
嘉州美都4期
[众人欢畅的乐园] 作为嘉兴地区规模最大的住宅园区嘉州美都的点睛之笔，四期欢畅园位于嘉州美都的东北部，总用地面积约73945平方米。欢畅园西、南面隔路与嘉州美都一期、三期相邻，东、北二面是风景优美的环湖绿化带。[充满人文色彩的整体规划] 总体构架为"一轴、三区"，采用"竖向设计"的原则，通过调适建筑群体的定位、高度和色彩配置以及园区景观艺术设计，营造了欢畅园自然、艺术、和谐、舒适的居住氛围。[月光湖，太阳山] 随意眺望，太阳山之秀雅，月光湖之柔美，您的家就掩映在这片美丽风景中，让您如沐春风，从内心感谢生活，眷恋生命。[碧浪湖游泳池] 作为嘉兴地区首屈一指的近1000平方米的景观游泳池，采用世界最先进的泳池设备，一年四季碧水荡漾，成为你美好家园的完美背景。[情趣盎然的景观艺术] 欢畅园将"生态·绿色"作为首要的规划理念，结合弧形的道路系统，使坡坎、花池层层叠叠，矮墙、藤葛绿意垂垂，高低不同的树种错落有致，让您诗意地栖居在天地人间！
嘉州美都欢畅园
嘉州美都欢畅园位置图
经房公司 JingFang Company
嘉兴经济开发区房地产公司 公司地址：嘉兴市二环西路2231号友谊广场 邮编：314001 传真：0573-2113022
Http://www.jxjf.com E-mail:webmaster@jxjf.com 广告全案/市场推广：Tiger 杭州太古广告 0571-88088521
售楼热线：0573-2271668 2271998
嘉售许字（2003第10号）

HuanChangYuan
享受阳光、享受自然、享受生活
欢畅园
嘉州美都4期
○享受阳光/享受自然/享受生活○
绰约风华 一世珍藏
SUNLIGHT. NATURE. LIFE
经房嘉州美都欢畅园关注您的生活健康和幸福！
我就是喜欢「享受」生活！
难道你不喜欢？！
朋友们都说我是个狂热的"享受主义者"，
我自己也承认，
并且更以此为乐。
因为，我的生活中离不开阳光与自然，
就象我选择了欢畅园，
就是为了充分享受阳光，享受自然，享受生活的乐趣！
难道你不喜欢？！
特别提示：
欢畅园开盘短短20天，
首批登陆的200多套房子被抢购一空！
经房公司为答谢广大嘉兴市民的厚爱，
从5月8日起 再度强势推出第二批热销户型，
敬请密切关注！
[众人欢畅的乐园] 作为嘉兴地区规模最大的住宅园区嘉州美都的点睛之笔，四期欢畅园位于嘉州美都的东北部，总用地面积约73945平方米。欢畅园西、南面隔路与嘉州美都一期、三期相邻，东、北二面是风景优美的环湖绿化带。
[充满人文色彩的整体规划] 总体构架为"一轴、三区"，采用"竖向设计"的原则，通过调适建筑群体的定位、高度和色彩配置以及园区景观艺术设计，营造了欢畅园自然、艺术、和谐、舒适的居住氛围。
[月光湖，太阳山] 随意眺望，太阳山之秀雅，月光湖之柔美，您的家就掩映在这片美丽风景中，让您如沐春风，从内心感谢生活，眷恋生命。
[碧浪湖游泳池] 作为嘉兴地区首屈一指的近1000平方米的景观游泳池，采用世界最先进的泳池设备，一年四季碧水荡漾，成为你美好家园的完美背景。
[情趣盎然的景观艺术] 欢畅园将"生态·绿色"作为首要的规划理念，结合弧形的道路系统，使坡坎、花池层层叠叠，矮墙、藤蔓绿意垂垂，高低不同的树种错落有致，让您诗意地栖居在天地人间！
嘉州美都欢畅园
○嘉州美都欢畅园位置图
经房公司
JingFang Company
嘉兴经济开发区房地产公司 公司地址：嘉兴市二环西路2231号友谊广场 邮编：314001 传真：0573-2113022
Http://www.jxjf.com E-mail:webmaster@jxjf.com 广告全案/市场推广：Tiger杭州太古广告0571-88088521
售楼热线：0573-2271668 2271998
嘉售许字（2003第10号）

诚　信　创　造　未　来

嘉兴经济开发区房地产公司（简称经房公司）是由嘉兴经济开发区建设发展有限公司、嘉兴市建设房地产开发公司于1992年共同投资创办，具有城市综合开发二级资质，是嘉兴十大品牌房产企业！作为房产开发商，经房公司一直都在努力，希望通过我们的工作，能够为我们每天朝夕相处的城市和家园，增添新的骄傲和精彩。让我们每个人都能生活在一个舒适、优雅、富有品质、充满尊严和人性关怀的建筑空间中，这是经房全体员工始终不渝的奋斗目标！几年来，经房公司始终秉承"以诚信求发展，以品质求发展，以创新求发展"的经营理念和一丝不苟的专业工作精神，相继开发完成嘉兴经济开发区南区各项基础配套设施，南区、中区高标准通用厂房，友谊公寓小区、建明公寓别墅区、凯旋公寓、虹泰公寓和洪波公园等项目，深获社会好评，由此也奠定了经房公司在嘉兴房产市场的良好品牌形象。目前，经房公司正全面致力于嘉兴地区规模最大的住宅园区—嘉州美都的开发、建设。现在嘉州美都一期（欢乐园）、二期（欢快园）已全面竣工交付使用，三期（欢欣园）已准备入住，嘉州美都的点睛之作四期（欢畅园）即将全面推出。"嘉州美都"更已成为嘉兴一个广受信赖、有口皆碑的房产品牌。登高壮阔天地间，大江茫茫去不返。经房深知：市场竞争是一场没有终点的赛跑，不进则退，新的征程，任重而道远。市场不相信眼泪，竞争靠实力说话。经房将以更勤奋、踏实、严谨的工作精神，不断自我超越，创造出更多、更优秀的房产品，奉献给广大嘉兴市民，奉献给这个水绿天蓝的江南城市！

○ 嘉州美都实景图

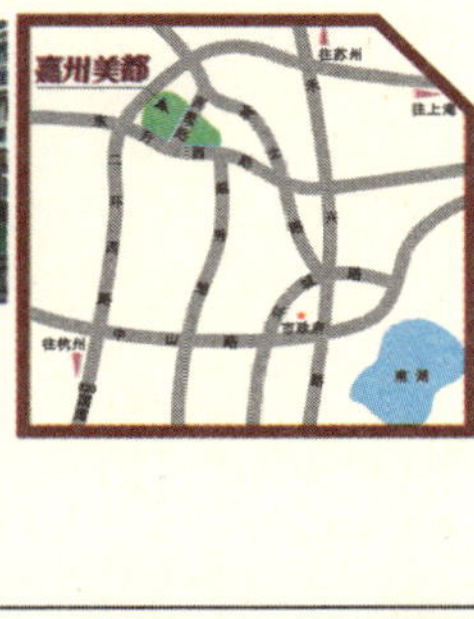

嘉兴经济开发区房地产公司

公司地址：嘉兴市二环西路2231号友谊广场　邮编：314001　传真：0573-2113022　E-mail:webmaster@jxjf.com　Http://www.jxjf.com　联系电话：0573-2116036、2117084

● 广告全案 / 市场推广：Tiger 杭州太古广告 TEL: 0571-88088521

RiverSide
锦波丽港
風月無邊
波涛在心底
轻轻拍打
微风在耳畔
低吟浅唱
凭栏临风
天蓝蓝
水蓝蓝……
⊙区位　位于观音塘小区，总建筑面积4.3万余平方米，由2幢26层的电梯公寓及2层裙房组成，三梯六户，96-140㎡多款精致户型。⊙成熟　临近秋涛路、清江路、杭海路、钱江路和滨江大道。周边火车新客站、各类专业市场，医院、学校、酒店、超市等生活设施一应俱全。⊙未来　毗邻规模宏大的钱江新城。新市政府大楼、杭州大剧院、杭州国际会展中心、博物馆、体育中心等一大批现代化建筑都将在此落成，未来杭州中央商务区(CBD)将与你的生活朝夕相伴。⊙江景　近眺钱塘江，凭栏临风，风月无边。⊙精致　外墙花岗岩干挂结合高档涂料；品牌高速电梯。住宅采用彩色铝合金门窗，钢质防盗入户门，预留电话、有线电视、宽带网接口、管道液化气；门禁可视对讲、集中监控防盗保安系统。
销售热线：0571-87912124　87085799　86526467
□开发商 杭州市城建开发集团
□售楼地址 (总部)长生路9号 (现场)观音塘小区静安花苑底座商铺
□网址 www.dajia.com.cn
□售许字 2001第87号
□市场推广 浙江动脑广告机构85281111

華|東
East China

Company name
公司名称：
杭州太古广告

Floor name
楼盘名称：
欢畅园

Art director general
创作总监：
俞斌浩

Art director
美术指导：
巩忌斌

Copy writer
文案：
吴建峰

Company name
公司名称：
浙江动脑广告

Floor name
楼盘名称：
锦波丽港

Art director general
创作总监：
刘更

Art director
美术指导：
强朋

Copy writer
文案：
邵炜

California
SUNSHINE
開元 加州陽光
CALIFORNIA SUNSHINE
我知道自己在寻找什么——
一个不需要太大但应该舒适自如的个性空间，
一处能轻松拥有并且能轻松打理的私人物业，
一种简单但更加率性、精彩、丰富的生活方式，
一份随时随地受人尊重、被人羡慕的自豪感觉，
摆脱拥挤、沉闷、烦琐，
在更加开阔、多维、欣欣向荣的生活背景里，
满足现在，拥抱未来。
加州阳光·南岸单身公寓，
一次满足我的诸多梦想，
加州阳光·南岸
新贵单身公寓
我在南岸
我在生活中央
我的骄傲 我的家
SHOPPING MALL精彩生活发源地
与加州阳光大型SHOPPING MALL紧密相拥，大型购物广场、大型超市、省内一流的五星级电影城、中西连锁餐饮、KTV量贩娱乐运动区、咖啡馆、露天舞台等，“一站式”消费，生活无比便利。
SHOPPING MALL由设计上海港汇广场的美国专业商场建筑设计公司之一CALLISON倾献专业设计，新加坡超群商业顾问公司统一规划与经营管理，倡导时尚品质生活，倡导健康休闲文化，便利之外，坐享品位，无出其右。
轻松拥有私人小豪邸
40-50平方精巧小户型，总价低，首付少，轻松做业主，居住、投资、度假，随心所欲。
依据都市新贵生活特点量身定造，空间可自由分隔，满足您自由自在、浪漫奔放的天性。
结构紧凑实用，厅、卫、厨，一应俱全，宜长住，宜小居，生活的乐趣只多不少。
精装修成品房，恰到好处的简约主义风格，轻松入住，一步到位。
尽情享受生活每一刻
秉承开元旅业星级品质、资深酒店化管理经验，实施一贯的“酒店化标准”的物业管理。
处处体现周到、细致的酒店化管理服务模式，酒店式门厅等硬件设施，酒店化服务等软件配套，均让您在小空间住出大酒店的尊贵感受。
钱江三桥
钱江四桥
钱江一桥
N
金惠路
萧山剧院
区政府
人民广场
市心中路
金鸡路
金城路
开元·加州阳光
开元名都
萧杭路
开元·加州阳光地理位置图
开元房产
咨询热线 ▶ 0571 82813889
开元旅业集团·杭州开元房地产开发有限公司
现场展示中心：杭州萧山区市心中路818号
售许字(2003)第137号
市场推广：浙江动脑广告机构
商业设计：CALLISON建筑设计事务所
建筑规划：美国WATG建筑设计公司
景观设计：贝尔高林(BELT COLLINS)设计公司

California
SUNSHINE
開元 加州陽光
MILK
ELLE
我在南岸 我在生活中央
不必担心睡过了头，
牛奶和报纸总是准时送到，
不必再为洗衣、家居清洁、维修这些事情烦恼，
如果有需要，可以为您代订车船、机票，
如果您有重要客户要接送，
而您又没有时间，不要紧，
自然会有人把这一切做好。
…
给生活减压，为精彩加分，
尊贵管家服务，帮您卸掉一切烦琐和负担，
而您要做的就是——享受生活。
我在南岸，我在生活中央。
加州阳光·南岸
新贵单身公寓
SHOPPING MALL精彩生活发源地
●与加州阳光大型SHOPPING MALL紧密相拥，大型购物广场、大型超市、省内一流的五星级电影城、中西连锁餐饮、KTV量贩娱乐运动区、咖啡馆、露天舞台等，“一站式”消费，生活无比便利。
●SHOPPING MALL由设计上海港汇广场的美国专业商场建筑设计公司之一CALLISON倾献专业设计，新加坡超群商业顾问公司统一规划与经营管理，倡导时尚品质生活，倡导健康休闲文化，便利之外，坐享品位，无出其右。
轻松拥有私人小豪邸
●40-50平方精巧小户型，总价低，首付少，轻松做业主，居住、投资、度假，随心所欲。
依据都市新贵生活特点量身定造，空间可自由分隔，满足您自由自在、浪漫奔放的天性。
●结构紧凑实用，厅、卫、厨，一应俱全，宜长住，宜小居，生活的乐趣只多不少。
精装修成品房，恰到好处的简约主义风格，轻松入住，一步到位。
尽情享受生活每一刻
●秉承开元旅业星级品质、资深酒店化管理经验，实施一贯的“酒店化标准”的物业管理。
●处处体现周到、细致的酒店化管理服务模式，酒店式门厅等硬件设施，酒店化服务等软件配套，均让您在小空间住出大酒店的尊贵感受。
钱江三桥
钱江四桥
钱江一桥
N
效果图
金惠路
金鸡路
区政府
人民广场
市心中路
金城路
开元·加州阳光
开元名都
萧杭路
●开元·加州阳光地理位置图
开元房产
咨询热线▶0571 82813889
开元旅业集团·杭州开元房地产开发有限公司
现场展示中心：杭州萧山区市心中路818号
售许字(2003)第137号
市场推广：IDEAS 浙江动脑广告机构
商业设计：CALLISON建筑设计事务所
建筑规划：美国WATG建筑设计公司
景观设计：贝尔高林(BELT COLLINS)设计公司

California
SUNSHINE
開元 加州陽光
向左走
向右走
作为未来萧山新区商贸中心，
加州阳光SHOPPING MALL包含大型购物广场、
大型超市、省内一流的电影城、中西连锁餐饮、
KTV量贩娱乐运动区、咖啡馆、露天舞台等，
其在萧山新区的地位与意义毋庸置疑。
将来，
随着SHOPPING MALL的建成和使用，
其所代表的物业，
影响力将进一步扩大。
向Shopping Mall生活走
加州阳光·南岸新贵小户型物业，
与加州阳光南区60000平方米大型SHOPPING MALL紧密相拥，
实现生活、休闲、娱乐一站式消费。
加州阳光·南岸新贵小户型物业，
真正SHOPPING MALL物业，真正品质享受，
舒适便利，潜力无限！
我在南岸
我在生活中央
加州阳光·南岸
小户型物业 新贵空间
Shopping Mall国际尖端商业模式
Shopping Mall意为大型购物中心，属于一种新型的复合型商业业态。Shopping Mall产生于20世纪初，包括百货店、大卖场以及众多专业连锁零售店在内的超级商业中心，具有长廊、广场、庭院的特点，适宜休闲、购物或聚会。五六十年代，Shopping Mall在美国等发达国家盛行，因其适应了现代人生活模式和对商业形式的要求而被世界各国引用。随着新技术的进一步发展、运用，其先进的购物理念，超大的规模以及购物、餐饮、休闲、娱乐、旅游等综合性经营模式与完美的环境配套设施而风靡欧、美、日及东南亚国家，成为当今世界商业领域中时尚的购物模式。
20
Top 10 Operators Of Hangzhou China
中国(杭州)十大城市运营商
真正酒店化物业
加州阳光·南岸新贵小户型，地处萧山新区CBD黄金地段，西邻大型城市公园，南临具有综合优质教学模式的金山学校，萧山剧院、人民广场等分布四周。加州阳光·南岸新贵小户型，每套建筑面积在30-60平方米左右，总价低，首付少，轻松做业主。
金城路
开元·加州阳光
开元名都
萧杭路
开元·加州阳光地理位置图
开元房产
咨询热线▶0571 82813889
开元旅业集团·杭州开元房地产开发有限公司
现场展示中心：杭州萧山区市心中路818号
售许字(2003)第137号
市场推广：浙江动脑广告机构
商业设计：CALLISON建筑设计事务所
建筑规划：美国WATG建筑设计公司
景观设计：贝尔高林(BELT COLLINS)设计公司

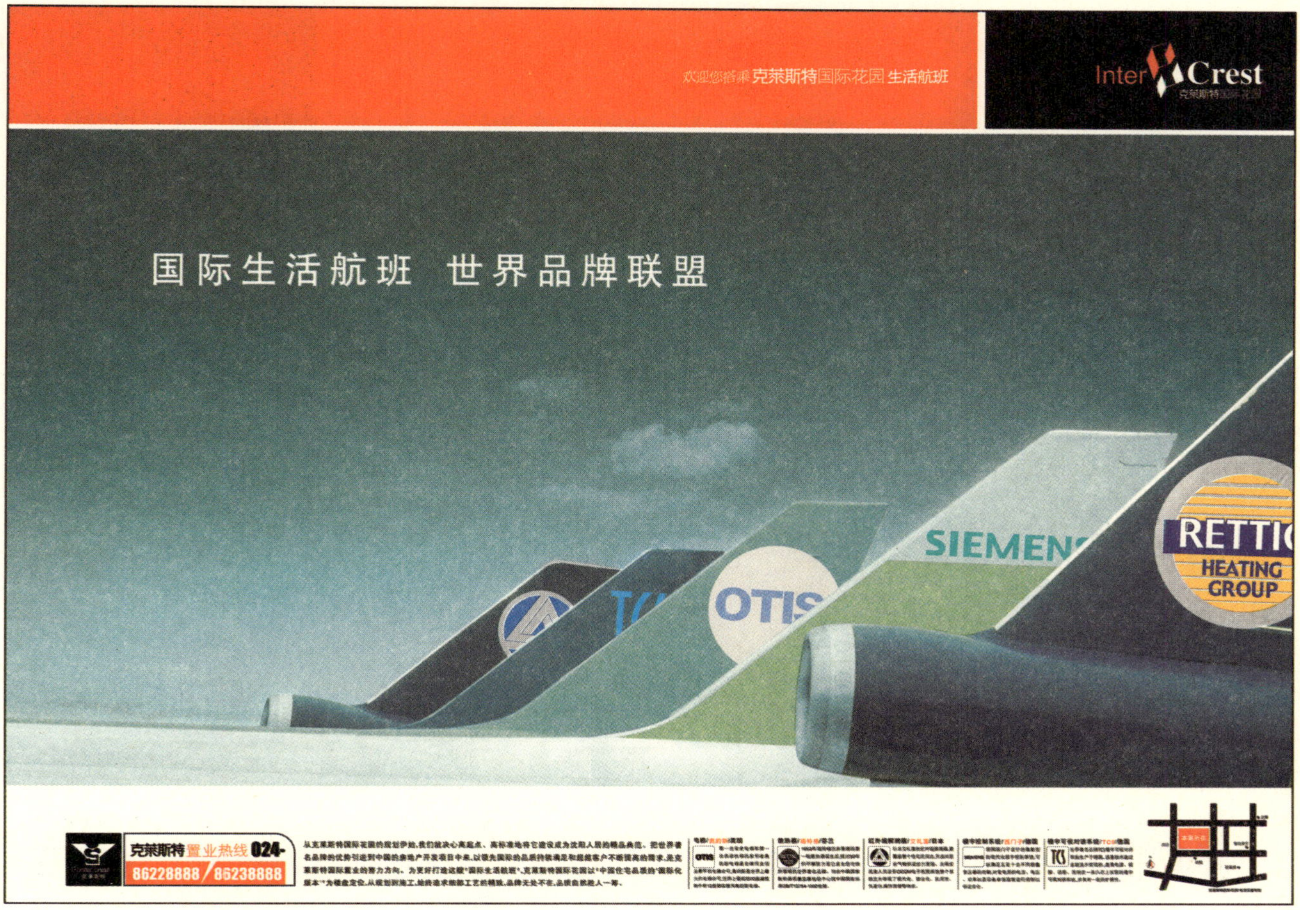

華|東
East China

Company name
公司名称：
浙江动脑广告

Floor name
楼盘名称：
加州阳光

Art director general
创作总监：
刘更

Art director
美术指导：
严鸣

Copy writer
文案：
何翼明

Company name
公司名称：
浙江动脑广告

Floor name
楼盘名称：
克莱斯特国际花园

Art director general
创作总监：
刘更

Art director
美术指导：
李果

Copy writer
文案：
吴招武

欢迎您搭乘克莱斯特国际花园生活航班
Inter Crest
克莱斯特国际花园
"五星"社区 头等享受
Cabin
舱位 豪华五星头等舱
Seat
座位 1292户
Gate
登机口 01
Destination
目的地
克莱斯特置业热线024-
86228888/86238888

欢迎您搭乘克莱斯特国际花园生活航班
Inter Crest
都市穿梭 随心抵达
航班号 FLIGHT NO:
起点站 FROM
终点站 TO
起飞时间 TTD
到达时间 ATD
克莱斯特置业热线024-
86228888/86238888
克莱斯特国际花园的区位之于沈阳,似于沈阳之于全国,不仅为区域的中心城市,亦是国际化城市特征突显的要地,担当着枢纽的角色。无论经济、金融、人文等城市功能配套,还是购物、休闲、医疗、教育等生活功能配套,汇聚一地,沟通便捷。在这里,经济与生活交融,时尚与居住互通。在这里,就是在城市的重心。

2002年是中国年，新经济时代的到来，
高信息产业意识已深入城市居民的日常生活，
经济的国际化接轨刺激着杭州的城市发展。
大银行、大型通讯公司等云集于城市的CBD中心区域，
蓝天时代广场结合国际知名大型金融公司办公设计优势，
聘请香港专业物业公司提供星级服务，
吸引众多公司竞相进驻，成为对外展示营业场所首选。
●武林核心地段：地处莫干山路密度桥路口，南依杭州市行政中心一市府大楼，西临浙江媒体信息中心一省广电中心（浙江电视台电台），是以市政府大楼为代表的行政中心；以广电中心大楼为代表的信息中心；以武林广场为代表的商务中心；以文教区为代表的高教中心；以高新产业为代表的科技中心。●交通网络聚焦点：公交线路众多，近临上塘高架，可以直接上高速出行方便；与京杭运河近在咫尺；东有民航售票处；有直接往返于萧山机场、上海的豪华中巴。●杭州CBD中心：与华浙广场、白马大厦、耀江发展中心及杭州大厦、银泰百货、雷迪森广场等大型商厦、宾馆共同组成杭州CBD中心地区，酒店、商场、娱乐、餐饮集中于此。
蓝天时代广场
国际金融信息
天堂会聚。
纯写字楼>>> LAN TIAN TIME SQUARE
因为有承诺，我们义无反顾、马不停蹄，
因为有梦想，我们披星戴月、只争朝夕，
因为有追求，我们纵横驰骋、游韧有余，
因为有实力，我们稳操胜券、尽在掌握，
蓝天房产一构筑希望，实现梦想。
蓝天房产
Lan Tian Real Estate
Tel/0571-88389222
◎开发商>>>浙江蓝天房地产开发公司
◎展示中心>>>杭州市莫干山路18号
◎策划推广>>>红狮广告0571-87918329
◎杭售许(99)第90号
本案

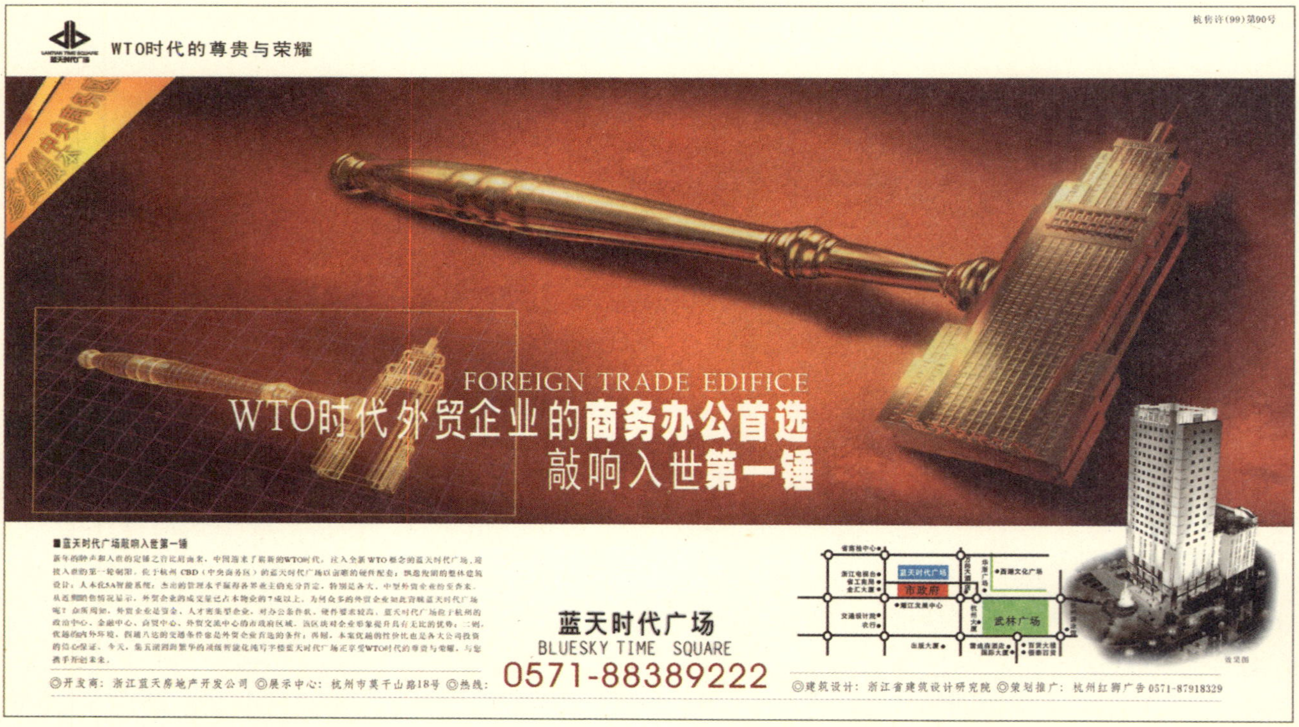

杭售许(99)第90号
WTO时代的尊贵与荣耀
FOREIGN TRADE EDIFICE
WTO时代外贸企业的商务办公首选
敲响入世第一锤
■蓝天时代广场敲响入世第一锤
蓝天时代广场
BLUESKY TIME SQUARE
0571-88389222
蓝天时代广场
市政府
武林广场
西湖文化广场
◎开发商：浙江蓝天房地产开发公司 ◎展示中心：杭州市莫干山路18号 ◎热线：
◎建筑设计：浙江省建筑设计研究院 ◎策划推广：杭州红狮广告 0571-87918329

華|東
East China

Company name
公司名称：
杭州红狮广告

Floor name
楼盘名称：
蓝天时代广场

Art director
美术指导：
金学丽 / 陆卫东

Copy writer
文案：
陆卫东

River View Garden
临江花园
用阅读自然的心情 阅读临江花园
临江花园位于钱塘江南岸滨江区高新技术开发区,向北便是著名的钱塘江大桥和六和塔。临江花园由六和苑、明珠苑、富丽苑三个组团构成。总建筑面积30万平方米，由18幢多层、3幢小高层、15幢高层组成，绿化率达到47%
富丽苑位于临江花园中部，是整个小区规模最大的一个组团，由8幢多层、3幢小高层、7幢高层住宅构成，小高层和高层住宅分别围合于小区中心庭院四周，景观主题互不相同，风景也各具情态，强调每一个住户享受风景资源的均好性。
0571-87901126 86697278

躺在风景里的家园

临江花园
用阅读自然的心情 阅读临江花园
临江花园位于钱塘江南岸滨江区高新技术开发区,向北便是著名的钱塘江大桥和六和塔。临江花园由六和苑、明珠苑、富丽苑三个组团构成。总建筑面积30万平方米，由18幢多层、3幢小高层、15幢高层组成，绿化率达到47%
富丽苑位于临江花园中部，是整个小区规模最大的一个组团，由8幢多层、3幢小高层、7幢高层住宅构成，小高层和高层住宅分别围合于小区中心庭院四周，景观主题互不相同，风景也各具情态，强调每一个住户享受风景资源的均好性。
0571-87901126 86697278

華東
East China

Company name
公司名称:
浙江动脑广告

Floor name
楼盘名称:
临江花园

Art director general
创作总监:
刘吏

Art director
美术指导:
李果 / 强朋

Copy writer
文案:
吴招武

心情空间·表演空间
我就是邓肯!
谁说我不能成为伟大的舞蹈家，生活在山水人家，心情所致，随时随地，我就是伊莎多拉·邓肯，为生命尽情起舞。山水人家，比房子更大的是我的生活，比生活更大的是我的心情。
位于杭城最具品味和价值的版块 黄龙风景区、玉泉景区、西溪景区、世贸中心、浙江大学、浙江图书馆，规划中的浙江大学国家科技园区构筑区块价值，使山水人家以独特的风景资源和人文气质成为杭城最高档的居住区之一。
交通条件便利畅达 公交车49路、526路、K502路多路公交车途经山水人家；规划中的两个轻轨站点均在山水人家500米之内；规划中的的灵岳隧道使山水人家与西湖风景区迅捷沟通，未来交通更为便利。
生活配套成熟 就医有古荡医院、浙江大学医学院附属医院、省立同德医院等。山水人家集城西商圈及黄龙商圈双重优势，周边成熟的生活配套，可满足购物、休闲、商务于一身的的高品位生活要求。
POETIC HOME
山水人家
开发商/杭州坤和建设集团有限公司 公司地址/杭州文一路白荡海人家坤和商务楼8-9楼 网站/www·canhigh·com·cn 销售展示中心地址/杭州环城北路138号

Company name
公司名称:
浙江动脑广告

Floor name
楼盘名称:
山水人家

Art director general
创作总监:
刘更

Art director
美术指导:
李果

Copy writer
文案:
李晓雅

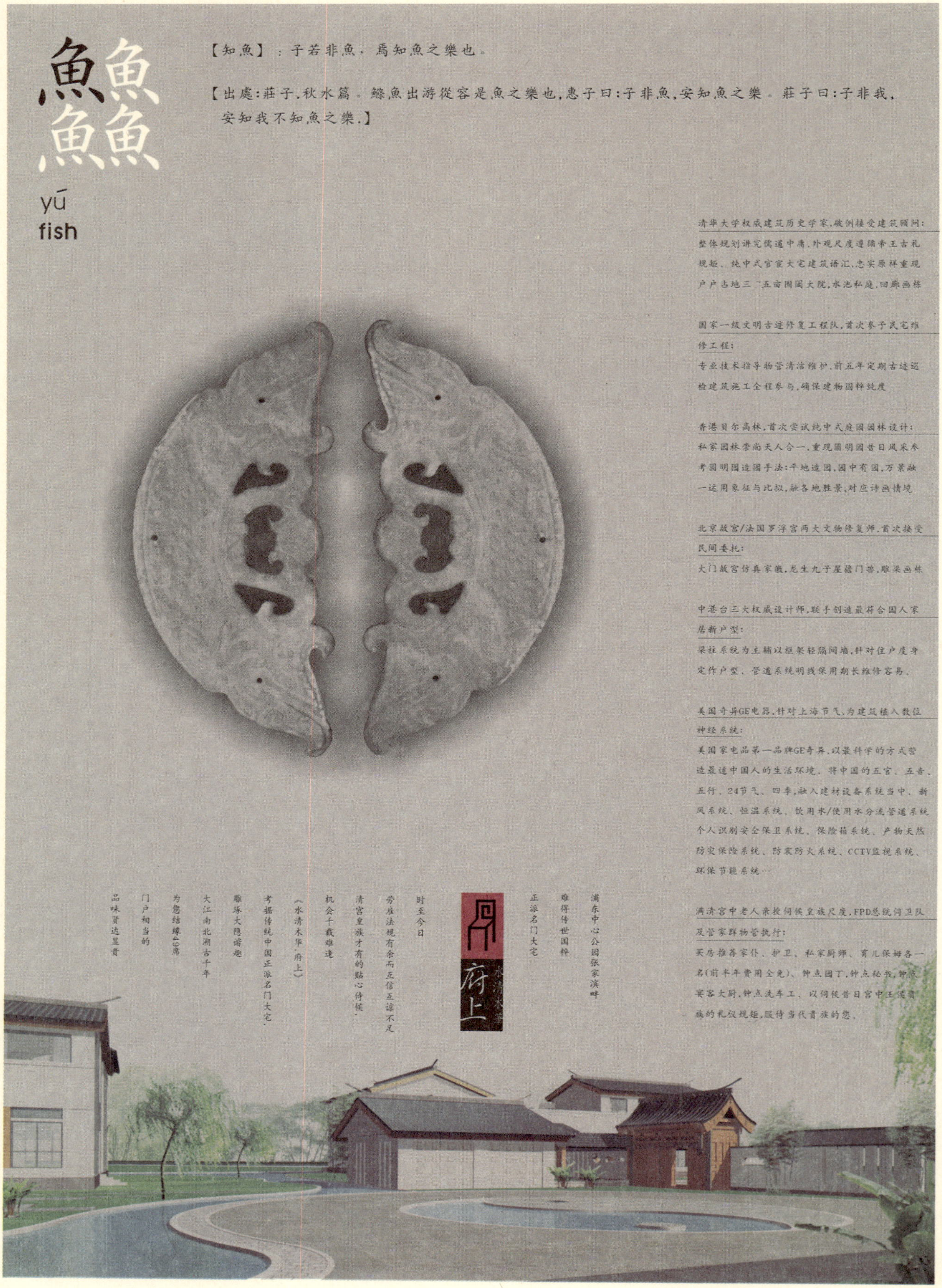
魚魚
魚魚
yú
fish
【知魚】：子若非魚，焉知魚之樂也。
【出處:莊子.秋水篇。鯈魚出游從容是魚之樂也,惠子曰:子非魚,安知魚之樂。莊子曰:子非我,安知我不知魚之樂.】
清华大学权威建筑历史学家,破例接受建筑顾问:
整体规划讲究儒道中庸.外观尺度遵循帝王古礼规矩、纯中式官宦大宅建筑语汇,忠实原样重现户户占地三~五亩围阖大院,水池私庭,回廊画栋
国家一级文明古迹修复工程队,首次参予民宅维修工程:
专业技术指导物管清洁维护,前五年定期古迹巡检建筑施工全程参与,确保建物国粹纯度
香港贝尔高林,首次尝试纯中式庭园园林设计:
私家园林崇尚天人合一,重现圆明园昔日风采参考圆明园造园手法:平地造园,园中有园,万景融一运用象征与比拟,融各地胜景,对应诗画情境
北京故宫/法国罗浮宫两大文物修复师,首次接受民间委托:
大门故宫仿真家徽,龙生九子屋檐门兽,雕梁画栋
中港台三大权威设计师,联手创造最符合国人家居新户型:
梁柱系统为主辅以框架轻隔间墙,针对住户度身定作户型、管道系统明线保用期长维修容易.
美国奇异GE电器,针对上海节气,为建筑植入数位神经系统:
美国家电品第一品牌GE奇异,以最科学的方式营造最适中国人的生活环境,将中国的五官、五音、五行、24节气、四季,融入建材设备系统当中、新风系统、恒温系统、饮用水/使用水分流管道系统个人识别安全保卫系统、保险箱系统、产物天然防灾保险系统、防震防火系统、CCTV监视系统、环保节能系统…
满清宫中老人亲授伺候皇族尺度,FPD总统侍卫队及管家群物管执行:
买房推荐家仆、护卫、私家厨师、育儿保姆各一名(前半年费用全免)、钟点园丁,钟点秘书,钟点宴客大厨,钟点洗车工、以伺候昔日宫中王侯贵族的礼仪规矩,服侍当代贵族的您。
浦东中心公园张家滨畔
难得传世国粹
正派名门大宅
府上
水清木华
时至今日
劳雇法规有余而互信互谅不足
清宫皇族才有的贴心侍候.
机会千载难逢
《水清木华.府上》
考据传统中国正派名门大宅.
雕琢大隐谐趣
大江南北湖古千年
为您结缘49席
门户相当的
品味贤达显贵

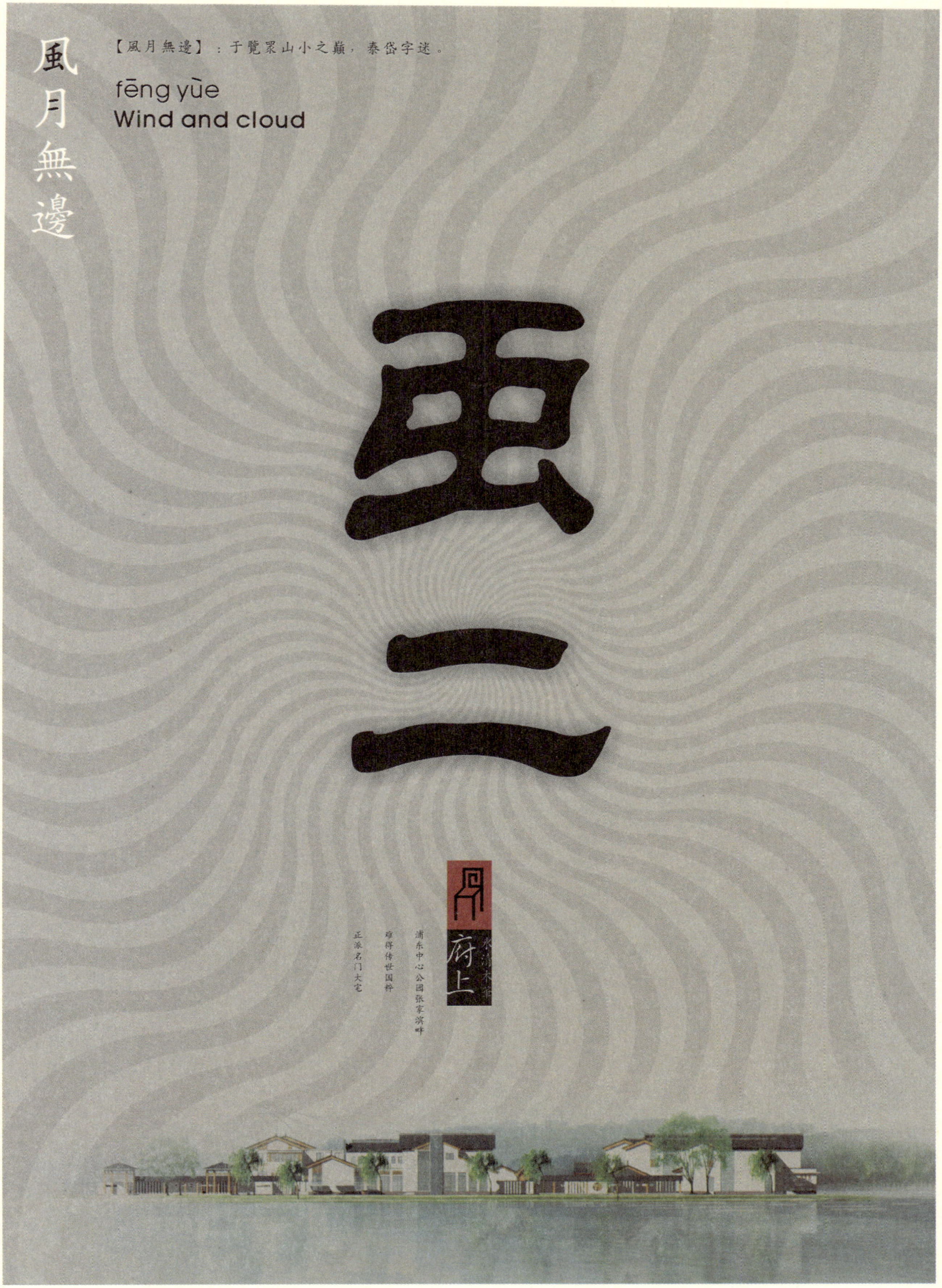

風月無邊
【風月無邊】：于覽眾山小之巔，泰岱字迷。
fēng yùe
Wind and cloud
府上
水清木华
浦东中心公园张家浜畔
难得传世国粹
正派名门大宅

磊

shí

stone

【磐石】：喻其坚

洋房美宅梧桐情深的衡山路，

只有小资情调没有国粹；

博览各国建筑争妍斗艳的外滩，

只有观光客没有国粹；

改建成新天地shopping mall的石库门，

只有live pub没有国粹；

穿过小商品小吃观光街的豫园尚有国粹眉目，

却难免形单影只。

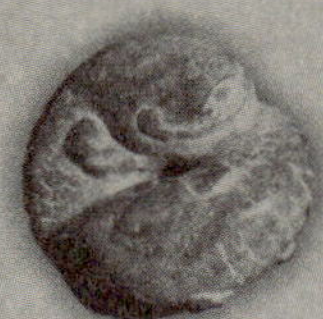

浦东中心公园张家滨畔

难得传世国粹

正派名门大宅

府上 水清木华

在走过熙熙攘攘的洋派街头之后，

回头寻根

在万国荟萃的上海，

第一次，惊艳传统建筑的大器美学

《水清木华·府上》

考据传统中国正派名门大宅，

雕琢大隐谐趣

大江南北溯古千年

为您结缘四席

门户相当的

品味贤达显贵

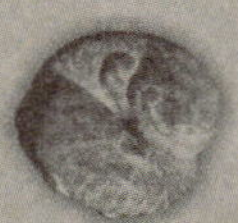

華|東
East China

Company name
公司名称：
深圳图登广告

Floor name
楼盘名称：
水清木华府上

Art director general
创作总监：
杨霖／胡永

Art director
美术指导：
胡永／王一霖

Copy writer
文案：
杨霖

天阳棕榈湾，绿化率达40%的休闲生态小区。8000多平方米的集中公共绿地空间。成坡状的绿地和树木相结合，是孩子们闲时撒野的最好场所；贯穿东西的林荫带，是整个小区的景观轴线，可带你领略两边亚热带风情美景；大尺度的绿化空间和建筑群对比，形成"绿化中的建筑"，鸟语、花香、绿树盈窗，碧水连宅、一首充满天然野趣的田园牧歌。为业主营造了一个休闲、健康、漾然、生态的阳光社区。

垂询热线：057188788028 88753527

■发展商：杭州天阳置业房地产有限公司 ■建筑规划设计：华森建筑设计有限公司 ■景观设计：泛亚易道景观公司 ■全案推广：深圳博思堂广告公司

天阳棕榈湾
Sunny Palm Bay

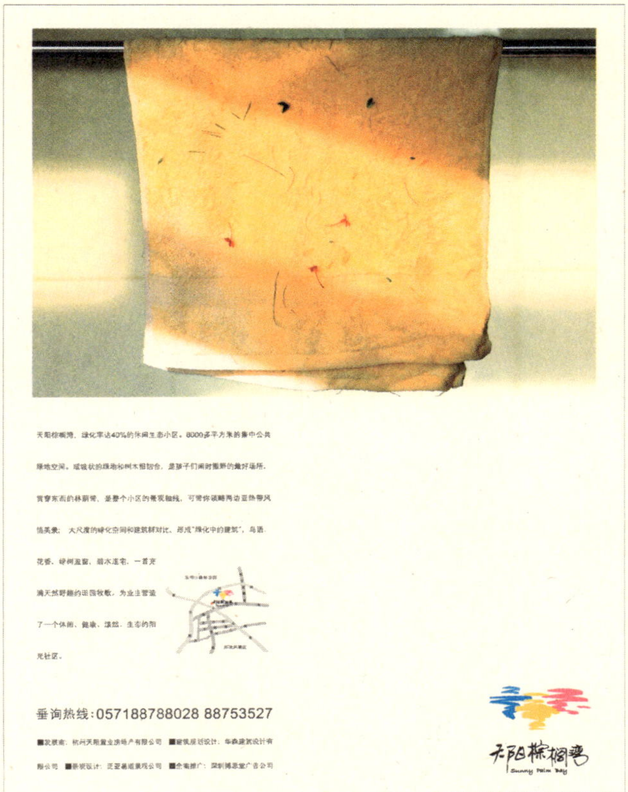

Company name
公司名称：
深圳博思堂广告

Floorname
楼盘名称：
天阳棕榈湾

Art director
美术指导：
王军

Copy writer
文案：
赖国平

温州·财富中心
WENZHOU FOURTUNE CENTER
生态型国际化5A写字楼
每个举世闻名的城市，都有一个财富的象征物。在纽约有帝国大厦，在香港有中银大厦，在上海有金茂大厦，在吉隆坡有双子楼……财富中心是一个城市在市场经济下的经济枢纽机构，是一个国际化都市的形象。
在温州最富传奇的区位
缔造新商务时代的财富传奇
温州财富中心总建筑面积5万余m²，地处车站大道与锦绣大道交接口，时代广场对面。周边配套设施齐全，大型商场、银行、证券中心、宾馆、大卖场、体育馆等星罗密布。骄傲的财富之城，显赫巨擎天地之间。
分层分户VRV空调系统，真正24小时全天候办公
约300余个固定泊车位
9米挑高酒店式商务大堂
8台进口原装品牌电梯
总裁级VIP行政酒廊
同声翻译标准会议厅
全景式板式办公空间
五组超10米高度休闲空间
酒店式商务中心
大型空中花园
车站大道
学院路
本案
时代广场
锦绣路
位置图
效果图
财富专线 0577-88859808 0577-88859809
开发商-温州巨龙房地产开发有限公司
规划设计-深圳市规划设计总院
市场推广-浙江动脑广告机构 Tel:0571-85281111
每座城市都有一个财富的象征
香港中银大厦建于1998年
温州财富中心将于2003年破土动工
FORTUNE CENTER

温州·财富中心
WENZHOU FOURTUNE CENTER
生态型国际化5A写字楼
每个举世闻名的城市，都有一个财富的象征物。在纽约有帝国大厦，在香港有中银大厦，在上海有金茂大厦，在吉隆坡有双子楼……财富中心是一个城市在市场经济下的经济枢纽机构，是一个国际化都市的形象。
在温州最富传奇的区位
缔造新商务时代的财富传奇
温州财富中心总建筑面积5万余m²，地处车站大道与锦绣大道交接口，时代广场对面，周边配套设施齐全，大型商场、银行、证券中心、宾馆、大卖场、体育馆等星罗密布，骄傲的财富之城，显赫巨擘天地之间。
分层分户VRV空调系统，真正24小时全天候办公
约300余个固定泊车位
9米挑高酒店式商务大堂
8台进口原装品牌电梯
总裁级VIP行政酒廊
同声翻译标准会议厅
全景式板式办公空间
五组超10米高度休闲空间
酒店式商务中心
大型空中花园
车
站
学院路
本案
时代广场
锦绣路
大
道
位置图
效果图
财富专线 0577-88859808 0577-88859809
开发商-温州巨龙房地产开发有限公司
规划设计-深圳市规划设计总院
市场推广-浙江动脑广告机构 Tel:0571-85281111
Fortune
每座城市都有一个财富的象征
上海金茂大厦建于1999年
温州财富中心将于2003年破土动工
FORTUNE CENTER

生活在水岸停泊。
Water Feelings
城市独院水景住宅。
西溪風情
新杭州的城西、
西溪水岸、
1000余亩的湿地绿肺、
500000平方米
大型城市独院水景住宅区——
大华·西溪风情
带着对现代
生态健康住宅的思索、
对中国「天人合一」
思想精髓的感悟、
以有天有地有花园
的居住形态、
用一种与水亲近
的生活方式、
用伴水而居
的智者享受
诠释住在杭州的真谛。
●地段\位于杭州城市西部文一路延伸段南侧西溪风景区西侧，邻近天目山路、绕城公路和规划中的文二路延伸段，处于以浙江大学主校区为中心的杭州新城西。●社区\社区首期规划开发1000余亩，在原生态的保护性开发理念指导下，延续西溪地区水域、植被和风土人情特色，将建成建筑面积达500000m²的城市独院水景住宅区。●环境\毗邻环境优美的"湿地绿肺"西溪风景区。世界级的环境设计机构-泛亚易道提出了水与生态的自然主义生活主张,用"现代设计元素和自然式园林环境"概念构筑社区景观。●建筑\有天有地有花园的独院住宅为主要建筑形式，糅合新古典主义建筑元素，创造具有江南神韵的水岸建筑风格，展示"高雅、休闲、细腻、自由"的品质。190—280平方米多款精致户型，挑空客厅、露台、景观阳台、低窗，注重内外空间的交流。●设施\社区以商业街、会所为中心，生活、娱乐、活动各种设施齐全。设有智能家居、安保、小区管理、信息发布等星级智能化配套。
销售热线 ▸ 0571-88801078 88802078 88806866
○展示中心/杭州市天目山路146号(浙江大学西溪专家楼) ○开发商/浙江大华房地产开发有限公司 ○余售许字(2003)第001号

華|東
East China

Company name
公司名称： 浙江动脑广告
Floor name
楼盘名称： 温州财富中心
Art director general
创作总监： 刘更
Art director
美术指导： 曾绮文
Copy writer
文案： 吴招武

Company name
公司名称： 浙江动脑广告
Floor name
楼盘名称： 西溪风情
Art director general
创作总监： 刘更
Art director
美术指导： 李果
Copy writer
文案： 邵炜

1500年的守候，只为少数人拥有
威尼斯五·一4大惊喜
5.1期间威尼斯花园业主可免费游象湖
有奖趣味问答，礼品多多
4.24-5.18购房额外优惠，先到先得：前10名购房者房款优惠5000元，11-30名购房者房款优惠4000元，31-60名购房者房款优惠2800元
在此期间认购客户还可参加5月5日和5月18日幸运大抽奖，最高奖励达48000元。
实景拍摄
[VENICE风情会所全新落成/活水艺术园林芳容渐展/样板房开放，欢迎亲临鉴赏]
绿化率达58%的活水艺术园林内，喷泉、叠水、花架廊等20多个园艺景观洋溢异域风情
沿江南路第一排临湖地段，780万平米象湖风光是永久的窗前画
借鉴水上名城VENICE的建筑格调，坡屋顶、观景亭、圆穹顶，构建成浪漫建筑
气派豪华的临湖会所，首创南昌室内恒温泳池等运动休闲设施，尊贵享受傲视全城
主力户型129m²三房两厅带15m²入户花园，演绎前所未有的全新生活方式
象湖
威尼斯
威尼斯
生活在哪里 悠悠威尼斯
发展商：博泰集团 江西省博泰房地产开发有限公司 策划代理：深圳市天成置业有限公司 全程推广：深圳尚美佳广告 威尼斯热线 5228888 5229999

生活的改变从假日开始
威尼斯五·一4大惊喜
5.1期间威尼斯花园业主可免费游象湖
有奖趣味问答，礼品多多
4.24-5.18购房额外优惠，先到先得：前10名购房者房款优惠5000元，11-30名购房者房款优惠4000元，31-60名购房者房款优惠2800元
在此期间认购客户还可参加5月5日和5月18日幸运大抽奖，最高奖励达48000元
实景拍摄
[VENICE风情会所全新落成/活水艺术园林芳容渐展/样板房开放，欢迎亲临鉴赏]
3+1TOWNHOUSE别墅底层送30m²私家花园，顶层送50m²露台花园，跃式下沉观景大客厅，处处显示居住者的雍容尊贵和品位不俗
多层5+1花园洋房前后双阳台设计的大客厅，一梯两户南北通透，首层带30多m²私家花园，顶层带40余m²露台花园，主卧室设270°观景凸台，独立卫生间带大凸窗，让卫浴也有“阳光灿烂”的感觉。
11+1湖景高层一梯两户左右对称布局，户户赠送观景大阳台，次卧设60厘米宽、40厘米高的转角凸窗，让更多的阳光和风景长久驻留在家中
23+1阳光花房二梯四户的蝶形布局，创新巧妙的建筑设计，令每户都拥有15m²左右的宽大入户花园，更把大自然搬入高高在上的家中(三房两厅户型荣获建设部“户型设计精品”大奖)。
五星级威尼斯豪华会所设有南昌首创室内恒温泳池，纯粹私家领地，尊贵休享生活
国际知名管家戴德梁行(DTZ)进驻江西首个服务社区，为业主提供优质的服务，确保从容、舒心的尊贵生活
象湖
威尼斯
威尼斯
生活在哪里 悠悠威尼斯
发展商：博泰集团 江西省博泰房地产开发有限公司 策划代理：深圳市天成置业有限公司 全程推广：深圳尚美佳广告 威尼斯热线 5228888 5229999

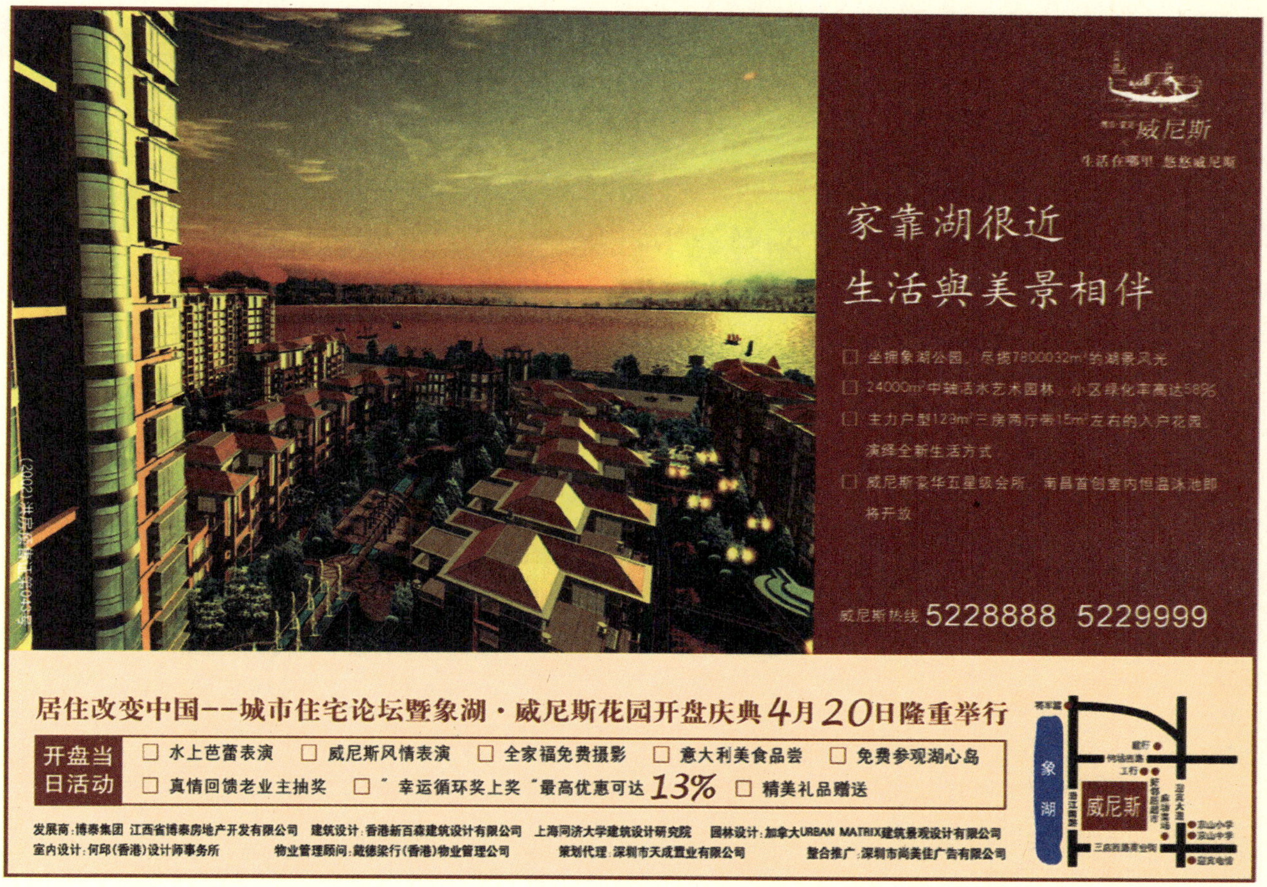

威尼斯
生活在哪里 悠悠威尼斯
家靠湖很近
生活與美景相伴
□ 坐拥象湖公园，尽揽7800032m²的湖景风光
□ 24000m²中轴活水艺术园林，小区绿化率高达58%
□ 主力户型123m²三房两厅带15m²左右的入户花园，
演绎全新生活方式
□ 威尼斯豪华五星级会所，南昌首创室内恒温泳池即
将开放
威尼斯热线 5228888 5229999
居住改变中国——城市住宅论坛暨象湖·威尼斯花园开盘庆典4月20日隆重举行
开盘当日活动
□ 水上芭蕾表演 □ 威尼斯风情表演 □ 全家福免费摄影 □ 意大利美食品尝 □ 免费参观湖心岛
□ 真情回馈老业主抽奖 □ "幸运循环奖上奖"最高优惠可达13% □ 精美礼品赠送
发展商：博泰集团 江西省博泰房地产开发有限公司 建筑设计：香港新百森建筑设计有限公司 上海同济大学建筑设计研究院 园林设计：加拿大URBAN MATRIX建筑景观设计有限公司
室内设计：何邱(香港)设计师事务所 物业管理顾问：戴德梁行(香港)物业管理公司 策划代理：深圳市天成置业有限公司 整合推广：深圳市尚美佳广告有限公司
象湖
威尼斯

威尼斯
生活在哪里 悠悠威尼斯
江南的自然風光
威尼斯的悠閑風情
□ 象湖公园，8000平方米的湖景风光
□ 活水艺术园林，绿化率高达58%，
□ Townhouse、花园洋房、湖景套房、阳光花房
□ 89m²～240m²，平层、错层、复式户型
□ 威尼斯会所，南昌首创室内恒温泳池
居住改变中国——城市住宅论坛暨象湖·威尼斯花园开盘庆典4月20日隆重举行
□威尼斯风情表演 □全家福免费摄影 □水上芭蕾表演 □意大利美食品尝 □免费参观湖心岛 □真情回馈老业主抽奖 □"幸运循环奖上奖"最高优惠可达13% □精美礼品赠送
发展商：博泰集团 江西省博泰房地产开发有限公司
建筑设计：香港新百森建筑设计有限公司
上海同济大学建筑设计研究院
园林设计：加拿大URBAN MATRIX建筑景观设计有限公司
室内设计：何邱(香港)设计师事务所
物业管理顾问：戴德梁行(香港)物业管理公司
策划代理：深圳市天成置业有限公司
整合推广：深圳市尚美佳广告有限公司
象湖
威尼斯
(2002)洪房预售证第043号

威尼斯花园金秋优惠月，正在热卖中

全面封顶，准现楼亮丽兑现！

把家安在湖边，让家人生活在风景里。

- 老婆每天都愿意站在阳台上欣赏象湖，她说仿佛身在象湖沐浴清风、阳光雨露，在宽大的阳台上看风景，她也成了一道亮丽的风景……
- 老爸总喜欢在大露台练习太极拳，在这栽花养草，躺椅吊床；时与隔壁刘公品茗闲谈，凌空赏月，……
- 孩子把私家花园当成他的足球场，在这踢球，喂兔子，捉蟋蟀，又做了一个小兔子窝……
- 在会所恒温泳池，不论是酷暑爆晒还是风雨霜雪，随时都可享受淋漓尽致的畅快，朋友们都好羡慕。

阳光花房 荣获建设部“精品户型奖”

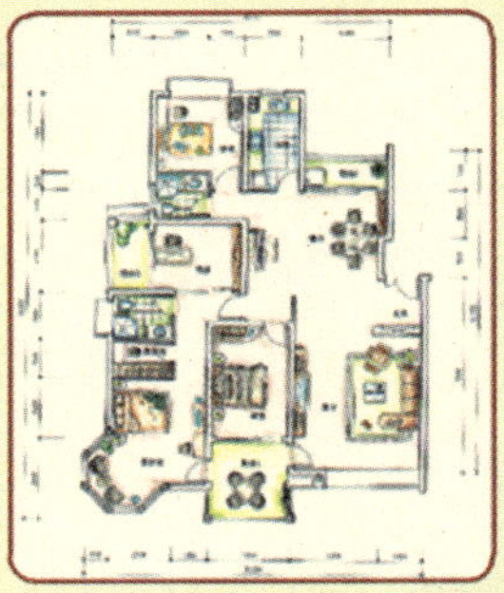

四房二厅 ● 建筑面积：146.06-153.81m²

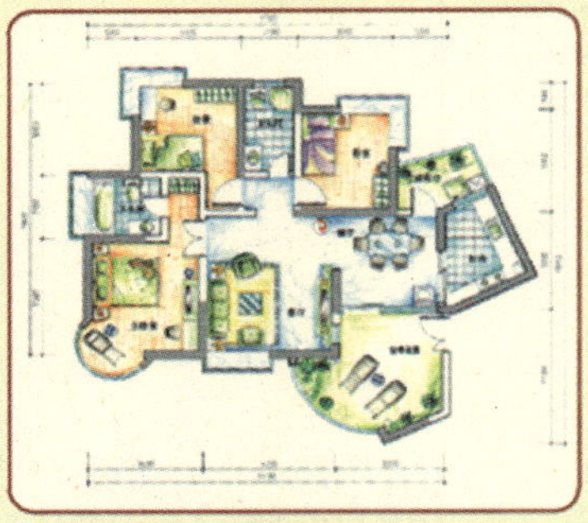

三房二厅 ● 建筑面积：129.48-129.5m²
入户花园面积：14.58-16.69m²

□建筑面积：129.48-129.5m2。
□精致的空间演绎，实用的户型设计。
□布局科学合理，最宜两人世界或两代同堂居家。
□干湿分区、动静分离，有限的空间，无限的品位。
□别致双阳台，宽敞的弧形入户空中花园。
□主卧设圆形转角凸台，独立卫生间大凸窗，享受阳光中的“阳光泡浴”。

置业案例

房号	户型	面积	朝向	特惠单价	轻松首付	总 价	“免3万”特惠总价	30年按揭月供
31栋207	四房两厅	151.03m²	南北通透	2830元/m²	40000元	427415元	397415元	1672元/月

房号	户型	面积	朝向	入户花园	特惠单价	轻松首付	“交3千，送3万”房价仅需	30年按揭月供
36栋103	三房两厅	129.5m²	东南	15m²	2510元/m²	33000元	298045元（发展商免27000元）	1241元/月

首期余款入伙前付清，以上价格以售楼处最新公布价格为准

象湖实景拍摄

威尼斯花园全面生活体验

价值地段体验：临湖第一排黄金地位，不可替代的绝版湖景住宅，确保地段的优越珍贵！
尊贵建筑体验：浪漫大气的欧式风情，意大利VENICE的规划设计，确保尊贵阶层的象征。
活力园林体验：独一无二的活水园林，高达58%的绿化率，确保生活的诗情画意！
神秘自然体验：水质清冽的象湖，优雅舒缓的水流，时花更迭的四季，确保自然环境的亲和！
浪漫生活体验：楼下的花架、喷泉的广场，欢乐的笑声，飘荡的儿童乐园，确保家人的舒心快乐。
健康户型体验：金奖户型，三面通风采光，一梯两户八面来风，居高临下观景随心，确保人居环境的健康！

華|東
East China

Company name
公司名称：
深圳尚美佳广告

Floor name
楼盘名称：
象湖威尼斯花园

Art director general
创作总监：
张海波

Art director
美术指导：
王宁峰

Copy writer
文案：
余媛梅

2013

THE ANNALS
OF
CHINESE
REAL ESTATE
ADVERTISEMENT

中国房地产广告年鉴

主编：胡彬 徐向磊

湖南美术出版社

>下卷

图书在版编目(CIP)数据

2003年中国房地产广告年鉴 / 胡彬、徐向磊主编. — 长沙 : 湖南美术出版社 , 2003

I. 2... II. 胡... III. 房地产—商业广告—中国—2003—图集 IV. J524. 3

中国版本图书馆CIP数据核字(2003)第102785号

2003中国房地产广告年鉴 ·上下卷

主 编：胡彬 徐向磊
责任编辑：章小林
责任校对：李奇志
封面设计：朱秋林
装帧设计：陈晓华 毛萍 谭慧 张炜
出版发行：湖南美术出版社
(长沙市雨花区火焰开发区4片)
经 销：湖南省新华书店
制 作：深圳市歌图广告有限责任公司
印 刷：深圳市深教精雅印刷有限公司
开 本：880 × 1194 1/16
印 张：44
版 次：2003年11月第1版 2003年11月第1次印刷
印 数：1—3000册
书 号：ISBN 7-5356-1933-9/J.1801
上下卷定价：498.00元

网址：http://www.arts-press.com/
电子邮箱：market@arts-press.com
如有倒装、破损、少页等印装质量问题，请与印刷厂联系斟换。

胡彬
湖南美术出版社
深圳组稿部负责人
深圳歌图广告公司
创作总监

徐向磊
深圳房地产资深人士
置业国际（中国）公司
项目经理

一面旗帜

在此，可以肯定《中国房地产广告年鉴》是目前我国地产广告最权威的载体，最优秀的平台，它蕴藏着我国优秀的广告公司以及广告策划精英的共同心血，全面反映了广告公司在地产广告中对广告策略的运营能力，见证着广告对创造市场经济利益的积极作用。

在这样一个浓缩智慧、创意的大舞台，地产广告人士细说广告现状，点评地产广告。本书以不同角度展示不同项目在“市场预热期”、“开盘期”、“热销期”、“尾盘销售期”等不同时期的广告运营策略。

非常荣幸地邀请到广告界权威人士——张小平先生，就《中国房地产广告年鉴》行文，以启示业界创作人员。

时下，与您一同见证！

在编辑2003《中国房地产广告年鉴》的过程中，得到了许多朋友的大力支持，在此感谢：朱秋林先生、黄金亮先生、黄杰勋先生、陈小龙先生等。

Newspaper Advertising

报纸广告

现正热销中
生活在哪里 悠悠威尼斯
博泰·象湖·威尼斯
《机会来了！幸福到了！》
威尼斯花园金秋优惠月正式启动
交3千得3万
有的机会错失了，会让你遗憾一时，
有的机会错失了，则会让你遗憾一辈子。
威尼斯花园优惠月已经开始，
钟情于威尼斯花园的客户，
都将有机会成为高尚人文社区的业主。
抢到赚到，机会有限，敬请把握！
推荐户型：
149m²湖景套房
威尼斯特惠热线 5228888 5229999
发展商：博泰集团 江西省博泰房地产开发有限公司
策划代理：深圳市天成置业有限公司
全程推广：深圳尚美佳广告

机会来了！ 幸福到了！
威尼斯花园金秋优惠月正式启动 抢到赚到，机会有限，敬请把握！
中秋限量5套特价
优惠一 高层东南部分三房阳光花房单位(129.29m²)，交3000元，首期免3万。
优惠二 4-6栋五层以下部分单位，首付一成即可入住，入伙前免月供款。
实景拍摄
特价户型：149m²湖景套房
置业案例
房号 户型 面积 朝向 总价特价
6栋106 四房三厅错层 141.79m² 南北通透 291378元
特价单价 轻松首付 30年按揭月供
2055元/m² 30000元 1240元(入伙前免月供)
尚有少量临街旺铺，欲购从速！
邀您体验象湖威尼斯尊贵高尚生活！
悠然体验：独享象湖公园780万m²私家园林
激情体验：率先享受会所恒温泳池的戏水乐趣
浪漫体验：让您未进家门就先进15平米阳光入户花园
尊贵体验：全球知名管家“戴德梁行”为您提供优质贴身服务
庆封顶暨中秋节 业主嘉年华晚会
惊喜一：老业主抽奖，空调电器大抽奖，奖品多多，绝无落空！
惊喜二：精彩歌舞乐器晚会！
生活在哪里 悠悠威尼斯
发展商：博泰集团 江西省博泰房地产开发有限公司 策划代理：深圳天成置业 全程推广：深圳尚美佳企划 威尼斯特惠热线 5228888 5229999

什么样的房子永不落伍?湖景、山景，带自然景观的房子永不落伍!!
火速抢购，象湖尊贵景观单位！
象湖·威尼斯花园2期 270°象湖景观单位，热销中！
轻松拥有高层湖景单位两重大礼：
一重礼：首期3万元，即可成为威尼斯花园尊贵业主
二重礼：最后7天！每套优惠27000！
生活在哪里 悠悠威尼斯
发展商：博泰集团 江西省博泰房地产开发有限公司 策划代理：深圳市天成置业有限公司 全程推广：深圳尚美佳企划 威尼斯热线 5228888 5229999

样板房实景
威尼斯花园全新生活体验
价值地段体验：临湖第一排黄金地位，不可替代的绝版湖景住宅，确保地段的优越珍贵！
尊贵建筑体验：浪漫大气的欧式风情，意大利VENICE的规划设计，确保尊贵阶层的象征。
活力园林体验：独一无二的活水园林，高达58%的绿化率，确保生活的诗情画意！
神秘自然体验：水质清洌的象湖，优雅舒缓的水流、时花更迭的四季，确保自然环境的亲和！
浪漫生活体验：楼下的花架、喷泉的广场，欢乐的笑声、飘荡的儿童乐园，确保家人的舒心快乐。
健康户型体验：金奖户型，三面通风采光，一梯两户八面来风，居高临下观景随心，确保人居环境的健康！
TOWN HOUSE
会所前广场实景
象湖实景
阳光花房：优雅三房，温暖世界，荣获建设部“精品户型奖”
□ 精致的空间演绎，实用的户型设计
□ 建筑面积：129.48–129.5m²
□ 干湿分区，动静分离，有限的空间，无限的品味
□ 别致双阳台，宽敞的弧形入户空中花园
□ 主卧设圆形转角凸台，独立卫生间大凸窗，尽享“象湖美景”
花园洋房：尊贵四房，室室观景
□ 湖景、园景兼收并蓄，阳光、草地一览无遗
□ 建筑面积：146.06–156.7m²
□ 南北三阳台，空中观景院落设计，真正享受湖畔生活
威尼斯热线 5228888 5229999

珍藏2期，隆重发售
365天的精心打造，威尼斯花园已全面封顶，无论是象湖公园的盛景，还是自身的建筑、水景、雕塑已将480多位高尚人士打动，一期单位已售罄，现隆重推出二期单位，新房号，新户型，更多优惠，更多的惊喜选择！
邀您体验象湖威尼斯尊贵高尚生活！
□悠然体验：独享象湖公园780万m²私家园林
□浪漫体验：让您未进家门就先进15平米阳光入户花园
□激情体验：率先享受会所恒温泳池的戏水乐趣
□尊贵体验：全球知名管家"戴德梁行"为您提供优质贴身服务
□ 首期3万元，即可成为威尼斯花园业主；
□ 交足定金的客户，另有神秘大礼；
□ 国庆有礼，10月1日－10月7日看楼客户，均可获赠礼品，数量有限，先到先得。
◎沿江南路第一排临湖黄金地段、公交车至八一广场仅10余分钟 ◎气派豪华的临湖会所，首创南昌室内恒温泳池 ◎87m²—225m²多种精品户型选择 ◎国际知名管家戴德梁行进驻江西首个服务社区
博泰·象湖·威尼斯
生活在哪里 悠悠威尼斯
威尼斯特惠热线 5228888 5229999
发展商：博泰集团 江西省博泰房地产开发有限公司 策划代理：深圳天成置业 全程推广：深圳尚美佳企划
将军渡
建行
何坊西路
工行
象湖
沿江南路
好邻居超市
麻坊菜场
迎宾大道
京山小学
京山中学
三店西路商业街
迎宾电信
(2002)洪房预售证第043号

珍藏2期，隆重发售
365天的精心打造，威尼斯花园已全面封顶，无论是象湖公园的盛景，还是自身的建筑、水景、雕塑已将480多位高尚人士打动，一期单位已售罄，现隆重推出二期单位，新房号，新户型，更多优惠，更多的惊喜选择！
邀您体验象湖威尼斯尊贵高尚生活！
□悠然体验：独享象湖公园780万m²私家园林
□浪漫体验：让您未进家门就先进15平米阳光入户花园
□激情体验：率先享受会所恒温泳池的戏水乐趣
□尊贵体验：全球知名管家"戴德梁行"为您提供优质贴身服务
□ 首期3万元，即可成为威尼斯花园业主；
□ 交足定金的客户，另有神秘大礼；
□ 国庆有礼，10月1日－10月7日看楼客户，均可获赠礼品，数量有限，先到先得。
◎沿江南路第一排临湖黄金地段、公交车至八一广场仅10余分钟 ◎气派豪华的临湖会所，首创南昌室内恒温泳池 ◎87m²—225m²多种精品户型选择 ◎国际知名管家戴德梁行进驻江西首个服务社区
博泰·象湖·威尼斯
生活在哪里 悠悠威尼斯
威尼斯特惠热线 5228888 5229999
发展商：博泰集团 江西省博泰房地产开发有限公司 策划代理：深圳天成置业 全程推广：深圳尚美佳企划
将军渡
建行
何坊西路
工行
象湖
沿江南路
好邻居超市
麻坊菜场
迎宾大道
京山小学
京山中学
三店西路商业街
迎宾电信
(2002)洪房预售证第043号

華 東
East China

Company name
公司名称：
深圳尚美佳广告

Floor name
楼盘名称：
象湖威尼斯花园

Art director general
创作总监：
张海波

Art director
美术指导：
王宁峰

Copy writer
文案：
余媛梅

生活在哪里 悠悠威尼斯

私家花园，享受真正庭院生活

一梯两户、南北通透，多层亲绿户型，首层带30多平米私家花园，顶层带40余平米复式露台花园。

◎沿江南路第一排临湖黄金地段，公交车至八一广场仅10余分钟 ◎气派豪华的临湖会所，首创南昌室内恒温泳池 ◎$87m^2$–$225m^2$多种精品户型选择 ◎国际知名管家戴德梁行进驻江西首个服务社区

首付6.8万元，即可入住161平方米花园洋房

房号	户型	私家花园	面积	朝向	折后总价	折后单价	轻松首付	30年按揭月供
10栋102	四房二厅错层	$20m^2$左右	$161.07m^2$	南北通透	460918元	2862元/m^2	6.8万元	1941元

□ 欢乐连连，尽享至尊悠闲—业主家庭象湖垂钓
□ 欢迎参加威尼斯7月“冰吧节”每晚20:30-22:00点
□ 老业主推荐新业主及夜间购房有额外优惠，现场接待至晚23:00点

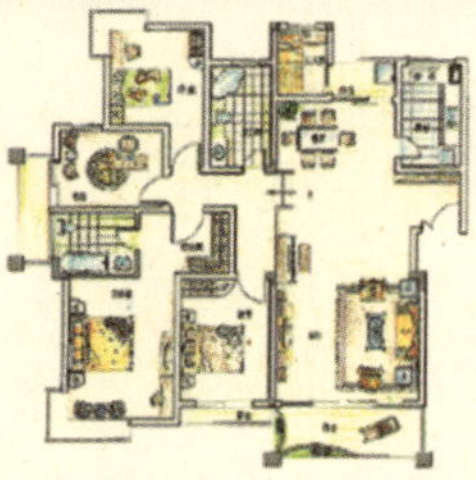

161m^2花园洋房

发展商：博泰集团 江西省博泰房地产开发有限公司 策划代理：深圳市天成置业有限公司 全程推广：深圳尚美佳广告 威尼斯热线：5228888 5229999

生活在哪里 悠悠威尼斯

私家花园，享受真正庭院生活

一梯两户、南北通透，多层亲绿户型，首层带30多平米私家花园，顶层带40余平米复式露台花园。

◎沿江南路第一排临湖黄金地段，公交车至八一广场仅10余分钟 ◎气派豪华的临湖会所，首创南昌室内恒温泳池 ◎$87m^2$–$225m^2$多种精品户型选择 ◎国际知名管家戴德梁行进驻江西首个服务社区

首付6.8万元，即可入住161平方米花园洋房

房号	户型	私家花园	面积	朝向	折后总价	折后单价	轻松首付	30年按揭月供
10栋102	四房二厅错层	$20m^2$左右	$161.07m^2$	南北通透	460918元	2862元/m^2	6.8万元	1941元

□ 欢乐连连，尽享至尊悠闲—业主家庭象湖垂钓
□ 欢迎参加威尼斯7月“冰吧节”每晚20:30-22:00点
□ 老业主推荐新业主及夜间购房有额外优惠，现场接待至晚23:00点

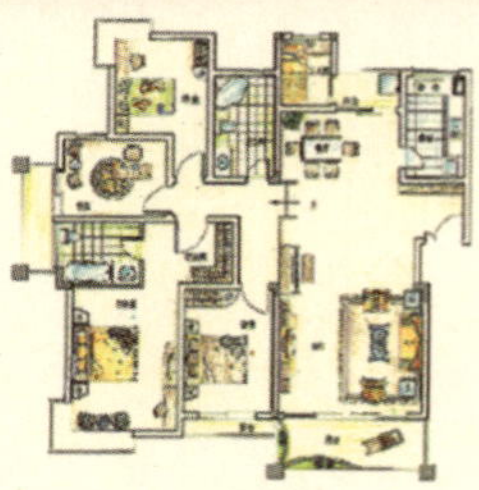

161m^2花园洋房

发展商：博泰集团 江西省博泰房地产开发有限公司 策划代理：深圳市天成置业有限公司 全程推广：深圳尚美佳广告 威尼斯热线：5228888 5229999

威尼斯
生活在哪里 悠悠威尼斯
是花园在室内，
还是客厅在室外？
一梯两户．南北通透．多层亲绿户型．首层带30多平米私家花园．
顶层带40余平米复式露台花园．
◎沿江南路第一排临湖黄金地段．公交车至八一广场仅10余分钟 ◎气派豪华的临湖会所，首创南昌室内恒温泳池 ◎87m²–225m²多种精品户型选择
◎国际知名管家戴德梁行进驻江西首个服务社区
首付6.8万元，即可入住161平方米花园洋房
房号 户型 私家花园 面积 朝向 折后总价 折后单价 轻松首付 30年按揭月供
10栋102 四房二厅错层 20m²左右 161.07m² 南北通透 460918元 2862元/m² 6.8万元 1941元
欢乐连连，尽享至尊悠闲一业主家庭象湖垂钓
八一广场新大地看楼专车免费接送，现场接待至晚23:00点
161m²花园洋房
发展商：博泰集团 江西省博泰房地产开发有限公司 策划代理：深圳市天成置业有限公司 全程推广：深圳尚美佳广告 威尼斯热线：5228888 5229999

象湖·威尼斯8.20全面封顶
周末成交客户交三千免三万
老业主推荐新业主及夜间购房有额外优惠，现场接待至晚23:00点
○沿江南路第一排临湖黄金地段，公交车至八一广场仅10余分钟 ○气派豪华的临湖会所，首创南昌室内恒温泳池 ○87m²–225m²多种精品户型选择 ○国际知名管家戴德梁行进驻江西首个服务社区
房号 户型 面积 朝向 折后总价 折后单价 轻松首付 30年按揭月供
36栋303 129.5m² 东南 331235元 2558元/m² 5万元 1402元
以上价格以售楼处最新公布价格为准
威尼斯
生活在哪里 悠悠威尼斯
象湖
威尼斯
隆重加推金奖户型129m²阳光花房
发展商：博泰集团 江西省博泰房地产开发有限公司 策划代理：深圳市天成置业有限公司 全程推广：深圳尚美佳广告 威尼斯热线：5228888 5229999

愉悦的心情，一半来自窗外的湖景
2100平方米的威尼斯豪华会所，一楼设有南昌首创室内恒温泳池、健身室、浪漫西餐厅、池畔吧，二楼设有舞蹈室、观景中餐厅、VIP包房等，全龄化的运动设施，全天候的休闲环境，是全家人的健康中心。全落地玻璃幕墙，得以一览象湖风景、园景，在湖畔，在家门口，实现国际时尚的休闲生活方式。
VENICE
□沿江南路第一排临湖地段，与780万平米的象湖公园仅一路之隔，清晨、黄昏或午后，随时举步随时可达
□高绿化率高达58%的活水艺术园林，生活中的绿意，不再拘限于盆栽、小草地，而是四季绿树成荫，月月花红草绿
□南昌首创的TOWNHOUSE、花园洋房、湖景套房、高层阳光花房，宽敞的露天花园、圆弧观景阳台、八角观景凸台让来自不同角度的风景，统统收入眼底
□荣获建设部"户型设计精品"大奖的129m²三房两厅带15m²左右的入户空中花园，演泽前所未有的全新生活方式
□国际知名管家戴德梁行(DTZ)进驻江西首个服务社区，为业主提供优质的服务，确保从容、舒心的尊贵生活
[VENICE风情会所全新落成/活水艺术园林芳容渐展/样板房开放，欢迎亲临鉴赏]
XIANGHU VENICE
威尼斯
生活在哪里 悠悠威尼斯
发展商：博泰集团 江西省博泰房地产开发有限公司 策划代理：深圳市天成置业有限公司 全程推广：深圳尚美佳广告 威尼斯热线 5228888 5229999

華|東
East China

Company name
公司名称：
深圳尚美佳广告

Floor name
楼盘名称：
象湖威尼斯花园

Art director general
创作总监：
张海波

Art director
美术指导：
王宁峰

Copy writer
文案：
余媛梅

威尼斯花园全面隆重封顶，亮丽现楼清新兑现！

威尼斯花园的8种生活体验

鸟儿到处在歌唱：处处都是免费的公园

描述不出某处的吸引力，就说在仙境；想象不了神仙的悠游，就说象住在画里。在南昌，一年365天游人如织的地方当然是威尼斯，威尼斯遍地都是景观，荷花池、长堤、断堤、木栈道、水主题公园、象湖，外地人初次来南昌，首先都要来这里访一访，他们说这里到处都是旅游景点，到处都有鸟儿歌唱，但一张门票也不要。

尊贵体现的恒温泳池：室内恒温泳池

前几天，大家谈到泳池，说最重要的是有恒温，他们都说南昌没有恒温泳池，也找不到。后来，很惊喜，就在南昌，就在象湖威尼斯，我拥有能体现我身份的恒温泳池，不论是酷暑爆晒还是风雨霜雪，我随时都可享受淋漓尽致的的畅快，他们都好羡慕。

三五知己的聚会：休闲阳台

昨天邀请了就读研究生进修班时的十几个死党聚会在威尼斯花园阳台，来了个激情啤酒聚会，由于许多年没见面了，大家喝的挺多，但都没醉，沐着清新象湖的风，一直神侃到天亮……

大家庭的花园：15平米宽大入户花园

推开门首先进入一个开敞花园；孩子7岁，在这踢球，喂兔子，喜欢捉蟋蟀，又做了一个小兔子窝；老爸在这栽花养草，躺椅吊床；老婆在这与隔壁张太品茗闲谈，凌空赏月。

多“心”的家：国际知名管家进驻江西唯一服务项目

保安每天都神采奕奕，进出威尼斯花园的人特别多，他也是个多心的保安，这不，邻居老李的孩子放学归来，经过花圃时眼看不小心就要滑倒，保安一个箭步上前就抱住了小孩。从环境清洁、绿化养护到保障生命财产安全、组织文化活动，有了这些保安，管家放心，业主放心，家人也舒心了。

浑身都是劲：健身房锻炼

每当走进健身房，望着象湖，望着木栈道，就感到神清气爽，想运动，想赢，想证明自己，健身房集休闲与运动的最佳场所，古人告诫干大事要“闻鸡起舞”边锻炼身体，边磨练意志，清新相成的生活态度，一脉相承，才能成就美好人生。

老婆喜爱的阳台：主卧室独立阳台

每天，推开落地玻璃，就可享受与象湖，与自然融为一体的浪漫，外面花香扑鼻而来，象湖清新的风沁入肺腑，老婆每天都愿意睡阳台，她说仿佛身在象湖沐浴清风，阳光雨露，信手之间，收放自如。

高品质的威尼斯花园：纯正欧式风情

高耸的教堂，气派的市政厅，雄浑的交响乐……

遥远、古典而神秘的欧洲，一直是我梦寐以求的理想栖居地，威尼斯花园，把纯正的欧洲风情搬到了南昌象湖之畔。

威尼斯花园金秋优惠月正式启动

优惠一：高层东南三房单位，交3000，首期免3万。

优惠二：4–6栋五层以下单位，首付一成即可入住，入伙前免月供款。

优惠三：每周限量5套特价房，先到先得。

威尼斯花园金秋优惠月，正在热卖中

全面封顶，准现楼亮丽兑现！

把家安在湖边，让家人生活在风景里。

- 老婆每天都愿意站在阳台上欣赏象湖，她说仿佛身在象湖沐浴清风、阳光雨露，在宽大的阳台上看风景，她也成了一道亮丽的风景……
- 老爸总喜欢在大露台练习太极拳，在这栽花养草，躺椅吊床；时与隔壁刘公品茗闲谈，凌空赏月，……
- 孩子把私家花园当成他的足球场，在这踢球，喂兔子，捉蟋蟀，又做了一个小兔子窝……
- 在会所恒温泳池，不论是酷暑爆晒还是风雨霜雪，随时都可享受淋漓尽致的畅快，朋友们都好羡慕。

阳光花房 荣获建设部“精品户型奖”

- □建筑面积：129.48－129.5m2。
- □精致的空间演绎，实用的户型设计。
- □布局科学合理，最宜两人世界或两代同堂居家。
- □干湿分区、动静分离，有限的空间，无限的品位。
- □别致双阳台，宽敞的弧形入户空中花园。
- □主卧设圆形转角凸台，独立卫生间大凸窗，享受阳光中的“阳光泡浴”。

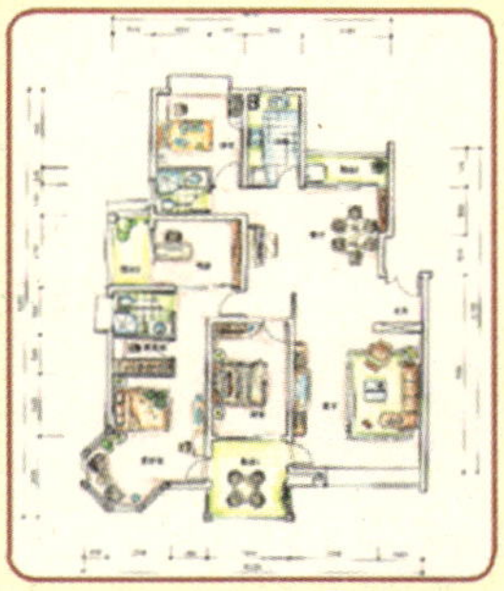

四房二厅 ● 建筑面积：146.06－153.81m²

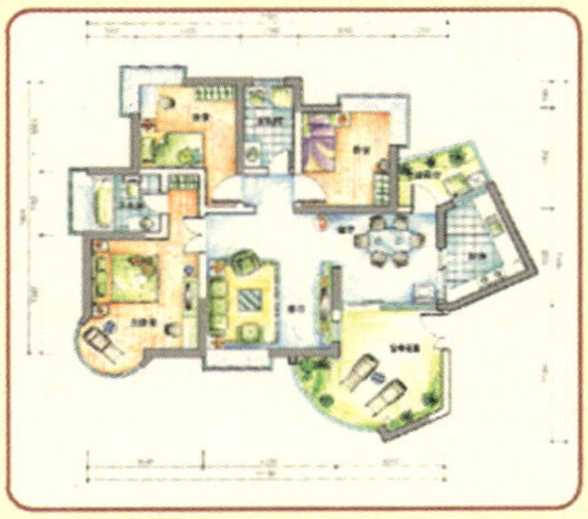

三房二厅 ● 建筑面积：129.48－129.5m²
入户花园面积：14.58－16.69m²

置业案例

房号	户型	面积	朝向	特惠单价	轻松首付	总 价	“免3万”特惠总价	30年按揭月供
31栋207	四房两厅	151.03m²	南北通透	2830元/m²	40000元	427415元	397415元	1672元/月

房号	户型	面积	朝向	入户花园	特惠单价	轻松首付	“交3千，送3万”房价仅需	30年按揭月供
36栋103	三房两厅	129.5m²	东南	15m²	2510元/m²	33000元	298045元(发展商免27000元)	1241元/月

首期余款入伙前付清，以上价格以售楼处最新公布价格为准

威尼斯花园全面生活体验

价值地段体验：临湖第一排黄金地位，不可替代的绝版湖景住宅，确保地段的优越珍贵！

尊贵建筑体验：浪漫大气的欧式风情，意大利VENICE的规划设计，确保尊贵阶层的象征。

活力园林体验：独一无二的活水园林，高达58%的绿化率，确保生活的诗情画意！

神秘自然体验：水质清冽的象湖，优雅舒缓的水流、时花更迭的四季，确保自然环境的亲和！

浪漫生活体验：楼下的花架、喷泉的广场，欢乐的笑声，飘荡的儿童乐园，确保家人的舒心快乐。

健康户型体验：金奖户型，三面通风采光，一梯两户八面来风，居高临下观景随心，确保人居环境的健康！

枕河人家
Zhen He Ren Jia
「枕河人家」向马致远致敬。
元代词人马致远轻吟「天净沙」，一句「小桥·流水·人家」写尽江南水乡的诗情画意，也为我们勾勒出「稽山镜水，悠悠入梦」的「枕河人家」生活印象。
小桥·流水·人家
一个传承绍兴民居风情和一个拥有现代科技文明的景观
尊邸。
○更多详情请垂询(0575)8315700/5164955/5164958

枕河人家
Zhen He Ren Jia
「枕河人家」向陆游致敬。
800年前，陆游与唐婉在沈园为后人留下一曲「钗头凤」和一段凄美的爱情故事。今天，沈园为我们设计「枕河人家」别墅园林提供了几许的灵感。
一个传承绍兴民居风情和一个拥有现代科技文明的景观
尊邸。
○更多详情请垂询(0575)8315700/5164955/5164958

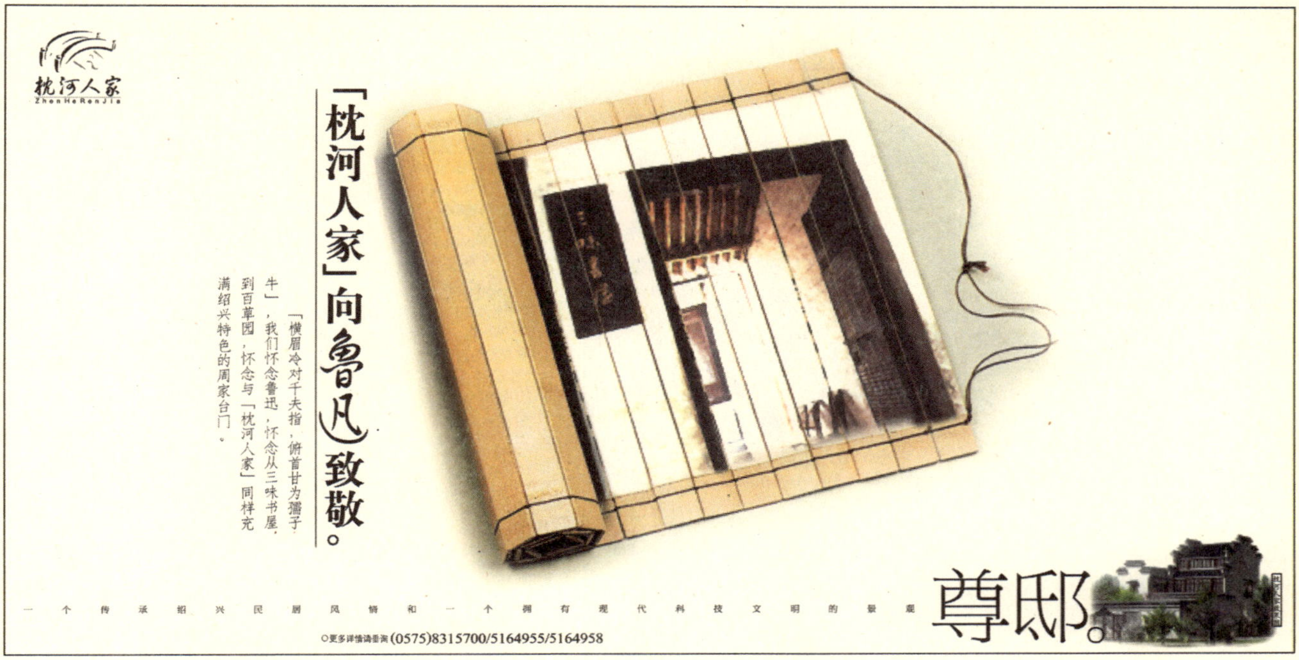

華|東
East China

Company name 公司名称：	Company name 公司名称：
浙江动脑广告	杭州太古广告
Floor name 楼盘名称：	Floor name 楼盘名称：
枕河人家	中田大厦
Art director general 创作总监：	Art director general 创作总监：
刘更	俞斌浩
Art director 美术指导：	Art director 美术指导：
强朋	巩志斌
Copy writer 文案：	Copy writer 文案：
邵炜	吴建峰

ZHONG TIAN MANSION
中田大厦
成就商界巨擘
ABD的尊荣
——贵族商务理念的倡导者
中田大厦体现黄龙区域独有的尊荣品质
"一站式"服务理念引领高尚办公时代
同步国际的商务理念成就您理想的工作空间
中田大厦成就杭城顶级国际商务平台
FPD的承诺
——享誉全球的著名物管企业、上海金茂大厦的物业合作伙伴
香港第一太平戴维斯（FPDsavills）全程监管
全面导入"ONE TO ONE"的全新国际物管模式
让您享受英美皇家级的物管服务
巅峰商务优势
——ABD区域全产权销售、物业附加值最大化的甲级写字楼
中田大厦集商务、文化、运动、景观、会展之优势
中田集团打造杭城高尚商务办公项目
中田大厦由中天建筑集团倾情建设
中田大厦
——成就一代商界巨擘
CLIMB THE SUMMIT OF THE BUSINESS!
登临杭城商务巅峰
热烈祝贺中田大厦提前40天结顶
重要通告：自2002年9月1日起，中田大厦销售价格每平方米均价由10600元上调至10900元。
销售热线 0571-87987811 87987822

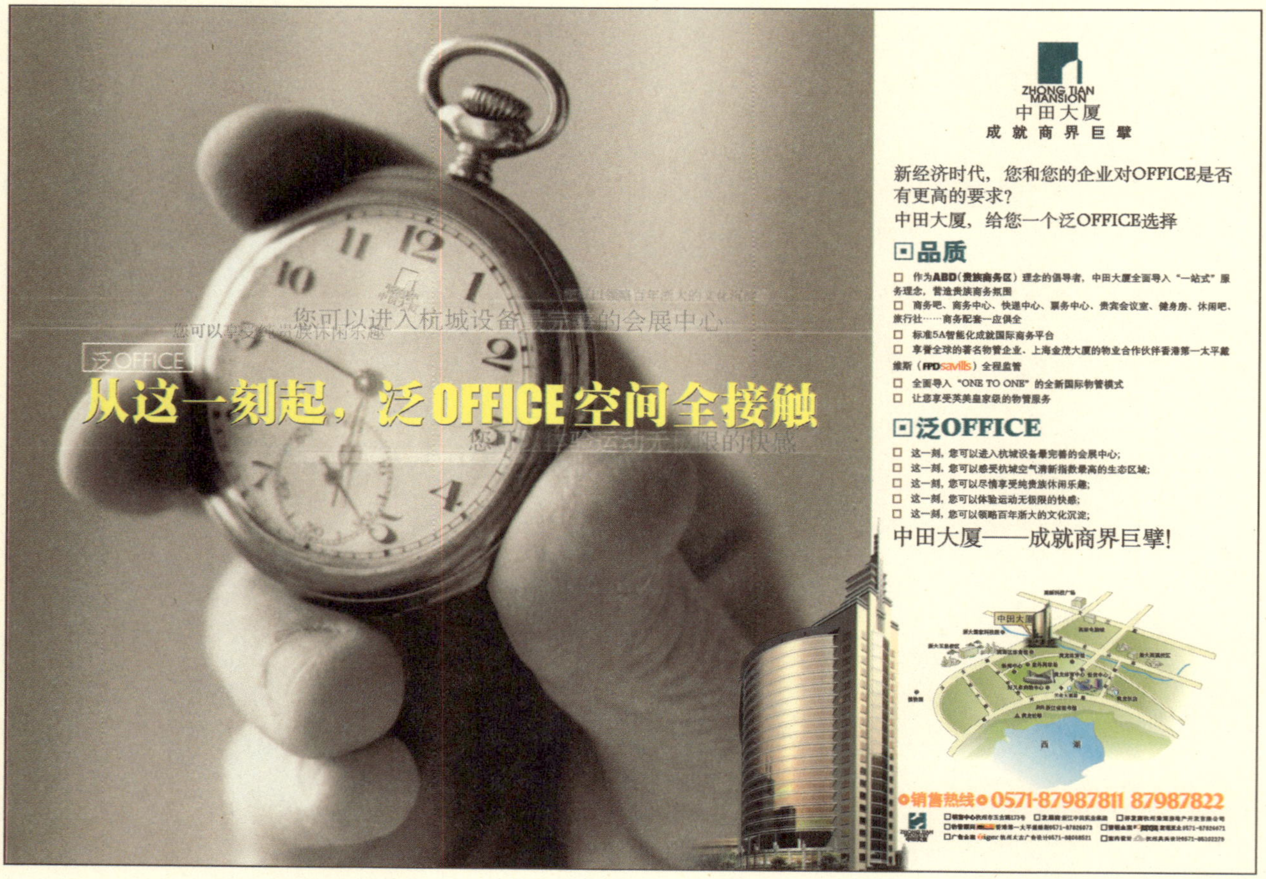
ZHONG TIAN MANSION
中田大厦
成就商界巨擘
新经济时代，您和您的企业对OFFICE是否有更高的要求？
中田大厦，给您一个泛OFFICE选择
品质
作为ABD(贵族商务区）理念的倡导者，中田大厦全面导入"一站式"服务理念，营造贵族商务氛围
商务吧、商务中心、快递中心、票务中心、贵宾会议室、健身房、休闲吧、旅行社……商务配套一应俱全
标准5A智能化成就国际商务平台
享誉全球的著名物管企业、上海金茂大厦的物业合作伙伴香港第一太平戴维斯（FPDsavills）全程监管
全面导入"ONE TO ONE"的全新国际物管模式
让您享受英美皇家级的物管服务
泛OFFICE
这一刻，您可以进入杭城设备最完善的会展中心；
这一刻，您可以感受杭城空气清新指数最高的生态区域；
这一刻，您可以尽情享受纯贵族休闲乐趣；
这一刻，您可以体验运动无极限的快感；
这一刻，您可以领略百年浙大的文化沉淀；
中田大厦——成就商界巨擘！
泛OFFICE
从这一刻起，泛OFFICE空间全接触
您可以进入杭城设备最完善的会展中心
销售热线 0571-87987811 87987822

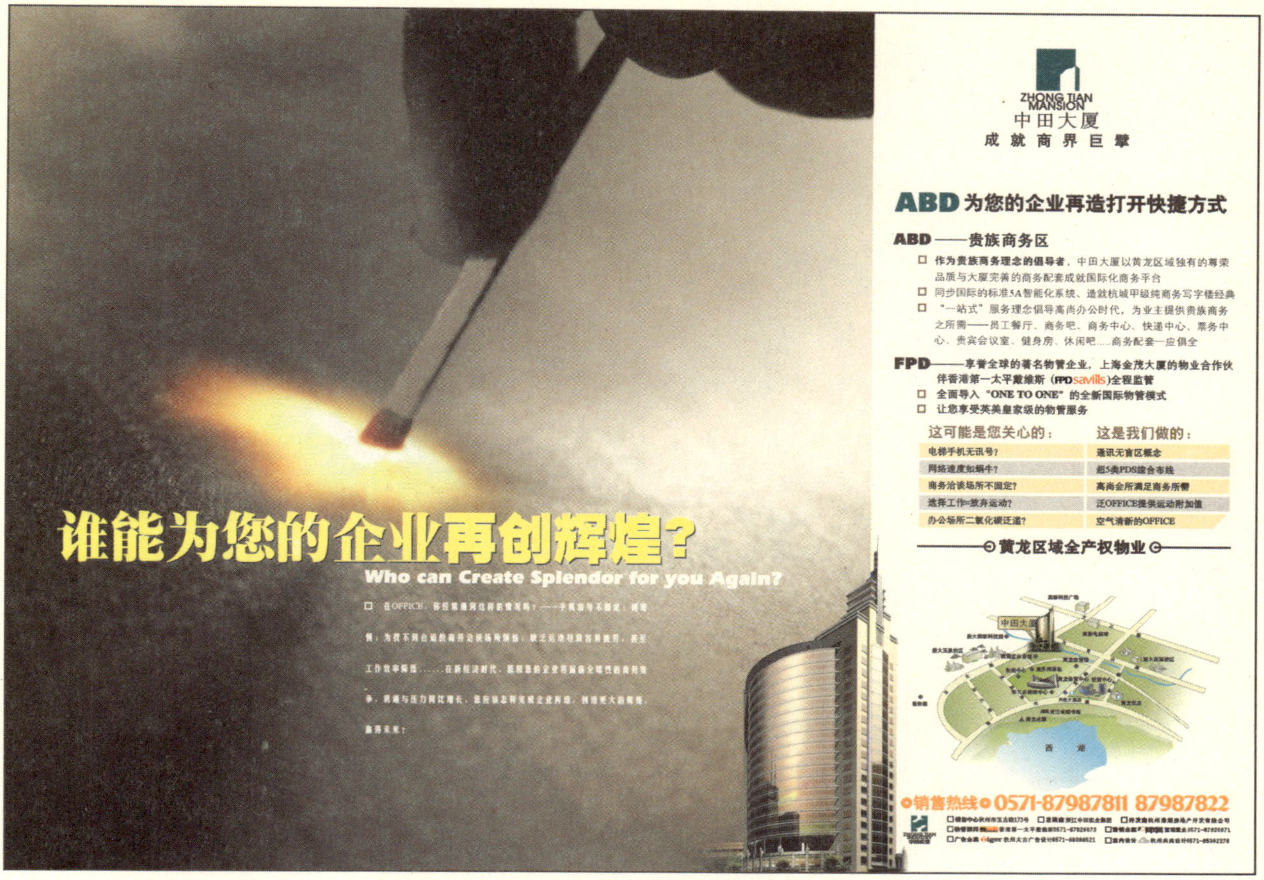

谁能为您的企业再创辉煌？
Who can Create Splendor for you Again?
ZHONG TIAN MANSION
中田大厦
成就商界巨擘
ABD为您的企业再造打开快捷方式
ABD——贵族商务区
□ 作为贵族商务理念的倡导者，中田大厦以黄龙区域独有的尊荣品质与大厦完善的商务配套成就国际化商务平台
□ 同步国际的标准5A智能化系统、造就杭城甲级纯商务写字楼经典
□ "一站式"服务理念倡导高尚办公时代，为业主提供贵族商务之所需——员工餐厅、商务吧、商务中心、快递中心、票务中心、贵宾会议室、健身房、休闲吧……商务配套一应俱全
FPD——享誉全球的著名物管企业，上海金茂大厦的物业合作伙伴香港第一太平戴维斯（FPDsavills）全程监管
□ 全面导入"ONE TO ONE"的全新国际物管模式
□ 让您享受英美皇家级的物管服务
这可能是您关心的：
这是我们做的：
电梯手机无讯号？
通讯无盲区概念
网络速度如蜗牛？
超5类PDS综合布线
商务洽谈场所不固定？
高尚会所满足商务所需
选择工作=放弃运动？
泛OFFICE提供运动附加值
办公场所二氧化碳泛滥？
空气清新的OFFICE
黄龙区域全产权物业
中田大厦
西湖
销售热线 0571-87987811 87987822

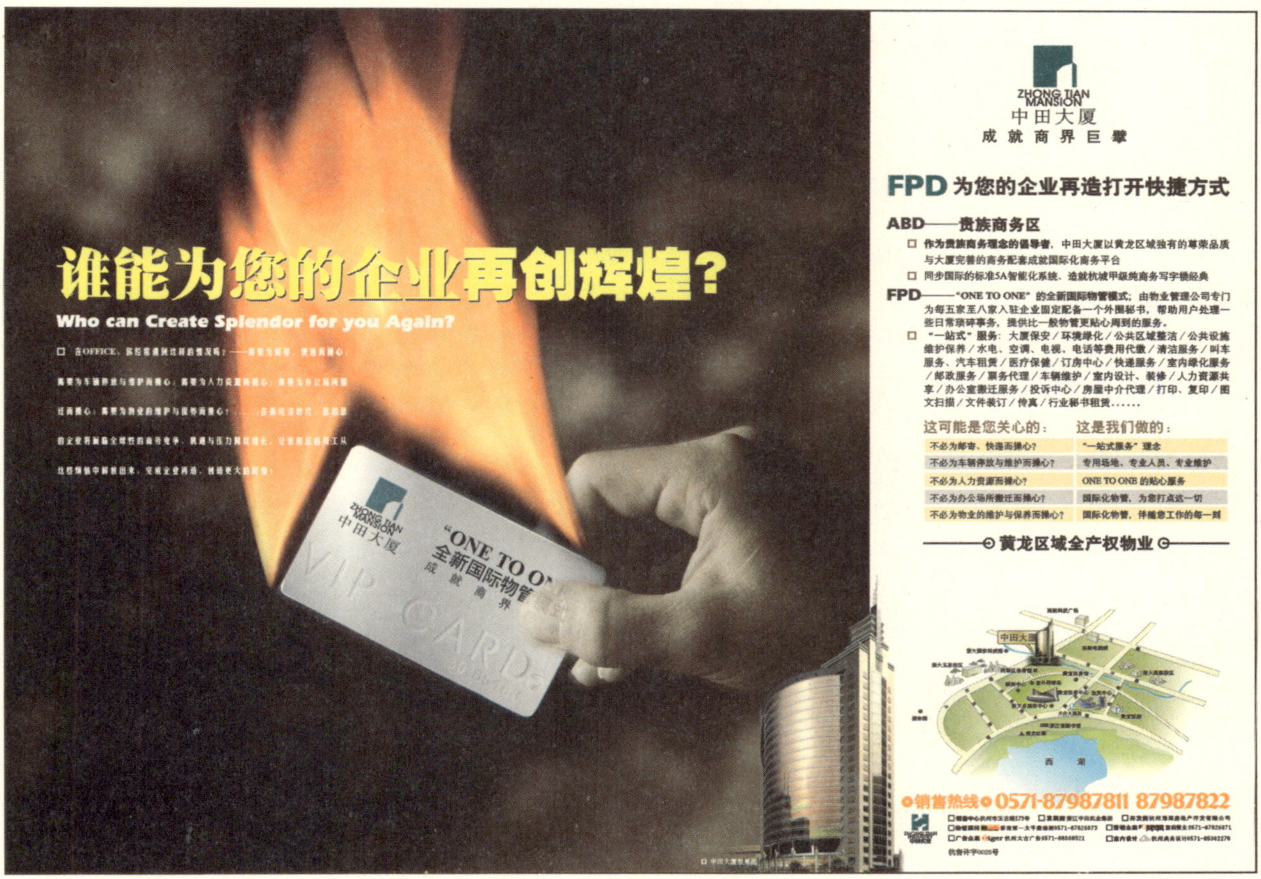

谁能为您的企业再创辉煌？
Who can Create Splendor for you Again?
ZHONG TIAN MANSION
中田大厦
"ONE TO ONE"
全新国际物管
成就商界
VIP CARD
ZHONG TIAN MANSION
中田大厦
成就商界巨擘
FPD为您的企业再造打开快捷方式
ABD——贵族商务区
□ 作为贵族商务理念的倡导者，中田大厦以黄龙区域独有的尊荣品质与大厦完善的商务配套成就国际化商务平台
□ 同步国际的标准5A智能化系统、造就杭城甲级纯商务写字楼经典
FPD——"ONE TO ONE"的全新国际物管模式：由物业管理公司专门为每五家至八家入驻企业固定配备一个外围秘书，帮助用户处理一些日常琐碎事务，提供比一般物管更贴心周到的服务。
□ "一站式"服务：大厦保安／环境绿化／公共区域整洁／公共设施维护保养／水电、空调、电视、电话等费用代缴／清洁服务／叫车服务、汽车租赁／医疗保健／订房中心／快递服务／室内绿化服务／邮政服务／票务代理／车辆维护／室内设计、装修／人力资源共享／办公室搬迁服务／投诉中心／房屋中介代理／打印、复印／图文扫描／文件装订／传真／行业秘书租赁……
这可能是您关心的：
这是我们做的：
不必为邮寄、快递而操心？
"一站式服务"理念
不必为车辆停放与维护而操心？
专用场地、专业人员、专业维护
不必为人力资源而操心？
ONE TO ONE的贴心服务
不必为办公场所搬迁而操心？
国际化物管，为您打点这一切
不必为物业的维护与保养而操心？
国际化物管，伴随您工作的每一刻
黄龙区域全产权物业
中田大厦
西湖
销售热线 0571-87987811 87987822

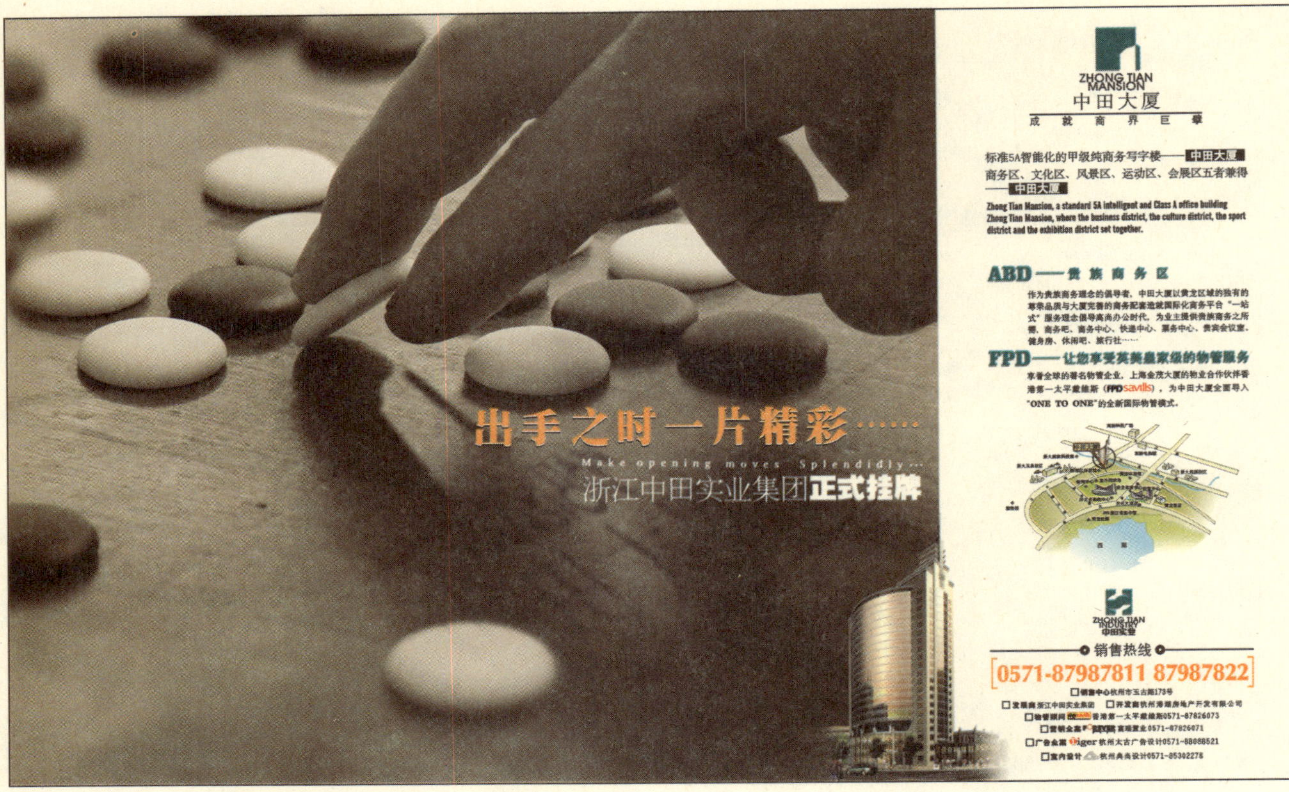
出手之时一片精彩……
Make opening moves Splendidly…
浙江中田实业集团正式挂牌
ZHONG TIAN MANSION
中田大厦
成就商界巨擘
标准5A智能化的甲级纯商务写字楼——中田大厦
商务区、文化区、风景区、运动区、会展区五者兼得——中田大厦
Zhong Tian Mansion, a standard 5A intelligent and Class A office building
Zhong Tian Mansion, where the business district, the culture district, the sport district and the exhibition district set together.
ABD——贵族商务区
作为贵族商务理念的倡导者，中田大厦以黄龙区域的独有的尊荣品质与大厦完善的商务配套造就国际化商务平台"一站式"服务理念倡导高尚办公时代，为业主提供贵族商务之所需，商务吧、商务中心、快递中心、票务中心、贵宾会议室、健身房、休闲吧、旅行社……
FPD——让您享受英美皇家级的物管服务
享誉全球的著名物管企业，上海金茂大厦的物业合作伙伴香港第一太平戴维斯（FPD savills），为中田大厦全面导入"ONE TO ONE"的全新国际物管模式。
ZHONG TIAN INDUSTRY
中田实业
销售热线
0571-87987811 87987822
销售中心杭州市玉古路173号
发展商浙江中田实业集团
杭州典尚设计0571-85302278

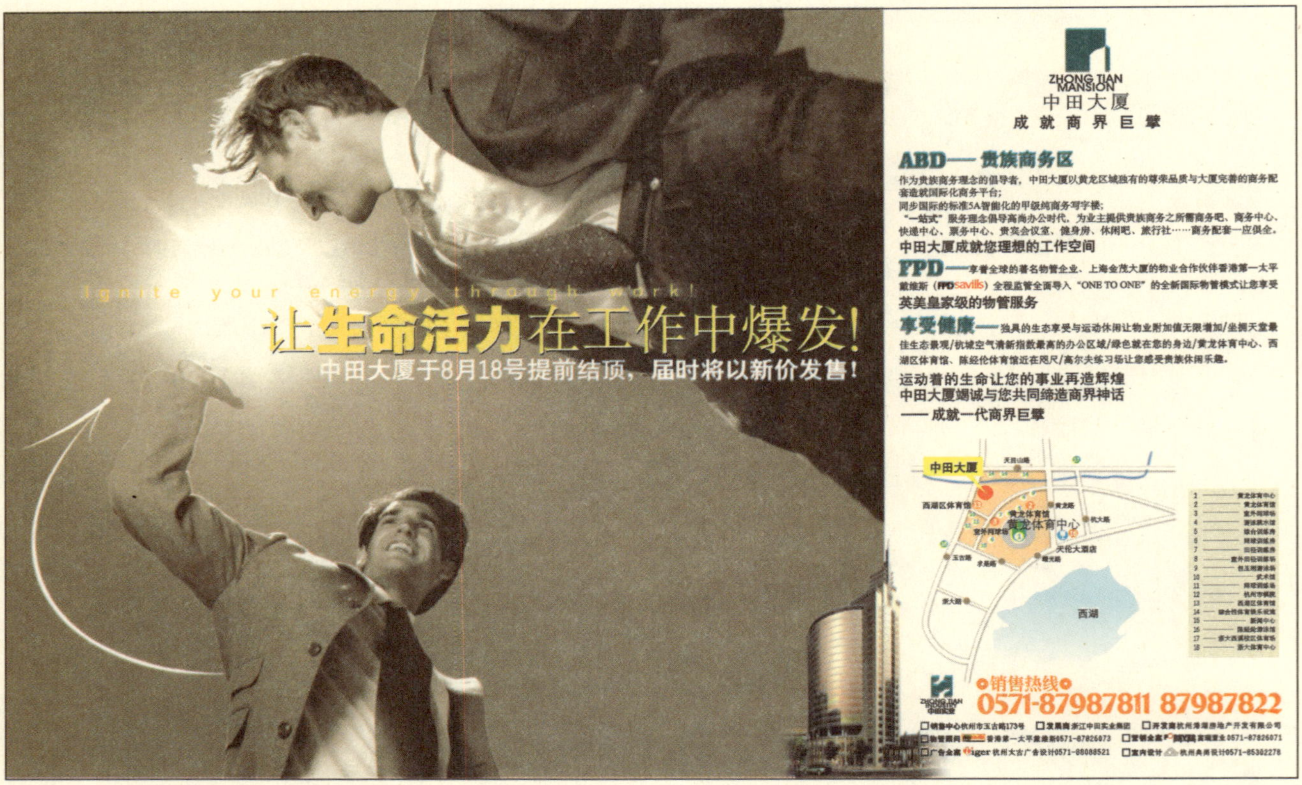
Ignite your energy through work!
让生命活力在工作中爆发！
中田大厦于8月18号提前结顶，届时将以新价发售！
ZHONG TIAN MANSION
中田大厦
成就商界巨擘
ABD——贵族商务区
作为贵族商务理念的倡导者，中田大厦以黄龙区域独有的尊荣品质与大厦完善的商务配套造就国际化商务平台；
同步国际的标准5A智能化的甲级纯商务写字楼；
"一站式"服务理念倡导高尚办公时代，为业主提供贵族商务之所需商务吧、商务中心、快递中心、票务中心、贵宾会议室、健身房、休闲吧、旅行社……商务配套一应俱全。
中田大厦成就您理想的工作空间
FPD——享誉全球的著名物管企业、上海金茂大厦的物业合作伙伴香港第一太平戴维斯（FPD savills）全程监管全面导入"ONE TO ONE"的全新国际物管模式让您享受英美皇家级的物管服务
享受健康——独具的生态享受与运动休闲让物业附加值无限增加/坐拥天堂最佳生态景观/杭城空气清新指数最高的办公区域/绿色就在您的身边/黄龙体育中心、西湖区体育馆、陈经纶体育馆近在咫尺/高尔夫练习场让您感受贵族休闲乐趣。
运动着的生命让您的事业再造辉煌
中田大厦竭诚与您共同缔造商界神话
——成就一代商界巨擘
中田大厦
天目山路
西湖区体育馆
黄龙体育馆
黄龙体育中心
西湖
ZHONG TIAN INDUSTRY
中田实业
销售热线
0571-87987811 87987822
销售中心杭州市玉古路173号
发展商浙江中田实业集团
杭州典尚设计0571-85302278

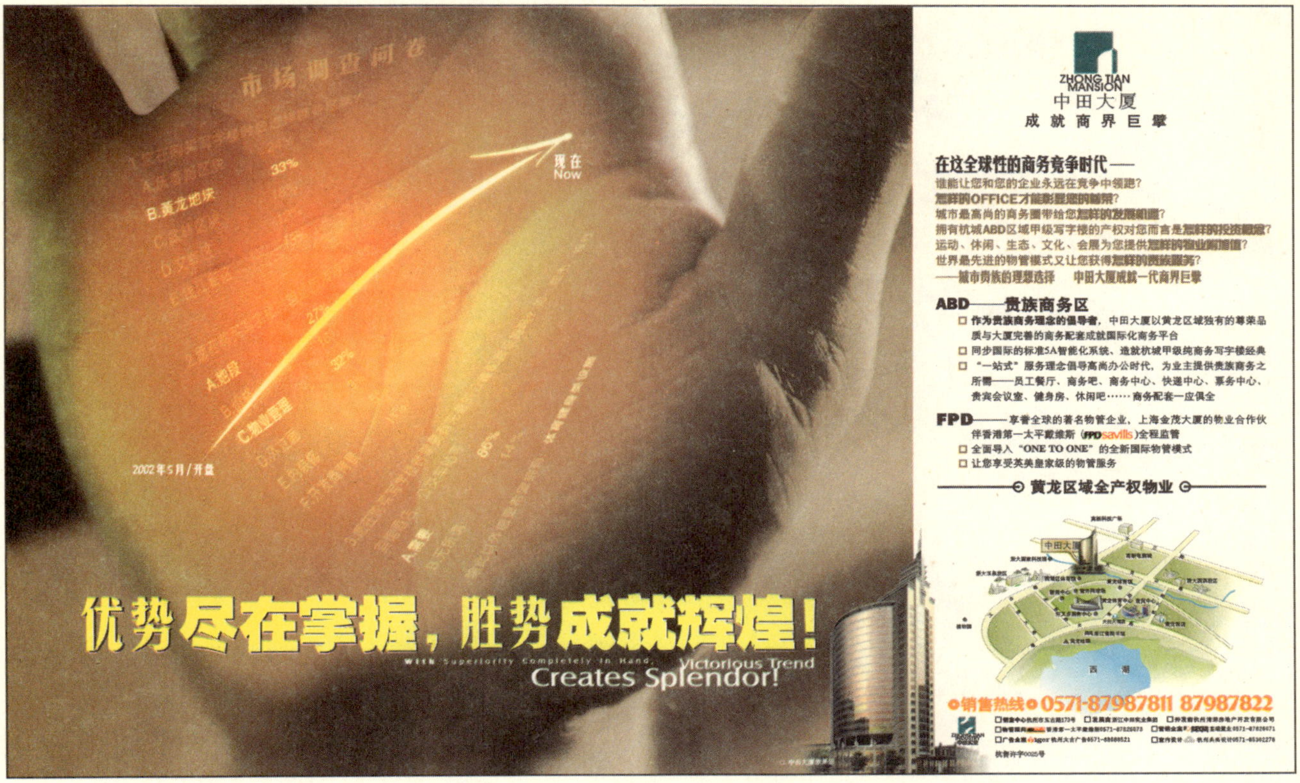
现在
Now
B.黄龙地块
A.地段
C.物业管理
2002年5月/开盘
优势尽在掌握，胜势成就辉煌！
Victorious Trend
Creates Splendor!
ZHONG TIAN MANSION
中田大厦
成就商界巨擘
在这全球性的商务竞争时代——
谁能让您和您的企业永远在竞争中领跑？
怎样的OFFICE才能彰显您的尊荣？
城市最高尚的商务圈带给您怎样的发展机遇？
拥有杭城ABD区域甲级写字楼的产权对您而言是怎样的投资概念？
运动、休闲、生态、文化、会展为您提供怎样的物业附加值？
世界最先进的物管模式又让您获得怎样的贵族服务？
——城市贵族的理想选择　中田大厦成就一代商界巨擘
ABD——贵族商务区
□ 作为贵族商务理念的倡导者，中田大厦以黄龙区域独有的尊荣品质与大厦完善的商务配套成就国际化商务平台
□ 同步国际的标准5A智能化系统、造就杭城甲级纯商务写字楼经典
□ “一站式”服务理念倡导高尚办公时代，为业主提供贵族商务之所需——员工餐厅、商务吧、商务中心、快递中心、事务中心、贵宾会议室、健身房、休闲吧……商务配套一应俱全
FPD——享誉全球的著名物管企业、上海金茂大厦的物业合作伙伴香港第一太平戴维斯（FPDsavills）全程监管
□ 全面导入“ONE TO ONE”的全新国际物管模式
□ 让您享受英美皇家级的物管服务
黄龙区域全产权物业
中田大厦
西湖
销售热线 0571-87987811 87987822

輝煌就在眼前！
Eyeable of resplendence
中田大厦——已全面进入外立面装修阶段
中田大厦
ZHONG TIAN MANSION
中田大厦
成就商界巨擘
俯瞰杭州ABD（贵族商务区）
□ 集会展、生态景观、人文历史、高尚商务、运动休闲之利
□ 贵族商务给您更高的起点与发展空间
□ 目前杭城ABD区域唯一具有全产权销售的甲级写字楼
□ 升值潜力为社会所公认，真正产生商务奇迹的选择
□ 办公、投资、发展……机遇尽在掌握
□ 中田大厦已于今年8月提前结顶
目前已完成工程总量75%以上、外立面进入后期安装
给您一个最直观的选择
中田大厦——您可以看得见您未来的OFFICE
入驻中田——看得见您未来OFFICE的选择
中田大厦——由享誉全球的著名物管企业、上海金茂大厦的物业合作伙伴香港第一太平戴维斯（FPDsavills）全程监管
入驻中田——最佳时机来临
成 就 一 代 商 界 巨 擘
重要提示 根据销售进度，中田大厦于本月28日始价格上调
均价10900元/平方米⇨均价11100元/平方米
中田大厦
西湖
销售热线 0571-87987811 87987822
发展商：浙江中田实业集团
开发商：杭州港湖房地产开发有限公司　销售中心：杭州市玉古路173号

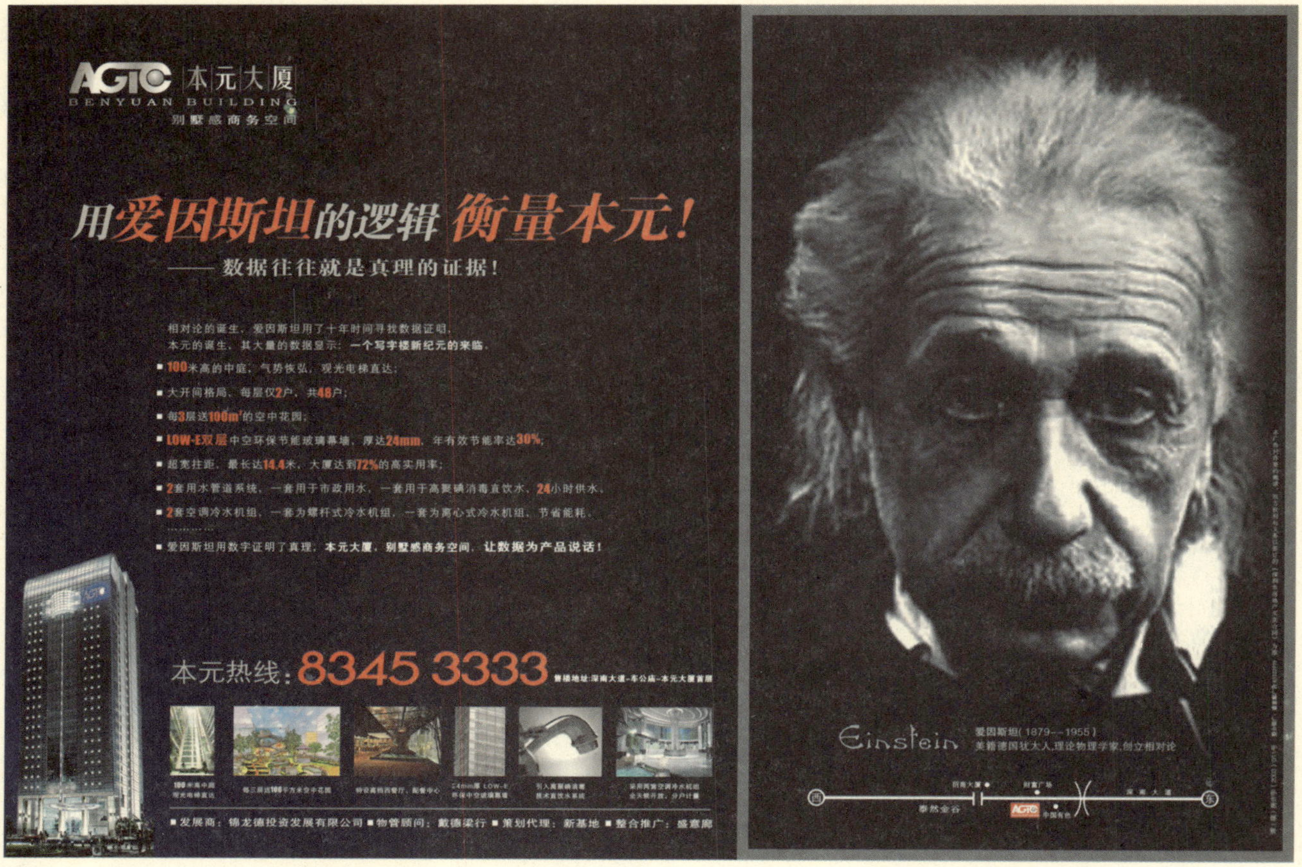
AGTC 本元大厦
BENYUAN BUILDING
别墅感商务空间
用爱因斯坦的逻辑 衡量本元！
——数据往往就是真理的证据！
相对论的诞生，爱因斯坦用了十年时间寻找数据证明，
本元的诞生，其大量的数据显示：一个写字楼新纪元的来临。
■ 100米高的中庭，气势恢弘，观光电梯直达；
■ 大开间格局，每层仅2户，共48户；
■ 每3层送100m²的空中花园；
■ LOW-E双层中空环保节能玻璃幕墙，厚达24mm，年有效节能率达30%；
■ 超宽柱距，最长达14.4米，大厦达到72%的高实用率；
■ 2套用水管道系统，一套用于市政用水，一套用于高聚碘消毒直饮水，24小时供水。
■ 2套空调冷水机组，一套为螺杆式冷水机组，一套为离心式冷水机组，节省能耗。
……
■ 爱因斯坦用数字证明了真理，本元大厦，别墅感商务空间，让数据为产品说话！
本元热线：8345 3333
售楼地址：深南大道-车公庙-本元大厦首层
■ 发展商：锦龙德投资发展有限公司 ■ 物管顾问：戴德梁行 ■ 策划代理：新基地 ■ 整合推广：盛意廊
Einstein
爱因斯坦(1879--1955)
美籍德国犹太人,理论物理学家,创立相对论
西
泰然金谷
财富广场
中国有色
深南大道
东

AGTC 本元大厦
BENYUAN BUILDING
中心西区 · 深南大道旁
Putting out the investment, and making the fortune!
8月8日公开发售
AGTC 本元大厦
BENYUAN BUILDING
中心西区 · 深南大道旁
本元属于这个时代，属于深圳，属于我们，但最终还是属于你！
本元大厦，100米中庭 · 别墅感商务空间
放牧资本 蓄养财富
咨询电话：8345 3333

華南
South China

Company name
公司名称：
深圳盛意廊广告

Floor name
楼盘名称：
本元大厦

Art director general
创作总监：
王昆仑 / 蹇明

Art director
美术指导：
杨琦

Copy writer
文案：
叶玉堂

AGTC 本元大厦
BENYUAN BUILDING
别墅感商务空间
Putting out the investment, and making the fortune!
今日公开发售
别墅感商务空间 · 仅有48户
[放牧资本，蓄养财富]
招商大厦
财富广场
西
东
深南大道
泰然金谷
中国有色
■大开间格局，仅有48户■100米高中庭，尽显恢宏气势■720度采光，彻底告别黑位困扰■每三层送100平米空中花园■引入高聚碘消毒技术直饮水系统，为健康护航■采用两套空调冷水机组，全天候开放，分户计量■LOW-E环保型中空玻璃幕墙，厚24mm，隔热隔噪，节能30%■特设高档西餐厅、钢琴酒吧、配餐中心，满足各类商务生活需求■戴德梁行长期担当物管顾问，提供全方位人性化服务■5A级智能化系统，为商务升级助力
本元热线：8345 3333
售楼地址:深南大道-车公庙-本元大厦首层
■发展商：锦龙德投资发展有限公司■物管顾问：戴德梁行■策划代理：新基地■整合推广：盛意廊

AGTC 本元大厦
BENYUAN BUILDING
别墅感商务空间
用CEO的眼光
看本元
在一个资本大融通的时代，在财智主宰潮流的时代，
资产变成负债，创造力就是无限的资本源泉。
人力决定企业的方向，谋略与智慧决定出路。
发挥企业创造力，你需要一个平台，员工需要一个舒适的商务空间。
为资本找个富饶的牧场，为未来蓄养。
本元大厦，人性的本元、建筑的本元。
100米高的中庭、每三层100平方米的空中花园、直饮水、
双空调冷水机组、高档的西餐厅……
灵感建筑，哲学的逻辑融汇诗意般的激情。
别墅感商务空间让你放牧资本，蓄养财富！
本元热线：8345 3333
100米高中庭
观光电梯直达
每三层送100平方米空中花园
特设高档西餐厅、配餐中心
24mm厚 LOW-E
环保中空玻璃幕墙
引入高聚碘消毒
技术直饮水系统
采用两套空调冷水机组
全天候开放，分户计量
售楼地址:深南大道-车公庙-本元大厦首层 ■发展商：锦龙德投资发展有限公司 ■物管顾问：戴德梁行 ■策划代理：新基地 ■整合推广：盛意廊

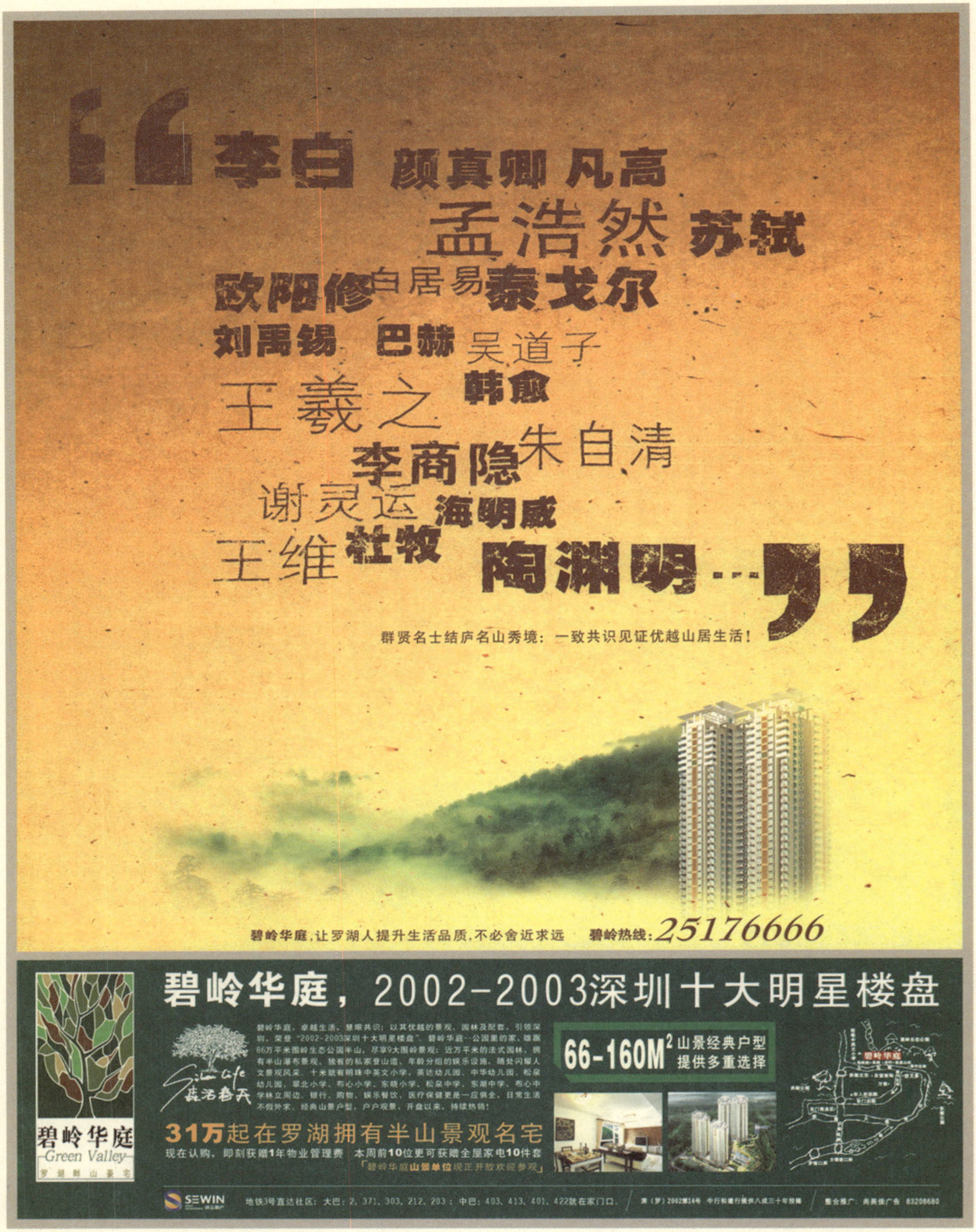

李白 颜真卿 凡高
孟浩然 苏轼
欧阳修白居易泰戈尔
刘禹锡 巴赫 吴道子
王羲之 韩愈
李商隐朱自清
谢灵运 海明威
王维杜牧 陶渊明……
群贤名士结庐名山秀境：一致共识见证优越山居生活！
碧岭华庭，让罗湖人提升生活品质，不必舍近求远 碧岭热线：25176666
碧岭华庭，2002-2003深圳十大明星楼盘
碧岭华庭，卓越生活，慧眼共识：以其优越的景观、园林及配套，引领深圳，荣登"2002-2003深圳十大明星楼盘"。碧岭华庭--公园里的家，雄踞86万平米围岭生态公园半山，尽享9大围岭景观：近万平米的法式园林，拥有半山瀑布景观、独有的私家登山道、年龄分组的娱乐设施、随处闪耀人文景观风采。十米就有明珠中英文小学、英达幼儿园、中华幼儿园、松泉幼儿园、翠北小学、布心小学、东晓小学、松泉中学、东湖中学、布心中学林立周边。银行、购物、娱乐餐饮、医疗保健更是一应俱全，日常生活不假外求。经典山景户型，户户观景，开盘以来，持续热销！
66-160M² 山景经典户型
提供多重选择
碧岭华庭
Green Valley
罗湖畔山豪宅
31万起在罗湖拥有半山景观名宅
现在认购，即刻获赠1年物业管理费 本周前10位更可获赠全屋家电10件套
「碧岭华庭山景单位现正开放欢迎参观」
SEWIN
地铁3号直达社区：大巴：2、371、303、212、203；中巴：403、413、401、422就在家门口。
中行和建行提供八成三十年按揭
整合推广：尚美佳广告 83208680

暮从碧山下，山月随人归。
碧岭华庭
[畔山 半山]公园家
31万起
在罗湖拥有半山景观名宅
现在认购，即刻获赠1年物业管理费、本周前10位更可获赠全屋家电10件套!
66-160M²
山景经典户型
提供多重选择
「碧岭华庭山景单位现正开放欢迎参观」

花瓣似的山峰在饮着日光，
这山岂不像一朵花吗？
碧岭华庭
[畔山 半山]公园家
31万起
在罗湖拥有半山景观名宅
现在认购，即刻获赠1年物业管理费、全屋家电10件套
80-160M²
山景经典户型
提供多重选择
「碧岭华庭山景单位现正开放欢迎参观」

空山新雨后，天气晚来秋。
明月松间照，清泉石上流。
碧岭华庭
[畔山 半山]公园家
31万起
在罗湖拥有半山景观名宅
现在认购，即刻获赠1年物业管理费、全屋家电10件套
80-160M²
山景经典户型
提供多重选择
「碧岭华庭山景单位现正开放欢迎参观」

热销！持续热销！
10月铁定入伙！
碧岭华庭
Green Valley
风景
不出繁华
9大景区，16大景点！
2002年正式升级为市级市政公园！
碧岭华庭是公园内唯有社区，
是公园最直接的受益者！
宁静是一种稀缺资源，生活的资源，升值的资源！
2002-2003深圳十大明星楼盘
荣登2002年第四季度罗湖销售龙虎榜
荣登2003年第一季度罗湖销售龙虎榜
The Exuberance
new life
25176666
实景拍摄

華南
South China

Company name
公司名称：
深圳尚美佳广告

Floor name
楼盘名称：
碧岭华庭

Art director general
创作总监：
夏劲松

Art director
美术指导：
陈康

Copy writer
文案：
冯晨晖

碧岭华庭追踪

一褶辍菌护中人：2003年政府土地供应计划再度显示：罗湖土地告急！山地绝迹！土地是罗湖的紧缺资源。从资源总量看，罗湖土地供应面临着土地开发量大、人地矛盾突出、影响到未来可持续发展等问题。据统计，罗湖辖区土地面积总约78.9平方公里，尚未建设的空地只有约2平方公里，其中已划红线的用地就占了1.48平方公里，而且主要将是集中在避难等偏远区域，罗湖中心山地可建设面积几乎为零！

碧岭华庭
Green Valley

罗湖土地告急！山地绝迹！

象碧岭华庭这样依山面市的家园将不再有！

热点追踪

外立面清新兑现！准现楼亮相山前！
8月业主提前验房！保证细节！保障业主利益！
10月铁定入伙！

一梯直通青云天！私家登山道正式投入使用！

绝版要闻

罗湖不缺房子，只缺好房子！

罗湖不缺房子，每年罗湖上市供应的楼盘总量不下几百万平方米，再加上大量的空置房，罗湖就真的不缺房子了吗？可是，真正适合我们生活居住的又有多少？真正匹配高物质时代的高标准家园又有多少？为什么那么多人依旧找不到理想家园？为什么淡季时期，以健康山居生活享誉全城的碧岭华庭却一反常态，火爆热销？这一切都让我们不得不得出这样一个结论：罗湖不缺房子，罗湖只缺象碧岭华庭这样的好房子！

不要为区区几盆盆景感动！碧岭华庭拥有罗湖一半的绿树！

城市生活谈到家庭绿化，最多想到的不过是在家多养几盆花，多栽几盆被扭曲的紫檀盆景。谁又敢象碧岭华庭这样：你买一套房，送你一座山！你买一套房，送你整座城！碧岭华庭，除于繁华罗湖的围岭公园青山半腰，天然86万平米青山绿树，不花你一分钱，不花你一秒时间，送你几十万棵天然绿树，无须你辨种认养，无须你施肥浇灌，无须你劳骨伤神，你只管享受天然恩赐，享受自然宁静！

尽览罗湖繁华市景！尽享山地野趣清凉！

碧岭华庭，地处城市干道文锦北路与翠竹北路之间，太白路上，繁华罗湖中心区触手可及！身居是86万平米围岭生态公园，眼前尽揽洪湖美景，优越地位天造地设。发展商延请国际大师押献纯正浪漫法式园林，借山形高低地势，精心再造六栋33–35层现代居庭，占据罗湖至高点，让繁华市景尽收眼底！当不夜城夜幕降临，洪湖夜色、东门街市、地王华灯，罗湖缤纷妖娆无边夜色，都是你窗前一帘美景！

花香！树香！满山满园尽飘香！

碧岭华庭，巧借86万平米围岭公园天然山形地貌，依山造筑，在罗湖如此珍贵地段上，不惜千金打造现代法式园林经典，以一道前沿弧线勾出了碧岭华庭优雅的布局轮廓和功能走向，造就极致山景园景视野，全面诠释浪漫与auf含义。

特别值得一提的是，发展商为满足山居生活视觉、听觉等全感官享受，飞遍各地，博采众长，不但在依山园林大量种植溢香性绿树花草，使得满园飘香，而且连私家登山道两边也植满各类有色有香的花树，让业主全感官体验山居生活的优越。发展商良苦用心可见一斑。

天大的事，莫不过孩子成才大事！一定要让孩子在眼皮底下成长！

碧岭华庭最懂得父母的心事，最了解一个健康家庭需要什么。从项目选址就可看出来，不但有青山相依，更要选一处有名校环绕的天然山地。罗湖文教中心地带，明珠中英文小学、翠北小学、布心小学、松泉中学、英达幼儿园、中华幼儿园、松泉幼儿园、东晓小学、东湖中学、布心中学等，几十所名校相伴孩子健康成长，孩子成才天大的事，不用你操心！特别值得骄傲的是，碧岭华庭与明珠中英文小学同在围岭公园青山半腰，是离读校最近的社区，教育配套如此到家到位，全城实在罕有！

绝版机密

碧岭华庭，15.8万平米罗湖畔山名宅，六栋依山高层居庭，近万平米开阔法式现代园林，位于围岭生态公园半山腰，每天享受大自然山景，大盘气度时尚彰显，34层现代优美高层建筑，占据罗湖至高点，清新雅致外立面，气势非凡。更有生活景观阳台，主卧室大尺度转角大凸窗，享受全年365天充足阳光，冬暖夏凉，山风习习，自然山林与法式园林，景观内外兼修。俯瞰城市中心万千风姿缤纷，心享漫山遍野山林清翠！

明星·龙虎榜

热销！持续热销！淡季时期，非常热销！

★ 2002–2003深圳十大明星楼盘

★ 荣登2002年第四季度罗湖销售龙虎榜

★ 荣登2003年第一季度罗湖销售龙虎榜

分享计划

31万起在罗湖居高望远！
全家看楼，送你全家福！

- 每周首10名买家获赠1年物业管理费！
- 买家10人一组来抽奖，中奖就送轿车1辆（使用权），组组不落空！
- 签上全家名，送你全家福合影！凡到现场者均获赠精美礼品！

碧岭热线

25176666

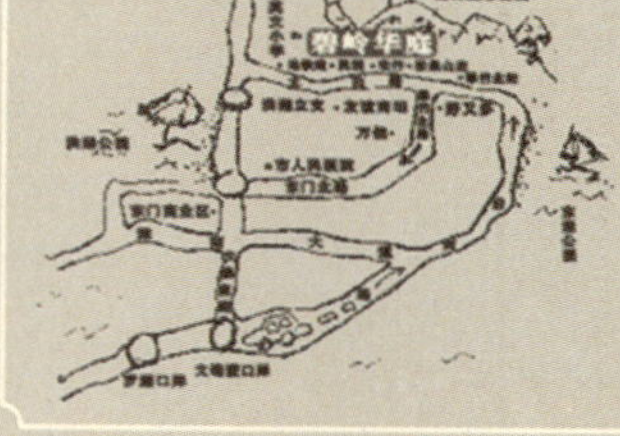

以上图片均为实景拍摄

发展商，深圳市祥云实业有限公司 / 物业管理，中海物业顾问管理 / 整合推广，尚美佳广告83208680　（单项奖不超过5000元）本次活动解释权归发展商所有

碧岭华庭
主流媒体报道摘要
见证
罗湖优质山居生活
HIGH QUALITY LIFE OF HILL
2003年5月，碧岭华庭木质登山道投入使用，全市独一无二！
这样的项目被多位专家所认可，他们认为：未来深圳，需要多出现一些碧岭华庭这样的好项目。
2003年，碧岭华庭被评为"深圳十大健康社区"，7月9日，受到清华大学秦佑国院长等专家团专家一致好评。
北环大道将于年内禁行货柜车！碧岭华庭"静上加静"，增值在即！
10月铁定入伙！8月业主提前验房,保证细节,保障业主利益!
25176666
以上图片均为实景拍摄

碧岭华庭追踪
你买一套房，
送你一座山！
碧岭华庭，让罗湖人提升生活品质，不必舍近求远！
10月铁定入伙
动人情节
幕后花絮
明星·龙虎榜
分享计划
25176666

波托菲诺
PORTOFINO
质朴的浪漫，自在的优雅
圣菲诺钟楼悠悠的钟声
敲响一天的开始
在意式风情商业街露天咖啡座
一边搅动着手中的咖啡，一边翻看当日的早报
有时邻座的客人也会凑过来，一番闲谈
空气里传递着真诚、友好、平和
夕阳西下时分，从Townhouse的窗台望去
几只会客的小船在燕栖湖的倒影中游曳
湖岸边、木栈道上，还有垂钓，以及静立观赏的身影
生活的悠闲，就这么散散落落地弥漫开来……
回归质朴，享受单纯
波托菲诺·纯水岸—
联排别墅·多层住宅
波托菲诺·纯水岸4月20日起开始接受内部登记，
并于华侨城沃尔玛前广场玻璃展厅隆重推出VIP贵宾卡，敬请垂询！
Http://www.octre.com 咨询热线：6934567
纯水岸
OCT Portofino–The Riviera
波托菲诺水岸豪宅
• 发展商：深圳华侨城房地产有限公司 • 规划设计：澳大利亚柏涛建筑设计公司 • 园林设计：澳大利亚贝尔高林设计公司
华侨城地产
OCT REAL ESTATE

波托菲诺
PORTOFINO
质朴的浪漫，自在的优雅
眼前的一幕，已成为少数人拥有的奢侈。
在一天中的随意时刻，带上自己的爱犬，
在湖中的木栈道上遛遛，坐坐；
湖边的柳枝打着水面，
摇曳着自己水中的倒影，
大半天里，就这么坐着。
如果是晴朗的夜晚，还有荧火虫在旁边飞舞；
生活的格调，就这般散散落落地弥漫开来。
日升月落间，思绪就随着平静的湖水宽广起来……
回归质朴，享受单纯
波托菲诺·纯水岸——
联排别墅·多层住宅
波托菲诺·纯水岸4月20日起开始接受内部登记，
并于华侨城沃尔玛前广场玻璃展厅隆重推出VIP贵宾卡，敬请垂询！
Http://www.octre.com 咨询热线：6934567
纯水岸
OCT Portofino - The Riviera
波托菲诺水岸豪宅
• 发展商：深圳华侨城房地产有限公司 • 规划设计：澳大利亚柏涛建筑设计公司 • 园林设计：澳大利亚贝尔高林设计公司
华侨城地产
OCT REAL ESTATE

华侨城·波托菲诺
OCT · PORTOFINO
每次数数木栈道，结果都会不一样
早晨或黄昏，花上十几分钟
在家门口的沿湖木栈道上走一走
两个人的时候，就会延展些湖心岛的故事，
若是一个人，就会一根根地数数木栈道。
鱼儿不时出神地打乱你
当重新记起的时候，又想起了一个熟悉的人，
一遍、两遍……
算了很多次，结果总是不一样。
在纯水岸，即使一段短短的木栈道
也会让你明白许多人生的事理.
回归质朴，享受单纯
我的家，波托菲诺·纯水岸
纯水岸
OCT Portofino - The Riviera
华侨城·波托菲诺水岸豪宅
Http://www.octre.com 咨询热线：6911111 波托菲诺生活格调
• 发展商：深圳华侨城房地产有限公司 • 规划设计：澳大利亚柏涛建筑设计公司 • 园林设计：澳大利亚贝尔高林设计公司
华侨城地产

华侨城·波托菲诺
OCT · PORTOFINO
这里的湖水，也会有人文的味道
天气好的时候，在湖边转转
拿本好书，找张椅子坐了下来
几个人在旁边悠闲地垂钓。
偶尔，有三三两两远道而来的人临湖作画
甚至，还会碰上仰慕已久的大画家
美丽宁静的燕栖湖、Townhouse 齐刷刷地勾勒出来。
如果乐意，还可充当回模特
美丽的片刻成了心中的珍藏。
艺术与品味在这里静静流淌，
在纯水岸，湖水也会有股人文的味道。
回归质朴，享受单纯
我的家、波托菲诺、纯水岸
纯水岸
OCT Portofino - The Riviera
华侨城·波托菲诺水岸豪宅
Http://www.octre.com 咨询热线：6911111 波托菲诺生活格调
• 发展商：深圳华侨城房地产有限公司 • 规划设计：澳大利亚柏涛建筑设计公司 • 园林设计：澳大利亚贝尔高林设计公司
华侨城地产

华侨城·波托菲诺
OCT · PORTOFINO
在纯水岸，时钟只挂在窗前
“当、当、当……”，
从第一声数到最后一声，
就知道自己该做些什么了；
悠悠的钟声从窗前传来，
意大利波托菲诺小镇的悠闲一幕幕地展开。
在波托菲诺.纯水岸，除了在广场难得看见钟表，
计时的习惯变得古老起来，
只要默默地记着圣菲诺钟楼上的钟声在心里敲了几下，
就知道，早晨、中午、还是黄昏。
生活的调子，在这里缓慢起来。
回归质朴，享受单纯
我的家，波托菲诺·纯水岸
纯水岸
OCT Portofino - The Riviera
华侨城·波托菲诺水岸豪宅
Http://www.octre.com 咨询热线：6911111 波托菲诺生活格调
• 发展商：深圳华侨城房地产有限公司 • 规划设计：澳大利亚柏涛建筑设计公司 • 园林设计：澳大利亚贝尔高林设计公司
华侨城地产

華 | 南
South China

Company name
公司名称：
深圳黑弧广告

Floor name
楼盘名称：
波托菲诺

舒马赫说，排位赛成绩让我更充满信心
我说，房子的位置能让事业更快的前进
city vanguand
城市先锋
会展地带首席创新小户
□售楼电话→82345671
□售楼地址→中国深圳市福田区石厦中心区 城市先锋售楼处

齐达内说，主客场影响我技术的发挥
我说，居住的氛围影响生活的状态
city vanguand
城市先锋
会展地带首席创新小户
□售楼电话→82345671
□售楼地址→中国深圳市福田区石厦中心区 城市先锋售楼处

華南
South China

Company name
公司名称：
深圳木太社广告

Floor name
楼盘名称：
城市先锋

Art director general
创作总监：
游江峰

Art director
美术指导：
冯亮 / 谢姣英

Copy writer
文案：
张熠

现代都市"市隐者"心居
Elegant Life Downtown
城中雅苑
心在休息　梦在延续
60%园林绿化。2.8容积率。120000m²生态空间。0距离中心区。纯粹生活品位
Live in the city center and near by golf, you will enjoy the best sight.
□ 隐于中心生态区：园内高逾60%的绿化率，极目高尔夫球场无尽绿色，自然闲情精彩纷呈。
□ 隐于中心生活区：附近地铁站连接购物公园，超市、商场云集，中央生活从容悠然。
□ 隐于中心休闲区：GOLF、时尚坊就在近旁，运动、休闲、逸情全新演绎后街生活格调。
□ 隐于中心商务区：会展中心、星级酒店、邮电枢纽中心环绕，享受商机比别处多一些。
发展商：深圳市城市建设开发(集团)公司
建筑方案设计：深圳宗灏建筑师事务所
整合推广：深圳长城盛花广告有限公司
寻隐路径：83818668(8线)

華南
South China

Company name
公司名称：
深圳长城盛花广告

Floor name
楼盘名称：
城中雅苑

Art director general
创作总监：
蔡鲲

Art director
美术指导：
毛恒毅

Copy writer
文案：
毛恒毅

羅湖蓮塘新樓皇
人氣榜首「零」距離 山水全接觸
翠怡豪苑
CUIYI GARDEN
羅湖・蓮塘
梧桐山新居二期
「翠怡豪苑」就係我嘅健康秘技！
李司棋健康餐單大公開
梧桐山清新空氣 無限
國家級體育主題公園 一個
罕有大型園林 一個
蓮塘區清爽氣候 四季
翠山綠水幽美環境 四周
舒適生活實用空間 88%
超級夏日清爽獎上獎
人人有份 爽！
度假屋式Studio Flat16萬起
單位面積由259呎至1,386呎
持備銀行8成30年低息按揭
空前熱賣 全新震撼價 益買家
首期萬幾蚊 月供幾佰蚊起
7分鐘直達羅湖口岸及文錦渡
香港
發展商：深圳市廣業成投資發展有限公司
總經銷：美亮地產
(852) 27710622 27710181 (86755) 25721188 25720088

華南 South China

Company name
公司名称：
深圳金马盟广告

Floor name
楼盘名称：
翠怡豪苑

Art director general
创作总监：
周盈盈

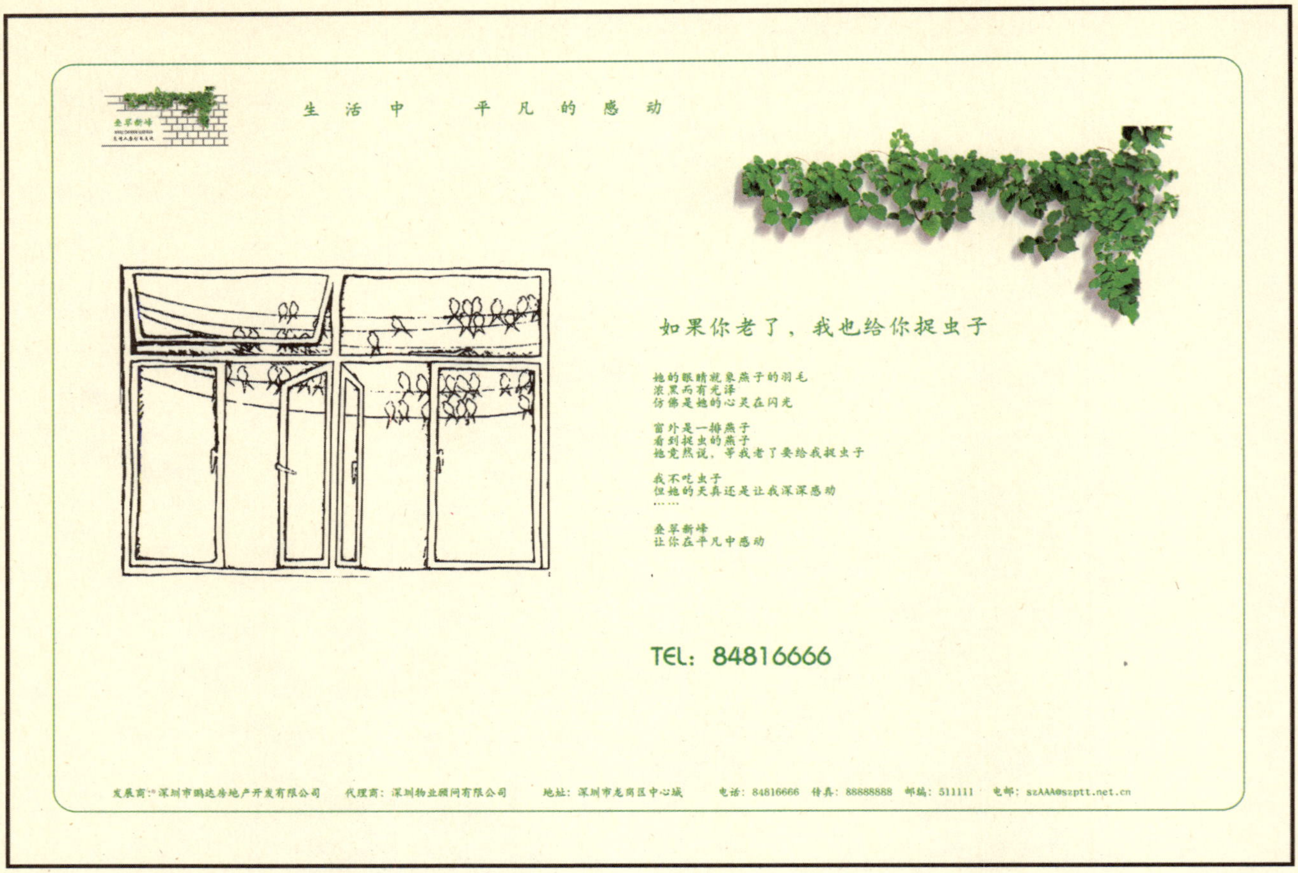
叠翠新峰
生活中　平凡的感动
如果你老了，我也给你捉虫子
她的眼睛就象燕子的羽毛
浓黑而有光泽
仿佛是她的心灵在闪光
窗外是一排燕子
看到捉虫的燕子
她竟然说，等我老了要给我捉虫子
我不吃虫子
但她的天真还是让我深深感动
……
叠翠新峰
让你在平凡中感动
TEL：84816666
发展商：深圳市鹏达房地产开发有限公司　代理商：深圳物业顾问有限公司　地址：深圳市龙岗区中心城　电话：84816666　传真：88888888　邮编：511111　电邮：szAAA@szptt.net.cn

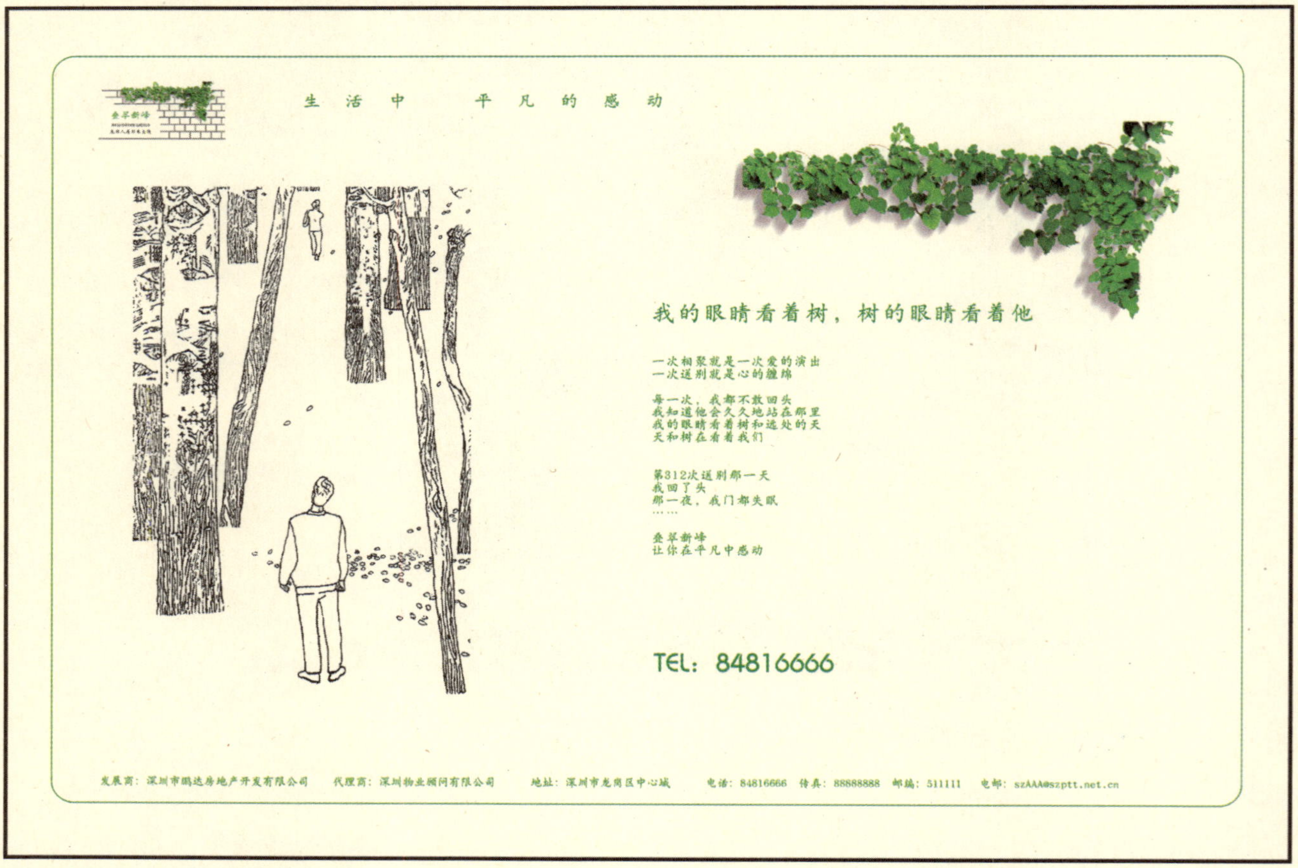
叠翠新峰
生活中　平凡的感动
我的眼睛看着树，树的眼睛看着他
一次相聚就是一次爱的演出
一次送别就是心的缠绵
每一次，我都不敢回头
我知道他会久久地站在那里
我的眼睛看着树和远处的天
天和树在看着我们
第312次送别那一天
我回了头
那一夜，我们都失眠
……
叠翠新峰
让你在平凡中感动
TEL：84816666
发展商：深圳市鹏达房地产开发有限公司　代理商：深圳物业顾问有限公司　地址：深圳市龙岗区中心城　电话：84816666　传真：88888888　邮编：511111　电邮：szAAA@szptt.net.cn

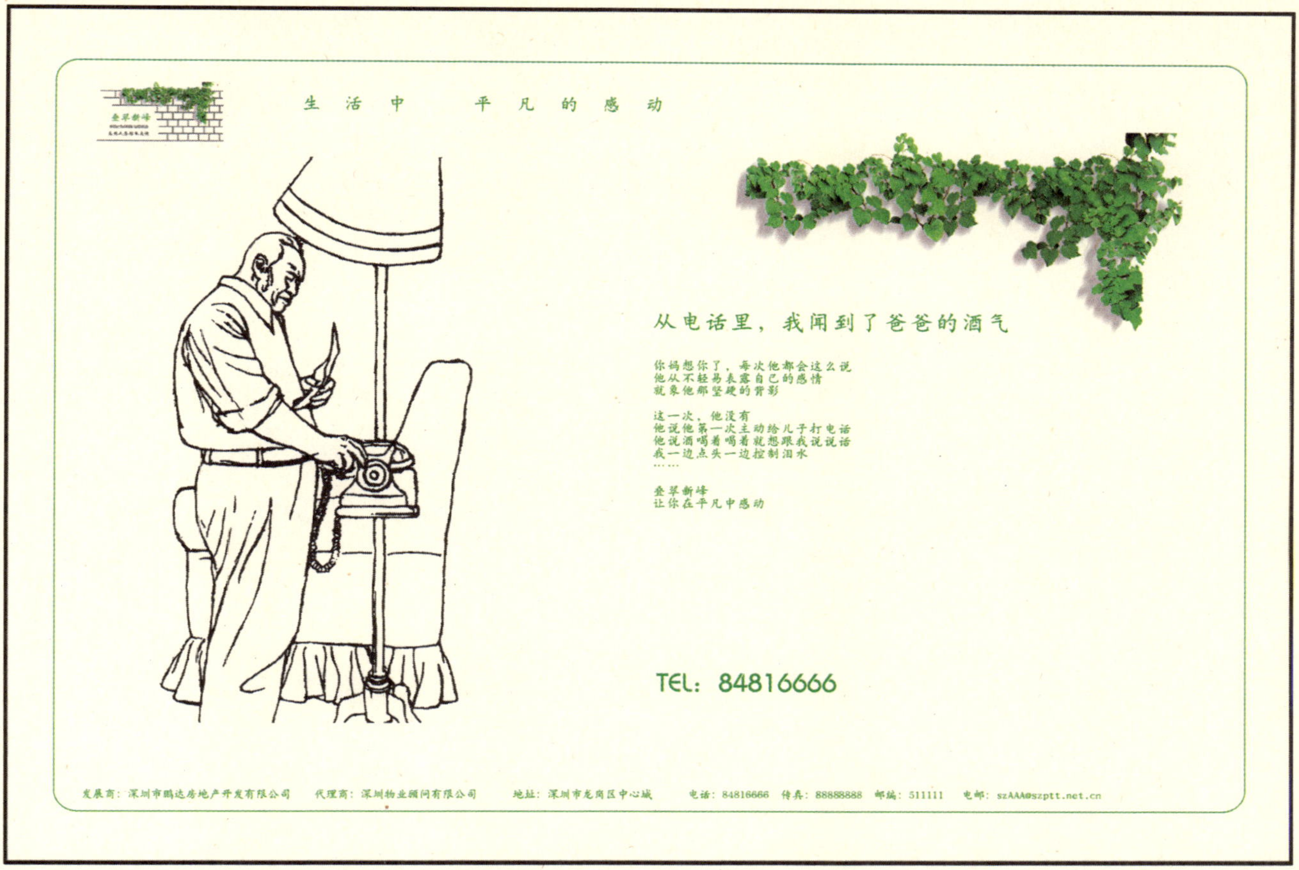

華|南 South China

Company name
公司名称：
深圳相互广告

Floor name
楼盘名称：
叠翠新峰

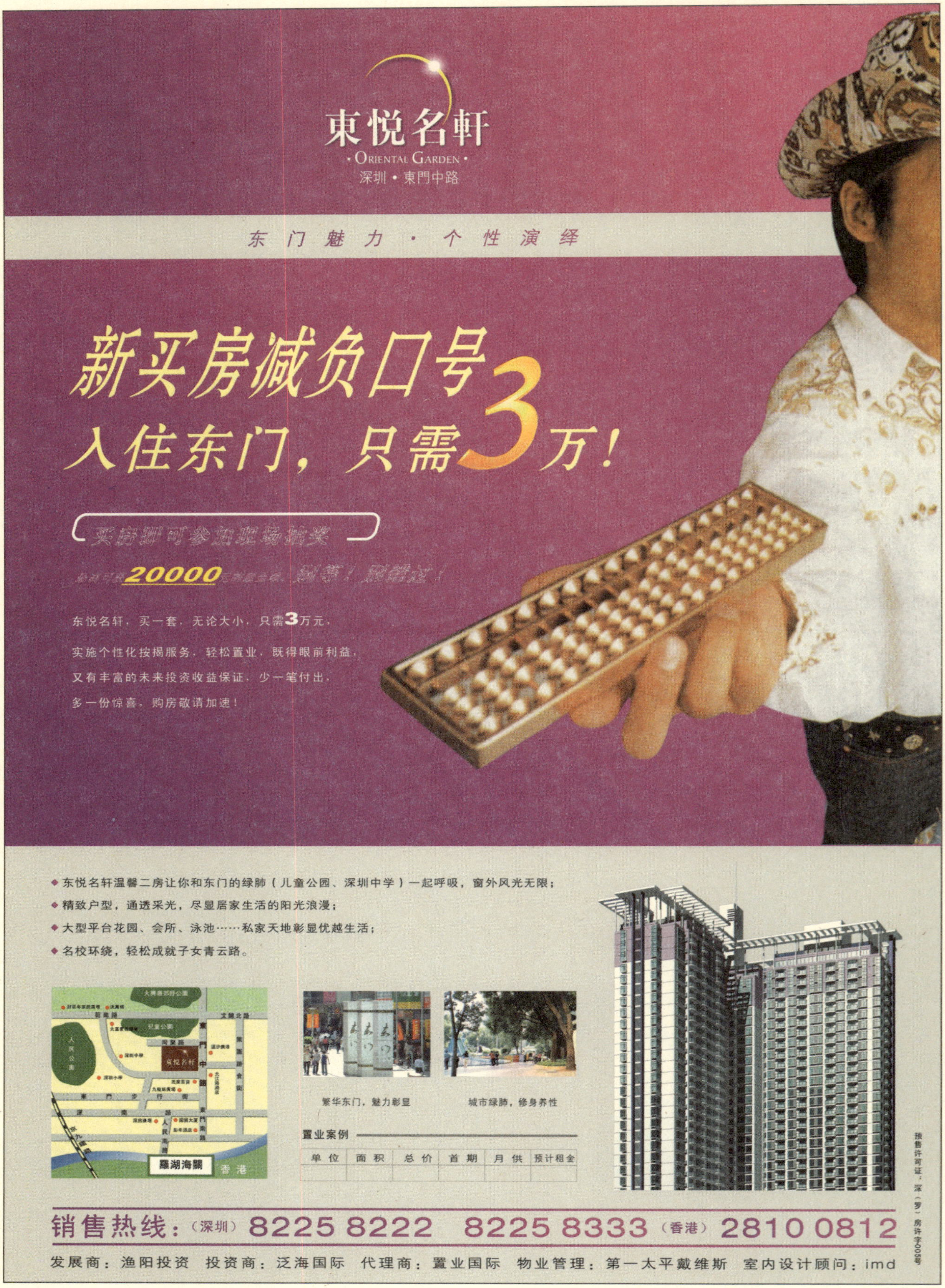
東悦名軒
• ORIENTAL GARDEN •
深圳 • 東門中路
东门魅力 · 个性演绎
新买房减负口号
入住东门，只需3万！
20000
东悦名轩，买一套，无论大小，只需3万元，
实施个性化按揭服务，轻松置业，既得眼前利益，
又有丰富的未来投资收益保证，少一笔付出，
多一份惊喜，购房敬请加速！
◆ 东悦名轩温馨二房让你和东门的绿肺（儿童公园、深圳中学）一起呼吸，窗外风光无限；
◆ 精致户型，通透采光，尽显居家生活的阳光浪漫；
◆ 大型平台花园、会所、泳池……私家天地彰显优越生活；
◆ 名校环绕，轻松成就子女青云路。
罗湖海关
香港
繁华东门，魅力彰显
城市绿肺，修身养性
置业案例
单位 面积 总价 首期 月供 预计租金
预售许可证：深（罗）房许字005号
销售热线：（深圳）8225 8222 8225 8333（香港）2810 0812
发展商：渔阳投资 投资商：泛海国际 代理商：置业国际 物业管理：第一太平戴维斯 室内设计顾问：imd

東悦名軒
深圳·东门中路
东门尊贵地段优质物业
他们好像总有花不完的钱……
JACK和MAY每天晚上都会去东门逛街，而且每次都是满载而归，他们好像总有花不完的钱。难怪，原本准备用十多万元作首期在罗湖买套尊贵的房子，现在却只花了3万元的首期，买了东门的尊贵两房，发展商还送全屋装修和家电，所以他们剩余了很多钱去shopping。
东门街景
儿童公园全景
为庆祝东悦名轩荣登2003年首季罗湖区销售冠军，从即日起，
在东悦名轩购买任何一房、两房单位，
发展商送首期，送全屋装修家电，优惠期有限，敬请关注！
置业案例：
以一套61.58m² 两房单位为例，总价435177元，只需3万元落定，发展商即送2成首期（扣落定金额），实际发展商回赠57035元，即可办理建行8成30年按揭，月供仅1878元/月。
东门的成熟生活配套和四通八达的交通让您尽享生活的便利；◆ 东悦名轩让你和东门的绿肺（儿童公园、深圳中学）一起呼吸，窗外风光无限；◆ 精致户型，通透采光，尽显居家生活的阳光浪漫；◆ 大型平台花园、会所、泳池……私家天地彰显优越生活；◆ 名校环绕，轻松成就子女青云路。
销售热线：（深圳） 8225 8222 8225 8333
发展商：渔阳房地产 投资商：泛海国际 代理商：置业国际 物业管理：第一太平戴维斯

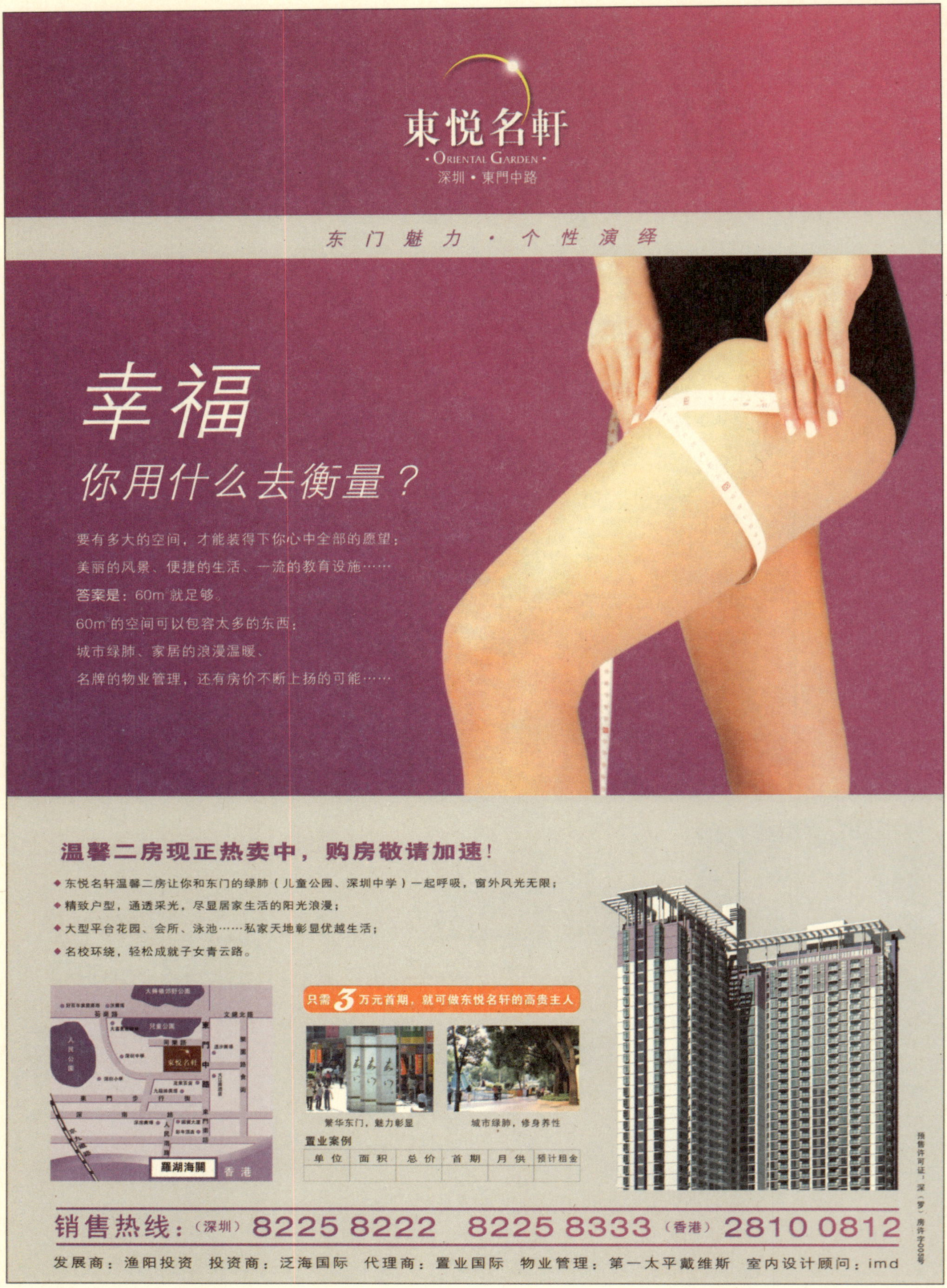
東悦名軒
· ORIENTAL GARDEN ·
深圳 · 東門中路
东门魅力 · 个性演绎
幸福
你用什么去衡量？
要有多大的空间，才能装得下你心中全部的愿望：
美丽的风景、便捷的生活、一流的教育设施……
答案是：60m 就足够。
60m 的空间可以包容太多的东西：
城市绿肺、家居的浪漫温暖、
名牌的物业管理，还有房价不断上扬的可能……
温馨二房现正热卖中，购房敬请加速！
东悦名轩温馨二房让你和东门的绿肺（儿童公园、深圳中学）一起呼吸，窗外风光无限；
精致户型，通透采光，尽显居家生活的阳光浪漫；
大型平台花园、会所、泳池……私家天地彰显优越生活；
名校环绕，轻松成就子女青云路。
罗湖海關
香港
只需 3 万元首期，就可做东悦名轩的高贵主人
繁华东门，魅力彰显
城市绿肺，修身养性
置业案例
单位 面积 总价 首期 月供 预计租金
预售许可证：深（罗）房许字005号
销售热线：（深圳）8225 8222 8225 8333（香港）2810 0812
发展商：渔阳投资 投资商：泛海国际 代理商：置业国际 物业管理：第一太平戴维斯 室内设计顾问：imd

華南 South China

Company name
公司名称：
深圳盛意廊广告

Floor name
楼盘名称：
东悦名轩

Art director general
创作总监：
王昆仑 / 蹇明

Art director
美术指导：
杨琦

Copy writer
文案：
叶玉堂

生活就要七星级
“五星级”的家已经是上个世纪的事了，
在丰泰裕田花园，你的生活，
除了“五星级”酒店的尊崇，还有湖的柔美，还有山的旖旎，
我们称之为“七星级”社区，
当然，你享有的，远不止这些，领衔新虎门的生活格调，只有领衔的人才会懂得。
丰泰裕田花园，“七星级”生活明星。
丰泰裕田花园
RICHFIELD GARDEN
•五星级酒店 •临湖而居 •与山对话 •东南亚式建筑风格 •热带风情园林 •商业街区 •大型会所
□发展商：虎门建设发展有限公司 □东莞市建设房地产有限公司
□售楼地址：东莞市虎门镇树田村
Tel: 0769-5500188 5500138

生活就要七星级
“五星级”的家已经是上个世纪的事了，
在丰泰裕田花园，你的生活，
除了“五星级”酒店的尊崇，还有湖的柔美，还有山的旖旎，
我们称之为“七星级”社区，
当然，你享有的，远不止这些，领衔新虎门的生活格调，只有领衔的人才会懂得。
丰泰裕田花园，“七星级”生活明星。
丰泰裕田花园
RICHFIELD GARDEN
•五星级酒店 •临湖而居 •与山对话 •东南亚式建筑风格 •热带风情园林 •商业街区 •大型会所
□发展商：虎门建设发展有限公司 □东莞市建设房地产有限公司
□售楼地址：东莞市虎门镇树田村
Tel: 0769-5500188 5500138

華南
South China

Company name
公司名称：
深圳相互广告

Floor name
楼盘名称：
丰泰裕田花园

NEW WORLD HOUSE
硅谷别墅
新世界豪园
二期TOWNHOUSE

文化汇聚

高雅文化汇聚 贵族文化徜徉

2002年3月9日 自驾车团云南之旅/2002年2月3日 “凤凰卫视千禧之旅”旅游资讯论坛/盛大藏式“锅庄”舞会/摄影大师西部风情幻灯讲座/2001年11月3日 水上芭蕾、高雅音乐会/2002年3月-6月 德格版画展/2001年3月10日 “攀越颠峰·风光无限”世纪百位财富人物摄影大展/2000年11月25日 人体摄影展/2002年5月 “缤纷假日”泳装秀/2002年5月31日 “同一片蓝天下”庆“六一”联欢会/2002年7月13 硅谷财经论坛/2002年7月-8月 中国古代石雕佛像展/名家真迹中国画展/明清家私展……

价格：10000元/m²起

嘎纳阳光风情样板房全新开放 山谷热线：26754888

发展商：深圳百富隆新投资有限公司 粤海铜鼓物业开发有限公司 策划代理：深圳市德思勤置业有限公司 物业管理：金地物业管理有限公司
广告代理商：木大广告 MANTIME 电话：83551106 深（南）房许字（2002）029号 *以上面积均为建筑面积

NEW WORLD HOUSE
硅谷别墅
新世界豪园
二期TOWNHOUSE

盛载梦想

展示欧式艺术 盛载新贵梦想

城市山谷位于侨城西路铜鼓岭半山，北靠塘朗山郊野公园，南望深圳湾，四大高尔夫环伴左右。

宽阔的的道路，高大的乔木和错落的灌木、花草形成了丰富的层次，风格上亲近自然，营造出深深的行宫感觉，尽量彰显的是一种皇家猎苑的气息。

块块相拼的花岗岩手打石，沿着路面铺开，似乎传出一种久远充满遐想的马蹄方石声……这就是硅谷别墅·城市山谷，演绎古朴典雅的法国嘎纳风情，盛载中国知富阶层新梦想的纯TOWNHOUSE。

价格：10000元/m²起

嘎纳阳光风情样板房全新开放 山谷热线：26754888

发展商：深圳百富隆新投资有限公司 粤海铜鼓物业开发有限公司 策划代理：深圳市德思勤置业有限公司 物业管理：金地物业管理有限公司
广告代理商：木大广告 MANTIME 电话：83551106 深（南）房许字（2002）029号 *以上面积均为建筑面积

NEW WORLD HOUSE
硅谷别墅
新世界豪园
二期TOWNHOUSE
高地贵族
纯粹高雅的文明 艺术文化的图腾
城市山谷地处华侨城制高点，三面邻崖，为格调明朗而又带神秘色彩的独立城堡。
高地，令一切变得格外高远。高地，胜却人间无数。在城市山谷，建筑与高地融为一体，思想在自然与建筑的品位中悠游，幽雅的新富裕阶层们可以在这里尽情地享受个性化的生活，他们或儒雅或绅士，深邃的思想使他们各个才华横溢，相同而又自信的选择只源于更高层面的对美的理解，对生命的热爱……这就是硅谷别墅·城市山谷，一个纯别墅区内的高地贵族。
硅谷别墅
SHEN ZHEN NEW WORLD HOUSE
城市山谷
TOWNHOUSE
山谷实景之七
价格：10000元/m²起
嘎纳阳光风情样板房全新开放
山谷热线：26754888
策划代理：深圳市德思勤置业有限公司 物业管理：金地物业管理有限公司
广告代理商：木木广告 MANTIME 电话：83551106
深（南）房许字（2002）029号 *以上面积均为建筑面积

NEW WORLD HOUSE
硅谷别墅
新世界豪园
二期TOWNHOUSE
山谷梦想
引领居住文明 超越空间理念
城市山谷位于侨城西路铜鼓岭半山，北靠塘朗山郊野公园，南望深圳湾，四大高尔夫环伴左右。
城市山谷是悠闲、自在的，它为住宅建筑注入了无比丰富的人文内涵，从人文视角重新衡量人的起居生活的空间尺度和心理角度；它更重视对生活方式的把握和对审美情趣的体味。清晨的第一缕阳光射入主人房，对镜中的自己微笑一次，新的一天又在晨曦中缓缓出发……这就是硅谷别墅·城市山谷，一个盛载新知富纯粹梦想的TOWNHOUSE。
城市山谷
TOWNHOUSE
山谷实景之八
价格：10000元/m²起
阳光风情样板房全新开放
山谷热线：26754888
发展商：深圳百富隆新投资有限公司 粤海铜鼓物业开发有限公司
策划代理：深圳市德思勤置业有限公司 物业管理：金地物业管理有限公司
广告代理商：木太广告 MANTIME 电话：83551106
深（南）房许字（2002）029号 *以上面积均为建筑面积

NEW WORLD HOUSE
硅谷别墅
新世界豪园
二期TOWNHOUSE
居住文明
标定居住空间尺度 创造新贵纯粹生活
清晨，铜鼓岭半山宁静得出奇。夜的凉意还没有完全褪去，城市山谷已经沐浴了第一缕阳光，灵动着的中心喷泉飞溅出的水花，在朝阳里幻化出迷人的色彩，让人心醉……这就是硅谷别墅·城市山谷，一个改变居住文明，为知富阶层创造纯粹生活的TOWNHOUSE。
城市山谷
TOWNHOUSE(硅谷别墅II期)
山谷实景之九
文化驿站看板
城市山谷中秋时尚夜
硅谷别墅·城市山谷一直坚持高尚人居理念，此次特别联合中国银行深圳市分行及深圳市美术家协会携手打造本次大型高尚联谊PARTY。
时　　间：2002年9月19日晚5:30-10:30 地点：硅谷别墅·城市山谷文化会所
主办单位：深圳市百富隆新投资有限公司、中国银行深圳市分行
协办单位：假日传媒国际集团《深圳假日》杂志社、深圳市汇文川广告有限公司、深圳市美术家协会、《深圳特区报》、《深圳商报》、《南方都市报》、《深圳假日》
秋交会期间，凡前来购买的客户可获得3%的优惠
另：凡持有中行信用卡的客户，在十月底之前可获得额外2%的优惠
价格：10000元/m²起 山谷热线：26754888
发展商：深圳百富隆新投资有限公司 粤海铜鼓物业开发有限公司
策划代理：深圳市德思勤置业有限公司 物业管理：金地物业管理有限公司
广告代理商：木太广告 MANTIME 电话：83551106
深（南）房许字（2002）029号 *以上面积均为建筑面积

華南
South China

Company name
公司名称：
深圳木太社广告

Floor name
楼盘名称：
城市山谷

Art director general
创作总监：
游江峰

Art director
美术指导：
李长强

Copy writer
文案：
李云河

城市山谷园林实景

从滨海大道到铜鼓岭半山

①天真可爱的小朋友在硅谷表演②硅谷别墅山谷风艺术馆③阳光灿烂的硅谷别墅庭院④会所室外泳池⑤中国当代名家摄影作品⑥充满异域情调的深圳影站

——大冲村改造规划进行中

硅谷别墅·城市山谷坐落在华侨城西部的硅谷里，是真正意义上的城市规划中的深圳市中央区。它处在华侨城西部。城市山谷南面"海"——深圳湾，北靠"山"——塘郎山，右邻"河"——大沙河，左邻"高地"——铜鼓岭半山，中有"泉"——内有16处喷泉。

驾车沿着风景宜人的滨海大道行进，迎面明媚的阳光，吹着和煦的海风，转入沙河路，不一会就能望到铜鼓岭半山上格调明朗而又带神秘色彩的独立城堡。城市山谷占据华侨城高点，三面临崖，为建筑北面在占地8000平方米的郊野公园与北环相隔，四周拥有名商、沙河、深圳市高尔夫、西丽等四大高尔夫。它的风景是多元的，灵动的，那跃动明丽的建筑、那微波浩淼的水体、那随风摇曳的棕榈、那意韵悠远的，还有那情景交融的街区，是城市的、自然的。

城市山谷Townhouse，可以为新知富阶层提供文化交流驿站。硅谷别墅8600平方米会所，文化氛围浓厚，多次举办摄影、自驾车、旅游、书画、自然文化之旅盛会等活动，成为一些文化团体、活动团体的固定活动基地。而环绕硅谷别墅四周的名商、沙河、深圳市高尔夫、西丽四大高尔夫，为您的休闲生活增添了多种选择。

在未来的政府规划中，大冲村旧村改造，将进一步地改变城市山谷周边的环境。走出硅谷别墅大门，您将拥有宽敞的私家车道，而通往四面八方。一位城市山谷的拥有者很感性的说："城市山谷Townhouse的魅力，是不可言传的点点细节，使到这里的每一个人都热爱这个地方。"

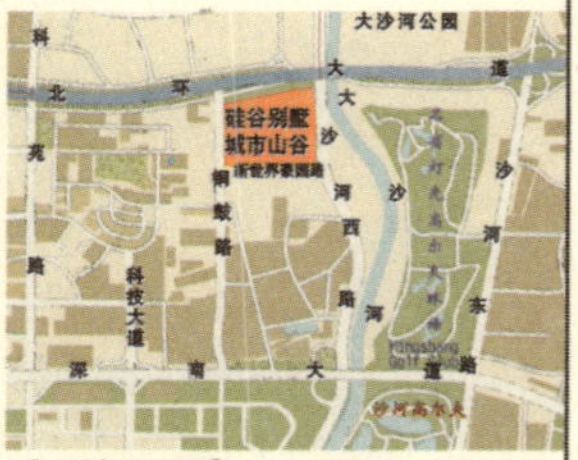

山谷回声：26754888

发展商：深圳百富隆新投资有限公司　粤海铜鼓物业开发有限公司
销售代理：深圳市德思勤置业有限公司　物业管理：金地物业管理有限公司
深(南)房许字(2002)029号　广告策划：木大·天成　83904485

城市山谷TOWNHOUSE实景

从喷泉广场到欧式会所

①贵族生活展示会　②夜色下的PARTY酒会　③梅格服画展　④会所设施　⑤金色的会所走廊　⑥妙趣横生的私家院落

——欧式风情会所，新知富阶层的文化驿站

硅谷别墅·城市山谷蜿蜒在山顶的TOWNHOUSE，斜顶，咖啡色的木质外墙、天窗、阳光温情静谧地泻在斜顶上。木质TOWNHOUSE边，是硅谷别墅巨大的公共街区。钟楼、会所、叠层泳池，公共街区的古木与楼、屋织成一道风景！

透过情景交融的喷泉广场，屹立着高大雄伟的欧式会所，白色的线条简洁有力地勾勒出的轮廓，黄色的立面又与其相得益彰，在8600平方米文化驿站会所里，配备有清清的水吧、山谷风艺术馆、健身房、室内外泳池等高尚配置，以其独特的街区文化、社区文化成为一些文化团体固定活动基地，这是TOWNHOUSE的建筑内涵标准；城市山谷Townhouse更加注重内在的精神，街区文化即是Townhouse的灵魂，标志着街区生活的"文化驿站"举办了一系列丰富的活动：专业影展/自驾车团/藏式锅庄舞会，邀您一同踏上文化之旅；著名影星洪金宝和金牌主持李湘不约而同的来到硅谷别墅取外景拍摄，带来了一群漂亮的泳装模特；城市山谷Townhouse贵族生活展示会上，关注城市山谷的市民以及Townhouse住宅的爱好者齐聚城市山谷，在这里，他们找到了关于居所、关于家、关于生活的真实感觉；自然文化之旅盛会，山谷篝火晚会、烤全羊、锅庄舞会、怀旧电影……仿佛又回到了那纯真的年代、激情燃烧的岁月。

城市山谷里，一幅光线柔和的田园风景，跳跃着阳光和色彩的印象派画中府第，意境深远的美感。

山谷回声：26754888

发展商：深圳百富隆新投资有限公司　粤海铜鼓物业开发有限公司
销售代理：深圳市德思勤置业有限公司　物业管理：金地物业管理有限公司
深(南)房许字(2002)029号　广告策划：木大·天成　83904485

華|南
South China

Company name
公司名称：
深圳木太社广告

Floor name
楼盘名称：
城市山谷

Artdirector general
创作总监：
游江峰

Art director
美术指导：
冯亮

Copy writer
文案：
李云河

国际市长交流中心
International Mayors
Communication Center
国际精英驿站
再下一层，
直接截获这班地铁
国际市长交流中心，地铁一号线白石洲站就在门前，
享受捷运，遨游深圳，从此掌控时间，即使只剩最
后一班地铁，也可从容赶上！
每个人，共谱都市姿彩；少数人，代言城市形象；多数人，追随生活潮流；极少人，占据世界中心；深南大道南、沙河高尔夫、名商高尔夫环伺，无限生活视野，领略城市动脉，汇集国际精英，人生由此海阔天空！
发展商：深圳市金晖房地产开发有限公司 营销代理：戴德梁行 精英驿站：深南大道南沙河高尔夫旁
精英热线：26965222

華南
South China

Company name
公司名称：
深圳博思堂广告

Floor name
楼盘名称：
国际市长交流中心

Art director
美术指导：
陶国松

Copy writer
文案：
黄晓岗

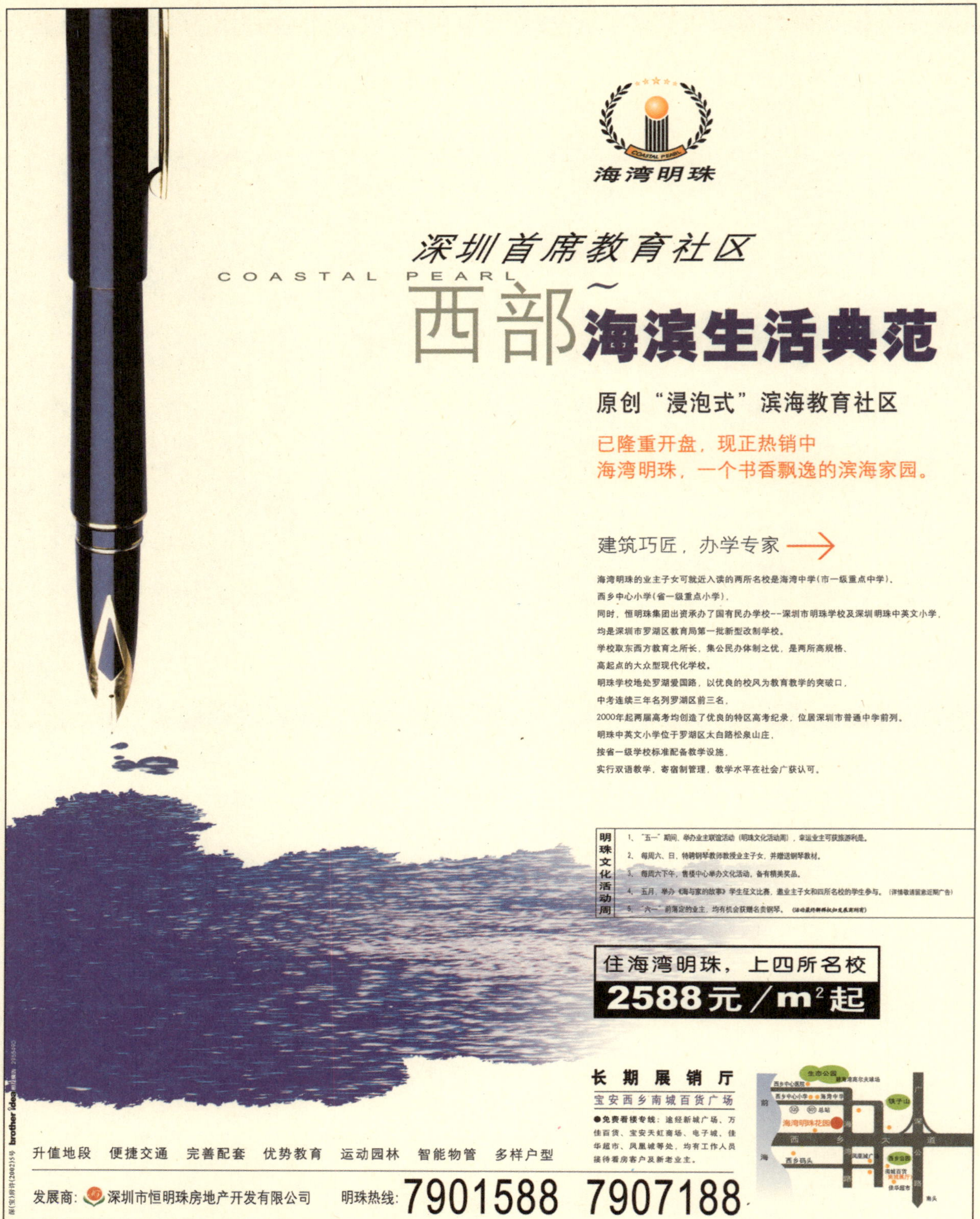
海湾明珠
深圳首席教育社区
COASTAL PEARL
西部~海滨生活典范
原创"浸泡式"滨海教育社区
已隆重开盘，现正热销中
海湾明珠，一个书香飘逸的滨海家园。
建筑巧匠，办学专家
海湾明珠的业主子女可就近入读的两所名校是海湾中学(市一级重点中学)、
西乡中心小学(省一级重点小学)，
同时，恒明珠集团出资承办了国有民办学校--深圳市明珠学校及深圳明珠中英文小学，
均是深圳市罗湖区教育局第一批新型改制学校。
学校取东西方教育之所长，集公民办体制之优，是两所高规格、
高起点的大众型现代化学校。
明珠学校地处罗湖爱国路，以优良的校风为教育教学的突破口，
中考连续三年名列罗湖区前三名，
2000年起两届高考均创造了优良的特区高考纪录，位居深圳市普通中学前列。
明珠中英文小学位于罗湖区太白路松泉山庄，
按省一级学校标准配备教学设施，
实行双语教学，寄宿制管理，教学水平在社会广获认可。
明珠文化活动周
1、"五一"期间，举办业主联谊活动（明珠文化活动周），幸运业主可获旅游利是。
2、每周六、日，特聘钢琴教师教授业主子女，并赠送钢琴教材。
3、每周六下午，售楼中心举办文化活动，备有精美奖品。
4、五月，举办《海与家的故事》学生征文比赛，邀业主子女和四所名校的学生参与。（详情敬请留意近期广告）
5、"六一"前落定的业主，均有机会获赠名贵钢琴。
住海湾明珠，上四所名校
2588元/m²起
长期展销厅
宝安西乡南城百货广场
●免费看楼专线：途经新城广场、万佳百货、宝安天虹商场、电子城、佳华超市、凤凰城等处，均有工作人员接待看房客户及新老业主。
生态公园
西乡中心医院
西乡中心小学
海湾中学
铁子山
海湾明珠花园
西乡大道
前海
西乡码头
西乡公园
南城百货
佳华超市
南头
升值地段 便捷交通 完善配套 优势教育 运动园林 智能物管 多样户型
发展商：深圳市恒明珠房地产开发有限公司
明珠热线：7901588 7907188

華南
South China
Company name
公司名称：
深圳相互广告
Floor name
楼盘名称：
海湾明珠

少废话。

中心区特大中小户型社区隆重推出

皇庭世纪，献给讲效率的人。

HuangTing Century 皇庭世纪

皇庭世纪 —— 有效率 有明天　✆ 2352888

華｜南
South China

Company name
公司名称：
深圳黑弧广告

Floor name
楼盘名称：
皇庭世纪

荣获02-03年深圳十大明星楼盘 最佳投资大盘
首付1成送1成
您付10% 我贴10%
齐心呼应 健康生活
本周推出10套特价优惠单位
1房45m² 仅售30余万起
2房65m² 仅售40余万起
【送精致装修】
■ 福田中心区，交通网络四通八达，毗邻2004年通车之地铁福民站
■ 成熟大社区，生活配套一应俱全
■ 名校中学校网，业主子女可获优先入学和额外学费优惠
■ 多种户型迎合买家需要，投资自住两相宜，租金回报同区之冠
■ 多种灵活付款方式以供选择，一期单位已全部售罄，欲购从速
8202 8901
【售楼处】皇岗口岸福田南路与滨河路交汇处
生活课堂第二节：
细阅草丛
时刻细味生活细节
重新体会身心健康
福田中心区唯一 50,000㎡ 私家绿化生态园林
越10,000坪草地为您细意栽种
深圳 皇岗
皇御苑
II期

荣获02-03年深圳十大明星楼盘 最佳投资大盘
首付1成送1成
您付10% 我贴10%
齐心呼应 健康生活
本周推出10套特价优惠单位
1房45m² 仅售30余万起
2房65m² 仅售40余万起
【送精致装修】
■ 福田中心区，交通网络四通八达，毗邻2004年通车之地铁福民站
■ 成熟大社区，生活配套一应俱全
■ 名校中学校网，业主子女可获优先入学和额外学费优惠
■ 多种户型迎合买家需要，投资自住两相宜，租金回报同区之冠
■ 多种灵活付款方式以供选择，一期单位已全部售罄，欲购从速
8202 8901
【售楼处】皇岗口岸福田南路与滨河路交汇处
生活课堂第一节：
细阅花蕊
时刻细味生活细节
重新体会身心健康
福田中心区唯一 50,000㎡ 私家绿化生态园林
越100种时花为您细意栽种
深圳 皇岗
皇御苑
II期

荣获02-03年深圳十大明星楼盘 最佳投资大盘
首付1成送1成
您付10% 我贴10%
齐心呼应 健康生活
本周推出10套特价优惠单位
1房45m² 仅售30余万起
2房65m² 仅售40余万起
【送精致装修】
福田中心区，交通网络四通八达，毗邻2004年通车之地铁福民站
成熟大社区，生活配套一应俱全
名校中学校网，业主子女可获优先入学和额外学费优惠
多种户型迎合买家需要，投资自住两相宜，租金回报同区之冠
多种灵活付款方式以供选择，一期单位已全部售罄，欲购从速
8202 8901
【售楼处】皇岗口岸福田南路与滨河路交汇处
生活课堂第三节：
细阅 树林
时刻细味生活细节
重新体会身心健康
福田中心区唯一50,000㎡私家绿化生态园林
越80颗百年老树为您细意栽种
深圳 皇岗
皇御苑
II期

荣获02-03年深圳十大明星楼盘 最佳投资大盘
首付1成送1成
您付10% 我贴10%
齐心呼应 健康生活
本周推出10套特价优惠单位
1房45m² 仅售30余万起
2房65m² 仅售40余万起
【送精致装修】
福田中心区，交通网络四通八达，毗邻2004年通车之地铁福民站
成熟大社区，生活配套一应俱全
名校中学校网，业主子女可获优先入学和额外学费优惠
多种户型迎合买家需要，投资自住两相宜，租金回报同区之冠
多种灵活付款方式以供选择，一期单位已全部售罄，欲购从速
8202 8901
【售楼处】皇岗口岸福田南路与滨河路交汇处
生活课堂第四节：
细阅 古木
时刻细味生活细节
重新体会身心健康
福田中心区唯一50,000㎡私家绿化生态园林
越80颗百年老树为您细意栽种
深圳 皇岗
皇御苑
II期

深圳 皇岗
皇御苑
II期
阳光透过浓荫华盖的苍天古参，
斑斑驳驳地散落四周，
清风旖旎着，撩动心扉，
就是这一抹纯净，一丝悠雅，让思绪游逸
皇苑二期50,000㎡园林，50棵苍天古树，让你在繁华之中找到栖息地。
荣获02-03年深圳十大明星楼盘最佳投资大盘
首付1成送1成您付10% 我贴10%齐心呼应健康生活
本周推出10套特价优惠单位
1房45m²仅售30余万起
2房65m²仅售40余万起
【售楼处】皇岗口岸福田南路与滨河路交汇处
8202 8901
■ 福田中心区，交通网络四通八达，毗邻2004年通车之地铁福民站
■ 成熟大社区，生活配套一应俱全
■ 名校中学校网，业主子女可获优先入学和额外学费优惠
■ 多种户型适合买家需要，feasible自住两相宜，租金回报同区之冠
■ 多种灵活付款方式以供选择，一期单位已全部售罄，欲购从速

华南
South China

Company name
公司名称：
深圳金马盟广告

Floor name
楼盘名称：
皇御苑

Art director general
创作总监：
周盈盈

深圳 皇岗
皇御苑
II期
树荫成就下一代的未来
福田中心区唯一 50,000㎡ 真正私家绿化生态园林
越 60 颗百年古树为您细意栽种
悉心为子女成长营造健康环境
现推出 10套 特价优惠单位【送 精致装修】
1房 45m² 仅售 30余万起　2房 65m² 仅售 40余万起
首付1成 送1成
荣获2002-2003年度深圳十大明星楼盘 最佳投资大盘奖【第一期经已全部售罄】
【售楼处】 皇岗口岸福田南路与滨河路交汇处
8202 8901

深圳 皇岗
皇御苑
II期
体会什么叫
氣派
方明什么叫园林
福田中心区唯一 50,000m² 真正私家绿化生态园林
越 60 颗百年古树为您细意栽种
时刻体会健康优悠生活品味
现推出 10套 特价优惠单位 【送 精致装修】
1房 45m² 仅售 30余万起 2房 65m² 仅售 40余万起
首付1成 送1成
荣获2002-2003年度深圳十大明星楼盘 最佳投资大盘奖【第一期经已全部售罄】
【售楼处】 皇岗口岸福田南路与滨河路交汇处
8202 8901

鳳凰路——深圳唯一港人街
三分鐘直達口岸
HK Town 港人街
100%港式生活
戶型由1房2廳至3房2廳 面積由382呎至850呎
超低首期1萬起
月供千餘元起
送全屋精裝修及電器（另備1151呎特大四房單位）
金城華庭
加拿大、美國…
只要有中國人的地方就有唐人街，
深圳當然要有港人街—鳳凰路，
百分百港式生活，
百分百港式配套，
同聲同氣，
左鄰右里都是香港人，
感覺安全，
感覺好香港啊！
東門中路
文錦中路
鳳凰街
華麗路
鳳凰路
深南東路
羅湖口岸
文錦渡口岸
香港↓
羅湖・鳳凰路
金城華庭
120萬呎大型園林港人社區
大規模港人屋苑
120萬呎10棟1,656戶超大規模港式屋苑，純住宅園林設計，安全安心，鬧市中獨享寫意自在。
市區最大園林會所
20萬呎綠色園林會所，兼享繁華寧靜，羅湖罕有。貝爾高林設計10米超高架空層、500米緩跑徑，設施齊全之悠閒會所，為住戶領略尊貴生活首選。
鳳凰路成熟生活配套
雙口岸優勢及四通八達交通，2分鐘直達文錦渡口岸，3分鐘直達羅湖口岸，另有十多條巴士途經，方便不言而喻。
100%港式生活配套
7-11便利店
羅湖口岸睇樓專車
接待處設於羅湖聯檢樓出境大堂
時間由每日上午7:00至晚上7:00
深圳查詢電話：84498556
一房由23萬起 兩房由32萬起
劏一首期實例 租金回報可高達30%
3座7G(兩房) $310,311 $40,000 $1,472 $2,800 $1,328x12=$15,936 39%
10座4G(一房) $230,057 $10,000 $1,189 $1,800 $611x12=$7,332
同聲同氣 左鄰右里都是香港人
行政管理人員
小一學生
家庭主婦
茶餐廳老闆
IT從業人員
發展商：深圳市金光華實業(集團)有限公司
代理商：置業國際(中國)有限公司
銷售中心：羅湖鳳凰路鳳凰街6號
親臨現場可於天天漁港東側進
(香港) 2810 0812 (深圳) 2542 6888

華南
South China

Company name
公司名称：
深圳金马盟广告

Floor name
楼盘名称：
金城华庭

Art director general
创作总监：
周垩盈

金城华庭
GOLDEN METRO
罗湖：凤凰路12万m²大型园林社区
2003年深圳市十大明星楼盘
统一首期 低门槛置业
一房3万 两房4-5万 三房6万
功能革命之
户型大跃进
加房不加价，进！
10年不换楼，进！
主力户型35-107m²
月供1900元起
3房2厅2卫/79m²
仅售20余万元起
49-53m²
76-79m²
107m²
统一首期实例（绝无取巧）
单位实例 订价 首期只需 月供
10座5H(一房) ¥248,176 ¥30,000 ¥1,180
3座5E(两房) ¥333,908 ¥40,000 ¥1,590
3座5F(三房) ¥501,734 ¥60,000 ¥2,386
以30年按揭计算
超优越都市生活定义
超优越规划 10栋1656户超大规模纯住宅、罗湖罕有。
超优越环境 2万平方米园林会所、超高10米架空层、500米健康缓跑径及户外泳池、独享闹中取静。
超优越配套 沃尔玛、麦当劳等一应俱全，生活方便自在。
超优越地段 罗湖区委政治文化核心地带，交通四通八达，尽得都市精萃。
2542 6888 2540 6888
发展商：深圳市金光华实业(集团)有限公司
代理商：置业国际
园林设计：贝尔高林

统一首期 低门槛置业
一房3万 两房4-5万 三房6万
金城华庭
GOLDEN METRO
罗湖·凤凰路12万㎡大型园林社区
2003年深圳市十大明星楼盘
市场认可
才是硬道理
上周销量突破100套 引发热销旋风
功能革命之户型大跃进
金城华庭功能革命以同样的价钱获得更多功能，49㎡做到2房2厅加双阳台，78㎡做到3房2厅2卫加双阳台，107㎡在3房2厅2卫双阳台的基础上更有工人房及4.2m开间。加房不加价，一步到位，让买家真切感受掏出多少钱换回多少实用空间，明明白白置业！
主力户型35-107㎡
月供1900元起 3房2厅2卫/79㎡
仅售20余万元起
49-53㎡
76-79㎡
107㎡
统一首期实例（绝无取巧）
单位实例 订价 首期只需 月供
10座5H(一房) ¥248.176 ¥30.000 ¥1.180
3座5E(两房) ¥333.908 ¥40.000 ¥1.590
3座5F(三房) ¥501.734 ¥60.000 ¥2.386
以30年按揭计算
超优越都市生活定义
超优越规划 10栋1656户超大规模纯住宅，罗湖罕有。
超优越环境 2万平方米园林会所，超高10米架空层，500米健康缓跑径及户外泳池，独享闹中取静。
超优越配套 沃尔玛、麦当劳等一应俱全，生活方便自在。
超优越地段 罗湖区委政治文化核心地带，交通四通八达，尽得都市精萃。
2542 6888 2540 6888
Walmart
发展商：深圳市金光华实业(集团)有限公司 代理商：置业国际 园林设计：贝尔高林

统一首期 低门槛置业
一房3万 两房4-5万 三房6-7万
本周六起购买80㎡以上精选单位配送
深圳重点小学螺岭小学学位。
(名额仅15位，先到先得)
金城华庭
GOLDEN METRO
罗湖·凤凰路12万㎡大型园林社区
2003年深圳市十大明星楼盘
户型王中王
高举功能革命的旗帜
引领业界进入「户型新运动」
功能革命之
100%符合实际要求，减少置业成本！
拥护零浪费布局 零装修烦恼
49-53㎡
76-79㎡
107㎡
主力户型35-107㎡
月供1900元起 3房2厅2卫/79㎡
仅售20余万元起
统一首期实例（绝无取巧）
单位实例 订价 首期只需 月供
10座5H(一房) ¥248.176 ¥30.000 ¥1.180
3座5E(两房) ¥333.908 ¥40.000 ¥1.590
3座5F(三房) ¥501.734 ¥60.000 ¥2.386
超优越都市生活定义
超优越规划 10栋1656户超大规模纯住宅，罗湖罕有。
超优越环境 2万平方米园林会所，超高10米架空层，500米健康缓跑径及户外泳池，独享闹中取静。
超优越配套 沃尔玛、麦当劳等一应俱全，生活方便自在。
超优越地段 罗湖区委政治文化核心地带，交通四通八达，尽得都市精萃。
2542 6888 2540 6888
发展商：深圳市金光华实业(集团)有限公司
代理商：置业国际
(755)8223 3267

GOLDEN METRO 24hr
金城華庭
羅湖市中心・鳳凰路
3分鐘直達羅湖口岸
深圳絕佳投資自住盤就是要
綜合指數「爆晒燈」
Lifestyle 24hr Online
24小時自在生活模式
羅湖・鳳凰路
優越港人大社區
超高綜合指數
真正物超所值
4大買樓優惠
A 尊享「免供賺租」置業方式*
首年銀行按揭由發展商代供，買家淨賺租金收入。
B「送1成首期」首期只需1萬起
買家只需繳付一成首期，發展商隨即為買家繳付另一成首期。
C 入伙前「5折供款」$498起
入伙前發展商代買家供款50%，以八成二十年按揭一半為上限。
D 精選單位再送「1站式家居」套餐
買家可獲贈全屋電器，入伙即可入住。
*須選用「延期還本」按揭。
論地段：羅湖繁華中心　五億元新規劃 ★★★★★
「金城華庭」位居繁華的深圳羅湖中心地帶，深圳市政府更規劃以五億元改造口岸經濟區域，羅湖未來更見輝煌。
論規劃：純住宅大型屋苑　自在多樣戶型 ★★★★★
「金城華庭」為10棟1,656戶的超大規模純住宅，突破羅湖市中心商住合一傳統，設計成純住宅園林社區，讓住戶感受勝人一籌，鬧市中獨享寫意自在的驕傲。
論環境：20萬呎園林會所　獨享旺中帶靜 ★★★★½
「金城華庭」擁有20萬呎超大園林會所，兼享繁華寧靜，為羅湖罕有。由國際級大師貝爾高林精心策劃，10米超高架空園林及500米健康緩跑徑是其中的點睛之作。屋苑內的悠閒會所設施齊全，健身、娛樂、SPA香薰浴池、美容美髮中心，是住戶領略尊貴生活的首選。
論配套：鳳凰路港式生活　成熟貼身配套 ★★★★½
羅湖鳳凰路為著名港人聚居地，周邊生活配套成熟，百佳、WALMART超市距屋苑僅3分鐘步程，港式茶餐廳、麥當勞、肯德基亦是數步之遙。
WAL★MART SUPERCENTER
論交通：雙口岸優勢　24小時聯繫無間 ★★★★½
十多路巴士路線穿梭「金城華庭」與市區各主要地域，交通四通八達，更享雙口岸優勢，2分鐘直達文錦渡口岸，3分鐘直達羅湖口岸，深港聯繫無間。
論投資：全穩妥投資自住兩皆宜(供款實例) ★★★★★

單位	樓價	首期	8成按揭月供*	預期月租	預期每月淨賺 (月租-月供)
一房	$240,000	$24,000	$961 (入伙前只需$481)	$1,800	$839
兩房	$350,000	$35,000	$1,400 (入伙前只需$701)	$2,800	$1,400

*按25年按揭計
註：五粒★為滿分。
深圳市十大明星樓盤
1房20餘萬元起 2房30餘萬元起
戶型由1房2廳至珍貴4房2廳 面積由382呎至1,157呎
香港
17及2路巴士直達屋苑，另有十多條巴士途經。
☎ [香港] 2810 0812 [深圳] 2540 6888
銷售中心：羅湖鳳凰路鳳凰街6號
發展商：深圳市金光華(集團)有限公司 代理商：置業國際（中國）有限公司
查詢地址：九龍尖沙咀廣東道132－134號美麗華大廈9樓911－912室
羅湖口岸看樓專車 接待處設於羅湖聯檢樓出境大堂 時間由每日上午7:00至晚上7:00 深圳查詢電話：84498555

統一首期
一房3萬
兩房4-5萬
三房6-7萬
金城華庭
GOLDEN METRO
3分鐘直達羅湖口岸
最近羅湖口岸 鳳凰路純住宅大型屋苑
綜合優質居住指數全區NO.1
No.1 最大規模
10棟1,656戶
120萬呎大型純住宅屋苑
2003年深圳市十大明星樓盤
No.1 市區最大園林會所
20萬呎超大園林會所
10米超高架空層
500米健康緩跑徑
8,000呎悠閒會所
健身娛樂設施
SPA香薰浴池
美容美髮中心
No.1 最成熟港人地段
百佳、Wal-mart超市（50米之隔）、肯德基、麥當勞、香港新發茶餐廳、天天漁港、金龍玉鳳(3分鐘步程)
螺嶺小學、怡景中學、深圳小學、深圳中學
鳳凰醫院、羅湖區中醫院
No.1 3分鐘直達口岸
3分鐘直達羅湖口岸、2分鐘直達文錦渡口岸、19條巴士線穿梭往來
直達火車站巴士線：
2 火車站西—羅湖區委—布心
17 水庫—鳳凰劇院—火車站
403金洲花園—羅湖區委—火車站
417蓮塘—華麗環島—火車站
424火車站—鳳凰劇院—東樂花園
531火車站—羅湖區委—丹竹頭村
劃一首期實例（絕無取巧）
單位 | 訂價 | 首期 | 月供
10座10N（一房兩廳） | $234,561 | $30,000 | $985
3座6E（兩房兩廳） | $318,080 | $40,000 | $1,337
3座4F（三房兩廳） | $468,739 | $60,000 | $1,965
月供按25年計算
罗湖口岸
WAL★MART SUPERCENTER 沃尔玛购物广场
1房22餘萬元起 2房32餘萬元起
送全屋裝修 戶型由1房2廳至珍貴4房2廳 面積由382呎至1,157呎
超實用582呎零浪費單位
582呎單位只售30餘萬
無限自在410呎精巧單位
410呎單位只售20餘萬
方正大廳
第二睡房
寬敞露台
開揚浴室
羅湖口岸
文錦渡口岸
香港
17及2路巴士直達屋苑，另有十多條巴士途經。
發展商：深圳市金光華實業(集團)有限公司
代理商：置業國際（中國）有限公司
查詢地址：九龍尖沙咀麼敦道132－134號美麗華大廈9樓911－912室
羅湖口岸睇樓專車
接待處設於羅湖聯檢樓出境大堂 時間由每日上午7:00至晚上7:00 深圳查詢電話：84498556
[香港] 2810 0812 [深圳] 2542 6888
銷售中心：羅湖鳳凰路鳳凰街6號

Lifestyle 24hr Online
24小时自在生活模式
全新现楼样板房隆重开放
本周六、日莅临客户均可参加总值万元大抽奖
金城华庭
GOLDEN METRO
罗湖·凤凰路·大型园林社区
金城华庭5折供款
仅498元起
如此超值，就算掩耳也是避无可避！
上周劲销80套
把握5折供款置业机会
■供款减半！没有免费的午餐，但这里却有超乎想像的优惠。金城华庭发展商作出最真诚的承诺，凡於本周落订者，发展商将为你代供入伙前的50%供款(代供款上限以八成二十年按揭一半计)。超值震撼大优惠，立刻行动，轻易就可入驻这魅力之城！
⊙国际级大师贝尔高林精心打造12万平方米绿化园林社区。
⊙超高10米架空层园林，500米健康缓跑径，800平方米大型SPA会所及户外园林泳池。
⊙10栋1,656户城市中心大规模社区。
⊙周边配套成熟，生活设施一应俱全，交通网络四通八达。
连全屋豪华装修及电器单位仅售20余万元起
1房1厅/35m²月供498元起
2房2厅/62m²月供868元起
主力户型35-107m² 一房至四房另备珍贵大户型130m²
本周六、日购房可获额外98折并参加双重大抽奖
▶ 亲临现场可于天天渔港东侧或爱国路万科俊园对面进
自在生活 ☎ 2540 6888 / 2542 6888
销售中心：罗湖凤凰路凤凰街6号
发展商：深圳市金光华(集团)有限公司 代理商：置业国际

Lifestyle 24hr Online
24小时自在生活模式
全新现楼样板房隆重开放
本周六、日莅临客户均可参加总值万元大抽奖
金城华庭
GOLDEN METRO
罗湖·凤凰路·大型园林社区
金城华庭5折供款
仅498元起
劉```这则好消息只可告诉您最亲近的朋友！
上周劲销80套
把握5折供款置业机会
◎国际级大师贝尔高林精心打造12万平方米绿化园林社区。
◎10栋1,656户城市中心大规模社区。
◎周边配套成熟，生活设施一应俱全，交通网络四通八达。
连全屋豪华装修及电器单位仅售20余万元起
1房1厅/35m²月供498元起
2房2厅/62m²月供868元起
本周六、日购房可获额外98折并参加双重大抽奖
自在生活 ☎ 2540 6888 / 2542 6888
销售中心：罗湖凤凰路凤凰街6号

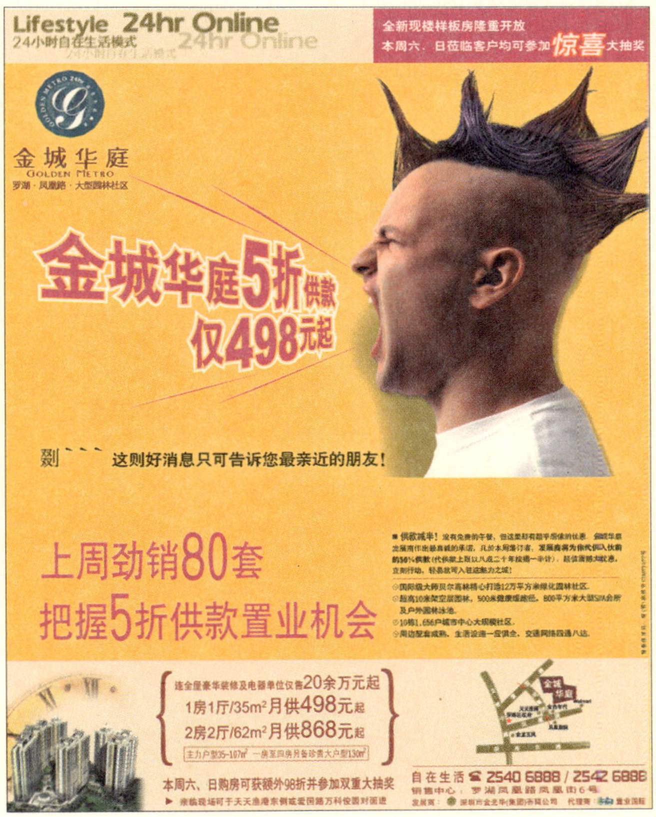
Lifestyle 24hr Online
24小时自在生活模式
全新现楼样板房隆重开放
本周六、日莅临客户均可参加惊喜大抽奖
金城华庭
GOLDEN METRO
罗湖·凤凰路·大型园林社区
金城华庭5折供款
仅498元起
劉```这则好消息只可告诉您最亲近的朋友！
上周劲销80套
把握5折供款置业机会
连全屋豪华装修及电器单位仅售20余万元起
1房1厅/35m²月供498元起
2房2厅/62m²月供868元起
本周六、日购房可获额外98折并参加双重大抽奖
自在生活 ☎ 2540 6888 / 2542 6888
销售中心：罗湖凤凰路凤凰街6号

绿城·翠堤湾

南宁中心
生活品质领导者

上海滩？
不，人民西路！

不可能！？在了解所有情况之前，我也不相信。然而现在我则深信不疑，因为这一切与绿城·翠堤湾系系相关。它就在翠堤湾的旁边，邕江北岸，一场由南宁市府启动的堤路园改造运动正在快速进行，不久的将来（在翠堤湾入伙前）一座集休闲、观光、商贸于一体的“新外滩”就将出现在你的面前！届时，这张图片里的诱人美景都将变为现实。还是将信将疑？那不妨亲自来看一看，或致电我们，你会得到满意的答案。

绿城·翠堤湾，南宁中心·生活品质领导者。

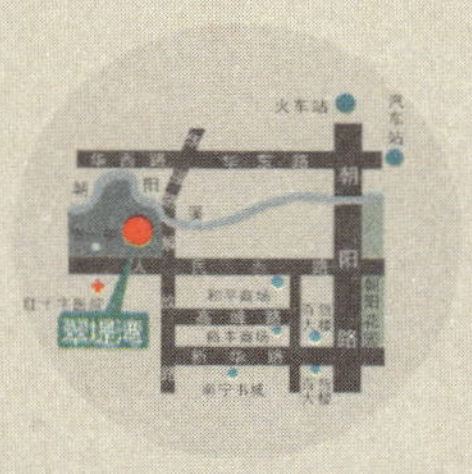

- 市中心12.3万m^2大型生态社区
- 泛园林设计，31000m^2主体园林绿化，拥有：鸣翠谷、绿荫花廊、风雨长廊、莲溪等多个主题园林景点，文化广场和休闲广场。
- 四重绿化空间：小区中心绿化、住宅间绿化、架空层绿化、朝阳溪绿化
- 户型设计方正实用，大型飘窗，窗窗有景；厅出阳台，尽揽无数园林美景。
- 拥有完善的社区配套及高级会所，建有游泳池、羽毛球场、健身房等。
- 24小时贴心家务服务及完善的智能化系统。
- 超前设计494个停车位，满足每户所需。

开发商：南宁市房产有限责任公司（市房产局直属企业）> 全程策划：合富辉煌 > 项目地址：南宁市解放路西段 > 销售热线：2833600 2833800

绿城·翠堤湾

南宁中心
生活品质领导者

维也纳？
不，人民西路！

不可思议！的确不可思议，就和绿城·翠堤湾所做到的一样。在南宁市中心的人民西路，翠堤湾占地6万多平米，却做到了3万多平米的绿化（50% 的绿化率接近了维也纳）。疯了吗？这地方寸土寸金！是的，但我们认为比金钱更重要的是您的生活品质。所以我们用了如此之多的面积来营造园林，来修喷泉，来开辟休闲广场。有人说，不会有第二个发展商会这么做！但这有什么，我们不会后悔，反而为此深感骄傲

绿城·翠堤湾，南宁中心·生活品质领导者。

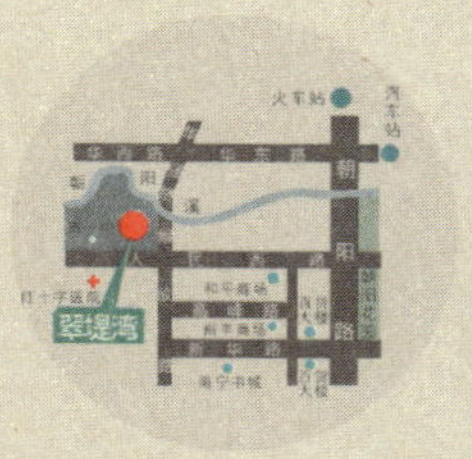

- 市中心12.3万m^2大型生态社区
- 泛园林设计，31000m^2主体园林绿化，拥有：鸣翠谷、绿荫花廊、风雨长廊、莲溪等多个主题园林景点，文化广场和休闲广场。
- 四重绿化空间：小区中心绿化、住宅间绿化、架空层绿化、朝阳溪绿化
- 户型设计方正实用，大型飘窗、窗窗有景；厅出阳台，尽揽无数园林美景。
- 拥有完善的社区配套及高级会所，建有游泳池、羽毛球场、健身房等。
- 24小时贴心家务服务及完善的智能化系统。
- 超前设计494个停车位，满足每户所需。

开发商：南宁市房产有限责任公司（市房产局直属企业）> 全程策划：合福辉煌 > 项目地址：南宁市解放路西段 > 销售热线： 2833600 2833800

绿城·翠堤湾
南宁中心
生活品质领导者
悉尼奥运村？
不，人民西路！
他们有了可比之处，在绿城·翠堤湾出现之后。虽然远不能和奥运村的规模相比，但它也是五脏俱全。翠堤湾拥有了一流的运动会所，从棋牌室、健身房到儿童娱乐中心、羽毛球场、小型运动馆. . ，你能想到的，你都会找到（当然不要想得太多）。我们也许不能满足你的所有需求， 但在这寸土寸金的地方我们已经做到了尽其可能。绿城·翠堤湾，南宁中心·生活品质领导者。
· 市中心12.3万m²大型生态社区
· 泛园林设计，31000m²主体园林绿化，拥有：鸣翠谷、绿荫花廊、风雨长廊、莲溪等多个主题园林景点、文化广场和休闲广场。
· 四重绿化空间：小区中心绿化、住宅间绿化、架空层绿化、朝阳溪绿化
· 户型设计方正实用，大型飘窗、窗窗有景；厅出阳台，尽揽无数园林美景。
· 拥有完善的社区配套及高级会所，建有游泳池、羽毛球场、健身房等。
· 24小时贴心家务服务及完善的智能化系统。
· 超前设计494个停车位，满足每户所需。
开发商：南宁市房产有限责任公司（市房产局直属企业）> 全程策划：合富辉煌 > 项目地址：南宁市解放路西段 > 销售热线：
2833600 2833800

房號	戶型	面積	總價	單價	首期一成	30年月供
E1106	兩房兩廳（園景）	883平方呎	$493,025	$558/平方呎	$53,025	$1,800餘元
E1802	兩房兩廳（海景）	883平方呎	$564,991	$645/平方呎	$64,991	$1,900餘元

10分鐘→羅湖口岸　5分鐘→皇崗口岸　3分鐘→地鐵站
绿景 蓝湾半岛
Green Blue Gulf
深圳・紅樹林
福田中心區
皇崗臨海觀光級住宅
日日在地中海享用豐富午餐，有可能
Proud of
Blueish Freedom
特別優惠
送 全屋裝修
凡購買1173呎或以下單位，送全屋精美裝修。
送 送名牌家電
凡購買1173呎或以下單位，送全屋電器。
送 送精美禮品
凡親臨現場看樓人仕均可獲贈精美禮品。
889呎精選單位
僅售$417,000
每呎$480起
健康・臨海・高尚生活
■無敵海景　怡情養性
戶戶朝南，盡攬270°紅樹海岸醉人美景，樓間距達120米，海風陽光自由穿梭。
■特大庭院　清心悅目
近30萬呎地中海風情園林；設西班牙「太陽海岸」露天泳池景區，生活悠然舒泰。
■新風係統　清風送爽
率先採用法國ALDES中央自平衡式新風系統，令每戶房間不斷循環流動潔淨空氣，清新健康。
■完善配套　輕鬆生活
坐享中心區成熟生活配套，中西式食肆、超市、商場、銀行、學校等一應俱存，生活便利寫意。
香港展銷廳
地　址：旺角彌敦道610號荷李活商業中心1318-1320室
開放時間：上午9:30-晚上7:00
查詢熱線：00852-23880166
逢星期六、日特設免費西點及飲品
住戶專車
綠景・藍灣半島特設住戶專車來往穿梭上海賓館、羅湖口岸及皇崗口岸等城市要點及港深通道，方便快捷。
藍灣半島
香港
綠景・藍灣半島現場售樓處
地址：福田區福榮北路紅樹林畔
於上海賓館斜對面嘉匯新城東廣場
特設看樓專車時間：上午10:00-下午5:30
羅湖口岸專車接待點
藍灣半島口岸接待處
深圳聯檢樓出口
83093060
13825289884
口岸茶餐廳
銷售熱線：香港8333 9731　深圳8389 6666
發展商：綠景地產
物業顧問：戴德梁行
園林設計：美國EDSA
廣告策劃：COMMA 金馬廣告

福田中心區皇崗臨海頂級住宅
首期1成4萬餘元起
1成首期12個月免息供款
首推2週 好評熱賣
與香港同享百份百的米埔景觀
付出只需30%
Proud of
100% sea view
輕鬆擁有70年不變都會海景！
中心區
香港
香港展銷會
全新270°海景示範單位現正開放
銷售熱線：8333 9731 8389 6666

特別優惠
每呎$480起
福田中心區
皇崗臨海頂級住宅
深圳・紅樹林
住在綠景・藍灣半島
日日都是Shopping天
Proud of
Unhindrance Spending
供樓抵過租酒店
綠景・藍灣半島住戶可憑咭「都會消費至尊金卡」一張，尊享多達80間
商戶超激優惠，任何消費最少慳20%，買樓＝慳$
健康・臨海・高尚生活
中心區
香港
香港展銷廳
全新270°純海景示範單位現正開放，歡迎參觀
銷售熱線：8333 9731 8389 6666

華南
South China

Company name 公司名称： 深圳精英联盟	Company name 公司名称： 深圳金马盟广告
Floor name 楼盘名称： 绿城翠堤湾	Floor name 楼盘名称： 绿景蓝湾半岛
Art director general 创作总监： 朱秋林	Art director general 创作总监： 周盈盈

1成首期12個月免息供款 / 月供$1,600起 每呎$480起 / 東亞銀行提供最高8成30年港幣優惠按揭 / 年息低至3.5%
皇崗國際級臨海住宅
绿景蓝湾半岛
Green Blue Gulf
深圳·紅樹林·皇崗口岸
SUPER
三重驚喜優惠
凡購買1290呎以下單位即享三重驚喜優惠
1 發展商勁送全屋豪華精美裝修
2 落訂可獲額外1%折扣優惠
3 送全屋冷氣及名牌家電組合
購買1,290呎以上單位 送入戶花園* 價值$37,000 *部分單位提供 LG櫃式冷氣 價值$7,500 送12年車位使用權，價值27,000餘元。
領略都會優越新生活
全新示範單位現正開放
歡迎參觀
ROSEMARY
VANDENBROUCKE
Get What She Desire In Metro City
9月28日鐵定入伙
準現樓信心保證
中心區
藍灣半島
福田區政府
皇崗口岸
香港
離深圳皇崗口岸僅5分鐘車程，特設住戶專車免費接送住客來往上海賓館、羅湖口岸及皇崗口岸，直通巴士15分鐘→荃灣 35分鐘→旺角
香港長期展銷廳
地 址：旺角彌敦道610號荷李活商業中心1318-1320室
開放時間：上午10:00-晚上6:00
(預約熱線：9385 8935)
發展商：绿景地產 物管顧問：戴德梁行 園林設計：美國EDSA 按揭提供：東亞銀行 Bank of East Asia 銷售熱線：2388 0166

皇崗國際級臨海住宅
深圳・紅樹林・皇崗口岸
300,000呎地中海園林　西班牙「太陽海岸」露天泳池景區　星級豪華會所
近30萬呎的中心園林以「地中海之春」為主題，分為四大景觀及24個觀光級景點；園林內的特大露天泳池景區則參照西班牙「太陽海岸」而設計，臨海廊架，童話鐘塔以及情趣沙雕為景觀主體，處處洋溢歐陸浪漫情懷。屋苑內特設星級豪華會所，設施完備，乒乓球室、健身室、棋牌室、兒童樂園及家庭影院等休閒設施一應俱全。
前臨紅樹林自然保護區，享270°醉人海景之餘，亦享觀鳥之趣，戶戶朝南，樓距達120m，微享中心區成熟生活配套，特設住戶專車穿梭皇崗口岸、羅湖口岸及上海賓館。
臨海高尚生活
輕鬆擁有
ROSEMARY
VANDENBROUCKE
Get What She Desire In Mediterranean Garden
實景拍攝
特設免費直通車睇樓團（預約熱線：9385 8935）
星期日中午1:30出發
發展商：綠景地產
物管顧問：戴德梁行
園林設計：美國EDSA
按揭提供：東亞銀行
銷售熱線：2388 0166

皇崗國際級臨海住宅
深圳・紅樹林・皇崗口岸
300,000呎地中海園林　西班牙「太陽海岸」露天泳池景區　星級豪華會所
近30萬呎的中心園林以「地中海之春」為主題，分為四大景觀及24個觀光級景點；園林內的特大露天泳池景區則參照西班牙「太陽海岸」而設計，臨海廊架，童話鐘塔以及情趣沙雕為景觀主體，處處洋溢歐陸浪漫情懷。屋苑內特設星級豪華會所，設施完備，乒乓球室、健身室、棋牌室、兒童樂園及家庭影院等休閒設施一應俱全。
非常睇樓日（淑女節）
趙學兒 陪你睇樓玩遊戲
14/09/2003（本週日）
前臨紅樹林自然保護區，享270°醉人海景之餘，亦享觀鳥之趣，戶戶朝南，樓距達120m，微享中心區成熟生活配套，特設住戶專車穿梭皇崗口岸、羅湖口岸及上海賓館。
臨海高尚生活
輕鬆擁有
ROSEMARY
VANDENBROUCKE
Get What She Desire In Mediterranean Garden
實景拍攝
本星期五、六、日尖沙咀凱悅酒店3/F舉行展銷會
特設免費直通車睇樓團（預約熱線：9385 8935）
星期六及星期日中午1:30出發
發展商：綠景地產
物管顧問：戴德梁行
園林設計：美國EDSA
按揭提供：東亞銀行
銷售熱線：2388 0166

1成首期12個月免息供款 / 月供＄1,600起 每呎＄480起 / 東亞銀行提供最高8成30年港幣優惠按揭 / 年息低至3.5%
皇崗國際級臨海住宅
首期1成4萬餘元起
三重驚喜優惠
深圳·紅樹林·皇崗口岸
THIS IS THE HIGH TIME是時候享受
都會臨海新生活
COOL
非常睇樓日（淑女節）
14/09/2003（本週日）
ROSEMARY
VANDENBROUCKE
Get What She Desire In Green Blue Gulf Since 2003
香港
香港展銷會
實景拍攝
全新示範單位現正開放，歡迎參觀。
香港長期展銷廳
銷售熱線：香港2388 0166

1成首期12個月免息供款 / 月供 $ 1,600起 每呎 $ 480起 / 東亞銀行提供最高8成30年港幣優惠按揭 / 年息低至3.5%
皇崗國際級臨海住宅
首期1成4萬餘元起
三重驚喜優惠
凡購買1,290呎以下單位即享三重驚喜優惠
1 送全屋冷氣及名牌家電組合
2 發展商勁送全屋豪華精美裝修
3 本週落訂可獲驚喜刺激優惠
購買1,290呎以上單位 送入戶花園* 價值 $ 37,000 *部份單位提供
LG櫃式冷氣 價值 $ 7,500 送12年車位使用權，價值$27,000餘元。
綠景 藍灣半島 Green Blue Gulf
深圳・紅樹林・皇崗口岸
3分鐘→地鐵站 5分鐘→皇崗口岸 10分鐘→羅湖口岸
臨海高尚生活
輕鬆擁有
9月20日——9月24日
綠景・藍灣半島
SUPER DRAW
最高$70萬獎金獎品
ROSEMARY
VANDENBROUCKE
Get What She Desire In Green Blue Gulf
實景拍攝
9月28日 鐵定入伙 現樓交易
Rosemary
是國際級名模，
所以她追求住在 國際社區的優越生活。
綠景・藍灣半島 是皇崗國際級海濱物業，
■ 前臨紅樹林，270°醉人海景，戶戶朝南，樓距達120m。
■ 300,000呎地中海風情園林，內設西班牙「太陽海岸」露天泳池景區。
■ 豪華會所設施完備，設乒乓球室、健身室、棋牌室、兒童樂園及家庭影院。
■ 自設超市，毗鄰福田中心區、大型商場、中西食肆，吃喝玩樂生活配套齊全。
■ 特設住戶專車5分鐘直達皇崗口岸，於口岸轉乘直通巴士至旺角僅35分鐘。
房號 | 景觀 | 戶型 | 面積 | 總價 | 首期二成 | 月供
D-1502 | 海景 | 兩房兩廳一衛 | 883平方呎 | $ 553,536 | $ 113,536 | $ 2,552餘元
D- 801 | 園景 | 三房兩廳兩衛 | 1,169平方呎 | $ 604,192 | $ 124,192 | $ 2,784餘元
香港長期展銷廳
地　址：旺角彌敦道610號荷李活商業中心1318-1320室
開放時間：上午10:00-晚上6:00
香港展銷會
地　址：尖沙咀 HYATT 凱悅酒店3樓（尖沙咀站C出口）
日　期：2003年9月20,21日 (本週六、日)
開放時間：上午10:00 - 晚上7:00
查詢熱線： 2367 5154 (本週六、日)
特設免費直通車睇樓團（預約熱線：9385 8935）
開車時間：星期六下午1:30，星期日上午11:30
中心區
藍灣半島
福田區政府
皇崗口岸
香港
發展商：綠景地產 物管顧問：戴德梁行 園林設計：美國EDSA
綠景・藍灣半島現場售樓處 地址：福田區福榮北路紅樹林畔 由皇崗口岸乘的士約￥15 由羅湖口岸乘的士約￥25
銷售熱線
2388 0166

1成首期12個月免息供款 / 月供 $ 1,600起 每呎 $ 480起 / 東亞銀行提供最高8成30年港幣優惠按揭 / 年息低至3.5%
皇崗國際級臨海住宅
首期1成4萬餘元起
绿景 蓝湾半岛 Green Blue Gulf
深圳・紅樹林・皇崗口岸
SUPER 三重驚喜優惠
凡購買1290呎以下單位即享三重驚喜優惠
1 發展商勁送全屋豪華精美裝修
2 送全屋冷氣及名牌家電組合
3 落訂可獲額外1%折扣優惠
全新示範單位現正開放，歡迎參觀。
房號 | 景觀 | 戶型 | 面積 | 總價 | 首期二成 | 月供
D-1502 | 海景 | 兩房兩廳一衛 | 883平方呎 | $ 553,536 | $ 113,536 | $ 2,552餘元
D-801 | 園景 | 三房兩廳兩衛 | 1169平方呎 | $ 604,192 | $ 124,192 | $ 2,784餘元
購買1,290呎以上單位 送入戶花園* 價值 $ 37,000 *部分單位提供 LG櫃式冷氣 價值 $ 7,500 送12年車位使用權，價值27,000餘元。
皇崗 國際級臨海住宅
高尚生活 輕鬆擁有
實景拍攝
ROSEMARY VANDENBROUCKE
Get What She Desire In Green Blue Gulf
9月28日鐵定入伙
中心區
藍灣半島
香港
香港長期展銷廳
綠景・藍灣半島現場售樓處
地址：福田區福榮北路紅樹林畔 由皇崗口岸乘的士約 ¥ 15 由羅湖口岸乘的士約 ¥ 25
特設免費直通車睇樓團
(預約熱線：9385 8935)
星期日中午1:30出發
羅湖口岸聯檢樓出口
設免費看樓專車接待處
發展商：綠景地產 物管顧問：戴德梁行 園林設計：美國EDSA 按揭提供：東亞銀行
銷售熱線：
2388 0166

華南
South China

Company name
公司名称：
深圳金马盟广告

Floor name
楼盘名称：
绿景蓝湾半岛

Art director general
创作总监：
周盈盈

新享乐主义。
优雅地享受距大梅沙海岸13.8米的浪漫
静静地享受阳台观景浴缸的低调超奢侈
激情地享受原版的印尼巴厘岛享乐精髓
疯狂地享受加勒比海的豪放风情
恣意地享受只属于您的尊贵生活
8月2日I · 领海建筑艺术赏
下午两点，大梅沙雅兰酒店一号楼中厅，设计大师激情演绎领海建筑魅力，诚邀嘉宾莅临亲身体验。
在大梅沙观海最前线，除了高级酒店，就只有领海
领海
大梅沙第一线 · 270度全海景 · 永久沙滩湿地
西班牙式建筑 · 豪华私密行宫 · 尊贵独享
25061666 25255580
发展商：深圳市海阔投资有限公司 建筑设计：香港麦子敬 园林设计：香港时尚园林设计 室内设计：加拿大毕路德 销售代理：安佳置业 整合推广：图壹广告 项目地址：大梅沙沿岸 · 盐梅路与内环路交接处

INFINITY POOL 大梅沙前所未有的天际泳池
这样的奢侈，通常出现在世界前200名五星级滨海豪华酒店
落霞与孤鹜齐飞，秋水共长天一色；人生境界莫过于此，要么徜徉于天际泳池，要么写意地品味海边的烛光晚宴
享乐热线：25061666 25255580 www.sea-time.com
领海
距大梅沙海岸13.8米
大梅沙第一线 • 270度全海景 • 永久沙滩湿地 • 西班牙式建筑 • 豪华私密行宫 • 尊贵独享
即将面世！
发展商：深圳市海阔投资有限公司 ● 策划销售：安佳置业 ● 建筑设计：香港麦子敬 ● 园林设计：香港时尚园林 ● 室内设计：加拿大毕路德

领海
SEA TIME ROYAL APARTMENT
距大梅沙海岸13.8米
原版空运
Bali巴厘岛享乐精髓。
至今，大梅沙前所未见的阳台观景浴缸——
●“阳台上露天洗澡”!! 这种大把过瘾的事从3岁以后就没做过了吧?! 尽管小资、BOBO、白领、金领、粉领的生活观价值观不尽相同，但对于沐浴更衣这档子事，却抱有同样浓厚兴趣，总有搞不完的花样和最新发明! ●正所谓戏法人人会变，巧妙各自不同，在领海露天阳台上泡澡…可就得看时间、看天气、看风景，阳台上的嵌入式浴缸和不远处的海天一色，绝对带给您“美到最高点”的沐浴新快感，无论您身材如何皮肤如何，只要来上这一剂复制自印尼巴厘岛的享乐精髓，您就是永远的最佳女主角。 ●寻常建筑只能取悦身体，领海负责取悦您的心灵!别忘了，泡澡的黄昏举起您手中的红酒杯：
“享乐主义万岁!”
大梅沙第一线 • 270度全海景 • 永久沙滩湿地 • 西班牙式建筑 • 豪华私密行宫 • 尊贵独享
即将面世!
享乐热线
25061666
25255580
海天一色的天际泳池
WWW.SEA-TIME.COM
西班牙建筑风格，大梅沙沿岸，仅存的少数建筑空位
地址:大梅沙沿岸,盐梅路与内环路交接处
发展商:深圳市海阔投资有限公司 ● 策划销售:安佳置业 ● 建筑设计:香港麦子敬 ● 园林设计:香港时尚园林 ● 室内设计:加拿大毕路德
Jacuzzi
阳台观景浴缸（实景照片）

西班牙皇室建筑·享乐行宫
浪漫的西班牙自然艺术不仅有高迪、毕加索，还有领海！
领海采用个性中不失典雅的西班牙建筑设计风格，典型的建筑顶部“四坡屋顶”，优美而令人难忘的享受型阳台，更是深圳少见！这样的建筑矗立在大梅沙滨海保护区当中，与周边天然环境完美融合。有了领海之后的大梅沙不再只是有海有天，更将飘扬无限的地中海浪漫风味。
8月16日，I·领海隆重解筹，园林、示范单位全面开放（10：00—18：00，精彩活动纷呈不断）！
○激情、刺激的攀岩体验 ○加勒比海土著风情表演 ○美国专业街舞表演 ○外国专业人体重彩彩绘 ○原汁原味加勒比海乐队为您献艺 ○外国老师教小朋友画复活节彩蛋 ○诚邀各界人士届时莅临，体验距海13.8米的尊贵。
领海
SEA TIME
ROYAL APARTMENT
距大梅沙海岸13.8米
一线海景·皇室公寓
www.sea-time.com
享乐热线 25061666 25255580
8.16
隆重解筹！
大梅沙第一线 · 270度全海景 · 永久沙滩湿地 · 西班牙式建筑 · 享乐行宫
发展商：深圳市海阔投资有限公司 ● 策划销售：安佳置业 ● 建筑设计：香港麦子敬 ● 园林设计：香港时尚园林 ● 室内设计：加拿大毕路德

领海
距大梅沙海岸13.8米
在大梅沙观海前线，除了高级酒店，就是领海
在深圳，海很多，沙滩很少……
大梅沙湾区，临海第一排的土地向来珍稀...
● 大梅沙湾区，临海第一排土地本就珍稀，由东至西：水云间、大梅沙医院（将改为五星级酒店）、数百米宽愿望湖……雅兰酒店、海景酒店早已占据了观海最前线湾区珍贵稀有亲海面滩的私人专属享乐行宫就属领海！ ● 有机会不代表能晋身这一行列，古有明训：物稀为贵，189个观海贵宾席位，来晚的恐怕只能扼腕！！
享乐热线：25061666 25255580
大梅沙第一线 · 270度全海景 · 永久沙滩湿地 · 西班牙式建筑 · 豪华私密行宫 · 尊贵独享
即将面世！热烈内部认购中
发展商：深圳市海阔投资有限公司 ● 策划销售：安佳置业 ● 建筑设计：香港麦子敬 ● 园林设计：香港时尚园林 ● 室内设计：加拿大毕路德

華|南
South China

Company name
公司名称：
深圳图登广告

Floor name
楼盘名称：
领海

Art director general
创作总监：
杨霖 / 胡永

Art director
美术指导：
朱本文 / 徐燕

Copy writer
文案：
杨霖

2003新一佳在扩张
强势登陆新龙岗商业中心
NEW LONGGANG
TRADE CENTER
新一佳+盛源大地
千万财富搬回家
上海品牌巨头强势助力，再掀家居淘金风暴！
★低门槛投资，3万即可成就富翁梦想
★10年返租，回报100%，即买即获三年租金
★0风险投资，财富坐享其成
★巨头品牌统一管理，投资保障无忧
上海盛源大地家居广场
新财富热线
28934999
新龙岗商业中心
新一佳
代理商：世联地产顾问（深圳）有限公司

投资飓风：深沪财富大联盟
投资新龙岗商业中心，分享深沪财富大联盟
新一佳+盛源大地
千万财富搬回家
NEW LONGGANG
TRADE CENTER
★华东家居第一品牌，
挥师华南，抢占深圳淘金第一站
★上海盛源大地强势进驻，
领袖群伦，彻底改变龙岗商业格局
★上海人带来的投资飓风，让整个华南人为之沸腾、激动
★和精明的上海人一起掘金，享受财富飙升喜悦
6月15日隆重开盘
系列1
★低门槛投资，3万元即可成就富翁梦想
★10年收益超级丰厚，即买即享三年收益
★深圳上海两大巨头品牌统一管理，投资高枕无忧
新龙岗商业中心
新财富热线：28934999
发展商：深圳市千岗地产开发有限公司
代理商：世联地产顾问（深圳）有限公司
广告整合：SAINT TEAM LAND盛意商广告

帮你赚钱
投资新龙岗商业中心，分享深沪财富大联盟
超前的深圳人，精明的上海人
新一佳+盛源大地
千万财富搬回家
NEW LONGGANG
TRADE CENTER
★超前的深圳人总是领先一步，
新一佳挥起大旗，淘金浪潮风起云涌
精明的上海人总是精打细算，盛源大地不打无把握之仗，投资回报高枕无忧
新一佳，财富的挖掘机；盛源大地，投资的金长城
★投资新龙岗商业中心，发财不是梦想，
有人帮你赚钱！
6月15日隆重开盘
系列2
★低门槛投资，3万元即可成就富翁梦想
★10年收益超级丰厚，即买即享三年收益
★深圳上海两大巨头品牌统一管理，投资高枕无忧
新龙岗商业中心
新财富热线：28934999
发展商：深圳市千岗地产开发有限公司
代理商：世联地产顾问（深圳）有限公司
广告整合：SAINT TEAM LAND盛意商广告

深圳·淘金:第3次浪潮
投资新龙岗商业中心,分享深沪财富大联盟
新一佳+盛源大地
千万财富搬回家
NEW LONGGANG
TRADE CENTER
第三次浪潮
•改革开放,深圳东门卷起淘金第一次风暴
•九十年代,华强北再掀掘金第二次狂飙
•2003,第三次浪潮席卷龙岗,大淘金时代来临
•史无前例的资本大融通,深沪两大财富巨头推波助澜
•看好东门、华强北的人都发了,财富龙岗不能再错过
•流金夏季,财富冲浪,谁抢得快,谁就赚得多
•新龙岗商业中心,新时代投资典范,必将缔造深圳创富新的神话
6月15日隆重开盘
*低门槛投资,3万元即可成就富翁梦想
新财富热线:28934999
发展商:深圳市千岗地产开发有限公司 代理商:世联地产顾问(深圳)有限公司 广告整合:SAINT TEAM LAND盛意廊广告

深圳人投资的霸王旗
上海人赚钱的风向标
投资新龙岗商业中心,分享深沪财富大联盟
新一佳+盛源大地
千万财富搬回家
NEW LONGGANG
TRADE CENTER
★新一佳,深圳人投资的霸王旗,新一佳走到哪里哪里旺
★盛源大地,上海人赚钱的风向标,投资回报有保障
商业格局即将重组,商业霸主即将呈现,淘金浪潮即将全面爆发
华东、华南两大区域资本大融通,两大品牌强强组合
★两大巨头激情碰撞,势不可挡
★看准出手,赚钱要快,
做两大巨头房东,财富坐享其成
6月15日隆重开盘
*低门槛投资,3万元即可成就富翁梦想
新财富热线:28934999
发展商:深圳市千岗地产开发有限公司 代理商:世联地产顾问(深圳)有限公司 广告整合:SAINT TEAM LAND盛意廊广告

上海·资本：北“水”南调
投资新龙岗商业中心，分享深沪财富大联盟
千万财富搬回家
NEW LONGGANG
TRADE CENTER
“南水北调”，举世瞩目，推动中国经济大繁荣
北“水”南调，深沪财富大融通，上海人帮深圳人赚钱
借水生财，创富之道，龙岗招商引资高屋建瓴，招招生财
精诚合作，成就霸业，新一佳、盛源大地龙岗财富大联盟
铸就典范，投资旺地，
新龙岗商业中心，大树底下好乘凉
6月15日隆重开盘
龙岗中心区
龙平路
龙翔大道
低门槛投资，3万元即可成就富翁梦想
10年收益超级丰厚，即买即拿三年收益
深圳上海两大巨头品牌统一管理，投资高枕无忧
新龙岗商业中心
新财富热线：28934999
发展商：深圳市千岗地产开发有限公司 代理商：世联地产顾问(深圳)有限公司 广告整合：SAINT TEAM LAND盛意廊广告

上海人的赚钱法则
投资新龙岗商业中心，分享深沪财富大联盟
千万财富搬回家
NEW LONGGANG
TRADE CENTER
产业化优势、规模化优势、现代化优势，深圳家居市场的巨大奶酪
龙岗建设城市万人注目，
360亿家居消费即将引爆
东成西就的地理环境，财富扩张的新跳板
品牌运作、规模化经营，雄厚资本必将引领龙岗家居业，财富膨胀步步高
新龙岗商业中心绝佳的经营环境，缔造现代化概念家居
跟庄精明的上海人，
投资新龙岗商业中心，赚得盆满钵满
6月15日隆重开盘
系列6
＊低门槛投资，3万元即可成就富翁梦想
＊10年收益超级丰厚，即买即拿三年收益
＊深圳上海两大巨头品牌统一管理，投资高枕无忧
新龙岗商业中心
新财富热线：28934999
发展商：深圳市千岗地产开发有限公司　代理商：世联地产顾问（深圳）有限公司　广告整合：SAINT TEAM LAND盛意廊广告

華南
South China

Company name
公司名称：
深圳盛意廊广告

Floor name
楼盘名称：
新龙岗商业中心

Art director general
创作总监：
王昆仑／蹇明

Art director
美术指导：
杨琦

Copy writer
文案：
叶玉堂

占天占地 会展CBD
古往今来 城市乌托邦
Power
城市里有太多的机关陷阱,网络里有太多的说不清楚,当一天的天使飞到城市上端
看遍世间百态和万丈红尘,酸甜苦辣咸的人生滋味
闭上眼啜一口1981年份的红酒,动动在泳池里舒服伸展着的脚指头
当帕华洛帝的osolomio重复拨放第三遍时,我由衷感谢上帝
这一切都与我无关,我在云端,随时可以遁逃到高空100米的,我的私人帝国
Southward
international
南方國際
血统决定优秀基因 基础决定上层建筑 >>>
本案
万有引力热线:82922487
发展商:南方电力建设股份有限公司

掌門
Instinct
追求微风追求细雨
追求五月的第一道彩虹
追求新生儿的微笑
追求一切的真善美
追求一切的舒服美好享乐
追求荣华富贵锦衣玉食
若非世间实在太美好怎能吸引我等下凡
感谢上苍
不平等万岁
占天占地 会展CBD
古往今来 城市乌托邦
international
Southward
酒店 公馆 商住 南方国际
万有引力热线：82922487
市民中心
会展中心
深南大道
滨河大道
本案
CBD
发展商：南方电力建设股份有限公司

万有引力热线：82922487
发展商：南方电力建设股份有限公司
霸道
Super men
占天占地 会展CBD
古往今来 城市乌托邦
超级地段超级人类超级享受
感谢上帝
感谢80/20法则
international
Southward
南方国际
市民中心
会展中心
本案

万有引力热线：82922487
发展商：南方电力建设股份有限公司
天下
World
占天占地 会展CBD 古往今来 城市乌托邦
市民中心
会展中心
本案
international
Southward
南方国际

万有引力热线：82922487
发展商：南方电力建设股份有限公司
占天占地 会展CBD
古往今来 城市乌托邦
登峰
Southward International No.1
international Southward 南方国际
CBD
本案

万有引力热线：82922487
发展商：南方电力建设股份有限公司
Southward International 造极 No.1
占天占地 会展CBD
古往今来 城市乌托邦
international Southward 南方国际
CBD
本案

双城记
SOUTHWARD
酒店 公馆 商住
港深同城，是网聚成风生水起的聚宝盆，聚纳港深双边机遇，吸收会议展贸中心超级人流资金流，揽尽CBD资讯资源。
南方国际广场，为时代菁英、中量级公司量身定制的未来型商住两栖天堂，引领港深生活/事业方式，在100米高的私人大气层里睥睨众生，这个时代听你的。
本案
Tel:86686555
开发商：深圳市南方电力建设开发有限公司
规划设计：澳大利亚建筑设计设计公司
景观设计：新家坡景观园林设计公司
销售代理：深圳市置业有限公司
Southward
international
南方國際
酒店 公馆 商住

華南
South China

Company name
公司名称：
深圳图登广告

Floor name
楼盘名称：
南方国际

Art director general
创作总监：
胡永

Art cirector
美术指导：
胡永 / 王一霖

Copy writer
文案：
杨霖 / 王葳蓉

沁芳名苑
QINGFANGMINGYUAN
居所·清心
等待！
是一种正在追求之中的美……
东门路上，城市公园里的山水名宅
【沁芳名苑】、8月18日即将开盘
山水热线：25408886 25408889 25407288

華南
South China

Company name
公司名称：
深圳盛意廊广告

Floor name
楼盘名称：
沁芳名苑

Art director general
创作总监：
王昆仑 / 蹇明

Art director
美术指导：
杨琦

Copy writer
文案：
叶玉堂

8月18日即将开盘，敬请留意
QINGFANGCURTILAGE
实景拍摄
3万余平米公园山水园林实景演绎
开盘首三日落定客户可获大件电器一件◆已认购客户获赠 精美礼品一份
QINGFANGCURTILAGE
沁芳名苑
山水情怀·公园名宅
发展商：深圳市世纪汇鑫实业集团有限公司 销售中心地址：竹园宾馆对面城市公园内
山水热线：25408886 25408889 25407288

QINGFANGCURTILAGE
实景拍摄
山水情怀，公园名宅
开盘首三日落定客户可获大件电器一件◆已认购客户获赠 精美礼品一份
QINGFANGCURTILAGE
沁芳名苑
山水情怀·公园名宅
发展商：深圳市世纪汇鑫实业集团有限公司 销售中心地址：竹园宾馆对面城市公园内
山水热线：25408886 25408889 25407288

公园旁的房子也不少，
然而，把房子建在公园里真是珍稀难求！
QINGFANGCURTILAGE
实景
真正公园里的名宅
生活中最珍贵的一瞬莫过于，当你坐在落地窗前，蝴蝶在夕阳里起舞翻飞，还有楼下那一曾激越的蛙音。高大的乔木、美丽的花草，亭台水榭，蝉声、鸟鸣，这就是你的家。在城市公园里，完全听不到闹市声音的家园，这里是一个想象的空间，一片放逐心灵的园林。
开盘首三日落定客户可获大件电器一件◆已认购客户获赠 精美礼品一份
城市公园
沁芳名苑
QINGFANGCURTILAGE
沁芳名苑
山水情怀·公园名宅
发展商：深圳市世纪汇鑫实业集团有限公司 销售中心地址：竹园宾馆对面城市公园内
山水热线：25408886 25408889 25407288

山水深处有人家
Mountain
落日去天外，悠悠映山坡
高高的红云、淡淡的远山
夕阳西下、天地之间、体会山一样的淡然
在山水人家
山不是一种装饰，而是一种生活内容
健康、开阔、怡情
没有阻挡、没有喧嚣，只有一种回归自然的本真
山水专线
25161893（8线）
山水人家
Mountain

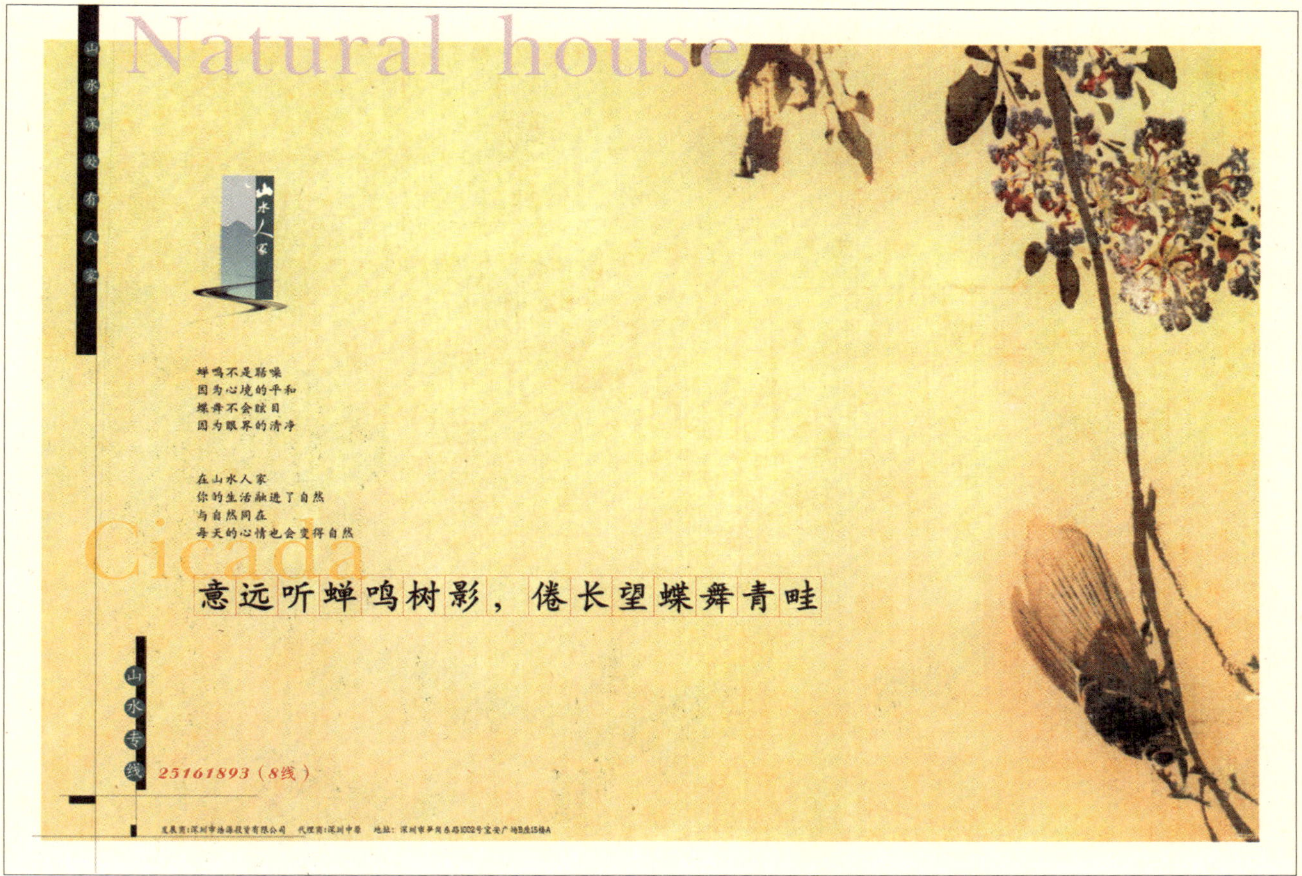

華南
South China

Company name
公司名称：
深圳相互广告

Floor name
楼盘名称：
山水人家

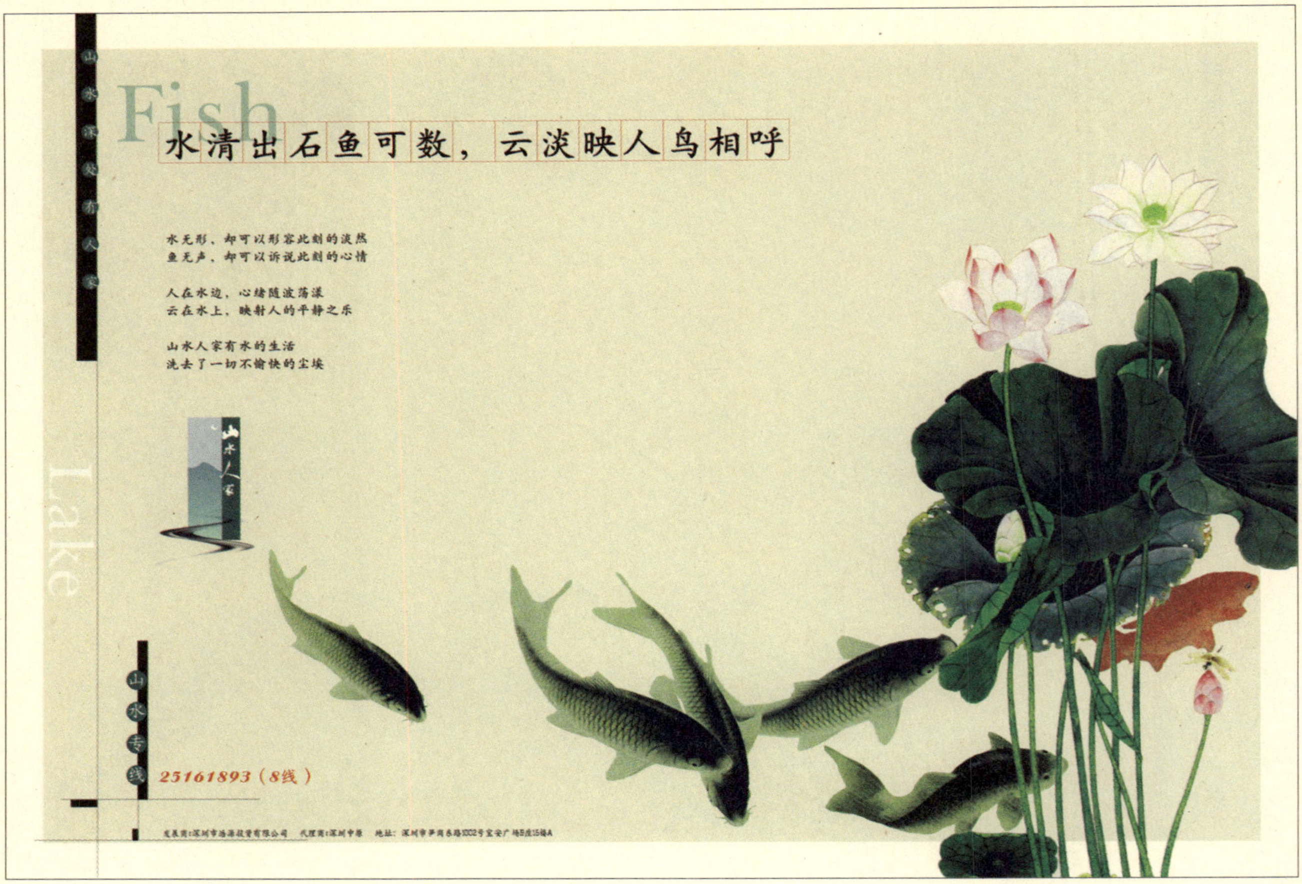
山水深处有人家
Fish
水清出石鱼可数，云淡映人鸟相呼
水无形，却可以形容此刻的淡然
鱼无声，却可以诉说此刻的心情
人在水边，心绪随波荡漾
云在水上，映射人的平静之乐
山水人家有水的生活
洗去了一切不愉快的尘埃
山水人家
Lake
山水专线
25161893（8线）

Vegetable
绿土禾青青，蔬苗三两畦
没有被污染健康，没有被批发的污浊
只有自己耕种的快乐，只有亲手收获的喜悦
用休闲的心情，体验一回农人的快乐
不仅仅是耕种蔬果，更是伺弄一种心情
山水深处有人家
山水人家
山水专线
25161893（8线）
发展商:深圳市瑞源投资有限公司　代理商:深圳中原　地址：深圳市笋岗东路1002号宝安广场B座15楼A

单体住宅精品
时代骄子
时代骄子演绎精彩生活
优雅建筑，完美享受
时代骄子准现房发售，南山繁华区的中小户型杰作，精致的板楼，外立面全面落成，优雅风范尽情展现，无需等待，即刻体验精彩生活。
不管是在麦当劳、肯得基享受美味的国外饮食；还是在苏宁电器选购中意的家电；或者在人人乐、家乐福挑选时尚的精品。
这一切，在时代骄子，南山多彩生活任由你尽情演绎。
空中靓景单位，倾情热销！
实景拍摄
深南大道
学府路
销售热线：26079998
售楼处：南山大道与学府支路交汇处（愉康商场北侧）
发展商：深圳市金江岛房地产开发有限公司　代理商：深圳城市行置业顾问有限公司

单体住宅精品
时代骄子
EPOCH ELITE BUILDING
时代骄子
品味完美生活
优雅建筑，完美享受
时代骄子准现房发售，南山繁华区的中小户型杰作，精致的板楼，外立面全面落成、优雅风范尽情展现，无需等待，即刻体验精彩生活。不管是在麦当劳、肯得基享受美味的国外饮食；还是在苏宁电器选购中意的家电；或者在人人乐、家乐福挑选时尚的精品。这一切，在时代骄子，任你选择，南山多彩生活就在你指间不经意流淌。
空中靓景单位，倾情热销！
实景拍摄
时代骄子
中小户型
26079998
深南大道
学府路
销售热线：26079998
售楼处：南山大道与学府支路交汇处（愉康商场北侧）
发展商：深圳市金江岛房地产开发有限公司　代理商：深圳城市行置业顾问有限公司
广告代理：木太广告 83904485　预售许可证：深（南）房许字（2003）-004

華｜南
South China

Company name
公司名称：
深圳木太社广告

Floor name
楼盘名称：
时代骄子

Art director general
创作总监：
游江峰

Art director
美术指导：
冯亮 / 文娟

Copy writer
文案：
张熠

Welcome To Century Village

相约世纪村 分享世纪村

世纪村

感受國際文明居住標准

世纪村二期·如意府

欢迎参观空中一号HOUSE

经典回顾：●全国人居优秀推荐楼盘 ●嘉和府获建设部评定AAA级高级住宅 ●21世纪国际（中国）文明人居标准住区

“分享世纪村”活动：

● 时间：9月21日——10月7日
  地点：沙河世纪村

● 参加对象：A.世纪村一、二期业主
  B.活动期间交足定的客户
  C.凭邀请函前来参观者

● 活动方式及奖项：所有到场者均可获奖，幸运者可免费享受世纪村国际风情会所豪华客房、西式早晚餐及各项设施一日。

世纪村VLP村居计划

环保居住签约活动于2002年9月20日上午在世纪村会所举行

●国际公民计划 ●阳光居住计划
●终身学习计划 ●环保居住计划
●森林居住计划 ●家庭运动计划
●安全居住计划 ●教育援助计划

空中一号HOUSE

四房三厅三卫：199.04m² — 268.69m²

● 拥有深圳湾、红树林、高尔夫、华侨城等钻石级景观
● 6米挑高私家庭院，天空在这里更广阔
● 顶层复式送屋顶花园或阁楼
● 拥有豪宅只是一种表象，居住的奢侈是对自己的肯定

指标：

●占地面积:8.8万平方米 ●建筑面积:30万平方米
●绿化率:80%以上 ●车位:1.2位/户

秋交会优惠措施

展位：B馆F107-109/G107-109/H107-109

活动时间：9月20日——9月24日

● 成交客户均可额外享受2个点优惠。
● 推荐新客户成交的老业主，可获赠一年物业管理费。
● 所有成交客户均可成为“分享世纪村”活动的幸运者。
● 到现场者均可参加“分享世纪村”抽奖活动。

上述活动解释权归沙河实业股份有限公司

●**无可比拟景观视野：**红树湾自然生态地带与华侨城人文景观走廊的共生点，两大高尔夫绿地相伴，生态质量无可比拟。

●**立体式绿化系统：**黑金砂铺成水景道，原木、原石、木栈道、喷泉、草坪、雕塑、数百种各国名贵珍奇植物、7.5米架空层绿化地面、户户私家阳光庭园、顶层花园形成立体式绿化系统。

●**多功能国际风情会所：**5000平米国际风情会所，拥有举办国际沙龙的多功能厅、室外泳池、网球场、恒温泳池、生命保养中心、中西餐厅、健身美容中心等各类设施。

●**成熟尊崇的国际村落：**岭南风格与现代主义风格完美融合的国际村落。

●**无限延展的景观商业走廊：**1.5万平米景观商业走廊无限延展生活品质与空间。

垂询热线：0755 26933999

开发商：沙河实业股份有限公司 建筑设计：深圳市航艺建筑工程设计有限公司 园林设计：澳大利亚HASSELL CO.LTD 销售策划：inland 深圳市英联置业有限公司 销售代理：深圳市尊地地产咨询有限公司 整合推广：长城盛花广告

相约世纪村 分享世纪村
欢迎参观空中一号HOUSE(复式)
华侨城西的国际村落 高尔夫旁的森林家园
经典回顾：● 全国人居优秀推荐楼盘 ● 嘉和府获建设部评定AAA级高级住宅 ● 21世纪国际（中国）文明人居标准住区
Century village
世纪村
感受國際文明居住標准
世纪村二期·如意府
"分享世纪村"活动仍在进行中：
● 地点：沙河世纪村会所
● 参加对象：A.世纪村一、二期业主
B.活动期间交足定的客户
C.凭邀请函前来参观者
● 活动内容：幸运者可免费享受世纪村国际风情会所豪华客房、西式早晚餐及各项设施一日
世纪村现已隆重推出VLP村居计划，敬请关注！上述活动解释权归沙河实业股份有限公司
空中一号HOUSE
四房三厅三卫：
199.04m² — 268.69m²
● 拥有深圳湾、红树林、高尔夫、华侨城等钻石级景观。
● 6米挑高私家庭院，天空在这里更广阔。
● 顶层复式送屋顶花园或阁楼
● 拥有豪宅只是一种表象，居住的高品质是对自己的肯定
●无可比拟景观视野：红树湾自然生态带与华侨城人文景观走廊的共生点，两大高尔夫绿地相伴，生态质量无可比拟。
●立体式绿化系统：黑金砂铺成水景道，原木原石、木栈道、喷泉、草坪、雕塑、数百种各国名贵珍奇植物、7.5米架空层绿化地面、户户私家阳光庭院、顶层花园形成立体式绿化系统。
●多功能国际风情会所：5000平米国际风情会所，拥有举办国际沙龙的多功能厅、室外泳池、网球场、恒温泳池、生命保养中心、中西餐厅、健身美容中心等各类设施。
●成熟尊崇的国际村落：岭南风格与现代主义风格完美融合的国际村落。
●无限延展的景观商业走廊：1.5万平米景观商业走廊无限延展生活品质与空间
华侨城
深南大道
红树湾
滨海大道
深圳湾
垂询热线：0755 26933999
指标：● 占地面积:8.8万平方米 ● 建筑面积:30万平方米 ● 绿化率:80%以上 ● 车位:1.2位/户
户型特色：● 二梯四户 ● 户户景观 ● 各户独立性强 ● 每家拥有超大私家阳光庭院，可做阳光健身房、星光酒吧、阳光书吧、阳光花园。
开发商：沙河实业股份有限公司 建筑设计：深圳市航艺建筑工程设计有限公司 园林设计：澳大利亚HASSELL CO.LTD 销售策划：inland 深圳市英联置业有限公司 销售代理：深圳市尊地地产咨询有限公司 整合推广：长城盛花广告

与地球共生的社区，与世界同步的生活
离自然最近的国际生活
Welcome To Century Village
自然、创新、感受．．．
在深圳湾畔、华侨城西与红树林罕为珍贵的生态空间里，世纪村大型国际村落，揉和了自然艺术与建筑美学的精华，以国际标准专注于每一细节。
海岛、高尔夫球场一个清新健康的下午、户户拥有的阳光花房．．．．融为一份尊贵、自信的从容人生，
其自然迸发的优雅活力，让无数深谙品质之道的人怦然心动！
世纪村，更具场所精神的国际建筑，需要你，以更质感的感性思维来体味！
世纪村
感受國際文明居住標准
世纪村二期·如意府
● 红树林自然生态地带与华侨城人文景观走廊的共生点，两大高尔夫绿地相伴，生态质量无可比拟； ● 蔡家声倾情演绎5万平米亚热带亲水生态园林，黑金砂铺成水景道，原木、原石、木栈道、数百种名贵植物与空中花园形成立体式绿化系统； ● 5000平米国际五星级会所 拥有举办国际沙龙的多功能厅、恒温泳池、生命保养中心、中西餐厅、健身美容中心等各类设施，应有尽有； ● 30万平米大型国际社区，岭南风格与现代主义风格的完美融合 ● 3万平米景观商业走廊无限延展生活品质与空间； ● 敬请关注世纪村VLP计划（VILLAGE LIVING PLAN——村居计划
指标：● 占地面积：8.8万平方米 ● 建筑面积：30多万平方米 ● 绿化率：80%以上 ● 车位：1位/户
● 主力户型：四房三厅三卫一工人房：211平方米 五房三厅三卫一厨：205平方米 六房三厅四卫一二人房：269平方米
垂询热线：26933999
经典回顾——曾获奖项：● 全国人居优秀推荐楼盘 ● 世纪村一期获建设部评定AAA级高级住宅 ● 21世纪国际（中国）文明人居标准住区
开发商：深圳市沙河实业股份有限公司 总体规划：新加坡蔡家声建筑师事务所 建筑设计：深圳航艺建筑工程设计有限公司 园林设计：澳大利亚HASSELL CO. LTD 销售策划：深圳市英联置业有限公司 整合推广：长城盛花广告

华侨城·国际村落
高尔夫·森林家园
沙河·世纪村
王府
SHENZHEN PALACE
感受国际文明居住标准
王府
208位生活大师的空中高尔夫庭院。
Aerial Golf Yard For 208 Owners Who Understand What Is The Real Life.
阅尽繁华。始信，唯有天高!
随风过境，自在由心——世纪村王府，阅尽繁华的人生睿智，非凡见证荣耀与梦想。
只因尊贵，仅限208位!
全国人居优秀推荐楼盘
获建设部评定AAA级高级住宅
21世纪国际（中国）文明人居标准住区
世纪村·王府现正接受公开登记!
世纪村·王府现正接受公开登记，同时发售VIP卡：
请备诚意金2万元，即可获王府VIP卡壹张，成为VIP客户
持王府VIP卡者，可享受优先选房权，一卡限选一套单位
持卡人在行使优先选房权时，可享有额外3%的优惠
王府档案
●208套 ●270度观景主卧、观景客厅、观景阳台 ●225-270平方米的平面超大户型 ●户户通风采光性能良好的板式建筑 ●王府专用会所 ●户户高尔夫主景观 ●高尔夫观光梯二部、二户三梯 ●3.15米标准层高 ●1.5车位/户
王府专线:26933999
华侨城
红树湾
开发商：沙河实业股份有限公司(股票代码:000014) 建筑设计：深圳市航艺建筑工程设计有限公司 园林设计：澳大利亚HASSELL CO,LTD 策划销售：Inland 英联置业 整合推广：长城盛花广告

华侨城·国际村落
沙河·世纪村
王府
SHENZHEN PALACE
感受国际文明居住标准
高尔夫·森林家园
王府
208位生活大师的空中高尔夫庭院。
Aerial Golf Yard For 208 Owners Who Understand What Is The Real Life.
傲岸之美。蓄养，王者巅峰!
旷世气度、观止门第——世纪村王府，同步世界的至尊生活，非凡见证荣耀与梦想。
只因尊贵仅限208位!
世纪村·王府12月8日接受全球公开登记!
全国人居优秀推荐楼盘
获建设部评定AAA级高级住宅
21世纪国际（中国）文明人居标准住区
王府档案
●208套 ●270度观景主卧、观景客厅、观景阳台
●225-270平方米、四房三厅三卫一工人房 ●独立专用
私家会所●户户高尔夫主景观●高尔夫观光梯二部，二户三梯●3.15米标准层高●1.5车位/户
世纪村VLP村居生活计划已全面启动!
王府专线:26933999
华侨城
开发商：沙河实业股份有限公司(股票代码:000014) 建筑设计：深圳市航艺建筑工程设计有限公司 园林设计：澳大利亚HASSELL CO,LTD 策划销售：inland英联置业 策划顾问：尊地地产 整合推广：长城盛花广告

华侨城·国际村落
沙河·世纪村
王府
SHENZHEN PALACE
感受国际文明居住标准
高尔夫·森林家园
王府
步入208位生活大师的高尔夫庭院。
Aerial Golf Yard For 208 Owners Who Understand What Is The Real Life.
全国人居优秀推荐楼盘
获建设部评定AAA级高级住宅
21世纪国际（中国）文明人居标准住区
世纪村·王府概念样板房诚邀生活大师品鉴,敬请预约
世纪村·王府现正接受公开登记·同时发售VIP卡：
请备诚意金2万元，即可获王府VIP卡壹张，成为VIP客户
持王府VIP卡者，可享受优先选房权，一卡限选一套单位
持卡人在行使优先选房权时，可享有额外3%的优惠
王府档案
● 208套 ● 270度观景主卧、观景客厅 ● 225-270平方米，四房三厅三卫一工人房 ● 王府专用会所 ● 户户高尔夫主景观 ● 高尔夫观光梯二部，二户三梯 ● 3.15米标准层高 ● 1.5车位/户
王府专线:26933999
华侨城
红树湾
开发商：沙河实业股份有限公司(股票代码:000014)　建筑设计：深圳市航艺建筑工程设计有限公司　园林设计：澳大利亚HASSELL CO,LTD　策划销售：Inland 英联置业　整合推广：长城盛花广告

華|南
South China

Company name
公司名称：
深圳长城盛花广告

Floor name
楼盘名称：
世纪村

Art director general
创作总监：
宋一铭

Art director
美术指导：
宋一铭

Copy writer
文案：
卢清平

Company name
公司名称：
深圳长城盛花广告

Floor name
楼盘名称：
泰然公贸园

Art director general
创作总监：
蔡鲲

Art director
美术指导：
毛恒毅

Copy writer
文案：
毛恒毅

一生只会遇上一个真爱，
我太太正学会跟她相处。
自认阅历丰富的我，一直对自己的品味很有自信，但在那天，第一次见到她时，如遭电击，太太就在我旁边，我想我完了，幸亏太太很大度，表示可以考虑……最后我选择了她，直到现在，太太还逢人就夸我有眼光呢！
□建筑形态多样化，南山罕见多层、小高层、高层大组合□世界设计名师—澳大利亚柏涛规划设计，展现惊世之美□人性化规划设计，图而不合，更多自由空间□自由多变的建筑组合和形态，演绎至佳均好性□特设入户花园，最大限度享受自然之美□挑高6米大露台，视野无限延展
售楼热线：82284606 82284619
售楼地址：南山区高新科技园南区*http://www.szhomeway.com*发展商：深圳鸿威房地产开发有限公司
THE PERFECT CITY
高新区生活印象

他买的是身份，她买的是生活，我买的是房子。

那天，阿John很得意地在我面前晃着一串明晃晃的钥匙，说他买到了心仪已久的身份证；巧得很，就在当天，阿Mor也在MSN上跟我说，她决定留下来了，因为她找到了自己想要的生活方式……看着他们得意的样子，我不禁又看了一下放在抽屉里的钥匙——不愧是多年的老友，连选择都一样，虽然目的不尽相同。

□建筑形态多样化，南山罕见多层、小高层、高层大组合□世界设计名师——澳大利亚柏涛规划设计，展现惊世之美□人性化规划设计，图而不合，更多自由空间□自由多变的建筑组合和形态，演绎至佳均好性□特设入户花园，最大限度享受自然之美□挑高6米大露台，视野无限延展

售楼热线：82284606 82284619

售楼地址：南山区高新科技园南区•http://www.szhomeway.com•发展商：深圳鸿威房地产开发有限公司

THE PERFECT CITY 天空之城

高新区生活印象

華南 South China

Company name
公司名称：
深圳博思堂广告

Floor name
楼盘名称：
天空之城

Art director
美术指导：
张旭

Copy writer
文案：
李靖芳

EAST COAST 东海岸
万科·东海岸社区
到东部去 那里有真正的海
Tel:25255199 25568039
接待中心：大梅沙海景酒店三号楼首层 Http://eastcoast.vanke.com
VANKE® 万科®

EAST COAST 东海岸
万科·东海岸社区
到东部去 那里有真正的海
Tel:25255199 25568039
接待中心：大梅沙海景酒店三号楼首层 Http://eastcoast.vanke.com
VANKE 万科

EAST COAST 东海岸
万科·东海岸社区
到东部去 那里有真正的海
Tel:25255199 25568039
接待中心：大梅沙海景酒店三号楼首层 Http://eastcoast.vanke.com
VANKE 万科

到海边去，那里有引领世界的生活方式

EAST COAST 东海岸
万科·东海岸社区
万客会 欢迎加入万客会，尽享积分优惠！ Tel:25568039
接待中心：大梅沙海景酒店三号楼首层
□发展商：深圳市万科房地产有限公司 □建筑设计：美国WATG公司 深圳大学建筑设计研究院 □规划与环境设计：美国SWA GROUP公司 深圳市北林苑景观规划设计有限公司 □物业管理：深圳市万科物业管理有限公司
万科东海岸，东部大型的倚山近海低密度社区，她的出现标志着深圳真正海岸生活的开始。
Tel: 2525 5199
山VS海
万科东海岸，得天独厚的自然资源
参与海：海滩VS海上
一个声音说：在海滩上晒太阳吧；另一个声音说：在海上冲浪吧。万科·东海岸，邻近大梅沙海滨，魅力的大海，性感的沙滩，总让人情不自禁。海滩有故事，海上也有故事，用什么方式跟海发生关系？你需要作出选择。
参与自然：上山VS下海
上山还是下海？当两个自然同时摆在面前，决定是困难的。万科·东海岸，位于大梅沙的山海之间，壮阔的大鹏湾，美丽的菠萝山，开放的自然资源，优异的生态环境，随时等候你的参与，上山，或者下海，让自然排队吧。
参与山：山谷VS山顶
从山谷到山顶，有的人需要一生，有的人只需要一个下午。万科·东海岸，坐落于层峦叠翠的菠萝山，大山就是你的配套，你可以隐身山谷，沉浸于鸟语花香的诗意；也可以登上山顶，体会一览众山小的境界。
Http://eastcoast.vanke.com
本广告为要约邀请，买卖双方的权利和义务以合同为准
VANKE 万科

EAST COAST 东海岸
万客会 欢迎加入万客会，尽享积分优惠！ Tel:25568039
接待中心：大梅沙海景酒店三号楼首层
□发展商：深圳市万科房地产有限公司 □建筑设计：美国WATG公司 深圳大学建筑设计研究院 □规划与环境设计：美国SWA GROUP公司 深圳市北林苑景观规划设计有限公司 □物业管理：深圳市万科物业管理有限公司
万科东海岸，东部大型的倚山近海低密度社区，她的出现标志着深圳真正海岸生活的开始。
Tel: 2525 5199
热带VS现代
万科·东海岸，媲美世界的规划设计
社区规划：大社区VS多元化
大社区意味着完善的生活功能；多元化则意味着可选择的生活形态。万科·东海岸，占地约26.8万M²，包括高层、多层、TOWNHOUSE、独立别墅等多种建筑，自设齐全的生活配套，建造一个集休闲、运动、商务为一体的大型多元化住宅区。
建筑密度：低容积率VS高绿化率
低密度，让房子跟房子的距离更远，心与心的距离更近。万科·东海岸，尊重原生的自然环境，坚持低容积率、高绿化率，容积率≤0.8（别墅以外极低容积率），并营建多级景观层次，实现户户有景，创造一个和谐自然的低密度生态社区。
环境设计：热带风情VS现代主义
风煽动棕榈，热带风情在摇摆；几何图形映上建筑立面，现代主义在凝视。万科·东海岸，Tropical Modern环境演绎，透过简洁粗旷的动态设计，巧妙结合热带风情与现代主义，将室内外空间融为一体，给你一个迷人的“现代热带雨林”。
Http://eastcoast.vanke.com
本广告为要约邀请，买卖双方的权利和义务以合同为准
VANKE 万科

EAST COAST 东海岸
万客会 欢迎加入万客会，尽享积分优惠！ Tel:25568039
接待中心：大梅沙海景酒店三号楼首层
万科东海岸,东部大型的倚山近海低密度社区，她的出现标志着深圳真正海岸生活的开始。
Tel: 2525 5199
4个公园VS3个广场
万科·东海岸，丰富多彩的生活配套
广场群：水广场VS土广场VS火广场
五行中，有三个是广场。在东海岸，北入口主广场是一系列热烈生动的水池（“水”元素），南部入口广场是弥漫着戏剧性的闪光的火院（火元素），第3个元素“土”位于商业街中心。三个广场，三种神秘之美，组成一个特别的情感空间。
超市、餐饮、婚礼店、艺术馆等；约3500m²的多功能会所，计划引入十余种室内外休闲、运动及商务设施，丰富的休闲方式。为你坚持生活的品位。
公园群：
山脊公园VS珊湖公园VS郊野公园VS体育公园
就生活质量而言，仅有一个公园是不够的。在东海岸，有骑在山脊上的山脊公园，有从山上流下来的珊湖公园，有政府兴建的菠萝山郊野公园，有政府规划中的大梅沙体育公园。诗意的，浪漫的，健康的，活力的，挑选你的目的地。
休闲街区：休闲商业街VS多功能会所
人文的氛围，休闲的心境。在东海岸，约4500m²的休闲商业街，充满加勒比海式的异国情调，计划引入
交通展望：东部第二通道VS滨海大道
眼下去大梅沙不太方便，这正是考验眼光的时候。到东海岸，除了现有的梧桐山隧道和盘山公路，即将修建的东部第二通道，横跨罗湖与盐田，形成快捷交通网直通市区。想想滨海大道对南山的影响力，凭你的眼光，不用多说了。
Http://eastcoast.vanke.com
VANKE®万科®

EAST COAST 东海岸
万客会 欢迎加入万客会，尽享积分优惠！ Tel:25568039
接待中心：大梅沙海景酒店三号楼首层
万科东海岸,东部大型的倚山近海低密度社区，她的出现标志着深圳真正海岸生活的开始。
Tel: 2525 5199
生活VS艺术
万科·东海岸，艺术化的理想生活
6月29日下午3:30主场/客场(深圳/威尼斯)暨东海岸艺术空间开幕
万科东海岸7月5日正式公开发售
万科东海岸参展第50届威尼斯双年展：深圳VS威尼斯
La Biennale Di Venezia
la Biennale di Venezia
从1895年开始以来，威尼斯双年展(La Biennale di Venezia)已有百余年历史，作为欧洲历史最悠久的艺术节，名列世界三大视觉艺术展，是艺术界重要的国际嘉年华。
即将举行的第50届威尼斯双年展，分别在威尼斯和深圳万科·东海岸社区设立两个作品展览空间，现场均设置电脑，通过网络传输，双向输送有关展览的图像和信息。展览期间，威尼斯的观众能看到深圳展览现场和万科·东海岸工地，并进行相应的讨论；而深圳的观众不仅能看到威尼斯现场的情况，
而且可以参与到艺术作品和观众的互动活动中去。在这个过程中，深圳和威尼斯将共同完成一个跨地域的艺术活动，“万科·东海岸”亦成为创作的参与者和作品的一部分。
人居理想：城市VS自然
住在城市还是住在自然？这是人居发展的永恒命题。随着社会观念的演变，人们在城市与自然之间纠葛，寻找理想的生活环境。
万科·东海岸，东部大梅沙，一个城市与自然交汇的地方，一个物质与精神共享的地方，一个生活与艺术融合的地方，正实践深圳人居的终极追求。
大梅沙的自然资源毋庸多言；而在不久的将来，据政府规划，大梅沙将成为国际级的滨海居住区、滨海度假区和会议中心，成为一座功能完善的滨海城镇。
万科·东海岸，在这里。
效果图仅供参考
万科东海岸：生活VS艺术
生活的艺术，艺术地生活。事实上，这一直是人们心灵深处的愿望。
正如万科·东海岸，设计师这样描述：有一个地方，离城不远，就在山上，面朝大海，春暖花开……
有一颗诗意的心，才能诗意地生活，才能艺术地生活。在万科·东海岸，阳光、树林、沙滩、海浪的环境艺术，从山里长出来的建筑艺术，健康、休闲、浪漫的身体艺术，一砖一石的温情序列，一草一木的灵性生机，无不滋养你的人文气质，让享受生活本身也成为一种艺术。
艺术陶冶的海岸生活，即将开始。
Http://eastcoast.vanke.com
VANKE®万科®

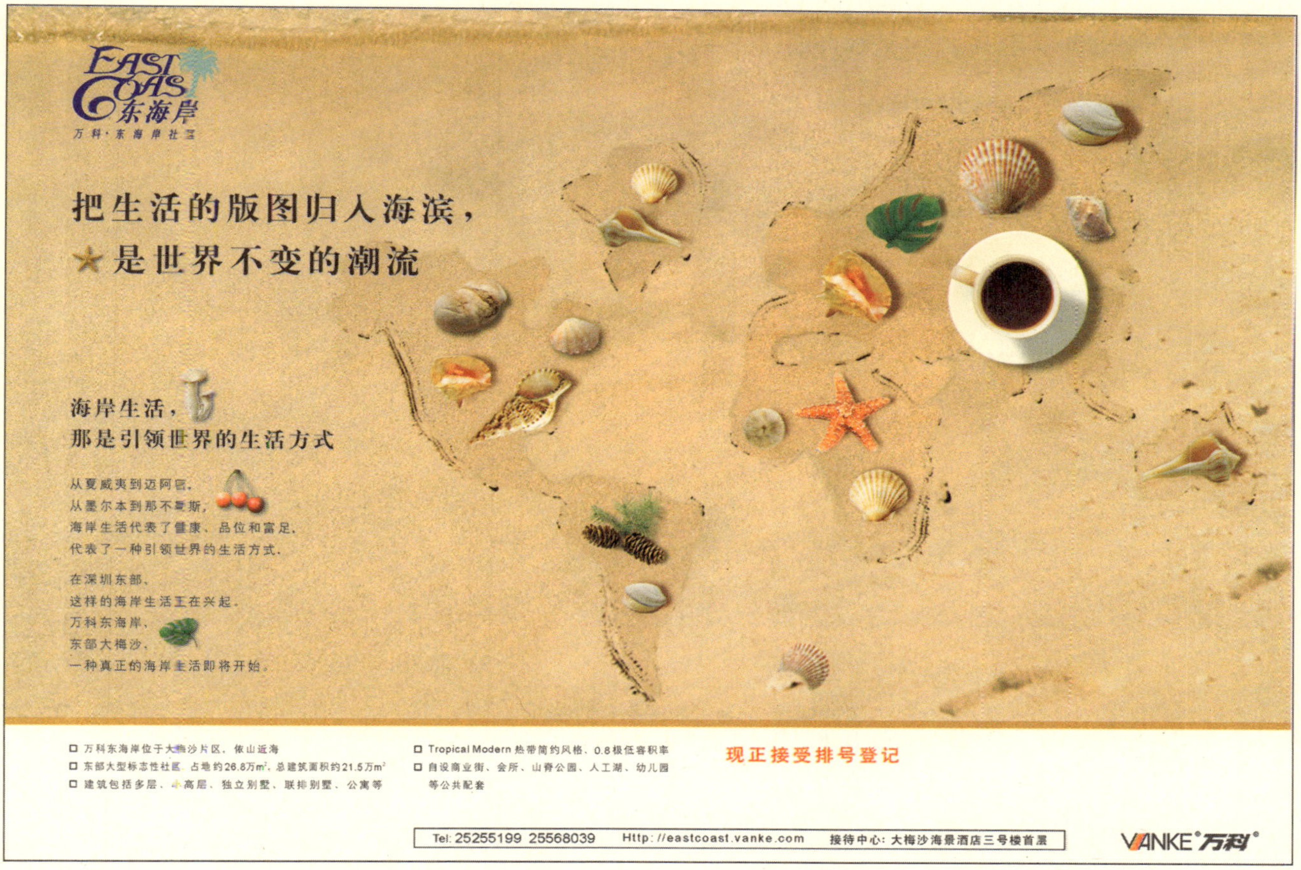

華南
South China

Company name
公司名称：
深圳相互广告

Floor name
楼盘名称：
万科东海岸

EAST COAST 东海岸
在山海之间，被自然征服。
万科东海岸，真正的海岸生活
在海岸，在山上，在林间，在湖滨，在心灵的自然，甘愿被征服。
万科东海岸，一个大型生态社区，一种健康、休闲、浪漫的海岸生活。
正在流传。
"唯一公寓·自主生活"8月热卖
区别于深圳任何公寓的公寓
8月9日15:00－19:00
销售中心将举行
羊年主力机构
年度股市沙龙
真正的海岸生活
Tel: 2525 5199 VANKE万科

EAST COAST 东海岸
有人觉得东海岸很远；
有人觉得东海岸不够远。
万科东海岸，真正的海岸生活
当回家成为一种享受，目的地将不再遥远。
从市区到大梅沙，在某些人眼里，是崇山峻岭的阻隔，在某些人眼里，是碧海晴天的诗意。
正在修建的盐田港明珠立交桥和拟建的梧桐山第二通道，将大大缩短生活的距离。
万科东海岸，让回家变成浪漫的旅程。
"唯壹公寓·自主生活"8月热卖
区别于深圳任何公寓的公寓
海岸生活畅想曲
8月17日下午5:00现场将举行"天才少年器乐演奏会"
真正的海岸生活
Tel: 2525 5199 VANKE万科

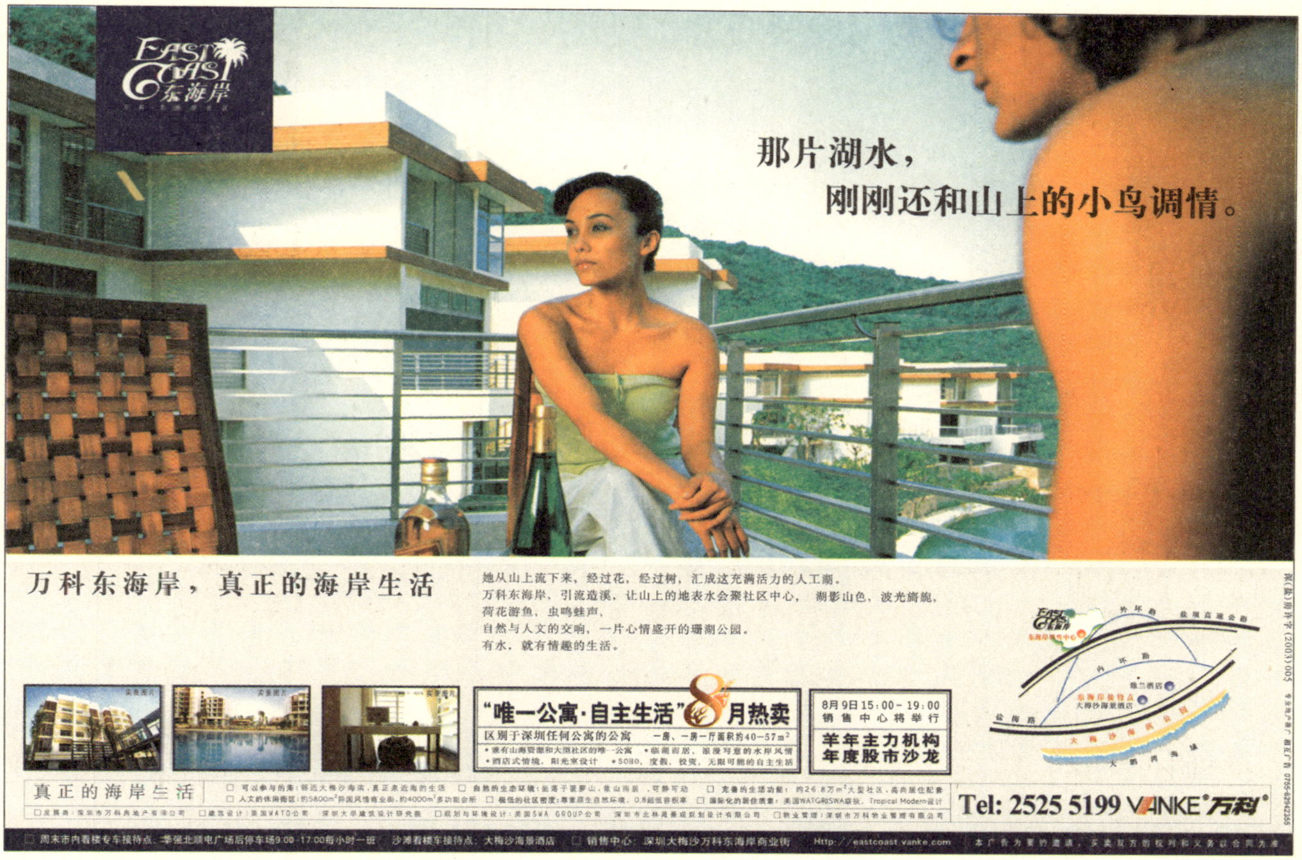
EAST COAST
东海岸
那片湖水，
刚刚还和山上的小鸟调情。
万科东海岸，真正的海岸生活
她从山上流下来，经过花，经过树，汇成这充满活力的人工湖。
万科东海岸，引流造溪，让山上的地表水会聚社区中心， 湖影山色，波光旖旎，
荷花游鱼，虫鸣蛙声，
自然与人文的交响，一片心情盛开的珊湖公园。
有水，就有情趣的生活。
“唯一公寓·自主生活”8月热卖
区别于深圳任何公寓的公寓
一房、一房一厅面积约40－57m²
8月9日15:00－19:00
销售中心将举行
羊年主力机构
年度股市沙龙
真正的海岸生活
Tel: 2525 5199 VANKE 万科
周末市内看楼专车接待点：华强北顺电广场后停车场9:00-17:00每小时一班
沙滩看楼车接待点：大梅沙海景酒店
销售中心：深圳大梅沙万科东海岸商业街
Http://eastcoast.vanke.com

EAST COAST
东海岸
大梅沙只可逗留不可久留？
那已经是上个世纪的事了。
万科东海岸，真正的海岸生活
东部罕见的大型社区，她的出现，标志着大梅沙居住时代的来临。
万科东海岸，约26.8万m2大规模高档住宅区，自建商业街、会所、山脊公园、
人工湖、幼儿园等公共设施，
完善的配套资源，齐全的居住功能，足以承载你对生活品质的追求。
回东海岸，回归真正的海岸生活。
“唯一公寓·自主生活”8月热卖
区别于深圳任何公寓的公寓
一房、一房一厅面积约40－57m²
7月23日下午5:30现场将举行万客会精选商家牵手PARTY，欢迎各位商家光临
东海岸直街现正招商中，欢迎餐饮、酒吧、精品等商家前来接洽
真正的海岸生活
Tel: 2525 5199 VANKE 万科
周末市内看楼专车接待点：华强北顺电广场后停车场9:00-17:00每小时一班
沙滩看楼车接待点：大梅沙海景酒店
销售中心：深圳大梅沙万科东海岸商业街
Http://eastcoast.vanke.com

EAST COAST 东海岸
用山湖林海培育的透天TOWNHOUSE
万科东海岸，令人惊羡的联排别墅
对稀缺资源的占有，决定一所房子的权力。
万科东海岸，天生的珍贵TOWNHOUSE:
山：层峦叠峰的菠萝山，连绵不绝的天赋营养，自然的气度，生活的高峰。
湖：引自山溪的人工湖，波光丽影，荷香入室，流传浪漫诗意的水岸风情。
林：屋后拟建郊野公园及人行山径步道，隐身林间，休闲养生，与天籁共鸣。
海：大梅沙海滨公园，可以参与的海，可以撒野的沙滩，释放生命的活力。
VANKE®万科®
8月2日下午东海岸现场及大梅沙海滨将举行
东海岸趣味定向运动比赛
真正的海岸生活
Tel: 2525 5199
销售中心：深圳大梅沙万科东海岸商业街
eastcoast.vanke.com

EAST COAST 东海岸
EAST COAST
自然而然，玉墅临湖
TOWNHOUSE里的海岸生活
只有海是不够的，只有山是不够的，只有湖是不够的，只有TROPICAL MODERN是不够的，只有异国风情街区是不够的，这一切，不过是生活的背景。
万科·东海岸一期TOWN HOUSE，象散落水边的宝石，玉墅临湖，与尊俱来。撷取自然的建筑灵感，超越简约功能主义的设计，私密大方的空间规划，拾级而上的错层格调，建立与众不同的生活姿态。
有了这些，你还需要别的身份吗？
真正的海岸生活
Tel: 2525 5199
VANKE®万科®
销售中心：深圳大梅沙万科东海岸商业街
eastcoast.vanke.com

EAST COAST 东海岸
BLUE BLUE
欧文先生，102岁，一生住在海边，至今仍能独自一人出海打鱼
他在海边活了一辈子。他不知道海明威。但他比海明威书里的老人更令人尊敬。
如今，他还能出海打鱼，他乘风破浪，在船头撒网的动作跟他的曾孙子一样矫健。他说健康的秘密就是：BLUE BLUE。
东海岸会心一笑。
也许若干年后，这个大梅沙畔的大型社区，
将成为百岁老人的乐园。
东海岸实景图片
大梅沙实景图片
东海岸健康秘诀
GREEN GREEN：层峦叠嶂的菠萝山/动静自如的绿野仙踪/绵绵不绝的天然氧吧/修身养性的世外桃源
BLUE BLUE：起伏跌宕的大鹏湾/一望无垠的湛蓝海面/潮涨潮落的风雨浸淫/历练天下的人生境界
真正的海岸生活
Tel: 2525 5199 VANKE® 万科
本广告为要约邀请，买卖双方的权利和义务以合同为准　市内接待中心：华强北顺电广场门前　沙滩看楼车接待点：大梅沙海景酒店　销售中心：深圳大梅沙万科东海岸商业街
Http://eastcoast.vanke.com　深(盐)房许字(2003)005

EAST COAST 东海岸
Green Green
布莱恩先生，96岁，一生隐居山中，至今仍能独自一人植树造林
他在山里呆了一辈子。他不知道陶渊明。但他比陶渊明过得更逍遥。
如今，他还能植树造林，他精神矍铄，在山上哼着跟玄孙子学来的流行歌曲。他说健康的秘密就是：GREEN GREEN。
东海岸会心一笑。
也许若干年后，
这个菠萝山下的大型社区，将成为百岁老人的乐园。
AAAAA
经广东省生态协会评审检测，万科东海岸生境空气质量达到最高级别5A级标准
东海岸实景图片
大梅沙实景图片
东海岸健康秘诀
GREEN GREEN：层峦叠嶂的菠萝山/动静自如的绿野仙踪/绵绵不绝的天然氧吧/修身养性的世外桃源
BLUE BLUE：起伏跌宕的大鹏湾/一望无垠的湛蓝海面/潮涨潮落的风雨浸淫/历练天下的人生境界
真正的海岸生活
Tel: 2525 5199 VANKE® 万科
本广告为要约邀请，买卖双方的权利和义务以合同为准　市内接待中心：华强北顺电广场门前　沙滩看楼车接待点：大梅沙海景酒店　销售中心：深圳大梅沙万科东海岸商业街
Http://eastcoast.vanke.com　深(盐)房许字(2003)005

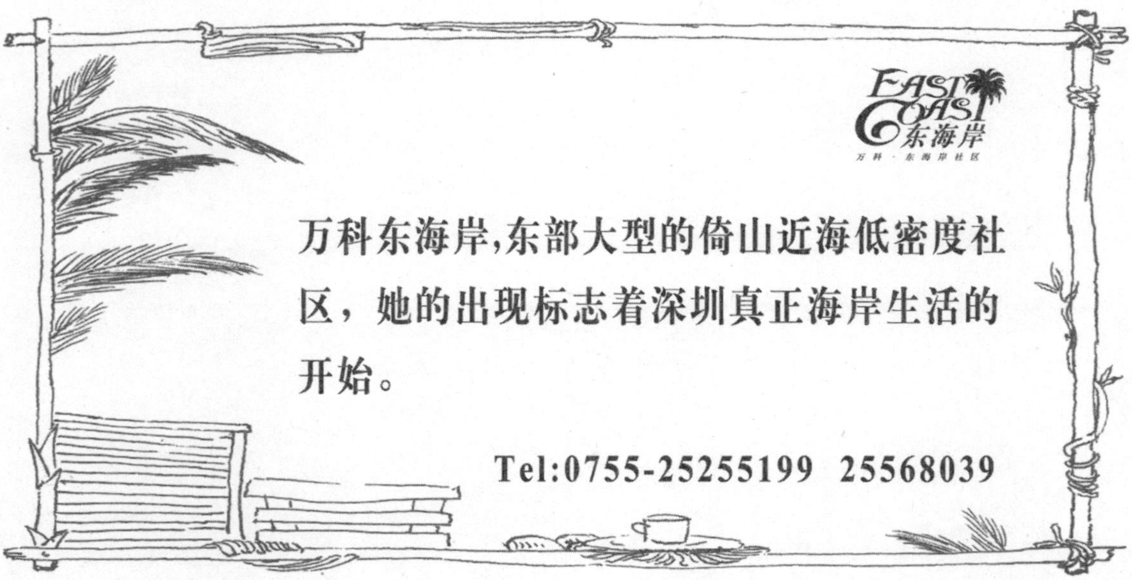

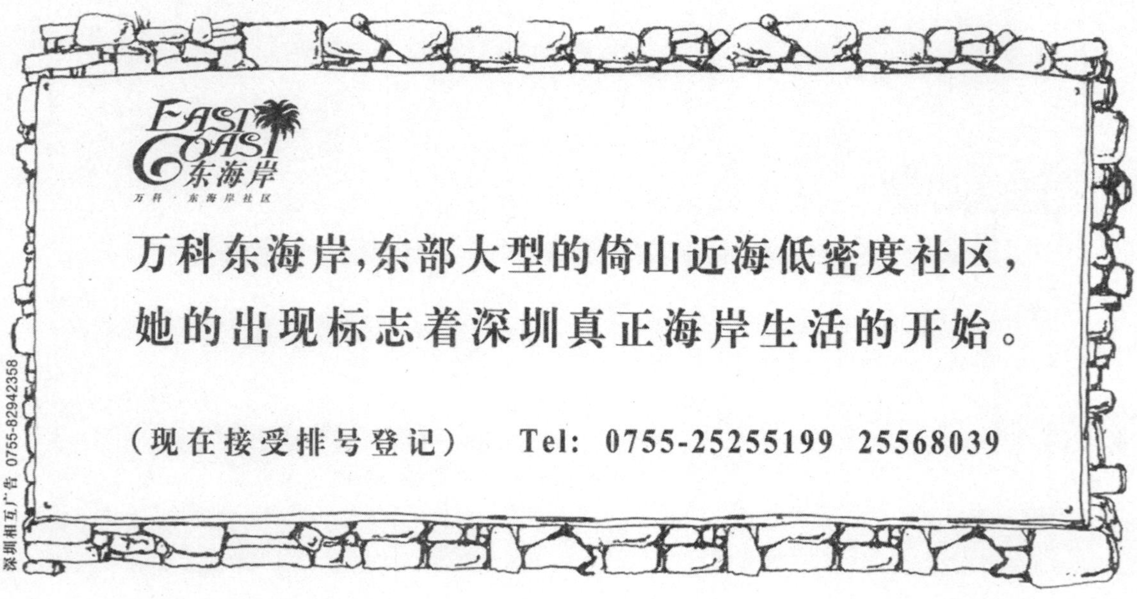

深圳相互广告 0755-82942358

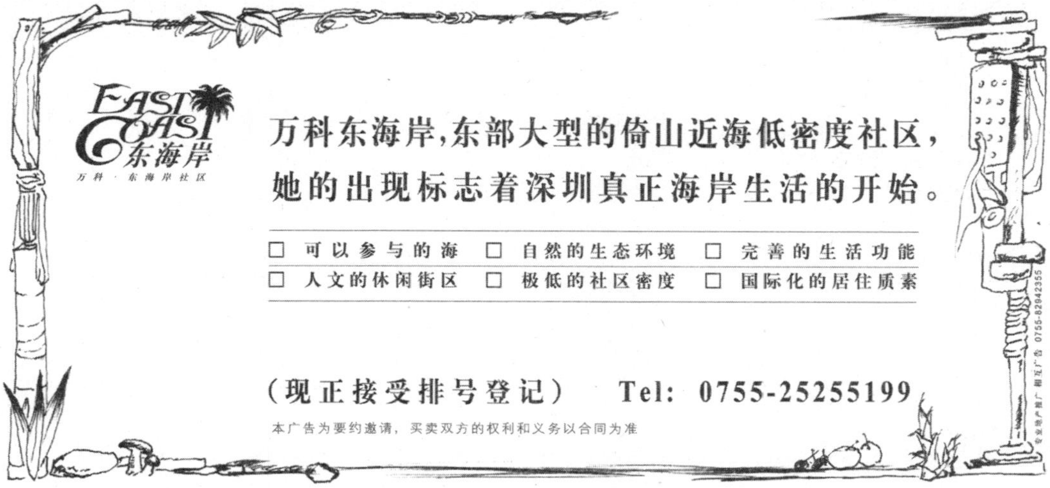
EAST COAST 东海岸
万科·东海岸社区
万科东海岸，东部大型的倚山近海低密度社区，
她的出现标志着深圳真正海岸生活的开始。
□ 可以参与的海 □ 自然的生态环境 □ 完善的生活功能
□ 人文的休闲街区 □ 极低的社区密度 □ 国际化的居住质素
（现正接受排号登记） Tel: 0755-25255199
本广告为要约邀请，买卖双方的权利和义务以合同为准

EAST COAST 东海岸
万科·东海岸社区
万科·东海岸
7月5日公开发售
Tel: 0755-25255199 售楼中心：深圳大梅沙万科东海岸商业街
本广告为要约邀请，买卖双方的权利和义务以合同为准

她的伙伴都有话说，
她呢？
未来海岸
Future Coast
[超百万平米滨海健康休闲社区]
未来海岸
Future Coast
“未来海岸”北师大附属海沧学校
“外教英语·科技”夏令营限额报名中！
活动宗旨：
●让您的孩子体验北师大崭新的教育理念，感受国际化学校的教学氛围。
●各类丰富有趣的益智活动，使您的孩子度过一个愉快而充实的暑假生活。
●体现现代化的北师大海沧附属学校，这里有一流的教室场馆、一流的教学设备。
课程安排：
●课程设置：英语（英国教师口语、听力训练课）；电脑课（电脑动画）；奥林匹克数学启蒙与提高；国际象棋；中国象棋；形体训练等。
●开课时间：8月1日-8月10日
初级班（学龄前班、小学1-2年级班）每日8节课（每节30分钟）
中级班（小学3-4年级班、5-6年级班、初一—初二年级班）每日7节课（每节40分钟）
高级班（初三-高一年级班、高二-高三年级班）每日6节课（每节45分钟）
教师：英国夏恩学校有丰富教学经验的教师任教；聘请国际象棋、中国象棋大师任教。
教材：英国夏恩英语教材、中国棋院教材等。
教学地点：北师大附属海沧学校
报名地点/时间：金雁酒店大堂，7月3日-10日
费用：600元/生（已含资料费、授课费、交通费、午餐点心费）
Tel: 689 6666 689 8888 接待中心:未来海岸主会所
发展商：厦门海投房地产有限公司 http://www.htfc.com.cn

他认识了很多朋友
你呢？
未来海岸
Future Coast
[超百万平米滨海健康休闲社区]
未来海岸
Future Coast
“未来海岸”北师大附属海沧学校
“外教英语·科技”夏令营限额报名中！
Tel: 689 6666 689 8888 接待中心:未来海岸主会所
发展商：厦门海投房地产有限公司 http://www.htfc.com.cn

華|南
South China

Company name
公司名称：
深圳博思堂广告

Floor name
楼盘名称：
未来海岸

Art director
美术指导：
陈锡河

Copy writer
文案：
杨李

2003·巅峰之作
中国品牌社区
More important enjoying with the heart
让心享受才重要
蔚蓝海岸3期
CÔTE D'AZUR
Sapphire
◆18层两户双电梯设计
◆2.9-3.1m层高
◆最高4.8m架空层休闲空间
◆全市首创最高6m铝合金艺术阳台
◆宽幅高档铝合金门窗
◆五星级度假式酒店风情泳池
◆2.5m高差坡地自然景观设计
◆中轴线林荫漫步道
◆大面积石材铺地，5cm厚石材铺设台阶
蔚蓝海岸三期将在2003年1月1日-5日参加2003年元旦名盘联展，欢迎莅临中信城市广场G10展位！
一声朋友你会懂！
① 汽车音响里播放的还是那首校园老歌，那是我们曾经在宿舍水房里一起吟唱过的歌，毕业后一起来到了深圳，理所当然的铁哥们，后来也各自成了家。
② 他先住进了蔚蓝海岸，说感觉不错，就像手中握着的方向盘，经他的大力推荐，我也加入了这个行列。
③ 平时我们都很忙，有时在进出社区时碰到，自然少不了打个招呼，聊上一阵子，约一场网球什么的。
④ 有时觉得社区真像大学校园，大家来自五湖四海，又各自有各自的挚友，一起打球、喝酒，就像歌里唱的"朋友一生一起走，一声朋友你会懂"，这是一种默契，钱是买不来的，我想。
卓越·蔚蓝海岸
CÔTE D'AZUR
地址/深圳南山后海大道 蔚蓝热线/26400888 26052222 市区展示中心/华强北顺电家居广场首层 Tel/83265796
发展商/Excellence Group www.excegroup.com 卓越集团 规划师/Peddle&Thorp/世界建筑规划排名第八 环境设计/英国ADI国际设计公司 蔚蓝预售/深(南)房许字(2001)10号
卓越集团
Excellence

喜欢白天，又不得不要面对黑夜……
夜幕中，我又一次站在这个候车亭……
有点熟悉，有点陌生……
身边的路人不断的走，不断的来，
不断地牵动着我回家的脚步，
我的下一站会是哪里？
这一刻，我又想起了她的等候，
是该好好地安定下来了，
或许，就在蔚蓝海岸吧！
蔚蓝海岸3期成熟三居室，给青春一个交代。
过了这一站，我该走向哪里？
蔚蓝海岸3期
26400888 26052222
留在这座城市 住进蔚蓝海岸
让心驻足的地方，就在蔚蓝海岸。3期110~130m²成熟三居室，日渐稀缺，看准了就要行动！
6月30日、三期南区恭迎新业主隆重入伙 乔迁热线：26061778 26061585
卓越·蔚蓝海岸
CÔTE D'AZUR
发展商/Excellence Group www.excegroup.com 卓越置业集团 地址/深圳南山后海大道 蔚蓝热线/26400888 26052222
规划师/Peddle&Thorp/世界建筑规划排名第八 环境设计/英国ADI国际设计公司 蔚蓝预售/深(南)房许字(2002)053号 整合推广/BLACK ARC(T)深圳黑弧广告 Tel/26925722
卓越集团
Excellence Group

阔别已久的老同学在电话中问候，
"还行吧！"，我这样告诉他。
电话挂了，点燃一支烟，
思绪在夜风中又起。
那些大学同学，早已成家立业……
这一刻，又想起那个念头，
在这个城市里有个永远的家！
是该好好地安定下来了，
或许，就在蔚蓝海岸吧！
蔚蓝海岸3期成熟三居室·给青春一个交代·
"你在深圳还好吗？"
蔚蓝海岸3期
26400888 26052222
当在这座城市 住在蔚蓝海岸
2003年深圳最佳户型推介活动侯选楼盘
卓越·蔚蓝海岸
CÔTE D'AZUR
发展商/Excellence Group www.excegroup.com 卓越置业集团 地址/深圳南山后海大道 蔚蓝热线/26400888 26052222
卓越集团 Excellence Group
规划师/Peddle&Thorp/世界建筑规划排名第八 环境设计/英国ADI国际设计公司 蔚蓝预售/深(南)房许字(2002)053号 整合推广/BLACK ARC(T)深圳黑弧广告 Tel/26925722

夜已深
思念的末班车
蔚蓝海岸3期成熟三居室 给思念一个不变的诺言
蔚蓝海岸3期
当在这座城市 住在蔚蓝海岸
让心驻足的地方，就在蔚蓝海岸·3期110-130m²成熟三居室，日渐稀缺，看准了就要行动！南区现楼发售，即买即入伙！
卓越·蔚蓝海岸
CÔTE D'AZUR
发展商/Excellence Group www.excegroup.com 卓越置业集团 地址/深圳南山后海大道 蔚蓝热线/26400888 26052222
卓越集团 Excellence Group
规划师/Peddle&Thorp/世界建筑规划排名第八 环境设计/英国ADI国际设计公司 蔚蓝预售/深(南)房许字(2002)053号 整合推广/BLACK ARC(T)深圳黑弧广告 Tel/26925722

你是谁？
你是哪里人？
你是哪一年来深圳的？
其实，这些都已经不再重要。
在这个城市过得怎么样？
如何找到自己？
带着梦想，
你的那段青春岁月永久地留在了这里，
不知不觉，
城市的历史已经记取了你的笑容。
也曾问过自己，
是不是就留在这个城市，
还是，仍然做一个过客？
4年来，蔚蓝海岸一直关注着
和你一样的人，
和你一样曾经漂泊的人；
和你一样寻找归宿的人；
和你一样想过离开而又离不开，
最终安居在这里的3836户人家……
留在这个城市　住在蔚蓝海岸
蔚蓝海岸一直在探索适合深圳年轻移民城市的居住文化。4年来，荣获中国品牌社区，深圳十大明星楼盘等几十个荣誉，已有3836户家庭相继在蔚蓝海岸找到了温暖的归所。
荣获国土规划局第二季度销售龙虎榜南山区第3名，并列销售金额全市第13名
3期110~130m²成熟三居室，日渐稀缺，看准了就要行动！南区现楼发售，即买即入伙！
蔚蓝海岸动心价值链
Sapphire
卓越·蔚蓝海岸
CÔTE D'AZUR
发展商/Excellence Group www.excegroup.com 卓越置业集团　地址/深圳南山后海大道　蔚蓝热线/26400888　26052222
规划师/Peddle&Thorp/世界建筑规划排名第八　环境设计/英国ADI国际设计公司　蔚蓝预售/深(南)房许字(2002)053号　整合推广/BLACK ARC(T)深圳黑弧广告 Tel/26925722
卓越集团
Excellence Group

中国品牌社区
分享卓越生活
分享蓝钻空间艺术
在这片树香水色世界中，
我找到了阳光擦在脸上的感觉
这不是夏威夷，却有一样浪漫的风光；
也不是地中海，更有醉人的阳光；
不是五星级酒店泳池，同样有清澈的池水；
假日里，端起一杯波尔多红酒，
到蔚蓝海岸园林泳池坐坐，在遮阳伞下的沙滩椅上闲躺一会儿，
阳光在脸上悄悄滑过，
一阵风拂，绿树、白云、建筑和着自己的倒影在水中摇曳起来。
"像音乐一样，建筑空间会给人许多不同的印象、感觉、情绪、联想，
如清静、温暖、愉快、信心……"。
蓝钻空间艺术，强调实用的基础上，注重空间的精神疗养功能，
让业主在大自然的形态中，放松身心，走进真正属于自己的生活中。
每一棵树，每一道弦满，甚至每一张躺椅，
每一把遮阳伞，都在抚慰着你的心灵……
这就是住宅对于人的生存意义。
到蔚蓝海岸来，分享卓越生活
实景拍摄
CÔTE D'AZUR Sapphire
蔚蓝海岸3期·蓝钻
蔚蓝3期蓝钻占地面积7万平米，建筑面积20万平米，以两个较为开放的中心公园为核心，规划出多栋12~18层小高层和高层，波浪建筑外形与镜面质感相映衬，更显高尚韵味；蔚蓝3期园林以坡地环境艺术处理，高低错落，独立主题花园、度假式休闲会所、缓步交谊公园、邻里庭院、镜影荷塘、天然水池点缀其中 两梯两户，120m²~150m²的开扬空间，2.9~3.1米层高，最高达6米的阳台，大尺寸铝合金窗。
• 蔚蓝海岸拥有30000m²棕榈沙滩泳池漫步广场、6个超过10000m²的亲水主题公园，倡导16种全新生活方式的蔚蓝会所，200米品牌商业步行休闲街。 • 北师大南山附属学校全程教育泛学区坐落在蔚蓝海岸社区内，包括幼儿园、小学、中学全程教育，北师大附中近年升学率为100%，重点率80%以上。
地址/深圳南山后海大道 蔚蓝热线/26400888 26052222 市区展示中心/华强北顺电家居广场首层 Tel/83265796
发展商/Excellence Group www.excegroup.com 卓越置业集团 规划师/Peddle&Thorp/世界建筑规划排名第八 环境设计/英国ADI国际设计公司 蔚蓝预售/深(南)房许字(2001)10号
卓越地产 Excellence

中国名牌社区
www.wlha.com.cn
分享卓越生活
分享蓝钻空间艺术
窗户一开，一家人暖暖的情意
和阳光、海风抱了个满怀……
到蔚蓝海岸来，分享卓越生活
CÔTE D'AZUR Sapphire
蔚蓝海岸三期·蓝钻
蔚蓝3期蓝钻占地面积7万平米，建筑面积20万平米，以两个较为开放的中心公园为核心，规划出多栋12~18层小高层和高层，波浪建筑外形与镜面质感相映衬，更显高尚韵味；蔚蓝3期园林以坡地环境艺术处理，高低错落，独立主题花园、度假式休闲会所、缓步交谊公园、邻里庭院、镜影荷塘、天然水池点缀其中 两梯两户，120m²~150m²的开扬空间，2.9~3.1米层高，最高达6米的阳台，大尺寸铝合金窗。
地址/深圳南山后海大道 蔚蓝热线/26400888 26052222 市区展示中心/华强北顺电家居广场首层 Tel/83265796
发展商/Excellence Group www.excegroup.com 卓越置业集团 规划师/Peddle&Thorp/世界建筑规划排名第八 环境设计/英国ADI国际设计公司 整合推广/Black Arc(T)深圳黑弧广告 Tel/82212869
卓越地产 Excellence

卓越·蔚蓝海岸
CÔTE D'AZUR
中国名牌社区
分享卓越生活
分享蓝钻空间艺术
在阳光通过的地方，
可以是书房，可以是咖啡屋……
阳光斜射过来，穿过树梢，留下斑斑驳驳的影子，
通过背光面的植物高矮搭配，光影变化更有层次、
舒适。明朗的氛围，注定这里不只是景观的一角，
更是驻足的场所，是邻里聊天、闲坐的最佳所在。
坐在绿荫园林里，可以随便要上一杯咖啡或一壶香茶，
捧一本好书，在咖啡书香里呆上一个下午。
蓝钻休闲式的空间，
注入了“邻里中心”的健康生活方式理念：
亲情、融洽、互助，
每一个空间，都让社区成员享受更多的阳光、景观，
也能分享彼此之间的情感交流，
人间温情和生活享受尽在其中。
到蔚蓝海岸来，分享卓越生活
CÔTE D'AZUR Sapphire
蔚蓝海岸三期·蓝钻
蔚蓝3期蓝钻占地面积7万平米，建筑面积20万平米，以两个较为开放的中心公园为核心，规划出多栋12~18层小高层和高层，波浪建筑外形与镜面质感相映衬，更显高尚韵味；蔚蓝3期园林以坡地环境艺术处理，高低错落，独立主题花园、度假式休闲会所、缓步交谊公园、邻里庭院、镜影荷塘、天然水池点缀其中 两梯两户，120m²~150m²的开扬空间，2.9~3.1米层高，最高达6米的阳台，大尺寸铝合金窗。
●蔚蓝海岸拥有30000m²棕榈沙滩泳池漫步广场、6个超过10000m²的亲水主题公园，倡导16种全新生活方式的蔚蓝会所、200米品牌商业步行休闲街。 ●北师大南山附属学校全程教育泛学区坐落在蔚蓝海岸社区内，包括幼儿园、小学、中学全程教育，北师大附中近年升学率为100%，重点率80%以上。
地址/深圳南山后海大道 蔚蓝热线/26400888 26052222 市区展示中心/华强北顺电家居广场首层 Tel/83265796
发展商/Excellence Group www.excegroup.com 卓越置业集团 规划师/Peddle&Thorp/世界建筑规划排名第八 环境设计/英国ADI国际设计公司 整合推广/Black Arc(T)深圳黑弧广告 Tel/82212869
卓越地产 Excellence

卓越·蔚蓝海岸
CÔTE D'AZUR
中国品牌社区
分享卓越生活
分享蓝钻空间艺术
在这片树香水色世界中，
我找到了阳光擦在脸上的感觉
到蔚蓝海岸来，分享卓越生活
CÔTE D'AZUR Sapphire
蔚蓝海岸3期·蓝钻
蔚蓝3期蓝钻占地面积7万平米，建筑面积20万平米，以两个较为开放的中心公园为核心，规划出多栋12~18层小高层和高层，波浪建筑外形与镜面质感相映衬，更显高尚韵味；蔚蓝3期园林以坡地环境艺术处理，高低错落，独立主题花园、度假式休闲会所、缓步交谊公园、邻里庭院、镜影荷塘、天然水池点缀其中 两梯两户，120m²~150m²的开扬空间，2.9~3.1米层高，最高达6米的阳台，大尺寸铝合金窗。
●蔚蓝海岸拥有30000m²棕榈沙滩泳池漫步广场、6个超过10000m²的亲水主题公园，倡导16种全新生活方式的蔚蓝会所、200米品牌商业步行休闲街。 ●北师大南山附属学校全程教育泛学区坐落在蔚蓝海岸社区内，包括幼儿园、小学、中学全程教育，北师大附中近年升学率为100%，重点率80%以上。
地址/深圳南山后海大道 蔚蓝热线/26400888 26052222 市区展示中心/华强北顺电家居广场首层 Tel/83265796
发展商/Excellence Group www.excegroup.com 卓越置业集团 规划师/Peddle&Thorp/世界建筑规划排名第八 环境设计/英国ADI国际设计公司 蔚蓝预售/深(南)房许字(2001)10号 整合推广/Black Arc(T)深圳黑弧广告 Tel/82212869
卓越地产 Excellence

分享卓越生活
卓越·蔚蓝海岸
CÔTE D'AZUR
中国品牌社区
www.wlha.com.cn
分享蓝钻空间艺术
窗户一开，一家人暖暖的情意
和阳光、海风抱了个满怀……
到蔚蓝海岸来，分享卓越生活
CÔTE D'AZUR Sapphire
蔚蓝海岸3期·蓝钻
蔚蓝3期蓝钻占地面积7万平米，建筑面积20万平米，以两个较为开放的中心公园为核心，规划出多栋12~18层小高层和高层，波浪建筑外形与镜面质感相映衬，更显高尚韵味；蔚蓝3期园林以坡地环境艺术处理，高低错落，独立主题花园、度假式休闲会所、缓步交谊公园、邻里庭院、镜影荷塘、天然水池点缀其中 两梯两户，120m²~150m²的开扬空间，2.9~3.1米层高，最高达6米的阳台，大尺寸铝合金窗。
地址/深圳南山后海大道 蔚蓝热线/26400888 26052222 市区展示中心/华强北顺电家居广场首层 Tel/83265796
发展商/Excellence Group www.excegroup.com 卓越置业集团 规划师/Peddle&Thorp/世界建筑规划排名第八 环境设计/英国ADI国际设计公司 整合推广/Black Arc(T)深圳黑弧广告 Tel/82212869
卓越地产 Excellence

分享卓越生活
卓越·蔚蓝海岸
CÔTE D'AZUR
中国品牌社区
www.wlha.com.cn
分享蓝钻空间艺术
在流水的伴唱中，
我听见了邻里亲切的欢笑
到蔚蓝海岸来，分享卓越生活
CÔTE D'AZUR Sapphire
蔚蓝海岸3期·蓝钻
蔚蓝3期蓝钻占地面积7万平米，建筑面积20万平米，以两个较为开放的中心公园为核心，规划出多栋12~18层小高层和高层，波浪建筑外形与镜面质感相映衬，更显高尚韵味；蔚蓝3期园林以坡地环境艺术处理，高低错落，独立主题花园、度假式休闲会所、缓步交谊公园、邻里庭院、镜影荷塘、天然水池点缀其中 两梯两户，120m²~150m²的开扬空间，2.9~3.1米层高，最高达6米的阳台，大尺寸铝合金窗。
地址/深圳南山后海大道 蔚蓝热线/26400888 26052222 市区展示中心/华强北顺电家居广场首层 Tel/83265796
发展商/Excellence Group www.excegroup.com 卓越置业集团 规划师/Peddle&Thorp/世界建筑规划排名第八 环境设计/英国ADI国际设计公司 蔚蓝预售/深(南)房许字(2001)10号 整合推广/Black Arc(T)深圳黑弧广告 Tel/82212869
卓越地产 Excellence

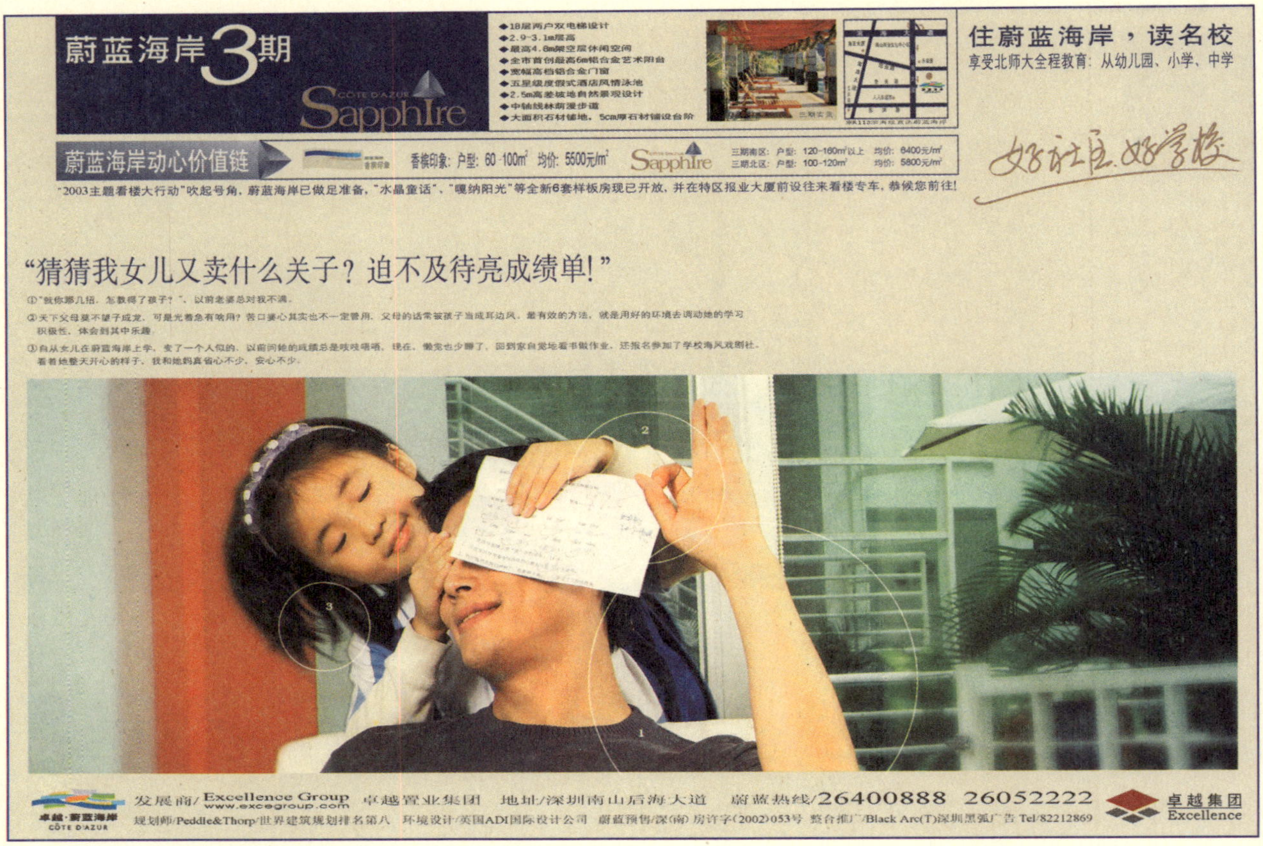
蔚蓝海岸3期
CÔTE D'AZUR Sapphire
◆18层两户双电梯设计
◆2.9-3.1m层高
◆最高4.8m架空层休闲空间
◆全市首创最高6m铝合金艺术阳台
◆宽幅高档铝合金门窗
◆五星级度假式酒店风情泳池
◆2.5m高差坡地自然景观设计
◆中轴线林荫漫步道
◆大面积石材铺地，5cm厚石材铺设台阶
住蔚蓝海岸，读名校
享受北师大全程教育：从幼儿园、小学、中学
蔚蓝海岸动心价值链
香槟印象：户型：60-100m² 均价：5500元/m²
三期南区：户型：120-160m²以上 均价：6400元/m²
三期北区：户型：100-120m² 均价：5800元/m²
好社区 好学校
"2003主题看楼大行动"吹起号角，蔚蓝海岸已做足准备，"水晶童话"、"嘎纳阳光"等全新6套样板房现已开放，并在特区报业大厦前设往来看楼专车，恭候您前往！
"猜猜我女儿又卖什么关子？迫不及待亮成绩单！"
①"就你那几招，怎教得了孩子？"，以前老婆总对我不满。
②天下父母莫不望子成龙，可是光着急有啥用？苦口婆心其实也不一定管用，父母的话常被孩子当成耳边风，最有效的方法，就是用好的环境去调动她的学习积极性，体会到其中乐趣。
③自从女儿在蔚蓝海岸上学，变了一个人似的，以前问她的成绩总是吱吱唔唔，现在，懒觉也少睡了，回到家自觉地看书做作业，还报名参加了学校海风戏剧社。看着她整天开心的样子，我和她妈真省心不少，安心不少。
发展商/Excellence Group www.excegroup.com 卓越置业集团 地址/深圳南山后海大道 蔚蓝热线/26400888 26052222
规划师/Peddle&Thorp/世界建筑规划排名第八 环境设计/英国ADI国际设计公司 蔚蓝预售/深(南)房许字(2002)053号 整合推广/Black Arc(T)深圳黑弧广告 Tel/82212869
卓越集团 Excellence

蔚蓝海岸3期
CÔTE D'AZUR Sapphire
◆18层两户双电梯设计
◆2.9-3.1m层高
◆最高4.8m架空层休闲空间
◆全市首创最高6m铝合金艺术阳台
◆宽幅高档铝合金门窗
◆五星级度假式酒店风情泳池
◆2.5m高差坡地自然景观设计
◆中轴线林荫漫步道
◆大面积石材铺地，5cm厚石材铺设台阶
全家人都喜欢的好房子，和理性的你分享
三月蔚蓝"春潮涌动"：◆3月购房可抽取心动大奖 ◆3月15、16日购房可享受0.5-3%的折扣优惠
◆二期部分单位可获得5%折扣优惠，详情请咨询营销中心，卓越集团拥有本次活动最终解释权
住蔚蓝海岸，读北师大南山附属学校
有空去坐坐
你儿子不是顽皮吗？搬到蔚蓝海岸来吧！
①自从搬进了蔚蓝海岸，我和她妈省心多了，学校就在社区里，女儿上学不用接送，社区里好玩的地方也多。女儿变化了不少，总是嚷着学习时间不够，学习成绩看着直线上升。
②一向沉默文静她变得活泼开朗，还报名参加什么北师大附小少儿艺术团、海风校园戏剧社呢，这不，在回家的路上就哼了起来。
③看着她那副成天开心的样子，我和她妈心里很踏实，有这样好的学校，好的环境，她的成长自然就放心了。
你儿子这么顽皮，不如搬到蔚蓝海岸来吧！
发展商/Excellence Group www.excegroup.com 卓越置业集团 地址/深圳南山后海大道 蔚蓝热线/26400888 26052222
规划师/Peddle&Thorp/世界建筑规划排名第八 环境设计/英国ADI国际设计公司 蔚蓝预售/深(南)房许字(2002)053号 整合推广/Black Arc(T)深圳黑弧广告 Tel/82212869
卓越集团 Excellence

蔚蓝海岸3期
CÔTE D'AZUR
Sapphire
◆18层两户双电梯设计
◆2.9-3.1m层高
◆最高4.8m架空层休闲空间
◆全市首创最高6m铝合金艺术阳台
◆宽幅高档铝合金门窗
◆五星级度假式酒店风情泳池
◆2.5m高差坡地自然景观设计
◆中轴线林荫漫步道
◆大面积石材铺地，5cm厚石材铺设台阶
三月蔚蓝"春潮涌动"：◆3月15-3月16日，购房可享受0.5-3%的折扣优惠；◆二期尾盘部分单位可获得5%的优惠；
◆3月16日以后可参加抽取心动大奖，详情请咨询销售中心；◆活动解释权归卓越置业集团
住蔚蓝海岸·读北师大南山附属学校
全家人都喜欢的好房子，和理性的你分享
有空去坐坐！
好社区就是一所好学校！
1:下午6:00，蔚蓝海岸喷水池边，水柱冲天而起，天色蔚蓝，水色蔚蓝 2:把右脚抬高点，瞧，她又领着女儿专心练舞蹈； 3:蔚蓝海岸雕像是孩子们学习舞蹈的好榜样，我女儿在蔚蓝海岸从小就能浸染于艺术的熏陶之中。4:她以前也跟我一样老担心女儿的教育，这下可好了，住在蔚蓝海岸高尚的人文大社区里，可以很放心女儿的成长！
发展商/Excellence Group www.excegroup.com 卓越置业集团 地址/深圳南山后海大道 蔚蓝热线/26400888 26052222
规划师/Peddle&Thorp/世界建筑规划排名第八 环境设计/英国ADI国际设计公司 蔚蓝预售/深(南) 房许字(2002)53号 整合推广/Black Arc(T)深圳黑弧广告 Tel/82212869
卓越·蔚蓝海岸 CÔTE D'AZUR
卓越集团 Excellence

1999年10月，蔚蓝海岸7000平米营销公园在无数人的关注中投入使用，
开楼市营销的先河，掀起强烈的蓝色冲击波。
市民看楼团纷纷涌来，
几百批考查团来了，
房地产同行来了，国际生态专家也来了……，
近80万到场人士曾经流连忘返，
在这里，他们看到了梦想的生活，
3000多户家庭平静地作出了重大决定，
200多户其它城市的居民也欣慰地加入了这个行列，
更多的人留下了美好的回忆。

这个充满现代感的营销中心是幸运的，见证过楼市奇迹，
也见证过蔚蓝海岸无数的荣誉：
最适宜深圳人居住的社区、深圳十大明星楼盘、中国名盘、中国品牌社区……，
蔚蓝海岸正从一个创新走向另一个创新，
带着我们的期待纷至沓来！

变迁，是为了迎接更高品质生

12月21日，营销公园完成光荣使命，新的营销中心正式迁往3期会所，激动人心的蔚蓝海岸第3乐

Côte d'Azur Sapphire 蔚蓝海岸3期·蓝钻

蓝钻10大品质全面诠释"尖峰之作"，引导高品质住宅主导设计再攀高峰：◆18层两户双电梯设计，最大230㎡南北开敞空间 ◆2.9-3.1m层高，全面提升室内空间品质 ◆最高4.8m架空层休闲空间 ◆全市首创最高6m铝合金艺术阳台，夹胶
意大利原厂核心配件 ◆五星级度假式酒店风情泳池，澳洲隔热砂岩铺地 ◆2.5m高差坡地自然景观设计，小品与植被搭配更加丰富 ◆中轴线林荫漫步道，人行动线与景观轴线完美合一 ◆150m大景深视野休闲会所，直接迎纳海风 ◆大面积

发展商/Excellence Group www.excegroup.com 卓越置业集团 规划师/Peddle&Thorp/世界建筑规划排名第八 环境设计/英国ADI国际设计公司 蔚蓝预

有了品质之后，我们还需要什么？气质。
蔚蓝海岸55万m^2滨海大社区里，
集约着漫步广场、邻里公园、2所幼儿园、
3个园林泳池、3个超大会所、4条品牌商业步行街、
6个超过10000m^2亲水主题花园……整个社区显露出愈发成熟的气质；

3000多名业主，70%具有本科及以上学历，30%来自高科技企业，
有素养、有礼貌的人际环境在社区中悄悄形成，
不经意间就能感受到一种儒雅的气质；
北师大蔚蓝海岸幼儿园、小学、中学的全程教育体系坐落在社区内……
洋溢在孩子身上的是名校特有的从容与自豪的气质；

蓝钻波浪形建筑立面与坡地式园林环境和谐地呼应，
两户双电梯设计，6米超高艺术阳台……散发出高尚的气质。
无法复制的气质，源于蔚蓝海岸。
到蔚蓝海岸培养气质！

变迁 源于对

12月21日，营销公园完成光荣使命，新的营销中

蔚蓝海岸·蓝钻开盘3重奖：一重奖：2002年12月21日～2003年1月8日下定的客户将获得0.5%～3%的购房幸运优惠折扣；**二重奖：**凡三期已认购

开盘缤纷活动：上午10:30～11:30 钢琴、小提琴、萨克斯现场演奏，客户可随点随奏；11:30～13:00，

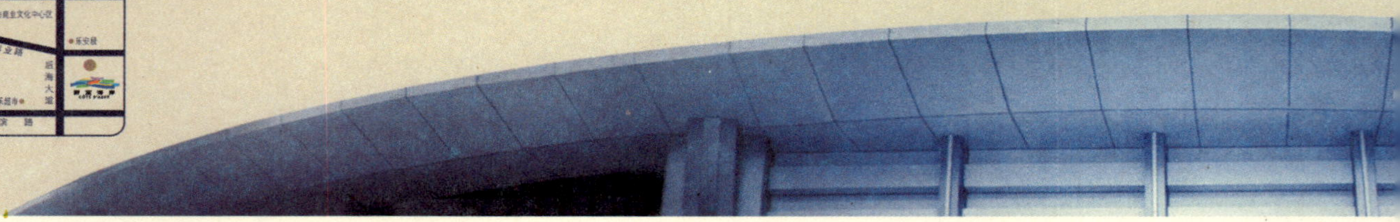

Côte d'Azur Sapphire 蔚蓝海岸3期·蓝钻

蓝钻10大品质全面诠释"尖峰之作"，引导高品质住宅主导设计再攀高峰：◆18层两户双电梯设计，最大230㎡南北开敞空间 ◆2.9-3.1m层高，全面提升室内空间品质 ◆最高4.8m架空层休闲空间 ◆全市首创最高6m铝合金艺术阳台，夹胶
意大利原厂核心配件 ◆五星级度假式酒店风情泳池，澳洲隔热砂岩铺地 ◆2.5m高差坡地自然景观设计，小品与植被搭配更加丰富 ◆中轴线林荫漫步道，人行动线与景观轴线完美合一 ◆150m大景深视野休闲会所，直接迎纳海风 ◆大面积

发展商/Excellence Group www.excegroup.com 卓越置业集团 规划师/Peddle&Thorp/世界建筑规划排名第八 环境设计/英国ADI国际设计公司 蔚蓝预

华南
South China

Company name
公司名称：
深圳黑弧广告
Floor name
楼盘名称：
蔚蓝海岸

海洋的航线由灯塔指明
滨海高尚生活的方向，由西海湾花园引领。
西海湾花园
Westbay
地处南山商业文化中心的西海湾花园，从规划、选材、实施均精益求精，让“花园城市”的神髓渗透到每一个角落。
遴选优质材料：上海三菱（GPS-2）豪华型电梯、标准层地面墙为鹰牌高级抛光砖、钢结构装饰架和二楼架空层柱采用氟碳喷涂、外墙材料45X45白兔牌面砖和立邦漆喷涂……由金地物业管理有限公司管理。
国际海滨人居典范，除了新加坡，还有西海湾花园。
☐ 南山中心区黄金地段 ☐ 雅科本国际大师手笔 ☐ 新加坡风情都市花园 ☐ 户型：二房至六房(66m² - 249m²)
国际建筑中心联盟2001年“国际文明人居典范住区” 魅力热线：6074 666 6417 111
海岸地产 · 中原代理 · 博思堂广告
西海湾花园
www.haian-dc.com

華 | 南
South China

Company name
公司名称：
深圳博思堂广告

Floor name
楼盘名称：
西海湾花园

Art director
美术指导：
雷泽恒

Copy writer
文案：
范志明

仙桐御景
演绎现代世外桃源
Royal Nature Land
深圳·梧桐山麓
仙桐御景开盘两周内，在竞争趋向白热化的梧桐山片区，取得热销280余套的辉煌业绩，稳夺梧桐山山景楼盘君王地位。
仙桐御景热销解码之五
[尊豪御景 福禄祥瑞]
祥瑞
览尊豪御景，纳福禄祥瑞！
仙桐御景70—90㎡的两房、三房，空间布局可自由间隔。每套住宅均直接采光、宽敞明亮，动静分明，无论观景还是居家，时时处处让居者亲切感受大自然的美好，真正体验居家的惬意。
入住其间景观天下，福瑞呈祥。
仙桐御景热销八大秘诀：
坐享深圳第一峰梧桐山逼人的清新绿意
世外桃源般的都市美居，集天地灵气于一身
拥享罗湖区成熟的生活配套
深圳独创浓厚人文气息的中国文化会所——"桃源雅聚"
层叠式园林——"桃花源"如诗如画
精致典雅户型，采光通透，可随意区隔
建筑精雕细琢，外立面挺拔俊朗
尊享罗湖、文锦渡双口岸便利
三房两厅双阳台 云景轩02、06
两房+三房合并单位 御景轩02+03
5月1日—5月5日期间认购的客户均可获额外10000元的亲情回赠。
仙桐御景现正热销中！
温馨提示：售楼现场每日经过严格消毒，伴随着空气清新的梧桐山天然氧吧，看楼品茗，健康无忧！
销售地址：深圳市罗湖区国威路与畔山路交界（华景园别墅内）
销售热线：25740333
发展商：深圳市海辰物业发展有限公司 策划及销售代理：深圳中原物业顾问有限公司 物业管理顾问：戴德梁行（深圳）物业管理有限公司 整合推广：长城盛花广告
深（罗）房许字(2003)002号

仙桐御景开盘两周内，在竞争趋向白热化的梧桐山片区，取得热销280余套的辉煌业绩，稳夺梧桐山山景楼盘君王地位。
仙桐御景
仙桐御景热销解码之四
[深圳獨創中國文化會所]
雅聚
桃源雅聚——深圳独创中国文化会所
驻足桃源雅聚，世外桃源般的空灵意境涤荡脑海，古筝、琵琶等器乐在此和谐交融，闲敲棋子落花灯的儒雅之仕随处可见，更有敦厚的翰墨书香沁人心脾……
仙桐御景热销八大秘诀：
坐享深圳第一峰梧桐山逼人的清新绿意
世外桃源般的都市美居，集天地灵气于一身
拥享罗湖区成熟的生活配套
深圳独创浓厚人文气息的中国文化会所——"桃源雅聚"
层叠式园林——"桃花源"如诗如画
精致典雅户型，采光通透，可随意区隔
建筑精雕细琢、外立面挺拔俊朗
尊享罗湖、文锦渡双口岸便利
5月1日—5月5日期间认购的客户均可获额外10000元的亲情回赠。
仙桐御景现正热销中！
温馨提示：售楼现场每日经过严格消毒，伴随着空气清新的梧桐山天然氧吧，看楼品茗、健康无忧！
销售地址：深圳市罗湖区国威路与畔山路交界（华景园别墅内）
销售热线：25740333
发展商：深圳市海辰物业发展有限公司 策划及销售代理：深圳中原物业顾问有限公司 物业管理顾问：戴德梁行（深圳）物业管理有限公司 整合推广：长城盛花广告
仙湖植物园
华景园别墅
梧桐山
东湖公园
鹏兴路
莲塘路
畔山路
仙桐体育公园
西岭立交
文锦渡口岸
罗沙公路
罗湖口岸
深（罗）房许字（2003）002号

仙桐御景
演绎现代世外桃源
仙桐御景开盘两周内，在竞争趋向白热化的梧桐山片区，取得热销280余套的辉煌业绩，稳夺梧桐山山景楼盘君王地位。
仙桐御景热销解码之二
[世外桃源尊貴庭居]
尊享
世外桃源儒雅庭居
仙桐御景建筑依自然地势而建，全方位演绎都市世外桃源般的儒雅庭居，
八栋楼体恢弘挺拔，其间巧妙点缀各类美妙景点，建筑小品，无论是独处
还是与家人共享天伦之乐，都堪称一个尽善尽美的极致空间。
仙桐御景热销八大秘诀：
坐享深圳第一峰梧桐山逼人的清新绿意
世外桃源般的都市美居，集天地灵气于一身
拥享罗湖区成熟的生活配套
深圳独创浓厚人文气息的中国文化会所——"桃源雅聚"
层叠式园林——"桃花源"如诗如画
精致典雅户型，采光通透，可随意区隔
建筑精雕细琢，外立面挺拔俊朗
尊享罗湖、文锦渡双口岸便利
5月1日—5月5日期间认购的客户均可获额外10000元的亲情回赠。
仙桐御景现正热销中！
温馨提示：售楼现场每日经过严格消毒，伴随着空气清新的梧桐山天然氧吧，看楼品茗，健康无忧！
销售地址：深圳市罗湖区国威路与畔山路交界（华景园别墅内）
销售热线：25740333
深(罗)房许字(2003)002号

華｜南
South China

Company name
公司名称：
深圳长城盛花广告

Floor name
楼盘名称：
仙桐御景

Art director general
创作总监：
蔡鲲

Art director
美术指导：
毛恒毅

Copy writer
文案：
毛恒毅

華南
South China

Company name
公司名称：
深圳金马盟广告

Floor name
楼盘名称：
仙桐御景

Art director general
创作总监：
周盈盈

華南
South China

Company name
公司名称：
深圳盛意廊广告

Floor name
楼盘名称：
心海・伽藍

Art director general
创作总监：
黄金亮

香榭里®花园
Champs elysees
亚洲至今唯一（金块奖）获得者
二期今日盛大开启
中国·美地置业
深圳·香蜜湖·红荔西
电话：86+755+3171111(8线)
Http：//www.chinameidi.com
商标注册号：第1455608号 第1675750号

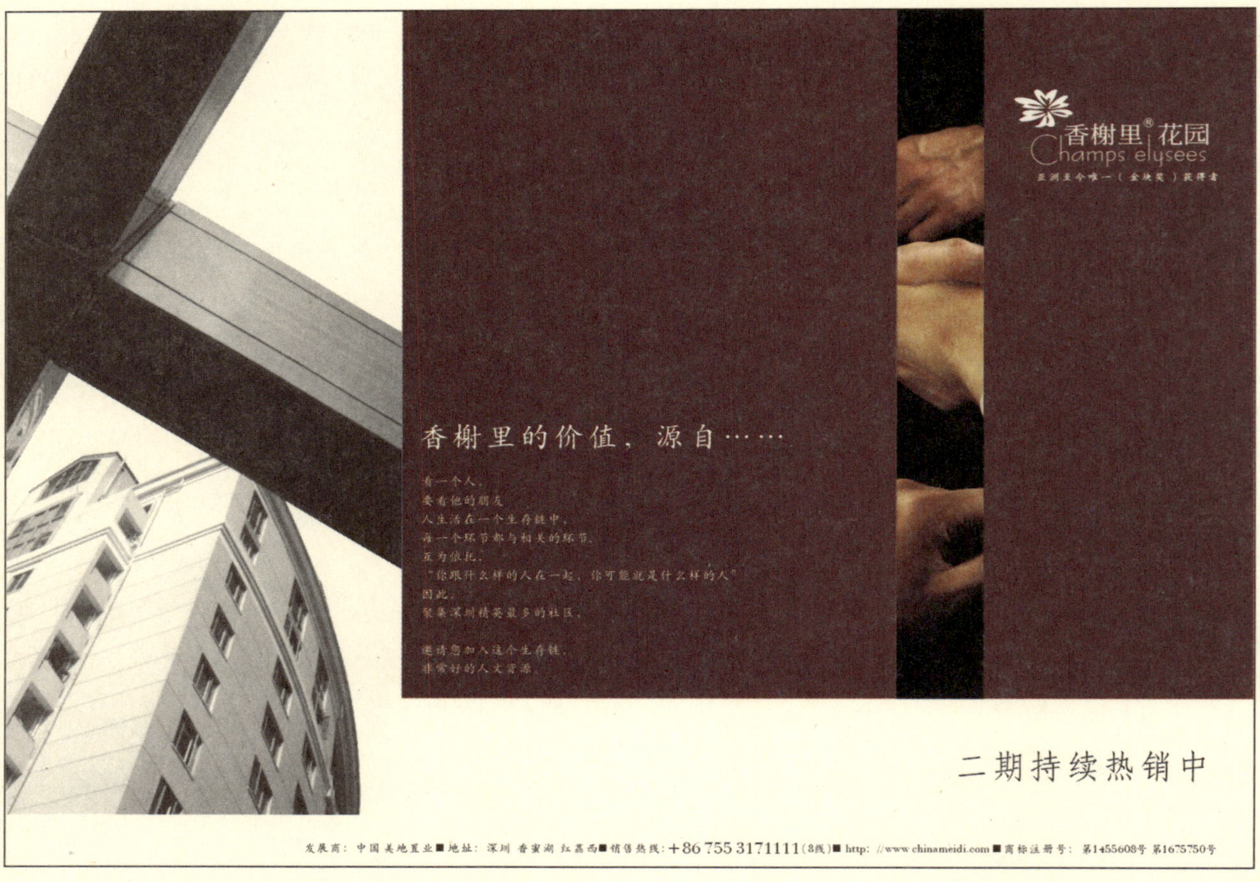
香榭里®花园
Champs elysees
亚洲至今唯一（金块奖）获得者
香榭里的价值，源自……
有一个人，
要看他的朋友
人生活在一个生存链中，
每一个环节都与相关的环节，
互为依托，
"你跟什么样的人在一起，你可能就是什么样的人"
因此，
聚集深圳精英最多的社区，
邀请您加入这个生存链，
非常好的人文资源
二期持续热销中
发展商：中国美地置业■地址：深圳 香蜜湖 红荔西■销售热线：+86 755 3171111(8线)■ http: //www.chinameidi.com ■商标注册号：第1455608号 第1675750号

香榭里®花园
Champs elysees
亚洲至今唯一（金块奖）获得者
香榭里的价值，源自……
我的合伙人，
也是童年的玩伴，我们共同之处有很多，
这样才是成为好友和战略伙伴的前提……
我们的孩子也成为了好朋友
我们在看着他们在一个午后和风中
二期持续热销中
发展商：中国美地置业■地址：深圳 香蜜湖 红荔西■销售热线：+86 755 3171111（8线）■ http://www.chinameidi.com ■商标注册号：第1455608号 第1675750号

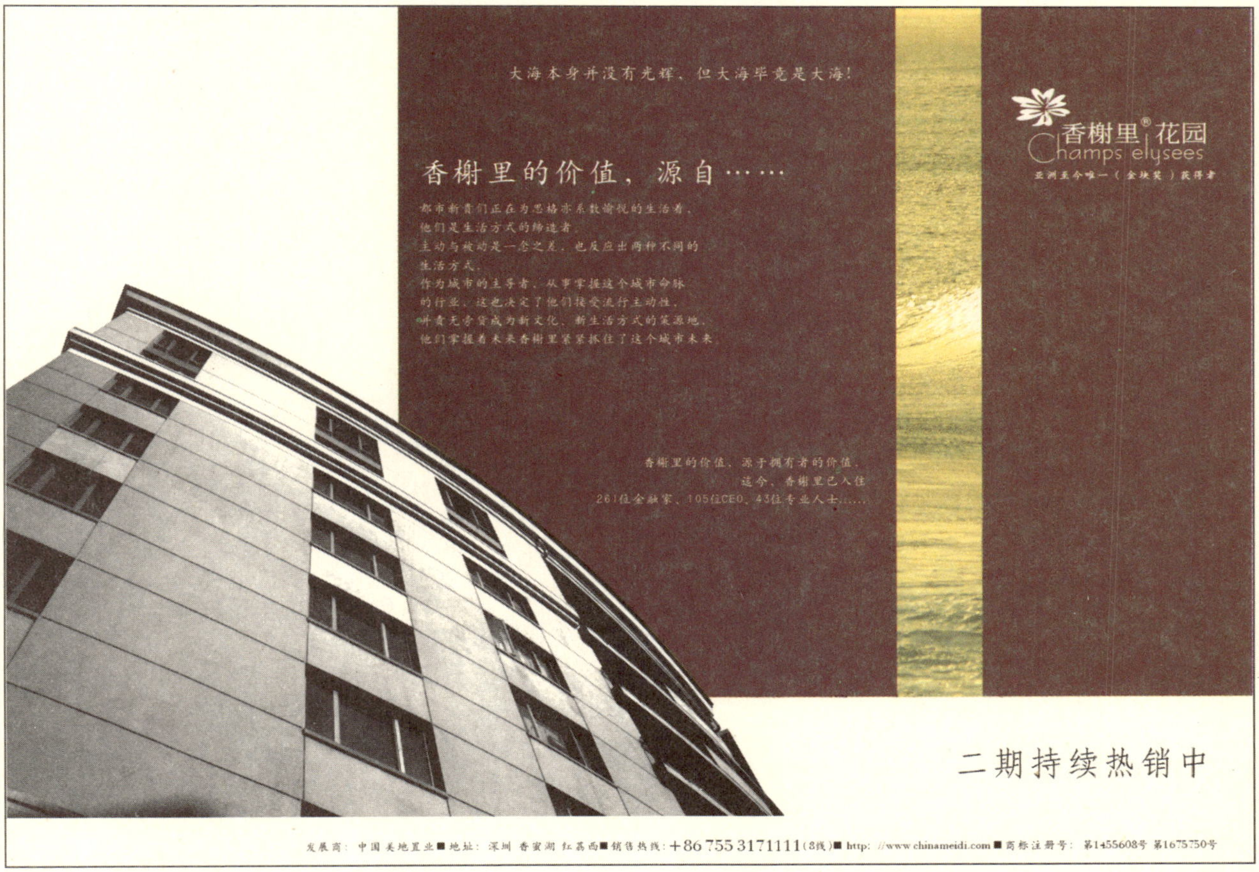

大海本身并没有光辉，但大海毕竟是大海！
香榭里®花园
Champs elysees
亚洲至今唯一（金块奖）获得者
香榭里的价值，源自……
都市新贵们正在为思格宗系数输悦的生活着，
他们是生活方式的缔造者，
主动与被动是一念之差，也反应出两种不同的
生活方式，
作为城市的主导者，从事掌握这个城市命脉
的行业，这也决定了他们接受流行主动性，
并责无旁贷成为新文化、新生活方式的策源地，
他们掌握着未来香榭里紧紧抓住了这个城市未来
香榭里的价值，源于拥有者的价值，
迄今，香榭里已入住
261位金融家、105位CEO、43位专业人士……
二期持续热销中
发展商：中国美地置业■地址：深圳 香蜜湖 红荔西■销售热线：+86 755 3171111（8线）■ http://www.chinameidi.com ■商标注册号：第1455608号 第1675750号

朝阳路，从今天开始离市中心越来越远。
香榭里（香榭里花园+香榭里国际中心）地处南宁中央形象区，由国际大师联手规划，
国际级大型建筑星罗棋布:国际会展中心、南宁体育中心、文化艺术中心、南宁人大会堂、石门森林公园……
同时，国际会展广场、南宁市政广场、法国文化三面环绕，造就了南宁最具国际化的全新都市景观。
中央形象区，南宁因你而变！
朝阳路，已经太远了。
香询电话：5539818 5539828
投资商：广西航洋投资集团有限公司 / 发展商：广西东方房地产开发有限公司 / 项目企划：宝资通 / 整合推广：创一堂FIRST1DEA广告 / 销售中心：民族大道东国际会展中心对面
ChamsElysees
香榭里
领航城市的大家

民族广场，从今天开始变小。
香榭里（香榭里花园+香榭里国际中心）地处南宁中央形象区，由国际大师联手规划，
国际级大型建筑星罗棋布:国际会展中心、南宁体育中心、文化艺术中心、南宁人大会堂、石门森林公园……
同时，国际会展广场、南宁市政广场、法国文化三面环绕，造就了南宁最具国际化的全新都市景观。
中央形象区，南宁因你而变！
你太小了。
民族广场，
香询电话：5539818 5539828
投资商：广西航洋投资集团有限公司 / 发展商：广西东方房地产开发有限公司 / 项目企划：宝资通 / 整合推广：创一堂FIRST1DEA广告 / 销售中心：民族大道东国际会展中心对面
ChamsElysees
香榭里
领航城市的大家

華|南
South China

Company name
公司名称：
深圳图登广告

Floor name
楼盘名称：
香榭里花园

Art director general
创作总监：
胡永

Art director
美术指导：
胡永 / 朱本文

Copy writer
文案：
胡永

Company name
公司名称：
深圳精英联盟

Floor name
楼盘名称：
香榭里

Art director general
创作总监：
周伟

Art director
美术指导：
郝硕

GALAXY MALL
星河MALL
你想赚取男人的钞票还是女人的钞票？
不论你做出什么样的选择，星河MALL的男人世界、女人世界都是一个值得你投资的地方。20万平米的大规模规划，前所未有的完全地带，极具潜力的地段优势，所有这一切都让你的投资得到理想的回报。

GALAXY MALL
星河MALL
你想吸引男人的脚步还是女人的脚步？
不论你做出什么样的选择，星河MALL的男人世界、女人世界都是一个值得你投资的地方。20万平米的大规模规划，前所未有的完全地带，极具潜力的地段优势，所有这一切都让你的投资得到理想的回报。

華南
South China

Company name
公司名称：
深圳相互广告

Floor name
楼盘名称：
星河MALL

有风才有吸引力。
自然风循环全房间。阳光新都的房子，是懂得享受风的房子。阳台、客厅、卧室乃至厨房，自然风都自然而然地穿过，没有阻挡只有静静地流畅，让你皮肤和你一起享受有风的吸引力！
SUNSHINE NEW CITY
阳光新都
人民公园旁·全景观都市人文社区
• 零缺陷全采光户型
• 南宁首创空中入户花园
• 生活、休闲、景观三阳台
• 自然风循环全房间
• 短肢剪力墙无柱空间设计
• 超大景观外飘窗
• 商务生活双会所
• 人民公园空中绿色风景线
阳光热线：5631128 5631108
人民公园
发展商：广西阳光时代置地有限公司 / 建筑设计师：陈世（国内十大建筑大师）/ 空间设计师：萧鸿生（香港室内设计大师）/ 物业服务：深圳海外 / 建筑施工：广西二建（多次荣获鲁班奖）/ 项目企划：宝资通 / 整合推广：创一堂FIRST1DEA广告 / 售楼中心：南宁市民主6-6号

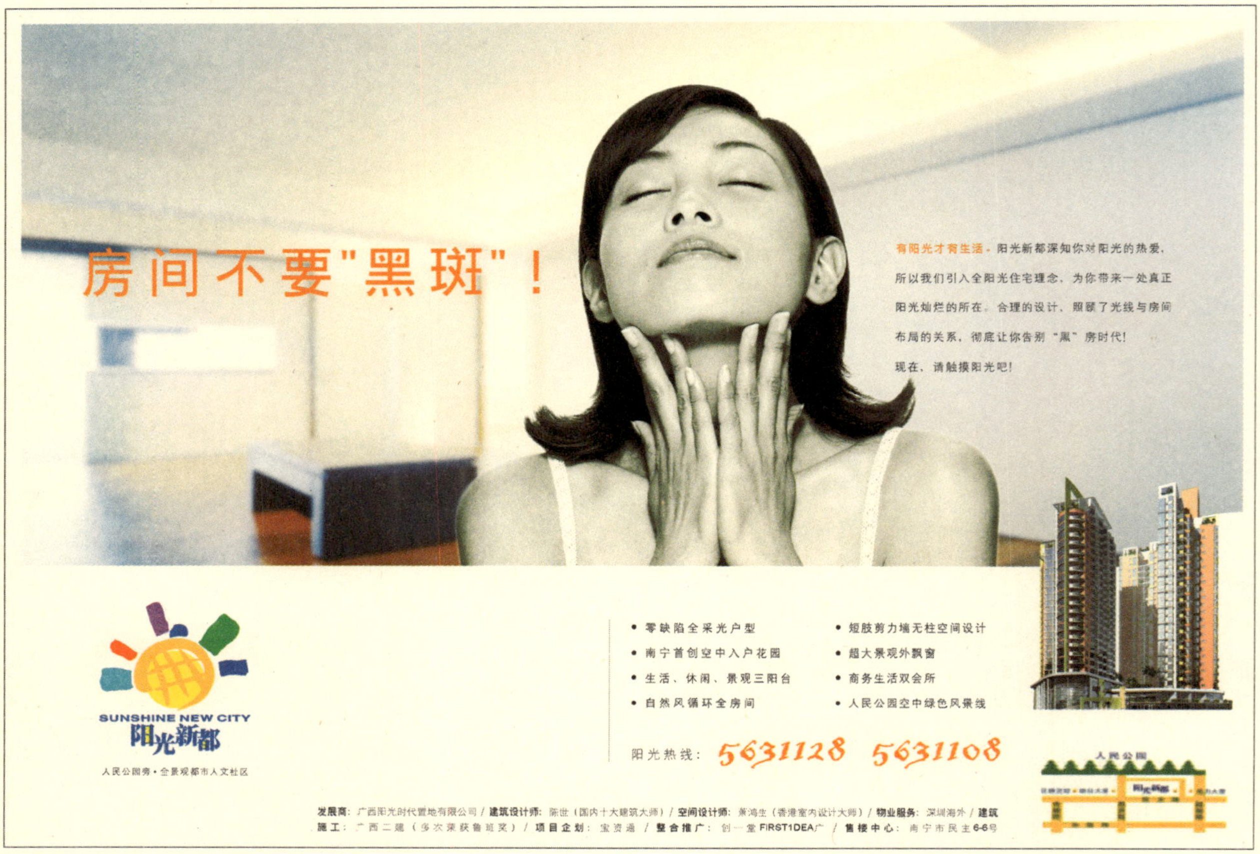
房间不要"黑斑"！
有阳光才有生活。阳光新都深知你对阳光的热爱，所以我们引入全阳光住宅理念，为你带来一处真正阳光灿烂的所在。合理的设计，照顾了光线与房间布局的关系，彻底让你告别"黑"房时代！
现在，请触摸阳光吧！
SUNSHINE NEW CITY
阳光新都
人民公园旁·全景观都市人文社区
• 零缺陷全采光户型
• 南宁首创空中入户花园
• 生活、休闲、景观三阳台
• 自然风循环全房间
• 短肢剪力墙无柱空间设计
• 超大景观外飘窗
• 商务生活双会所
• 人民公园空中绿色风景线
阳光热线：5631128 5631108
人民公园
发展商：广西阳光时代置地有限公司 / 建筑设计师：陈世（国内十大建筑大师）/ 空间设计师：萧鸿生（香港室内设计大师）/ 物业服务：深圳海外 / 建筑施工：广西二建（多次荣获鲁班奖）/ 项目企划：宝资通 / 整合推广：创一堂FIRST1DEA广告 / 售楼中心：南宁市民主6-6号

華｜南
South China

Company name
公司名称：
深圳精英联盟

Floor name
楼盘名称：
阳光新都

Art director general
创作总监：
周伟 / 朱秋林

SUNNY PALM
中海阳光棕榈园
别人住在房子里
我住在花园里
推开门，扑鼻而来的是自己喜欢的味道：
淡淡的百合，淡淡的茉莉…
推开门，满眼是自己中意的色彩：
勿忘我的紫，文竹的绿…
推开门，是一条小巧的花径，
走过花径，是一张柔软的沙发，
倒在沙发上，
心中升起了最简单而又最真实的快乐：回家了！
如果你住在阳光棕榈园，这就是你每天回家的心情，
这份心情来自她独特的入户花园设计：
进门即入花园，
花园与客厅融为一体，家园与花园和谐统一。
在阳光棕榈园，我住在花园里！
阳光棕榈园12月开盘！
届时地中海式都市闲情为您一一展现……
日子缓缓 生活散散
中海阳光棕榈园地处深圳南山区前海湾畔，总占地面积约18.5万平方米，总建筑面积约35万平方米。
区内绿化率超出60%，容积率小于1.8，为特区内罕有低密度社区。
景观设计绚烂多彩：近3万平方米中心园林、水晶宫、棕榈岛、橄榄谷、风信园…
户型设计丰富多样，首创入户私家花园设计理念。
发展策划 中海地產
物业管理 中海物业管理（深圳）有限公司
工程监理 中海监理
2550222

Sunny Palm
一路走来，记忆里是满满的阳光
2001年12月15日，阳光棕榈园开盘，冬日顿时充满暖阳；
2002年新年到来之际，阳光·生活·读书周活动展开；
1月，南山环线提前开通，3月，公交204全线通车，一路阳光，一路海风；
8月23日，一期业主幸福入伙，唱着自己的社区之歌，笑容和阳光一样灿烂；
……
回首过去，一路欢笑，一路阳光——因为你们一路相伴！
10月19日，阳光棕榈园二期即将盛大开盘！
未来的日子里，暖暖的阳光愿继续与你们分享！
SUNNY PALM
中海·阳光棕榈园
发展商 中海地产
投资商 中海地产股份有限公司
海港城实业发展(深圳)有限公司
工程监理 中海监理
物业管理 中海物业
销售代理 中原(中国)物业顾问有限公司
深圳中原物业顾问有限公司
www.cohlsz.com
26084666 26084406 26084411

Sunny Palm
明天，与你共享秋日暖阳
10月，一个暖洋洋的季节，天很高，云好淡，
微风拂面，阳光也变得温柔可爱；
10月19日，一个暖洋洋的日子，
阳光棕榈园二期盛大开盘！
牵上她的手——就象多年前第一次牵手一样，
数着脚下的阳光，来阳光棕榈园。
因为，很多象你一样喜欢闲适生活的人都会来到这里，
体味"日子缓缓，生活款款"的真义。
SUNNY PALM
中海·阳光棕榈园
发展商 中海地产
投资商 中海地产股份有限公司
海港城实业发展(深圳)有限公司
工程监理 中海监理
物业管理 中海物业
销售代理 中原(中国)物业顾问有限公司
深圳中原物业顾问有限公司
www.cohlsz.com
26084666 26084406 26084411

華南
South China

Company name
公司名称：
深圳黑狐广告

Floor name
楼盘名称：
阳光棕榈园

日子缓缓 生活散散
SUNNY PALM
中海阳光棕榈园
"我很忙，等会儿再说" "给我五分钟" "好，我马上到"……
为了理想中的生活，每天，我们都在这城市中奔波，忙碌于是成了生活的常态。蓦然回首，才发现理想的生活离自己已越来越远。
找寻理想中的生活，你应该来中海阳光棕榈园，在这里，生活的调子会"慢"下来，生活会变得简单而快乐--就象孩子一样。
中海阳光棕榈园年底开盘，届时地中海式都市闲情为您一一展现！【秋交会展场：高交会馆A馆】
中海阳光棕榈园地处深圳南山区前海湾畔，总占地面积18.5万平方米，总建筑面积35万平方米。区内绿化率超出60%，容积率小于1.8，为特区内罕有低密度社区。景观设计绚烂多彩：近3万平方米中心园林、水晶宫、棕榈岛、相思林、风情园…户型设计丰富多样，首创入户私家花园设计理念。
2550222
中海地產

SUNNY PALM
阳光棕榈园
如果你喜欢看看这里，
更欢迎你走进这里.
更多的闲情
更多的温馨
更多的欢笑……
棕榈园三期与一二期完美融合
形成完整的地中海风情社区
唯一的阳光棕榈园三期
将会孕育更多的快乐
值得你珍惜
5月1日起
欢迎你走进阳光棕榈园三期
阳光棕榈园3期
日子缓缓 生活散散
5·1期间阳光棕榈园三期即将隆重推出！
在此期间购房可享受额外惊喜折扣！
中海地产
中海监理
中海物业
26084666 26084406 26084411
BLACK ARC 电话 0755-28825722

SUNNY PALM
中海·阳光棕榈园
懂得朋友，更要懂得珍惜
因为太多的相似与相同，所以成为朋友。
懂得朋友的价值，更要懂得珍惜。
现在，阳光棕榈园3期即将展露风华！
70%与你相同学历、相似经历、共同爱好、
相近品位的人与你在一起。
今天，他（她）们是你的邻居；
明天，他（她）们就会成为你的朋友。
惟一的阳光棕榈园，最后的机会，值得你珍惜！
3期
值得你珍惜
Sunny Palm
开发商／中海地产股份有限公司　投资商／中海地产股份有限公司　海港城实业发展(深圳)有限公司　工程监理／中海监理　物业管理／中海物业　销售代理／深圳中原物业顾问有限公司
中海地产　Tel:26084411 26084406 26084666

SUNNY PALM
中海·阳光棕榈园
懂得分享，更要懂得珍惜
长大后，这座城市，冷漠成为常态，分享成为奢侈。
生活，懂得分享，更要懂得珍惜。
现在，阳光棕榈园3期即将展露风华！
读书周、艺术节、购物节……
精彩的社区活动营造首席和谐人文社区。
每个邻居，都与你分享生活，珍惜快乐。
惟一的阳光棕榈园，最后的机会，值得你珍惜！
3期
值得你珍惜
Sunny Palm
开发商／中海地产股份有限公司　投资商／中海地产股份有限公司　海港城实业发展(深圳)有限公司　工程监理／中海监理　物业管理／中海物业　销售代理／深圳中原物业顾问有限公司
中海地产　Tel:26084411 26084406 26084666

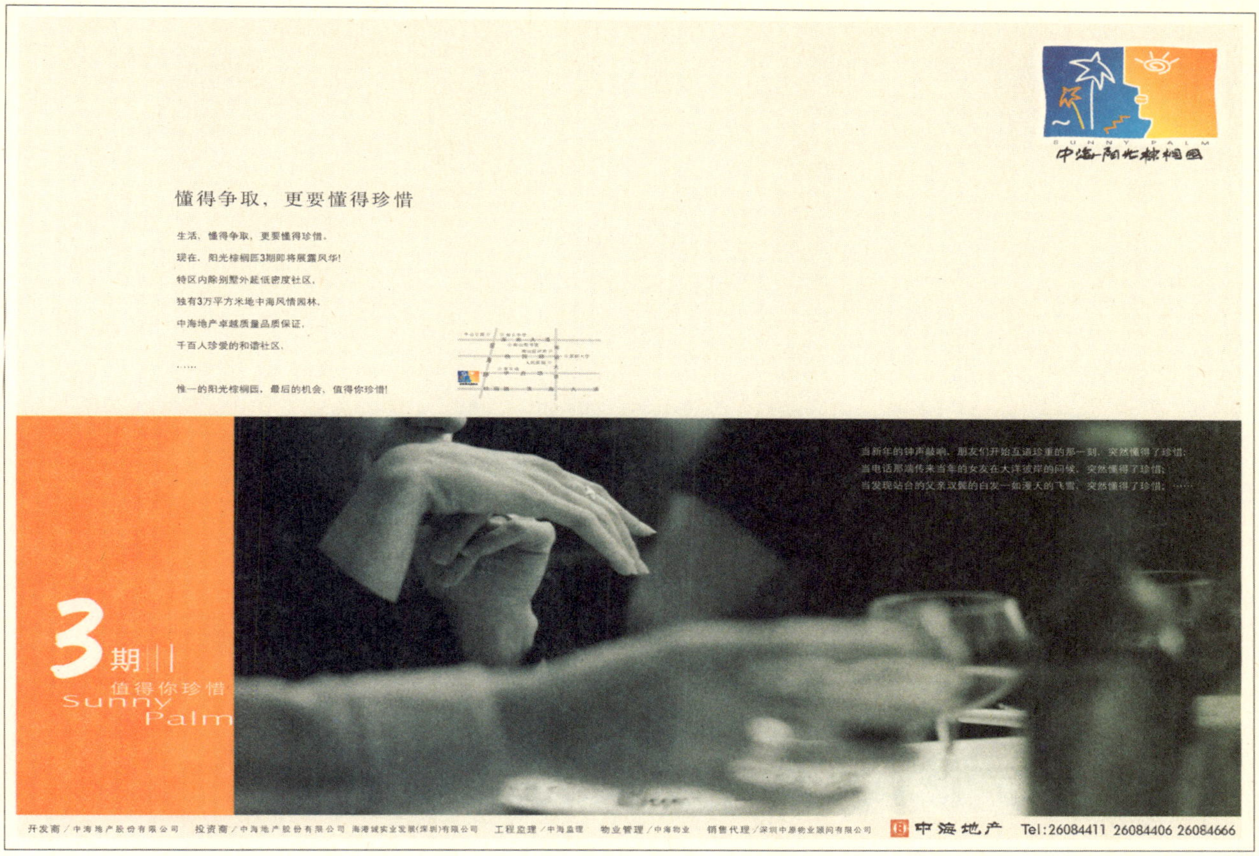
SUNNY PALM
中海·阳光棕榈园
懂得争取，更要懂得珍惜
生活，懂得争取，更要懂得珍惜。
现在，阳光棕榈园3期即将展露风华！
特区内除别墅外超低密度社区，
独有3万平方米地中海风情园林，
中海地产卓越质量品质保证，
千百人珍爱的和谐社区，
……
惟一的阳光棕榈园，最后的机会，值得你珍惜！
当新年的钟声敲响，朋友们开始互道珍重的那一刻，突然懂得了珍惜；
当电话那端传来当年的女友在大洋彼岸的问候，突然懂得了珍惜；
当发现站台的父亲双鬓的白发一如漫天的飞雪，突然懂得了珍惜；……
3期
值得你珍惜
Sunny Palm
开发商／中海地产股份有限公司 投资商／中海地产股份有限公司 海港城实业发展(深圳)有限公司 工程监理／中海监理 物业管理／中海物业 销售代理／深圳中原物业顾问有限公司
中海地产 Tel:26084411 26084406 26084666

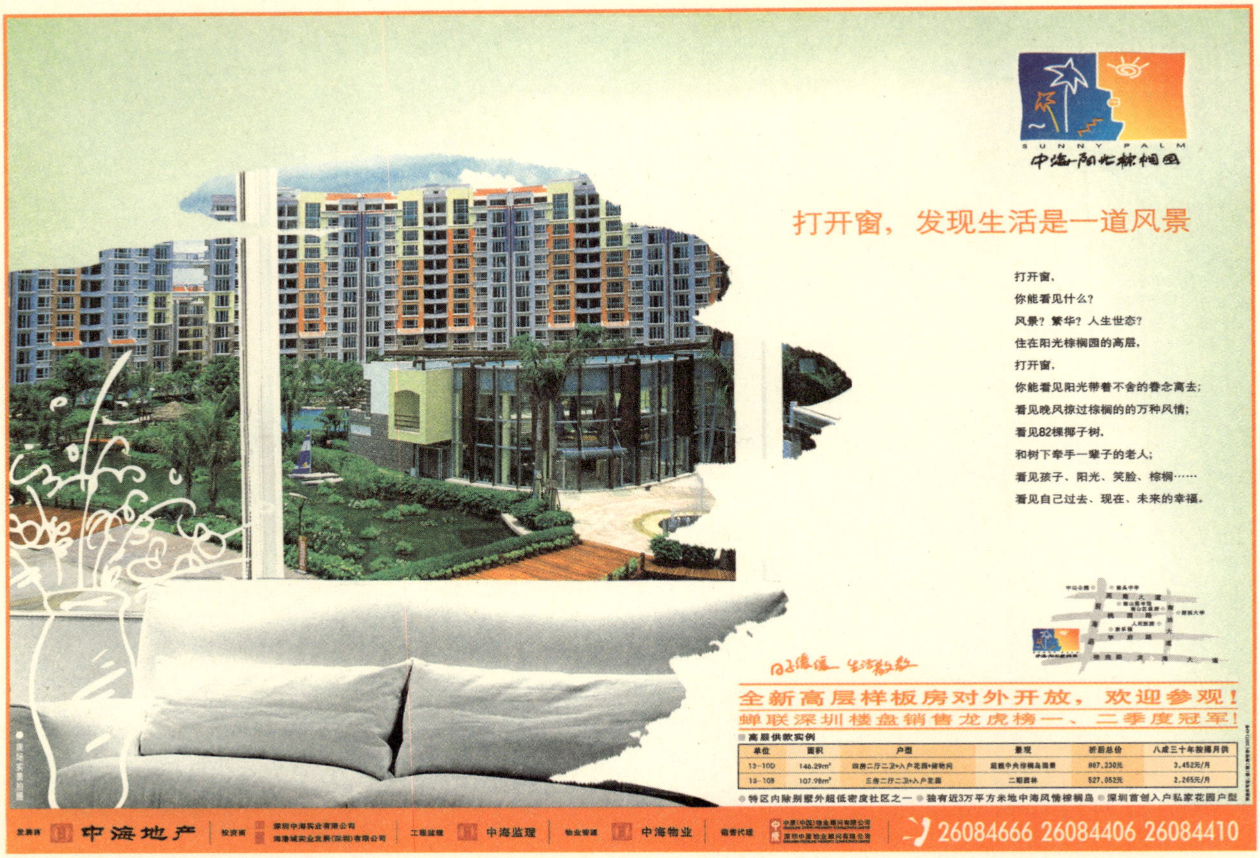
SUNNY PALM
中海·阳光棕榈园
打开窗，发现生活是一道风景
打开窗，
你能看见什么？
风景？繁华？人生世态？
住在阳光棕榈园的高层，
打开窗，
你能看见阳光带着不舍的眷念离去；
看见晚风掠过棕榈的的万种风情；
看见82棵椰子树，
和树下牵手一辈子的老人；
看见孩子、阳光、笑脸、棕榈……
看见自己过去、现在、未来的幸福。
全新高层样板房对外开放，欢迎参观！
蝉联深圳楼盘销售龙虎榜一、二季度冠军！
高层供款实例
单位 | 面积 | 户型 | 景观 | 折后总价 | 八成三十年按揭月供
13-10D | 146.29m² | 四房二厅二卫+入户花园+储物间 | 超靓中央棕榈岛园景 | 807,230元 | 3,452元/月
13-10B | 107.98m² | 三房二厅二卫+入户花园 | 二期园林 | 527,052元 | 2,265元/月
特区内除别墅外超低密度社区之一 独有近3万平方米地中海风情棕榈岛 深圳首创入户私家花园户型
发展商 中海地产 投资商 深圳中海实业有限公司 海港城实业发展(深圳)有限公司 工程监理 中海监理 物业管理 中海物业 销售代理 中原(中国)物业顾问有限公司 深圳中原物业顾问有限公司
26084666 26084406 26084410

SUNNY PALM
中海·阳光棕榈园
在夏威夷，我看见了地中海
我喜欢春天，又眷恋秋天，
然而，
春天与秋天却总没有相遇的一天。
我喜欢夏威夷，也爱地中海，
今天，
我让夏威夷与地中海相遇在阳光棕榈园。
推开门，即是入户花园，
我把她装饰成我所钟爱的夏威夷。
坐在夏威夷，窗外是我喜欢的地中海：
棕榈岛、水晶宫、商业街、风信园……
明天，
也许春天与秋天也能相遇，我想。
那一刻，我忘了自己是在阳光棕榈园的21层。
全新高层样板房对外开放，欢迎参观！
蝉联深圳楼盘销售龙虎榜一、二季度冠军！
高层供款实例
单位 | 面积 | 户型 | 景观 | 折后总价 | 八成三十年按揭月供
13-10D | 146.29m² | 四房二厅二卫+入户花园+储物间 | 超靓中央棕榈岛园景 | 807,230元 | 3,452元/月
13-10B | 107.98m² | 三房二厅二卫+入户花园 | 二期园林 | 527,052元 | 2,265元/月
特区内除别墅外超低密度社区之一 独有近3万平方米地中海风情棕榈岛 深圳首创入户私家花园户型
发展商 中海地产 投资商 深圳中海实业有限公司 海港城实业发展(深圳)有限公司 工程监理 中海监理 物业管理 中海物业 销售代理 中原(中国)物业顾问有限公司 深圳中原物业顾问有限公司
26084666 26084406 26084410

SUNNY PALM
中海·阳光棕榈园
因为风景，我们靠得更紧
我喜欢高处的感觉，一切风景尽收眼底；
他也喜欢高处的感觉，永远都微风习习。
所以我们选择阳光棕榈园的高层。
我们常坐在高层的阳台、
静静的看着阳光棕榈园的风景：
水晶宫、棕榈岛、商业街、风信园…
"你最喜欢哪道风景？"我问他。
"你！"他一脸的认真。
我知道他不是一个幽默的人。
那一刻，我们俩之间的距离就象这两杯咖啡。
现场实景拍摄
阳光棕榈园高层现正热销，敬请把握！
特区内除别墅外超低密度社区之一
独有近3万平方米地中海风情棕榈岛
深圳首创入户私家花园户型
中海地产
中海监理
中海物业
26084666 26084406 26084410

彻底的生活至上论者不断合法地越界

□□□□

新梅林：时尚生活领地．地铁直达新家园

新居所：规模独步梅林．领踞核心商业区

新休闲：创新建筑理念．首设架空层会所

新生活：尽享都市魅力．拥有美丽新世界

对世界没有好奇心的家伙才会一直原地不动
迷恋生活的狂热分子总是不断"搞搞新意思"
随时准备改变，彻底颠覆呆板无趣
发现新梅林，发现生活新地界
马上越界，美丽新世界就在眼前

NEW WORLD GARDEN
新世界家园

发展商：深圳新世界集团　心动热线：0755-2572 2980

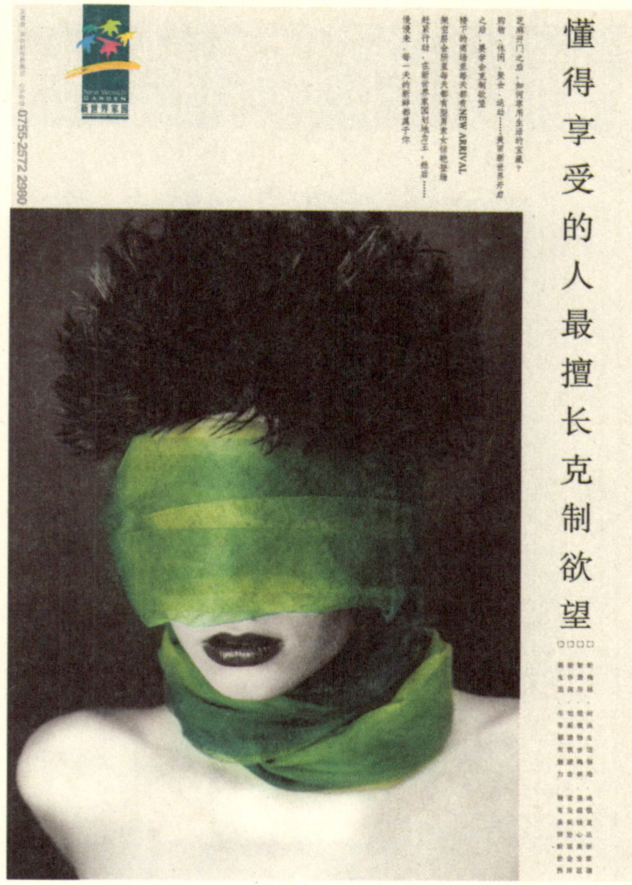

華|南
South China

Company name
公司名称：
深圳博思堂广告

Floor name
楼盘名称：
新世界家园

Art director
美术指导：
王海生

Copy writer
文案：
黄晓岚

Company name
公司名称：
深圳木太社广告

Floor name
楼盘名称：
漾日湾畔

Art director general
创作总监：
游江峰

Art director
美术指导：
冯亮

Copy writer
文案：
张媚

荣膺龙虎榜第二季度南山商业文化中心销售冠军，权威数据验证

“领袖”魅力

漾日湾畔，辉映国际城市村

一榜定天下。很多人非常关心，谁获得今年二季度深圳楼盘销售龙虎榜南山商业文化中心冠军？“国际城市村”市道怎样？

深圳第一榜——“深圳楼盘销售龙虎榜”，国基地产开发的漾日湾畔，第二季度成交300套，成交金额2.5亿，傲居南山商业文化中心销售冠军，漾日湾畔成为今年“国际城市村”当之无愧的执牛耳者。在一片赞叹声中，漾日湾畔确立了“国际城市村”楼市“领袖”地位。

漾日湾畔的人文驿站，深圳人文的高地；中心庭院园林，国际巨匠泛亚易道倾情打造，是永远贴在自家门前、窗口的风景。

群分两组排列：前排T6至T7塔楼则自成一隅，坐落于小区东南部，面临后海湾无遮挡的海天一色优美景致，后排T1至T5栋是形态仿若盈漾的波浪式塔楼，切合项目的海洋文化主题思路。

漾日湾畔外立面设计成波浪形的造型，阳台均设计为弧

是置业者生活方式的引导者。无论是薛伟小提琴音乐会，还是持续多日的名家笔会，以及名校校长论坛为名校“正名”，都只能算是"漾日湾畔"协奏曲的前奏，而更多的文化内容蕴涵在漾日湾畔开发的全程之中。无论在规划布局、园林设计、户型组成，文化性、舒适性都成为核心衡量的指标。因此，可以这么说，漾日湾畔开创了文化地产经营模式的先河。

以1.5平方公里的国际城市村为依托，漾日湾畔更成为人文化、信息化的优良居住区。从漾日湾畔环视四周，书城、图书馆、博物馆、演艺中心、体育中心、名校等一座座文化航母，以其或现代、或大气、或动感、或精致的建筑风格和建筑特点，浮现于这座美丽的滨海新城，以其各自独特的风情与色彩，丰富着漾日湾畔的文化生活。与漾日湾畔一海相连的，还有深圳高新科技园区、南山科技创业园、深圳大学，他们赋予漾日湾畔更多更具有时代感的科技内涵和人文底蕴，带有人文色彩的国际城市村广场与生态公园，也共同构成了漾日湾畔的文化内核。

在漾日湾畔，核心的姿彩、建筑的瑰丽、文化的张力一览无余、互为兼容；漾日湾畔，核心魅力、建筑魅力、文化魅力的完美结合，最终成就国际城市村楼市“领袖”魅力。

25000m² 深圳第二大书城

0 距离滨海休闲长廊

10000m² 的立体文化园林

100% 通风采光电梯间

5 大名校环抱

5 层高架空层

6 米高亲海阳台

1000 米商业步行街

16400m² 南山图书馆

核心魅力

漾日湾畔“唯心四重奏”：一流地段——滨海大道起点住宅，深圳湾圆心位置；二重交通网络——往来市区、外联香港的中心节点；三大片区——红树林、国际文化村、高尔夫重心地带，独享三大片区配套；四道风景线——滨海生态公园、滨海大道海景走廊、国际城市村文化中心、数万平米中心庭院园林，构筑四面环景的静心居家。

沿滨海大道西行，一路海风相伴，海景相随，当你正准备用心与海对话时，眼前豁然一亮，一直沿着直线徜徉的深圳湾在这里不经意地轻轻划过一道弯。就在这不经意间，铿锵而出国际城市村有史以来的最强音——漾日湾畔，一座流淌深圳湾蓝色贵族血统的新城，傲居2003年第二季度楼盘销售龙虎榜南山商业文化中心销售冠军。

“领袖”风采源自核心魅力。漾日湾畔位于滨海大道南侧入口，毗邻西部通道，雄踞蛇口门户位置，南瞰深圳湾美景，是南山商业文化中心面向市区的窗口，具有一流的地段，扼守滨海大道内通市区、西部通道外联香港的中心节点位置，可以享受双重交通网络的优势，方便快捷的交通设施实现了休闲家居生活和快节奏工作的瞬间切换，是众多开发商梦寐以求的黄金门户。

地段、交通、配套、景观，一个都不能少。漾日湾畔的四道风景线为其“领袖”魅力增色不少：滨海大道，漾日湾畔的归家海景路，一路海风送回家；海滨生态公园，漾日湾畔的后花园，一路之隔，饭后便可款款而至；国际城市村，

一流地段圆心住宅、二重交通网络中心节点、三大片区重心地带、四道风景线静心居家，漾日湾畔“唯心四重奏”，奏响了国际城市村“领袖”乐章。

建筑魅力

国基地产6年品牌积淀，名师深思熟虑、巨匠精雕细琢，方成超凡力作，始有漾日湾畔厚积而生。静观，已能让你感受那份领先的优越；体验，舍我其谁的“领袖”风范汹涌而来！漾日湾畔，激活“领袖”魅力的新力量，值得你细意品鉴。

建筑是凝固的音乐，好建筑自己会说话。漾日湾畔以博大精深的海洋文化为主题，充分发挥海的优越性及丰富性，争取大部分单元朝东或朝南，避免夕晒及享有海景，利用地块长边向南，短边向东及向深圳湾的有利条件，将小区建筑

形，不但加强立面的趣味性，亦能强化项目的设计思路。所有塔楼由顶至底每四层均有飘带连起弧形阳台，以强化由弧形阳台及平面布局所得的横向起伏线条。漾日湾畔豪华会所内的四季恒温泳池，也采用球形幕墙，水晶球的明珠造型在全深圳独一无二，它除了体现项目海洋文化主题外，更彰显出项目卓尔不凡的品质和气势。

文化魅力

建筑赋予文化深度，文化赋予建筑内涵。当建筑插上文化的翅膀，建筑不再冰冷。漾日湾畔，一个极富人文情感的建筑，触摸着城市的每一个角落。这就是，漾日湾畔的人文演绎，让真情释放，城市动情。

在国基地产看来，地产商既是建筑产品的创造者，同时也

著名影星**佟大为**影迷见面会
将于本周六下午3:30在漾日湾畔现场举行
著名电台节目主持人**胡晓梅**亲临现场
届时项飞、余苗将全程主持
世贸广场南侧停车场下午3:00、3:30，专车接送。

- 全新加推2栋绝美景观单位；
- 全新加推特价单位4880元／平方米；
- 全新推出：落定2万送额外惊喜折扣。

漾日湾畔
SUNRISE BAY

发展商：国基地产　建筑设计：王董国际　园林设计：泛亚易道　结构顾问：美国TT　销售代理：置业国际　物业管理顾问：金地物业　售楼地址：滨海大道与后海大道交汇处　漾日热线：26060888

看楼专车
地点：世贸广场（上海宾馆对面）周末逢整点发车。

100种生活，100种感觉，交集地产成就

片区“领袖”

漾日湾畔，领航国际城市村

- 50公里滨海休闲长廊最精华的部分
- 南山商业文化中心最核心的地段
- 0距离享受澳大利亚布里斯班规划的国际配套
- 四大国际名师倾力打造的漾日湾畔

50公里滨海休闲长廊最精华部分

——独秀深圳湾

南山商业文化中心，是首屈一指的滨海生态人文居住片区，可以孕育最优秀的人居住宅。在长达15公里的滨海休闲长廊，漾日湾畔所处的南山商业文化中心是最精华的部分，既是湾心，视野最开阔，又是都心，居城市中心。不同于其它的海景，这里的海，是城市的海。——（深圳中规院代表）

南山商业文化中心最核心地段

——地段马太效应

南山商业文化中心作为深圳第三城市中心，以其前瞻性的国际视野和发展前景，成为“国际都市板块”的定位已深入人心。上千亿的投资、国际级的规划、优越的交通体系、完善的中心配套，成为现在和未来深圳发展的焦点地区。超前的理念和国际标准勾勒出国际城市村的轮廓，国际城市村划分为中心商务区、商业管业区、文化娱乐区三大部分，中心商务区有近44万平方米的办公建筑面积；商业管业区有建筑面积为35万平方米的商业中心，400米长的商业步行街；在文化娱乐区，分布着展览馆、博物馆、图书馆、剧院等。如此珍贵的区位，一般很难规划住宅，而漾日湾畔却在这里扎下根来，而且占据了最核心的地段。——（商业文化中心工程规划师）

享受澳大利亚布里斯班规划的国际配套

——居住对位法则

南山商业文化中心区是1992年获市政府审批立项而建立的，其间经过了1994年的规划招投标和1997年的规划调整，1998年又进行了专题研究并组织了国际招标，最后由澳大利亚布里斯班城市综合设计院中标。根据规划，中心区办公建筑面积约44万平方米，商业建筑面积约35万平方米，将建设金融大厦、信息中心、文化娱乐中心、休闲广场等，而漾日湾畔0距离享受着布里斯班所打造的一切国际配套。——（商业文化中心管委会代表）

四大国际名师倾力打造的漾日湾畔

——完美生活播报

漾日湾畔在建筑上的创新是真正导致热销的核心动力，它聘请了饮誉全球的王董国际作为建筑规划商，对于漾日湾畔，已经85岁高龄的王董国际董事长如此评价：“漾日湾畔是王董在深圳所有作品中立面最优美的建筑”，王董国际首席设计师也如是说：“我们是用精神浇筑漾日湾畔的每片砖瓦，让她成为一座有情感的凝固了的海”。——（王董国际）

先天优势与后天因素在漾日湾畔得到如此完美统一。漾日湾畔优越的地理位置使它在起步就胜人一筹，方圆不到一公里内，聚齐了深圳最精华、最令人神往的人居元素，成就了繁华与人文共存的经典城市片段。此外，漾日湾畔集中了深圳六大资源平台：红树林的生态资源、华侨城的旅游资源、高尔夫的悠闲资源、硅谷的经济平台资源、深圳大学的人文资源、南山中心区的城市配套资源，这些都成为漾日湾畔领航国际城市村最坚实的基础。

西起蛇口海上世界，东至红树林，长达15公里的滨海地带是深圳的滨海休闲长廊，集休闲、旅游、生活于一体，它将以2到3年的时间建成，成为深圳未来发展又一道靓丽风景，成为集历史传统、地方特色和时代特征相融合的城市文化风光带，也将是深圳惟一的集休闲娱乐、文化活动、科普博览、国际会展、影视演出、健身美容、特色餐饮、主题旅游、景点小品、精品购物、酒店公寓等综合性质的城市功能区。

漾日湾畔将是这其中最精华的部分，要找到既濒临大海，又处于城市中心的居住地，这样的好地段濒临灭绝。不过漾日湾畔却做到了，作为目前滨海大道惟一在建社区，具有独特的稀缺价值，漾日湾畔那一幢幢超然的建筑群，已经成为滨海大道不可多得的人文景点。如果说中心区是城市的心脏，海湾是它的面庞，那漾日湾畔就是城市的明眸，从漫长的海岸线到璀璨都市的空间里构成了我们所能目击的缤纷世界。漫步在15公里长的休闲公园，时代气息、纯净空气、绿色生命力、蓝色意境……全都成为一种生活格调被漾日湾畔所定格。

2003年，国际滨海文化家——漾日湾畔，占据了中心区最核心的地段，位处千亿元巨资打造的南山商业文化中心区，是福田和南山的纽带，坐落在规划建设的环北路与后海滨路交汇处，优越的地理位置，使其成为滨海第一站，深圳第一湾，毫无遮挡的壮观海景尽现眼前，200亿铺就的滨海大道如同漾日湾畔的私家路，400亿西部跨海大桥直通香港，这些将使未来南山商业文化中心成为深圳国际化生活空间的亮点区域。

一位业主在描述漾日湾畔生活时所言，“我们可以住在最豪华的公寓里，却不必因此抛弃交流的平台、对话的机会；我们可以住在城市最心脏的位置，却可以轻松回避现代化‘负作用’，不必与噪音、尾气、车流‘同流合污’；我们可以选择最幽雅的生活，却不必抛弃优雅的空间，我们可以选择最闲散的生活，却不必为这种闲情付出最集约的时间成本……”这正是地段马太效应的核心价值。

南山商业文化中心的配套是国际化的，最初的规划从1984年开始，经过三轮修改，到1998年通过国际招标，最后确定由澳大利亚的布里斯班规划设计院进行规划设计，目标是将其打造为“深圳未来城市生活带”。

在规划的最初选择时，南山商业文化中心就已经与国际接轨。打造国际城市村的构想也正在由图纸转化为现实。漾日湾畔以其中心区的核心地段优势，享受着真正的“零距离”国际配套、中国最大海洋公园近在咫尺，深圳最大的书城就如同自家的书房，国际五星级酒店可当作自己的客房，1分钟内即可享受体育中心一站式健身服务……在硅谷中央、在深圳湾中央、在深圳第三轴线中央、在国际城市村中央，漾日湾畔成为现代住宅消费最完美的参考书，国际化、都心化的完美配套为漾日湾畔所尽有。在人们为漾日湾畔的经典而惊叹的同时，不可忽略的是其背后的英雄。

发展商深圳市国基房地产开发有限公司一向低调务实，已经有6年的地产开发历史，在深圳、上海、武汉均有独立开发和经营的房地产项目。在建设漾日湾畔时，希望漾日湾畔能够成为深圳湾当之无愧的第一建筑，而不是建筑垃圾，把漾日湾畔建为从绿地“长”出来的生态建筑，建筑形态与周边相协调，50年无落伍。国基地产致力于塑造漾日湾畔的国际形象，整合国际资源：王董国际的建筑规划、泛亚易道的园林设计、世邦魏理仕的物业顾问及置业国际的销售代理，正是四大国际大师的强强联手共同铸就了漾日湾畔今日的辉煌。

作为世界上排名前50名的设计公司——王董国际，铸造了在深圳所有作品中立面最优美的建筑；全球最大的景观设计和规划公司——泛亚易道，它造就了太多的园林经典；全球最大的美资物业管理顾问有限公司——世邦魏理仕，将为您提供贴心的五星级酒店式服务；而置业国际作为知名的销售代理公司，更是在漾日湾畔立项时就参与到项目的运作中，尽心满足客户的每一项要求，以其完美的品质的赢得客户的信赖。先天的优越加上这样的实力组合，更丰富了漾日湾畔的内涵，使漾日湾畔当之无愧地成为南山商业文化中心区“领袖”。

塞纳河缔造了梦幻花都的璀璨容颜，泰晤士河孕育了伦敦醇厚的绅士气质，哈得逊河积蓄了纽约今日深入骨髓的自由与繁华风貌……

深圳湾在漾日湾畔面前轻盈地转了一道弯，却演绎了现代都市滨海生活的繁华，漾日湾畔承载人们对滨海的深沉眷顾，让城市亲海生活终有所依。漾日湾畔，境界不止于滨海——请不要介意生活的完美。沿滨海大道一路东行尽可享受无垠滨海风光；滨海大道直上，一路不见尾灯红、数分钟直抵中心区核心；或西至后海路，快速融入旖旎城市风景。海雅百货、国美电器城、商业步行街、顺电家居广场、东华假日酒店、南油酒店、海珠城大酒楼、唐人食街、根据地酒吧、文化娱乐中心、展览中心、青少年活动中心、体育公园、深圳大学、科技园虚拟大学园、南山书城、医院、银行、公交车站……近距离呼应生活繁华从容，时代生活姿态，一蹴而就。

漾日湾畔，生活的级次高下当然由你把握。

- 全新加推2栋绝美景观单位；
- 全新加推特价单位4880元/平方米；
- 全新推出：落定2万送额外惊喜折扣。

发展商：国基地产　建筑设计：王董国际　园林设计：泛亚易道　结构顾问：美国IT　销售代理：置业国际　物业管理：金地物业　售楼地址：滨海大道与后海大道交汇处　漾日热线：26060888

漾日湾畔 SUNRISE BAY

10大国家标准认证“深圳十大健康社区”

0距离滨海休闲长廊　　10000多平方米的立体文化园林
100%通风采光电梯间　　四季恒温水晶泳池
5层高架空层　　6米高亲海阳台
16400平方米南山图书馆　　25000平方米深圳第二大书城
5大名校环抱　　1000米步行街
展览馆、环球影视、博物馆、歌剧院……成就

健康“领袖”

漾日湾畔，身心俱健

今年初以来，非典型肺炎的流行，对我们的生活产生了巨大影响，更加注重身体的锻炼，更加关注生活环境的影响，作为生活的主要场所——住宅也自然成为人们瞩目的焦点，对住宅提出更高要求的同时，我国的住宅产业也因此产生了深刻的变化，健康住宅成为市场的宠儿。在人们对身体健康更加关爱的同时，精神文明的追求，对知识的渴望也丝毫没有减弱。在这样的形势下，漾日湾畔横空突起，热销全城，自然也是理所当然的事情。

漾日湾畔的健康，是物质的

在漾日湾畔，当别人以无比艳羡的眸子遥望着滨海时，实实在在的滨海生活只是你生活中的一丁点；当别人只能在建筑森林或世外桃源之间徘徊时，你却同时同地恣意享用着全深圳最繁华的都心与最静谧的湾心…健康、可以说是物质的，在漾日湾畔、你能实实在在地感受，真真切切触摸到它的存在。

西起蛇口海上世界、东至红树林，长达15公里的滨海地带是深圳的滨海休闲长廊，它将以2到3年的时间建成，成为深圳未来发展又一道靓丽风景，成为集历史传统、地方特色和时代特征相融合的城市文化风光带，也将是深圳唯一的集休闲娱乐、文化活动、科普博览、国际会展、影视演出、健身美容、特色餐饮、主题旅游、景点小品、精品购物、酒店公寓等综合性质的城市功能区。作为15公里长滨海休闲地带最精华的部份，漾日湾畔那一幢幢超然的建筑群，已经成为滨海长廊不可多得的人文景点。

房子作为一种商品，有投入就有产出，这种产出就是生活方式，漾日湾畔超乎寻常的投入，带来了别样意味的生活享受。漾日湾畔聘请饮誉全球的王董国际作为建筑规划商，王董国际首席设计师称：“我们是用精神浇筑漾日湾畔的每片砖瓦，让她成为一座有情感的凝固了的海”。只有五星级写字楼才有的玻璃幕墙，在漾日湾畔被运用，传统的混凝土外墙被高级全透明玻璃取代，温煦的阳光可以散落在房间的每一个角落，室外水波荡漾的海面在这里没有角度、没有边际；人流集中的电梯厅、十分宽敞，还设有自然的大窗通风采光，与通常的黑厅、小窗式厅有着天壤之别；架空层的设计，也别具创意，深圳的架空层普遍是1层高、最多就是两层，但漾日湾畔的架空层一下子抬到5层高，还有阳台，别人花一半的价钱却只能买下一层高的阳台，在漾日湾畔却可以不花一分钱就送出两层高的阳台，让你时时刻刻都能眺望壮观宽阔的大海；恒温水晶泳池，躺在水面上，欣赏天上的星星，凝视远方的灯火阑珊，可以闻到浓烈的滨海气息。

如此的创新，虽然使得发展商成本锐增，但是他们丝毫没有犹豫，因为他们的目标就是把产品做到位，把感觉做出来，在漾日湾畔你可以身临其境，细细品读。

漾日湾畔的健康，是精神的

城市，是现代文明的结晶，但人类恣意享受现代城市带来的物质利益时，越来越远离了自己的生活取向，丧失了自主的权利。对精神文明的向往，成为城市人心中难以磨灭的梦想。漾日湾畔矗立于南山商业文化中心的核心地段，在方圆不到1公里领域内，集聚着深圳最精美最优质的人居元素，在这里，拥有全深圳人引以为豪的教育强区一流名校、深圳最大书城、深圳最浓郁的文化圈，在这，健康更是精神的。

以漾日湾畔为圆心，从红树林出发，在500～1000米半径线上，依次是华侨城、硅谷、深圳大学、国际城市村，而另一半径弧则是无边的海、绵延的山脉，这样菁华的人居元素，在深圳几乎是无可比拟的。漾日湾畔是文化生态和经济生态的交点，是以深圳大学、深圳虚拟大学为双核心的人文之地，这里拥有深圳最大的图书馆和最高级的保利博物馆、以及南山未来第一名校、也是深圳未来驱动器硅谷的所在地。未来的南山中心区，座落有各类大型商场、星级酒店、金融大厦、信息中心、高尚住宅小区，它被深圳市政府定位为西部商业、文化、金融中心。

16400平方米南山图书馆、25000平方米的书城，就像是自家的书房，你可以尽情在书的海洋遨游，吸取知识的养分；南山作为广东第一个教育强区，有很多优质品牌学校，名校是一种文化的沉淀，人文的积累，是客观存在，不是主观臆断，名校的规划，硬件可能不是最关键的，关键在于校长、老师，所以国基地产决心将漾日湾畔旁边的学校办好、办持久、办到位，在全球范围内聘请一流的名校长、名教师，使其成为真正的教育基地；在1000米的风情步行街散步，看来往的行人，任意挑选自己钟意的时尚精品，生活原来可以如此散漫；在展览馆、博物馆、歌剧院、环球影视城，无时无刻不被浓厚的文化气息所包围。

在漾日湾畔，滨海式的幽闲生活，电影类的格调生活，硅谷类的小资生活，高尔夫类的高雅生活，深大类的人文生活，名校和书城形成的教育生活，博物馆类的怀旧生活，这些都可以一一体验，细细品读，还可以自己组合新的生活方式。生活的真谛，需要健康的身体美，同时也需要更具内涵的精神美，漾日湾畔以它健康的生活姿态，征服了百万深圳人的心，成为名副其实的健康“领袖”。

漾日风情吧正式开放，7月11日-12日19:30-22:30
专车接送：海雅百货、人人乐、家乐福、蛇口沃尔玛
最新大片免费放映，啤酒、饮料免费供应。
专车预约电话：26060888

- 全新加推2栋绝美景观单位；
- 全新加推特价单位4880元／平方米；
- 全新推出：落定2万送额外惊喜折扣 。

漾日湾畔
SUNRISE BAY

发展商：国基地产　建筑设计：王董国际　园林设计：泛亚易道　结构顾问：美国IT　销售代理：置业国际　物业管理：金地物业　售楼地址：滨海大道与后海大道交汇处　漾日热线：26060888

看楼专车
地点：世贸广场（上海宾馆对面）周末逢整点发车。

Company name
公司名称：
深圳精英联盟

Floor name
楼盘名称：
英利达科技数码园

Art director general
创作总监：
张英

"0"距离公园生活
"24"小时鲜氧
"180"度阳光
"270"度景观
"365"天健康生活
雍景軒
NATURAL&GRACEFUL
深圳報業集團授予：
雍景軒
★"蛇口生態智能樓王"稱號
★"深圳市最佳五房户型"稱號

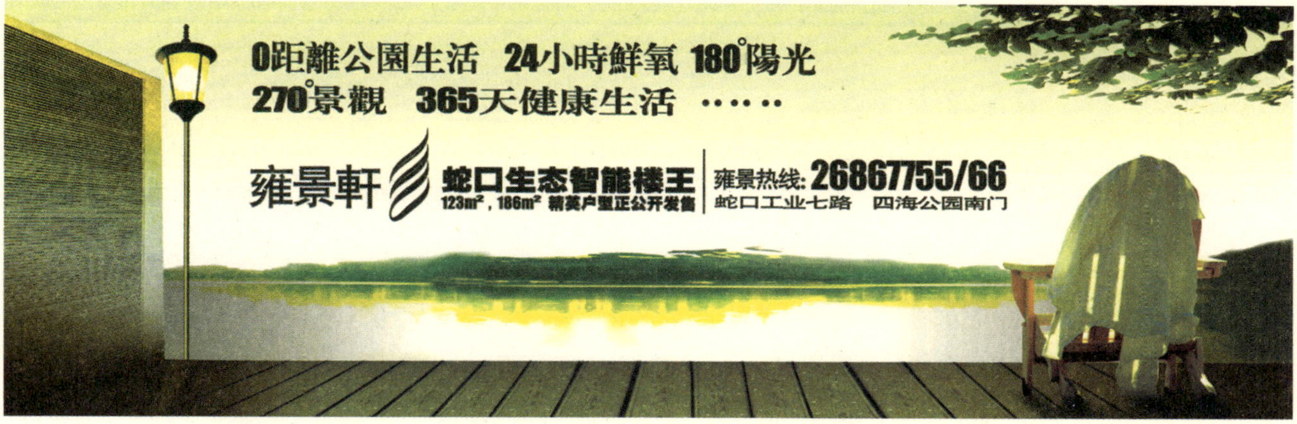
0距離公園生活 24小時鮮氧 180°陽光
270°景觀 365天健康生活 ……
雍景軒
蛇口生态智能楼王
123m², 186m² 精英户型正公开发售
雍景热线: 26867755/66
蛇口工业七路 四海公园南门

發現格調之美 尊貴油然而生
⊙蛇口生态智能楼王—雍景轩 ⊙123m², 186m² 精英户型正公開發售
尊享热线: 26867755/66
樓盤地址: 蛇口工業七路 四海南門口

雍景轩
领略风光无限 缔造自然人居
远眺湖光山色
近观碧水涟涟
湖畔豪宅，
亲水人家。
这里，与自然相逢，
这里，与山水邂逅……
——深圳报业集团授予——
雍景轩"蛇口生态智能楼王"称号！
123m², 186m² 精英户型正接在展示
开窗10米独享13万平米公园美景！
细节的完美尽显于46户公享豪华大堂宽阔主张
户型南北通透，真正意义的健康人居！
雍景热线：26867755 26867766
楼盘地址：蛇口工业七路·四海南门口
发展商：深圳市湾厦实业发展有限公司 销售策划代理：深圳市广豪房地产经纪代理有限公司 广告代理：盛意廊广告

賀
蛇口生态智能楼王
雍景轩
8月28日隆重封顶
热烈庆贺
蛇口生态智能楼王—雍景轩 8月28日隆重封顶
同贺单位： 排名不分先后
深圳市南山区蛇口街道办事处
深圳市蛇口南水实业股份有限公司
深圳市蛇口海湾实业股份有限公司
深圳市蛇口大铲实业股份有限公司
深圳市蛇口水湾源华实业股份有限公司
深圳市蛇口渔一实业股份有限公司
深圳市蛇口渔二实业股份有限公司
深圳市南头城合作股份有限公司
深圳市南岗实业股份有限公司
深圳蛇口东帝实业发展总公司
深圳蛇口东帝工业公司
深圳蛇口东帝渔业公司
深圳蛇口东帝进出口贸易公司
深圳蛇口万金汇投资股份公司
深圳市华侨城房地产有限公司
深圳蛇口房地产有限公司
深圳市蛇口兴华实业股份有限公司
深圳市招商建筑设计有限公司
深圳招商建设监理有限公司
深圳蛇口古禹监理公司
汕头市建筑工程总公司深圳分公司
广州日立电梯有限公司
深圳市深建华辉装饰工程有限公司
深圳市农村信用合作社联合社南山分社
深圳发展银行蛇口支行
深圳市蛇口招商港湾工程有限公司
深圳市南山区建设局
深圳市南山区规划国土分局
深圳市南山区公安分局
深圳市南山区环保局
深圳市南山区城市管理办公室
深圳市南山区城市管理行政执法局
深圳市南山区集体资产管理办公室
深圳市南山区国有资产管理办公室
深圳市南山区城市建设开发中心
深圳市南山区工程质量监督站
深圳市南山区施工安全监督站
深圳市南山区工程造价管理站
深圳港创建材有限公司
雍景轩
开发商：深圳市蛇口湾厦实业股份有限公司
楼盘地址：蛇口工业七路 四海南门口

華|南
South China

Company name
公司名称：
深圳盛意廊广告
Floor name
楼盘名称：
雍景轩
Art director general
创作总监：
黄金亮

悠然居
Youran house
清清神，HEAR WINDY SOUND
听听山风的声音！
豪方·悠然居7月8日隆重开启健康生活序幕
热烈祝贺悠然居获深圳市“最佳周边环境楼盘”
悠然居已隆重封顶，内部优惠火爆认购中 均价4900/m²
倾听自然：2669 8300

悠然居
Youran house
DEEP BREATH
屏住气，回家后呼吸
豪方·悠然居7月8日隆重开启健康生活序幕
呼吸，深呼吸大南山的森林气息……
热烈祝贺悠然居获深圳市“最佳周边环境楼盘”
悠然居已隆重封顶，内部优惠火爆认购中 均价4900/m²
2669 8300

悠然居
Youran house
闭上眼睛，SWEET DREAM
和南山一起入梦！
豪方·悠然居7月8日隆重开启健康生活序幕
热烈祝贺悠然居获深圳市“最佳周边环境楼盘”
悠然居已隆重封顶，内部优惠火爆认购中
2669 8300

悠然居
Youran house
健康生活 PERFORMING NOW
"开山"上演
7月8日，豪方·悠然居隆重开盘
热烈祝贺悠然居获深圳市“最佳周边环境楼盘”
悠然居已隆重封顶，
均价4900/m²
2669 8300

华南
South China

Company name
公司名称：
深圳盛意廊广告

Floor name
楼盘名称：
悠然居

Art director general
创作总监：
王昆仑／蹇明

Art director
美术指导：
杨琦

Copy writer
文案：
叶玉堂

NobleManor
【梧桐半山 私家庄园】
样板示范单位B型别墅
五一正式开放
深圳十大明星楼盘
最佳别墅
盘山路口，900米私家专有车道，150米海拔，少数人的生活特权
83516688 25358666
发展商：深圳市维拉顿房地产开发有限公司 深圳市东埔实业集团有限公司

雲深處
别墅
【梧桐半山 私家庄园】
25358666
25351222
深圳市维拉顿房地产开发有限公司
深圳市东埔实业集团有限公司

由建设部住宅产业化促进中心/
中国建设报 · 中国楼市等权威机构/专家团/强势媒体
联手在三百余家送审方案中
经评审委员会及主办单位的两轮严格评审
凭借得天独厚的优势和精美绝伦的品质
云深处 别墅区赢得一片喝彩，获取了……
2003中国住宅创新夺标大奖
中国住宅经典示范楼盘
权威之选/经典之作/名贵之居
NobleManor
雲深處
25358666 25351222

以往花钱买的健康，很容易就被消耗掉
选择了云深处，
由于购买的最大获益点，是环境
健康则是由这份投资带来的无尽财富，
所以，在这里生生不息的健康因子，
总能伴着梧桐半山的原始森林一起深呼吸
享受鲜活的大自然，健康到永远
这里的健康
[贵]在环境上
0.37容积率约100000平方米的社区
户户超大露台
NobleManor
雲深處
25358666 25351222

華 南
South China

Company name
公司名称：
深圳太一广告

Floor name
楼盘名称：
云深处

Art directer general
创作总监：
余玮琪

Art director
美术指导：
余玮琪

Copy writer
文案：
余玮琪

NobleManor
雲深處
梧桐山自然养（氧）环境中
纯正山林海资源的半山别墅
NobleManor
梧桐半山 私家庄园 8351 6688 2535 8666

NobleManor
雲深處
荣登
2002~2003年度
深圳十大明星楼盘 最佳别墅
2003高位
2003，深圳人居标志之作
我心高远 云深处
150m
900m
360度
6000000m²
30000000m²
94438m²
131户
0.37
14.3%
70.5%
100m
3000m²
99m
1000棵
2个
259m²
1800m²
200倍
深圳市维拉顿房地产开发有限公司
深圳市东埔实业集团有限公司
83516688 25358666 正在接受咨询
敬启者

雲溪鹿
深圳十大明星楼盘 最佳别墅
900米私家车道通达150米海拔的家
梧桐半山之高，360度原始森林围合
0.37容积率的100000平方米的社区
100米天然山溪汇入3000平方米中心湖泊
户户超大露台
社区内种植1500余株名贵树种
别墅A/B/C/D/型 TOWNHOUSE E/型 花园洋房F/型
实景拍摄
有人在虚拟世界享受这样的环境
有人注定用生活来享受 因为
健康 无法 DOWNLOAD
从网络上 下载
25358666 25351222
发展商：深圳市维拉顿房地产开发有限公司 深圳市东埔实业集团有限公司

中城康桥花园
ZHONGCHENG KANGQIAO GARDEN
5青之园
你打的我付款
（打的到现场看楼发票即时报销限50元以下）
零首期（发展商提供）
展销期间
（交足1万元现金者可获额外97折优惠，并赠送2500元礼品）
国家康居示范小区
1/2/3/4期已入伙
沉醉康桥 亲近康桥 爽，
喜庆开盘三周年
红橙黄绿青蓝紫7色阳光的中城康桥花园，在盛况推出5期青之园之际，
也迎来了开盘3周年的灿烂日子，1个个小家在康桥绽放，融汇成
一个亲近、和谐、喜悦、爽心的大家。
大家的康桥，大家的TOWNLife！
385，000m²的红橙黄绿青蓝紫七色组团
100，000m²绿色盎意
3大爽心主题会所
2所温馨幼儿园1所24班康桥小学
1家便利民润超市
“开盘三周年暨 5期青之园劲销” 嘉年华
活动时间：9月14-15日 上午10：30 — 下午6:00
活动内容：1）精彩文艺节目表演；2）交足一万元现金者，现场享受幸运大抽奖，100%中奖。奖品设额外惊喜优惠、多媒体电脑、TCL29寸彩电、美的空调、TCL洗衣机、微波炉等奖项。
本次活动最终解释权归深圳市中城银浦房地产开发有限责任公司所有。（单项奖5000元以内）
公园
布龙公路
深南大道
深圳罗湖
罗湖口岸
文锦渡口岸
香港
康居热线 755 2871 6111 专车看楼
发展商：中国房产·深圳市中城银浦房地产开发有限责任公司 海燕展厅 755 8222 0572 国贸对面 物业管理：中海物业管理

中城康桥花园
ZHONGCHENG KANGQIAO GARDEN
5青之园
国家康居示范小区
你打的我付款
（打的到现场看楼发票即时报销限50元以下）
零首期（发展商提供）
展销期间
（交足1万元现金者可获额外97折优惠，并赠送2500元礼品）
1/2/3/4期已入伙
感悟康桥 拥抱康桥
爽，
红橙黄绿青蓝紫7色阳光的中城康桥花园，在盛况推出5期青之园之际，
也迎来了开盘3周年的灿烂日子，1个个小家在康桥绽放，融汇成
一个亲近、和谐、喜悦、爽心的大家。
大家的康桥，大家的TOWN！
385,000m²的红橙黄绿青蓝紫七色组团 100,000m²绿色盎意 3大爽心主题会所 2所温馨幼儿园 1所24班康桥小学 1家便利民润超市
"开盘三周年暨 5 期青之园劲销" 嘉年华
活动时间：9月14-15日 上午10:30 — 下午6:00
活动内容：1) 精彩文艺节目表演；2) 交足一万元现金者，现场享受幸运大抽奖，100%中奖，奖品设额外惊喜优惠、多媒体电脑、TCL29寸彩电、美的空调、TCL洗衣机、微波炉等奖项。
发展商：中国房产·深圳市中城银浦房地产开发有限责任公司 海燕展厅 755 8222 0572 国贸对面 康居热线 755 2871 6111 专车看楼 物业管理：中海物业管理

中城康桥花园
ZHONGCHENG KANGQIAO GARDEN
5青之园
国家康居示范小区
你打的我付款
零首期
展销期间
1/2/3/4期已入伙
沉醉康桥 亲近康桥
爽，
红橙黄绿青蓝紫7色阳光的中城康桥花园，在盛况推出5期青之园之际，
也迎来了开盘3周年的灿烂日子，1个个小家在康桥绽放，融汇成
一个亲近、和谐、喜悦、爽心的大家。
大家的康桥，大家的TOWN！
"开盘三周年暨 5 期青之园劲销" 嘉年华
活动时间：9月14-15日 上午10:30 — 下午6:00
活动内容：1) 精彩文艺节目表演；2) 交足一万元现金者，现场享受幸运大抽奖，100%中奖，奖品设额外惊喜优惠、多媒体电脑、TCL29寸彩电、美的空调、TCL洗衣机、微波炉等奖项。
385,000m²的红橙黄绿青蓝紫七色组团
100,000m²绿色盎意
3大爽心主题会所
2所温馨幼儿园 1所24班康桥小学
1家便利民润超市
发展商：中国房产·深圳市中城银浦房地产开发有限责任公司 海燕展厅 755 8222 0572 国贸对面 康居热线 755 2871 6111 专车看楼 物业管理：中海物业管理

TOWN Life 现代城市人 爽心·大家
你打的 我付款（打的到现场看楼发票即时报销限50元以下）
零首期（发展商提供）
展销期间（9月6日至9月8日）首18名交足1万元现金者，赠2500元礼品
中城康桥花园
ZHONGCHENG KANGQIAO GARDEN
国家康居示范社区
5期 青之园
1/2/3/4期已入伙
第5场
1/2/3/4期10000m² 中心公园实景
我 拍 我家 爽 挥洒
木桥、流水、绿丛、花儿、凉亭、连廊……
TOWN Life 康桥内的一草一木、一砖一瓦，都富有品位和诗意，是写生的好题材，也是取景的好地方。
镜头可以选在小桥边，也可以架在阳台上。
“中城康桥花园 —— 秋日爽心生活嘉年华”活动
活动时间：9月7－8日 上午10:30 —下午18:00
活动内容：1) 精彩文艺节目表演；2) 交足一万元现金者，现场享受幸运大抽奖，100%中奖，奖品设额外惊喜优惠、多媒体电脑、TCL29寸彩电、美的空调、TCL洗衣机、微波炉等奖项。
房号	户型	面积(m²)	总价(元)	一次性	零首期	首期三成	20年	参考租金
15栋509	2房2厅1卫	71.78	241,544	210,868	231,955	7,744	1,060	二房1,300
17栋E单元402	3房2厅2卫	88.40	311,232	271,706	298,876	11,110	1,324	三房1,600
超大时尚居住社区
国家康居示范社区
布吉住宅绩优旗帜
骄傲引入康桥小学
青之园
1/2/3/4期已入伙
深圳 罗湖
香港
发展商：中国房产·深圳市中城银浦房地产开发有限责任公司 康居热线755 2871 6111 专车看楼 海燕展厅755 8222 0572 国贸对面 物业管理：中海物业管理

TOWN Life 现代城市人 爽心·大家
中城康桥花园
ZHONGCHENG KANGQIAO GARDEN
5期 青之园
你打的 我付款（打的到现场看楼发票即时报销限50元以下）
零首期（发展商提供）
九七折 8.23-8.25
下现金一万元送价值2500元礼品和精美情侣表
1/2/3/4期10000m² 中心公园实景
爽 亲近
谁在打理我生活
出门的显示版上提醒“今天有雨”，窗台下的那段绿色带天天是那么平整，小径间的落叶已不知去向，
回家时的那些路灯永远是那么的温柔，睡梦中依稀听到了护卫轻轻的脚步声……
每时每刻，总感觉到有一双无形的手，在背后整理我的生活，整理我的思绪，
让我产生一种强烈的回归感觉，在TOWN Life康桥，家的维护在于每点每滴。
房号	户型	面积(m²)	总价(元)	一次性	零首期	首期三成	20年
19栋609	2房2厅1卫	70.30	232,156	202,672	218,436	68,436	993
17栋403	3房2厅2卫	88.40	300,441	262,285	282,685	92,685	1,258
中国工商银行提供7成20年按揭
超大时尚居住社区
国家康居示范社区
布吉住宅绩优旗帜
骄傲引入康桥小学
青之园
1/2/3/4期已入伙
国家康居示范社区
深圳 罗湖
香港
发展商 中国房产·深圳市中城银浦房地产开发有限责任公司 康居热线86 755 2871 6111 专车看楼 海燕展厅86 755 8222 0572 国贸对面

房号	户型	面积(m²)	总价(元)	一次性	零首期	首期三成	20年	参考租金
15栋509	2房2厅1卫	71.78	241,544	210,868	231,955	7,744	1,060	二房1,300
17栋E单元402	3房2厅2卫	88.40	311,232	271,706	298,876	11,110	1,324	三房1,600

房号	户型	面积(m²)	总价(元)	一次性	零首期	首期三成	20年
19栋609	2房2厅1卫	70.30	232,156	202,672	218,436	68,436	993
17栋403	3房2厅2卫	88.40	300,441	262,285	282,685	92,685	1,258

5期 青之园 10月28日铁定入伙
19-20日特别优惠5%
免费打的看楼
超值大荟萃
中城康桥花园
国家康居示范社区
5期青之园
配套
24个班的中城康桥外国语学校，2003年9月1日开学
两所温馨幼儿园，其中康桥晶晶幼儿园开学中
民润超市、邮政点、万泽医药、中西餐厅、阳光会所、美发厅
工商银行布吉支行康桥营业点装修中，康桥商业街即将营业
园林
一、二、三、四期园林获得业内外良好口碑
世界著名的泛亚·易道园林设计公司精心设计了五、六、七期水景主题园林
交通
配备两条住户专车线路，往返于中城康桥花园与火车站、华强北之间
火车站——中城康桥花园的中巴531终点站即将进驻
529、533、509、524、711、945、361、357、870等
多路大中巴士在康桥站停靠
发展
中城康桥花园荣获国家康居示范小区
历次荣获明星楼盘、热销楼盘、大众精品楼盘等殊誉
未来发展的城市地铁、轻轨途经康桥
撤关议题带来增值利好
1/2/3/4期10000m² 中心公园会所部分游泳池实景
紫之园
青之园
蓝之园
5、6、7期规划图
价格
房号 | 户型 | 面积(m²) | 总价(元) | 一次性 折后价(元) | 一成首期(元) | 两成两年 | 20年 月供(元)
19栋609 | 2房2厅1卫 | 70.30 | 232,156 | 198,493 | 31,145 | 7,786 | 927
打的现场看楼发票即时报销 限50元以下
深圳罗湖
香港
发展商 中国房产·深圳市中城银浦房地产开发有限责任公司 物业管理 中海物管 康居热线86 755 2871 6111 专车看楼 海燕展厅86 755 8222 0572 国贸对面

華|南
South China

Company name
公司名称：
深圳太一广告

Floor name
楼盘名称：
中城康桥花园

Art director general
创作总监：
计成

Art director
美术指导：
计成 / 朱粟

Copy writer
文案：
杨阿明

中国城市土地城市精品运营商
中城康桥花园
国家康居示范社区
现代城市人的
TOWN Life
OUR HAPPY OUR HOME
买套新房 送给自己
居无定所的日子裹着疲惫的心已很多年，
身边动感的城市还是那么遥远。
在新年临近的时候，买套房子送给自己，
让心不再飘忽不定。
100,000㎡绿化面积 泛亚·易道精心设计5、6、7期水园林
1-4期已入伙 5期青之园持续热销
两所幼儿园 中城康桥外国语学校2003年9月1日开学
民润超市 康桥商业街 大型会所
531中巴总站已进驻康桥 另有十几路大小巴士康桥站停靠
• 迎新年特惠 6% • 首期一万元 现楼即买即住 • 另倾情推出第7栋保留单位 起价仅2,430元/平方米
康居热线 2871 6111 海燕展厅 8222 0572
发展商 中国房产·深圳市中城银浦房地产开发有限责任公司 物业管理 中海物管

中国城市土地城市精品运营商
中城康桥花园
国家康居示范社区
现代城市人的
TOWN Life
OUR HAPPY OUR HOME
买套新房 让孩子过个好年
孩子，最是心中温柔的感动，
孩子每次的欢笑每次的不安，都紧紧地牵动着父母的心。
在新年临近的时候，
买套新房让孩子过个好年。
两所幼儿园 中城康桥外国语学校2003年9月1日开学
1-4期已入伙 5期青之园持续热销
民润超市 康桥商业街 大型会所
531中巴总站已进驻康桥 另有十几路大小巴士康桥站停靠
100,000㎡绿化面积 泛亚·易道精心设计5、6、7期水园林
• 迎新年特惠 6% • 首期一万元 现楼即买即住 • 另倾情推出第7栋保留单位 起价仅2,430元/平方米
康居热线 2871 6111 海燕展厅 8222 0572
发展商 中国房产·深圳市中城银浦房地产开发有限责任公司 物业管理 中海物管

中国城市土地城市精品运营商
中城康桥花园
国家康居示范社区
现代城市人的
TOWN Life
OUR HAPPY OUR HOME
买套新房 送给父母
又过年了!
父母为我忙活了二十多个春节，
从这个春节起，该我为父母过节。
买套新房，送给父母。
让心更近，让爱更浓。
100,000m²绿化面积 泛亚·易道精心设计5、6、7期水园林
1-4期已入伙 5期青之园持续热销
两所幼儿园 中城康桥外国语学校2003年9月1日开学
民润超市 康桥商业街 大型会所
531中巴总站已进驻康桥 另有十几路大小巴士康桥站停靠
•迎新春特惠 6% •首期一万元 现楼即买即住 •另倾情推出第7栋保留单位 起价仅2,430元/平方米
康居热线86 755 2871 6111
发展商 中国房产·深圳市中城银浦房地产开发有限责任公司 物业管理 中海物管

中国城市土地城市精品运营商
中城康桥花园
国家康居示范社区
现代城市人的
TOWN Life
OUR HAPPY OUR HOME
买套新房 送给妻子
女人，都有一种对家的渴望，
虽然妻子没有说出，
但从她的眼神中能够看到。
在新春临近的时候，买套新房送给妻子，
让她端坐在家的时候不知不觉露出笑意。
100,000m²绿化面积 泛亚·易道精心设计5、6、7期水园林
1-4期已入伙 5期青之园持续热销
两所幼儿园 中城康桥外国语学校2003年9月1日开学
民润超市 康桥商业街 大型会所
531中巴总站已进驻康桥 另有十几路大小巴士康桥站停靠
•迎新春特惠 6% •首期一万元 现楼即买即住 •另倾情推出第7栋保留单位 起价仅2,430元/平方米
康居热线86 755 2871 6111
发展商 中国房产·深圳市中城银浦房地产开发有限责任公司 物业管理 中海物管

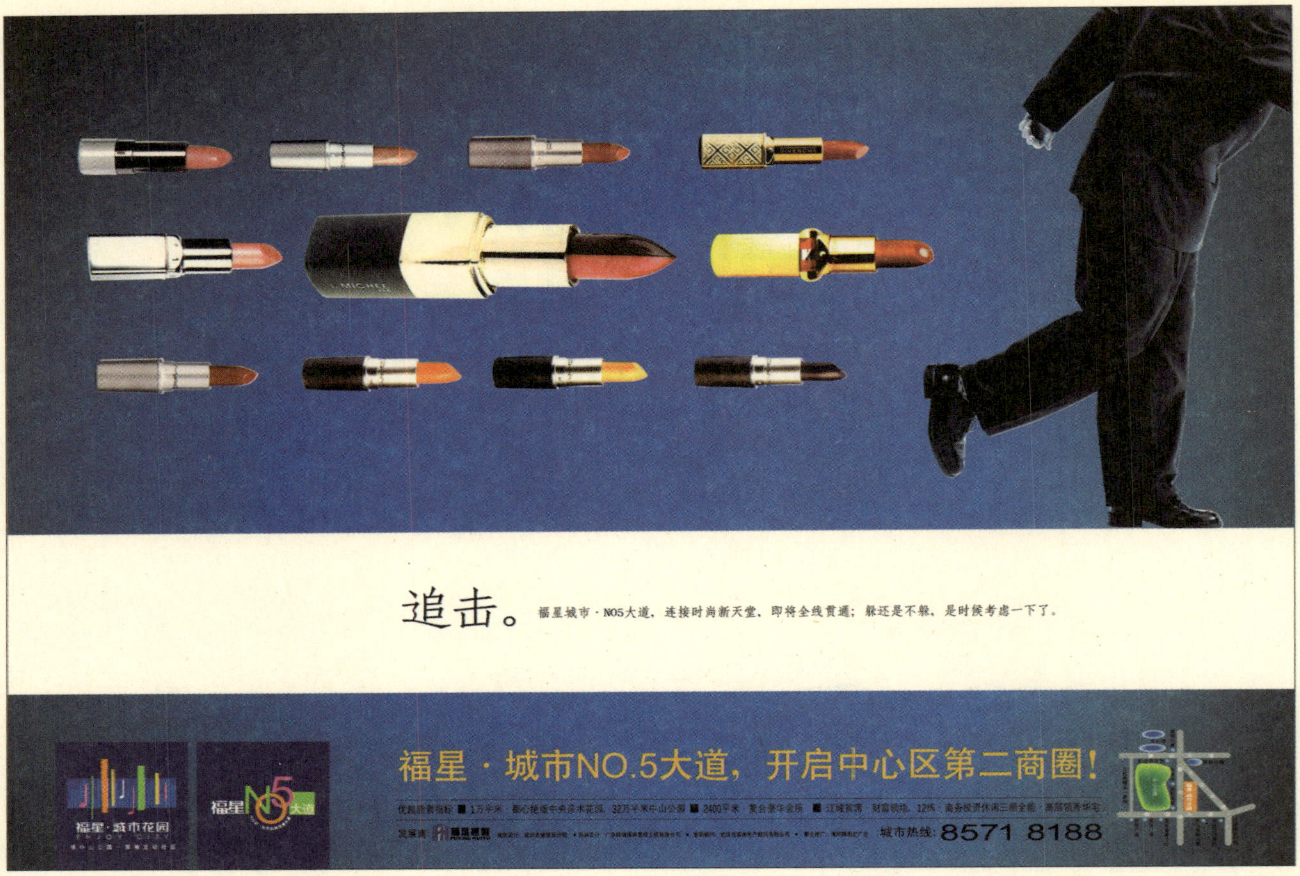
追击。
福星城市·NO5大道，连接时尚新天堂，即将全线贯通；躲还是不躲，是时候考虑一下了。
福星·城市NO.5大道，开启中心区第二商圈！
城市热线：8571 8188
福星·城市花园
福星NO5大道

华中
Center China

Company name
公司名称：
深圳博思堂广告

Floor name
楼盘名称：
福星城市花园

Art director
美术指导：
王军

Copy writer
文案：
李焱

GUCCI ENVY
香饰。福星城市·NO5大道，连接时尚新天堂，即将全线贯通：魅力全新体验，你有多少种想法？
福星·城市花园
福星·城市NO.5大道，开启中心区第二商圈！
优越质素指标 ■ 1万平米·都心绝版中央亲水花园，32万平米中山公园 ■ 2400平米·复合豪华会所 ■ 江城首席 财富领地，12栋·商务投资休闲三栖全能·高尚领秀华宅
发展商：
城市热线：8571 8188

扶择。
福星城市·NO5大道、连接时尚新天堂、即将全线贯通；又到该你抉择的时候了。
福星·城市花园
福星 NO5 大道
福星·城市NO.5大道，开启中心区第二商圈！
城市热线：8571 8188

西北湖
西北湖绿化广场
喷泉广场
中山公园

电视台
民航大酒店
香格里拉大酒店
江汉步行街

Company name
公司名称：
深圳博思堂广告

Floor name
楼盘名称：
福星城市花园

Art director
美术指导：
雷泽恒

Copy writer
文案：
李焱

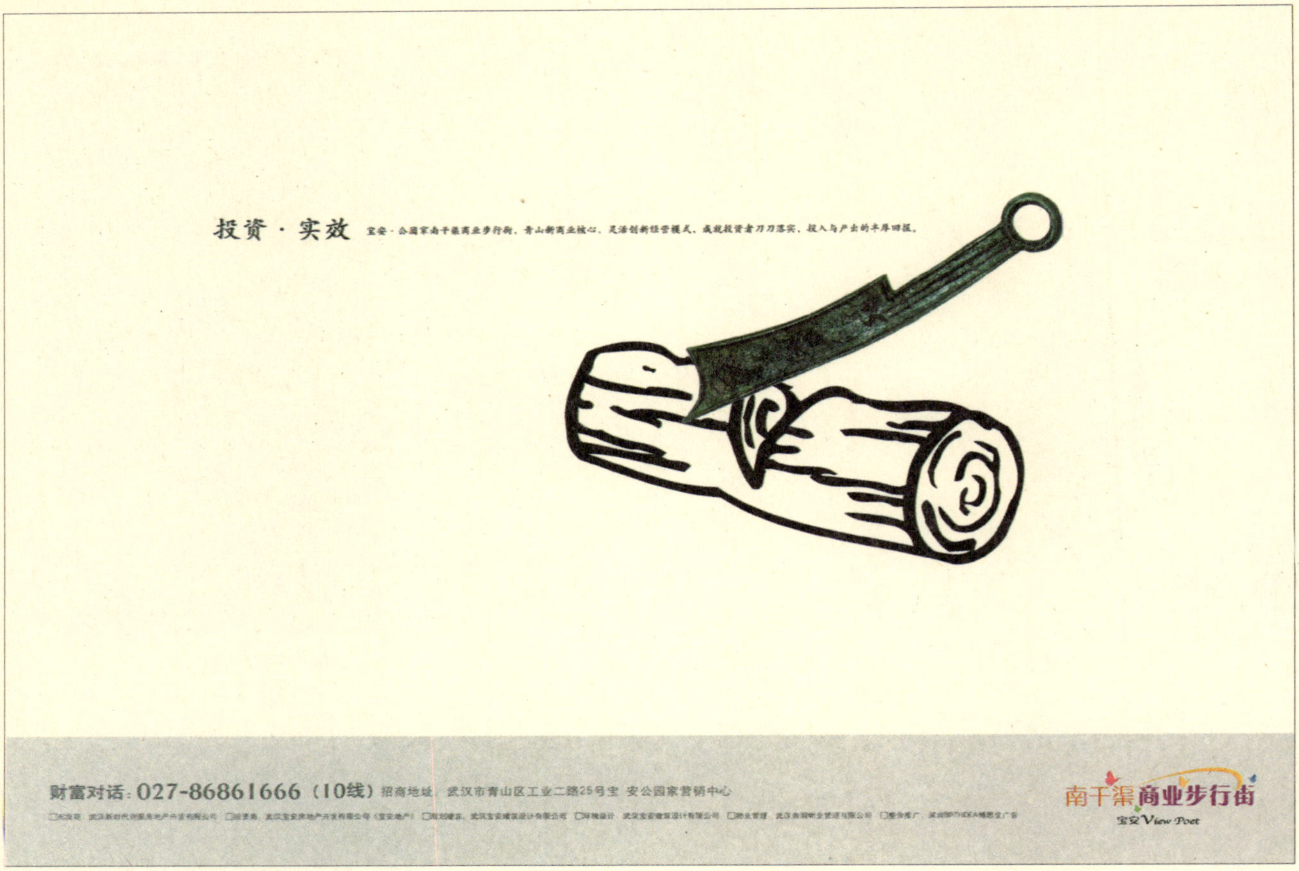
投资·实效
宝安·公园家南干渠商业步行街，青山新商业核心，灵活创新经营模式，成就投资者刀刀落实，投入与产出的丰厚回报。
财富对话：027-86861666（10线）招商地址：武汉市青山区工业二路25号宝 安公园家营销中心
南干渠商业步行街
宝安 View Poet

投资·眼光
宝安·公园家南干渠商业步行街，青山新商业核心，武汉社区商业的先行者，与有远见卓识的商界精英共同缔造的创富时代。
财富对话：027-86861666（10线）招商地址：武汉市青山区工业二路25号宝 安公园家营销中心
南干渠商业步行街
宝安 View Poet

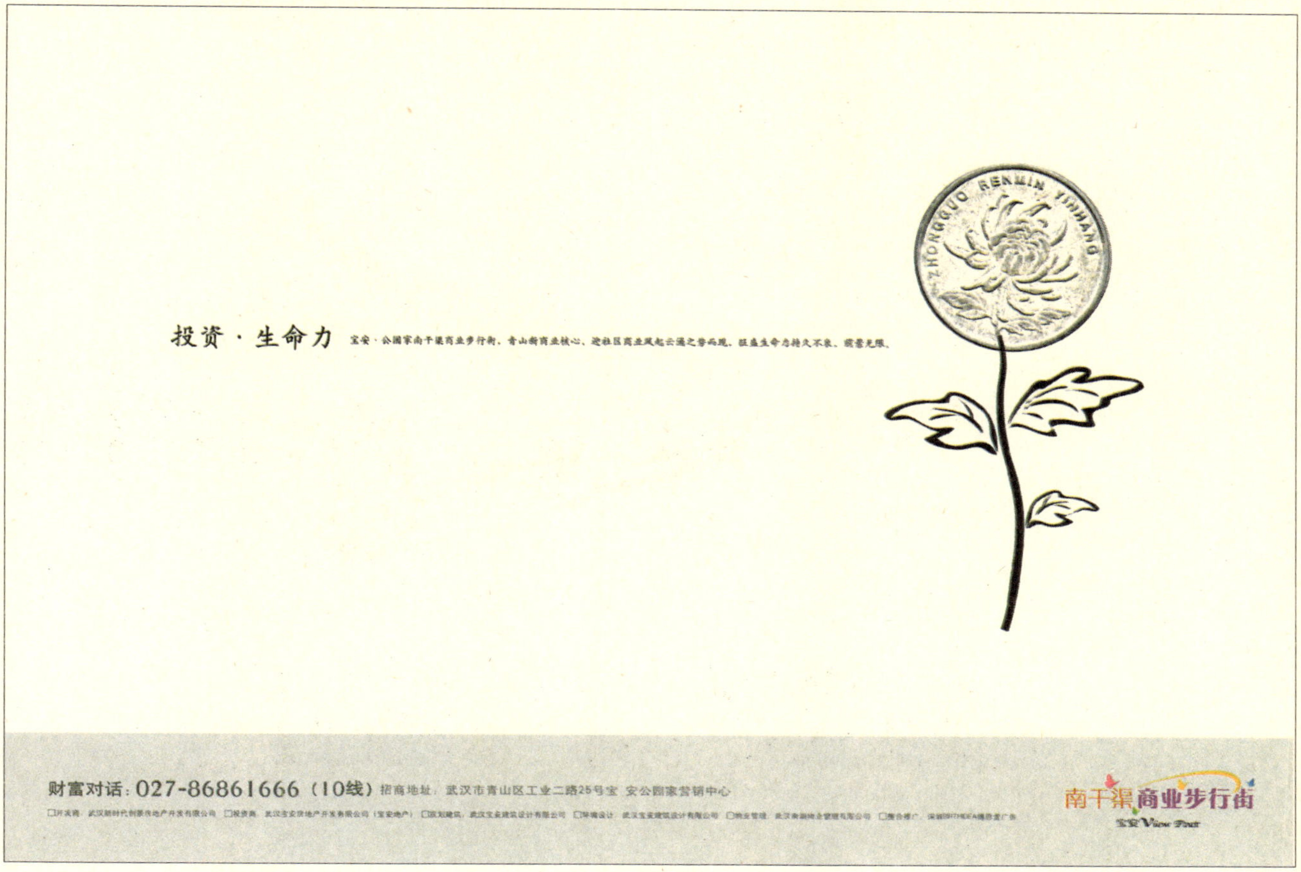

华|中
Center China

Company name
公司名称：
深圳博思堂广告

Floor name
楼盘名称：
南干渠商业步行街

Art director
美术指导：
华泽英

Copy writer
文案：
李韬

贺"沁园春"荣获2003年度中国名盘、名企评比长沙赛区名盘称号
发现
完美
日出。5分钟之后，江岸的其余人也可以看见。
沁园春，高出江岸路基约18米的自然台地式高层豪宅，拥有全无遮挡的无敌景观，清新自然的日出日落，从此成为你私家的风景。
沁园春雄踞湘江水景第一线，将湘江、岳麓山的景观毫无保留的展现在面前，令绝世美景成为您的私家珍藏；全城独有18米高台上的逾20000平米的空中园林及独创的四维立体健康会所，共同营造尊贵生活品位，浮出城市繁华之上的私家领地，让俯瞰成为沁园春主人的生活姿态。
沁园春
SPLENDID GARDEN
发展商：长江置业(湖南)发展有限公司 楼盘地址：长沙市银盆南路208号（四水厂旁） 全程策划：众盈Allwin顾问
物业管理：深圳金地物业管理有限公司 整合推广：深圳汇鑫行策划 新生活热线：8926 899 8807 099
长房售许字(2002)1418号

现在，好房子的标准，要向沁园春看齐。
沁园春，凭借着丽质天成的超凡气质和别具匠心的规划设计，荣获2003年度中国名盘、名企评比长沙赛区名盘称号！
沁园春雄踞湘江水景第一线，将湘江、岳麓山的景观毫无保留的展现在面前，令绝世美景成为您的私家珍藏；全城独有18米高台上的逾20000平米的空中园林及独创的四维立体健康会所，共同营造尊贵生活品位，浮出城市繁华之上的私家领地，让俯瞰成为沁园春主人的生活姿态。
沁园春
SPLENDID GARDEN
10月18日沁园春"动感Copy秀"隆重登场！
届时将在沁园春现场举行"明星模仿秀"、"祝福墙签字"等大型文体活动，欢迎新老业主报名参与！特设奖金3000元（一等奖1500元，二等奖1000元，三等奖 5 00元）
发展商：长江置业(湖南)发展有限公司 楼盘地址：长沙市银盆南路208号（四水厂旁） 全程策划：众盈Allwin顾问 物业管理：深圳金地物业管理有限公司 整合推广：深圳汇鑫行策划 新生活热线：8926 899 8807 099

華中
Center China

Company name
公司名称：
深圳汇鑫行策划

Floor name
楼盘名称：
沁园春

Art director general
创作总监：
张天雨

Art director
美术指导：
杨立锋

Copy writer
文案：
谢海燕

Flower Kingdom
仁和·香堤雅境
生活从此有了花香的味道
穿上最青翠的裙子去散步，
因为不可以输给这片葱绿园林
雅境热线：5164892
发展商：长沙仁和房地产开发有限公司　建筑设计：(美国)和光SPACE规划与设计有限公司　景观设计：L&A奥雅(加拿大)园境师事务所

華｜中
Center China

Company name
公司名称：
深圳博思堂广告

Floor name
楼盘名称：
仁和香堤雅境

Art director
美术指导：
陶国松

Copy writer
文案：
许英

山水芙蓉姊妹篇——大型生态低密度高尚社区
山水人家·Ⅲ
POETIC HOME
让孩子生活在蝴蝶飞舞的地方，给心灵自然……
自然的，才是最好的。
山水人家三期延续了山水一期和二期一贯的卓越品质，
以优美的园林景观和典雅的新古典主义建筑，让您零距离感受自然而精致的生活。
□实力品牌经典建筑　山水芙蓉姊妹篇，由永泰地产、隆平高科、人健置业倾力打造，新古典主义建筑彰显不凡品位　□多样户型独特设计　户型设计多样，采用豪华面宽，设独立餐厅，运用错层、凸窗、双阳台等时下最流行设计　□成熟配套时尚生活　相依县政府后庭花园，紧邻10万平方米生态文化广场、通程商业广场，香榭里商业街近在咫尺　□尊宠物管亲情服务　由中国物业管理协会直属会员，具有三级物管资质的美好愿景物业管理有限公司担纲物管
投资商：隆平高科/永泰地产　　发展商：人健置业
现场售楼地址：开元大酒店北侧　　市内售楼地址：阿波罗商业广场肯德基西侧
4022448　4022558（现场）
2294988　2294688（市内）
山水芙蓉
森林公园
潇湘路
山水人家
开元酒店
开元路
山水人家三期
通程商业广场
生态文化广场

山水芙蓉姊妹篇——大型生态低密度高尚社区
山水人家·Ⅲ
POETIC HOME
让孩子生活在有山水的地方，给成长自由……
山水的，才是最真的。
山水人家三期延续了山水一期和二期一贯的卓越品质，
以优美的园林景观和典雅的新古典主义建筑，让您零距离感受自然而精致的生活。
□实力品牌经典建筑　山水芙蓉姊妹篇，由永泰地产、隆平高科、人健置业倾力打造，新古典主义建筑彰显不凡品位　□多样户型独特设计　户型设计多样，采用豪华面宽，设独立餐厅，运用错层、凸窗、双阳台等时下最流行设计　□成熟配套时尚生活　相依县政府后庭花园，紧邻10万平方米生态文化广场、通程商业广场，香榭里商业街近在咫尺　□尊宠物管亲情服务　由中国物业管理协会直属会员，具有三级物管资质的美好愿景物业管理有限公司担纲物管
投资商：隆平高科/永泰地产　　发展商：人健置业
现场售楼地址：开元大酒店北侧　　市内售楼地址：阿波罗商业广场肯德基西侧
4022448　4022558（现场）
2294988　2294688（市内）
山水芙蓉
森林公园
山水人家
山水人家三期
通程商业广场
生态文化广场

山水人家·Ⅱ
POETIC HOME
山水芙蓉姊妹篇——大型生态低密度高尚社区
9月18日 open 盛大开盘
"o"距离山水生活
2002年10月20日，山水人家一期开盘，金秋十月顿时充满欢笑；
150天之后，山水人家一期全部售罄；
2003年4月12日，山水人家二期开盘，暖春四月顿时阳光灿烂；
60天之后，山水人家二期全部售罄；
……
回首过去，一路欢笑，一路阳光——因为有你们一路相伴！
9月18日，山水人家三期盛大开盘！
未来的日子里，山水愿继续与你们分享！
□实力品牌经典建筑　山水芙蓉姊妹篇，由永泰地产、隆平高科、人健置业倾力打造，新古典主义建筑彰显不凡品位　□多样户型独特设计　户型设计多样，采用豪华面宽，设独立餐厅，运用错层、凸窗、双阳台等时下最流行设计　□成熟配套时尚生活　相依县政府后庭花园，紧邻10万平方米生态文化广场，通程商业广场、香榭里商业街近在咫尺　□尊宠物管亲情服务　由中国物业管理协会直属会员，具有三级物管资质的美好愿京物业管理有限公司担纲物管
投资商：隆平高科　永泰地产　发展商：人健置业　现场售楼地址：开元大酒店北侧　市内售楼地址：阿波罗商业广场肯德基西侧
4022448　4022558（现场）　2294988　2294688（市内）

山水情怀　一生相伴
VERDANT PARK
山水芙蓉
山水人家
POETIC HOME
4022448　4022558
2294988　2294688

真山、真水、真生活
值得信赖 值得追随
山水芙蓉姊妹篇——超大型低密度、生态花园洋房高尚社区
贺 山水人家一期100%售罄
二期即将隆重推出
秉承山水芙蓉的高贵品质和打造优质人居环境的理念，山水人家一期在推出市场仅仅150天时间的里全部售罄，共计569套！这一切缘于山水人家科学、人性化的低密度生态家园的魅力，山水品牌高贵不贵的实惠价格和广大消费者对我们的信赖与对山水生活的向往。
山水人家二期在超越中再铸经典，即将震撼推出，敬邀阁下光临品鉴。
山水人家·II
POETIC HOME
■ 永泰地产、隆平高科、人健置业倾力打造 ■ 山水芙蓉姊妹篇 ■ 位于国家级开发区 — 长沙经济技术开发区的核心地段 ■ 南临10万余平米的生态文化广场，北对350亩森林公园，西靠长沙县委县政府后花园 ■ 中庭10000平方米的"映霞湖"自然天成 ■ 50000平米山水园林景观点缀惬意生活 ■ 首创黄金距离的香榭里商业街环绕小区 ■ 香港戴德梁行担任物管顾问，英皇冠认证的美好愿京物业管理公司担任物管 ■ 新古典主义经典建筑彰显不凡品位 ■ 轻松拥有低密度花园洋房、休闲购物商业街组成的大型生态高尚生活社区，总价仅9万—23万
投资商：隆平高科 永泰地产 发展商：人健置业 现场售楼地址：开元大酒店北侧 市内售楼地址：阿波罗商业广场肯德基西侧
山水之约：4022448 4022558（现场）2294988 2294688（市内）

真山、真水、真生活
值得期待的山水生活
山水芙蓉姊妹篇——超大型低密度、生态花园洋房高尚社区
贺 山水人家一期100%售罄
二期即将隆重推出
秉承山水芙蓉的高贵品质和打造优质人居环境的理念，山水人家一期在推出市场仅仅150天时间的里全部售罄，共计569套！这一切缘于山水人家科学、人性化的低密度生态家园的魅力，山水品牌高贵不贵的实惠价格和广大消费者对我们的信赖与对山水生活的向往。
山水人家二期在超越中再铸经典，即将震撼推出，敬邀阁下光临品鉴。
山水人家·II
POETIC HOME
■ 永泰地产、隆平高科、人健置业倾力打造 ■ 山水芙蓉姊妹篇 ■ 位于国家级开发区 — 长沙经济技术开发区的核心地段 ■ 南临10万余平米的生态文化广场，北对350亩森林公园，西靠长沙县委县政府后花园 ■ 中庭10000平方米的"映霞湖"自然天成 ■ 50000平米山水园林景观点缀惬意生活 ■ 首创黄金距离的香榭里商业街环绕小区 ■ 香港戴德梁行担任物管顾问，英皇冠认证的美好愿京物业管理公司担任物管 ■ 新古典主义经典建筑彰显不凡品位 ■ 轻松拥有低密度花园洋房、休闲购物商业街组成的大型生态高尚生活社区，总价仅9万—23万
投资商：隆平高科 永泰地产 发展商：人健置业 现场售楼地址：开元大酒店北侧 市内售楼地址：阿波罗商业广场肯德基西侧
山水之约：4022448 4022558（现场）2294988 2294688（市内）

華｜中
Center China

Company name
公司名称：
深圳汇鑫行策划

Floor name
楼盘名称：
山水人家

Art director general
创作总监：
张天雨

Copy writer
文案：
谢海燕

多回去陪陪家人 是最重要的应酬
有多久没有陪父母聊天？
有多久没跟儿子谈心？有多久没有全家出去玩？
其实、他们在心里默默地等了你很多年。
成功过后，发现家庭是你最重要的事业。
少一些应酬、多一些时间与家人在一起。
水云间为每一个爱家、恋家的人充满敬意，
营造更和谐的社区文化氛围，让更多的精英们下班后享受天伦之乐。
在水云间，回到生活的本义
风光热线：4199699或4199299
水雲間

给点时间
和自己多呆一会儿
"不要太多的钱，也不要太多的权，但要有足够的闲暇"，
这是一位法国作家对理想生活状态的描述。
你的生活是什么？
上午开会议，下午谈合同，晚上陪客户，周末出差、考察……
你一定也想过逃离这些忙碌吧，把自己交给自己。
享受简单，朴素的心情，在水云间樟树林里，
听虫鸣鸟叫，看纷纷落叶；在会所里喝一杯咖啡，心情闲闲淡淡；
或把自己关起来，和书中那些大师对话……
这样的时候，自己是最真实的。
在水云间，回到生活的本义
风光热线：4199699或4199299
水雲間

越是成功　越想活回原来的自己
有人说，成功就象一只高飞的鸟缚着沉重的黄金。
对你而言，成功就是从一个地方获得了你想追求的东西，却在另一个天平失去了自己。
经历过人生的风光，总渴望过一些简单的生活，体味生活中许多原本美好的东西，
譬如，尝尝粗茶淡饭，在青山绿水间漫步，
多一些时间陪陪家人，拥有孩子般的快乐……
今天，水云间在这个城市最自然的地方，
努力为城市精英们塑造一处回归自我，返朴归真的所在。
在水云间，回到生活的本义
风光热线：4199699或4199299
水雲间

越是自然的东西　越属于生命的本质
建立一个家有两种态度：
一是将自然拒之门外，另一种是共处一室，
让家的空间保留一份朴素的优雅。
水云间，屋前屋后树木葱茏，流水潺潺，
从当初的规划设计就坚持营造最纯粹的自然，
让每一个生活在这里的人，从都市的纷扰中逃出来，
回到田园牧歌式的悠然，回到单纯的世界中来。
这里的夜晚，没有灯红酒绿，
只有优雅的音符和一闪一闪的萤火虫……
自然而然，你会活出一份与众不同。
在水云间，回到生活的本义
风光热线：4199699或4199299
水雲间

新世纪嘉园
激情演绎
新都市生活
新世纪嘉园
一个源于新加坡的NEW CENTURY GARDEN,
它的璀璨光芒，不仅在于其安全、便捷、健康、时尚，
更在于深植人心的生活法则——自然，创新与热爱。
站在时尚生活的最前沿，
New City Life却难能可贵的保留了生命最本质的光辉，
自然迸发的优雅活力，使无数深谙品质与品位的精英人士怦然心动。
世纪之城　梦想之城
新世纪嘉园是岳房股份倾心之作，投资1.6亿元，位于青年中路与琵琶王路的交汇处，由9栋独具特色高层名宅组成，是岳阳第一个高层住宅社区、第一个科技智能化社区，第一个国家康居示范工程，拥有全市最大的超市和商业广场。以著名的新加坡主题园林为依归，多项康体设施及丰富精彩的健康主题活动，将把新都市生活演绎到极至。
园林设计：新加坡歌比园林有限公司
建筑设计：湖南大学设计院
咨询电话：8616666
8616888
开发商：岳房股份有限公司
全程策划：明瑞地产代理有限公司
物业管理：康怡物业发展有限公司

新世纪嘉园
激情演绎
新都市生活
新世纪嘉园
一个源于新加坡的NEW CENTURY GARDEN,
它的璀璨光芒，不仅在于其安全、便捷、健康、时尚，
更在于深植人心的生活法则——自然，创新与热爱。
站在时尚生活的最前沿，
New City Life却难能可贵的保留了生命最本质的光辉，
自然迸发的优雅活力，使无数深谙品质与品位的精英人士怦然心动。
世纪之城　梦想之城
新世纪嘉园是岳房股份倾心之作，投资1.6亿元，位于青年中路与琵琶王路的交汇处，由9栋独具特色高层名宅组成，是岳阳第一个高层住宅社区、第一个科技智能化社区，第一个国家康居示范工程，拥有全市最大的超市和商业广场。以著名的新加坡主题园林为依归，多项康体设施及丰富精彩的健康主题活动，将把新都市生活演绎到极至。
建筑设计：湖南大学设计院
咨询电话：8616666
8616888
开发商：岳房股份有限公司
全程策划：明瑞地产代理有限公司
物业管理：康怡物业发展有限公司

華|中
Center China

Company name
公司名称：
深圳黑弧广告

Floor name
楼盘名称：
水云间

Company name
公司名称：
岳阳明瑞广告

Floor name
楼盘名称：
新世纪嘉园

Art director general
创作总监：
晏明

Art director
美术指导：
吴德山

湖南人凭什么？
不服输
除了德国人、美国人，中国湖南人也敢在五金机电市场呼风唤雨。湖南雨花五金机电大市场向国际叫板。
YUHUA HARDWARE
雨花机电
中国·长沙
火爆招商即将启动
湖南做大了！世界震惊了！
超前二十年的经营业态
48个足球场大的首期用地
湖南五金机电行业大气度的"造城"运动
大窗口、大渠道、大平台的高标准规划
成为中西部地区经济腾飞的强劲动力
中国五金机电市场新时代的领航者
•月•日，和湖南雨花五金机电市场一起开创大场面
垂询电话：5631188 5639988
开发商：湖南弘欣置业发展有限公司
营销中心：汽车南站南侧中意路721号（沿107国道南行200米，广空加油站对面）

湖南人凭什么？
看得远
湖南雨花五金机电大市场业态超前20年，且地处二环之外，永久不忧拆迁。未来不撼地位，今日已然奠定。
YUHUA HARDWARE
雨花机电
中国·长沙
火爆招商即将启动
湖南做大了！世界震惊了！
超前二十年的经营业态
48个足球场大的首期用地
湖南五金机电行业大气度的"造城"运动
大窗口、大渠道、大平台的高标准规划
成为中西部地区经济腾飞的强劲动力
中国五金机电市场新时代的领航者
•月•日，和湖南雨花五金机电市场一起开创大场面
垂询电话：5631188 5639988
开发商：湖南弘欣置业发展有限公司
营销中心：汽车南站南侧中意路721号（沿107国道南行200米，广空加油站对面）

湖南人凭什么？
眼光准
湖南雨花五金机电大市场选址长、株、潭三市交汇之中心点，专家预言她将成为实现三市经济一体化强有力的催化剂。
长沙
株洲
湘潭
YUHUA HARDWARE
雨花机电
中国·长沙
火爆招商即将启动
湖南做大了！世界震惊了！
超前二十年的经营业态
48个足球场大的首期用地
湖南五金机电行业大气度的"造城"运动
大窗口、大渠道、大平台的高标准规划
成为中西部地区经济腾飞的强劲动力
中国五金机电市场新时代的领航者
•月•日、和湖南雨花五金机电市场一起开创大场面
垂询电话：5631188 5639988
开发商：湖南弘欣置业发展有限公司
营销中心：汽车南站南侧中意路721号（沿107国道南行200米，广空加油站对面）

湖南人凭什么？
敢为先
用集贸易、博览、信息、物流配送、电子商务等于一体的新型市场取代传统市场，湖南雨花五金机电市场真的走在前面了。
火爆招商即将启动
湖南做大了！世界震惊了！
超前二十年的经营业态
48个足球场大的首期用地
湖南五金机电行业大气度的"造城"运动
大窗口、大渠道、大平台的高标准规划
成为中西部地区经济腾飞的强劲动力
中国五金机电市场新时代的领航者
•月•日，和湖南雨花五金机电市场一起开创大场面
垂询电话：5631188 5639988
YUHUA HARDWARE
雨花机电
中国·长沙
开发商：湖南弘欣置业发展有限公司
营销中心：汽车南站南侧中意路721号（沿107国道南行200米，广空加油站对面）

湖南人凭什么？
敢做大
湖南雨花五金机电大市场首期即有48个标准足球场大，规模优势可见一斑。难怪人们惊呼：五金机电市场的航母来了。
火爆招商即将启动
湖南做大了！世界震惊了！
超前二十年的经营业态
48个足球场大的首期用地
湖南五金机电行业大气度的"造城"运动
大窗口、大渠道、大平台的高标准规划
成为中西部地区经济腾飞的强劲动力
中国五金机电市场新时代的领航者
•月•日，和湖南雨花五金机电市场一起开创大场面
垂询电话：5631188 5639988
YUHUA HARDWARE
雨花机电
中国·长沙
开发商：湖南弘欣置业发展有限公司
营销中心：汽车南站南侧中意路721号（沿107国道南行200米，广空加油站对面）

产权买断不做房客做主人，坐拥旺铺前程无忧！
你是否在一面尝付高昂租金的同时又担心政府政策、市场经营状况不期而变？您没想找一个稳定的市场实现生意的永续经营？其实、买断产权是一个不错的方式，你只需在物业上一次性投资就能换得一生的安定感，用其它市场5-6年的租金就能换得同雨花机电同等面积的铺面，还有什么理由不让自己快人一步！
湖南雨花五金机电市场
HUNAN YUHUA HARDWARE MARKET
专业的湖南雨花五金机电市场，规划占地2000亩，首期开发600亩，总计投资16.8亿元人民币．汇购物．博览．信息．物流配送．电子商务．金融投资．居家休闲于一体．是中南地区真正意义上的五金机电大型交易市场与大型机械机床集散中心。
汇集十大优势，火爆显而易见
◆政府关注的世纪工程
◆两倍于现有市场总和的超大规模
◆国际同步的经营业态
◆成熟市场群落
◆交通四通八达
◆雄踞三市融城桥头堡
◆专业五金机电交易市场
◆高品位规划
◆买断产权
◆贴心物管
机电世界 五金王国
招商热线：0731-5631188　5639988　开发商：湖南弘欣置业发展有限公司　营销中心：汽车南站南侧中意路721号　网址：www.yhjd.com

政府、业界鼎力支持，雨花机电巨舰启航！
雨花五金机电市场自项目规划设想出台伊始，从建设用地、产业扶持政策、经营大户加盟等多方面，均得到各级政府领导及业界的鼎立支持，一股股力量共同汇聚成雨花机电的坚强后盾。随着项目的快速推进，五金机电的巨舰即将激情起航。
湖南雨花五金机电市场
HUNAN YUHUA HARDWARE MARKET
湖南雨花五金机电市场，首期开发400多亩，投资5亿元人民币，汇购物，博览，信息，物流配送，电子商务，金融投资，居家休闲于一体，是中南地区真正意义上的五金机电大型交易市场与大型机械机床集散中心。
汇集十大优势，火爆显而易见
◆政府关注的世纪工程
◆两倍于现有市场总和的超大规模
◆国际同步的经营业态
◆成熟市场群落
◆交通四通八达
◆雄踞三市融城桥头堡
◆专业五金机电交易市场
◆高品位规划
◆买断产权
◆贴心物管
机电世界 五金王国
垂询热线：0731-5631188 5639988 开发商：湖南弘欣置业发展有限公司 营销中心：汽车南站南侧中意路721号 网址：www.yuhua-hardware.com

华中
Center China

Company name
公司名称：
长沙金果广告

Floor name
楼盘名称：
雨花五金机电市场

Art director general
创作总监：
邹德君

Art director
美术指导：
毛萍／肖辉

IT IS LIFE
ALSO ART
生活的 也是艺术的
FLORAL DWELLING
亚华·香舍花都
华中地区首个国家健康住宅试点小区
浮士德
FAUST
为《浮士德》等待了58年
为亚华·香舍花都再等待3天
1773年，德国作家歌德开始构思他的新作；
58年后，1831年，一部史诗性的巨著——《浮士德》诞生；
世人为《浮士德》的诞生整整等待了58年——因为艺术，因为值得。
2003年1月1日，一件以艺术标准打造的建筑精品——亚华香舍花都即将盛情开放。
艺术需要时间的雕琢，敬请等待3天。
1·样板房盛情开放 2·新年购房额外惊喜98折（有效期2003年1月1日—2003年1月7日）
■发展商：湖南亚华置业有限公司 ■物管顾问：深圳金地物业管理公司 ■规划设计：澳大利亚柏涛(墨尔本)建筑设计公司 ■景观设计：澳大利亚贝尔高林景观设计有限公司 ■全程策划：深圳新业地产顾问公司 ■整合推广：深圳黑弧广告 ■艺术生活热线：5536118 5537118 5538118

IT IS LIFE
ALSO ART
生活的 也是艺术的
FLORAL DWELLING
亚华·香舍花都
华中地区首个国家健康住宅试点小区
为《思想者》等待了20年
为亚华·香舍花都再等待2天
1880年，法国雕塑家罗丹开始构思他的新作；
20年后，1900年，一件现实主义的代表作——《思想者》诞生；
世人为《思想者》的诞生整整等待了20年——因为艺术，因为值得。
2003年1月1日，一件以艺术标准打造的建筑精品——亚华香舍花都即将盛情开放。
艺术需要时间的雕琢，敬请等待2天！
1·样板房盛情开放 2·新年购房额外惊喜98折（有效期2003年1月1日—2003年1月7日）
■发展商：湖南亚华置业有限公司 ■物管顾问：深圳金地物业管理公司 ■规划设计：澳大利亚柏涛(墨尔本)建筑设计公司 ■景观设计：澳大利亚贝尔高林景观设计有限公司 ■全程策划：深圳新业地产顾问公司 ■整合推广：深圳黑弧广告 ■艺术生活热线：5536118 5537118 5538118

IT IS LIFE
ALSO ART
亚华·香舍花都
华中地区首个国家健康住宅试点小区
为悉尼歌剧院等待了14年
为亚华·香舍花都再等待1天
1959年，悉尼贝尼朗岬角上的某处破土动工；
14年后，1973年，世界上最伟大的现代建筑物之一——悉尼歌剧院诞生；
世人为悉尼歌剧院的诞生整整等待了14年——因为艺术，因为值得。
2003年1月1日，一件以艺术标准打造的建筑精品——亚华香舍花都即将盛情开放。
艺术需要时间的雕琢，敬请等待1天！
1·样板房盛情开放 2·新年购房额外惊喜98折
艺术生活热线：5536118 5537118 5538118

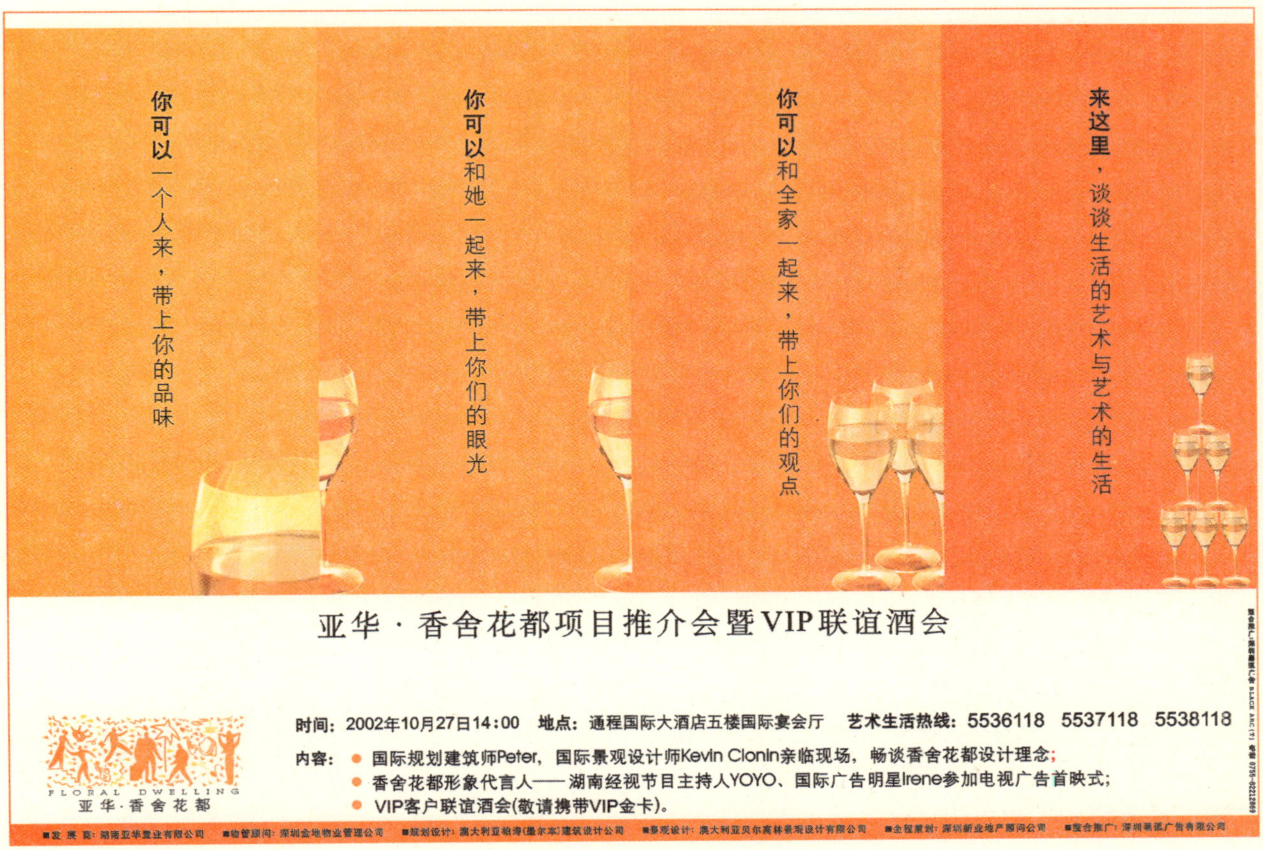

你可以一个人来，带上你的品味
你可以和她一起来，带上你们的眼光
你可以和全家一起来，带上你们的观点
来这里，谈谈生活的艺术与艺术的生活
亚华·香舍花都项目推介会暨VIP联谊酒会
时间：2002年10月27日14:00 地点：通程国际大酒店五楼国际宴会厅 艺术生活热线：5536118 5537118 5538118
内容：国际规划建筑师Peter，国际景观设计师Kevin Clonin亲临现场，畅谈香舍花都设计理念；
香舍花都形象代言人——湖南经视节目主持人YOYO、国际广告明星Irene参加电视广告首映式；
VIP客户联谊酒会(敬请携带VIP金卡)。
FLORAL DWELLING
亚华·香舍花都

怡景花园
君臨長江·縱目楚天
坐拥大江东去
心似皓月长风
恰景花园·长江篇
怡景心语027·82711616·82711618

怡景花园·外滩篇
怡景花园
君臨長江·縱目楚天
御览两岸灯火，尊享八园竞秀
置身都会中的绿洲 享受富豪生活 享受视野270° 环回长江视域 磅礴气势 傲视四方
027·82711616·82711618

華|中
Center China

Company name
公司名称：
深圳黑弧广告

Floor name
楼盘名称：
亚华香舍花都

Company name
公司名称：
武汉海德鸿亚广告

Floor name
楼盘名称：
怡景家园

Art director general
创作总监：
余力

Copy writer
文案：
管康平

世界比你善变。
瑞露嘉都，改变南充居住惯性。
●三叠式华贵景观瀑布：一叠嘉陵江西河交汇全景辽阔江景，二叠100米跨度原野式滨江市政公园，三叠建筑共生式入户园林。●三巨擘质变南充地产：香港何显毅大师南充人性建筑构想实证；广东棕榈园景国际园林观念再攀高峰；南充银峰地产品牌跃升钜献。●三重附加魅力：城南高速、滨江大道畅通出入门户，五星花园三分钟车程；南门坝富人区天时地利人和雏凤初露；片区内完备市政配套。
银峰·瑞露嘉都
RICHLY ISLAND
2237796 发展商：银峰房地产 整合推广：博思堂 TEL:021-62941521

世界比你善变。
瑞露嘉都，改变南充居住惯性。
●三叠式华贵景观瀑布：一叠嘉陵江西河交汇全景辽阔江景、二叠100米跨度原野式滨江市政公园、三叠建筑共生式入户园林。●三巨擘质变南充地产：香港何显毅大师南充人性建筑构想实证；广东棕榈园景国际园林观念再攀高峰；南充银峰地产品牌跃升钜献。●三重附加魅力：城南高速、滨江大道畅通出入门户，五星花园三分钟车程；南门坝富人区天时地利人和雏风初露；片区内完备市政配套。
银峰·瑞露嘉都
RICHLY ISLAND
30万平米滨江首府
2237796 发展商：银峰房地产 整合推广：博思堂 TEL:021-62941521

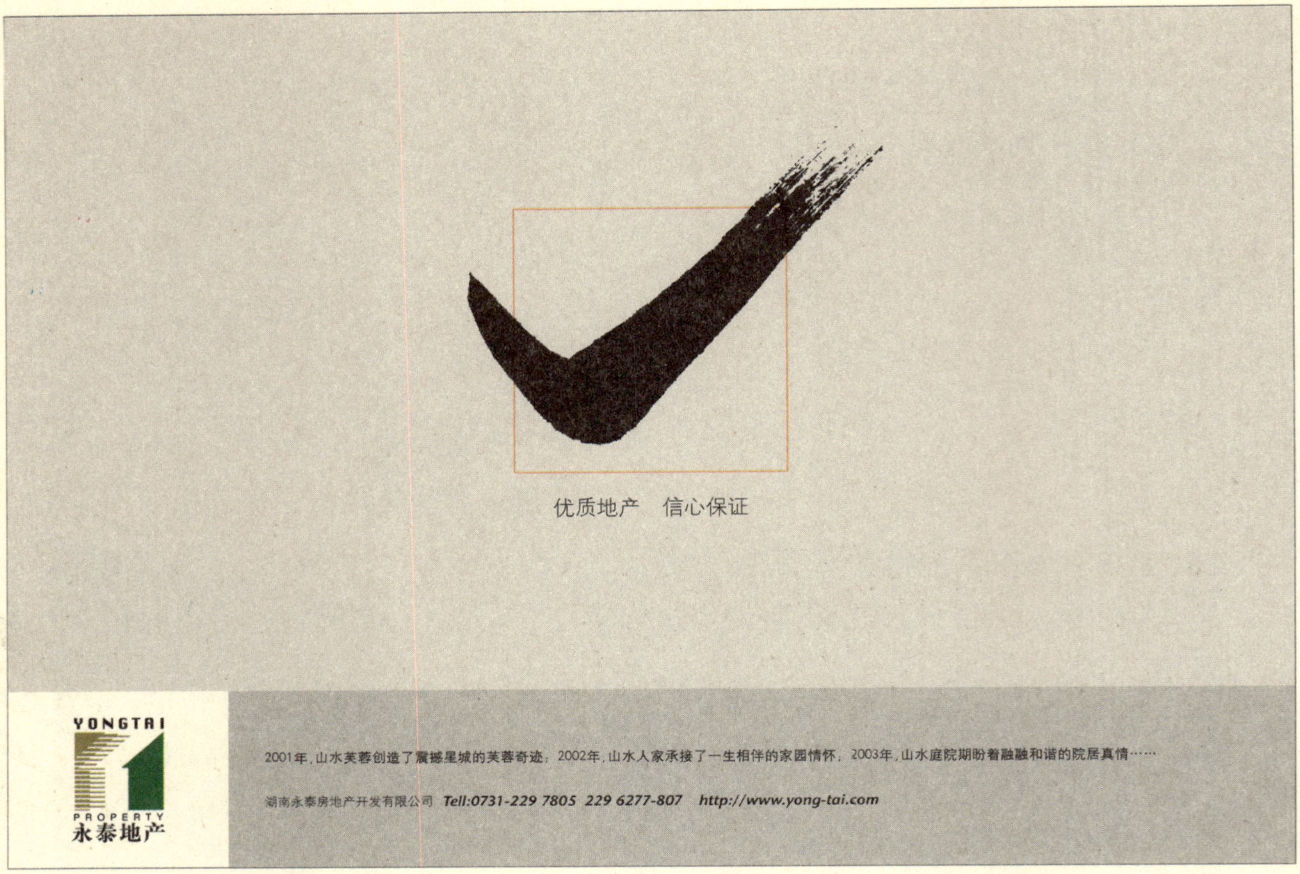

优质地产　信心保证
YONGTAI
PROPERTY
永泰地产
2001年，山水芙蓉创造了震撼星城的芙蓉奇迹；2002年，山水人家承接了一生相伴的家园情怀；2003年，山水庭院期盼着融融和谐的院居真情……
湖南永泰房地产开发有限公司 Tell:0731-229 7805 229 6277-807 http://www.yong-tai.com

传承…
传承一种山水生活的品质、传承一份专注服务的执著！
YONGTAI
PROPERTY
永泰地产
2001年，山水芙蓉创造了震撼星城的芙蓉奇迹；2002年，山水人家承接了一生相伴的家园情怀；2003年，山水庭院期盼着融融和谐的院居真情……
湖南永泰房地产开发有限公司 Tell:0731-229 7805 229 6277-807 http://www.yong-tai.com

華|中
Center China

Company name
公司名称：
深圳博思堂广告

Floor name
楼盘名称：
银峰·瑞露嘉都

Art director
美术指导：
王军

Copy writer
文案：
李焱

Company name
公司名称：
深圳汇鑫行策划

Floor name
楼盘名称：
永泰地产

Art director general
创作总监：
张天雨

Copy writer
文案：
谢海燕

武汉首座海文化景观别墅
SEA IN SKY
—蓝色梦想，一生守候
看海。
走哦，看“海”去，为了那个蓝色的梦想，值得用一世去守候。
愿景·海天一色9月15日隆重开盘！
■ 12万平米海文化景观别墅度假区 ■ 17000亩后官湖水景环绕 ■ 8栋豪华独体别墅与46栋独体别墅的蓝色梦想 ■ 257栋Townhouse的假日生活 ■ 2715平米的多功能海岸会所 ■ 浪琴湾、望海角、观潮苑、听涛园四大组团演绎的海岸交响乐 ■ “海”主题景观设计与水文化娱乐设施共同锻造的迷人风韵。
展示厅、“滨海”美景全面开放；恭迎阁下光临
SEA IN SKY
愿景·海天一色
开发商：武汉海天置业有限公司
投资商：武汉美好愿景房地产开发有限公司
整合推广：深圳汇鑫行企划
相约热线：027-84220999

武汉首座海文化景观别墅
梦想。
听老人们说，把梦想放进漂流瓶里，大海会把它带到远方，然后为你实现，其实，海天一色已为你作到。
SEA IN SKY
■ 12万平米海文化景观别墅度假区 ■ 17000亩后官湖水景环绕 ■ 8栋豪华独体别墅与46栋独体别墅的蓝色梦想 ■ 257栋Townhouse的假日生活 ■ 2715平米的多功能海岸会所 ■ 浪琴湾、望海角、观潮苑、听涛园四大组团演绎的海岸交响乐 ■ “海”主题景观设计与水文化娱乐设施共同锻造的迷人风韵。
展示厅、“滨海”美景全面开放；恭迎阁下光临
SEA IN SKY
愿景·海天一色
开发商：武汉海天置业有限公司
投资商：武汉美好愿景房地产开发有限公司
整合推广：深圳汇鑫行企划
相约热线：027-84220999

華中
Center China

Company name
公司名称：
深圳汇鑫行策划

Floor name
楼盘名称：
愿景·海天一色

Art director general
创作总监：
杨立铎

SOHO·镓
城市芯锐 精工小筑
小小心心轻轻放放者
SOHO·镓 不是你的房子
镓：[读JIǍ]稀有金属元素，可制成合金，也可制成耐高温的温度计。镓族：从来没有平凡心，从来不做平凡事。
投资商/四川怡和企业集团 开发商/四川怡和置业有限公司 建筑设计/日本矶崎新建筑事务所 物业管理/世邦魏理仕
我电：85567888 我趋：

SOHO·镓
城市芯锐 精工小筑
安安全全通道者
SOHO·镓 不是你的房子
镓：[读JIǍ]稀有金属元素，可制成合金，也可制成耐高温的温度计。镓族：从来没有平凡心，从来不做平凡事。
投资商/四川怡和企业集团 开发商/四川怡和置业有限公司 建筑设计/日本矶崎新建筑事务所 物业管理/世邦魏理仕
我电：85567888 我趋：

SOHO镓
城市芯锐 精工小筑
躲躲风躲躲雨者
SOHO·镓 不是你的房子
镓：[读JIĀ]稀有金属元素，可制成合金，也可制成耐高温的温度计。镓族：从来没有平凡心，从来不做平凡事。
投资商/四川怡和企业集团 开发商/四川怡和置业有限公司 建筑设计/日本矶崎新建筑事务所 物业管理/世邦魏理仕
我电：85567888 我趋：

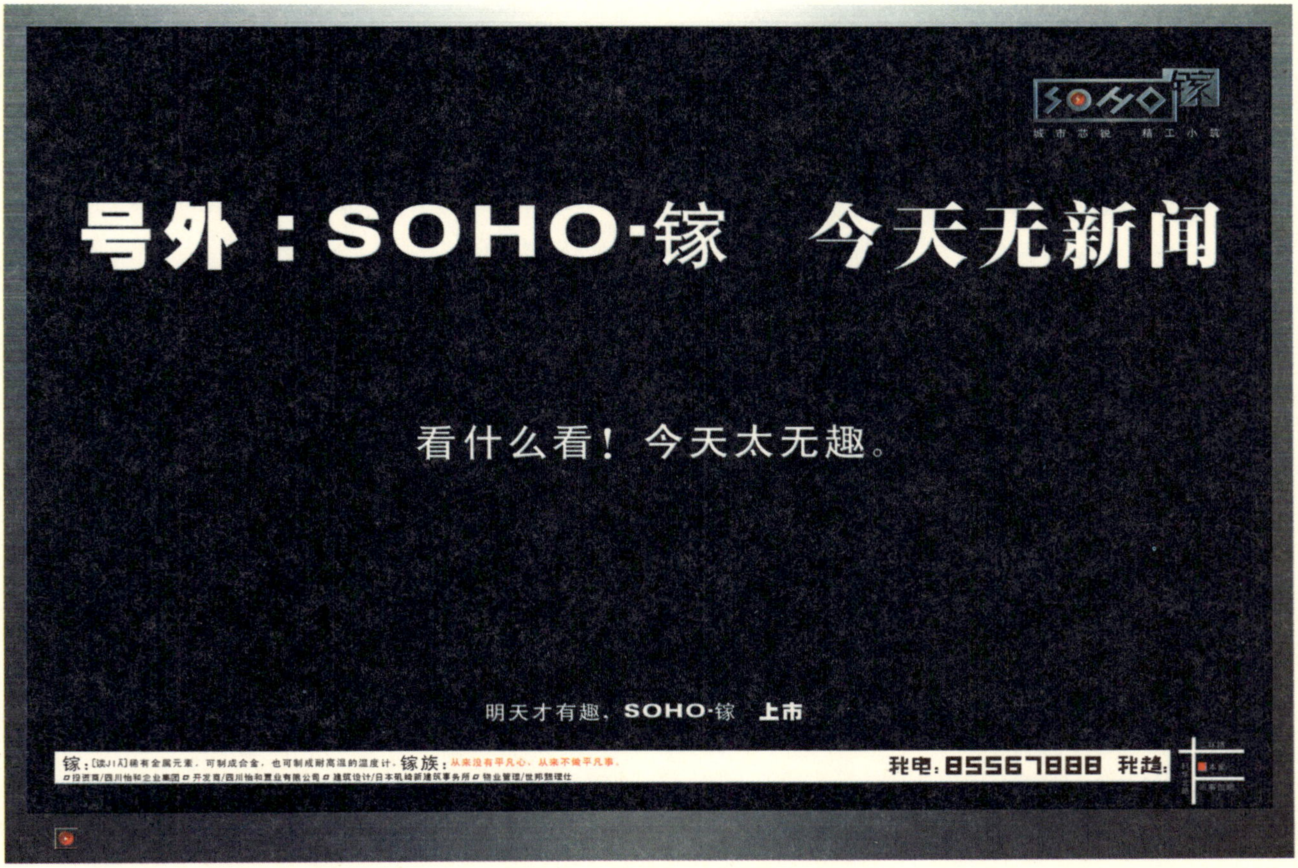

SOHO镓
城市芯锐 精工小筑
号外：SOHO·镓 今天无新闻
看什么看！今天太无趣。
明天才有趣，SOHO·镓 上市
镓：[读JIĀ]稀有金属元素，可制成合金，也可制成耐高温的温度计。镓族：从来没有平凡心，从来不做平凡事。
投资商/四川怡和企业集团 开发商/四川怡和置业有限公司 建筑设计/日本矶崎新建筑事务所 物业管理/世邦魏理仕
我电：85567888 我趋：

我们想把贺词放在这里，其他的地方都留给新闻和报道……

博瑞地产
BROLAND REAL ESTATE

西南
South west

Company name
公司名称：
成都蓝色飞扬广告

Floor name
楼盘名称：
SOHO 镓

Art director general
创作总监：
孔斌 / 杨怡

Art director
美术指导：
杨怡

Copy writer
文案：
典礼

Company name
公司名称：
深圳黑弧广告

Floor name
楼盘名称：
博瑞地产

博瑞地产
B-RAY REAL ESTATE
为·生·活·去·创·造
因为“喜爱”，所以“热销”
一直以来博瑞·都市花园深受成都市民的厚爱，二期自开盘以来，看楼者络绎不绝，成交踊跃，销售率已高达80%，以优异的表现获得“2002年成都房地产企业销售十强”及“十大群众最喜爱的楼盘”。

博瑞地产
B-RAY REAL ESTATE
荣誉，是前行路上的一个激励
向前，依然是不辍的脚步
在通往成功的道路上，不仅有掌声、鲜花，也有曲折和坎坷相伴。于博瑞·都市花园而言，“2002年成都房地产企业销售十强”及“十大群众最喜爱的楼盘”荣誉的获得，仅仅是前行路上的一个激励，不断向前迈进，依然是博瑞人永不停辍的脚步。

一针一线·体现的不仅是技术
我们专注于一针一线的一丝不苟·更倾情于一针一线所构筑的完美·博瑞地产·秉承"新实用主义"全新开发理念·从设计到施工·从销售到物管……都力求尽善尽美·恭候您对一针一线的审视和检验·博瑞地产·致力为您提供完美居住空间·一切为生活去创造！
为·生·活·去·创·造
博瑞地产
B-RAY REAL ESTATE

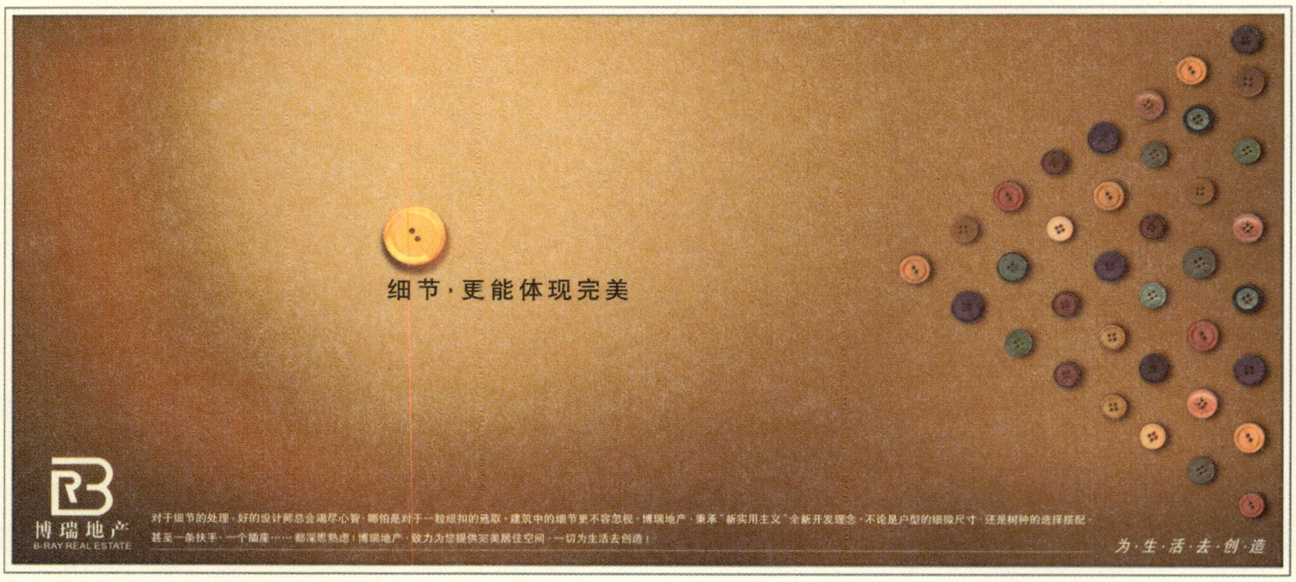
细节·更能体现完美
博瑞地产
B-RAY REAL ESTATE
对于细节的处理·好的设计师总会竭尽心智·哪怕是对于一粒纽扣的选取·建筑中的细节更不容忽视·博瑞地产·秉承"新实用主义"全新开发理念·不论是户型的细微尺寸·还是树种的选择搭配·甚至一条扶手·一个插座……都深思熟虑！博瑞地产·致力为您提供完美居住空间·一切为生活去创造！
为·生·活·去·创·造

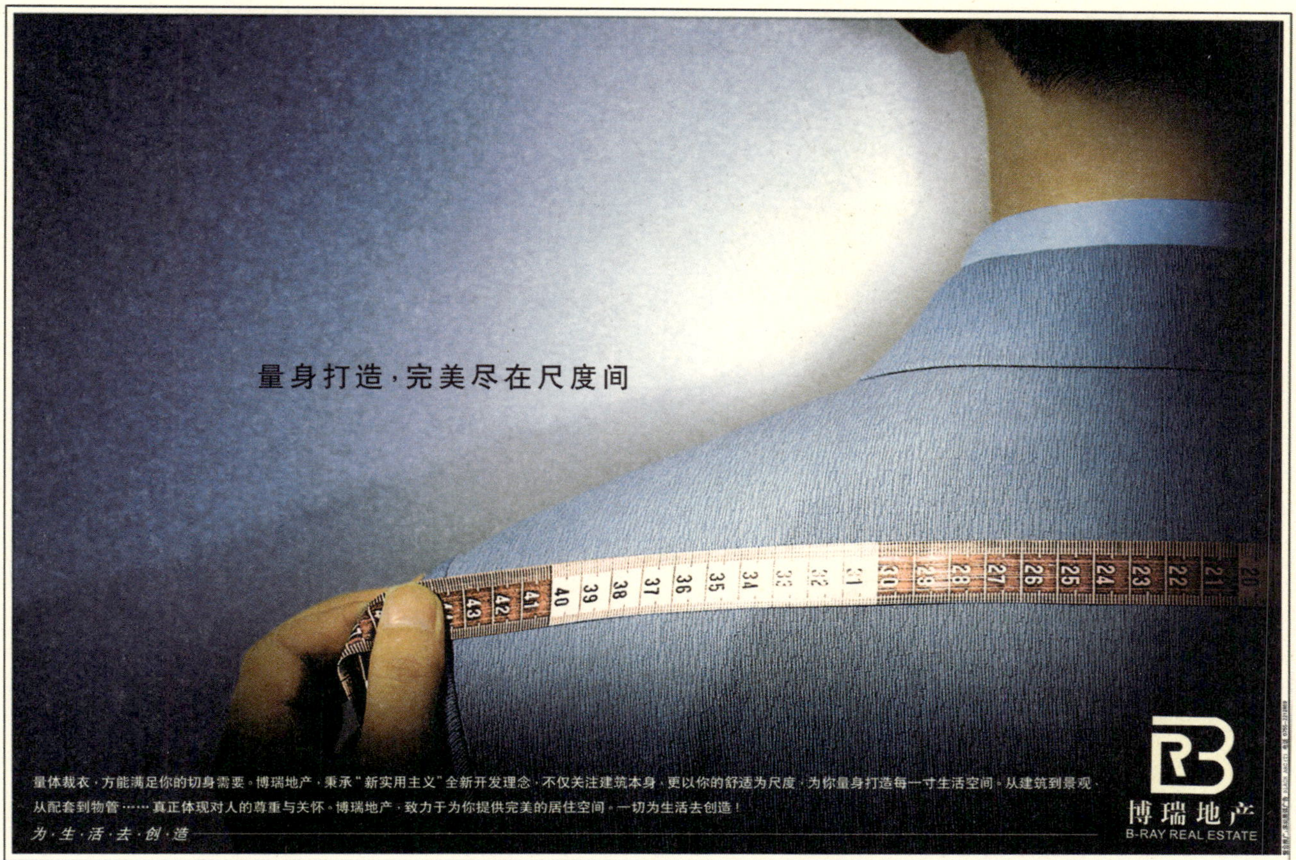
量身打造，完美尽在尺度间
量体裁衣，方能满足你的切身需要。博瑞地产，秉承"新实用主义"全新开发理念，不仅关注建筑本身，更以你的舒适为尺度，为你量身打造每一寸生活空间。从建筑到景观，从配套到物管……真正体现对人的尊重与关怀。博瑞地产，致力于为你提供完美的居住空间。一切为生活去创造！
为·生·活·去·创·造
博瑞地产
B-RAY REAL ESTATE

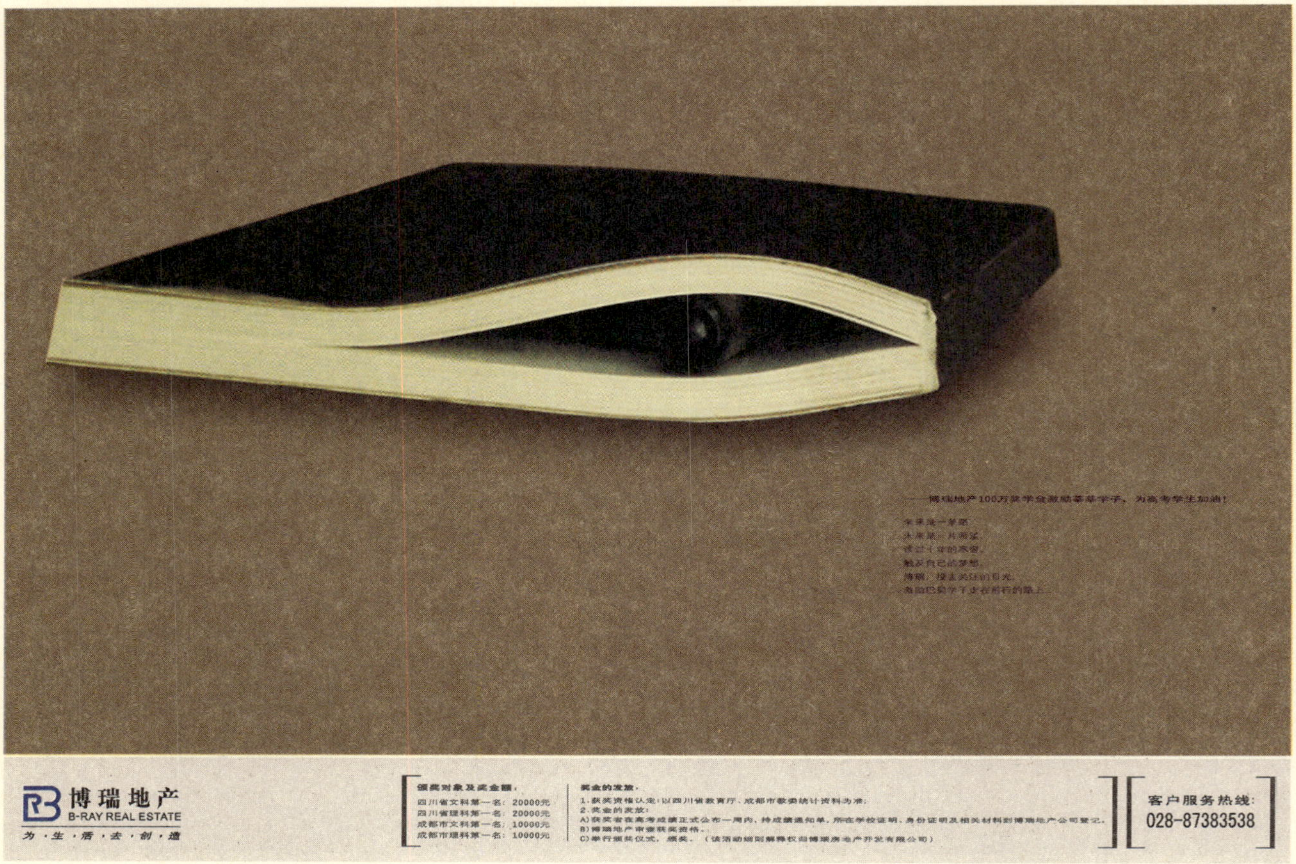
——博瑞地产100万奖学金激励莘莘学子，为高考学生加油！
博瑞地产
B-RAY REAL ESTATE
为·生·活·去·创·造
领奖对象及奖金额：
四川省文科第一名：20000元
四川省理科第一名：20000元
成都市文科第一名：10000元
成都市理科第一名：10000元
奖金的发放：
客户服务热线：
028-87383538

精挑细选·只为质的完美
只有适合的才是最好的·博瑞地产·秉承"新实用主义"全新开发理念·从设计到施工·从一砖一瓦到一草一木……都精心选择·只为更适合您非凡的居家品味·
博瑞地产·致力为您提供完美居住空间·一切为生活去创造
博瑞地产
B-RAY REAL ESTATE

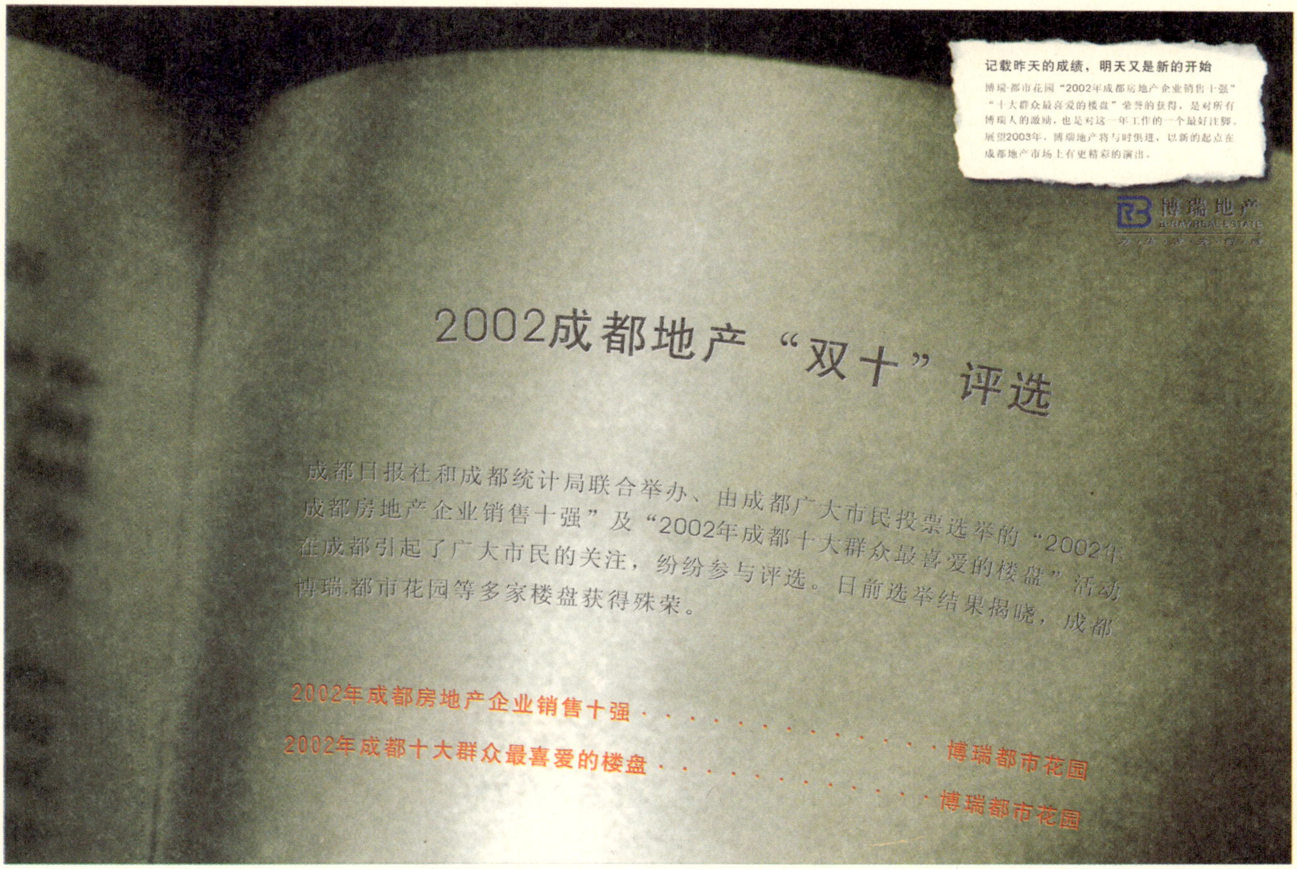

记载昨天的成绩，明天又是新的开始
博瑞·都市花园“2002年成都房地产企业销售十强”“十大群众最喜爱的楼盘”荣誉的获得，是对所有博瑞人的激励，也是对这一年工作的一个最好注脚。展望2003年，博瑞地产将与时俱进，以新的起点在成都地产市场上有更精彩的演出。
博瑞地产
2002成都地产“双十”评选
成都日报社和成都统计局联合举办、由成都广大市民投票选举的“2002年成都房地产企业销售十强”及“2002年成都十大群众最喜爱的楼盘”活动在成都引起了广大市民的关注，纷纷参与评选。日前选举结果揭晓，成都博瑞.都市花园等多家楼盘获得殊荣。
2002年成都房地产企业销售十强……博瑞都市花园
2002年成都十大群众最喜爱的楼盘……博瑞都市花园

都市花园休闲生活长廊
XX花店
老板是位精明能干的女士，姓唐。
XX超市
他们的张总来自上海，他正在学四川话。
XX士多店
经营这间店铺的是位三十多岁的小伙子，他说经营好店铺首先要经营好自己。
XX洗衣房
洗过的衣服都带着一种特别清新的味道。
XX咖啡屋
咖啡味道和别处是不一样的，随心情而定。
XX书报店
最新一期《时尚家居》总是卖得特别好。
XX影像超市
又来新碟了，朋友托我多买几张。
XX美发中心
只要你来过一次，就肯定还会来第二次。
XX礼品店
是我经常光顾的地方，因为是熟客所以买的东西都打八折。
XX运动器材专卖店
光顾这里的年轻人特别多，现在买李宁牌子的人越来越多了。
XX时装精品店
留连了许多女士的时光，离开店的时候都带着满足。
XX网吧
生意出奇的好，又多了好多的夜猫子。
XX门诊部
看上去总是让人很安心，健康有时从这里开始。
XX水果店
水果很新鲜，品种也很多，生意当然特别的好。
XX商务中心
让你足不出户享受预订机票和酒店的便利。
XX发型设计沙龙
第25号发型师的手艺让你知道什么才是“型”。
XX茶舍
一杯茶就会让你忘记一个下午。
XX水族馆
刚刚进了一批非洲什么什么鱼，样子很可爱。
XX糕点房
蛋糕又翻新花样了，畅销得很，老板说做生意要创新才行。
XX通信专卖店
推出通信新服务了，听说特别优惠。
XX酒吧
第一次去的时候就记住了一位服务生的微笑。
……
他们来经营生意，你投资成熟商铺，展望无限前景！
赶快行动吧！拥有属于自己的商铺，受益一辈子！
博瑞·都市花园
时光随意 生活由你
博瑞地产
BROLAND REAL ESTATE
样板位置 黄金地段
大盘林立 成熟氛围
人流汇集 财富聚致
凸显潜力 展望明天
随意热线：87370066 87370077 87370088
开发商：成都博瑞房地产开发有限公司 全程策划：博瑞地产 POWER 工作室 建筑规划：清华大学建筑设计研究院深圳分院 景观规划：美国 EDSA（全球景观设计排名前三） 地址：成都市青羊大道101号

闲适是杯茶，在什么地方饮都可以
选择一个心情，选择一个时间，一杯茶，三俩知己，一个话题，一段时光，
别人在泳池里游泳，我们在泳池里品茶。
园区实景图
压轴精品组团全新推出 随意热线：87370066 87370077 87370088
博瑞·都市花园
随意生活 完美呈现
• 臻美规划 本土人居
• 阳光户型 花园人家
• 精工细作 完美打造
• 温莎物管 贴心服务
• 人文区位 个性配套
博瑞地产
BROLAND REAL ESTATE
博瑞地产荣登2002年度
中国房地产品牌企业36强
开发商：成都博瑞房地产开发有限公司 全程策划：博瑞地产 POWER 工作室 建筑规划：清华大学建筑设计研究院深圳分院 景观规划：美国 EDSA（全球景观设计排名前三） 地址：成都市青羊大道101号

脚心告诉我，草地比沙滩还要舒适
面对宽阔的草地，绿色是一种诱惑，把鞋提在手上，草地赢了鞋，
用脚心感受青草的蠕动，触摸最真实的自然，
在草地上走走，有比沙滩还要舒适的感受。
Metropolis Garden
博瑞·都市花园
随意生活 完美呈现
压轴精品组团全新推出
臻美规划 本土人居 低容积率，绿化率约55%，平均楼间距达40米，双景观轴线动静分明，组团空间错落有致，视野开扬。
阳光户型 花园人家 全明户型，灵活实用，入户花园将阳光和景观随时引入家门。
人文区位 个性配套 新兴高尚生活区，生活从容便利，小区内配套会所，幼儿园、运动中心、室内外景观泳池、休闲生活长廊等完全满足个性生活需要。配套成熟，超市、商场、酒店、银行、医院、邮局等基础设施已十分完善，使居家便利，生活从容。
温莎物管 贴心服务 博瑞物管已通过国际ISO9001：2000质量体系和英国皇家UKAS认证，温莎式服务全面呵护您的生活。
精工细作 完美打造 规划、设计、材质、施工都愈加考究，注重细节，凸显完美生活。
随意热线：87370066 87370077 87370088
《商品房买卖合同》签订通知 尊敬的客户孙晓梅、袁友全：您于2003年3月29日与我公司签订了我公司位于青羊大道101号"博瑞·都市花园"二期19栋2单元3B号的商品房（预售证号为成房预售字第在2930号）的认购协议，请您在该公告发出后7日内，备齐相关资料到我公司签订《商品房买卖合同》，否则，我公司将依照认购协议第三条第三款"如乙方超过约定的时间仍未签署合同和交付首期房款，乙方同意甲方可视同乙方已自动放弃该房屋定购权，甲方无须事先通知或征得乙方同意，有权将该房屋另行出售，定金不再退还"进行处理。 特此通知！
成都博瑞房地产开发有限责任公司 2003年9月5日
博瑞地产
BROLAND REAL ESTATE
【博瑞地产荣登2002年度中国房地产品牌企业36强】
开发商：成都博瑞房地产开发有限公司 全程策划：博瑞地产 POWER 工作室 建筑规划：清华大学建筑设计研究院深圳分院 景观规划：美国 EDSA（全球景观设计排名前三） 地址：成都市青羊大道101号

博瑞·都市花园的午后，惬意越飞越高
下午，阳台上，阳光漫过身体，
脚这样的状态，只是一个符号，
风筝牵引着午后的时光，阳台上的惬意被渲染到极致。
Metropolis Garden
博瑞·都市花园
随意生活 完美呈现
压轴精品组团全新推出
博瑞·都市花园绿化率约55%，贯穿小区的"X"景观轴线上精心设计了数处园林景致，处处装点户外休憩和活动空间。建筑立面清新亮丽，架构轻盈流畅，单体建筑规划采取全新错动式庭院布局，楼与楼之间的距离平均在40米以上，阔绰、敞然、通透。户型设计采用多重建筑空间组合，强调户型与景观的相溶，户户见景。户型结构分明，各功能区相对独立，利用率高。景观楼梯间、半地下花园停车库等细节设置，体现用心。小区24小时全面推行智能化管理服务，全天候电子监控、周界红外线报警等，智能化安全防范系统让您放心、安心。小区内泳池、健身俱乐部、幼儿园等设施齐全；周边配套成熟超市、商场、酒店、银行、医院、邮局等基础设施已十分完善，使居家便利，生活从容。
博瑞·都市花园商铺火热销售中！
博瑞地产
BROLAND REAL ESTATE
【博瑞地产荣登2002年度中国房地产品牌企业36强】
随意热线：87370066 87370077 87370088
开发商：成都博瑞房地产开发有限公司 全程策划：博瑞地产 POWER 工作室 建筑规划：清华大学建筑设计研究院深圳分院 景观规划：美国 EDSA（全球景观设计排名前三） 地址：成都市青羊大道101号

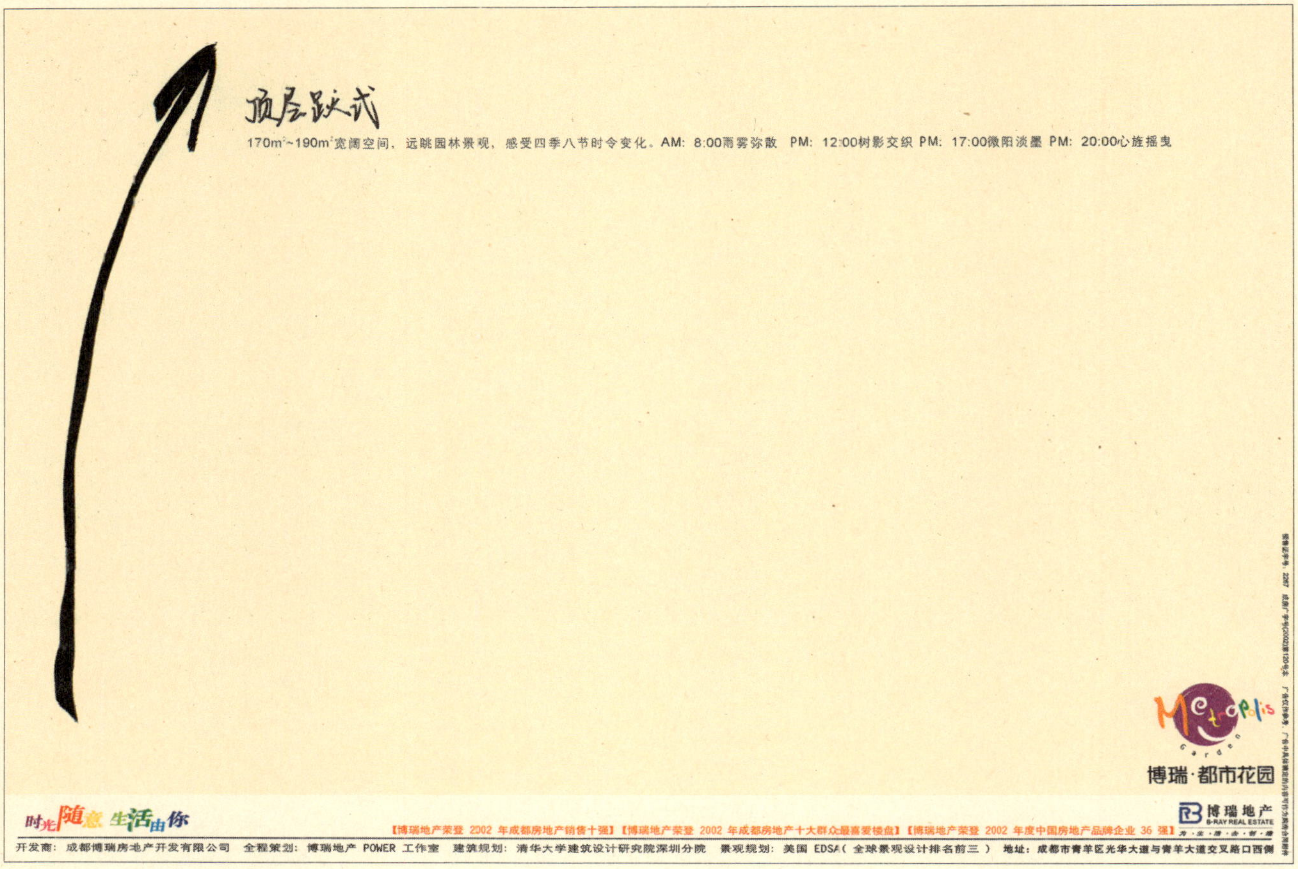

顶层跃式
170m²~190m²宽阔空间，远眺园林景观，感受四季八节时令变化。AM: 8:00雨雾弥散 PM: 12:00树影交织 PM: 17:00微阳淡墨 PM: 20:00心旌摇曳
Metropolis Garden
博瑞·都市花园
时光随意 生活由你
【博瑞地产荣登 2002 年成都房地产销售十强】【博瑞地产荣登 2002 年成都房地产十大群众最喜爱楼盘】【博瑞地产荣登 2002 年度中国房地产品牌企业 36 强】
博瑞地产
B-RAY REAL ESTATE
开发商：成都博瑞房地产开发有限公司 全程策划：博瑞地产 POWER 工作室 建筑规划：清华大学建筑设计研究院深圳分院 景观规划：美国 EDSA（全球景观设计排名前三） 地址：成都市青羊区光华大道与青羊大道交叉路口西侧

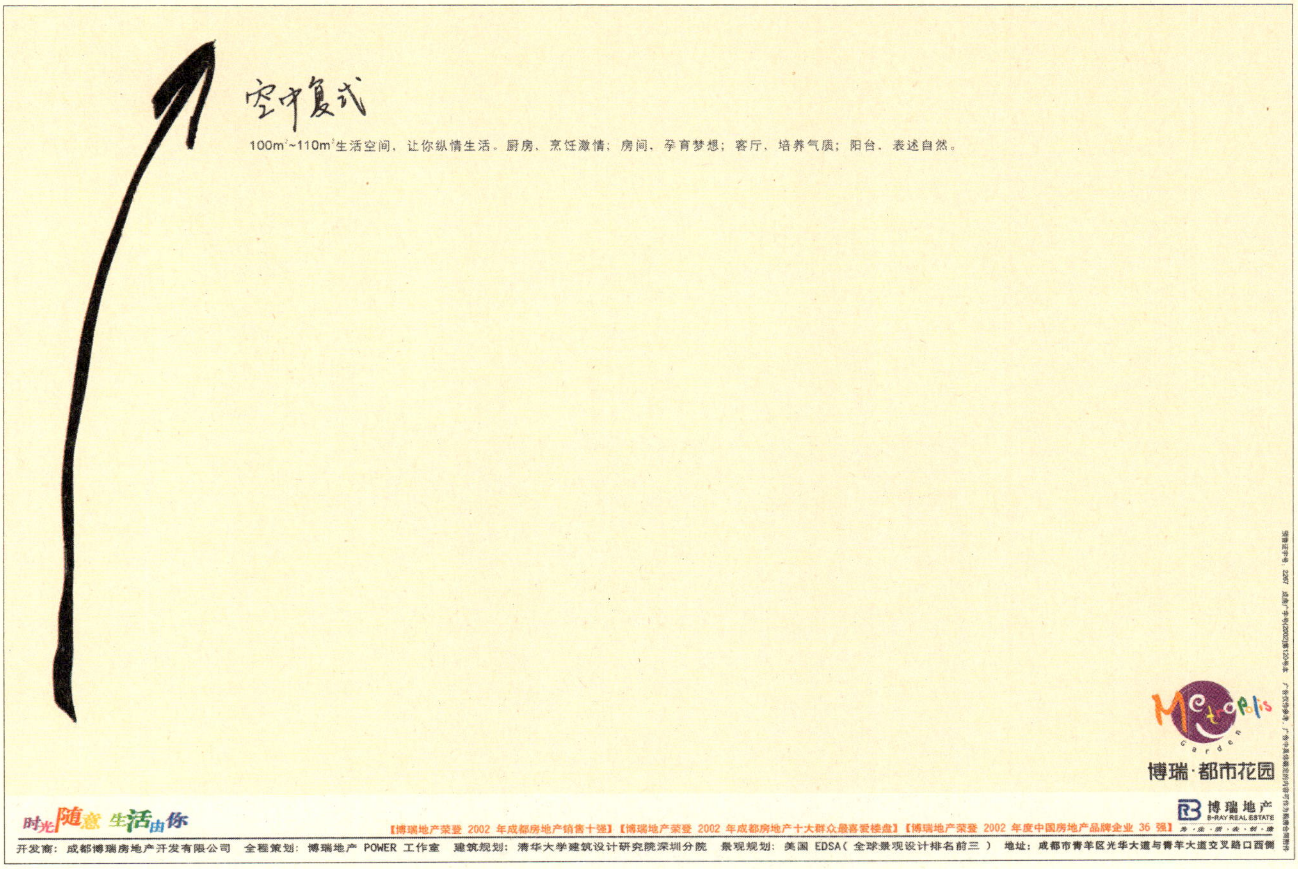

西南
South west

Company name
公司名称：
深圳黑弧广告

Floor name
楼盘名称：
博瑞都市花园

比古董更有价值的是关注年代的态度。
中华坊，保存中国人的居住情怀。
中華坊
天籁城
【中国民居现代版住宅】
□ 运用现代建筑材料演绎中国传统的独院、合院民居住宅，每户私有后院超过100平方米
□ 地处重庆富人区新牌坊，交通便利、人文荟萃，高华锋芒不显自露
□ 比邻上千亩北部植物园，区域草泊散布，山脉蜿蜒，繁华与宁静诗意共存
□ 大手笔引入重庆教育界先锋楷模“巴蜀中学”，实现巴蜀中、小学全程教育的梦想
□ 斥巨资聘请香港“华艺”和加拿大“润枫”及深圳大学设计研究院强强联手作品打造
□ 坊间拥有四大主题庭院，上万平方米的民俗公园，水体面积达35000平方米的镜湖公园
□ 绵延300米的民俗风情景观大道、长达100余米的古韵新风商业街
天籁城·中华坊
中央商务区
新牌坊
观音桥
发展商/ 金科集团·重庆弘景房地产开发有限公司 物业管理/ 重庆金科物业管理有限公司 建筑规划/ 深圳大学建筑设计研究院设计 园林景观/ 加拿大润枫国际设计
天籁之音/ 67538822 67538833
金科·天籁城

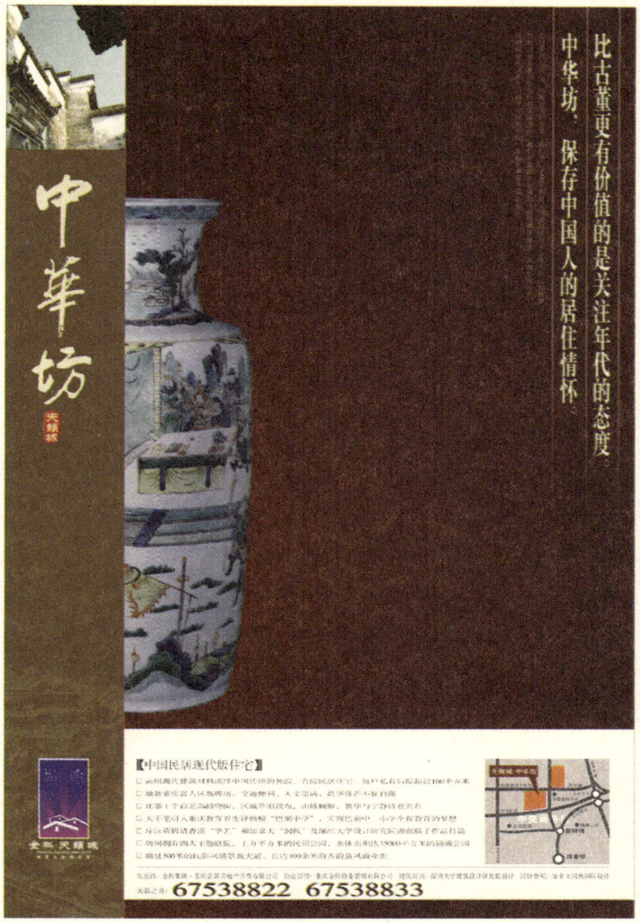
比古董更有价值的是关注年代的态度。
中华坊，保存中国人的居住情怀。
中華坊
【中国民居现代版住宅】
67538822 67538833

比古董更有价值的是关注年代的态度。
中华坊，保存中国人的居住情怀。
中華坊
【中国民居现代版住宅】
67538822 67538833

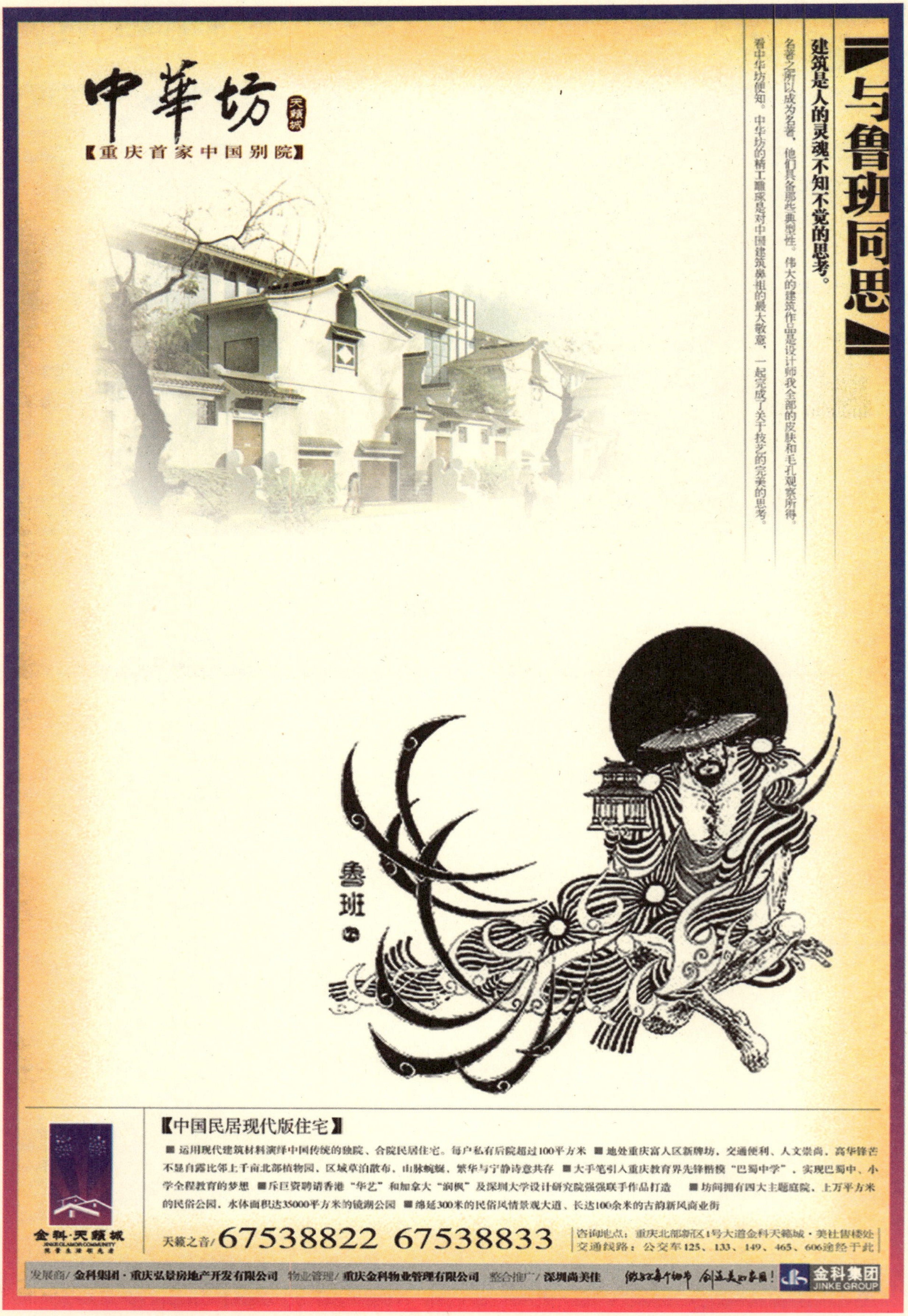
与鲁班同思
建筑是人的灵魂不知不觉的思考。
名著之所以成为名著，他们具备那些典型性。伟大的建筑作品是设计师我全部的皮肤和毛孔观察所得。
看中华坊便知。中华坊的精工雕琢是对中国建筑鼻祖的最大敬意，一起完成了关于技艺的完美的思考。
中華坊
【重庆首家中国别院】
鲁班
【中国民居现代版住宅】
■ 运用现代建筑材料演绎中国传统的独院、合院民居住宅。每户私有后院超过100平方米 ■ 地处重庆富人区新牌坊，交通便利、人文崇尚，高华锋芒不显自露比邻上千亩北部植物园，区域草泊散布，山脉蜿蜒，繁华与宁静诗意共存 ■ 大手笔引入重庆教育界先锋楷模"巴蜀中学"，实现巴蜀中、小学全程教育的梦想 ■ 斥巨资聘请香港"华艺"和加拿大"润枫"及深圳大学设计研究院强强联手作品打造 ■ 坊间拥有四大主题庭院，上万平方米的民俗公园，水体面积达35000平方米的镜湖公园 ■ 绵延300米的民俗风情景观大道、长达100余米的古韵新风商业街
天籁之音/67538822 67538833
咨询地点：重庆北部新区1号大道金科天籁城・美社售楼处
交通线路：公交车125、133、149、465、606途经于此
金科·天籁城
发展商/金科集团·重庆弘景房地产开发有限公司 物业管理/重庆金科物业管理有限公司 整合推广/深圳尚美佳
金科集团
JINKE GROUP

西南
South west

Company name
公司名称：
深圳尚美佳广告

Floor name
楼盘名称：
金科天籁城

Art director general
创作总监：
夏劲松

Art director
美术指导：
黄伟文／沈希集

【中国民居现代版住宅】
□ 运用现代建筑材料演绎中国传统的独院、合院民居住宅，每户私有后院超过100平方米
□ 地处重庆富人区新牌坊，交通便利，人文崇尚，高华锋芒不显自露
□ 比邻上千亩北部植物园，区域草泊散布，山脉蜿蜒，繁华与宁静诗意共存
□ 大手笔引入重庆教育界先锋楷模“巴蜀中学”，实现巴蜀中、小学全程教育的梦想
□ 斥巨资聘请香港“华艺”和加拿大“润枫”及深圳大学设计研究院强强联手作品打造
□ 坊间拥有四大主题庭院，上万平方米的民俗公园，水体面积达35000平方米的镜湖公园
□ 绵延300米的民俗风情景观大道、长达100余米的古韵新风商业街
中華坊
【重庆首家中国别院】
时间不能回到过去，但，境界可以。
发展商/金科集团·重庆弘景房地产开发有限公司 物业管理/重庆金科物业管理有限公司 建筑规划/深圳大学建筑设计研究院设计 园林景观/加拿大润枫国际设计 天籁之音/
67538822 67538833
金科·天籁城
JINKE GLAMOR COMMUNITY

中華坊
【重庆首家中国别院】
时间不会留住时间。但，中华坊会。
【中国民居现代版住宅】
67538822 67538833

中華坊
【重庆首家中国别院】
时间不会缅怀逝去。但，人会。
【中国民居现代版住宅】
67538822 67538833

新牌坊
院景生活领先者
知道吗，在别的地方摔倒，可能只有栏杆会帮你一把。
在天籁城就会是一双手。
JINKE
GLAMOR COMMUNITY
消灭寂寞封锁
金科·天籁城
67538868 67538833

新牌坊
院景生活领先者
在天籁城就不同了。
JINKE
GLAMOR COMMUNITY
反对政治冷战
金科·天籁城
67538868 67538833

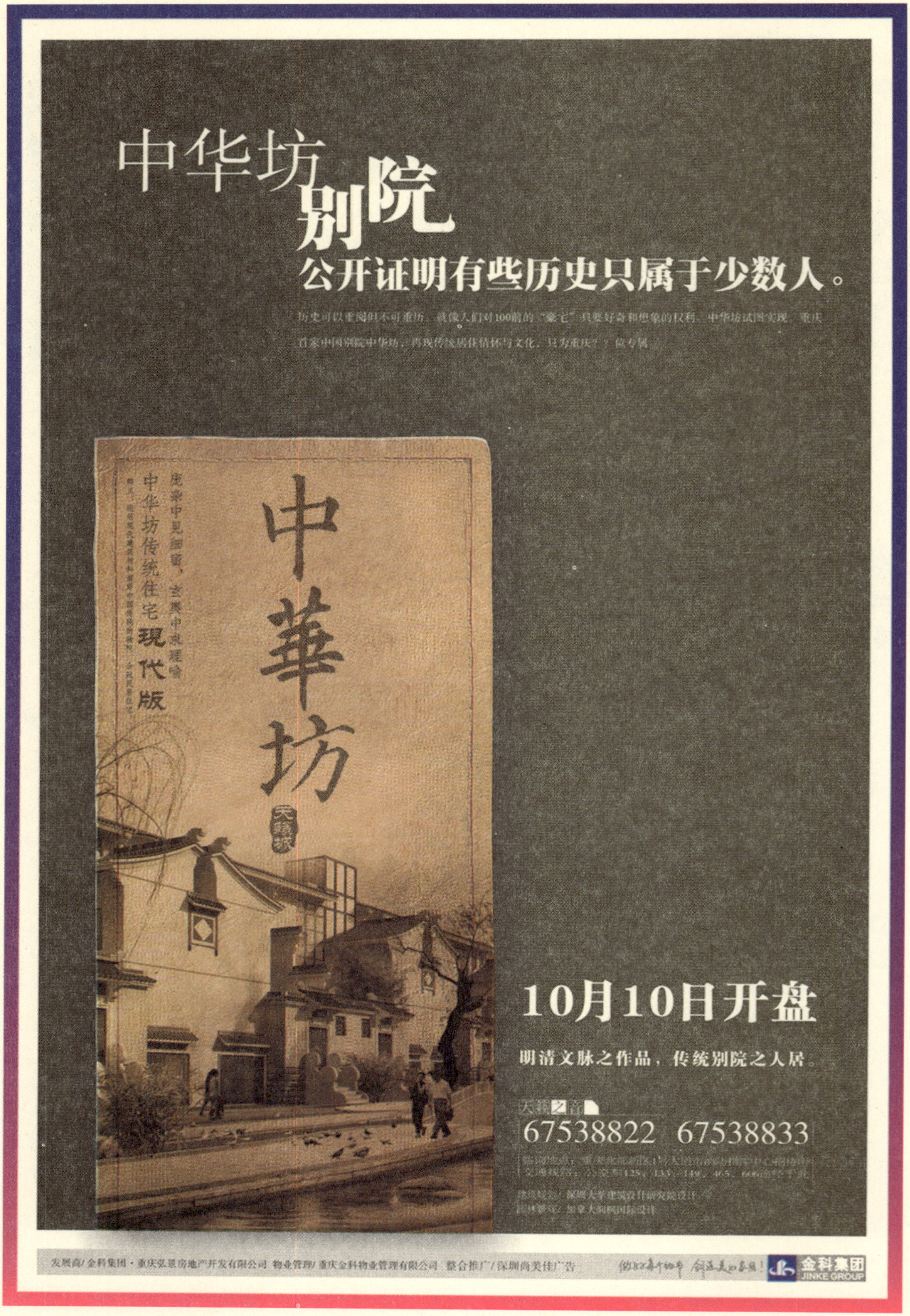
中华坊别院
公开证明有些历史只属于少数人。
中華坊
现代版
10月10日开盘
明清文脉之作品，传统别院之人居。
67538822 67538833
发展商/金科集团·重庆弘景房地产开发有限公司 物业管理/重庆金科物业管理有限公司 整合推广/深圳尚美佳广告
金科集团
JINKE GROUP

中華坊
中华坊传统住宅
现代版
别院传记 血统延续
别院名人录
重庆首家中国别院中华坊，承袭中国别墅的血脉精髓，为当代都市贵族正统打造，院落的精神与园林的精妙辉映传颂中国正宗的居住精神。
10月10日开盘
明清文脉之作品，传统别院之人居。
67538822 67538833

别院
传记
血统
延续
中華坊
中华坊传统住宅
现代版
重庆首家中国别院中华坊，承袭中国庭园的血脉精髓，为当代都市贵族正统打造。院落的精神与园林的精妙辉映传颂中国正宗的居住精神。
10月10日开盘
明清文脉之作品，传统别院之人居。
67538822 67538833

中華坊
天籁城
中华坊别院，
100年前的
“豪宅”因时间更珍贵。
历史可以重阅但不可重历，就像人们对100前的“豪宅”只要好奇和想象的权利，中华坊试图实现一份传统居住情怀与文化的再现，因时间而更添人文与美学的双重价值
10月10日开盘
明清文脉之作品，传统别院之人居。
天籁之音
67538822 67538833
发展商/金科集团·重庆弘景房地产开发有限公司 物业管理/重庆金科物业管理有限公司 整合推广/深圳尚美佳广告
金科集团
JINKE GROUP

中華坊
【重庆首家中国别院】
别院传记 血统延续
重庆首家中国别院中华坊，承袭中国别墅的血脉精髓，为当代都市贵族正统打造。
院落的精神与园林的精妙辉映传颂中国正宗的居住精神。
金科集团
10月10日开盘
67538822 67538833

中華坊
【重庆首家中国别院】
别院传记 血统延续
【别墅名人录】
重庆首家中国别院中华坊，承袭中国别墅的血脉精髓，为当代都市贵族正统打造。
院落的精神与园林的精妙辉映传颂中国正宗的居住精神。
金科集团
10月10日开盘
67538822 67538833

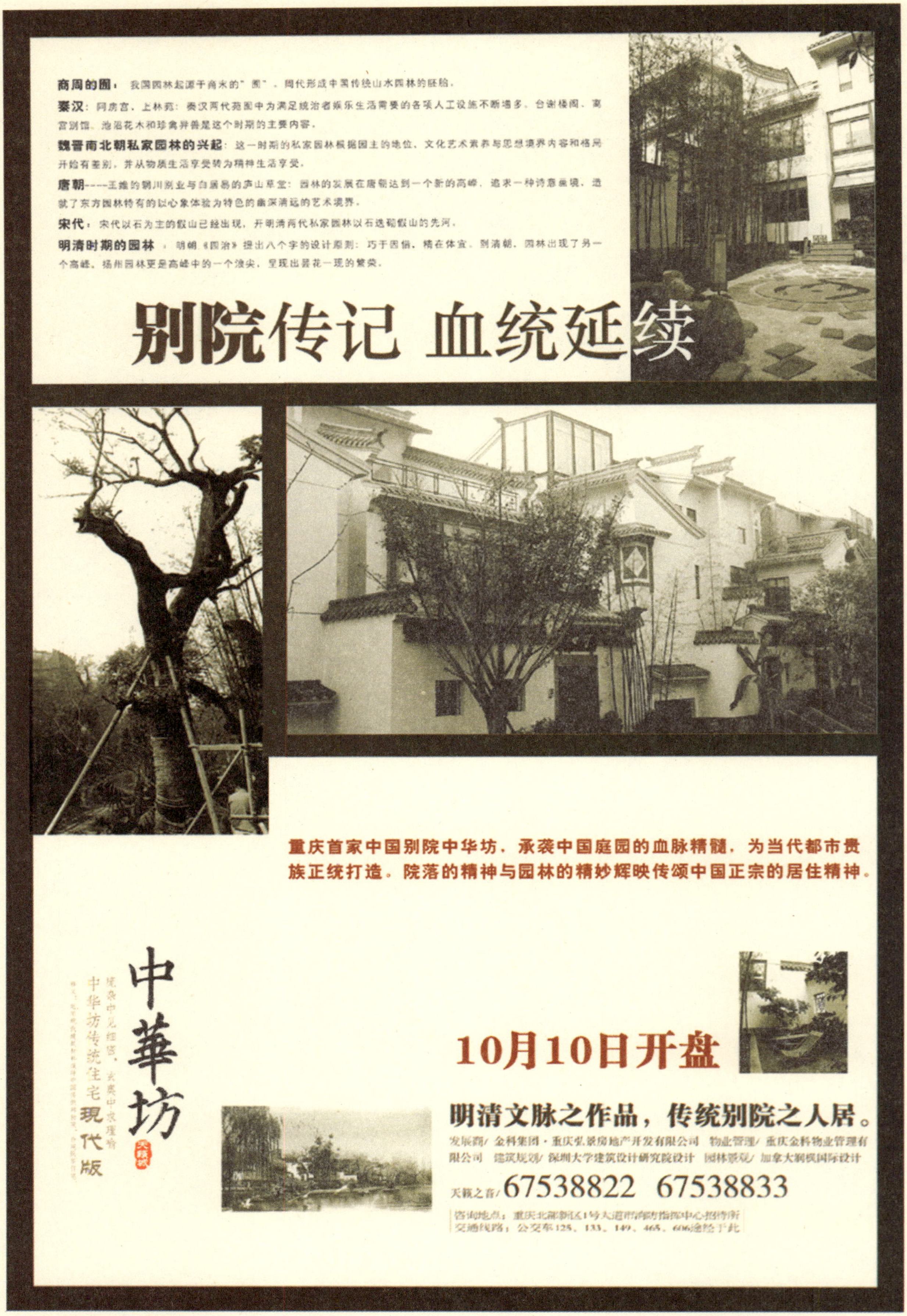
商周的囿：我国园林起源于商末的"囿"。周代形成中国传统山水园林的胚胎。
秦汉：阿房宫、上林苑：秦汉两代苑囿中为满足统治者娱乐生活需要的各项人工设施不断增多，台谢楼阁、离宫别馆、池沼花木和珍禽异兽是这个时期的主要内容。
魏晋南北朝私家园林的兴起：这一时期的私家园林根据园主的地位、文化艺术素养与思想境界内容和格局开始有差别，并从物质生活享受转为精神生活享受。
唐朝----王维的辋川别业与白居易的庐山草堂：园林的发展在唐朝达到一个新的高峰，追求一种诗意画境，造就了东方园林特有的以心象体验为特色的幽深清远的艺术境界。
宋代：宋代以石为主的假山已经出现，开明清两代私家园林以石造假山的先河。
明清时期的园林：明朝《园冶》提出八个字的设计原则：巧于因借，精在体宜。到清朝，园林出现了另一个高峰，扬州园林更是高峰中的一个浪尖，呈现出昙花一现的繁荣。
别院传记 血统延续
重庆首家中国别院中华坊，承袭中国庭园的血脉精髓，为当代都市贵族正统打造。院落的精神与园林的精妙辉映传颂中国正宗的居住精神。
中華坊
中华坊传统住宅现代版
10月10日开盘
明清文脉之作品，传统别院之人居。
发展商/ 金科集团·重庆弘景房地产开发有限公司 物业管理/ 重庆金科物业管理有限公司 建筑规划/ 深圳大学建筑设计研究院设计 园林景观/ 加拿大润枫国际设计
天籁之音/ 67538822 67538833
交通线路：公交车125、133、149、465、606途经于此

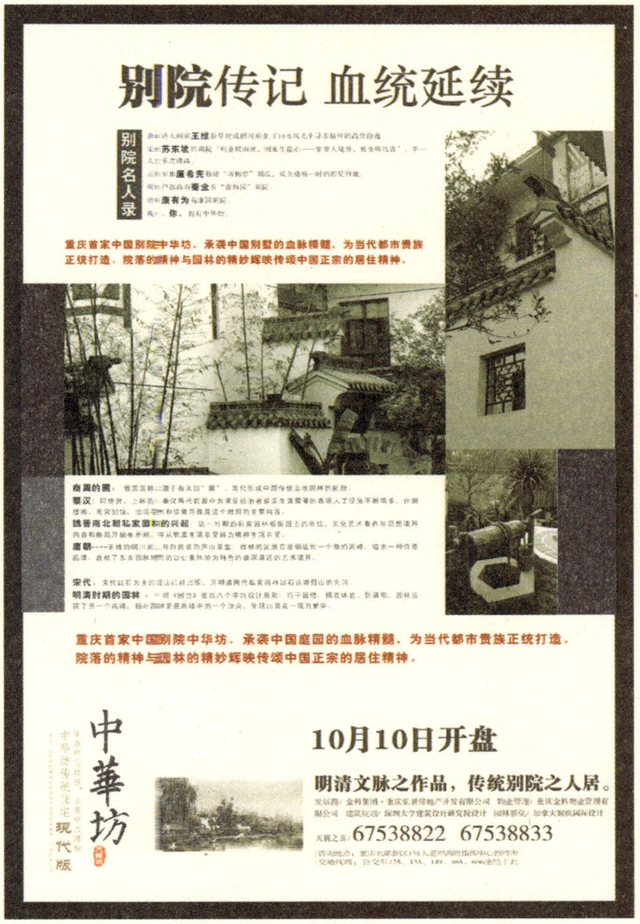

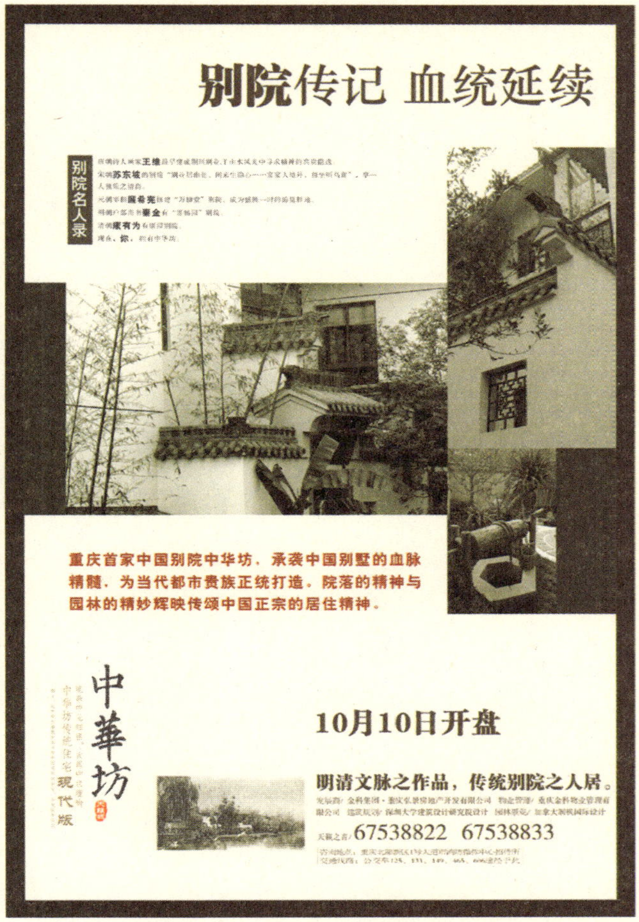

西南
South west

Company name
公司名称：
深圳尚美佳广告

Floor name
楼盘名称：
金科天籁城

Art director general
创作总监：
夏劲松

Art director
美术指导：
黄伟文 / 沈希集

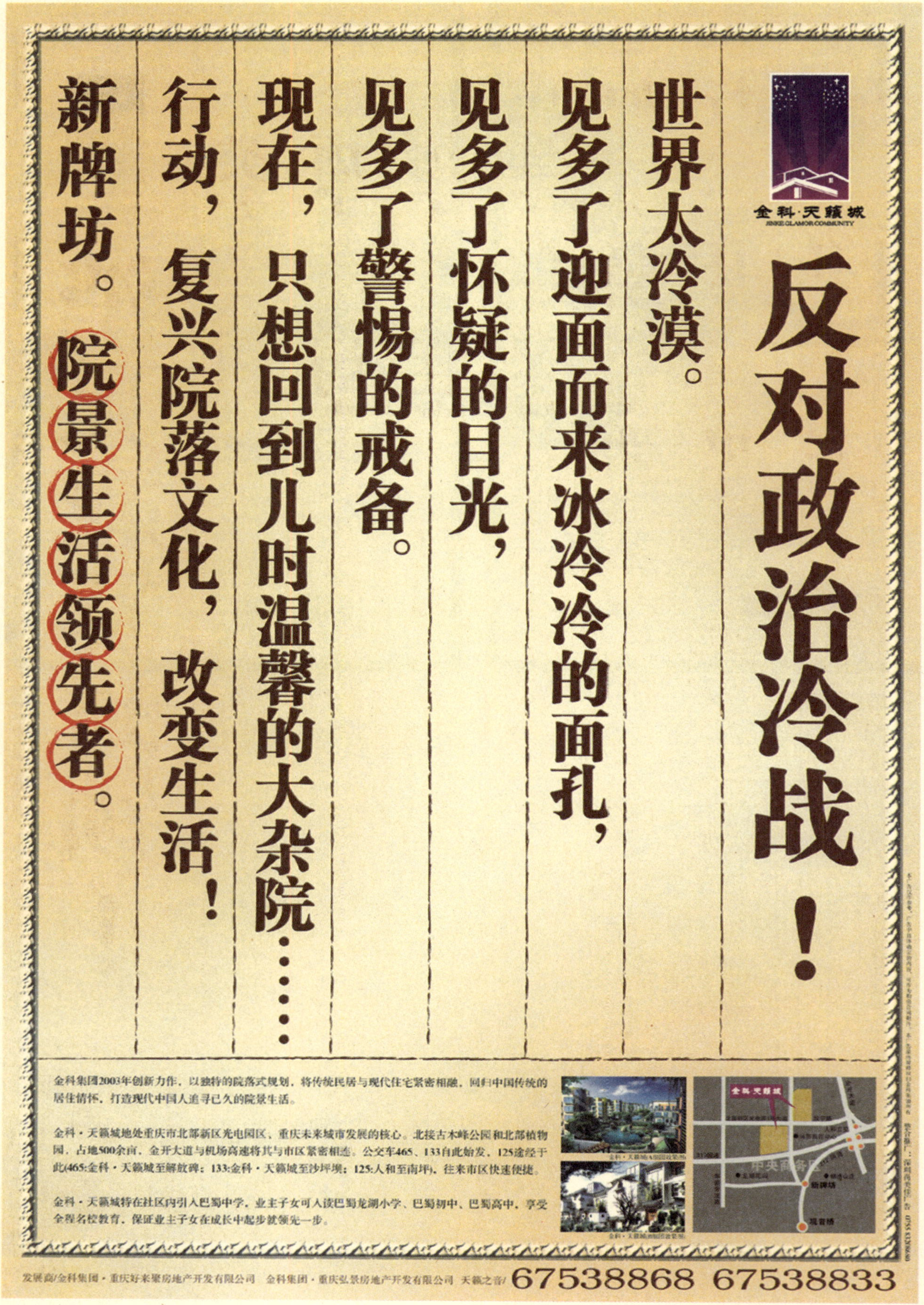

金科·天籁城
反对政治冷战！
世界太冷漠。
见多了迎面而来冰冷冷的面孔，
见多了怀疑的目光，
见多了警惕的戒备。
现在，只想回到儿时温馨的大杂院……
行动，复兴院落文化，改变生活！
新牌坊。院景生活领先者。
金科集团2003年创新力作，以独特的院落式规划，将传统民居与现代住宅紧密相融，回归中国传统的居住情怀，打造现代中国人追寻已久的院景生活。
金科·天籁城地处重庆市北部新区光电园区，重庆未来城市发展的核心。北接古木峰公园和北部植物园，占地500余亩，金开大道与机场高速将其与市区紧密相连。公交车465、133自此始发，125途经于此(465:金科·天籁城至解放碑；133:金科·天籁城至沙坪坝；125:人和至南坪)，往来市区快速便捷。
金科·天籁城特在社区内引入巴蜀中学，业主子女可入读巴蜀龙湖小学、巴蜀初中、巴蜀高中，享受全程名校教育，保证业主子女在成长中起步就领先一步。
发展商/金科集团·重庆好来聚房地产开发有限公司 金科集团·重庆弘景房地产开发有限公司 天籁之音/ 67538868 67538833

金科·天籁城
JINKE GLAMOR COMMUNITY

消灭寂寞封锁！

人类太孤独！
厌烦了高楼的冷漠，
厌烦了不相往来的自闭封锁，
厌烦了低头不见抬头见虚假，
如今，总想起那曾经其乐融融的大杂院……
行动，复兴院落文化，改变生活！
新牌坊。院景生活领先者。

金科集团2003年创新力作，以独特的院落式规划，将传统民居与现代住宅紧密相融，回归中国传统的居住情怀，打造现代中国人追寻已久的院景生活。

金科·天籁城地处重庆市北部新区光电园区、重庆未来城市发展的核心。北接古木峰公园和北部植物园，占地500余亩，金开大道与机场高速将其与市区紧密相连。公交车465、133自此始发，125途经于此(465:金科·天籁城至解放碑；133:金科·天籁城至沙坪坝；125:人和至南坪)，往来市区快速便捷。

金科·天籁城特在社区内引入巴蜀中学，业主子女可入读巴蜀龙湖小学、巴蜀初中、巴蜀高中，享受全程名校教育，保证业主子女在成长中起步就领先一步。

发展商/金科集团·重庆好来聚房地产开发有限公司　金科集团·重庆弘景房地产开发有限公司　天籁之音/67538868 67538833

金科·天籁城
JINKE GLAMOR COMMUNITY

抵抗高压政策！

生活太压抑！

没有了邻里间的来来往往，

没有了不期而遇的自由攀谈，

没有了小孩子成群的打闹玩耍，

只有，对那沧桑美丽的院落的怀念

行动，复兴院落文化，改变生活！

新牌坊。院景生活领先者。

金科集团2003年创新力作，以独特的院落式规划，将传统民居与现代住宅紧密相融，回归中国传统的居住情怀，打造现代中国人追寻已久的院景生活。

金科·天籁城地处重庆市北部新区光电园区、重庆未来城市发展的核心。北接古木峰公园和北部植物园，占地500余亩，金开大道与机场高速将其与市区紧密相连。公交车465、133自此始发，125途经于此(465:金科·天籁城至解放碑；133:金科·天籁城至沙坪坝；125:人和至南坪)，往来市区快速便捷。

金科·天籁城特在社区内引入巴蜀中学，业主子女可入读巴蜀龙湖小学、巴蜀初中、巴蜀高中，享受全程名校教育，保证业主子女在成长中起步就领先一步。

发展商/金科集团·重庆好来聚房地产开发有限公司　金科集团·重庆弘景房地产开发有限公司　天籁之音/ 67538868 67538833

一期完美售罄
二期华章再现
金科·天籁城
美社
JINKE GLAMOR COMMUNITY
新牌坊·院景生活领先者
■地处重庆富人区新牌坊，交通便利、人文崇尚，高华锋芒不显自露。■比邻上千亩北部植物园，区域居家生态，山脉蜿蜒，繁华与宁静诗意共存。■斥巨资聘请加拿大“润枫”及深圳大学设计研究院强强联手。■贯彻“亲绿”、“亲地”、“亲水”、“亲子”、“亲合”全新生活理念，提供独有的“3+1”、“4+1”的“五亲住宅”。■25000多平方米大型活水景观长廊，随时充分感受到近在咫尺的天然山水。■户户大露台，实现园林景观私有化，开放和私密共存的理想人居。■“特色幼稚园”、“巴蜀龙湖小学”、“巴蜀中学”实现天籁城子女全程教育梦想。■运用“院”、“错”、“露”、“退”等空间艺术手法，营造出享受视觉和生活情趣的“四度空间”。
美社·天籁之音/67538869 67538868
咨询地点：重庆北部新区1号大道市消防指挥中心招待所
交通线路：公交车125、133、149、465、606途经于此
天籁城·美社
中央商务区
新牌坊
观音桥
发展商/金科集团·重庆好来聚房地产开发有限公司 物业管理/重庆金科物业管理有限公司 整合推广/深圳尚美佳广告
做好每个细节 创造美好家园！
金科集团
JINKE GROUP

一期完美售罄，
二期轩盈登场。
金科·天籁城
美社·天籁之音/67538869 67538868
金科集团

一期完美售罄，
二期更添色彩。
金科·天籁城
美社·天籁之音/67538869 67538868
金科集团

天籁城·美社: 四度空间·五亲住宅
金科·天籁城 美社
发现美
8月3日，天籁城·美社即将美丽登场
■地处重庆富人区新牌坊，交通便利、人文崇尚，高华锋芒不显自露。■比邻上千亩北部植物园，区域居家生态，山脉蜿蜒，繁华与宁静诗意共存。■斥巨资聘请加拿大“润枫”及深圳大学设计研究院强强联手。■贯彻“亲绿”、“亲地”、“亲水”、“亲子”、“亲合”全新生活理念，提供独有的“3+1”、“4+1”的“五亲住宅”。■25000多平方米大型活水景观长廊，随时充分感受到近在咫尺的天然山水。■户户大露台，实现园林景观私有化，开放和私密共存的理想人居。■“特色幼稚园”、“巴蜀龙湖小学”、“巴蜀中学”实现天籁城子女全程教育梦想。■运用“院”、“错”、“露”、“退”等空间艺术手法，营造出享受视觉和生活情趣的“四度空间”。
美社·天籁之音/ 67538869 67538868
天籁城·美社
中央商务区
新牌坊
发展商/ 金科集团·重庆好来聚房地产开发有限公司 物业管理/ 重庆金科物业管理有限公司 整合推广/ 深圳尚美佳广告
金科集团 JINKE GROUP

天籁城·美社: 四度空间·五亲住宅
发现美。
8月3日，天籁城·美社即将美丽登场
四度空间·五亲住宅
美社·天籁之音/ 67538869 67538868
金科集团

天籁城·美社: 四度空间·五亲住宅
四度空间·五亲住宅
天籁城·美社今日美丽登场
美社·天籁之音/ 67538869 67538868
金科集团

金科天籁城
准备好最美的衣服搭配你的新环境。
8月3日美社即将开盘！
美社·天籁之音/67538869 67538868
金科集团

金科天籁城
准备好最精致餐具迎接你的新邻居
8月3日美社即将开盘！
美社·天籁之音/67538869 67538868
金科集团

美的召唤！二期如约面市！
金科·天籁城 美社
JINKE GLAMOR COMMUNITY
新牌坊·院景生活领先者
■地处重庆富人区新牌坊，交通便利、人文崇尚，高华锋芒不显自露。■比邻上千亩北部植物园，区域居家生态，山脉蜿蜒，繁华与宁静诗意共存。■斥巨资聘请加拿大“润枫”及深圳大学设计研究院强强联手。■贯彻“亲绿”、“亲地”、“亲水”、“亲子”、“亲合”全新生活理念，提供独有的“3+1”、“4+1”的“五亲住宅”。■25000多平方米大型活水景观长廊，随时充分感受到近在咫尺的天然山水。■户户大露台，实现园林景观私有化，开放和私密共存的理想人居。■“特色幼稚园”、“巴蜀龙湖小学”、“巴蜀中学”实现天籁城子女全程教育梦想。■运用“院”、“错”、“露”、“退”等空间艺术手法，营造出享受视觉和生活情趣的“四度空间”。
美社·天籁之音/67538869 67538868
咨询地点：重庆北部新区1号大道市消防指挥中心招待所
交通线路：公交车125、133、149、465、606途经于此
天籁城·美社
中央商务区
新牌坊
观音桥
发展商/金科集团·重庆好来聚房地产开发有限公司 物业管理/重庆金科物业管理有限公司 整合推广/深圳尚美佳广告
金科集团
JINKE GROUP

错了？
对，错出品位来！
天籁城·美社承袭中国人对传统院景生活的情感需求，打破传统宅院的封闭感，并运用"院"、"错"、"露"、"退"等空间艺术手法，营造出享受视觉和生活情趣的"四度空间亲地"住宅。
天籁之音/ 67538868 67538869
地处重庆富人区新牌坊，交通便利、人文荟萃，高华锋芒不显自露。
比邻上千亩北部植物园，区域泵泊散布，山脉蜿蜒，繁华与宁静诗意共存。
大手笔引入重庆教育界先锋楷模"巴蜀中学"，"金科天籁学村"实现全程教育梦想。
运用"院"、"错"、"露"、"退"等空间艺术手法，营造出享受视觉和生活情趣的"四度空间亲地"住宅
斥巨资聘请香港"华艺"和加拿大"洞枫"及深圳大学设计研究院强强联手。
25000多平方米大型森林景观长廊，随时充分感受到近在咫尺的天然山水。
户户大露台，实现园林景观私有化，开放和私密共存的理想人居。
新牌坊·院景生活领先者
发展商/ 金科集团·重庆好来聚房地产开发有限公司 物业管理/ 重庆金科物业管理有限公司
金科集团
JINKE GROUP

退了？
对，退出更多阳光！
天籁城·美社承袭中国人对传统院景生活的情感需求，打破传统宅院的封闭感，并运用"院"、"错"、"露"、"退"等空间艺术手法，营造出享受视觉和生活情趣的"四度空间亲地"住宅。
天籁之音/ 67538868 67538869
地处重庆富人区新牌坊，交通便利、人文荟萃，高华锋芒不显自露。
比邻上千亩北部植物园，区域泵泊散布，山脉蜿蜒，繁华与宁静诗意共存。
大手笔引入重庆教育界先锋楷模"巴蜀中学"，"金科天籁学村"实现全程教育梦想。
运用"院"、"错"、"露"、"退"等空间艺术手法，营造出享受视觉和生活情趣的"四度空间亲地"住宅
斥巨资聘请香港"华艺"和加拿大"洞枫"及深圳大学设计研究院强强联手。
25000多平方米大型森林景观长廊，随时充分感受到近在咫尺的天然山水。
户户大露台，实现园林景观私有化，开放和私密共存的理想人居。
新牌坊·院景生活领先者
发展商/ 金科集团·重庆好来聚房地产开发有限公司 物业管理/ 重庆金科物业管理有限公司
金科集团
JINKE GROUP

西南
South west

Company name
公司名称：
深圳尚美佳广告
Floorname
楼盘名称：
金科天籁城
Art director general
创作总监：
夏劲松
Art director
美术指导：
黄伟文 / 沈希集

Company name
公司名称：
成都蓝色飞扬广告
Floorname
楼盘名称：
莱茵园
Art director general
创作总监：
杨怡
Art director
美术指导：
杨静
Copy writer
文案：
周新 / 冯雪娟

Company name
公司名称：
成都蓝色飞扬广告
Floorname
楼盘名称：
流星花园
Art director general
创作总监：
杨怡
Art director
美术指导：
杨怡
Copy writer
文案：
张维

莱茵园
DER RHEIN
从法国到德国，只是一杯咖啡的时间
枫丹白露醉人的浪漫 还在
左岸咖啡的浓香 还在
而此刻
心却已随莱茵河的月光曲缓缓流淌
在中海名城，感受欧洲无所谓遥远
莱茵园，开始浏览
中海地产
销售电话/028-85105888 85133838

莱茵园
DER RHEIN
每一个简单的习惯，都散发着世袭的质感
销售电话/028-85105888 85133838
中海地产

莱茵园
DER RHEIN
在莱茵·在上游
每天，踏过绿色
每天，与自然亲切交谈
仿佛，重温刚刚结束的欧洲之旅
只是，这一次
每一天回家的路，都是在莱茵的浪漫旅途
离家很近
在中海名城，感受欧洲无所谓遥远
莱茵园，开始浏览
销售电话/028-85105888 85133838
中海地产

中海名城
莱茵园
DER RHEIN
在莱茵·在上游
今日开盘
推开这扇窗，我可以看到整个欧洲
在生活的上游
用世界的眼光
6月6日，中海名城·莱茵园
一个真实而丰盈的德国风情小镇，诞生
在中海名城，感受欧洲无所谓遥远
莱茵园，开始浏览
莱茵园
是继中海名城一期法国枫丹园之后
中海地产整合各种优势力量的巅峰之作
秉持中海地产一贯的优良品质与优雅内涵
莱茵园以简约、俊朗的建筑风格与静谧、浪漫的园林气质
完美再现德国现代人居设计神韵
为尊贵的业主倾力打造符合其高尚身份的顶级纯居社区
中海地产
销售电话/028-85105888 85133838

幸福 触手可及
交流热线：6667788 6667755
流星花园
Meteor
Garden
精品小户型
用体验取代想象
用心动终结迷茫
用守望颠覆流浪
在这里 你可以
发展商：成都远东房地产开发有限公司
投资商：宏瀛实业
BlueFlying

幸福 不容错过
交流热线：6667788 6667755
府河畔·多元浪漫空间
流星花园
Meteor
Garden
精品小户型
不必把简单与繁华对立
不必把自由与幸福对立
不必把瞬间与永恒对立
在这里 你可以
投资商：宏瀛实业
发展商：成都远东房地产开发有限公司
BlueFlying

我住流星花园
我在城市中心
小户型
用体验取代想象
用心动终结迷茫
用守望颠覆流浪
在这里 你可以
流星花园
Meteor
Garden
精品小户型
发展商：成都远东房地产开发有限公司
投资商：宏凌实业
物业管理：总府物业管理公司
建筑与规划设计：新加坡山鼎建筑师事务所
营销代理：泰阆物业顾问
策划推广：BlueFlying 蓝色飞扬广告

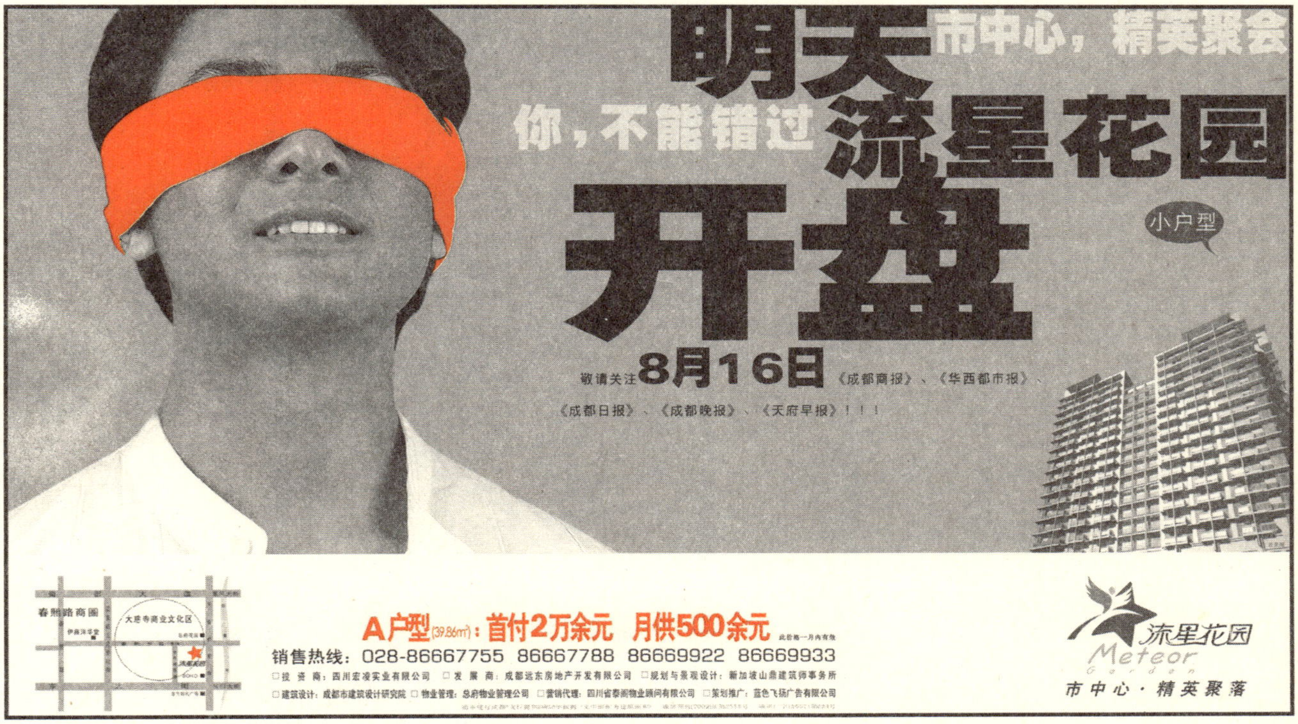

明天市中心，精英聚会
你，不能错过流星花园
开盘
小户型
敬请关注8月16日《成都商报》、《华西都市报》、
《成都日报》、《成都晚报》、《天府早报》！！！
春熙路商圈
大慈寺商业文化区
A户型(39.86m²)：首付2万余元 月供500余元
此价格一月内有效
销售热线：028-86667755 86667788 86669922 86669933
□投资商：四川宏凌实业有限公司 □发展商：成都远东房地产开发有限公司 □规划与景观设计：新加坡山鼎建筑师事务所
□建筑设计：成都市建筑设计研究院 □物业管理：总府物业管理公司 □营销代理：四川省泰阆物业顾问有限公司 □策划推广：蓝色飞扬广告有限公司
流星花园
Meteor
Garden
市中心·精英聚落

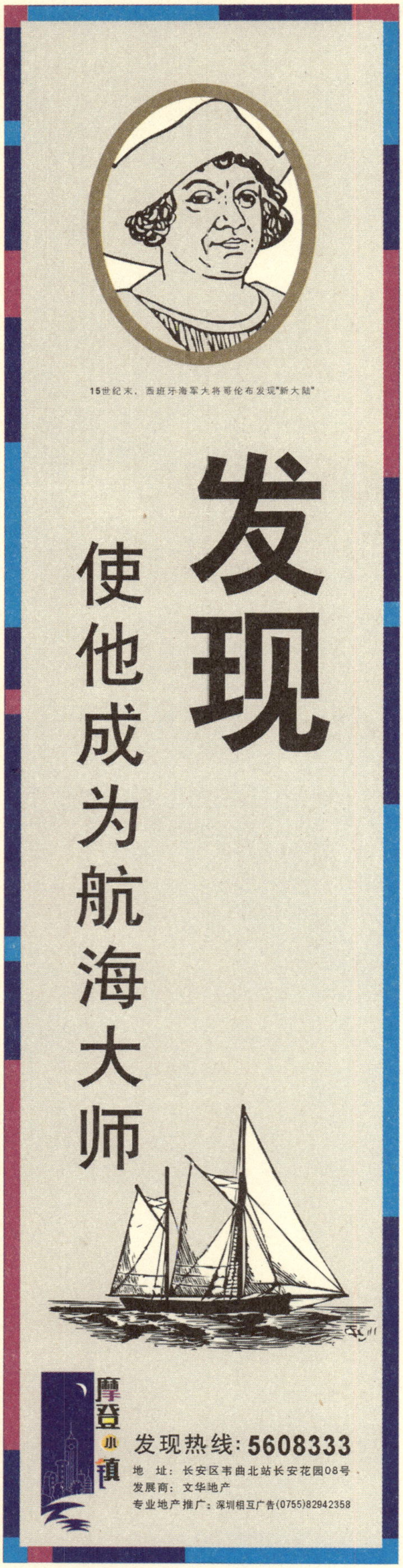
15世纪末，西班牙海军大将哥伦布发现"新大陆"
发现
使他成为航海大师
摩登小镇
发现热线：5608333
地　址：长安区韦曲北站长安花园08号
发展商：文华地产
专业地产推广：深圳相互广告(0755)82942358

2003年、中国西安、谁将成为生活的大师？
发现
使你成为生活大师
摩登小镇
发现热线：5608333
地　址：长安区韦曲北站长安花园08号
发展商：文华地产
专业地产推广：深圳相互广告(0755)82942358

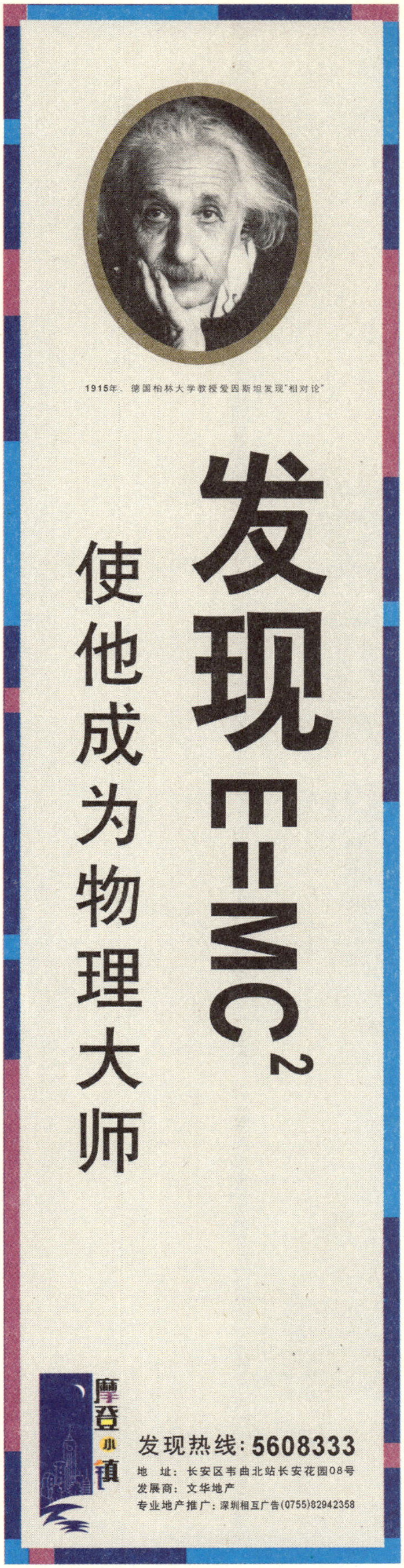
1915年、德国柏林大学教授爱因斯坦发现"相对论"
发现E=MC²
使他成为物理大师
摩登小镇
发现热线：5608333
地　址：长安区韦曲北站长安花园08号
发展商：文华地产
专业地产推广：深圳相互广告(0755)82942358

?
2003年，中国西安，谁将成为生活的大师？
发现
使你成为生活大师
摩登小镇
发现热线：5608333
地　址：长安区韦曲北站长安花园08号
发展商：文华地产
专业地产推广：深圳相互广告(0755)82942358

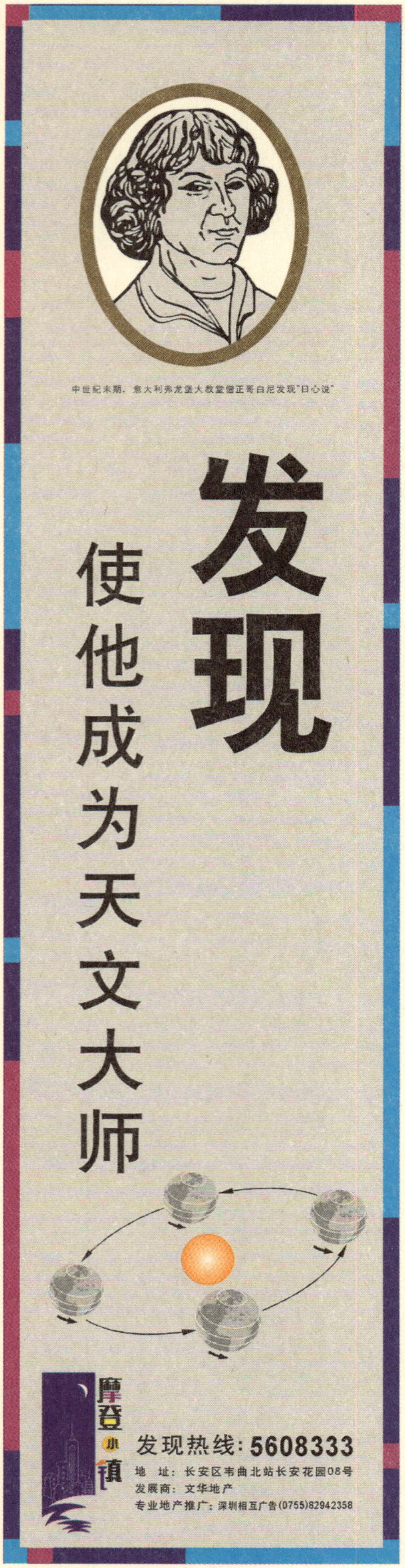
中世纪末期，意大利弗龙堡大教堂僧正哥白尼发现"日心说"
发现
使他成为天文大师
摩登小镇
发现热线：5608333
地　址：长安区韦曲北站长安花园08号
发展商：文华地产
专业地产推广：深圳相互广告(0755)82942358

2003年，中国西安，谁将成为生活的大师？
发现
使你成为生活大师
摩登小镇
发现热线：5608333
地　址：长安区韦曲北站长安花园08号
发展商：文华地产
专业地产推广：深圳相互广告(0755)82942358

西南
South west

Company name
公司名称：
深圳相互广告

Floor name
楼盘名称：
摩登小镇

麒龍溪園
DRAGON GARDEN
花溪·传世山水·世袭居庭
唯一的花溪 唯一的溪园
山水间的绝版珍藏——麒龙溪园，与诗画般花溪美景同样值得珍藏，秉承一贯顶级品质承诺，溪园主力户型样板间全面展现，彻底实现动静分离、洁污分离、食寝分离，大客厅、大主卧、大卫生间，一流采光通风，远见高标准居住未来。
花溪公园
风水:2.4万平米山水宝地、花溪最具规模花园洋房社区 精致:容积率1.5低密度建筑、10栋精致3-6层花园洋房 开扬:开阔和式园林·花溪公园·直通式双园林，绿化率45% 大度:阔绰大厅、主卧、卫生间，"三房"住宅开创理性享受空间 通透:全南北朝向、观景、生活阳台配套设计 细节:顶级建筑材料彰显尊贵细节 名贵:仅尊奉294席超然情趣及尊贵身份
售楼电话:362 5889 362 5567

麒龍溪園
DRAGON GARDEN
花溪·传世山水·世袭居庭
唯一的花溪 唯一的溪园
山水间的绝版珍藏——麒龙溪园，与诗画般花溪美景同样值得珍藏，秉承一贯顶级品质承诺，溪园生涧阁、组涧阁外立面靓丽呈现，蓝色的英红瓦斜坡屋顶、米黄雅致外墙，景观生活双阳台，视觉体验高贵典雅，充盈浓郁的民族风情。
花溪公园
风水:2.4万平米山水宝地、花溪最具规模花园洋房社区 精致:容积率1.5低密度建筑、10栋精致3-6层花园洋房 开扬:开阔和式园林·花溪公园·直通式双园林，绿化率45% 大度:阔绰大厅、主卧、卫生间，"三房"住宅开创理性享受空间 通透:全南北朝向、观景、生活阳台配套设计 细节:顶级建筑材料彰显尊贵细节 名贵:仅尊奉294席超然情趣及尊贵身份
售楼电话:362 5889 362 5567

Company name
公司名称：
深圳博思壹广告

Floor name
楼盘名称：
麒龙溪园

Art director
美术指导：
雷泽恒

Copy writer
文案：
李焱

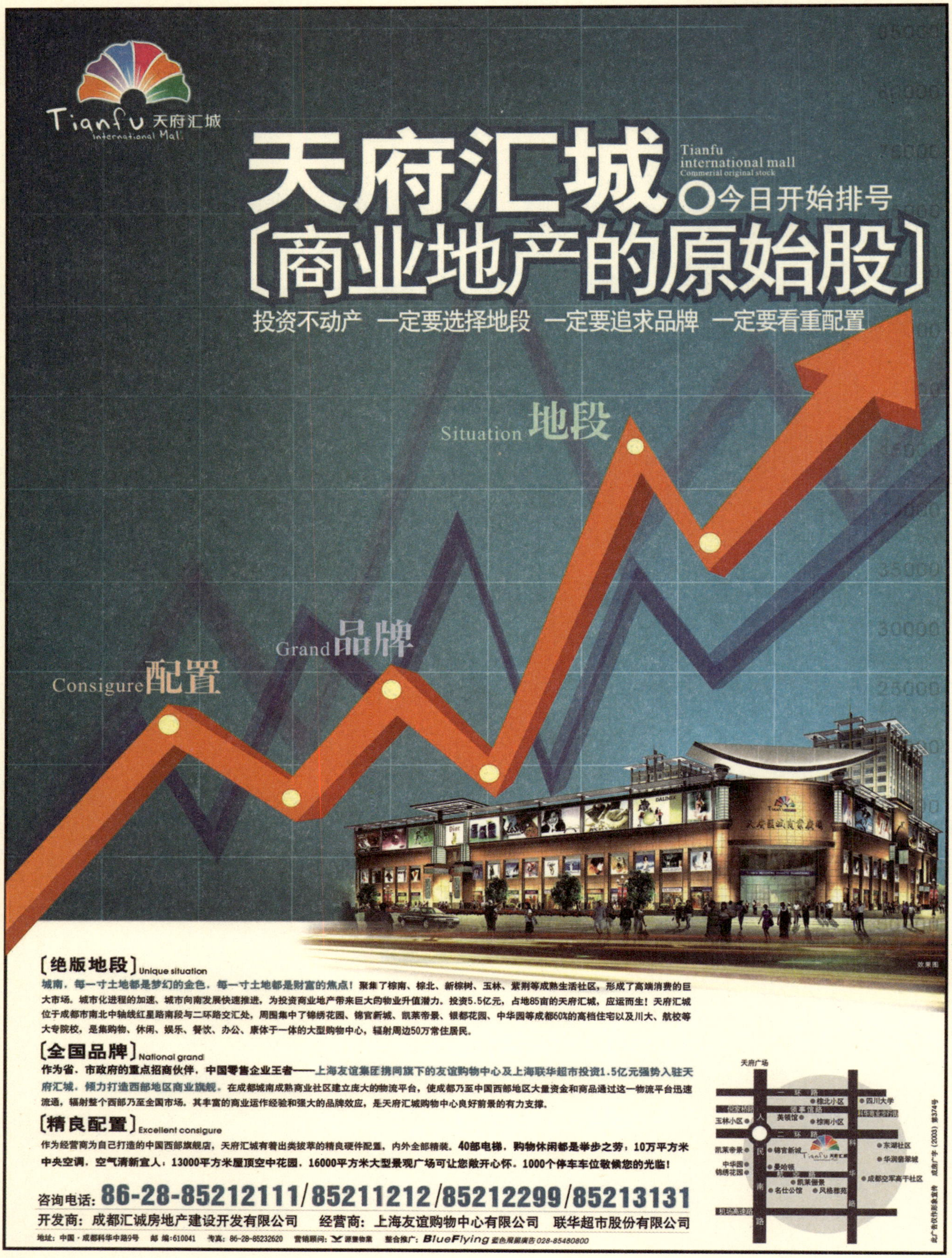
Tianfu 天府汇城
International Mall
天府汇城
Tianfu international mall
Commerial original stock
今日开始排号
〔商业地产的原始股〕
投资不动产 一定要选择地段 一定要追求品牌 一定要看重配置
Situation 地段
Grand 品牌
Consigure 配置
〔绝版地段〕Unique situation
城南，每一寸土地都是梦幻的金色，每一寸土地都是财富的焦点！聚集了棕南、棕北、新棕树、玉林、紫荆等成熟生活社区，形成了高端消费的巨大市场。城市化进程的加速、城市向南发展快速推进，为投资商业地产带来巨大的物业升值潜力。投资5.5亿元，占地85亩的天府汇城，应运而生！天府汇城位于成都市南北中轴线红星路南段与二环路交汇处，周围集中了锦绣花园、锦官新城、凯莱帝景、银都花园、中华园等成都60%的高档住宅以及川大、航校等大专院校，是集购物、休闲、娱乐、餐饮、办公、康体于一体的大型购物中心，辐射周边50万常住居民。
〔全国品牌〕National grand
作为省、市政府的重点招商伙伴，中国零售企业王者——上海友谊集团携同旗下的友谊购物中心及上海联华超市投资1.5亿元强势入驻天府汇城，倾力打造西部地区商业旗舰。在成都城南成熟商业社区建立庞大的物流平台，使成都乃至中国西部地区大量资金和商品通过这一物流平台迅速流通，辐射整个西部乃至全国市场。其丰富的商业运作经验和强大的品牌效应，是天府汇城购物中心良好前景的有力支撑。
〔精良配置〕Excellent consigure
作为经营商为自己打造的中国西部旗舰店，天府汇城有着出类拔萃的精良硬件配置，内外全部精装。40部电梯，购物休闲都是举步之劳；10万平方米中央空调，空气清新宜人；13000平方米屋顶空中花园，16000平方米大型景观广场可让您敞开心怀。1000个停车车位敬候您的光临！
天府广场
咨询电话：86-28-85212111/85211212/85212299/85213131
开发商：成都汇诚房地产建设开发有限公司 经营商：上海友谊购物中心有限公司 联华超市股份有限公司
地址：中国·成都科华中路9号 邮编：610041 传真：86-28-85232620 营销顾问：源量物业 整合推广：BlueFlying 蓝色飛扬广告 028-85480800

Tianfu 天府汇城
International Mall
天府汇城 商业地产的原始股
〔财富积分金字塔〕
稳定递增二十年
购买商铺 一定要选择地段 一定要追求品牌 一定要看重配置
开盘当日热销1.5亿！持续火爆！
效果图
单间商铺总价最低8.1万元，
首付4万元做天府汇城业主。
开盘现场热烈火爆
〔绝版地段〕城南，每一寸土地都是梦幻的金色，每一寸土地都是财富的焦点！天府汇城位于成都市南北中轴线红星路南段与二环路的交汇点，占地85亩，投资5.5亿元，是集购物、休闲、娱乐、餐饮、办公、康体于一体的大型购物中心。周围聚集了棕南、棕北、新棕树、玉林、紫荆等成熟生活社区，锦绣花园、锦官新城、凯莱帝景、银都花园、中华园等成都市60%的高档住宅以及川大、航校等大专院校，辐射周边50万常住居民，形成了高端消费的巨大市场。城市化进程的加速、政府南迁、城市向南发展快速推进，为投资商业地产带来巨大的物业升值潜力。天府汇城占据极佳区位地段，其商铺具有不断升值的巨大潜力。
〔全国品牌〕中国最大最强的零售企业——上海友谊集团携同旗下的友谊购物中心及上海联华超市投资1.5亿元强势入驻天府汇城，倾力打造中国西部最大的购物中心。同时其作为友谊集团在西部的旗舰店和庞大的物流平台，使成都乃至中国西部地区大量资金和商品通过这一平台迅速流通，辐射整个西部乃至全国市场。利用其强势的品牌效应和先进的管理经验，对所有商铺实行整体经营、统一管理，随着利润的稳步上升、物业的不断升值，使商铺的价值不断提升。实现年收益7.5%，每年递增0.15个百分点，持续20年！经营有保障、安全有保障、投资有保障！投资者再无后顾之忧！
〔精良配置〕作为经营商为自己打造的中国西部旗舰店，天府汇城有着出类拔萃的精良配置：40部电梯，购物休闲都是举步之劳；10万平方米中央空调，空气清新宜人；13000平方米屋顶空中花园，16000平方米的大型景观广场可让您敞开心怀，1000个停车车位敬候您的光临！
天府汇城与上海友谊集团的合作是省、市政府加强东西部地区经济合作招商引资的重点项目，得到政府相关部门和金融机构的大力支持，中国银行蜀都大道支行为投资者提供五成十年按揭。
财富热线 86-28-85212111/85211212/85213131
开发商：成都汇诚房地产建设开发有限公司 经营商：上海友谊购物中心有限公司 联华超市股份有限公司

Tianfu 天府汇城
International Mall
天府汇城
商业地产的原始股
Tianfu international mall
引发城南黄金商圈膨胀消费潜力
财源滚滚而来！
购买商铺 一定要选择地段 一定要追求品牌 一定要看重配置
开盘当日热销1.5亿！持续火爆！
效果图
亲眼见后，你就会明白为什么开盘15天即有503位投资者选择天府汇城……
商铺总价最低8.1万元，
首付4万元做天府汇城业主。
开盘现场热烈火爆
天府汇城位于成都市南北中轴线红星路南段与二环路交汇处，占地85亩，投资5.5亿元，是集购物、休闲、娱乐、餐饮、办公、康体于一体的大型购物中心、周边聚集成都市60%以上的高档住宅，拥有巨大的高端消费市场，其商铺具有不断升值的潜力。九大投资优势，保障投资者稳定递增高额收益：
□优势之一：位于配套成熟的城南黄金商圈 □优势之二：周边辐射高端消费群潜力巨大 □优势之三：城市向南发展迅猛势头 □优势之四：方便快捷的交通网络 □优势之五：上海友谊为首的众多国内外强势品牌 □优势之六：科学的"三权分立"经营管理模式 □优势之七：西部超大型商业中心 囊括购物、休闲、娱乐、餐饮、办公、康体综合业态 □优势之八：投资者稳定递增的高额收益 □优势之九：顶级精良的设施配置
财富热线 86-28-85212111/85211212/85213131
开发商：成都汇诚房地产建设开发有限公司 经营商：上海友谊购物中心有限公司 联华超市股份有限公司
BlueFlying

Tianfu 天府汇城
International Mall
天府汇城商业地产的原始股
〔锁定投资低风险〕
避开风浪一往无前 安全稳定一路飙升
购买商铺 一定要选择地段 一定要追求品牌 一定要看重配置
开盘热销1.5亿！持续火爆！
单间商铺总价最低8.1万元，
首付4万元做天府汇城业主。
开盘现场热烈火爆
〔绝版地段〕城南，每一寸土地都是梦幻的金色，每一寸土地都是财富的焦点！天府汇城位于成都市南北中轴线红星路南段与二环路的交汇点，占地85亩，投资5.5亿元，是集购物、休闲、娱乐、餐饮、办公、康体于一体的大型购物中心。周围聚集了棕南、棕北、新棕树、玉林、紫荆等成熟生活社区，锦绣花园、锦官新城、凯莱帝景、银都花园、中华园等成都市60%的高档住宅以及川大、航校等大专院校，辐射周边50万常住居民，形成了高端消费的巨大市场。城市化进程的加速、政府南迁、城市向南发展快速推进，为投资商业地产带来巨大的物业升值潜力。天府汇城占据极佳区位地段，其商铺具有不断升值的巨大潜力。
〔全国品牌〕中国最大最强的零售企业——上海友谊集团携同旗下的友谊购物中心及上海联华超市投资1.5亿元强势入驻天府汇城，倾力打造中国西部最大的购物中心。同时其作为友谊集团在西部的旗舰店和庞大的物流平台，使成都乃至中国西部地区大量资金和商品通过这一平台迅速流通，辐射整个西部乃至全国市场。利用其强势的品牌效应和先进的管理经验，对所有商铺实行整体经营、统一管理，随着利润的稳步上升、物业的不断升值，使商铺的价值不断提升。实现年收益7.5%，每年递增0.15个百分点，持续20年！经营有保障、安全有保障、投资有保障！投资者再无后顾之忧！
〔精良配置〕作为经营商为自己打造的中国西部旗舰店，天府汇城有着出类拔萃的精良配置：40部电梯，购物休闲都是举步之劳；10万平方米中央空调，空气清新宜人；13000平方米屋顶空中花园，16000平方米的大型景观广场可让您敞开心怀。1000个停车车位敬候您的光临！
天府汇城与上海友谊集团的合作是省、市政府加强东西部地区经济合作招商引资的重点项目。得到政府相关部门和金融机构的大力支持，中国银行蜀都大道支行为投资者提供五成十年按揭。
天府广场
名仕公馆
风格雅苑
凯莱俪景
曼哈顿
中华园
锦绣花园
成都空军高干社区
华润翡翠城
财富热线 86-28-85212111/85211212/85213131
开发商：成都汇诚房地产建设开发有限公司 经营商：上海友谊购物中心有限公司 联华超市股份有限公司
BlueFlying

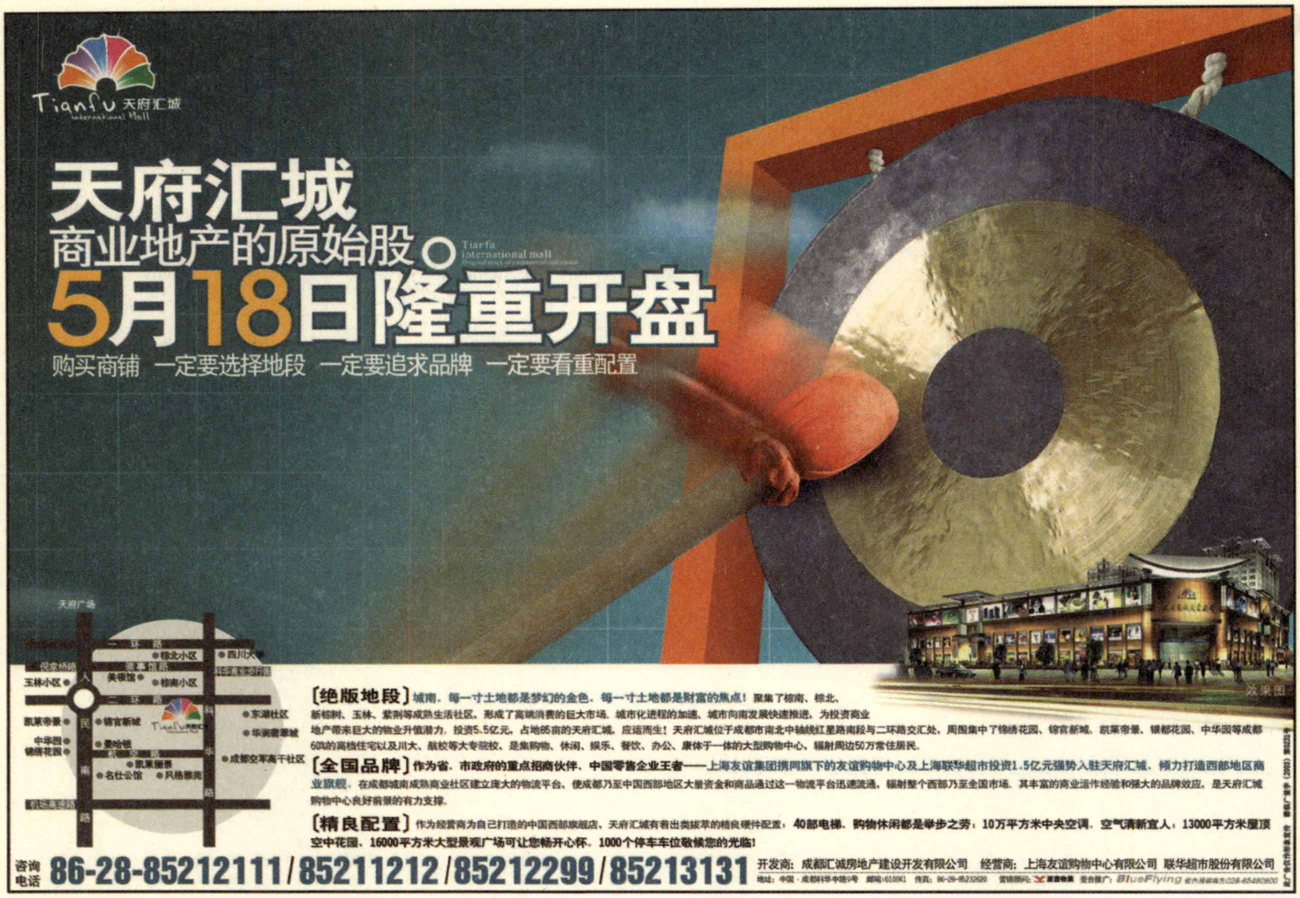

西南
South west

Company name
公司名称：
成都蓝色飞扬广告

Floor name
楼盘名称：
天府汇城

Art director general
创作总监：
杨怡

Art director
美术指导：
赵钏宇

Copy writer
文案：
杨俊辉

Tianfu 天府汇城
International Mall
商业地产原始股
破土春笋 节节高升
共同吸取众多财富营养
财富增值如《雨后春笋节节高》。
效果图
购买商铺 一定要选择地段 一定要追求品牌 一定要看重配置
开盘当日热销1.5亿！持续火爆！
中国零售王——上海友谊集团做天府汇城的统一经营者，以其雄厚的资本实力和先进的经营管理理念，以及成功开发超大型购物中心的丰富经验，足以保证天府汇城10万平方米的商业经营面积20年内得到良好的经营和管理。其商铺经营将势如破土春笋，蒸蒸日上！
上海友谊集团强势入驻，以强大的经营实力、资金实力确保投资者利益。稳定！安全！省心！
首付4.7万，拥有100%全产权，20年稳定增值收益（2D-152 商铺 17.74㎡ 五成十年按揭）
上海友谊集团与汇诚房产合作签约仪式
开盘现场实景拍摄
天府汇城10万平方米的超大复合型购物中心，周边庞大的高档消费群体，旺盛的人气带动商气，推动商铺价值不断攀升！
九大投资优势，保障投资者稳定递增高额收益：
■优势之一：配套成熟的城南黄金商圈 ■优势之二：周边高端消费群潜力巨大
■优势之三：城市向南发展迅猛势头 ■优势之四：方便快捷的交通网络
■优势之五：上海友谊为首的众多国内外强势品牌
■优势之六："三权分立"经营管理模式
■优势之七：西部超大型商业中心 囊括购物、休闲、娱乐、餐饮、办公、康体综合业态
■优势之八：投资者稳定递增的高额收益 ■优势之九：顶级精良的配置设施
财富热线 86-28-85212111 / 85211212 / 85213131
开发商：成都汇诚房地产建设开发有限公司 经营商：上海友谊购物中心有限公司 联华超市股份有限公司
整合推广：BlueFlying 028-85480800

Tianfu 天府汇城
International Mall
商业地产原始股
旌旗招展 诸侯云聚
中国零售王上海友谊引入众多强势品牌，
合力打造《中国西部超大购物中心》。
上海友谊集团
效果图
购买商铺 一定要选择地段 一定要追求品牌 一定要看重配置
开盘当日热销1.5亿！持续火爆！
中国零售王——上海友谊集团做天府汇城的统一经营者，以其雄厚的资本实力和先进的经营管理理念，以及成功开发超大型购物中心的丰富经验，足以保证天府汇城10万平方米的商业经营面积在20年内得到良好的经营和管理。
零售王对天府汇城商铺整体经营，统一管理，投资者无需为商铺后期的经营管理操心，投资可以"坐享其成"！
首付4.7万，拥有100%全产权，20年稳定增值收益（2D-152 商铺 17.74㎡ 中行蜀都大道支行提供 五成十年按揭）
上海友谊集团与汇诚房产合作签约仪式
销售现场实景拍摄
天府汇城10万平方米的超大复合型购物中心，周边庞大的高档消费群体，旺盛的人气带动商气，推动商铺价值不断攀升！
九大投资优势，保障投资者稳定递增高额收益：
■优势之一：配套成熟的城南黄金商圈 ■优势之二：周边高端消费群潜力巨大
■优势之三：城市向南发展迅猛势头 ■优势之四：方便快捷的交通网络
■优势之五：上海友谊为首的众多国内外强势品牌
■优势之六："三权分立"经营管理模式
■优势之七：西部超大型商业中心 囊括购物、休闲、娱乐、餐饮、办公、康体综合业态
■优势之八：投资者稳定递增的高额收益 ■优势之九：顶级精良的配置设施
销售热线 86-28-85212111 / 85211212 / 85213131
开发商：成都汇诚房地产建设开发有限公司 经营商：上海友谊购物中心有限公司 联华超市股份有限公司
地址：中国·成都科华中路9号 邮编：610041 传真：86-28-85232620
整合推广：BlueFlying 028-85480800

高天流雲
世界级别墅区
Forest Fairyland
心性高远，天地唯我独尊。
2003年，世界已没有热点？
伊拉克点燃了没有硝烟的传媒大战；
SARS令全球民众惶惶不可终日……
2003年，
热点本来就层出不穷。
然而，
这一切竟比不上一座房子！
因为，
高天流云至尊级别墅生活，
引起关注的程度超乎想象！
传世之美，惊世骇俗，世界级别墅区高天流云，即将瞩目开盘
◆ 揽金殿水库和世博园美景，远望滇池西山 ◆ 地处国家原始森林公园内，地段无可复制 ◆ 澳大利亚柏涛设计建筑，经典后天造就 ◆ 加拿大环境设计倾情演绎，气质超凡脱俗 ◆ 每一别墅均度身定做，成就无人企及高度
咨询电话：0871-5019222 5019333

西南
South west

Company name
公司名称：
深圳博思堂广告

Floor name
楼盘名称：
高天流云

Art director
美术指导：
王海生

Copy writer
文案：
李涛

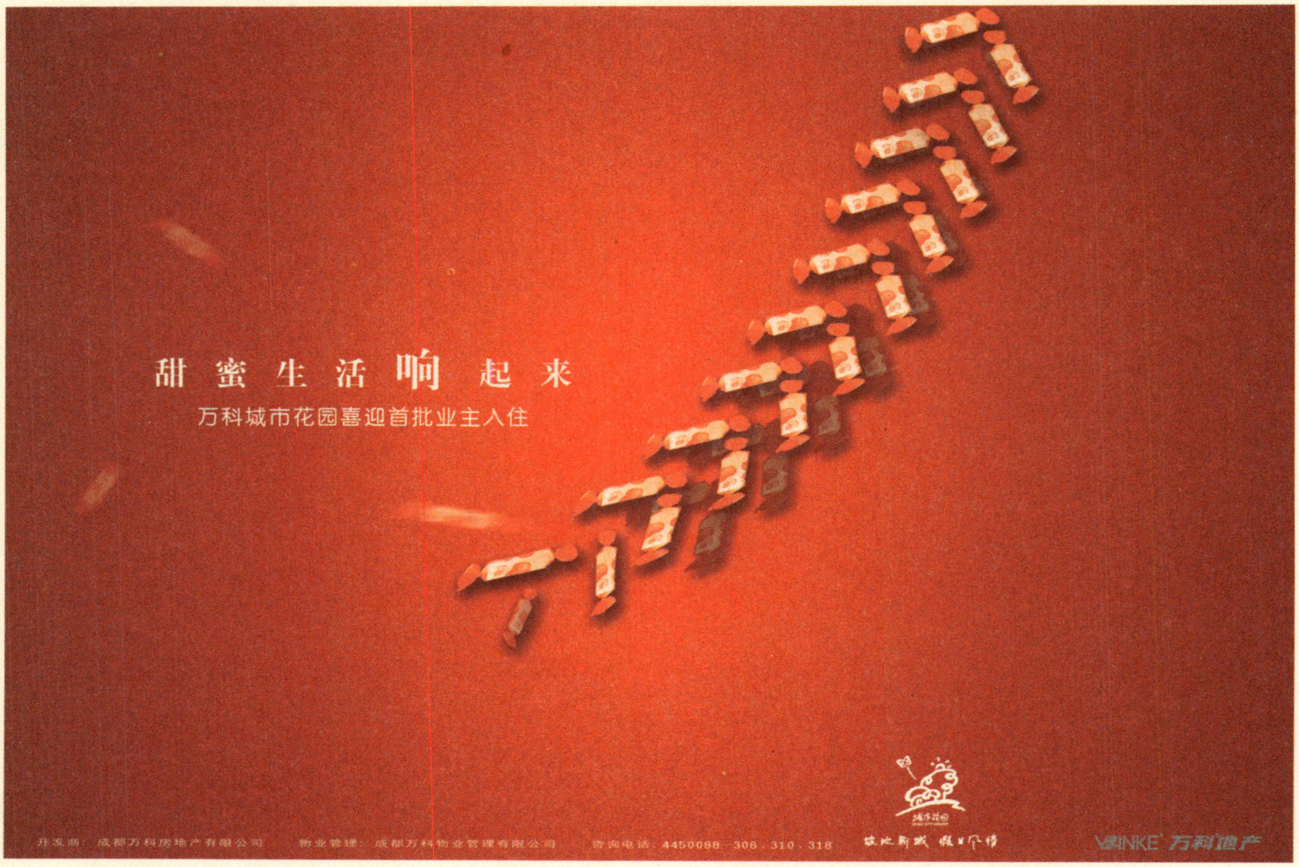
甜蜜生活响起来
万科城市花园喜迎首批业主入住
开发商：成都万科房地产有限公司
物业管理：成都万科物业管理有限公司
咨询电话：4450088－308、310、318
VANKE 万科地产

西南
South west

Company name
公司名称：
成都蓝色飞扬广告

Floor name
楼盘名称：
万科城市花园

Art director general
创作总监：
杨怡

Art director
美术指导：
杨怡 / 卓悦

Copy writer
文案：
卓悦 / 郑宇

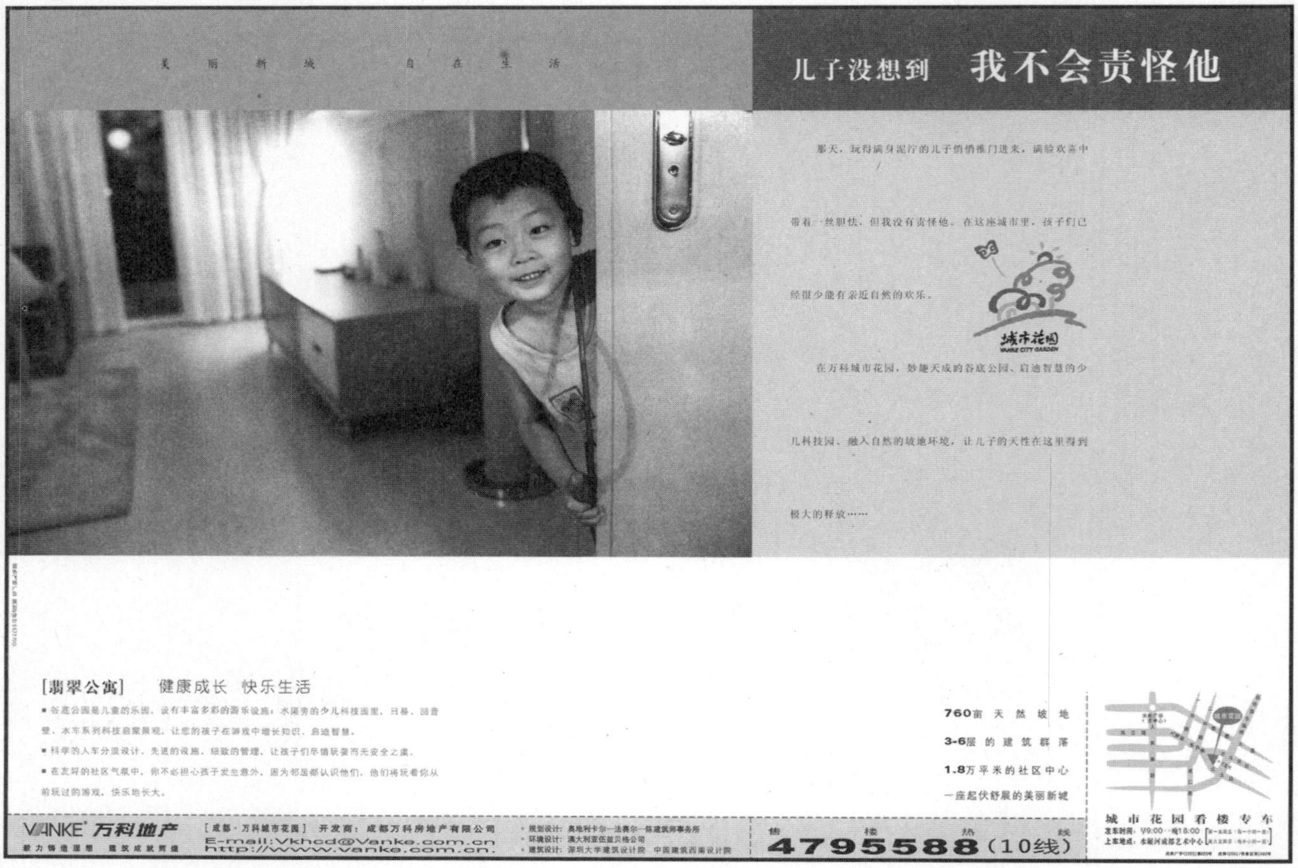
美丽新城　自在生活
儿子没想到　我不会责怪他
那天，玩得满身泥泞的儿子悄悄推门进来，满脸欢喜中带着一丝胆怯，但我没有责怪他。在这座城市里，孩子们已经很少能有亲近自然的欢乐。
在万科城市花园，妙趣天成的谷底公园、启迪智慧的少儿科技园、融入自然的坡地环境，让儿子的天性在这里得到极大的释放……
城市花园
VANKE CITY GARDEN
[翡翠公寓]　健康成长　快乐生活
■ 谷底公园是儿童的乐园，设有丰富多彩的游乐设施：水瀑旁的少儿科技园里，日晷、回音壁、水车系列科技启蒙景观，让您的孩子在游戏中增长知识，启迪智慧。
■ 科学的人车分流设计、先进的设施、细致的管理，让孩子们尽情玩耍而无安全之虞。
■ 在友好的社区气氛中，你不必担心孩子发生意外，因为邻居都认识他们，他们将玩着你从前玩过的游戏，快乐地长大。
760亩天然坡地
3-6层的建筑群落
1.8万平米的社区中心
一座起伏舒展的美丽新城
VANKE 万科地产
致力铸造理想　建筑成就辉煌
[成都·万科城市花园]　开发商：成都万科房地产有限公司
E-mail:Vkhcd@Vanke.com.cn
http://www.vanke.com.cn.
· 规划设计：奥地利卡尔—法赛尔—陈建筑师事务所
· 环境设计：澳大利亚伍兹贝格公司
· 建筑设计：深圳大学建筑设计院　中国建筑西南设计院
售楼热线
4795588（10线）
城市花园看楼专车
发车时间：早9:00—晚18:00
上车地点：水碾河成都艺术中心

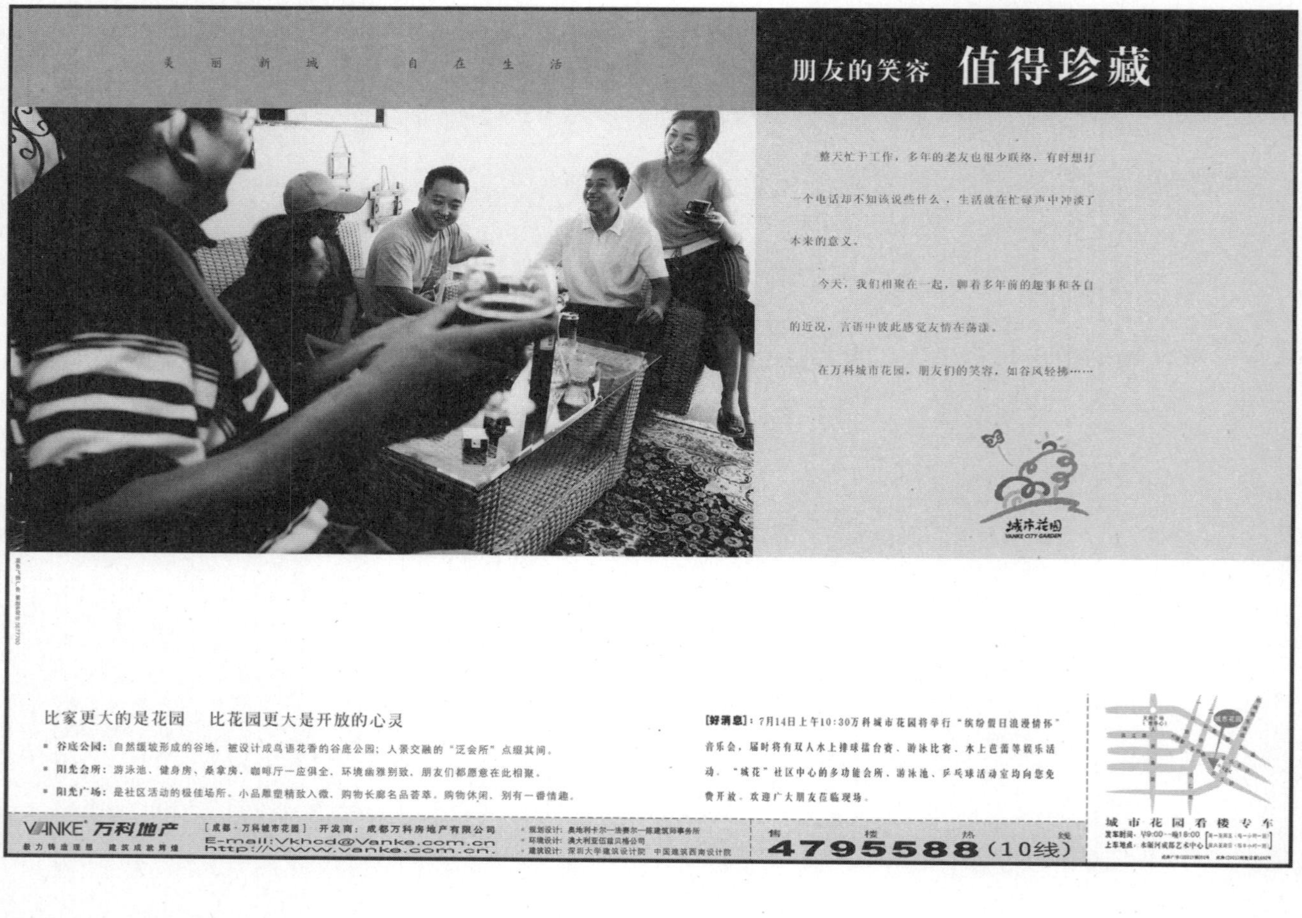
美丽新城　自在生活
朋友的笑容　值得珍藏
整天忙于工作，多年的老友也很少联络，有时想打一个电话却不知该说些什么，生活就在忙碌声中冲淡了本来的意义。
今天，我们相聚在一起，聊着多年前的趣事和各自的近况，言语中彼此感觉友情在荡漾。
在万科城市花园，朋友们的笑容，如谷风轻拂……
城市花园
VANKE CITY GARDEN
比家更大的是花园　比花园更大是开放的心灵
■ 谷底公园：自然缓坡形成的谷地，被设计成鸟语花香的谷底公园；人景交融的“泛会所”点缀其间。
■ 阳光会所：游泳池、健身房、桑拿房、咖啡厅一应俱全，环境幽雅别致，朋友们都愿意在此相聚。
■ 阳光广场：是社区活动的极佳场所，小品雕塑精致入微，购物长廊名品荟萃，购物休闲，别有一番情趣。
[好消息]：7月14日上午10:30万科城市花园将举行“缤纷假日浪漫情怀”音乐会，届时将有双人水上排球擂台赛、游泳比赛、水上芭蕾等娱乐活动。“城花”社区中心的多功能会所、游泳池、乒乓球活动室均向您免费开放，欢迎广大朋友莅临现场。
VANKE 万科地产
致力铸造理想　建筑成就辉煌
[成都·万科城市花园]　开发商：成都万科房地产有限公司
E-mail:Vkhcd@Vanke.com.cn
http://www.vanke.com.cn.
· 规划设计：奥地利卡尔—法赛尔—陈建筑师事务所
· 环境设计：澳大利亚伍兹贝格公司
· 建筑设计：深圳大学建筑设计院　中国建筑西南设计院
售楼热线
4795588（10线）
城市花园看楼专车
发车时间：早9:00—晚18:00
上车地点：水碾河成都艺术中心

美 丽 新 城　　　　自 在 生 活

在这里 父亲终于找到了对手

从老家将父母接了过来，起初他们还不太适应，慢慢地，这里丰富多彩的社区生活和融洽的邻里亲情感染了他们，酷爱下棋的父亲找到了对手，生性开朗的母亲也参加了腰鼓队。

这以后，父母亲也再没有提及回老家，他们已渐渐习惯了这里的生活……

城市花园
VANKE CITY GARDEN

760亩 天 然 坡 地
3-6层 的 建 筑 群 落
1.8万平米的社区中心
一座起伏舒展的美丽新城

开放的交流空间　　自得其乐的生活环境

- 谷底公园和水渠边的步行道是老年人茶余饭后散步的极佳去处，社区中心的阳光广场更为老人们集体活动提供了便利。
- 在私家花园里，老人们可侍花弄草，养鸟怡情，亦可铺开案卷，泼墨挥毫，退休生活依然丰富而充实。
- 绿树掩映的步行小径连接各个院落，室外休闲区设置树木、花草和座椅，老人们在园内喝茶聊天、下棋打牌，生活悠闲自在。

[好消息]：7月8、9日，城市花园“缤纷假日”社区活动第一期正式拉开帷幕，欢迎光临现场。

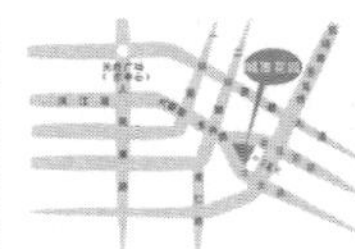

城市花园看楼专车

美 丽 新 城　　　　自 在 生 活

厨房里传来 妻子久违的歌声

下班回家，阵阵飘香的厨房里传来妻子久违的歌声，我不禁一阵欣喜，很久没有这种感觉了，直到今天，在万科城市花园……

我家厨房连着阳光室，伴着优美的音乐，一边下厨，一边观赏窗外的美景，渐渐地，我和妻子都乐于下厨房准备我们的晚餐。

城市花园
VANKE CITY GARDEN

[翡翠公寓]　舒适的格局　善解人意的细节

- 款款户型都做到明卫、明厨、明餐厅，厨房和餐厅自然采光良好：烹饪和用餐的同时，还可欣赏窗外的风景，心情自然愉悦。
- 5层全框架建筑，家与花园更亲近，上下出入更方便。一梯两户，2-4个单元，居住环境宽松而舒适。
- 位处坡地之上，户户通风良好。打开阳台的推拉门，舒爽的清风穿堂而过。炎炎夏日，全家共享清凉。

760亩 天 然 坡 地
3-6层 的 建 筑 群 落
1.8万平米的社区中心
一座起伏舒展的美丽新城

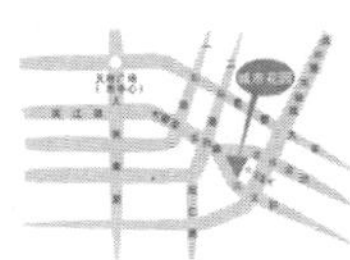

城市花园看楼专车

万科地产在中国
毅力锻造理想 建筑成就辉煌
万科 以纯粹架构品质
■ 一直以来，万科集团给自己的定位是"领跑者"，1984年在深圳创立；1988年发行中国第一份《招股通函》，率先完成股份制改造；1993年，向境外发行B股，融入国际资本；2000年，被《福布斯》评为全球最佳小企业……
■ 从深圳到全国六大城市，从多元化扩张到住宅产业先锋，从职业经理队伍到"阳光照亮的体制"建设，万科的脚步映射出中国新兴企业的奋斗历程。正因为此，万科董事长王石先生被央视选入改革开放"20年·20人"。
■ 无论在深圳、上海、还是在北京、天津、沈阳……"万科城市花园"都以其卓越的品质树立了高尚住宅的典范，"住万科房"成为令人向往，令人自豪的选择。
■ 今天，万科地产来到成都，了解万科，关注万科的人们都在满怀激动地等待……
城市花园
关注万科 关注万科城市花园
VANKE®万科
■深圳·万科城市花园 ■上海·万科城市花园 ■北京·万科城市花园
■天津·万科城市花园 ■沈阳·万科城市花园 ■成都·万科城市花园
[成都·万科城市花园] 开发商：成都万科房地产有限公司
电话：(028)4450088 传真：(028)4450099
E-mail:Vkhcd@Vanke.com.cn http://www.varke.com.cn.

"中国目前不是缺少老板，不是缺少有产者，而是缺少职业经理人……我的志向是做一名职业经理人。并且，希望通过万科的创立和发展，培养出一支适应市场运作的职业经理队伍。"
■ 万科集团董事长：王石
万科，由一群富有理想的青年人管理着，他们的名字叫职业经理。
■ "人才是万科的资本"，这是万科企业理念的第一条。
■ 按照现代企业制度的原则，万科率先实现了企业管理的制度化、规范化；并从1997年起，确立了全面培养职业经理的管理方向，通过调整业务架构和完善管理分权，万科为职业经理构筑起良好的发展平台。
■ 1998年的"职业经理年"；1999年的"团队精神年"；2000年的"职业精神年"；反映了万科职业经理更高层次的追求。
■ 1998年万科集团高层的平均年龄为44岁，分公司总经理、副总经理、总部部门经理的平均年龄为40岁。2000年，这两个数字分别降至42岁和36岁，在2001年，万科管理层的平均年龄将降至34岁。
万科地产在中国
毅力锻造理想 建筑成就辉煌
万科 以纯粹架构品质
城市花园
关注万科 关注万科城市花园
VANKE®万科
■深圳·万科城市花园 ■上海·万科城市花园 ■北京·万科城市花园
■天津·万科城市花园 ■沈阳·万科城市花园 ■成都·万科城市花园
[成都·万科城市花园] 开发商：成都万科房地产有限公司
电话：(028)4450088 传真：(028)4450099
E-mail:Vkhcd@Vanke.com.cn http://www.vanke.com.cn.

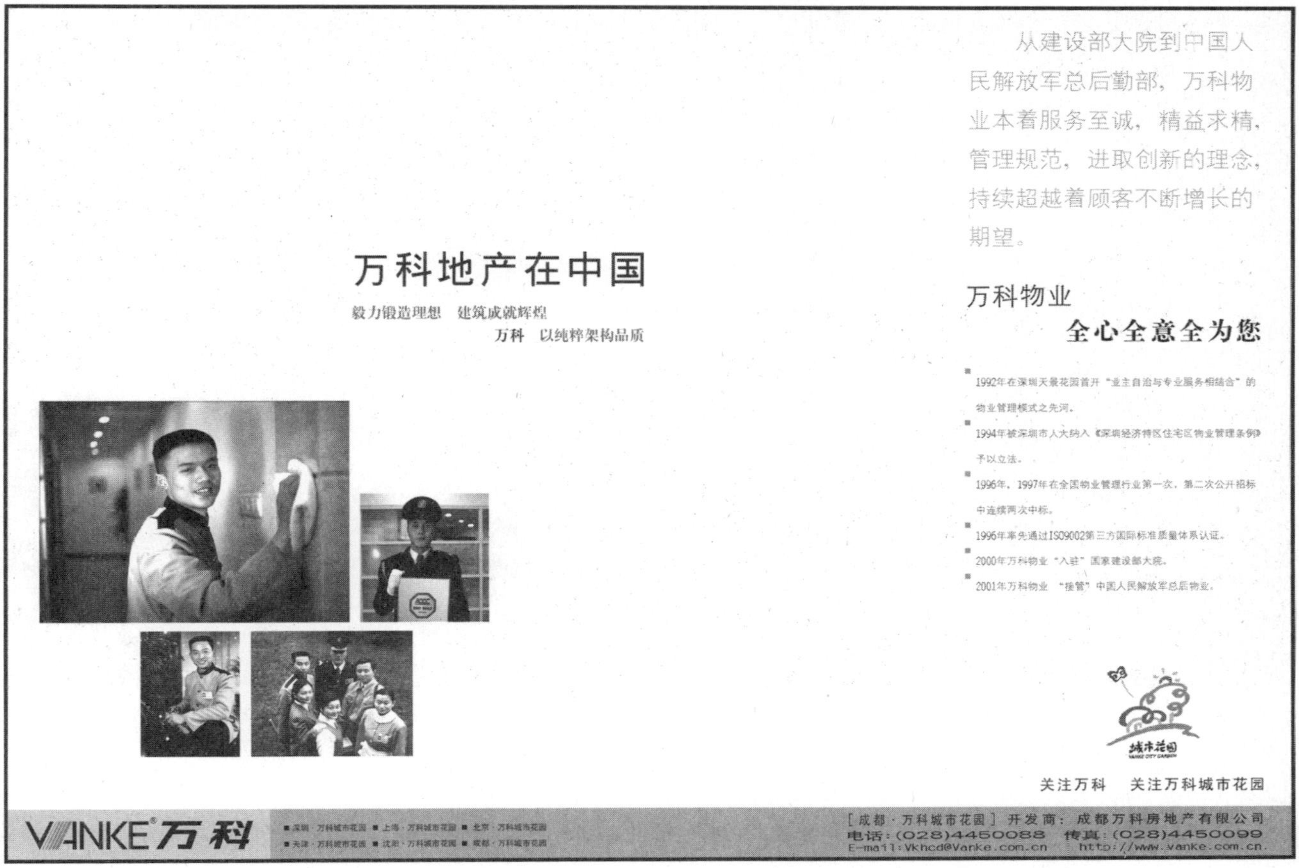

西南
South west

Company name
公司名称：
成都蓝色飞扬广告

Floor name
楼盘名称：
万科城市花园

Art director general
创作总监：
杨怡

Art director
美术指导：
杨怡

Copy writer
文案：
郑宇

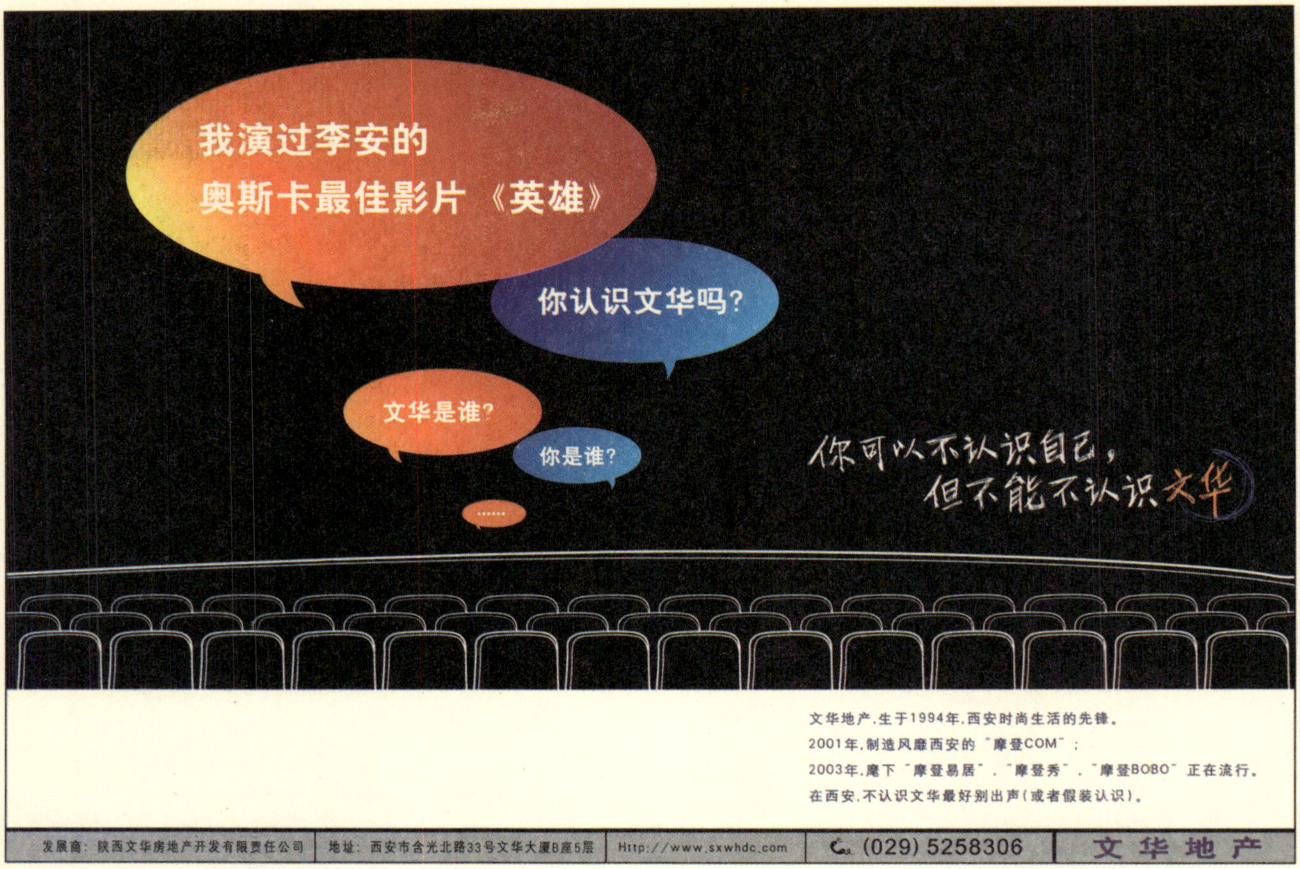
我演过李安的
奥斯卡最佳影片《英雄》
你认识文华吗?
文华是谁?
你是谁?
……
你可以不认识自己,
但不能不认识文华
文华地产.生于1994年.西安时尚生活的先锋。
2001年.制造风靡西安的"摩登COM";
2003年.麾下"摩登易居"."摩登秀"."摩登BOBO"正在流行。
在西安.不认识文华最好别出声(或者假装认识)。
发展商:陕西文华房地产开发有限责任公司
地址:西安市含光北路33号文华大厦B座5层
Http://www.sxwhdc.com
(029) 5258306
文华地产

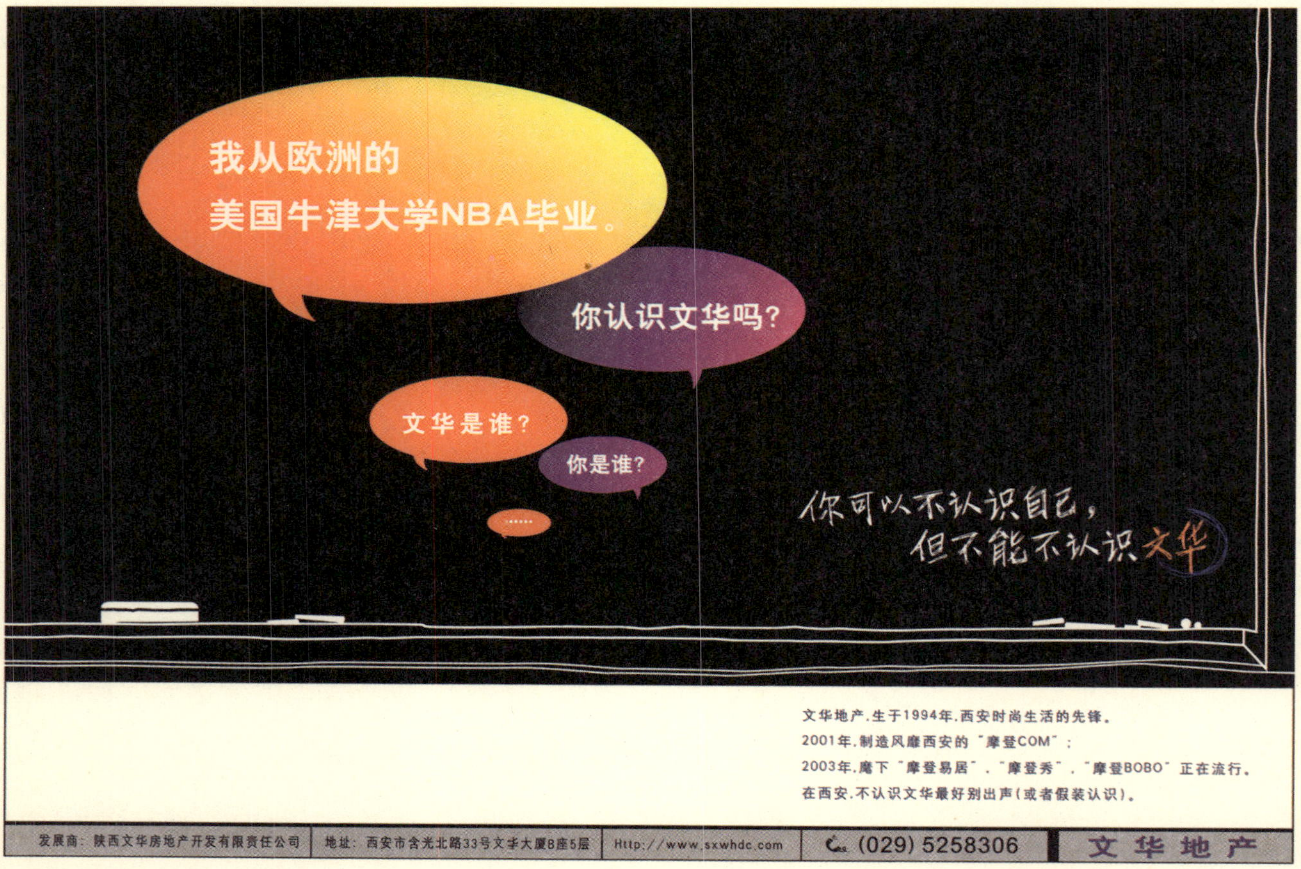
我从欧洲的
美国牛津大学NBA毕业。
你认识文华吗?
文华是谁?
你是谁?
……
你可以不认识自己,
但不能不认识文华
文华地产.生于1994年.西安时尚生活的先锋。
2001年.制造风靡西安的"摩登COM";
2003年.麾下"摩登易居"."摩登秀"."摩登BOBO"正在流行。
在西安.不认识文华最好别出声(或者假装认识)。
发展商:陕西文华房地产开发有限责任公司
地址:西安市含光北路33号文华大厦B座5层
Http://www.sxwhdc.com
(029) 5258306
文华地产

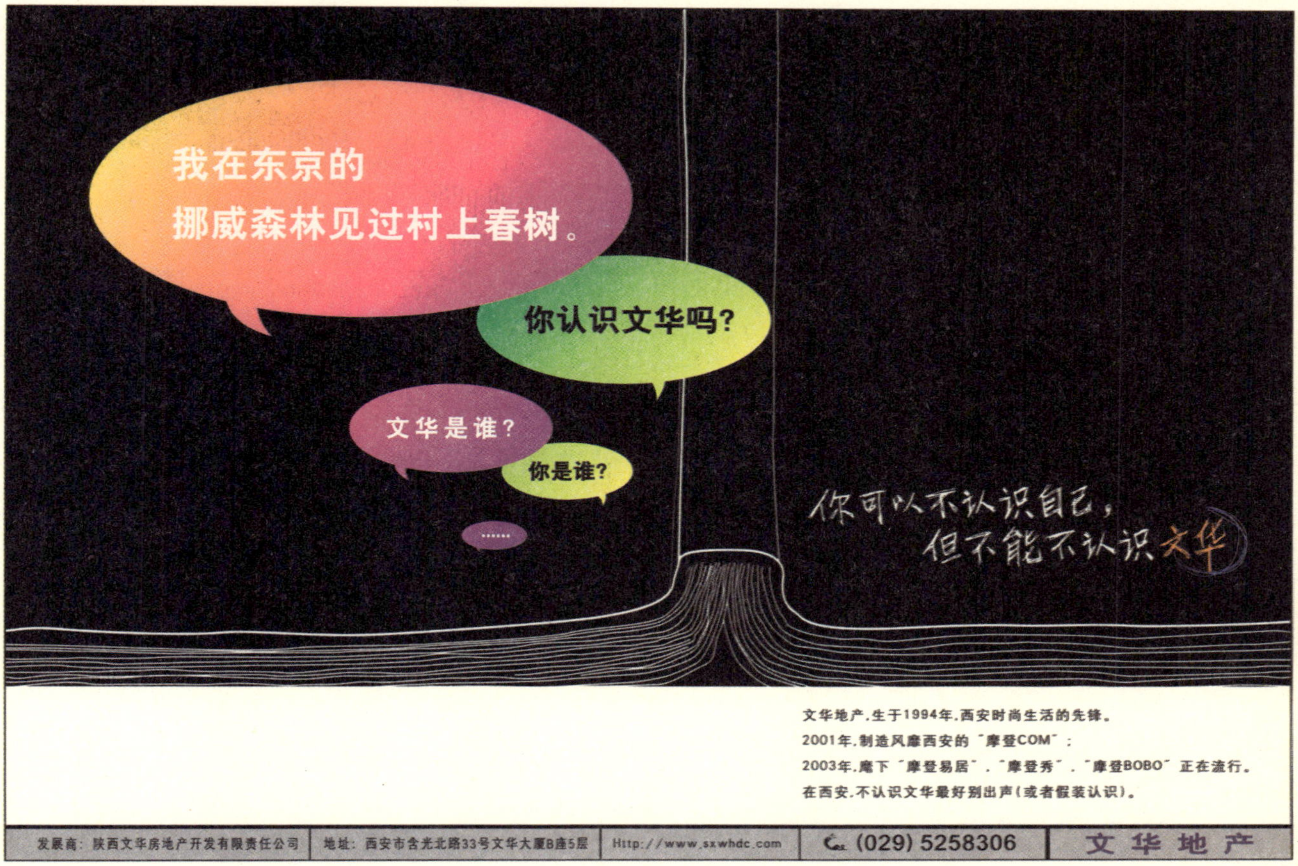

西南
South west

Company name
公司名称:
深圳相互广告

Floor name
楼盘名称:
文华地产

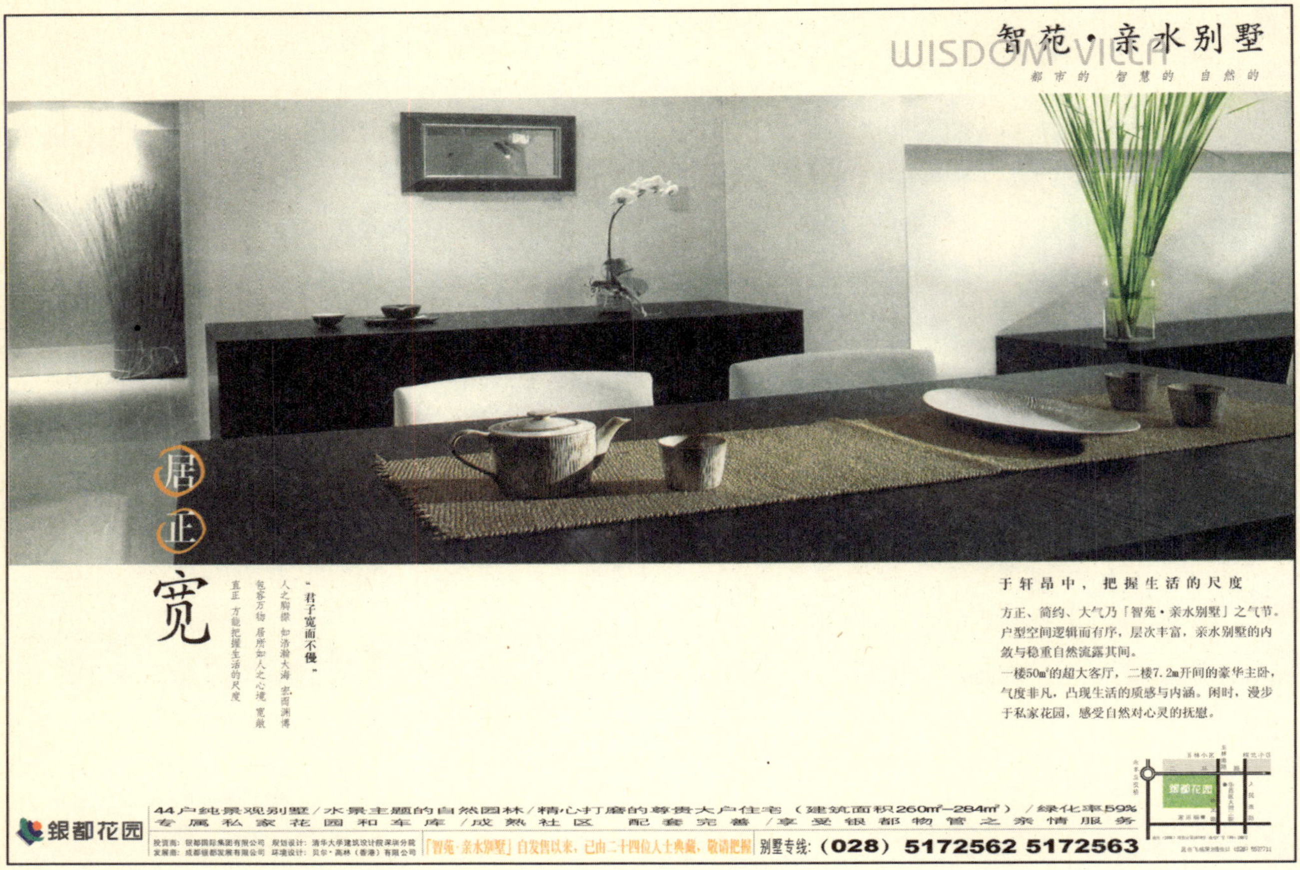
智苑·亲水别墅
WISDOM VILLA
都市的 智慧的 自然的
居
正
宽
"君子宽而不侵"
人之胸襟 如浩瀚大海 宏图渊博
包容万物 居所如人之心境 宽敞
直正 方能把握生活的尺度
于轩昂中，把握生活的尺度
方正、简约、大气乃「智苑·亲水别墅」之气节。户型空间逻辑而有序，层次丰富，亲水别墅的内敛与稳重自然流露其间。
一楼50㎡的超大客厅，二楼7.2m开间的豪华主卧，气度非凡，凸现生活的质感与内涵。闲时，漫步于私家花园，感受自然对心灵的抚慰。
银都花园
44户纯景观别墅/水景主题的自然园林/精心打磨的尊贵大户住宅（建筑面积260㎡—284㎡）/绿化率59%
专属私家花园和车库/成熟社区 配套完善/享受银都物管之亲情服务
投资商：银都国际集团有限公司 规划设计：清华大学建筑设计院深圳分院
发展商：成都银都发展有限公司 环境设计：贝尔·高林（香港）有限公司
「智苑·亲水别墅」自发售以来，已由二十四位人士典藏，敬请把握
别墅专线：（028）5172562 5172563

智苑·亲水别墅
WISDOM VILLA
都市的 智慧的 自然的
亲
水
慧
"仁者乐山，智者乐水。"
人们钟情于水 缘水有灵
滋润着我们的睿智与聪慧
水之平静
静享一湖清澈的透明
微微涟言 便可清晰地看到生命
超凡脱俗的倒影
临水而居的别墅
「智苑·亲水别墅」位于智苑的幽静之地，系银都花园四年的凝练之作。十一座联体别墅延承银都花园围合式格局，绕水而筑，融合水之灵性，气韵悠然。园中叠水镶嵌于浅草迭石间，蜿蜒流淌：一弯碧水潺潺绕过宁静栖所，映照出生命的慧智。
银都花园
44户纯景观别墅/水景主题的自然园林/精心打磨的尊贵大户住宅（建筑面积260㎡—284㎡）/绿化率59%
专属私家花园和车库/成熟社区 配套完善/享受银都物管之亲情服务
投资商：银都国际集团有限公司 规划设计：清华大学建筑设计院深圳分院
发展商：成都银都发展有限公司 环境设计：贝尔·高林（香港）有限公司
城南典藏版「智苑·亲水别墅」热售中，敬请把握
别墅专线：（028）5172562 5172563

西南
South west

Company name
公司名称：
成都蓝色飞扬广告

Floor name
楼盘名称：
银都花园

Art director general
创作总监：
卓悦

Art director
美术指导：
卓悦

Copy writer
文案：
周密／卓悦

银都花园·欣苑
» 父母的超大**棋牌室**
父母喜欢在家楼下长长的架空层，同邻里朋友切磋牌技，聊品黄昏美景。夏天，架空层里荫荫凉凉的穿堂风吹过，
园子里一阵阵花香扑鼻……在银都花园，配套完善的多功能会所、架空层休闲区……
享受的便捷令您如悠游于自家房间里一般，自如可持。
●86%的高入住率、逾700位尊贵业主。●59%绿化率、6个尊贵雅致的组团式园林。●生态围合式布局、独特架空层、专属车位。●花园洋房、电梯公寓十余种成熟户型（124m²-223m²），
户户通风采光、方正实用。●景观游泳池、金色沙滩、网球场、银都商业文化街及专属会所，生活配套完善成熟。●ISO9002银都物管提供独有的亲情化服务。●金苹果银都国际幼稚园、
成都师范银都小学，提供高水准的教育配套。
城南绝版珍贵生活——银都花园压轴之作欣苑现房热卖 TEL:5172562 5172563

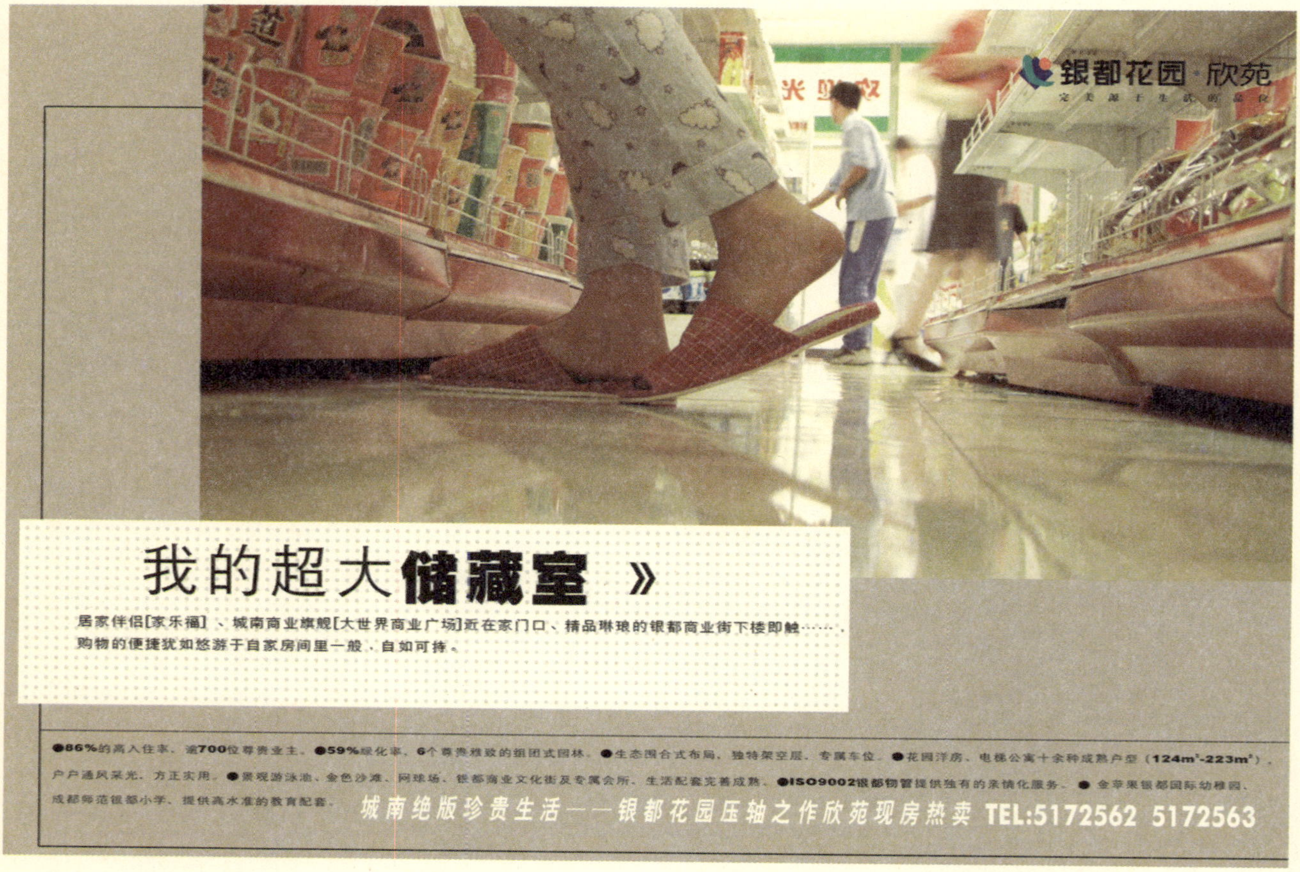
银都花园·欣苑
我的超大**储藏室** »
居家伴侣[家乐福]、城南商业旗舰[大世界商业广场]近在家门口、精品琳琅的银都商业街下楼即触……，
购物的便捷犹如悠游于自家房间里一般，自如可持。
●86%的高入住率、逾700位尊贵业主。●59%绿化率、6个尊贵雅致的组团式园林。●生态围合式布局、独特架空层、专属车位。●花园洋房、电梯公寓十余种成熟户型（124m²-223m²），
户户通风采光、方正实用。●景观游泳池、金色沙滩、网球场、银都商业文化街及专属会所，生活配套完善成熟。●ISO9002银都物管提供独有的亲情化服务。●金苹果银都国际幼稚园、
成都师范银都小学，提供高水准的教育配套。
城南绝版珍贵生活——银都花园压轴之作欣苑现房热卖 TEL:5172562 5172563

西南
South west

Company name
公司名称：
成都蓝色飞扬广告

Floor name
楼盘名称：
银都花园

Art director general
创作总监：
卓悦

Art director
美术指导：
卓悦

Copy writer
文案：
周密/卓悦

会当
凌绝顶
有一位伟人说过：我来了，我看到了，我征服了。
在贵州1800万人当中，寻找49位顶尖人物
THE WORLD
放之四海◆亦足堪炫耀
MOON LAKE
月亮湖
顶级林湖美墅

西南
South west

Company name
公司名称：
深圳图登广告

Floor name
楼盘名称：
月亮湖

Art director general
创作总监：
胡永

Art director
美术指导：
胡永

Copy writer
文案：
胡永

MOON LAKE
月亮湖
顶级林湖美墅
放之四海◆亦足堪炫耀
曲高和寡
在贵州1800万人当中，只为49位顶尖人物而设
IN THE WORLD

MOON LAKE
月亮湖
顶级林湖美墅
放之四海◆亦足堪炫耀
唯我独尊
在贵州1800万人当中，只为49位顶尖人物而设
IN THE WORLD

MOON LAKE
月亮湖
放之四海 ◆ 亦足堪炫耀
在贵州 1800 万人当中，寻找 49 位顶尖人物
BEST IN THE WORLD
登峰 造极
在拥览天下之后，享用极品境界，正当其时。

BEST IN THE WORLD
一人 之下
三百年来，只为白金汉宫皇室专享的仪仗威逸，传颂而来……
今天，就用至高的尊荣礼遇自己。
MOON LAKE
月亮湖
放之四海 ◆ 亦足堪炫耀
在贵州 1800 万人当中，寻找 49 位顶尖人物

Best in the world
月亮湖
有些事物诞生之初 领秀 就倍受贵族青睐

Best in the world
月亮湖
若问贵族的共性 博览 也许就是在山水间闲适

Best in the world
月亮湖
若问贵族的共性
君临
也许就是在山水间春风得意

智慧的交流
聚首
就是俊彦们汇聚的原因
Best in the world
月亮湖

西|南
South west

Company name
公司名称：
深圳图登广告

Floor name
楼盘名称：
月亮湖

Art director general
创作总监：
胡永

Art director
美术指导：
胡永

Copy writer
文案：
胡永